Réunion

Cofondateurs : Philippe GLOAGUEN et Michel DUVAL

Directeur de collection et auteur
Philippe GLOAGUEN

Rédacteurs en chef adjoints
Amanda KERAVEL
et Benoît LUCCHINI

Directrice de la coordination
Florence CHARMETANT

Directrice administrative
Bénédicte GLOAGUEN

Directeur du développement
Gavin's CLEMENTE-RUIZ

Conseiller à la rédaction
Pierre JOSSE

Direction éditoriale
Hélène FIRQUET

Rédaction
Isabelle AL SUBAIHI
Emmanuelle BAUQUIS
Mathilde de BOISGROLLIER
Thierry BROUARD
Marie BURIN des ROZIERS
Véronique de CHARDON
Fiona DEBRABANDER
Anne-Caroline DUMAS
Éléonore FRIESS
Géraldine LEMAUF-BEAUVOIS
Olivier PAGE
Alain PALLIER
Anne POINSOT
André PONCELET
Alizée TROTIN

Responsable voyages
Carole BORDES

2018

hachette

TABLE DES MATIÈRES

PRÉAMBULE

ARRIVER – QUITTER 35

LA RÉUNION UTILE 42

Important : dernière minute

Sauf rares exceptions, le *Routard* bénéficie d'une parution annuelle à date fixe. Entre deux dates, des événements fortuits (formalités, taux de change, catastrophes naturelles, conditions d'accès aux sites, fermetures inopinées, etc.) peuvent modifier vos projets de voyage. Pour éviter les déconvenues, nous vous recommandons de consulter la rubrique « Guide » par pays de notre site *• routard.com •* et plus particulièrement les dernières ***Actus voyageurs.***

Recommandation à ceux qui souhaient profiter des réductions et avantages proposés dans le *Routard* par les hôteliers et les restaurateurs.

À l'hôtel, pensez à les demander au moment de la réservation ou, si vous n'avez pas réservé, **à l'arrivée.** Ils ne sont valables que pour les réservations en direct et ne sont pas cumulables avec d'autres offres promotionnelles (notamment sur Internet). Au restaurant, parlez-en **au moment** de la commande et surtout **avant** que l'addition soit établie. Poser votre *Routard* sur la table ne suffit pas : le personnel de salle n'est pas toujours au courant et une fois le ticket de caisse imprimé, il est souvent difficile de modifier le total. En cas de doute, montrez la notice relative à l'établissement dans le *Routard* de l'année et, bien sûr, ne manquez pas de nous faire part de toute difficulté rencontrée.

☎ **112 :** c'est le numéro d'urgence commun à la France et à tous les pays de l'UE, à composer en cas d'accident, agression ou détresse. Il permet de se faire localiser et aider en français, tout en améliorant les délais d'intervention des services de secours.

Plage de Grand-Anse

LA RÉDACTION DU ROUTARD

(sans oublier nos 50 enquêteurs, aussi sur le terrain)

Thierry, Anne-Caroline, Éléonore, Olivier, Pierre, Benoît, Alain, Fiona, Gavin's, André, Véronique, Bénédicte, Jean-Sébastien, Mathilde, Amanda, Isabelle, Géraldine, Marie, Carole, Philippe, Florence, Anne.

La saga du *Routard* : en 1971, deux étudiants, Philippe et Michel, avaient une furieuse envie de découvrir le monde. De retour du Népal germe l'idée d'un guide différent qui regrouperait tuyaux malins et itinéraires sympas, destiné aux jeunes fauchés en quête de liberté. 1973. Après 19 refus d'éditeurs et la faillite de leur première maison d'édition, l'aventure commence vraiment avec Hachette. Aujourd'hui, le *Routard*, c'est plus d'une cinquantaine d'enquêteurs impliqués et sincères. Ils parcourent le monde toute l'année dans l'anonymat et s'acharnent à restituer leurs coups de cœur avec passion.

Merci à tous les Routards qui partagent nos convictions : liberté et indépendance d'esprit ; découverte et partage ; sincérité, tolérance et respect des autres.

NOS SPÉCIALISTES RÉUNION

Thomas Rivallain : transbahuté dès l'enfance dans le combi familial, les sens affûtés en tournée musicale ou louvoyant sur les itinéraires bis, tout est prétexte aux carnets de route pour cet admirateur de fleuves. Souvent parti là où on ne l'attend pas, il travaille ses guides en Anjou, auprès de l'indomptable Loire. En bon apôtre du voyage, Thomas ne croit que ce qu'il voit.

Thierry Bessou : ses origines agricoles auraient pu l'amener à cultiver la terre, finalement il la sillonne. Pourtant, il a peur de prendre l'avion ! En équilibre précaire sur un éléphant, les doigts gelés au pied d'un glacier, de marchés en musées, ses antennes restent déployées. C'est dans la Ville rose qu'il écrit, inspiré par mille lieux foulés, mille regards croisés.

UN GRAND MERCI À NOS AMI(E)S À LA RÉUNION

Pour cette nouvelle édition, nous remercions particulièrement :

- **Isabelle Nativel, Nathacha Techer, Maël Tomassin, Sarah Hugon Manglou** et toute l'équipe de l'IRT ;
- **Catherine Glavnik, Anne-Gaëlle et Audrey,** de l'office de tourisme intercommunal du Nord ;
- **Dominique Payet,** directrice de l'office de tourisme de Saint-Paul ainsi que Stéphanie Jautzy et Angélique Martin ;
- **Alexandre Dijoux** de l'office de tourisme de l'Entre-Deux ;
- **Clément Suzanne** de l'office de tourisme Sud sauvage ;
- **Toutes les antennes** de l'office de tourisme intercommunal de l'Est ;
- **Chantale Payet** de l'office de tourisme de Cilaos ;
- **Alain Courbis,** porte-voix des musiques actuelles de La Réunion et directeur de l'Espace culturel de Saint-Paul ;
- **Nelly Gravier,** des Terres australes et antarctiques françaises ;
- **Patrice Louaisel,** guide passionné sur les traces des religions et croyances de La Réunion.

Pictogrammes du Routard

Établissements

- Hôtel, auberge, chambre d'hôtes
- Camping
- Restaurant
- Boulangerie, sandwicherie
- Glacier
- Café, salon de thé
- Café, bar
- Bar musical
- Club, boîte de nuit
- Salle de spectacle
- Office de tourisme
- Poste
- Boutique, magasin, marché
- Accès Internet
- Hôpital, urgences

Sites

- Plage
- Site de plongée
- Piste cyclable, parcours à vélo

Transports

- Aéroport
- Gare ferroviaire
- Gare routière, arrêt de bus
- Station de métro
- Station de tramway
- Parking
- Taxi
- Taxi collectif
- Bateau
- Bateau fluvial

Attraits et équipements

- Présente un intérêt touristique
- Recommandé pour les enfants
- Adapté aux personnes handicapées
- Ordinateur à disposition
- Connexion wifi
- Inscrit au Patrimoine mondial de l'Unesco

Tout au long de ce guide, découvrez toutes les photos de la destination sur • *routard.com* • Attention au coût de connexion à l'étranger, assurez-vous d'être en wifi !

Le *Routard* est imprimé sur un papier issu de forêts gérées.

I.S.B.N. 978-2-01-280013-7

NORD
Les Hauts de Saint-Denis
SAINT-DENIS
Aéroport La Réunion-Roland-Garros
Saint-Bernard
Ste-Clotilde
St-François
Le Brûlé
Les Hauts de Saint-Paul et Saint-Gilles
Pointe des Galets
Le Port
La Possession
PARC DES
Baie de Saint-Paul
Sans-Souci
Dos-d'Âne
Plaine des Fougères
Saint-Paul
Savannah
Bois-de-Nèfles
la Roche-Écrite
2 277
LA CÔTE SOUS LE VENT (p. 105)
Cirque de Mafate
Cap la Houssaye
Boucan-Canot
Cap Homard
Pte des Aigrettes
Grand-Îlet
le Cimendef
2 227
Le Bélier
Cirque de Salazie
Le Bernica
La Petite-France
Saint-Gilles-les-Bains
Saint-Gilles-les-Hauts
Piton Maïdo
2 203
Hell-Bourg
L'Ermitage-les-Bains
La Saline
Route des Tamarins
Piton des Neiges
3 071
La Saline-les-Bains
Trois-Bassins
le Grand Bénare
2 896
Bras-Sec
Cilaos
2 350
Îlet-à-Cordes
La Chaloupe-Saint-Leu
Cirque de Cilaos
Saint-Leu
la Fenêtre
1 574
le Dimitile
Piton-Saint-Leu
Le Tévelave
la Pointe-au-Sel
Les Makes
le Souffleur
Les Hauts de Saint-Leu
L'Entre-Deux
Les Avirons
Le Quatorzième
Étang-Salé
Étang-Salé-les-Bains
La Rivière
Saint-Louis
Pointe de l'Étang-Salé
Le Tampon
Aéroport de Pierrefonds
Saint-Pierre
Barrière de Corail
Pointe du Parc
0 5 10 km
Barrière de corail

Sites inscrits au Patrimoine mondial de l'Unesco
panoramas accessibles en voiture
OCÉAN
INDIEN
Sainte-Marie
Sainte-Suzanne
N 2
Quartier-Français
LA CÔTE AU VENT (p. 203)
NATIONAL
HAUTS
Saint-André
RN 2002
Bras-Panon
Pointe de la Rivière-du-Mât
D 48
Cascade du Chien
Salazie
Saint-Benoît
Le Sud sauvage et la côte est
N 3
D 53
Forêt de Bélouve
Forêt de Ravenales
Cascade de Takamaka
Grand Étang
N 2
D 3
Sainte-Anne
RF 2
1 528
Forêt de Bébour
L'INTÉRIEUR DE L'ÎLE (p. 223)
Premier-Village
Les hautes plaines et le piton de la Fournaise
Sainte-Rose
Petite-Plaine
Plaine-des-Palmistes
Deuxième-Village
D 57
Piton-Sainte-Rose
Coulées (1977)
Grand-Bassin
Col de Bellevue
1 606
PARC NATIONAL DES HAUTS
Pointe des Cascades
Bois-Blanc
Anse des Cascades
Bourg-Murat
N 3
Plaine-des-Cafres
Nez-de-Bœuf
2 136
Pas de Bellecombe
RF 5
Plaine des Sables
Le Vingt-Troisième
Piton de la Fournaise
Coulées (1998)
la Vierge au Parasol
Coulées (2002, 2004 et 2005)
Cratère Bory
2 632
D 36
COULÉES DE LAVE
le Grand Brûlé
Coulées (2007)
Coulées (1986)
D 36
Les environs de Saint-Joseph
Grand-Coude
Cascade de Grand-Galet
Le Tremblet
D 3
la Plaine-des-Grègues
La Crête
Pointe de la Table
N 2
LA CÔTE SUD-EST (p. 167)
Petite-Île
D 3
le Baril
Saint-Philippe
Manapany
Vincendo
Saint-Joseph
Langevin
Grande-Anse

LA RÉUNION

Le Grand-Brûlé, volcan actif

Kass pa la tèt la plï i farin, Soley va rovnir
(Après la pluie, le beau temps)
Dicton créole

En plein hémisphère sud, à près de 10 000 km de l'Hexagone (ici appelé « métropole »), « l'île intense » flirte avec le tropique du Capricorne, et ses amours sont toujours tumultueuses.

L'île de La Réunion est **vivante,** surprenante, continuellement en mouvement. Sous un climat ensoleillé et chaleureux, sa population est habituée de longue date aux cyclones et autres **caprices de la nature.** Des entrailles de la Fournaise jaillissent des flots de lave si puissants parfois qu'ils parviennent à gagner la mer pour créer de nouveaux territoires. Les vents ont façonné les côtes et les paysages jusqu'à l'intérieur des terres. Il n'est pas question de passer ses journées allongé au soleil, il y a trop à voir et à faire, ici.
Une grande partie de l'île Bourbon est devenue **parc national** en 2007, puis les pitons, cirques et remparts ont été à leur tour inscrits au Patrimoine mondial de l'Unesco en 2010. À La Réunion, la nature semble exploser de tous côtés, que l'on soit au bord d'une falaise de lave noire comme du charbon, au pied d'un piton aiguisé et verdoyant, face à une kyrielle de chutes d'eau, perdu dans un cirque sauvage, au bord d'un lagon vert et bleu ou au-dessus de ce fameux et **fascinant volcan.**
L'autre richesse de l'île, c'est sa population, forte d'un **métissage étonnant** venu de tout l'océan Indien : Africains, Indiens, Malgaches, Comoriens et aussi Chinois se sont retrouvés ici, comme dans une véritable réunion de famille, pour faire revivre leurs traditions et en créer de nouvelles. Vous serez conquis par les Réunionnais, **naturellement accueillants,** tolérants, avec leurs coutumes, leur cuisine épicée, leurs redoutables punchs et leurs accents chantants. Les amoureux de bonne chère apprécieront aussi la **richesse culinaire** de l'île, ses plats à l'ancienne sauvegardés de mère en fil(le)s et ses saveurs pas forcément épicées. Oui, la générosité de cette île est sans limite !

Fruits exotiques

NOS COUPS DE CŒUR

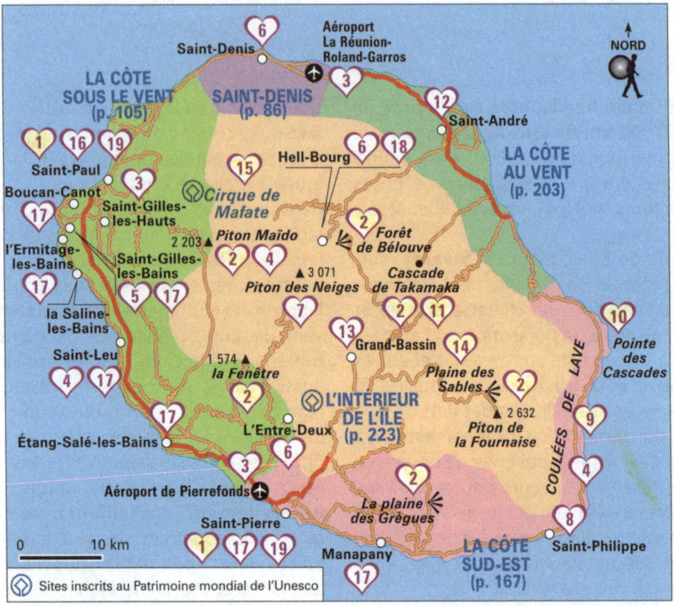

(1) Flâner parmi les étals des marchés hauts en couleur, comme ceux de Saint-Paul ou de Saint-Pierre.

Les très pittoresques « bazars sou pie'bois » font partie des incontournables réunionnais. Flânez-y tout en buvant un jus de fruits frais, en grignotant un *samoussa* et en remplissant votre cabas de gâteaux-patate, de bijoux locaux… Plein d'idées originales ! *p. 113, 185*

***Bon à savoir :** le marché de Saint-Paul (en plein air) se tient vendredi et samedi matin, celui de Saint-Pierre (couvert) du lundi au samedi.*

© Desgraupes Patrick/hemis.fr

2 S'émerveiller devant de fabuleux panoramas facilement accessibles par la route.

Parmi les plus impressionnants, Mafate depuis le piton Maïdo, le cirque de Cilaos depuis Les Makes, le cirque de Salazie depuis le refuge de Bélouve, Le Petit-Serré à Saint-Joseph, la cascade de Takamaka dans les Hauts de Bras-Panon ou encore le piton de la Fournaise depuis le pas de Bellecombe après avoir traversé la lunaire plaine des Sables… Autant d'occasions d'en prendre plein les yeux sans guère d'effort. *p. 256, 278*

Bon à savoir : *se lever tôt pour éviter les nuages. Souvent, le temps se couvre dès le milieu de la matinée.*

3 **Survoler le lagon ou les cirques en ULM.**
Pas donné mais moins cher que l'hélicoptère et tout aussi impressionnant. Les sites survolés : le Maïdo, les cirques, le lagon… Un moyen de découverte extraordinaire qui laisse des souvenirs inoubliables. À plusieurs, on peut se prendre en photo ! Veillez cependant à ce que le prestataire respecte bien la réglementation (couloirs aériens, horaires des vols…) par respect pour les habitants, en plus des règles de sécurité. *p. 78*
Bon à savoir : *départ généralement tôt le matin (la visibilité et la luminosité sont meilleures) depuis Saint-Pierre, Saint-Gilles-les-Hauts, voire Saint-Denis avec des circuits variables.*

© Richard Bouhet/AFP Creative/Photononstop

4 **Se frotter aux sports extrêmes.**
À La Réunion, les éléments et le climat ont façonné un formidable terrain d'aventure pour la pratique des sports de plein air et à sensations. Un lieu idéal pour s'essayer au parapente à Saint-Leu, à une descente de canyon au cœur de l'île ou à tombeau ouvert à VTT depuis le Maïdo… À moins de gagner la mer pour pratiquer la plongée et le surf, en respectant scrupuleusement les consignes « risque-requins » ou, plus inattendu, de se lancer dans l'exploration de tunnels de lave ! Et ici, même la rando peut s'avérer extrême. *p. 72*
Bon à savoir : *infos et prestataires sur • reunion.fr •*

5 Assister depuis le littoral au passage des baleines à bosse et des dauphins ou s'adresser aux professionnels de Saint-Gilles pour une sortie en mer.

En août-septembre, les baleines sont au large des côtes, elles quittent les eaux froides des mers du Sud pour venir mettre bas dans l'océan Indien. Leurs chants et leurs sauts constituent un spectacle absolument unique. Et puis, ça change des requins ! *p. 137*

***Bon à savoir :** une charte a été mise en place pour respecter la tranquillité des cétacés, vu l'afflux des touristes et de bateaux certains jours. Si vous optez pour une observation en mer, veillez à ce que le prestataire ait bien le label O²CR délivré par la préfecture.*

© Haltner Thomas/Prisma/Age fotostock.fr

6 Musarder entre les vieilles maisons traditionnelles des villages créoles.

Les plus beaux se trouvent dans les Hauts, là où la vie s'écoule avec moins de frénésie et où la culture est la plus intense, même si c'est à Saint-Denis que l'on trouve la plus grande concentration de bâtiments historiques. Certains villages mettent en valeur leur patrimoine architectural comme à Hell-Bourg (cirque de Salazie), d'autres leur artisanat (comme à l'Entre-Deux), leur gastronomie… *p. 97, 165, 245*

***Bon à savoir :** repérer les circuits de découverte des vieilles maisons et les balades guidées. S'adresser aux offices de tourisme.*

© Spani Arnaud/hemis.fr

7 **Grimper au piton des Neiges au lever du jour pour découvrir les remparts du cirque de Cilaos se teintant de couleurs rougeoyantes.**
Cette ascension est sans conteste la plus belle randonnée de La Réunion. Au sommet, le plus haut de l'île (3 071 m), on a déjà vu de la neige ! Le panorama est fantastique : les cirques de Cilaos et Salazie, les plaines des Cafres et des Palmistes, les sommets voisins. Cette rando nécessite de bonnes conditions physiques (dénivelée de 1 700 m) ! *p. 236*
***Bon à savoir :** elle peut se faire en une journée, en partant très tôt de Cilaos avec une lampe de poche, à moins de passer la nuit en refuge.*

8 Respirer à pleins poumons les effluves subtiles du jardin des Parfums et des Épices de Mare-Longue, près de Saint-Philippe.

Une plongée dans un jardin d'éden tropical, planté d'arbres fruitiers, de plantes médicinales, ornementales, de bois de couleurs, de plants d'épices et autres espèces aromatiques propres à l'océan Indien. Ici sont rassemblées 1 500 espèces sur 3 ha. Un concentré de senteurs et de couleurs, régal pour les yeux et véritable révélation pour l'esprit. En sortant, vous ne regarderez plus un jardin de la même façon ! *p. 193*

Bon à savoir : *ouvert tous les jours, visite libre ou guidée.*

9 Arpenter la route du littoral entre Saint-Philippe et Piton-Sainte-Rose après la pluie, quand les fumerolles s'échappent du sol.

Là, on entre vraiment dans le vif du sujet : la Fournaise ! La route traverse l'enclos, cette zone inconstructible (vous comprendrez vite pourquoi !), entre le rempart du Tremblet et celui de Bois-Blanc. On peut y admirer les différentes coulées refroidies ou en cours de refroidissement qui ont marqué l'actualité de ces dernières années. Spectaculaire depuis la route, et encore plus sous terre ! *p. 197*

Bon à savoir : *l'exploration de tunnels de lave avec des guides professionnels est possible.*

© Spani Arnaud/hemis.fr

10 Partir à la découverte du sentier du littoral sur la côte est, une balade photogénique entre la pointe Corail et le port miniature de l'anse des Cascades.

Magnifique balade, ce sentier emprunte un itinéraire préservé, dans un environnement de vacoas et de rivages sauvages. *p. 199*

Bon à savoir : le sentier ne présente aucune difficulté et peut se parcourir en famille. Compter 1h15 l'aller.

© Rosine Mazin/Photononstop

11 Plonger le regard dans les vertigineuses gorges de Takamaka.

En venant de Bras-Panon, une charmante route traverse d'abord des champs de canne avant de grimper à flanc de montagne en suivant la rivière des Marsouins. Au bout, on est récompensé par un spectacle grandiose : pitons acérés, gorges profondes recouvertes d'une dense végétation, striée de cascades gigantesques. Un site que les casse-cou iront taquiner de plus près en canyoning ! *p. 211*

Bon à savoir : c'est l'un des endroits où il pleut le plus à La Réunion, et même dans le monde ! N'oubliez pas un vêtement étanche, un bon…

12 Apprendre les secrets de la culture de la vanille à l'exploitation de la famille Roulof, à Saint-André.

Il s'agit d'une vraie exploitation en activité, l'un des rares endroits où vous verrez les gousses in situ et comprendrez tout le cycle. On réalise ici toutes les étapes de la production, de la plantation à la commercialisation. On accompagne M. Roulof ou son épouse dans les champs derrière la maison, pour une visite pleine d'anecdotes. *p. 218*

***Bon à savoir :** fermé dimanche et jours fériés ; on peut même réaliser une fécondation, en novembre-décembre.*

© Olivier Parent/Alamy/Hemis

13 **S'offrir un bain de vie créole à l'îlet de Grand-Bassin, après avoir dévalé les falaises abruptes depuis Bois-Court.**

Ce Mafate en miniature ne compte que quelques habitations. Les bons marcheurs peuvent faire l'aller-retour en une journée et se requinquer d'un repas à midi. Compter 1h30-2h la descente ; 2h-2h30 la remontée pour une dénivelée de 670 m. Le plus sympa est encore de passer la nuit dans l'îlet, en vivant le temps d'une journée au rythme du soleil. On peut aussi se contenter de la vue depuis le belvédère de Bois-Court qui s'avance au-dessus du vide. *p. 272*

Bon à savoir : mieux vaut être en bonne condition physique ; accès déconseillé après de fortes pluies.

© Giuglio Gil/hemis.fr

14 **Se prendre pour Tintin en découvrant l'univers silencieux de la plaine des Sables.**

À 2 360 m, sur la route du volcan, halte obligatoire au belvédère du pas des Sables qui domine ce paysage lunaire rouge et noir. Garer son véhicule au niveau du panneau et gagner à pied la crête. Néant minéral et palette d'artiste, on jurerait une piste d'atterrissage pour Martiens ! Si les nuages s'estompent, vous apercevrez le cône grisonnant du volcan, au bout de la route. *p. 279*

Bon à savoir : la météo est imprévisible, aussi des webcams diffusent les images du piton sur le site • fournaise.info • Pratique pour connaître le temps qu'il fait avant de monter.

15 **Partir quelques jours en randonnée sur les traces des marrons (esclaves en fuite) dans les reliefs du cirque de Mafate.**

Le plus sauvage des trois cirques de l'île leur servit de refuge. Et pour cause, aucune route n'y mène ! On peut y accéder à pied par de petits sentiers de montagne ou bien se contenter de l'admirer depuis le spectaculaire belvédère du Maïdo. Mais ce serait dommage car les Mafatais sont très hospitaliers. Et puis, il y a cette nature qui explose à chaque détour… *p. 251*

***Bon à savoir :** on peut y randonner à la journée, mais compter 5 jours pour visiter l'ensemble des îlets (des hameaux), tous différents.*

© Giuglio Gil/hemis.fr

16 **Se joindre aux chasseurs de trésor et tenter de retrouver le fabuleux butin de La Buse.**

Nombre de pirates ont fréquenté La Réunion. En 1721, La Buse notamment captura dans la rade de Saint-Denis le vice-roi des Indes portugaises. Mais bien mal acquis ne profite jamais. Arrêté 10 ans plus tard, il fut pendu, ayant juste le temps de jeter à la foule le plan de la cachette de son butin. Personne n'a pu le déchiffrer. On cherche toujours. On trouve la tombe de La Buse au cimetière marin de Saint-Paul. Mais même là encore, le doute subsiste… *p. 114*

© Rieger Bertrand/hemis.fr

17 **Tomber d'admiration devant la vie sous-marine.**
Île volcanique, La Réunion livre des fonds marins au relief étonnant et une longue barrière de corail éclatante de vie. Les plus beaux sites se concentrent surtout sur la côte ouest. On évolue dans un univers parsemé de coraux magnifiques où batifolent quantités d'espèces tropicales, certaines découvertes récemment sur la côte est, suite aux éruptions qui ont gagné la mer et ont réchauffé les eaux littorales. Alors, baptême de plongée ou sortie en PMT (palmes-masque-tuba), jetez-vous à l'eau, en respectant bien les consignes dues au risque requins ! *p. 61*
Bon à savoir : *la meilleure période va d'octobre à avril, mais de décembre à mars, c'est aussi la période des cyclones.*

© Robert Fonlupt/Asso. Saranghi Océan Indien

18 **S'offrir un voyage musical au musée des Musiques et Instruments à Hell-Bourg.**
Inattendu, rare et poétique sont les maîtres mots de ce lieu qui présente une riche collection privée d'instruments de musique de l'océan Indien (avec un détour toutefois jusqu'en Afrique de l'Ouest et en Chine). De quoi largement occuper une demi-journée pluvieuse. *p. 246*
Bon à savoir : *fermé le lundi.*

19 **Déguster en fin de repas un rhum arrangé maison. Rhum-coco, rhum-vanille, rhum-ananas, rhum-goyave, rhum-mangue…**
Il existe autant de recettes que de Réunionnais ! Ici, « arranger » le rhum est un sport national. C'est un mélange de rhum traditionnel et de fruits qu'on laisse macérer de 6 mois à 2 ans avec le *faham*, une orchidée sauvage. Effet garanti ! Offrir un *p'tit rhum* après un bon repas est une marque du savoir-vivre créole. Un peu comme les eaux-de-vie de nos campagnes. p. 292
Bon à savoir : *on trouve sur les marchés des « préparations pour rhums arrangés » ainsi que des recettes sur • distilleriesavanna.com • ou • rhum-charrette.com •*

ITINÉRAIRES CONSEILLÉS

Les essentiels

Compte tenu des distances, l'idéal est de séjourner en plusieurs endroits différents pour en profiter au maximum. À partir de ***Saint-Paul (1)*** (pittoresques marché vendredi ou samedi et cimetière marin), c'est sur la côte ouest que l'on trouve les ***jolies plages (2).*** Mais le plus beau se cache dans l'intérieur de l'île, montagneux et escarpé. Trois cirques, trois ambiances : ***Cilaos (3)*** et ***Salazie (4),*** accessibles par la route, et surtout ***Mafate (5),*** pour randonneurs uniquement. On peut aussi découvrir ce cirque isolé depuis le ***piton Maïdo (6).*** Panorama exceptionnel ! Les marcheurs aguerris ne manqueront pas le lever de soleil depuis le sommet de l'île, le ***piton des Neiges (7).*** En éruption ou non, admirez également l'incontournable ***volcan de la Fournaise (8),*** avant de rejoindre la ***côte sud (9)*** et ses paysages tantôt verdoyants, tantôt volcaniques, en passant par les ***forêts primaires de Bélouve et Bébour (10)*** (avec vue plongeante sur Salazie en prime !). Entre Sainte-Rose et Saint-André, faites vos emplettes dans les ***vanilleraies (11)*** et à la ***distillerie de Saint-André (12)*** avant de regagner ***Saint-Denis (13),*** au riche patrimoine créole. Et pour vous persuader que vous ne rêvez pas, c'est l'occasion de vous offrir un inoubliable ***tour de l'île en hélico ou en ULM.***

Avec les enfants

On a vu pire comme vacances ! Commençons par la mer, direction les ***plages de la côte ouest (1)*** bien sûr, ***l'aquarium*** et le ***sentier sous-marin de Saint-Gilles (2)*** ou encore ***Kélonia (3),*** l'observatoire de tortues de Saint-Leu. Pour le cours de géologie en direct, la ***route du volcan (4) et le piton lui-même,*** la ***Cité du Volcan (5)*** à Bourg-Murat et la route qui traverse les ***coulées de lave (6)*** dans le sud-est. Pour découvrir la culture créole, ***l'exploitation de vanille de la famille Roulof à Saint-André (7),*** la ***maison Folio à Hell-Bourg (8)*** ou le ***musée Stella Matutina (9)*** sur l'exploitation de la canne à sucre de Saint-Leu. Pour en prendre plein les yeux en le méritant, visez les randos faciles qui jalonnent l'île dont les ***« sentiers marmailles »,*** spécialement destinés aux enfants (infos dans les offices de tourisme). Et sans se fatiguer, la vue panoramique sur Mafate depuis le ***piton Maïdo (10),*** une ***sortie pour observer les baleines (11)*** en août-septembre au départ de Saint-Gilles ou carrément un tour en hélico pour ceux qui ont été sages.

Saint-Gilles-Les-Bains, côte ouest

Pas de vacances sans histoire

Ni culture créole ! Outre le ***cimetière marin,*** arrêt obligé à ***Saint-Paul (1),*** un vendredi ou un samedi pour le ***marché créole*** haut en couleur. Pour le patrimoine bâti et l'histoire coloniale, rendez-vous à ***Saint-Denis (2)*** et à ***Hell-Bourg (3) (Maison Folio)*** ou encore au ***musée Villèle (4)*** de Saint-Gilles-les-Hauts. Découvrez la palette de religions qui se côtoient en toute harmonie sur l'île, entre la ***mosquée de Saint-Denis (5),*** les ***temples hindous (6)*** et l'originale ***église de Sainte-Anne (7).*** En plus des nombreux ***festivals de musique traditionnelle,*** on suggère le ***musée Stella Matutina de Saint-Leu (8),*** le ***musée des Arts décoratifs de l'océan Indien*** et ***l'usine sucrière du Gol (9)*** de Saint-Louis, le ***musée des Musiques et Instruments à Hell-Bourg (3)*** ou encore ***la Saga du rhum (10)*** à Saint-Pierre.

Marche et nature

Pour les randonneurs aguerris, il n'y a que l'embarras du choix avec, en vedettes, ***Mafate (1)*** sur un ou plusieurs jours, la ***descente dans le volcan (2)*** et l'ascension du ***piton des Neiges (3).*** Mais également toutes sortes de balades plus faciles comme les ***forêts primaires de Bébour-Bélouve (4),*** le ***sentier du littoral de la côte est (5)*** et les Hauts de l'île en général (Saint-Denis, Saint-Joseph, Saint-Leu, le Dimitile…). Pour les amateurs de botanique, on suggère la ***Vallée Heureuse (6),*** un jardin créole dans les Hauts de Saint-Denis, le ***conservatoire botanique de Saint-Leu (7),*** le ***Domaine du***

Café Grillé (8) à Saint-Pierre ou encore le ***jardin des Parfums et des Épices (9)*** près de Saint-Philippe. Et pour se frotter à une nature exceptionnelle, le ***passage des baleines (10),*** observable depuis le littoral en août-septembre, la lunaire ***plaine des Sables (11)*** sur la route du piton de la Fournaise, les ***coulées de lave (12)*** sur la route du Sud sauvage, sans oublier les nombreuses ***cascades comme celles de Grand-Galet (13)*** ou de ***Takamaka (14).***

Sensations fortes

Le must de La Réunion, c'est le ***survol de l'île en hélicoptère ou en ULM (1)*** (départ de Saint-Pierre, Saint-Gilles-les-Hauts et même Saint-Denis). Les plus aventureux pénétreront le ***cœur du volcan en randonnée (2) ou en rando spéléologique (3)*** dans les tunnels de lave (sauf en cas d'éruption bien sûr !). En plus de la rando un peu partout, jusqu'au sommet du ***piton des Neiges (4),*** également au programme : ***canyoning*** ou ***rafting*** (à ***Salazie (5)*** par exemple), ***parapente depuis Saint-Leu (6)*** ou encore ***surf*** et ***plongée*** sur la côte ouest, en respectant scrupuleusement les consignes dues au risque requins. Les plus sportifs s'inscriront à la course par excellence, la ***Diagonale des Fous*** en octobre : 162 km en 3 jours et 9 000 m de dénivelée !

Saint-Leu, temple tamoul

© Spani Arnaud/hemis.fr

Étang-Salé-les-Bains

LU SUR routard.com

La Réunion, à foison
(tiré du carnet de voyage de Carine Keyvan)

On la surnomme l'île intense, mais on aurait tout aussi bien pu l'appeler l'île foisonnante. La Réunion est diverse dans ses paysages, ses activités et surtout dans le métissage formidable de sa population. Randonnée, sports nautiques, spectacles naturels et bonne table, l'île répond à bien des envies de vacances. Démonstration en cinq points. La Réunion est un fabuleux ***kaléidoscope humain.*** Qu'ils soient descendants des Yabs (Blancs), Cafres (Africains), Malabars (Indiens non-musulmans), Z'Arabes (Indiens musulmans), Chinois ou Malgaches, les Réunionnais nés de parents réunionnais sont tous des créoles. Le métissage fait partie de l'identité de l'île. Si chacun entretient sa culture, pas de place pour le communautarisme, les mariages mixtes sont monnaie courante. Ici, on est réunionnais avant tout !

La destination est taillée pour la marche : 1 000 km de sentiers balisés se déploient sur un parc naturel protégé qui couvre 42 % de l'île. Ce qui fait chavirer le cœur des trekkeurs ce sont ces trois cirques : ***Mafate, Cilaos et Salazie.*** Entouré de montagnes et totalement inaccessible en voiture, Mafate nécessite au moins 3 jours de marche. Salazie est la caldeira la plus humide : son climat tropical a donné naissance à la forêt de Belouve. Autour de Cilaos, tranquille station thermale, le spectacle naturel est splendide avec pitons, corniches, torrents et forêt luxuriante.

L'île possède deux volcans, mais le ***piton de la Fournaise*** est le plus fascinant, sans doute car il fait gronder sa voix régulièrement. Aucune crainte toutefois, il est sous haute surveillance. C'est l'une des plus belles randonnées de l'île. L'ascension ouvre sur un panorama désolé, presque lunaire, un désert rouge et noir appelé la plaine des Sables. En bas, dans le Sud sauvage, vers Saint-Philippe, les coulées de lave les plus récentes laissent encore échapper de la vapeur.

Même si ses plages ne rivalisent pas avec celles de Maurice, on peut tout à fait profiter des ***joies du littoral*** sur la côte sous le vent, à l'ouest de l'île. Boucan-Canot et Saint-Gilles sont les stations balnéaires les plus prisées en raison de leurs plages de sable blanc bordées par la barrière de corail. L'île offre également la possibilité de faire du surf, de la plongée pour observer les poissons multicolores, les requins, les dauphins et pourquoi pas les baleines !

Rien ne vaut un tour sur le marché de Saint-Paul pour se faire une idée de la ***gastronomie réunionnaise*** : samoussas, bouchons chinois, achards pour pimenter le poisson, cannelle et gingembre pour préparer le fameux rhum arrangé. La cuisine subit les différentes influences culturelles, mais aussi les différents microclimats. Pâté, *rougail*-saucisse et charcuterie se dégustent en montagne, accompagnés des fameuses lentilles de Cilaos ; en bord de mer, ce sont *caris* parfumés aux épices et poissons.

LES QUESTIONS QU'ON SE POSE AVANT LE DÉPART

• Infos détaillées dans le chapitre « Utile » *p. 42*

➢ Quels sont les documents nécessaires ?

La carte d'identité suffit aux Européens qui se limitent au territoire français. Munissez-vous toutefois de votre passeport si vous devez aller sur des îles voisines comme l'île Maurice et de votre carte européenne d'assurance maladie pour les Européens non français.

➢ Quelle est la meilleure saison pour y aller ?

Difficile à dire... De mai à novembre, c'est la saison « fraîche », le reste de l'année, c'est l'été austral, autrement dit la saison chaude et des pluies. Ça peut être dur-dur pour les randonneurs ! Les plongeurs et les surfeurs sont plus gâtés, la température de l'eau est idéale toute l'année. Par ailleurs, les cyclones sont de passage de décembre à mars et, de mi-décembre à mi-janvier, certains établissements sont fermés pour cause de congés.

➢ Quel est le temps de vol ?

Environ 11h.

➢ Quel est le décalage horaire ?

2h de plus qu'en métropole en été, 3h en hiver, mais il faut vivre au rythme créole, se lever et se coucher avec le soleil.

➢ Le coût de la vie est-il élevé ?

La vie est plus chère qu'en métropole... Mais en mangeant sur les marchés, en surveillant les boissons et en dormant dans les gîtes et les chambres d'hôtes, on s'en tire plutôt bien. Ne pas oublier dans le budget la location éventuelle de voiture, bien pratique, et les activités sportives annexes.

➢ Comment se déplacer ?

En bus, le réseau est bien organisé, les liaisons rapides entre les principales grandes villes et peu chères. Mais le plus pratique reste, évidemment, de louer une voiture. Quant au stop, ça ne marche pas si mal !

➢ Côté santé, quelles recommandations ?

Être à jour de ses vaccins traditionnels suffit. Privilégier surtout la prévention contre les moustiques, vecteurs de maladies comme le chikungunya ou la dengue. Notez que les hôpitaux de l'île sont les mieux équipés de l'océan Indien.

➢ Peut-on y aller avec des enfants ?

Bien sûr ! Quelques jolies plages au bord du lagon, un vrai volcan pour illustrer les cours de géologie et des randos de tous niveaux. Bonne alternative aux hôtels, les meublés de tourisme, plus adaptés aux cavalcades des enfants. Repérez nos meilleurs sites grâce au symbole .

➢ Quelles sont les plus belles randos à faire ?

L'intérieur de l'île, avec ses 3 cirques – Cilaos, Salazie et Mafate –, offre des paysages époustouflants. Notamment depuis le piton Maïdo, le gîte de Bélouve ou jusqu'au piton des Neiges... sans oublier l'attraction *number one* de l'île, le piton de la Fournaise.

ARRIVER-QUITTER

LES LIGNES RÉGULIÈRES

▲ **AIR FRANCE**

Rens et résas au ☎ 36-54 (0,35 €/mn – tlj 6h30-22h), sur • airfrance.fr •, dans les agences Air France et dans ttes les agences de voyages. Fermées dim.

➢ Au départ de Paris-Orly, Air France propose jusqu'à 11 vols directs/sem sur Saint-Denis.

Air France propose à tous des tarifs attractifs toute l'année. Pour consulter les meilleurs tarifs du moment, allez directement sur la page « Nos meilleurs tarifs » sur *• airfrance.fr •*. *Flying Blue,* le programme de fidélité gratuit d'Air France-KLM, permet de gagner des *miles* en voyageant sur les vols Air France, KLM, Hop et les compagnies membres de *Skyteam,* mais aussi auprès des nombreux partenaires non aériens *Flying Blue...* Les *miles* peuvent ensuite être échangés contre des billets d'avion ou des services (surclassement, bagage supplémentaire, accès salon...) ainsi qu'auprès des partenaires. Pour en savoir plus, rendez-vous sur *• flyingblue.com •*

▲ **AIR AUSTRAL**

– Neuilly-sur-Seine : 2, rue de l'Église, 92200. ☎ 0825-013-012 (0,15 €/mn). • reservation@air-austral.com • air-austral.com • Ⓜ Pont-de-Neuilly. En vente également dans ttes les agences de voyages.

➢ 7 vols directs/sem au départ de Roissy-Charles-de-Gaulle à destination de Saint-Denis et jusqu'à 5 vols supplémentaires/sem. Également 2 vols directs/sem au départ de Marseille à destination de Saint-Denis.

– Départ quotidien de 19 villes de province et de Bruxelles en partenariat avec le TGV Air (gare SNCF et avion dans le même terminal CDG2).

Bon à savoir : Air Austral propose un *pass* « Îles Vanilles » offrant des avantages tarifaires sur son réseau aérien régional à tout acheteur d'un billet long-courrier vers l'océan Indien. Pour plus de renseignements, consulter le site internet : *• air-austral.com/a-propos-dair-austral/les-iles-vanilles.html •*

▲ **CORSAIR INTERNATIONAL**

Rens et résas : ☎ 39-17 (0,34 €/mn). • corsair.fr • Résas dans ttes les agences de voyages. Paiement en ligne sécurisé.

➢ Corsair propose 1 vol/j. au départ de Paris-Orly-Sud pour Saint-Denis. Pré et post-acheminement TGVAir depuis 18 villes de province.

▲ **XL AIRWAYS**

Résas au ☎ 0892-692-123 (0,35 €/mn), ☎ (+33)-3-60-04-01-03 (depuis l'étranger) et sur • xl.com •

– Relie Roissy-Charles-de-Gaulle à Saint-Denis 3 fois/sem, via Marseille (lun), Lyon (mer) ou Toulouse (mar).

LES ORGANISMES DE VOYAGES

En France

▲ **CERCLE DES VACANCES**

– Paris : 4, rue Gomboust (angle 31, av. de l'Opéra), 75001. ☎ 01-40-15-15-01. • cercledesvacances.com • Ⓜ Pyramides ou Opéra. Lun-ven 9h-20h, sam 10h-18h30.

Tour-opérateur spécialiste du vrai voyage sur mesure, à destination des îles de l'océan Indien et de la Polynésie française : Réunion, Maurice,

Rodrigues, Maldives, Zanzibar... Ses experts partageront avec vous leurs conseils pour faire de votre voyage une expérience inoubliable. Parce que chaque voyage est unique, Cercle des Vacances propose différents types de voyage : séjours, voyage au volant de votre voiture de location, combinés de plusieurs îles (Réunion-Maurice, Réunion-Maurice-Seychelles, Maurice-Rodrigues), voyages de noces, et un large choix d'hôtels (du *B & B* de charme à l'hôtel de luxe)... Également un service liste de mariage gratuit, et possibilité d'organiser votre mariage sur place ! Leurs équipes sauront vous proposer des petits plus qui font la différence : un survol en hélicoptère, un dîner romantique sur la plage au coucher de soleil, ou encore un petit déjeuner en pirogue...

▲ COMPTOIR DES VOYAGES

• comptoir.fr •

– Paris : 2-18, rue Saint-Victor, 75005. ☎ 01-53-10-30-15. Ⓜ Maubert-Mutualité. Lun-ven 9h30-18h30, sam 10h-18h30.

– Lyon : 10, quai Tilsitt, 69002. ☎ 04-72-44-13-40. Ⓜ Bellecour. Lun-sam 9h30-18h30.

– Marseille : 12, rue Breteuil, 13001. ☎ 04-84-25-21-80. Ⓜ Estrangin. Lun-sam 9h30-18h30.

– Toulouse : 43, rue Peyrolières, 31000. ☎ 05-62-30-15-00. Ⓜ Esquirol. Lun-sam 9h30-18h30.

– Bordeaux : 26, cours du Chapeau-Rouge, 33800. ☎ 05-35-54-31-40. Lun-sam 9h30-18h30.

– Lille : 76, rue Nationale, 59160. Ouverture en 2017.

Comptoir des Voyages s'impose comme une référence incontournable dans le voyage sur mesure, avec 80 destinations couvrant les 5 continents. Ses voyages s'adressent à tous ceux qui souhaitent vivre un pays de façon simple en s'y sentant accueillis. Les conseillers privilégient des hébergements typiques, des moyens de transport locaux et des expériences authentiques pour favoriser l'immersion dans la vie locale. Comptoir vous offre aussi la possibilité de rencontrer des francophones habitant dans le monde entier, des greeters, qui vous donneront, le temps d'un café, les clés de leur ville ou de leur pays. Comptoir des Voyages propose aussi une large gamme de services : échanges par visioconférence, devis web et carnet de voyage personnalisés, assistance téléphonique 24h/24 et 7 j./7 pendant votre voyage.

▲ ÎLES DU MONDE

– Paris : 5 bis, rue de l'Asile-Popincourt, 75011. ☎ 01-55-42-74-10. • ilesdumonde.com •

Depuis plus de 20 ans, Îles du Monde vous fait découvrir sa collection de voyages singuliers et d'adresses rares dans les îles. Toutes différentes et toutes empreintes de magie, les îles sont des rencontres, et parfois des coups de foudre. Que vous rêviez d'une vie de Robinson dans une cachette secrète aux Seychelles ou d'une vie de pacha sur un *motu* privé à Bora Bora, Îles du Monde personnalisera votre voyage à l'infini et au gré de vos envies.

▲ PASSION DES ÎLES

Rens et brochures sur demande en agence de voyages, par tél au ☎ 0825-161-500 (prix appel + 0,15 €/mn) ou sur • passiondesiles.com •

Le spécialiste des îles et des lagons depuis bientôt 40 ans. On trouve chez ce tour-opérateur tous les voyages sur mesure, combinés inter-îles et croisières aux Antilles. Définissez les dates de votre séjour et votre ville de départ, sélectionnez vos activités favorites (farniente, spa, découverte culturelle, aventure, plongée, golf...) et votre choix d'hôtellerie, l'équipe de Passion des îles vous préparera « votre programme » cousu main... le tout au juste prix. Tous les types d'hébergement, de charme, de luxe ou pour les familles, sont proposés.

▲ LA ROUTE DES VOYAGES

– Paris : 10, rue Choron, 75009. ☎ 01-55-31-98-80. Ⓜ Notre-Dame-de-Lorette.

– Angers : 6, rue Corneille, 49000. ☎ 02-41-43-26-65.

VOTRE LOCATION DE VOITURE
À LA RÉUNION :
bsp-auto.com
01 43 46 20 74
Ma location de voiture avec BSP AUTO ?
- La garantie du meilleur tarif
- Une offre tout compris :
✓ Km illimites
✓ Assurances incluses
✓ Annulations et modifications sans frais
- La moins chère des options '0 franchise'
Je ne paie que 5 jours avant le départ !
Réservations gratuites
Tel: 01 43 46 20 74
Des conseillers spécialisés 7j/7 :)
bsp-auto.com
-5%
sur votre réservation avec le code :
ROUTARD18

– Annecy : 4 bis, av. d'Aléry, 74000. ☎ 04-50-45-60-20.
– Bordeaux : 19, rue des Frères-Bonie, 33000. ☎ 05-56-90-11-20.
– Lyon : 59, rue Franklin, 69002. ☎ 04-78-42-53-58. Ⓜ Ampère-Victor-Hugo.
– Toulouse : 9, rue Saint-Antoine-du-T, 31000. ☎ 05-62-27-00-68. Ⓜ Capitole.
Agences ouvertes lun-jeu 9h-19h, ven 18h. Rdv conseillé. ● route-voyages.com ●
20 ans d'expérience de voyage sur mesure sur les 5 continents ! Cette équipe de voyageurs passionnée a développé un vrai savoir-faire du voyage personnalisé : écoute, conseils, voyages de repérage réguliers et des correspondant sur place soigneusement sélectionnés avec qui ils travaillent en direct. Son engagement à promouvoir un tourisme responsable se traduit par des possibilités de séjours solidaires à insérer dans les itinéraires de découverte individuelle. Elle a aussi créé un programme de compensation solidaire qui permet de financer des projets de développement locaux.

▲ **TUI**
Rens et résas au ☎ 0825-000-825 (prix d'appel + 0,20 €/mn). ● tui.fr ● et dans les agences de voyages TUI présentes dans tte la France.
TUI, numéro 1 mondial du voyage, propose tous les circuits Nouvelles Frontières, ainsi que les clubs Marmara et un choix infini de vacances pour une expérience unique. TUI propose aussi des offres et services personnalisés tout au long de vos vacances, avant, pendant et après le voyage.
Un circuit accompagné dans une destination de rêve, un séjour détente au soleil sur l'une des plus belles plages du monde, un voyage sur mesure façonné pour vous, ou encore des vacances dans un hôtel ou dans un club, les conseillers TUI peuvent créer avec vous le voyage idéal adapté à vos envies. Ambiance découverte, familiale, romantique, dynamique, zen, chic... TUI propose des voyages à deux, en famille, seul ou entre amis, parmi plus de 180 destinations à quelques heures de chez vous ou à l'autre bout du monde.

Voir aussi au sein de chaque ville les agences locales que nous avons sélectionnées.

Comment aller à Roissy et à Orly ?

Toutes les infos sur notre site *● routard.com ●* à l'adresse *● routard.com/guide_dossier/id_dp/20/aeroports_de_paris.htm ●*

En Belgique

▲ **TUI**
● tui.be ●
– Nombreuses agences dans le pays dont *Bruxelles, Charleroi, Liège, Mons, Namur, Waterloo, Wavre et au Luxembourg.*

En Suisse

▲ **STA TRAVEL**
● statravel.ch ● ☎ 058-450-49-49.
– Fribourg : rue de Lausanne, 24, 1701. ☎ 058-450-49-80.
– Genève : Pierre Fatio, 19, 120. ☎ 058-450-48-00.
– Genève : rue Vignier, 3, 1205. ☎ 058-450-48-30.
– Lausanne : bd de Grancy, 20, 1006. ☎ 058-450-48-50.
– Lausanne : à l'université, Anthropole, 1015. ☎ 058-450-49-20.
Agences spécialisées notamment dans les voyages pour jeunes et étudiants. 150 bureaux STA et plus de 700 agents du même groupe répartis dans le monde entier sont là pour donner un coup de main *(Travel Help).*
STA propose des tarifs avantageux : vols secs *(Blue Ticket)*, hôtels, écoles de langues, work & travel, circuits d'aventure, voitures de location, etc. Délivre la carte internationale d'étudiant et la carte Jeune.

▲ **TUI**
– Genève : rue Chantepoulet, 25, 1201. ☎ 022-716-15-70.
– Lausanne : Bd de Grancy, 19 1006. ☎ 021-616-88-91.
(Voir texte dans la partie « En France ».)

QUITTER LA RÉUNION

En avion

✈ ***L'aéroport La Réunion-Roland-Garros :*** *se situe à 10 km à l'est de Saint-Denis, en direction de Sainte-Marie. Accueil :* ☎ *02-62-48-80-68. Infos passagers :* ☎ *02-62-48-81-81. Mouvements aériens :* ☎ *02-62-28-16-16 (répondeur automatique).* • *reunion.aeroport.fr* •

✈ ***L'aéroport de Pierrefonds :*** *se trouve à 5 km de Saint-Pierre vers Saint-Louis. Infos sur les vols 24h/24 :* ☎ *02-62-96-80-00.* • *grandsudreunion.org* •

Pour les coordonnées des compagnies aériennes, se reporter aux rubriques « Adresses et infos utiles » de Saint-Denis et de Saint-Pierre.

➢ *Vers la métropole*

– Avec *Air France, Air Austral, Corsairfly* et *XL Airways* : voir plus haut « Les lignes régulières ».

➢ *Vers l'île Maurice*

– Avec *Air Mauritius,* de nombreux vols/j. au départ de Saint-Denis et de Saint-Pierre.
– Avec *Air Austral,* des vols quotidiens au départ de Saint-Denis et de Saint-Pierre.

➢ *Vers le reste de l'océan Indien et l'Afrique*

– ***Pour Madagascar :*** avec *Air Austral* vers Tananarive, Nosy Bé, Tamatave, et en partage de code avec *EWA Air* sur Majunga. Également avec *Air Madagascar* ou via Maurice avec *Air Mauritius.*
– ***Pour Rodrigues :*** plusieurs vols/j. via Maurice avec *Air Mauritius* et pdt les vac scol (ven et dim slt) avec *Air Austral* au départ de Saint-Pierre. Durée : 1h30.
– ***Pour les Comores (Moroni) :*** 2 vols/sem vers Moroni avec *Air Austral.* Durée : 3h50. Et 1 vol/sem en partage de code avec *EWA Air* via Mayotte.
– ***Pour les Seychelles :*** jusqu'à 2 vols directs/sem vers Mahé avec *Air Austral.* Durée : 2h40.
– ***Pour Mayotte :*** avec *Air Austral* ou *Corsair,* 1 ou 2 vols/j. vers Dzaoudzi. Durée : 2h10.
– ***Pour l'Afrique :*** avec *Air Austral,* 3 vols/sem pour Johannesburg (durée : 4h15). Avec *Air Mauritius* via Maurice, des vols pour Johannesburg, Cape Town, Durban et Nairobi.

➢ *Vers l'Asie et l'Océanie*

– ***Pour l'Australie : Perth*** en *code share Air Austral* et *Air Mauritius,* via l'île Maurice, 2 vols/sem.
– ***Pour l'Inde :*** Chennai (Madras) avec *Air Austral,* 2 vols/sem. Code Share avec *Air India* permettant des correspondances vers Delhi, Mumbai et Kochi et avec Jet Airways pour des correspondances vers Bengalore, Hyderabad, Coimbatore, Tiruchirapali.
– ***Pour la Thaïlande :*** Bangkok avec *Air Austral,* 2 vols/sem direct. Durée : 7h55.
– ***Pour la Chine :*** Hong Kong, Shanghai, Beijing, Chengdu avec *Air Mauritius.* Plus Guangzhou en code share *Air Austral* et *Air Madagascar*, 2 vols/sem.
– ***Pour la Malaisie*** (Kuala Lumpur) et ***Singapour*** avec *Air Mauritius.*

LA RÉUNION UTILE

ABC de La Réunion

- ***Superficie :*** 2 512 km², soit un territoire 3,5 fois plus petit que la Corse.
- ***Population :*** 845 000 hab., département français d'outre-mer le plus peuplé (plus que Guadeloupe et Martinique réunies) ; 80 % vivent sur la côte.
- ***Chef-lieu :*** Saint-Denis.
- ***Villes principales*** (estimation) : Saint-Denis (144 000 hab.) ; Saint-Paul (106 000 hab.) ; Saint-Pierre (82 000 hab.) ; Le Tampon (77 000 hab.) ; Saint-André (56 000 hab.).
- ***Monnaie :*** l'euro.
- ***Langues :*** le français et le créole principalement, plus le tamoul (Indiens du Tamil Nadu), le gujarati (Indo-musulmans originaires du Gujarat), le chinois, le malgache ou encore le comorien.
- ***Statut :*** département français d'outre-mer, depuis le 19 mars 1946.
- ***Devise :*** « Je fleurirai partout où je serai porté. »
- ***Religions :*** catholique en majorité, musulmane et hindoue.
- ***Point culminant :*** le piton des Neiges (3 070 m).
- ***Patrimoine mondial de l'Unesco :*** pitons, cirques et remparts inscrits en 2010 ; le maloya inscrit en 2009 au titre de patrimoine immatériel.
- ***Signes particuliers :*** densité de 334 hab./km² (3 fois la moyenne nationale) ; le volcan actif le plus au sud de France.

AVANT LE DÉPART

Adresses et infos utiles

Île de La Réunion Tourisme (IRT) : *90, rue La Boétie, 75008 Paris.* ☎ *01-40-75-02-79.* • *irtparis@reunion.fr* • Ⓜ *Saint-Philippe-du-Roule. Lun-ven 9h-17h.* Toutes les infos sur l'île. Offre également plusieurs publications gratuites très bien faites sur les hôtels, les randonnées, les meublés... ou encore une carte détaillée de l'île. Envoi de documentation sur demande. Et surtout possibilité d'effectuer des réservations directement auprès des conseillers clientèle.

– • *reunion.fr* • : portail officiel de La Réunion (IRT) permettant d'accéder à toutes les informations utiles pour préparer son voyage (histoire, agenda, actus, descriptif de plus de 2 300 structures...), mais également de réserver en ligne avec de nombreux bons plans promos.

Boutique & Galerie Île de La Réunion : *21, rue du Renard, 75004 Paris.* ☎ *01-40-25-98-40.* Ⓜ *Hôtel-de-ville. Mar-sam 10h30-19h.* Boutique alimentaire et artisanale ainsi qu'une galerie d'exposition.

Central de réservation Île de La Réunion : ☎ *02-62-90-78-78.* • *resa@reunion.fr* • *explorelareunion.com* • *Lun-ven 9h-12h30, 13h30-17h. Accueil téléphonique ou par courriel slt.* Bien pratique pour organiser son voyage. Informations et réservations pour tous les hébergements et les activités de pleine nature (terre, mer ou dans les

airs). Documents randos, vente cartes et topoguides pour randonneurs. Location de voitures. Organise des circuits à la carte et propose de nombreux « bons plans du moment » sur le site. Infos également sur place dans les offices et maisons de tourisme qui peuvent faire les réservations.

– Noter que *Île de La Réunion Tourisme (IRT)* a mis en place la ***charte Qualité Tourisme Île de La Réunion*** à laquelle adhèrent les structures qui garantissent aux touristes un séjour répondant à leurs besoins.

– ***Guide Run :*** édité par l'IRT, on le trouve un peu partout dans l'île, notamment dans les offices et maisons de tourisme. C'est un annuaire en couleur, qui donne les adresses des hébergements, restos, loueurs de voitures, activités sportives, etc.

■ ***Relais départemental des Gîtes de France :*** *4, rue Jules-Thirel, porte 21, 97460 Saint-Paul. ☎ 02-62-72-97-81 (lun-ven 9h-12h30, 13h30-17h00). • gites-de-france-reunion.com •* Chambres d'hôtes, gîtes ruraux, gîtes d'étape, tables d'hôtes et auberges de campagne...

Assurances voyages

■ ***Routard Assurance :*** *c/o AVI International : 40-44, rue Washington, 75008 Paris ☎ 01-44-63-51-00. • avi-international.com • Ⓜ George-V.* Depuis plus de 20 ans, Routard Assurance en collaboration avec AVI International, spécialiste de l'assurance voyage, propose aux voyageurs un contrat d'assurance complet à la semaine qui inclut le rapatriement, l'hospitalisation, les frais médicaux, le retour anticipé et les bagages. Ce contrat se décline en différentes formules : individuel, senior, famille, light et annulation. Pour les séjours longs (2 mois à 1 an), consultez le site. L'inscription se fait en ligne et vous recevrez dès la souscription tous vos documents d'assurance par e-mail.

■ ***AVA :*** *25, rue de Maubeuge, 75009 Paris. ☎ 01-53-20-44-20. • ava.fr • Ⓜ Cadet.* Un autre courtier fiable pour ceux qui souhaitent s'assurer en cas de décès-invalidité-accident lors d'un voyage à l'étranger mais surtout pour bénéficier d'une assistance rapatriement, perte de bagages et annulation. Attention, franchises pour leurs contrats d'assurance voyage.

■ ***Pixel Assur :*** *18, rue des Plantes, BP 35, 78601 Maisons-Laffitte. ☎ 01-39-62-28-63. • pixel-assur.com • RER A : Maisons-Laffitte.* Assurance de matériel photo et vidéo tous risques (casse, vol, immersion) dans le monde entier. Devis en ligne basé sur le prix d'achat de votre matériel. Avantage : garantie à l'année.

ARGENT, BANQUES

Avertissement

Si vous comptez effectuer des retraits d'argent aux distributeurs, il est ***très vivement conseillé*** d'avertir votre banque avant votre départ (pays visités et dates). En effet, ***votre carte peut être bloquée dès le premier retrait*** pour suspicion de fraude. C'est de plus en plus fréquent. Bonjour les tracasseries administratives pour faire rentrer les choses dans l'ordre, et on se retrouve vite dans l'embarras !

– La ***monnaie locale*** est bien sûr l'euro.
– Les ***guichets automatiques bancaires*** se disent ***gabiers.*** Ceux de la *Banque de La Réunion (BR)* sont traduits en créole.
– Les ***cartes de paiement*** ne sont pas acceptées dans la plupart des chambres et tables d'hôtes ainsi que les gîtes de randonnée, mais on peut retirer du liquide dans les mêmes conditions qu'en métropole, sauf dans le cirque de Mafate.

– Les ***chèques-vacances, tickets-restaurant*** et ***chèques-déjeuner*** sont bien répandus.

> Avant de partir, notez donc bien le numéro d'opposition propre à votre banque (il figure souvent au dos des tickets de retrait, sur votre contrat, ou à côté des distributeurs de billets), ainsi que le numéro à 16 chiffres de votre carte. Bien entendu, conservez ces informations en lieu sûr et séparément de votre carte.

Par ailleurs, l'assistance médicale se limite aux 90 premiers jours du voyage et l'assistance véhicule aux cartes haut de gamme (renseignez-vous auprès de votre banque). N'oubliez pas de VÉRIFIER LA DATE D'EXPIRATION DE VOTRE CARTE DE PAIEMENT avant votre départ !
– ***Petite mesure de précaution :*** si vous retirez de l'argent dans un distributeur, utilisez de préférence les distributeurs attenants à une agence bancaire. En cas de pépin avec votre carte (carte avalée, erreur de numéro...), vous aurez un interlocuteur à portée de tongs pendant les heures ouvrables.

> Afin d'éviter d'être limité, vous pouvez demander à votre banque de relever votre plafond de carte de crédit pendant votre déplacement. Utile surtout avec les cautions pour les locations de voiture.

BUDGET

L'***hébergement*** dans les hôtels de la côte n'est pas bon marché si l'on cherche la vue et le confort, mais grâce aux chambres d'hôtes et aux locations saisonnières, on peut s'en tirer à meilleur compte.
Côté ***restauration,*** c'est dans les établissements créoles que l'on trouve les plats les moins chers et, de plus, ils sont copieux (le riz, ça cale !). On se passe facilement d'entrée ou de dessert. Encore moins cher : les plats à emporter, une excellente formule proposée par bon nombre de restaurants. En revanche, les restos de poisson ou les établissements touristiques sont forcément plus coûteux, allant jusqu'à dépasser parfois les tarifs métropolitains, le long de la côte sous le vent.
Niveau ***transports,*** le bus reste le moyen de déplacement le plus économique. L'ensemble de l'île est plutôt bien desservi. Mais il est vrai que sans voiture, il est très difficile de découvrir les Hauts et les coins les plus reculés (souvent les plus beaux). D'une manière générale, les tarifs de location de voitures sont légèrement inférieurs à ceux pratiqués en métropole, sauf chez les loueurs nationaux (voir la rubrique « Transports »).
Les plus fortunés prévoiront des ***extras,*** comme le tour de l'île en hélico ou en ULM (génial, mais cher) ou les sports de plein air et à sensations en vogue dans l'île (parapente, canyoning, plongée, etc.). Si on peut se passer de l'hélico et de l'ULM, cela vaut vraiment la peine, en revanche, de prévoir un budget pour les activités de montagne et de mer, sinon on reviendra sans doute un peu frustré. Mais la randonnée reste certainement la plus saine, la plus écolo et la moins onéreuse manière de profiter des beautés de l'île !

Hébergement

D'une manière générale, nous indiquons des fourchettes de prix allant de la chambre double la moins chère en basse saison à celle la plus chère en haute saison. En ce qui concerne les chambres d'hôtes, le petit déjeuner est compris dans le prix, c'est pourquoi nous ne le précisons pas pour chaque adresse. Quant aux cartes de paiement, elles y sont très rarement acceptées. Dans le cas contraire, nous

indiquons si le petit déj est en plus et si les CB sont acceptées. Pour les hôtels, le tarif mentionné est celui d'une nuit en chambre double, sans petit déjeuner.
Voici nos échelles de prix par rubrique.
- ***Très bon marché :*** moins de 40 € la chambre double pour 1 nuit ou dans les 15-20 € la nuitée par personne. Principalement les AJ, les refuges, les gîtes d'étape et de randonnée, les pensions ainsi que certaines (rares) chambres d'hôtes.
- ***Bon marché :*** de 40 à 60 €.
- ***Prix moyens :*** de 60 à 80 €.
- ***Chic :*** de 80 à 100 €.
- ***Plus chic :*** de 100 à 150 €.
- ***Beaucoup plus chic :*** au-delà de 150 €.

Restauration

Recommandation à ceux qui souhaitent profiter des réductions et avantages proposés dans le *Routard* par les hôteliers et les restaurateurs.

À l'hôtel, pensez à les demander au moment de la réservation ou **à l'arrivée.** Ils ne sont valables que pour les réservations en direct et ne sont pas cumulables avec d'autres offres promotionnelles (notamment sur Internet). Au restaurant, parlez-en **au moment** de la commande et surtout **avant** que l'addition ne soit établie. Poser votre *Routard* sur la table ne suffit pas : le personnel de salle n'est pas toujours au courant, et une fois le ticket de caisse imprimé, il est souvent difficile de modifier le total. En cas de doute, montrez la notice relative à l'établissement dans le *Routard* de l'année, bien sûr, et ne manquez pas de nous faire part de toute difficulté rencontrée.

Les adresses gastronomiques sont chères, mais le midi même les restaurants chic proposent souvent un plat du jour autour de 10-15 €, qui tient lieu de repas. Sinon les petites adresses bon marché et locales sont légion. On peut également se faire un repas rapide composé de *bouchons, bonbons piments, samoussas,* sandwichs, etc., dans un petit stand de rue ou une camionnette-snack. Une addition ultra-légère, c'est bon, et on tient largement jusqu'au soir. On vous suggère par ailleurs d'essayer au moins une ou deux fois durant votre séjour une table d'hôtes chez l'habitant. Les menus oscillent généralement entre 20 et 30 €, ils sont bons et très (voire trop) copieux. Enfin, notez que les vins sont importés et souvent revendus à des prix élevés. Optez plutôt pour une bouteille de Cilaos (le *Perrier* local) ou encore une bière locale.
Les fourchettes de tarifs que nous indiquons correspondent grosso modo à un repas sans les boissons. Sachez qu'on cale souvent avant le dessert !
- ***Très bon marché :*** moins de 10 €.
- ***Bon marché :*** de 10 à 20 €.
- ***Prix moyens :*** de 20 à 35 €.
- ***Chic :*** de 35 à 50 €.
- ***Plus chic :*** au-delà de 50 €.

CLIMAT

On est dans l'hémisphère sud : il faut donc ***inverser les saisons*** pour s'y retrouver ! Vu la proximité du tropique du Capricorne, le ***climat*** de l'île est bien sûr ***tropical.*** Atténuée par l'océan, la température sur la côte varie entre 18 et 31 °C.

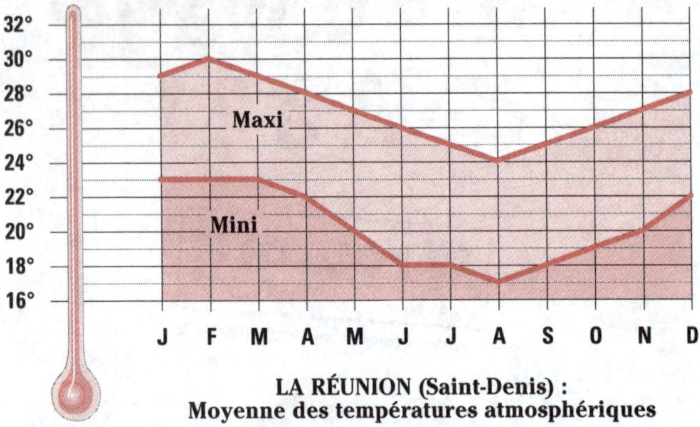

LA RÉUNION (Saint-Denis) :
Moyenne des températures atmosphériques

En revanche, en altitude (parfois élevée à l'intérieur), elle peut chuter à 4 °C et dépasse rarement les 25 °C. Le thermomètre peut même descendre en dessous de zéro en haute montagne. À 1 800 m, les gelées sont fréquentes, notamment la nuit, en juillet et août. Prévoir des ***vêtements légers*** (short, chemisette, et bien sûr maillot de bain) pour la côte, ***un pull et un coupe-vent pour la montagne*** (et de bonnes chaussures de marche).

En fait, pour bien comprendre le climat (assez compliqué ici, on vous l'accorde), il faut combiner quelques réalités géographiques : tout d'abord distinguer le *bord de mer* et l'*intérieur des terres* (en altitude donc), et par ailleurs faire une différence entre la ***côte sous le vent*** (c'est-à-dire protégée du vent – la côte ouest) et la ***côte au vent*** (exposée au vent – la côte est).

Résultat : la pluviométrie est très inégale sur l'île. Un grand principe : sur la côte ouest, il pleut rarement, tandis qu'à l'est il pleut très souvent ! La raison est simple : les nuages, arrivant de l'est, « accrochent » en premier les reliefs situés à proximité de cette côte. Sur l'ensemble de l'île, le mois de février est le plus arrosé. Sachez, enfin, que La Réunion figure ***en tête de peloton au niveau mondial pour les records de pluie*** sur des périodes de 12 heures et 24 heures (1996), et de 72 heures et 96 heures (2007).

Les saisons australes

– ***L'hiver austral :*** de mai à novembre, c'est la saison « fraîche ». Pendant cette période, il pleut rarement, sauf à l'est, entre Sainte-Rose et Saint-Joseph. À cette époque, les températures sont moins élevées, et la nuit commence à tomber vers 18h. En août-septembre, les baleines sont au large des côtes.

– ***L'été austral :*** de novembre à avril, c'est la saison chaude, mais aussi... celle des pluies. C'est la période où il fait le moins souvent beau : moiteur de l'air et, parfois, des *avalasses,* pluies torrentielles de courte durée en fin de journée. Beaucoup de nuages dans l'intérieur et en altitude : se lever tôt pour profiter des paysages somptueux.

– ***Le printemps :*** la période octobre-décembre. La végétation est resplendissante et luxuriante. Décembre est le mois des fleurs (ah ! les flamboyants...), mais aussi le mois des fruits (litchis et mangues José). Revers de la médaille : beaucoup de touristes et vacances scolaires courant janvier. Les hôtels, les chambres d'hôtes, les refuges qui sont encore ouverts (et ne sont pas eux-mêmes en vacances) affichent souvent complet en janvier.

Quand peut-on y aller ?

En fonction des saisons et de votre situation dans l'île, vous connaîtrez un climat bien différent, et ce à la même période. Si vous cherchez ***le soleil et la plage,*** l'hiver austral est préférable sur la côte ouest. Pour la ***randonnée,*** l'hiver austral est également la période la plus conseillée, mais il risque de faire plus froid, surtout en altitude. En été austral, saison des pluies, certains sentiers ne sont pas praticables suite à de fortes précipitations. Bon à savoir !
La ***période cyclonique*** a lieu en principe de décembre à mars. Pas de panique pour autant ! De toute façon, déjà, janvier est déconseillé : c'est la période des vacances scolaires (comme août en métropole), et tout est bondé (plages, restos...).
Une seule donnée fiable en permanence : la température moyenne de l'eau est idéale toute l'année (autour de 26 °C de novembre à mai et 23 °C environ de mai à octobre).
IMPORTANT : en dehors du mois de juin, traditionnellement plus calme, il est quasiment impératif de réserver depuis la métropole l'hébergement, la voiture de location et éventuellement les activités, que vous voyagiez ou non en groupe. Enfin, notez que ***pendant les vacances scolaires réunionnaises, de fin décembre à fin janvier, bon nombre d'adresses sont tout simplement fermées.***

CYCLONES

D'abord, une remarque rassurante : La Réunion étant bien équipée (c'est l'île la plus riche de l'océan Indien), les cyclones y sont rarement meurtriers. Ce n'était pas le cas autrefois, mais désormais les dégâts sont avant tout matériels : quelques vieilles cases s'écroulent, des arbres sont arrachés, les toits de tôle s'envolent, les panneaux publicitaires et (c'est plus gênant) les pancartes de signalisation aussi... Une expérience qui reste impressionnante, évidemment. Les Réunionnais se précipitent dans les supermarchés pour se ravitailler en eau, bougies, conserves, etc. Beaucoup de Réunionnais vous diront qu'un bon cyclone calme les esprits pour un certain temps. Pour la population, les effets néfastes sont surtout les coupures d'eau et d'électricité, les routes barrées et – après le cyclone – les inondations, ravageuses quand les ravines déferlent pendant plusieurs jours.

LES NOMS DES CYCLONES

Depuis le XVIIIe s, on donne un nom aux cyclones. Façon de conjurer le sort ? Certainement misogyne, le météorologue Wragge prenait des prénoms de femmes... ou de politiciens qu'il n'aimait pas. Depuis 1979, face aux critiques féministes, les cyclones sont baptisés alternativement par des prénoms masculins et féminins. Les listes sont d'ailleurs établies à l'avance.

Les trois stades d'alerte cyclonique

Se tenir informé en lisant la presse, en écoutant la radio et en téléphonant aux services de Météo France (répondeurs avec message enregistré). Entre décembre et mars, dès que le temps se couvre, il vaut mieux consulter Météo France avant d'entreprendre une randonnée. • *meteofrance.re* •
– ***Le temps en direct, partout dans l'île, et bulletin météo marine :*** ☎ *32-50 (0,34 €/mn).*
– ***Le point sur le cyclone :*** ☎ *0897-65-01-01 (0,56 €/appel).*
La Réunion dispose de trois systèmes d'alerte :
– ***Préalerte :*** un cyclone est annoncé sur l'océan Indien, il approche suivant l'immuable ligne nord-est/sud-ouest, mais ne se manifeste pas encore. La vie continue normalement, toutefois il est officiellement interdit de partir en montagne ou en mer. Les habitants doivent vérifier leurs cases, élaguer les branches fragiles, commencer à acheter des produits de base, comme des bougies et de l'eau.

– ***Alerte orange :*** le cyclone approche des côtes. Les écoliers ne vont plus en classe, et les paysans doivent rentrer leurs bêtes. Les voitures circulent encore normalement, mais seulement pour assurer les transports nécessaires. Ne pas prendre son automobile si l'on n'est pas obligé de le faire. Si vous êtes sur la côte, ne montez pas dans les cirques, vous y seriez bloqué pendant toute la durée du cyclone sans possibilité de redescendre.

– ***Alerte rouge :*** le monstre va bientôt s'abattre sur l'île. Danger imminent ! L'alerte rouge est toujours annoncée par Météo France avec 3h d'avance, pour permettre aux entreprises de fermer leurs portes et aux habitants de rentrer chez eux. Interdiction absolue de sortir, à pied ou en voiture, et même de téléphoner, à cause des chocs électriques que peuvent occasionner les lignes brisées... Patience. Écouter souvent la radio pour se tenir informé de l'évolution du cyclone. La période d'alerte rouge peut durer entre 1 et 3 jours, au cas où le monstre ferait un deuxième passage.

Après le cyclone (phase de sauvegarde)

La vigilance est conseillée, car les routes sont jonchées de branches et d'arbres cassés, de fils tombés à terre, de pierres détachées des falaises. Gare aux éboulements sur les routes de montagne et sur la corniche à la sortie de Saint-Denis. Bon, après ces souffles dévastateurs, vous aurez mérité de respirer un peu, à votre rythme... Il faut tout de même attendre quelques jours pour retrouver un bleu turquoise sur le lagon et boire l'eau du robinet.

DANGERS ET ENQUIQUINEMENTS

Voici la liste des pépins qui ne vous arriveront pas une fois que vous aurez lu ces lignes !

– Les ***moustiques*** piquent de jour comme de nuit. En 2006, une épidémie de *chikungunya,* un virus transmis par ces insectes, a balayé l'île, provoquant des symptômes proches de ceux de la dengue (douleurs aux articulations). On conseille vivement de privilégier les traitements préventifs et de se couvrir les bras et les jambes dans la mesure du possible. Se reporter à notre rubrique « Santé » et ne pas hésiter à consulter les sites de l'OMS *(• who.int/fr •)* ou de l'Institut de veille sanitaire *(• invs.santepubliquefrance.fr •)* en cas de doute.

Sinon, peu de risques importants à signaler, hormis ceux liés aux activités sportives.

– En dehors des requins (voir plus bas), un autre danger à éviter, côté plage : les ***vagues*** (souvent hautes) et les ***courants*** qui mènent vers le large. Ne pas ignorer les panneaux affichés sur les plages et éviter de se baigner quand la mer paraît trop agitée. Les accidents sont rares, mais ils arrivent le plus souvent suite à des imprudences.

– Ne pas sous-estimer les habituels ***coups de soleil.*** Celui-ci tape très fort entre 11h et 15h, même s'il y a des nuages, voire du brouillard en montagne, surtout quand on se rend au volcan ! Les peaux toute roses de « métros » feront particulièrement attention.

– Une bonne nouvelle : aucun animal venimeux dans l'île. Les couleuvres que vous verrez peut-être ne sont pas dangereuses. En revanche, si les petits scorpions ne sont pas mortels, leur piqûre fait beaucoup plus mal qu'une simple piqûre de guêpe, alors attention ! Sinon, quelques petites araignées *(bibes)* dans les cases, des grandes *(babouks)* en dehors, mais pas méchantes, et un mille-pattes géant (appelé *cent-pieds* !), en voie de disparition, dont la piqûre est douloureuse elle aussi.

– Un mot sur les chiens errants : ils sont plutôt débonnaires et rarement agressifs dans les villes. Les autochtones ont des rapports beaucoup plus distants avec eux que les métropolitains, et ils font un peu partie du paysage.

– Enfin, avant de se lancer dans une grande randonnée en montagne, se renseigner sur les ***prévisions météo et l'état d'ouverture des sentiers.*** À ce sujet, bien lire notre rubrique « Randonnées ».

Le risque requins

ARRÊTÉ PRÉFECTORAL

En raison du « risque requins », la préfecture de La Réunion a pris un nouvel arrêté réglementant les baignades et certaines activités nautiques dans la bande des 300 m depuis février 2017, complétant les mesures de 2013. La baignade et les activités nautiques (de type surf, *bodyboard, bodysurf, longboard, paddleboard*) sont autorisées dans le lagon ; en dehors du lagon, dans des espaces aménagés et surveillés et dans les zones d'expérimentation opérationnelle (ZONEX).

Les lagons, espaces de baignade sécurisés, s'étendent sur 25 km à l'ouest (Saint-Gilles, Saint-Leu, Étang-Salé, Saint-Pierre). Des espaces sont également aménagés et surveillés du côté de Boucan-Canot, Roches-Noires, Étang-Salé. À suivre de près sur • *info-requin.re* •

En mer, au-delà de la barrière de corail, des ***requins*** peuvent être observés, ce qui n'a rien d'extraordinaire dans l'océan Indien. On a compté en moyenne, sur les 30 dernières années, une attaque officielle par an, dont certaines mortelles, mais c'était l'exception. Seulement voilà, depuis 2011, on observe une vraie recrudescence d'attaques (plus d'une vingtaine), dont plusieurs mortelles. Elles ont parfois lieu à proximité de plages très fréquentées (plage des Roches-Noires, Boucan-Canot, Saint-Leu...), mais jamais dans les lagons. Un vrai panier de crabes que cette histoire, et un vrai challenge pour l'image de l'île que les acteurs essaient de relever ensemble. Pourquoi cette recrudescence d'attaques, dues tout spécialement aux requins-bouledogues et aux requins-tigres ? En fait, on ne sait pas grand-chose sur le comportement de ces animaux. Plusieurs hypothèses ont été avancées. Elles sont toutes à l'étude, mais on constate qu'il n'y a pas eu d'attaque là où la colonne d'eau est occupée par des activités humaines. On peut aussi constater que les derniers accidents sont pour la plupart liés à l'imprudence des surfeurs ou baigneurs qui n'ont pas respecté les consignes de sécurité.

Une étude scientifique, l'opération CHARC, suit son cours. Des filets de protection ne laissant passer que les petits poissons et les tortues ont été installés récemment à Boucan-Canot et au niveau de la plage des Roches-Noires à Saint-Gilles. Par ailleurs, du personnel de surveillance (les vigies) est présent pour le surf. D'autres projets sont à venir suivis de près par le Centre de Recherche et d'Appui de gestion du risque requins qui a été créé pour aider les communes à équiper les sites de baignade et d'activités nautiques.

Respecter à la lettre la couleur des drapeaux (vert : toute sécurité ; orange : dangereux mais surveillé ; rouge : interdit) et les arrêtés préfectoraux concernant la réglementation des baignades et activités nautiques (voir encadré). Des panneaux dissuasifs se chargeront d'ailleurs de vous rappeler à l'ordre. Dans tous les cas, une règle d'or : on ne se baigne pas la nuit ou dans des eaux troubles (suite à des intempéries) en dehors des lagons. Mais profitez de la baignade et ses 22 km de lagons et dans les sites de baignade équipés et dans les bassins de baignade.

L'île aux embouteillages

À La Réunion, les voitures se vendent comme des petits pains, conséquence de la frénésie de consommation, le problème étant que le réseau routier n'est pas extensible compte tenu de la topographie de l'île. Résultat : il y a trop de voitures et pas assez de place dans les rues et sur les routes. Ajoutez à cela l'usure rapide des routes littorales, particulièrement entre Saint-Denis et Le Port, ainsi

que les dégâts occasionnés par les passages des cyclones, et vous comprendrez mieux pourquoi les principales agglomérations sont si embouteillées aux heures de pointe. En réalité, c'est un véritable fléau !
De plus, vous ne pourrez pas converser avec un Réunionnais sans aborder le sujet de la ***route du littoral.*** Quand on vous dit : « la route la plus chère du monde », la « tueuse du *ti'train* », « l'autoroute à cailloux », on vous parle en fait de la route entre Saint-Denis et Le Port. Sa physionomie actuelle date de 1976, année de l'acte de décès de l'autorail. La route est protégée par des filets déflecteurs et des murets, mais cela n'empêche pas les véhicules de sécurité de patrouiller toutes les 2h et d'enlever les petits cailloux... Quand c'est nécessaire, les autorités décident de basculer les voies : côté mer après de fortes pluies et côté montagne en cas de forte houle. En 1999 a été mise en service une 3-voies alternée. Malgré toutes ces dépenses, les chutes de pierres ont occasionné de nombreux accidents, entraînant la mort de plusieurs personnes. Le gros chantier des années à venir est la construction d'une nouvelle route sur l'océan (littéralement !), entre Saint-Denis et La Possession, en doublement de cette fameuse route du littoral. La première pierre a été posée fin 2013, et cette route de 12 km (dont 5 km de viaduc) coûtera au bas mot 1,7 milliard d'euros ! Afin de décongestionner le trafic sur la route côtière de l'Ouest, la ***route des Tamarins*** relie quant à elle, depuis 2009, Saint-Paul à Étang-Salé (en passant par les Hauts : Saint-Gilles, La Saline, Trois-Bassins, La Chaloupe, Piton-Saint-Leu et Les Avirons). Longue de 34 km, elle constitue un véritable défi technique, avec le franchissement de plus de 120 ravines. Puisqu'il faut bien faire les choses, des ouvrages d'art exceptionnels ont été élevés et quelques tunnels percés, le tout à un coût faramineux, dépassant le milliard d'euros. Elle permet en tout cas de parcourir les trois quarts de l'île en 4-voies.
– ***Un conseil :*** pour échapper aux embouteillages, qui peuvent gâcher vos vacances, évitez d'entrer en voiture dans les villes, notamment à Saint-Denis, entre 7h et 9h du matin et d'en sortir entre 16h30 et 18h. Comme partout, ce sont les heures de pointe. De gros embouteillages à signaler aussi le dimanche soir, entre 17h et 20h, sur la route littorale reliant Saint-Gilles-les-Bains à Saint-Denis et dans la région de Saint-Pierre. Après la plage, l'embouteillage ! Tristes tropiques !
– Pratique : le service radio-guidage de Radio Free-Dom (*● freedom.fr ●*) permet, quand on le peut, d'anticiper les bouchons et de moduler ses déplacements.

DÉCALAGE HORAIRE

Pas énorme malgré la distance avec la métropole. Ajouter 2h par rapport à l'heure d'été et 3h en hiver (de fin octobre à fin mars). Quand il est 12h à Paris, il est donc 14h ou 15h dans l'île, selon la saison. Faites-vous à l'idée qu'il fait nuit de bonne heure et qu'il y a peu de choses à faire après 20h (sinon la fête, bien sûr !). Vivez au rythme créole : levez-vous et couchez-vous avec le soleil.

HÉBERGEMENT

L'offre d'hébergement à La Réunion est suffisamment diversifiée pour que tous les budgets y trouvent leur compte. Les prix sont plus élevés entre Boucan-Canot et Saint-Leu, région la plus touristique. Les chambres et tables d'hôtes sont très prisées par les autochtones, qui réservent les meilleures pour les week-ends, des semaines à l'avance. *Conseil :* avril-mai, juillet-août, mais surtout octobre-décembre sont les périodes les plus touristiques, et donc les plus chargées, du moins pour les hôtels de la côte ouest en bord de mer et les gîtes de randonnée. Beaucoup de monde partout... d'où la nécessité de réserver longtemps à l'avance.

À qui s'adresser ?

Le Relais départemental des *Gîtes de France* à Saint-Denis édite une brochure détaillée avec les tarifs des gîtes, des chambres d'hôtes et auberges de campagne. Le central de réservation *Île de La Réunion Tourisme* et les différents offices de tourisme fournissent toutes les infos sur l'ensemble des hébergements de l'île. Sinon, consultez le guide *Île en île*, disponible gratuitement dans les offices de tourisme, qui contient une liste des restaurants, hébergements par ville et activité. Par ailleurs, nous mentionnons de nombreuses adresses ayant reçu le label *Qualité Tourisme Île de La Réunion* : les professionnels y adhèrent volontairement et s'engagent à proposer le meilleur à leur clientèle.

– Sites utiles (infos et résas) : • *explorelareunion.com* • *gites-de-france-reunion.com* • *et* • *clevacances.com* •

Le camping et le bivouac

Les campings sont peu nombreux. Il existe néanmoins des aires de bivouac et de camping à Mafate ainsi que quelques campings à la ferme ou chez l'habitant. Par ailleurs, on trouve des kiosques, avec barbecue, pris d'assaut les week-ends mais qui restent disponibles en semaine.

L'île se prête bien au bivouac. On peut facilement planter sa tente en bord de plage sur la côte ouest (Boucan-Canot, Grand-Fond, L'Ermitage, Trou-d'Eau, Saint-Leu, Étang-Salé) ainsi que sur la côte sud (Vincendo) ou tout simplement bivouaquer avec un hamac. Enfin, tout cela en restant discret quand même. Dans l'intérieur, c'est un peu plus compliqué car les températures sont beaucoup plus fraîches, il faut donc s'équiper en conséquence. Dans les Hauts, l'ONF accepte le bivouac pour une nuit.

Les gîtes et refuges de randonnée

Les ***gîtes et refuges de randonnée*** sont des hébergements dans des lieux isolés, composés de dortoirs avec lits superposés, parfois de quelques chambres doubles. Tous sur les parcours de randonnée, dans des sites sublimes. Quelques-uns dans le cirque de Mafate (qui ne compte aucun hôtel). Ils servent des repas chauds le soir ainsi que des petits déjeuners. Confort sommaire, draps et couvertures fournis (un sac à viande est cependant recommandé), mais pas les serviettes ni le nécessaire de toilette. Ouverts toute l'année. Attention, ***la réservation est impérative.*** Cela dit, ils ne mettent personne à la porte, mais si l'on n'a pas réservé, il faut s'attendre à un bout de matelas dans un coin ! On peut se renseigner directement auprès des propriétaires ou sur le site • *reunion.fr* • Certains sont labellisés *Gîtes de France.* Noter qu'en période de sécheresse l'eau est rare et, sur le refuge du piton des Neiges, la douche n'est pas toujours possible.

Les chambres et les tables d'hôtes

Elles sont assez nombreuses et permettent de vivre à la créole et de partager un repas généralement très, voire trop copieux ! Les chambres d'hôtes sont souvent situées dans les Hauts (mais loin de la côte) et pas toujours si faciles à trouver. Téléphoner avant pour se faire préciser l'itinéraire. Un minimum de 2 nuits est parfois demandé. Certaines sont labellisées *Gîtes de France* ou *Clévacances.*

Les locations saisonnières (gîtes, meublés de tourisme)

– ***Les gîtes :*** labellisés par les *Gîtes de France,* au nombre de 70 environ, essentiellement pour les familles et des séjours d'une semaine.

– Les autres structures non labellisées *Gîtes de France* sont des appartements, maisons meublées, bungalows, loués en général à la semaine, du moins en haute saison. Certains sont labellisés *Clévacances.* Intéressant pour les familles ou quand on choisit de rayonner en étoile depuis un seul endroit. À ne pas négliger, surtout qu'avec la concurrence les prestations sont généralement de qualité (bon équipement électroménager, lit pour bébé...).

Les hôtels

Surtout sur la côte, dans les villes. Tous les prix : de la petite pension de Saint-Denis à l'établissement grand luxe de Boucan-Canot. Les moins fortunés se rabattront plutôt sur les chambres d'hôtes.

LANGUE CRÉOLE

La plupart des Réunionnais parlent le créole, même si la langue officielle est évidemment le français. De toute façon, le créole (comme le cajun ou le québécois) est un « parler » français, provenant du français parlé au XVIIe s et intégrant des apports malgaches, tamouls, voire indo-portugais. Le créole de La Réunion est différent de ceux des Antilles ou de Guyane.

Depuis quelques années, la langue créole est enseignée à l'université de Saint-Denis. À la maternelle, on parle surtout le créole (langue maternelle par définition), le français apparaissant plutôt en primaire. Depuis l'année 2000, les cours de primaire intègrent de plus l'histoire de l'île et de la zone océan Indien. Dire qu'il aura fallu attendre le troisième millénaire pour arriver à cette révolution de programme... Même si pour un non-initié, les slogans publicitaires sur le bord des routes ou les instructions d'un distributeur de billets en créole font parfois sourire, on oublie tout simplement que plus de la moitié de la population ne parle en fait que le créole. Le créole reste le trait d'union le plus fort entre les différentes communautés et certainement le plus sûr moyen de s'intégrer et d'être acceptés (mahorais, comoriens ou « zoreils »). Par ailleurs, noter que 111 000 Réunionnais étaient encore déclarés il y a peu illettrés ou analphabètes (Insee 2011) !

– ***Dictionnaire Kréol-Français*** d'Alain Armand, 2e édition 2014 : 30 ans après sa première publication, la référence en la matière, agrémenté de nombreuses citations.

UNE SACRÉE MARMAILLE

En créole, on utilise ce mot affectueux signifiant « enfant ». Avec près de 840 000 habitants, La Réunion est plus peuplée que la Guadeloupe et la Martinique réunies (environ 400 000 habitants pour chacune).

Prononciation et grammaire

Phonétiquement et grammaticalement, la langue créole ressemble un peu à un patois chantant. Les mots sont avalés, les liaisons très prononcées (*z'arabe* est un exemple typique), la grammaire est simplifiée (*mi achète* pour « j'achète », *nave* pour « il y avait »). L'orthographe n'est pas stable : quand vous demandez à un créole comment écrire un mot, il répond (le sourire aux lèvres) : « Comme vous l'entendez. » Ça facilite le travail... Une première graphie phonétique,

HÉRY DE BON CŒUR

Débarqué sur l'île Bourbon en 1820 pour y diriger une usine sucrière, le Breton Louis Héry (1808-1856) se convertit à l'enseignement et rédigea une adaptation des Fables de La Fontaine *en créole réunionnais,* Fables créoles, *dédiées aux dames de l'île Bourbon (1828). L'ouvrage est le premier écrit connu dans cette langue et ne manque pas d'humour avec ses animaux péi.* « Si vous tant content la misique, vous pé bien danser la polka. » *Vous reconnaissez ?*

appelée « Lékritir kréol », a vu le jour en 1977, mais elle a été supplantée par une graphie plus récente, la graphie Tangol, créée par l'écrivain Axel Gauvin et utilisée dans les collèges.

Petit lexique créole

- *Baba :* bébé.
- *Bat un carré :* se promener.
- *Ben :* oui.
- *Bertelle :* sac en vacoa que portent les créoles dans les Hauts.
- *Boug :* un mec, un gars.
- *Case :* maison (l'habitation est une exploitation agricole).
- *Cass l'armoire :* se mettre sur son trente et un, mettre ses plus beaux vêtements.
- *Coman i lé :* signe de politesse, pour dire bonjour. On répond « *lé la* ».
- *Coup de sec :* verre de rhum (bien sûr).
- *Dalon :* copain.
- *Gramoune :* personne âgée.
- *Ladi lafé :* commérages.
- *Lé bel :* c'est bien.
- *Lé mol :* c'est nul.
- *Lontan :* autrefois.
- *Marmaille :* enfant.
- *Mi aim a ou :* pas besoin qu'on vous traduise.
- *Mi connais pas :* je ne sais pas.
- *Moucater :* se moquer.
- *Péi :* du pays, local. Employé à toutes les sauces : marché *péi,* confitures *péi,* artisanat *péi...*
- *Pile plate :* petite bouteille de rhum en plastique.
- *Skisse a moin :* excusez-moi.
- *Tantine :* fille.
- *Taser :* draguer.
- *Ti' rack :* un coup de rhum.
- *Totoche :* souvent utilisé avant une phrase, pour marquer son étonnement. *Totoche ta maman,* le « nique ta mère » local.
- *Yab :* un créole blanc des Hauts.
- *Zamal :* cannabis local, de réputation mondiale.
- *Zorey ou Z'oreille :* Blanc de métropole.

Attention aux contresens ! Par exemple :

- *Baiser :* frapper.
- *Boucan :* cabane.
- *Coquer :* faire l'amour.
- *Linge :* le vêtement.
- *Nana :* il y a.
- *Roder :* chercher.

LIVRES DE ROUTE

– ***Chasseur de Noirs*** (plusieurs éditions : Orphie, Flammarion...), de Daniel Vaxelaire. Bien que né en Lorraine en 1948, Daniel Vaxelaire s'est créolisé et a renouvelé le roman historique. Il a écrit notamment cette histoire d'un chasseur de primes devenu défenseur de l'abolition de l'esclavage après sa rencontre avec un grand chef marron. Également un scénario de B.D. sur le célèbre pirate La Buse, un roman, ***L'Affranchi*** (Orphie, 2008), racontant l'ascension sociale d'Étienne, affranchi et instrumentalisé par son maître, un roman sur le célèbre Sitarane (***Les Buveurs de sang,*** Orphie, 2008) et de nombreux ouvrages pour la jeunesse.

– ***Du créole opprimé au créole libéré*** (L'Harmattan, 2000), d'Axel Gauvin. Né à Bois-de-Nèfles (Saint-Denis) en 1944, professeur de sciences naturelles, poète et romancier, Axel Gauvin milite pour la défense de la culture réunionnaise et de la langue créole. Parmi ses livres, citons également ***L'Aimé*** (Points Seuil, 1999), l'histoire d'une belle résurrection sentimentale, ou encore ***Train fou*** (Le Seuil, 2000).
– ***L'Arbre de violence*** (Le Livre de Poche, 1996), de Jean-François Samlong. Né à Sainte-Marie, en 1949, prof, poète et romancier à succès, ex-attaché culturel au conseil général, Jean-François Samlong participe au renouveau de la littérature réunionnaise, en la promouvant ou en aidant les jeunes auteurs à être publiés. Il est le fondateur du mouvement Créolie. Dans *L'Arbre de violence,* il évoque la relation douloureuse entre un père et son fils. Dans le ***Nègre blanc de Bel-Air*** (Le Serpent à Plumes, 2002), quand un maître décide d'éduquer son esclave comme un Blanc, c'est l'enfer qui commence pour Songol. Paru en 2005, ***L'Empreinte française*** (Éditions du Rocher, 2005) est un récit autobiographique où l'écrivain évoque son parcours, entre cultures créole et française.
– ***L'Aïeule de l'isle Bourbon*** (rééd. L'Harmattan, 2000), de Monique Agénor. Née à Saint-Denis en 1940, Monique Agénor partage sa vie entre Paris et La Réunion. Comédienne, cinéaste et romancière, elle a reçu en 1994 le prix des Mascareignes pour ce livre. Dans ***Bé-maho, chronique des îles sous le vent*** (Le Serpent à Plumes, 1996), elle s'attaque au roman historique, s'intéressant à la Seconde Guerre mondiale, une période mal connue de l'histoire de l'île. Elle a aussi publié un récit pour les plus jeunes, ***Les Enfants de la colline sacrée*** (Syros Jeunesse, 2005).
– ***Trente Jours à tuer*** (France Loisirs) **:** la première œuvre de Joëlle Écormier, née au Tampon en 1967. Dans un premier temps guide-interprète en anglais, elle glisse peu à peu vers les livres, qu'elle vend puis qu'elle écrit, notamment à destination des enfants. Aujourd'hui, au sein de la médiathèque de Saint-Denis, elle organise des cours d'écriture pour les enfants. En 2009, elle a reçu le prix du roman de La Réunion des Livres pour ***Le Petit Désordre de la mer*** (Océan Éditions, 2010), « désordre » en créole signifiant « bruit ».
– Un roman sur Kerguelen, ***Léone : pages de vie à Kerguelen*** (Orphie, 2000), de Françoise Sylvestre, prend La Réunion comme point de départ. Un ouvrage très bien documenté ; on reconnaît les lieux à chaque description.
– Également une référence en matière de bel ouvrage, ***La Réunion du battant des lames au sommet des montagnes*** (Cormorans, 1998), de Catherine Lavaux, une véritable encyclopédie de l'île pour comprendre l'histoire et la culture réunionnaises.
– Un roman historique récent et bien documenté : ***La Vraie Couleur de la vanille*** (L'École des Loisirs, 2014), de Sophie Chérer, relate la fameuse découverte botanique d'Edmond Albius, jeune esclave noir adopté par un planteur blanc...

UN PROCÈS EXEMPLAIRE !

En 1817, l'esclave Furcy fit un procès à son maître pour retrouver sa liberté. La procédure dura 26 ans ! Né à La Réunion, il travailla 18 ans à Maurice. Il gagna en 1843... 5 ans avant l'abolition de l'esclavage. Devenu célèbre, il fit fortune comme confiseur. Lire cette histoire inimaginable et pourtant vraie dans L'Affaire de l'esclave Furcy *(Gallimard, 2010, 198 p.), de Mohammed Aïssaoui.*

– Un très bon bouquin, ***Exil créole*** (2004), par *Artisan Reporter.* Le n° 1 d'une collection de récits de voyages, d'enquêtes et de reportages. Pour ceux qui veulent découvrir La Réunion d'une manière plus instructive. Des récits très différents les uns des autres, qui se lisent comme des nouvelles.
– ***Guide des volcans d'outre-mer*** (Belin, « Guides savants », 2007) **:** un ouvrage joliment illustré (photos, cartes, témoignages...) sur les volcans, petits ou grands, actifs ou non, de la France d'outre-mer. La Fournaise réunionnaise, de par sa forte activité, y tient une place de choix, bien évidemment. Double approche : à la fois géologique et touristique.

– Enfin, signalons ***L'Incroyable Histoire du café Bourbon Pointu de la Réunion*** (2016, éd. Edilivre) par Ansbert Alexandre Dijoux. À parcourir en dégustant une tasse de ce café unique, haut de gamme et adopté par des grands restaurants, un arabica naturellement décaféiné sauvé de la disparition par des passionnés.

Au rayon B.D.

– Les albums des aventures de ***Tiburce,*** le Titeuf local, un jeune créole dans la vie de tous les jours, avec des personnages typiques de La Réunion. Disponibles dans les librairies et grandes surfaces, ils sont une bonne entrée en matière sur la vie des Hauts. On trouve aussi dans la même maison d'éditions du Centre du Monde *Au temps béni des colonies,* une B.D. qui pourrait choquer les âmes puritaines. De l'humour noir sur la vie sexuelle des Français, pas très blanche.
– On recommande par ailleurs les albums engagés d'Appollo et de Serge Huo-Chao-Si, respectivement scénariste et dessinateur, publiés aux éditions Vents d'Ouest : ***La Grippe coloniale*** (2003, 56 p.) a remporté le grand prix de la critique à Angoulême en 2003 et traite du difficile retour des poilus à La Réunion. La série ***Fantômes blancs*** (*Maison rouge,* 2005, 48 p., et *Bénédicte,* 2006, 48 p.) s'intéresse à la délicate question de l'esclavage. Autre album d'Apollo, en collaboration avec le dessinateur Lewis Trondheim, cette fois-ci : ***Île Bourbon 1730*** (Delcourt, 2007, 286 p.). Les pas de deux ornithologues rêvant de capturer le dernier dodo croisent ceux de flibustiers (dont le célèbre La Buse), colons, marrons... et autres drôles d'oiseaux. Un chef-d'œuvre du genre.
– Également ***Les Grandes Dates de l'histoire de La Réunion*** chez Epsilon Éditions, sous forme de B.D., par Fabrice Urbatro et Gilles Gauvin (édité en français et en créole).

PERSONNES HANDICAPÉES

Le label Tourisme et Handicap

Ce label national, créé par le secrétariat d'État à la Consommation et au Tourisme en partenariat avec les professionnels du tourisme et les associations représentant les personnes handicapées, permet d'identifier les lieux de vacances (hôtels, campings, sites naturels, etc.), de loisirs (parcs d'attractions, etc.) ou de culture (musées, monuments, etc.) accessibles aux personnes handicapées. Il apporte aux touristes en situation de handicap une information fiable sur l'accessibilité des lieux. Cette accessibilité, visualisée par un pictogramme correspondant aux quatre types de handicaps (moteur, visuel, auditif et mental), garantit un accueil et une utilisation des services proposés avec un maximum d'autonomie dans un environnement sécurisant.

Pour connaître la liste des sites labellisés : • *rendezvousenfrance.com* • (rubrique « Tourisme et Handicap »).

Par ailleurs, dans le guide, nous indiquons par le logo les établissements qui possèdent un accès ou des chambres pouvant accueillir des personnes handicapées.

Certaines adresses sont parfaitement équipées selon les critères les plus modernes. D'autres, plus simples, plus anciennes aussi, sans répondre aux normes les plus récentes, favorisent leur accueil, facilitent l'accès aux chambres ou au restaurant. Évidemment, les handicaps étant très divers, des lieux accessibles à certaines personnes ne le seront pas à d'autres. Appelez auparavant pour savoir si l'équipement de l'hôtel ou du restaurant est compatible avec votre niveau de mobilité.
Malgré les combats menés par de nombreuses associations, l'intégration des personnes handicapées à la vie de tous les jours est encore balbutiante en France. Il tient à chacun de nous de faire changer les choses. Une prise de conscience est nécessaire, nous sommes tous concernés.

PLONGÉE

Jetez-vous à l'eau !

En vacances, c'est le moment ou jamais de vous jeter à l'eau... de jour comme de nuit ! Pourquoi ne pas profiter de votre escapade dans ces régions où les paysages sous-marins sont aussi idylliques que les rivages tropicaux ? La mer est souvent calme, chaude, accueillante, et les fonds riches, pour vous initier à la plongée sous-marine. Pour faire vos premières bulles, pas besoin d'être sportif ni bon nageur. Il suffit d'avoir plus de 8 ans et d'être en bonne santé. Sachez que l'usage de certains médicaments est incompatible avec la plongée. De même, les femmes enceintes s'abstiendront formellement de toute incursion sous-marine. Enfin, vérifiez l'état de vos dents, il est toujours désagréable de se retrouver avec un plombage qui saute pendant les vacances. Sauf pour le baptême, un certificat médical vous sera demandé, et c'est dans votre intérêt. L'initiation des enfants requiert un encadrement qualifié dans un environnement approprié (site protégé, sans courant, matériel adapté).
Non, la plongée ne fait pas mal aux oreilles ; il suffit de souffler délicatement en se bouchant le nez pour rétablir la pression interne des tympans. Il ne faut pas forcer dans cet étrange « détendeur » que l'on met dans votre bouche, au contraire. Et le fait d'avoir une expiration active est décontractant puisque c'est la base de toute relaxation. Respectez impérativement les règles de sécurité, expliquées au fur et à mesure par votre moniteur. Attention : pensez à respecter un intervalle de 12 à 24h avant de prendre l'avion ou d'entamer une randonnée sur les hauteurs de l'île, afin de ne pas modifier le déroulement de la désaturation.

Les centres de plongée

Ici, comme en métropole, la plupart des clubs sont affiliés à la *Fédération française d'études et de sports sous-marins (FFESSM)* et d'autres rattachés à l'*Association nationale des moniteurs de plongée (ANMP)*. L'encadrement – équivalent quelle que soit la structure – est assuré par des moniteurs brevetés d'État, véritables professionnels de la mer, qui maîtrisent le cadre des plongées, connaissent tous leurs spots « sur le bout des palmes » et affichent un souci permanent de la protection des fonds marins. Aussi les routard(e)s s'adresseront-ils à eux en priorité.
Un bon centre de plongée est un centre qui respecte toutes les règles de sécurité, sans négliger le plaisir. Méfiez-vous d'un club qui vous embarque sans aucune question préalable sur votre niveau ; il n'est pas « sympa », il est dangereux. Regardez si le centre est bien entretenu (rouille, propreté...), si le matériel de sécurité – obligatoire – (oxygène, trousse de secours, téléphone portable ou radio...) est à bord. Les diplômes des moniteurs doivent être affichés. N'hésitez pas à vous renseigner, car vous payez pour plonger. En échange, vous devez obtenir les meilleures prestations. Enfin, à vous de voir si vous préférez un centre genre « usine bien huilée » ou une petite structure souple pratiquant la « plongée à la carte et en petit comité », très répandue à La Réunion.

C'est la première fois ?

Alors, l'histoire commence par un baptême : une petite demi-heure pendant laquelle le moniteur s'occupe de tout et vous tient la main. Laissez-vous aller au plaisir ! Même si vous vous sentez harnaché comme un sapin de Noël déraciné hors saison, tout cet équipement s'oublie complètement une fois dans l'eau. Vous ne devriez pas descendre au-delà de 5-6 m. Puis l'histoire se poursuit par un apprentissage progressif.

Formation et niveaux

Les clubs de plongée délivrent des formations par niveau. Avec le *niveau 1,* vous descendez à 20 m accompagné d'un moniteur. Avec le *niveau 2,* vous êtes autonome dans la zone des 20 m, mais encadré jusqu'à la profondeur maxi de 40 m. Passez ensuite le *niveau 3* et vous serez totalement autonome, dans la limite des tables de plongée. Enfin, le *niveau 4* prépare les futurs moniteurs à l'encadrement.
Le passage de ces brevets doit être étalé dans le temps afin de pouvoir acquérir l'expérience indispensable. Demandez conseil à votre moniteur (il y est passé avant vous !). Tous les clubs délivrent un « carnet de plongée » indiquant votre expérience (et de bons souvenirs une fois les vacances terminées !) ainsi qu'un « passeport » mentionnant vos brevets (pensez à les emporter ensuite en voyage).

Reconnaissance internationale

Indispensable si vous envisagez de plonger hors de France. Demandez absolument l'équivalence *CMAS (Confédération mondiale des activités subaquatiques)* ou *CEDIP (European Committee of Professional Diving Instructions)* de votre diplôme. Le meilleur plan consiste à faire évaluer votre niveau par un instructeur *PADI* (*Professional Association for Diving Instructors,* d'origine américaine) pour obtenir le brevet le mieux reconnu du monde ! À La Réunion, certains moniteurs d'État sont aussi instructeurs *PADI,* profitez-en.
À l'inverse, si vous avez fait vos premières bulles à l'étranger, vos aptitudes à la plongée seront jugées ici par un moniteur qui, souvent après quelques exercices supplémentaires, vous délivrera un niveau correspondant.

Plonger à La Réunion

Île volcanique, La Réunion recèle des fonds marins au relief étonnant : failles, arches, tombants, et puis une longue barrière de corail (25 km environ) éclatante de richesse et de vie. Ici, on peut plonger toute l'année, mais la meilleure période va d'octobre à avril. L'eau y est généralement à 26 °C, tandis qu'elle descend à 23 °C pendant l'hiver austral. Attention, de décembre à mars : saison des pluies (il ne pleut pas tout le temps, rassurez-vous) et période des cyclones. Mieux vaut ne pas plonger après de fortes pluies car les ravines, en se déversant dans la mer, troublent l'eau et l'aquarium promis se transforme en gros bouillon. Les professionnels des clubs de plongée ne sortent pas dans ce cas. On peut leur faire confiance.
La plongée réunionnaise se concentre essentiellement sur les récifs de la côte ouest. Débutants et confirmés évoluent dans un univers harmonieux, parsemé de coraux où batifolent des quantités de poissons tropicaux en tout genre : anges, papillons, cochers, chirurgiens, lions, perroquets, mérous, demoiselles, balistes, raies, barracudas, carangues, murènes, dauphins... Il n'est pas rare de croiser des dauphins. Au nord et nord-est, la plongée ne comporte aucun intérêt sinon quelques sites isolés mais poissonneux... Certes, un type de corail brûle, quelques poissons (très peu) piquent, et on parle (beaucoup) des requins (voir la rubrique « Dangers et enquiquinements »). Dans ce dernier cas, renseignez-vous auprès des professionnels qui sont aux premières loges.

Règle d'or

Respectez absolument l'environnement fragile qui vous entoure, ne touchez à rien, et ne donnez pas de nourriture aux poissons. La sauvegarde des sites et de leurs occupants dépend aussi de nous tous.

Pour en savoir plus

– Réservations possibles auprès de la centrale de réservation Île de La Réunion Tourisme. • *explorelareunion.com* •

– ***Poissons de l'île de La Réunion*** (Orphie Pratique, 2010, 123 p.), de James Caratini et Thierry Soriano. Un guide complet concocté par deux passionnés d'audiovisuel, richement illustré de belles photos. Non exhaustif, il présente 115 espèces principales. Une fiche synthétique par page et par poisson.

Nos meilleurs spots de plongée

Au nord-ouest (entre cap La Houssaye et Saint-Gilles)

Navarra : grand navire de pêche coulé par 55 m de fond. La flore a colonisé le site, alors que les poissons batifolent : poissons-limes, mérous, raies, pastenagues, perroquets... Pour plongeurs très confirmés de niveau 3.

Hai Siang : ayant coulé dans les années 1980, cette épave est posée sur un fond de 56 m. Un mérou, sorte de gardien, veille au bon déroulement de votre plongée. Agréable dans de bonnes conditions, sans courant. Éviter toute incursion dans l'épave. Pour plongeurs très confirmés de niveau 3.

Cheminée ou Trois Grottes : plongée mythique qui débute par des couloirs sablonneux, puis une ouverture permet ensuite d'emprunter une cheminée étroite et riche en coraux et en éponges multicolores. Une large grotte et une arche ponctuent cette descente. Grande diversité d'espèces de poissons. Pour plongeurs confirmés à partir du niveau 2.

Trois Failles : à 30 m, trois failles parallèles où mérous et bancs de poissons en tout genre évoluent gracieusement. Petite cavité corallienne. Peut être fait aussi en dérive pour rejoindre le Cap-Homard. Niveau 2 minimum.

Tour de Boucan : le spot phare de Boucan-Canot. Un gros rocher posé sur 20 m et jusqu'à 12 m de profondeur forme cette magnifique tour que l'on peut explorer de bas en haut, en spirale jusqu'à son sommet. Canyons, failles, grottes habillés par des gorgones à proximité de la tour. Vous surprendrez probablement des langoustes, perroquets, balistes et chirurgiens. Niveau 1 minimum.

Maharahni : plateau de 3 à 15 m percé de tunnels et de canyons. Classiques compagnons de plongée : mérous célestes, poissons-perroquets, papillons ou trompettes... Tous niveaux, idéal pour les baptêmes.

Zone Saliba : un peu plus au large, en face du spot Maharahni. Évolution entre 15 et 30 m, plusieurs plongées possibles sur cette même zone. Idéal en dérive. Gros bloc rocheux et grottes habités de gorgones. Beaucoup de faune en banc. Rencontre régulière de tortues. À partir du niveau 1.

Pain de sucre : vaste zone repérable à un petit dôme rocheux immergé sur le bord de la N 1. Rochers, grottes, tunnels forment un ensemble original. De 3 à 20 m, cette plongée permet aussi de rencontrer coraux et poissons, entre autres les poissons-soldats qui montent la garde. Tous niveaux (attention tout de même à la houle).

Roches merveilleuses : de 45 à 55 m, vastes grottes tapissées de superbes gorgones orange. Niveau 3 minimum.

Pierre du préfet : patate de corail entre 18 et 22 m, très visitée. Cavités et trous où se cachent poissons et crustacés : langoustes, crabes, perroquets. Idéal pour les sorties de nuit. Niveau 1 minimum.

Les Canyons : à seulement 5 mn du port de Saint-Gilles, face à la plage des Brisants. Formé par d'anciennes coulées de lave de 3 à 20 m, véritable canyon sous-marin. Plongée dans un aquarium avec toute la faune récifale dans moins de 5 m de profondeur, idéale pour la plongée débutants et confirmés en plongée découverte.

Au sud-ouest (autour de la baie de Saint-Leu)

Les Kiosques : failles et plateaux coralliens de 3 à 18 m. Très coloré. Remarquable arche de 1,20 m de diamètre et 2 m de long. Tous niveaux.
Maison verte : de 5 à 25 m, voici de grosses structures (patates de 5 m de diamètre, arbustes...). Décor magnifique et multicolore (taux de recouvrement à 90 %). Faune abondante : poissons-chirurgiens, clowns, trompettes, langoustes. Niveau 1 minimum.
Pointe-au-Sel : la plus connue. Grande variété d'espèces de poissons : mérous, perroquets, cochers, demoiselles, lions, balistes, carangues. La moindre grotte de corail sert d'abri aux murènes et mérous rouges. Plateau sur 25 m puis tombant tapissé de corail. Au bord, impression de vertige : la falaise pique jusqu'à 71 m ! Attention, un peu technique dès qu'il y a du courant. De grosses loches de mer accompagnent les plongeurs. Niveaux 2 et 3 minimum.
Le sec Jaune et tombant des grottes : de 5 à 25 m, au sud de la Pointe-au-Sel. Haut fond au relief escarpé avec de superbes patates recouvertes de corail de feu... jaune ! Deux grottes à la base du petit tombant, faune luxuriante. Niveau 1 et plus.
L'Antonio Lorenzo : épave coulée par 40 m de fond accessible aux PE40. Bancs de lutjans, antennaires, ptéroïs et la murène léopard vous attendent... Cales facilement accessibles.

Au sud-ouest (à Étang-Salé)

Le Petit Tombant possède une biodiversité exceptionnelle, et le site permet à des plongeurs de tout niveau d'évoluer en sécurité, du platier riche en corail jusqu'à 16 m de fond en bordure de tombant.
Poséidon : un éperon rocheux entre 37 et 60 m, ouvert aux niveaux 2 et plus. Les niveaux 3 peuvent descendre sur l'arche et la grotte au pied du tombant. La plongée se termine sur les marches de Poséidon, une curiosité géologique formée par des orgues basaltiques horizontales.
Les grottes du Portail : un entrelacs de tunnel et salles déconseillé aux claustrophobes ! Faune cavernicole importante, crustacés ou poissons, mais aussi des raies. Les fonds, entre 10 et 35 m, sont ouverts à tous les plongeurs brevetés.
Les grottes sud : elles percent un massif qui a son sommet à moins 27 m et sa base à moins 40 m. Elles sont grandes et suffisamment lumineuses pour évoluer en palanquée. Langoustes, mérous collés au plafond et même parfois un gros mérou patate.

Au sud (de Saint-Pierre à Grands-Bois)

Le Corail Garden : un des sites les plus florissants de l'île. C'est aussi un tombant de 25 m de profondeur. À 18 m, une cheminée permet de se faufiler à l'intérieur de la roche, pour ressortir 10 m plus haut. Uniquement pour confirmés. Niveau 2 minimum.
Le Petit Tombant aux Ancres : face au port de Saint-Pierre. On peut admirer par 25 m de fond des canons, ancres, chaînes... Faune peu présente. Niveau 2 minimum.
La Grotte à Barjo : ancien tunnel de lave dont la base est à 33 m. De gros poissons mais aussi des langoustes, porcelaines, et souvent une raie sur la petite plage de sable blanc. Niveau 2 minimum.
Le Phare et la Cafrine : site au relief étonnant. Deux falaises se font face avec, au milieu, un piton basaltique, remontant de 41 à 18 m. Niveau 2 minimum.

POSTE

Affranchissement habituel pour adresser du courrier (penser à surtaxer pour les autres pays de l'UE). Seule distinction, le délai : compter environ 3 jours pour qu'une lettre parvienne en France métropolitaine (ce qui, somme toute, est très raisonnable pour 10 000 km !).

RANDONNÉES

• Carte Randonnées *p. 66-67*

Marche à suivre

Nous avons détaillé les marches les plus intéressantes à faire dans chaque chapitre, mais attention, nos commentaires ne suffisent pas pour se lancer dans ce genre de rando : une bonne carte IGN ou un topoguide est INDISPENSABLE. **Les temps de marche ne sont que très indicatifs (au minimum), variables en fonction du niveau de chacun, de son âge et des conditions météo du moment.** Ceux indiqués sur les bornes (que nous avons souvent retenus dans nos textes) sont pour les marcheurs aguerris, sans sac à dos. **Attention de bien vous renseigner avant et de ne pas vous surestimer en prévoyant jusqu'à 40 % de marge !**

L'île de La Réunion est un endroit extraordinaire et particulièrement attrayant pour la marche. Un relief tourmenté, des montagnes omniprésentes, un sommet à plus de 3 000 m, un volcan spectaculaire, des cirques mystérieux et des forêts profondes... Il y en a pour tous les goûts. L'***ONF*** a balisé des centaines de kilomètres de sentiers, de tous niveaux. Même pas besoin de marcher plusieurs jours pour goûter aux merveilles naturelles : certains panoramas à couper le souffle ne sont qu'à 2 ou 3h de marche, parfois seulement à 10 mn. Pourtant, pour découvrir les cirques, où se cachent les beautés secrètes de La Réunion, il est préférable de prendre son temps : des circuits de 5 à 7 jours permettent de voir l'essentiel, sac au dos.

Trouver chaussure à son pied

– Pour les grands marcheurs, se procurer le *Guide des sentiers de grande randonnée GR R1, R2 et R3* ou *52 balades et randonnées faciles* de Luc Reynaud. Autre ouvrage : *Les Plus Belles Randonnées entre mer et montagne – 52 itinéraires* de Walter Iwersen, éd. Rother. Ce dernier, clair et précis, en format pocket, indique comment se rendre en bus au départ des randonnées. Également une bonne soixantaine de balades et de randos proposées sous forme de fiches par les éditions Orphie.
– Pour organiser vos randonnées, plusieurs sites à consulter, dont • *randopitons.re* • (on peut cliquer sur chaque randonnée pour imprimer son itinéraire détaillé, classement des randonnées selon différents critères, « rando-annonces ») ou encore • *runraid.free.fr* • et • *runrando.free.fr* • (avec une page sur les « sentiers marmailles » et les infos sur les sentiers fermés ou sur les cyclones). Sinon, s'adresser aux offices et maisons du tourisme pour obtenir toutes les informations pratiques sur les séjours en montagne ou sur les réservations dans les refuges et les gîtes.

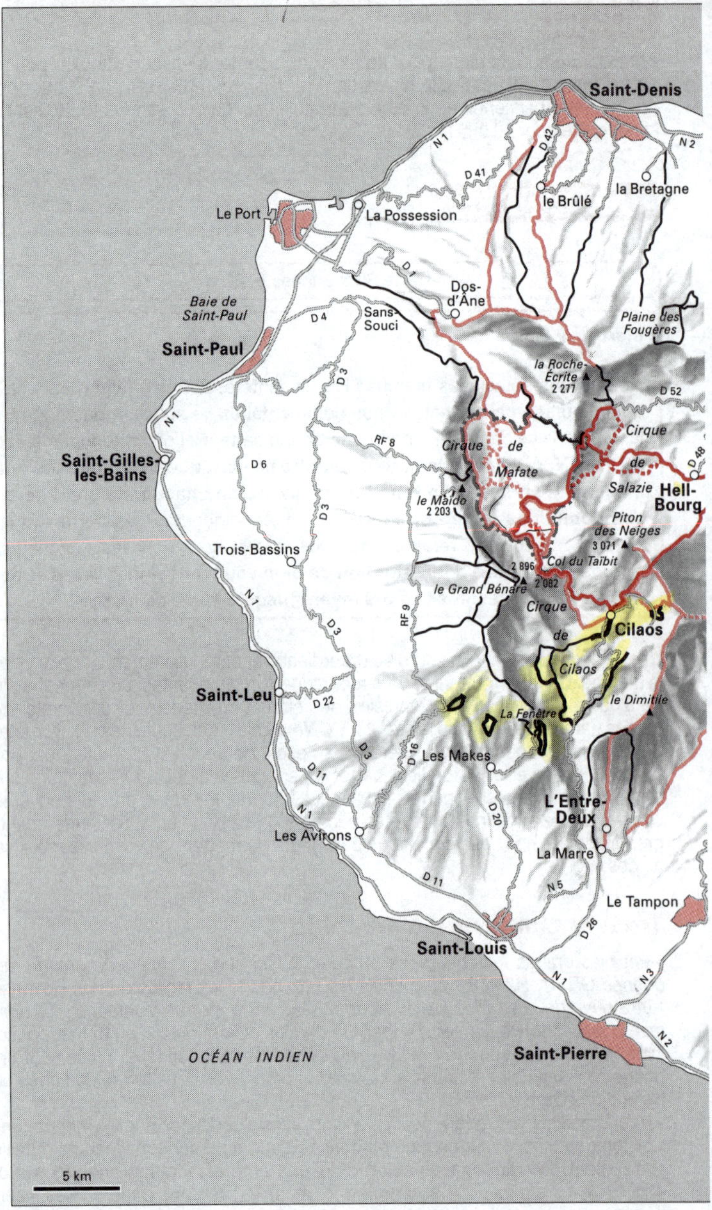
Saint-Denis
N 2
D 42
N 1
D 41
le Brûlé
la Bretagne
Le Port
La Possession
D 1
Dos-
d'Âne
Baie de
Saint-Paul
D 4
Sans-
Souci
Plaine des
Fougères
Saint-Paul
D 3
la Roche-
Écrite
2 277
D 52
N 1
RF 8
Cirque
de
Mafate
Cirque
de
Salazie
D 48
Saint-Gilles-
les-Bains
D 6
le Maïdo
2 203
Hell-
Bourg
D 3
Piton
des Neiges
3 071
Trois-Bassins
Col du Taïbit
2 896
2 082
le Grand Bénare
N 1
RF 9
Cirque
de
Cilaos
Cilaos
D 3
Saint-Leu
D 22
le Dimitile
La Fenêtre
D 16
D 3
Les Makes
D 11
D 20
L'Entre-
Deux
N 1
Les Avirons
La Marre
D 11
N 5
Le Tampon
D 26
Saint-Louis
N 1
N 3
N 2
OCÉAN INDIEN
Saint-Pierre
5 km

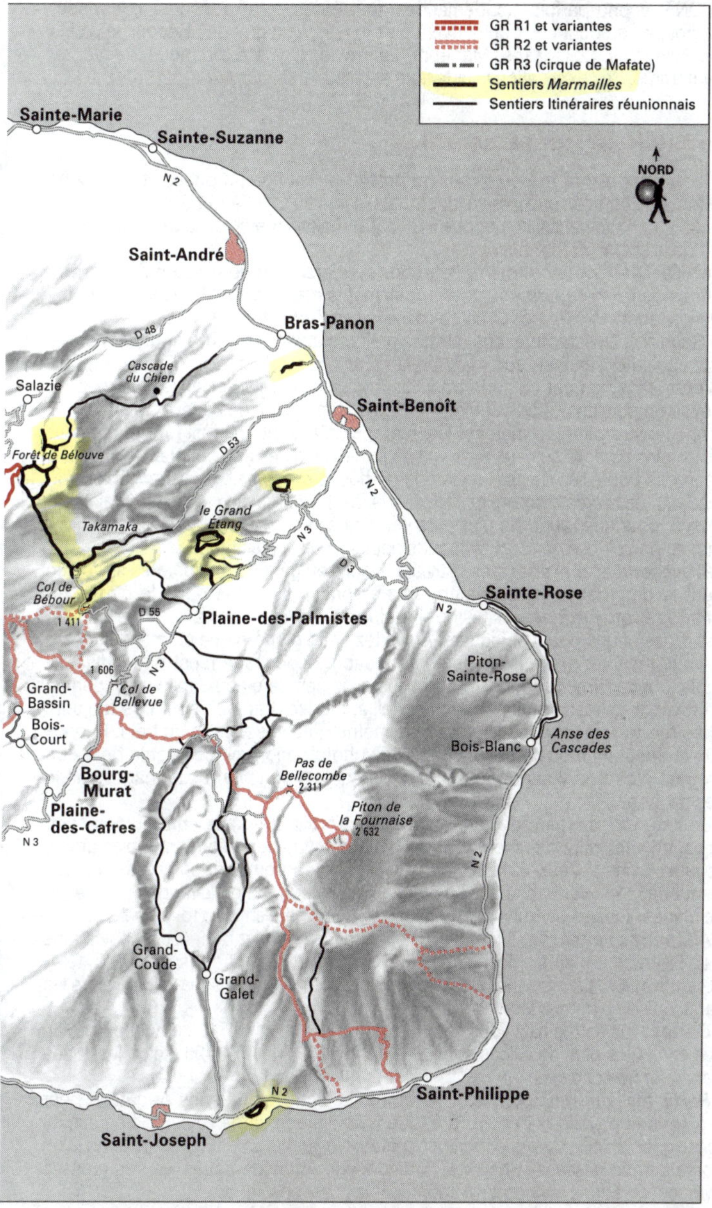
GR R1 et variantes
GR R2 et variantes
GR R3 (cirque de Mafate)
Sentiers *Marmailles*
Sentiers Itinéraires réunionnais
NORD
Sainte-Marie
Sainte-Suzanne
N 2
Saint-André
Bras-Panon
D 48
Cascade du Chien
Salazie
Saint-Benoît
Forêt de Bélouve
D 53
le Grand Étang
Takamaka
N 3
D 3
Col de Bébour
1 411
D 55
Plaine-des-Palmistes
Sainte-Rose
Piton-Sainte-Rose
1 606
Col de Bellevue
Grand-Bassin
Bois-Court
Bourg-Murat
Plaine-des-Cafres
Anse des Cascades
Bois-Blanc
Pas de Bellecombe
2 311
Piton de la Fournaise
2 632
Grand-Coude
Grand-Galet
Saint-Philippe
Saint-Joseph

– L'ONF répond parfois aux demandes de balades botaniques (payantes) pour les groupes ou pour ceux qui arrivent à se joindre à un groupe : Bébour, la plaine des Palmistes, Les Makes, Matarum, La Providence, Mare-Longue... avec, au programme, des explications sur la flore et la faune. *Rens : ☎ 02-62-90-48-00.*

Conseils et numéros utiles

– ***S'informer sur la météo avant de partir :*** bulletin grand public et prévisions météo sur 24h avec une mise à jour toutes les 6h au ☎ *0892-680-808 (prix appel + 0,35 €/mn).* Voir aussi la rubrique « Climat ». Bulletin météo au journal télévisé de 20h ou le site • *meteofrance.re* •
– ***IMPORTANT, pour connaître l'état des sentiers, téléphoner au préalable aux offices de tourisme du coin :*** les éboulements étant en effet fréquents, certains sentiers sont alors fermés et on se casse le nez. Consulter le site • *onf.fr* • (page La Réunion). Ces informations (arrêtés préfectoraux d'ouverture et de fermeture) sont également en ligne sur • *explorelareunion.com* • (rubrique « Pratique »).
– ***Vêtements :*** on est en zone tropicale, mais l'altitude vous le fera vite oublier. Prévoir un pull, un coupe-vent imperméable (genre cape de pluie) et, bien sûr, de bonnes chaussures de marche, légères et crantées, et une paire de tongs pour reposer les pieds le soir ; un système de purification de l'eau pour les aventuriers, sinon des bouteilles d'eau, une lampe de poche ou frontale. Indispensables : un chapeau, de la crème solaire et une gourde (de 2 à 3 l). Un sac à dos, normalement chargé, pour une rando de plusieurs jours, pèse entre 10 et 13 kg. Durant l'hiver austral, prévoir des vêtements chauds pour les nuits en altitude.
– ***Provisions et matériel :*** les provisions sont en général disponibles sur place (sauf le dimanche, voire le lundi), mais sont très chères dans le cirque de Mafate, approvisionné par hélico. La plupart des gîtes de randonnée servent des repas et des petits déjeuners. Apportez votre pique-nique pour le déjeuner ! Si vous réservez votre hébergement, le sac de couchage n'est pas indispensable (couvertures fournies) quand vous avez peu de place dans vos bagages. En revanche, le sac à viande est conseillé, car les draps ne sont pas toujours lavés régulièrement dans les gîtes, de même qu'une serviette de bain. Pensez aux crèmes antimoustiques. Un appareil photo panoramique jetable peut être un petit plus que vous ne regretterez pas quand vous verrez la magnificence des paysages.
– Le long des sentiers de randonnée, ***remportez tous vos emballages avec vous,*** ne jetez rien, pas même les déchets prétendument biodégradables (fruits, noyaux, pain...). Ceux-ci favorisent l'invasion du milieu par des prédateurs qui, jusque-là, en étaient absents. De même, il est interdit de prélever des écorces et de manger feuilles ou fruits (d'autant que certains peuvent être toxiques).
– ***Altimètres :*** attention, il faut s'en méfier car ils donnent de fausses indications à La Réunion. En air tropical, l'humidité, l'épaisseur de la troposphère et la température influent sur les mesures de pression. Tout altimètre sous-estime alors les variations de 5 m tous les 100 m.
– ***Cartes :*** les cartes IGN vous seront indispensables (la nº 512 couvre toute l'île). Les cartes les plus détaillées sont les IGN Top 25, 4 401 à 4 406, selon les zones de randonnée choisies.
– ***Partir tôt le matin :*** pour avoir le temps de rentrer si le temps se gâte et pour profiter des paysages (brouillard fréquent en altitude après 10h). Et, bien sûr, se renseigner la veille sur les conditions météo. Ne jamais partir sous la pluie ou juste après (terrain glissant et risques d'inondation). Attention, après les très grosses averses, certaines ravines sont impraticables : se renseigner.
– ***Voiture :*** éviter de laisser une voiture de location au départ des sentiers de randonnée, surtout la nuit. Dans tous les cas, ne rien laisser à l'intérieur qui puisse tenter les voleurs. Pour Mafate depuis Salazie/Grand-Îlet/Le Bélier, il existe un parking surveillé payant au col des Bœufs.

– ***NE JAMAIS PARTIR SEUL !*** La montagne a ses dangers et vous seriez bien embêté, avec une cheville foulée, pour vous faire rapatrier ou en cas d'agression (heureusement très rares et pas plus fréquentes qu'ailleurs). Les offices et Maisons de tourisme peuvent vous fournir la liste des accompagnateurs en montagne diplômés d'État et très compétents, qui en plus vous décriront la flore et les traditions de la population des Hauts. Si, lors d'un coup dur en montagne, vous avez emporté votre GSM, *Hélilagon* peut venir vous chercher, mais ce sera facturé à la minute près *(☎ 02-62-55-55-55).*

– ***Attention à la météo :*** La Réunion présente de nombreux microclimats dus aux variations d'altitude, notamment. Au même moment, il peut pleuvoir dans une partie du cirque de Mafate et pas dans une autre ! Pendant la saison des pluies, renseignez-vous toujours pour savoir quel est le temps prévu dans les Hauts avant de remonter une rivière (rivière des Galets, rivière Langevin, rivière Saint-Étienne...), sinon vous pourriez être surpris par la montée des eaux en très peu de temps.

– ***En cas de pépin :*** essayez de prévenir la gendarmerie la plus proche. Peloton de gendarmerie de haute montagne : *☎ 02-62-930-930.*

■ ***Rando Run Trekking :*** *basé à* ***Étang-Salé.*** *📱 06-92-85-22-56. • gilbert.aureche@gmail.com • randoruntrekking.com •* Propose des randos de tous niveaux, y compris sur 6 jours (le tour du piton des Neiges, les 3 Cirques et la Fournaise), ainsi que la traversée de La Réunion en 2 semaines, un circuit découverte tout public de 10 jours ou le Tour de Mafate en 5 jours. Également des randos à la carte de 1 ou 2 jours. La prise en charge peut se faire de l'aéroport. Fait partie de la charte *Qualité Tourisme Île de La Réunion.* De très bons échos sur ce prestataire.

■ ***Alpanes :*** *153, av. Daniel-Ramin, Grands-Bois, 97410* ***Saint-Pierre.*** *📱 06-92-77-75-30. • contact@alpanes.com • alpanes.com • Réduc de 5 € pour 1 pers, sur présentation de ce guide.* Canyoning, kayak, randonnée, trekking et séjours « formule tout compris ». Propose notamment du canyoning ludique à la journée sur toute l'île. Photos et vidéos offertes. Fait partie de la charte *Qualité Tourisme Île de La Réunion.* Toujours de très bons retours des lecteurs.

Les GR et les grandes excursions

Il y a trois GR à La Réunion. Le must pour les pros de la randonnée, puisqu'ils incluent les plus beaux sites.

Ces GR proposent de multiples variantes et se croisent même à plusieurs reprises. Les possibilités sont donc nombreuses si l'on veut concocter son propre itinéraire. Ils sont balisés de la même manière : bande blanche sur bande rouge pour l'itinéraire principal, le jaune remplaçant le blanc pour les variantes. De simples bandes parallèles indiquent que vous êtes sur le bon chemin ; quand elles se croisent, vous êtes dans la mauvaise direction ! Et bien sûr, quand une flèche accompagne les bandes, c'est qu'il faut tourner dans le sens indiqué...

À signaler : il est possible de ne faire que certains tronçons. On trouve des bus toutes les deux ou trois étapes. D'ailleurs, d'autres sentiers de petite randonnée empruntent les balisages des GR sur certaines distances.

Les GR sont praticables toute l'année, sauf pendant les cyclones ! De décembre à mars, attention aux pluies fréquentes. Dans tous les cas, il est préférable d'être en bonne condition physique et de s'être entraîné avant d'attaquer un GR : les dénivelées sont importantes et certains parcours sont vraiment éprouvants. On ne rigole pas avec la haute montagne : prenez ces conseils au sérieux. Fin de la leçon de morale.

Le GR R1

Il fait ***le tour du piton des Neiges*** (sommet de l'île) ***en passant par les trois cirques*** (Salazie, Cilaos, Mafate). Une soixantaine de kilomètres pour l'itinéraire principal (mais il y a des variantes, dont les accès aux sentiers du GR R2 et du GR R3 à certains endroits) que l'on peut parcourir en 3 à 6 jours. Altitude moyenne de 1 750 m, avec des franchissements de cols à près de 2 000 m. Difficulté : dénivelée de 3 500 m. De nombreux points forts puisqu'il passe par les trois cirques de l'île, où les paysages sont grandioses. C'est le meilleur moyen de découvrir La Réunion de l'intérieur : sommets, forêts, cascades et îlets sont au rendez-vous. Mais vous ne verrez ni la côte ni le volcan.

LA DIAGONALE DES FOUS

Probablement l'une des courses les plus difficiles au monde, ce Grand Raid organisé au mois d'octobre consiste en la traversée de l'île au départ du sud. Le nombre de participants est limité, et les 2 600 chanceux parcourent l'île du sud-est au nord-ouest sur 162 km en passant par les Hauts avec plus de 9 000 m de dénivelée positive et entament la course par l'ascension du volcan. Ils poursuivent ensuite vers les cirques. L'arrivée est jugée à Saint-Denis après environ 22h de course pour les meilleurs.

➢ ***Les étapes principales :***

- départ du village d'Hell-Bourg (Salazie) et marche jusqu'à la caverne Dufour (gîte), sur le coteau de Kergueven – compter 6h ;
- le lendemain matin, ascension du piton des Neiges (3 071 m) en 1h30, puis redescente sur Cilaos (hôtels) en 4h ;
- le 3e jour, marche de Cilaos jusqu'au cirque de Mafate via le col du Taïbit (2 082 m), nuit à Marla (gîte) – compter 6h ;
- le 4e jour, marche jusqu'au village mafatais de La Nouvelle puis jusqu'au col des Bœufs, nuit à Grand-Îlet ;
- le 5e jour, retour sur Hell-Bourg via Grand-Sable et Îlet-à-Vidot (le sentier col de la Fourche-Grand-Sable est fermé).

Le GR R2

Il propose une ***grande traversée de l'île,*** du nord au sud-est, ***en passant par deux des cirques (Mafate, Cilaos) et le volcan*** du piton de la Fournaise.

Bien plus long que le premier, puisqu'il traverse toute l'île ! En tout, 150 km, mais les variantes sont très nombreuses. On peut même rejoindre le GR R1 (par exemple, pour accéder au piton des Neiges) et avoir ainsi un panorama presque total des randonnées de l'île ! La diversité de ce sentier est étonnante. Les reliefs, la végétation et même le climat (on passe du littoral à la montagne et inversement) changent fréquemment. Mais c'est essentiellement un parcours de montagne et les difficultés sont nombreuses : ça monte et ça descend souvent ! Récompense : le piton de la Fournaise en fin de parcours. Compter tout de même entre 11 et 12 jours de marche pour ce sentier, voire plus si vous prenez plusieurs variantes. Ceux qui n'ont pas assez de temps peuvent bien sûr le prendre en cours de route.

➢ ***Les grandes étapes :***

- départ de Saint-Denis (parc de la Providence) vers la Roche-Écrite (gîte) et Dos-d'Âne (gîte) ;
- traversée de Mafate (compter 4 nuits sur place en gîte) ;
- Cilaos (1 nuit) ;
- coteau de Kergueven (nuit en gîte) avec possibilité de monter au piton des Neiges ;
- plaine des Cafres (nuit à Bourg-Murat, hors GR) ;
- montée au pas de Bellecombe (gîte) ;
- le piton de la Fournaise et redescente par Foc-Foc et la Vallée Heureuse sur Saint-Philippe. Ouf !

Le GR R3

Il propose ***le tour du cirque de Mafate,*** en reprenant une partie des GR R1 et R2 reliés par un sentier. La « Mecque » de la randonnée réunionnaise, un petit paradis pour les marcheurs. Un cirque magnifique, entouré de murailles naturelles, des villages ou hameaux éparpillés avec des gîtes d'étape et des tables d'hôtes, et des paysages qui changent à chaque détour. Ah oui ! on oubliait, on n'y rencontre aucune voiture, puisque c'est réservé aux marcheurs, on entend surtout le bruit des hélicoptères. On vous en parle en détail dans le guide avec le temps de marche entre chaque îlet et, bien sûr, les hébergements. Noter la parution d'un topo-guide par Luc Reynaud (2008, autoédité), *Sur les chemins de Mafate,* très bien fait.

➢ ***Les principaux accès :***

On peut partir du col des Bœufs (accès en voiture depuis le cirque de Salazie), du Maïdo dans les Hauts de Saint-Paul ou de la rivière des Galets dans les Hauts de La Possession/Le Port.

➢ ***Les grandes étapes de la boucle, au départ du col des Bœufs*** (voir nos suggestions d'itinéraires détaillés au chapitre Mafate) ***:***

- col des Bœufs/Marla ;
- Marla/Roche-Plate ;
- Roche-Plate/Lataniers ;
- Lataniers/Aurère ou Îlet-à-Malheur ;
- retour au col des Bœufs.

Le volcan

L'autre grande attraction pédestre de l'île, et celle-ci aussi est vivante, puisque la Fournaise se réveille régulièrement, offrant de magnifiques souvenirs aux chanceux. De nombreuses randos à faire dans la région du volcan : la descente dans l'enclos et la montée au piton de la Fournaise, une marche vers le Nez-Coupé de Sainte-Rose pour admirer les dernières coulées de lave, ou une expédition de 2 jours vers Saint-Philippe. Dans tous les cas, prudence : changements brusques de climat, sécurité (pas facile de marcher sur de la lave durcie !), aléas dus aux éruptions éventuelles... Un chapitre est consacré au volcan dans ce guide.

Le piton Maïdo et le piton des Neiges

Pour ces deux autres musts de La Réunion, se reporter aux chapitres concernés (respectivement dans les Hauts de Saint-Paul pour le Maïdo et les randonnées à partir de Cilaos ou de la plaine des Cafres pour le piton des Neiges).

SANTÉ

Bénéficiant des moyens d'un département métropolitain, les hôpitaux de l'île sont les mieux équipés de l'océan Indien, le CHR de Saint-Denis fait même figure de référence à tous niveaux. Eau potable partout, mais il est préférable, si l'on compte randonner (comme dans le cirque de Mafate), de prévoir sa propre eau en quantité suffisante. Seuls risques réels, la mer, le soleil (y compris en rando) et les moustiques : on en parle plus haut dans la rubrique « Dangers et enquiquinements ».

Pour demeurer en bonne santé, les conseils sont réduits :

- *Avoir à jour ses vaccinations « universelles » (tétanos, polio, diphtérie, hépatites A et B),* déjà recommandées pour la métropole. Pas de rage, pas de fièvre jaune et aussi peu de méningite à méningocoque qu'en métropole.
- Attention aux inconvénients liés aux possibilités (très faciles) de voyage secondaire vers des contrées beaucoup moins privilégiées, Madagascar en particulier (attention alors au paludisme !). La vaccination contre l'hépatite A est alors primordiale, ainsi que celle contre la typhoïde (surtout pour les longs séjours).
- *Se méfier de quelques poissons rares :* certains contiennent dans leur chair des toxines qui peuvent entraîner des troubles parfois graves (paralysies, chutes de tension) et toujours désagréables (démangeaisons, fourmillements, vertiges...). C'est ce qu'on appelle la *ciguatera* ou « *gratte* ». Éviter de manger des poissons avant de les avoir montrés à quelqu'un du coin.

Centres de vaccination

■ ***Centres de vaccinations :*** pour les centres de vaccination partout en France, dans les DOM-TOM, en Belgique et en Suisse, consulter le site internet • *astrium.com/espace-voyageurs/centres-de-vaccinations-internationales.html* •

Moustiques

À La Réunion, les moustiques ne transmettent pas le paludisme, mais peuvent être vecteurs d'autres maladies : la dengue et le chikungunya notamment. Le chikungunya a fait parler de lui en 2006 et des cas sporadiques ont été signalés depuis. Par précaution, on conseille de prévoir un bon répulsif. On peut s'en procurer sur place.

Carte européenne d'assurance maladie

Pour les ressortissants de l'Union européenne non français, pensez à vous procurer la carte européenne d'assurance maladie. Cette carte fonctionne dans tous les pays membres de l'Union européenne, ainsi qu'en Islande, au Lichtenstein, en Norvège et en Suisse. C'est une carte plastifiée bleue, valable 2 ans, gratuite et personnelle (chaque membre de la famille doit avoir la sienne, y compris les enfants).

SITES INTERNET

• ***routard.com*** • Le site de voyage n° 1 avec 750 000 membres et des millions d'internautes chaque mois. Partagez vos expériences avec la communauté de voyageurs : forums de discussions, avis, bons plans et photos. Pour s'inspirer et s'organiser, plus de 250 fiches pays actualisées avec les infos pratiques, les incontournables et les dernières actualités, ainsi que des reportages terrains et des carnets de voyage. Enfin, vous trouverez tout pour vos vols, hébergements, activités et voitures pour réserver votre voyage au meilleur prix. Routard.com, votre voyage de A à Z !

• ***azenda.re*** • La version internet du magazine culturel *L'Azenda* distribué sur l'île : concerts, cinéma, expos...

• ***reunion-parcnational.fr*** • Incontournable pour les passionnés de nature, un des vrais points forts du voyage.

• ***reunion.fr*** • et • ***explorelareunion.com*** • Portails officiels de la destination, nombreuses informations utiles, 2 400 prestataires mis à jour en permanence, centrale de réservation Île de La Réunion sur quasiment toutes les activités et les hébergements.

• ***cg974.fr*** • Le site officiel du conseil général qui recense les fêtes principales sur l'île, les « sentiers marmailles » par zones (randos faciles avec les enfants), les horaires des transports en commun, etc.

• ***fournaise.info*** • Le site de deux enseignants passionnés du monstre en constante évolution. Infos sur les sentiers ouverts ou non. Webcam en direct depuis le volcan !

• ***agrotours-reunion.com*** • Un réseau de structures valorisant les activités agricoles et touristiques de la région (visites d'exploitations, événements, etc.). Une découverte originale de La Réunion, au travers de son patrimoine agricole !

• ***la-vague.net*** • et • ***allonslareunion.com*** • et • ***creole.org*** • Des portails touristiques de l'île, pratiques pour préparer son voyage.

SPORTS ET LOISIRS

Nous mentionnons plusieurs structures ayant reçu le label *Qualité Tourisme Île de La Réunion* : les professionnels y adhèrent volontairement et s'engagent à proposer le meilleur à leur clientèle.

Randonnée et plongée

Pour ces deux activités sportives, les plus populaires à La Réunion, se reporter aux rubriques qui leur sont consacrées spécifiquement plus haut.

Surf

Depuis les attaques de requins-bouledogues, il faut bien admettre que le surf est en berne à La Réunion. Même les jeunes espoirs de l'équipe nationale en sont réduits à s'entraîner dans des conditions très sécurisées. La situation s'améliore cependant grâce aux dispositifs de sécurisation (filets et vigies). On peut se permettre quelques *rides* en respectant scrupuleusement les consignes et en prenant contact avec les clubs spécialisés. Et de nouvelles activités se sont du coup développées : le kite-surf et le *paddle* font de plus en plus d'adeptes sur l'île ! Pour plus de renseignements : ***Ligue réunionnaise de surf,*** *2, rue des Brisants, 97434* ***Saint-Gilles.*** *☎ 02-62-33-25-20.* • *surfingreunion.com* •

Canyoning

La Réunion est un paradis pour la descente de canyon. Ici, les éléments et le temps ont façonné un formidable terrain d'aventure pour la pratique des sports de montagne et d'eaux vives. L'eau qui a cheminé depuis le haut des sommets vers l'océan s'est frayé une multitude de passages, formant ainsi des rivières généreuses et des canyons encaissés dans un univers naturel d'une exceptionnelle beauté. S'il est vrai que l'on peut pratiquer plusieurs de ces sports de manière extrême, l'île offre avant tout un choix important pour les amateurs de nature en quête de sensations, tout en douceur et en toute sécurité.
Les coordonnées des structures proposant du canyoning ainsi que le topoguide *Ricaric* sont sur le site • *reunion.fr* •

La descente de canyon

Les canyons de l'île, grâce à l'existence de microclimats, présentent chacun un visage particulier. Ainsi, dans l'Est et le Sud, la végétation luxuriante et le caractère aquatique dominent, et dans les cirques, l'eau abondante s'écoule au travers de décors minéraux impressionnants ; dans l'Ouest, où l'ensemble des canyons sont secs, il arrive parfois que quelques résurgences apportent un peu de fraîcheur. Mais l'île compte aussi des canyons énormes : le Trou-de-Fer, la rivière des Roches, Takamaka, la Ravine-Blanche...

Quelques incontournables

- ***Pour l'initiation :*** Bassin-Bœuf à Sainte-Suzanne.
- ***Pour les amateurs :*** Trou-Blanc à Salazie, l'aqualand naturel, LE canyon à ne pas rater. Mais attention, en dehors des périodes de grosses pluies uniquement. Sinon, Fleurs-Jaunes à Cilaos ou encore Ti Cap ou Grain Galet sur la rivière Langevin.
- ***Pour le public confirmé :*** Takamaka.

Sécurité

Les conditions à La Réunion ne sont pas les mêmes qu'en métropole, le basalte peut trancher les cordes, la météo des tropiques fait varier à grande vitesse les débits des rivières, canyons assez verticaux... Renseignez-vous impérativement auprès de professionnels avant de partir.

Autres sports d'eaux vives

La randonnée aquatique

C'est un moyen original de découvrir la nature. Équipé d'une combinaison, d'un gilet de sauvetage et d'un casque, vous descendez les rivières, mais sans corde.

L'hydrospeed

Cette discipline consiste à descendre les cours d'eau allongé sur un flotteur, équipé d'une combinaison renforcée, de palmes et du matériel de sécurité classique (casque et gilet). Ainsi harnaché, vous pouvez affronter vagues et rouleaux. La saison s'étend de décembre à mars.

Le rafting

L'idéal pour une première initiation en eaux vives. Cette activité consiste à descendre les rivières dans une embarcation gonflable pouvant contenir de 3 à 6 personnes. Plusieurs parcours, de la découverte à la descente sportive. Essentiellement sur les rivières de l'Est et sur la rivière Langevin.

Le kayak

De très belles rivières, où parfois la pagaie ne sert qu'à se diriger. Quelques spots, comme la rivière Langevin et la rivière des Roches, les gorges de Takamaka, les rouleaux de la rivière du Mât.

Quelques incontournables pour l'initiation

Rivière des Roches, rivière des Marsouins, rivière du Mât, gorges de la rivière Fleurs-Jaunes, rivière Sainte-Suzanne, Bras-de-la-Plaine, rivière Langevin. Également Bassin-la-Mer/Bassin-la-Paix à Bras-Panon pour la randonnée aquatique.

Conseils pratiques

On conseille vivement de passer par un organisme agréé par le ministère de la Jeunesse et des Sports, qui vous emmènera dans des secteurs connus et sûrs. Si vous décidez d'organiser vous-même votre descente, prenez les précautions élémentaires : ne partez pas seul, portez le casque, ayez avec vous un téléphone avec les numéros d'urgence... En saison cyclonique, les dépressions et cyclones peuvent engendrer des précipitations de plus de 1 000 mm en 24h. Et – en toute saison – des phénomènes localisés, de plus petite échelle et de durée de vie limitée, peuvent générer des précipitations importantes et soudaines sur n'importe quel point de l'île (150 mm en 3h n'est pas rare).
Pour en savoir plus, consulter *Ricaric pratique,* édité par Ricaric (édition 2009), des topos qu'on peut retrouver sur leur site (voir plus loin).
– ***Peloton de gendarmerie de haute montagne :*** ☎ *02-62-930-930.*

Escalade et alpinisme

Les spécialistes d'escalade, voire d'alpinisme, trouveront sur le site de la Fédération française de la montagne et de l'escalade *(• ffme974.org •)* la liste des falaises réunionnaises, classées par niveaux de difficulté. Parmi les musts : la cascade de Niagara à Sainte-Suzanne, le site de Fleurs-Jaunes ou le piton de Sucre à Cilaos, Grande-Ravine à Trois-Bassins ou encore Les Avirons (du côté de Saint-Leu). Pour se faire accompagner d'un guide de haute montagne, se renseigner par exemple auprès de :

■ ***Pranaventure :*** *1, chemin Roche-Tendre, 97436* ***Saint-Leu.*** *📱 06-92-24-56-58. • guide974@gmail.com • pranaventure.com •* Également spécialiste de canyoning.

Randonnée spéléologique

Une activité originale qui a débuté à la fin des années 2000. Certaines éruptions volcaniques ont en effet provoqué la formation de tunnels de lave. La Réunion est d'ailleurs l'un des spots mondial de ce type de phénomène géologique, avec Hawaii ! L'île version souterraine, dans une ambiance unique. On a l'étrange impression d'évoluer dans un univers en chocolat glacé. Les parois vitrifiées portent la mémoire de mouvements inachevés, des gouttes de lave soudainement figées par un air devenu trop frais, comme des dessins d'art abstrait. Une nouvelle éruption mal placée, et cet univers peut être englouti à jamais ! Alors, n'hésitez pas à en profiter... À l'intérieur, la température relativement constante, avoisine les 22-24 °C. Bien sûr, on ne s'aventure pas à la légère dans les cavités, et seules sont autorisées les sorties accompagnées de professionnels diplômés d'État de spéléologie (ou d'accompagnateurs en montagne titulaires du BAPAAT spéléologie et conventionnés par un brevet d'État de spéléologie exerçant à La Réunion). Compter un guide pour 6 personnes. Pas de difficultés techniques particulières, de nombreuses galeries sont suffisamment vastes pour ne pas avoir à ramper. Mais les adeptes de virées plus sportives ont de quoi crapahuter. Les guides peuvent adapter le circuit en fonction des souhaits du groupe. *Compter 50 €/pers pour env 2h ; 65 €/pers pour 4h, casque et genouillères fournis. Prévoir des baskets et des vêtements de rechange.*

Quelques centres agréés (sports d'eaux vives, alpinisme, spéléologie)

■ ***Austral Aventure :*** *42, av. Amiral-Lacaze,* ***Hell-Bourg,*** *97433 Salazie. ☎ 02-62-32-40-29. 📱 06-92-87-55-50. • canyon@australaventure.fr • australaventure.fr • Réduc de 10 % et photos numériques de vos canyons offertes sur présentation de ce guide.* Austral Aventure propose tous les parcours de canyon et randonnée aquatique de La Réunion, particulièrement le fameux canyon de Trou-Blanc de Salazie. Bon à savoir : possibilité de louer des chaussures de canyon pour votre sortie. Labellisé *Qualité Tourisme Île de La Réunion.*

■ ***Ricaric :*** *📱 06-92-86-54-85. • ricaric@canyonreunion.com • canyonreunion.com • tunneldelave.com •* Au programme, descente de canyon sur toute l'île, randonnée aquatique, rafting, expédition sur 2 jours dans le Trou-de-Fer, découverte de tunnels de lave à la demi-journée ou la journée (brevet d'État de spéléologie et label de la Fédération française de spéléologie), course d'arête et escalade du piton de Sucre à Cilaos... Installée sur l'île depuis 1996, l'équipe a l'expérience du terrain (activités en fonction des conditions météo, des saisons...) et a reçu le label professionnel d'École française de canyon, en plus du label *Qualité Tourisme Île de La Réunion.* Émeric est, par ailleurs, l'auteur d'un topoguide canyon sur La Réunion et Madagascar (en vente sur le site internet).

■ ***Run'Aventures.:*** *le port, 97434* ***Saint-Gilles-les-Bains.*** *📱 06-92-70-36-46. • contact@runaventures.com • runaventures.com •* Une équipe de moniteurs brevetés d'État qui en veulent. Bonne ambiance et bon esprit. Rafting, canoraft, kayak gonflable sur la rivière des Marsouins (Saint-Benoît). Randonnée aquatique et *kayak jump* à la rivière des Roches. Kayak de mer, location et randonnée encadrée (toute l'année). Parcours d'initiation ou plus sportif, tout le monde y trouve son compte ! Les routards sont très bien accueillis. Boutique *(Run'Aventures Boutik)* sur le port de Saint-Gilles. Labellisé *Qualité Tourisme Île de La Réunion.*

■ ***Oasis Eaux Vives :*** *38, îlet Coco, 97470* ***Saint-Benoît.*** *📱 06-92-00-16-23. • resa@raftingreunion.fr • oasisev.com • Durée : 1h30-2h30 selon parcours.* Initiation à la rando aquatique, au rafting, mais aussi au canoraft ou au *kayak air boat.* Les plus sportifs opteront pour le *kayak jump.* Labellisé *Qualité Tourisme Île de La Réunion.*

■ Également avec ***Alpanes*** (voir la rubrique « Randonnées ») : *153, av. Daniel-Ramin, Grands-Bois, 97410* ***Saint-Pierre.*** *📱 06-92-77-75-30. • contact@alpanes.com • alpanes.com • Réduc de 5 € pour 1 pers, sur présentation de ce guide.* Des sorties canyoning, en particulier sur la rivière Sainte-Suzanne. De très bons retours de nos lecteurs.

■ **Tunnelsdelave.re :** 06-92-16-20-90 et 06-92-83-38-68. • tunnelsdelave.re • reunionmeretmontagne.com • Sorties au cœur des coulées avec Roby, Ludo et Fred, des guides pleins d'humour. De vrais professionnels qui vous apprennent tout sur le volcanisme. Un encadrant pour 6 personnes maximum. Accessible à tous. Proposent également des randonnées à la journée sur Mafate par la rivière des Galets ou au volcan. Membre de la charte *Qualité Tourisme Île de La Réunion.*

■ **Évasion Kreol :** 6, rue des Becs-Roses, 97412 **Bras-Panon.** 06-92-61-34-55. • contact@evasionkreol.com • canyoning-ilereunion.com • Une agence très sérieuse spécialisée dans le canyoning. Organise aussi différents trekkings. Labellisé *Qualité Tourisme Île de La Réunion.*

■ **Julien Dez :** 10, impasse du Fond de Rond-Point, 97433 Salazie. 06-92-11-50-13. • speleocanyon.re@gmail.com • speleocanyon.fr • Un guide très compétent et passionné qui organise canyoning, randos, virées dans les tunnels de lave. Membre de la charte *Qualité Tourisme Île de La Réunion.*

VTT

On compte actuellement environ 300 km de pistes balisées pour VTT à la Réunion. Compte tenu du relief, l'île constitue un haut lieu de la descente, une activité à la portée de tous, dans la mesure où il existe des pistes pour tous les niveaux. Tous les ans se tient la *Mégavalanche,* descente marathon à laquelle participent les meilleurs mondiaux.

Conseils pratiques

– On trouve dorénavant sur l'île des VTT haut de gamme (fourches et freins à disques hydrauliques).
– *Enfants :* dès 8 ans, pour peu qu'ils aient le sens de l'équilibre, ils peuvent profiter du VTT avec leurs parents.
– Un ouvrage : *La Réunion à vélo, 55 circuits découverte* (éd. Australes), par Stéphane Bénard et Maëla Winckler. • austral-editions.com • (commande en ligne). Il détaille 800 km d'itinéraires VTT, VTC et vélo de course à travers toute l'île, pour tous niveaux, avec cartes et photos à l'appui.

Centre agréé

■ **Descente VTT :** 3, rue du Général-de-Gaulle, 97434 **Saint-Gilles.** ☎ 02-62-45-18-67. 06-92-21-11-11 ou 06-92-88-54-58. Autre bureau à Saint-Leu (☎ 02-62-26-23-82). • infos@vttreunion.com • descente-vtt.com • Fermé lun. *Descente VTT* réunit 2 enseignes que vous trouverez sous les noms *Télénavette* et *Rando Réunion Passion.* Service de remontées en minibus et location de VTT et de trottinettes de descente. Compter 15 € la montée (VTT non compris, possibilité d'en louer) ; 59 € la ½ journée accompagnée, incluant la loc d'un VTT. Sortie *freeride* possible sur vélo de marque, et propose la descente du célèbre Maïdo avec point de vue sur le cirque de Mafate avant départ. Location de vélos électriques.

Sports équestres

Guère de possibilité de faire le tour entier de l'île, compte tenu du relief, mais quelques belles randonnées à cheval sont possibles par régions. Nous veillons à indiquer les meilleurs clubs dans les chapitres concernés. Notamment à Saint-Gilles, balades dans la savane au coucher du soleil avec *Shai-Ena* (06-92-88-70-00 ; • shaiena.com •). À Étang-Salé, galop sur la plage avec *Eldorado* et deux clubs à la plaine des Cafres. À Grand-Étang, dans l'est, la plus grande écurie de l'île, *Rico Noury* (☎ 02-62-50-90-03). Celle-ci organise même des randonnées sur plusieurs jours. Tous les tarifs et coordonnées des prestations encadrées par les professionnels diplômés d'État sont indiqués sur le site ● *explorelareunion.com* ●

0692921434 de la part de Sébastien

Parapente

La Réunion entend bien devenir au parapente ce que Hawaii est au surf : le must, avec 300 jours de vol par an, grâce à son relief, ses microclimats et aux alizés qui la traversent. Sept jours de suite à rester chez soi, voilà la pire des punitions pour le petit milieu des parapentistes de Saint-Leu. Ceux-là, comme les surfeurs, se sont installés dans le village balnéaire pour vivre au plus près leur passion. Que ce soit pour le site naturel de vol libre qu'est Saint-Leu avec atterrissage sur la plage, ou pour les vols d'exception le long des remparts des cirques, l'île en a fait craquer plus d'un.
Pour un baptême, le décollage du site des Colimaçons (800 m) à Saint-Leu, en pente douce, est idéal. On vous demande uniquement de faire quelques pas et de vous pencher un peu en avant. Le reste, c'est le moniteur, assis derrière l'élève sur la sellette, qui le gère. Depuis le ciel, on aperçoit la plage où l'on atterrit ; et avant, on survole le lagon avec, pour les plus chanceux, la possibilité de voir tortues, dauphins ou baleines.
Il existe des écoles et des sociétés de services qui proposent des baptêmes de l'air. Voir la rubrique « Loisirs sportifs » à Saint-Leu.
– Pour tt rens, contacter la ***Ligue de vol libre de La Réunion*** *(● lvlr.re ●) et la centrale de résa Île de La Réunion Tourisme (● explorelareunion.com ●).*

Les sites de décollage

– ***Colimaçons :*** à Saint-Leu, le plus important. Plusieurs sites (500 m, 800 m, 1 500 m, 2 000 m) et une pente-école. Il y a des navettes tous les jours et le stop fonctionne bien. Tous les parapentistes se retrouvent là ; bien pour rencontrer le milieu et connaître les autres sites.
– ***Dos-d'Âne :*** à La Possession. Beau site, avec la rivière des Galets dessous et Mafate derrière. Attention au vent du nord.
– ***Bellemène :*** à Saint-Paul, une belle pente-école.
– ***Piton Textor :*** au volcan.
– ***Maïdo :*** vol au-dessus de Mafate, mais pas de site de décollage balisé.
– ***Piton de l'Entonnoir :*** à Saint-Joseph.
– ***Piton-Rond :*** à Plaine-des-Palmistes, difficulté pour se poser.

Hélicoptère

Un moyen de découverte extraordinaire, qui laisse des souvenirs épatants. Le vol est stable et le pilote toujours là pour vous rassurer, entre deux commentaires, mais plus le voyage est long plus on risque le mal de l'air ! Premier hic : cela reste cher (un peu moins en passant par une agence de voyages). Mais surtout l'hélicoptère n'est pas sans nuisances : magique mais bruyant. En effectuant des rotations quotidiennes dans les trois cirques des Hauts (Mafate, Cilaos et Salazie), les compagnies d'hélico ont fini par agacer certains habitants. Nous vous invitons donc à ne pas partir en hélico avant 7h du matin, à éviter les survols le dimanche, surtout à privilégier le survol des zones peu habitées (comme le volcan) et à veiller à ce que le prestataire respecte la réglementation (couloirs aériens, fréquence des vols, etc.), quitte à se renseigner avant auprès des locaux et de la gendarmerie. C'est aussi le souci des responsables du parc national des Hauts et de la préfecture... Par ailleurs, les compagnies ne sont pas autorisées à déposer des touristes au-dessus de 500 m d'altitude, c'est-à-dire à peu près partout à La Réunion, notamment à Mafate pour une petite visite (on survole le cirque uniquement). Dernière chose : théoriquement, le vol n'a lieu que si l'hélicoptère est plein. Confirmer à l'avance pour éviter toute déconvenue le jour J.

■ ***Corail Hélicoptères :*** *une base à* ***Saint-Gilles,*** *D 100, voie Cannière, échangeur Villèle et une autre à l'****aéroport de Pierrefonds,*** *entre Saint-Louis et Saint-Pierre. ☎ 02-62-22-22-66 (tlj 6h30-20h). • info@corail-helicopteres.com • corail-helicopteres.com • Tarif moins de 12 ans. Réduc de 5 % pour 2 pers sur les vols (sf les vols Cilaos et Mafate) sur présentation de ce guide.* Cette société très sérieuse dispose de 6 hélicoptères de 6 places passagers chacun dont 4 EC 130, les appareils les plus silencieux conçus pour les survols touristiques, avec visibilité et confort optimaux. Pilotes très pros, pas avares d'explications. Propose différents types de vols parmi lesquels le tour du volcan (180 €, 25 mn), le tour de l'île (les 3 cirques, le volcan, le Trou-de-Fer et le lagon ; 280 €, 45 mn), les 3 cirques, le Trou-de-Fer et le lagon (250 €, 35 mn) et le vol « Excellence » comprenant le volcan, les cirques, les plus belles cascades de l'Est (Takamaka, Grand-Étang...) et le lagon (320 €, 55 mn). Également l'Hélirando Mafate ou Grand-Bassin (190 €) qui dure une journée et inclut une rando (2 à 3h de marche), un déjeuner créole en gîte et le retour en hélicoptère.

■ ***Hélilagon :*** *altiport de L'Éperon, 190, chemin Summer N° 2, CS 81018, 97864* ***Saint-Paul,*** *dans les Hauts de Saint-Gilles. ☎ 02-62-55-55-55. • helilagon@helilagon.com • helilagon.com • Résa conseillée. Départs ttes les heures 7h-11h. Transfert gratuit depuis les hôtels de la côte ouest. Noter que les départs de Saint-Denis ne comprennent pas le survol du lagon, mais les hauteurs de Saint-Denis à la place.* Flotte de 9 hélicoptères de 6 places passagers chacun. Propose plusieurs circuits : « Le Mafate et la baie de Saint-Paul » en 15 mn pour 95 €, « Le Magique » (cirques de Mafate et Salazie, le Trou-de-Fer et la baie de Saint-Paul, 210 € ; 25 mn), « Le Cœur de l'île » (le Trou-de-Fer et les 3 cirques, 250 € ; 35 mn), « L'Incontournable » (les 3 cirques, le Trou-de-Fer, le volcan et le lagon, 279 € ; 45 mn) et « Le Must » (survol « L'Incontournable » + rivières et cascade Blanche, Voile de la mariée, Takamaka, Grand-Étang, rivière des Remparts, 319 € ; 55 mn). Possibilité d'excursions thématiques à la journée à Mafate, au Dimitile, dans l'Est et l'Ouest.

ULM

Une formule moins chère, plus pratique pour les photos et en solo avec le pilote. Mais ne pas oublier que cela représente également une nuisance pour certains habitants avec des fréquences de passage élevées. Mêmes recommandations que pour les vols en hélicoptères. L'ULM ressemble parfois à un mini-avion lorsqu'il est conçu avec un cockpit entièrement fermé, et de 58 à 100 CV, avec des pointes à 110 km/h, le pendulaire ou le trois-axes permettent d'assister à un spectacle grandiose, avec ou sans les cheveux dans le vent (sous le casque). Bien se faire préciser le type d'appareil à la réservation pour profiter de la meilleure vue (selon la taille des passagers, le positionnement des ailes pour les photos, etc.). Les sociétés proposent différents trajets, du simple baptême au tour plus élargi jusqu'aux principaux points d'intérêt. De Saint-Paul, elles proposent en baptême de l'air des survols du Maïdo, des cirques, du piton des Neiges, des Plaines ainsi que du lagon. Mais pour le volcan, qui se trouve à plus de 40 km, le survol est interdit (car trop excentré) ou soumis à réglementation, et ce sont par conséquent les compagnies basées à Pierrefonds qui sont le plus indiquées pour s'y rendre (car plus proches). Bien vérifier donc l'étendue des assurances en fonction du lieu de départ. Également des départs de Sainte-Marie (aéroport de Saint-Denis).

Depuis Saint-Pierre

■ ***Planetair :*** *aéroport de Pierrefonds. 06-92-61-92-04. • planetair974@gmail.com • planetair974.fr • Circuits 90-160 € selon durée. CB refusées.* Ici, c'est la sécurité avant tout. On ne rigole pas avec la météo, et si les conditions ne sont pas *ad hoc,* on reporte. Mais une fois dans les airs, on se régale, car les ULM entièrement carénés (fermés) sont pilotés par une équipe très pro (dirigée par Pierre, ancien pilote militaire), pleine d'humour, qui prend le temps de donner toutes les infos nécessaires sur le circuit (qu'on aura visualisé avant le décollage sur une carte en relief). Transport gratuit depuis son hôtel. Vraiment top !

■ ***Air-Aventures :*** *aéroport de Pierrefonds. 06-92-22-28-28. • contact@air-aventures.fr • air-aventures.com • Réduc de 10 % sur le survol du volcan, sur présentation de ce guide. Cette équipe d'anciens navigants de l'armée de l'Air propose différents circuits à partir de 75 €.* 4 ULM confortables, sécurisés et entretenus par des mécaniciens qualifiés. Un seul passager par avion. Durant le vol, commenté par le pilote, vous pouvez prendre des photos et des vidéos grâce à un orifice prévu à cet effet. Décollage dès 6h du matin, ce qui permet d'être rapidement au-dessus du volcan (avant les nuages). Seule structure du sud de l'île ayant obtenu le « Label Fédéral » et autorisée à survoler le piton de la Fournaise. Également formation de pilotes ULM avec des instructeurs qualifiés « vol montagne ».

Depuis Saint-Paul

■ ***Félix ULM Run :*** *base ULM de Cambaie, 97460* ***Saint-Paul.*** *☎ 02-62-43-02-59. 06-92-87-32-32. • felixreunion@gmail.com • felixulm.com • Baptême 50 € ; différents circuits, entre montagne (les cirques, plus le Trou-de-Fer) et mer (lagon), 75-250 €. Petite ristourne sur présentation de ce guide.* Plusieurs vols simultanés possibles (génial pour se prendre en photo !). Félix est un pionnier dans le genre, il connaît bien l'île et son métier. Il organise aussi des raids en ULM sur Madagascar et l'Afrique du Sud. S'il est absent, Dorothée le remplace. Très bon accueil. Labellisé *Qualité Tourisme Île de La Réunion.*

TÉLÉPHONE, TÉLÉCOMMUNICATIONS

N'oubliez pas le décalage horaire pour ne pas appeler à des heures incongrues !

– ***Fixe France métropolitaine → La Réunion*** ou ***La Réunion → Fixe France métropolitaine :*** composer directement le numéro du correspondant à 10 chiffres (commençant par 02-62 pour les lignes fixes et 06-92 ou 06-93 pour les portables).

– ***Autres pays d'Europe et Canada → La Réunion :*** composer 00262 avant le numéro de votre interlocuteur (sans le 0 et commençant par 262 pour une ligne fixe et 692 ou 693 pour un portable). Dans l'autre sens, ne pas oublier l'indicatif du pays appelé.

Le téléphone portable en voyage

Depuis 2016 il n'y a plus de frais de roaming entre les DOM-TOM et la métropole. Et depuis juin 2017, un voyageur européen titulaire d'un forfait dans son pays d'origine, peut utiliser son téléphone mobile ***au tarif national*** dans les 27 pays de l'Union européenne, sans craindre de voir flamber sa facture. Des plafonds sont néanmoins fixés par les opérateurs pour éviter les excès... Cet accord avantageux signé entre l'UE et ses opérateurs télécoms concerne aussi la consommation

de ***données internet 3G ou 4G,*** dont le volume utilisable sans surcoût dépend du prix du forfait national (se renseigner). Par ailleurs, si le voyageur réside plusieurs mois en dehors de son pays, des frais peuvent lui être prélevés...
Dans ces pays donc, plus besoin d'acheter une carte SIM locale pour diminuer ses frais.

La connexion Internet en voyage

À La Réunion, les hôtels et une partie de restos, de bars, et mêmes certains espaces publics disposent du wifi gratuit. Mieux que la connexion 3G et 4G qui peut entrainer des frais en usage intensif, le wifi permet aussi de profiter d'un débit parfois supérieur.
Une fois connecté au wifi, vous avez accès à tous les services de la ***téléphonie par Internet. Whatsapp, Messenger*** (la messagerie de *Facebook*), ***Viber, Skype,*** permettent d'appeler, d'envoyer des messages, des photos et des vidéos aux quatre coins de la planète, sans frais. Il suffit de télécharger – gratuitement – l'une de ces applis sur son smartphone. Elle détecte automatiquement dans votre liste de contacts ceux qui utilisent la même appli.

TRANSPORTS

Malgré les dimensions réduites de l'île, sa découverte nécessite pas mal de déplacements à cause de la montagne. Le moyen de transport le plus pratique reste la voiture. La carte *Distances par la route* au début de la table des matières permet de mieux visualiser chaque tronçon, mais sans tenir compte des temps de trajet : emprunter la route des Tamarins est évidemment plus rapide que de monter à Cilaos !

La voiture

La meilleure solution, pour ceux qui en ont les moyens. Les loueurs sont présents à l'aéroport de Saint-Denis, nombreux aussi à Saint-Gilles-les-Bains. Le 4x4 n'est absolument pas indispensable, même en montagne. *Attention en montagne :* routes étroites, virages nombreux (et éboulements à certains endroits), bas-côtés profonds (pour l'écoulement des eaux de pluie) compliquent la conduite. Veiller à rouler prudemment et lentement quand on regarde les paysages tout en écoutant du séga. Klaxonner dans les virages des Hauts et laisser passer les locaux qui ne sont pas en vacances, en mettant son clignotant tout en ralentissant, un signe très apprécié. En période de pluies, se renseigner sur les routes éventuellement barrées. Attention aussi aux embouteillages qui se produisent matin et soir à l'entrée et à la sortie de Saint-Denis ou de Saint-Pierre, mais aussi de beaucoup de villes moyennes, comme en métropole ! Voir plus haut la rubrique « Dangers et enquiquinements ».
■ ***État des routes :*** ☎ *02-62-97-27-27.*

Quelques conseils pour la location

Tous les grands loueurs sont présents à l'***aéroport Roland-Garros,*** à Saint-Denis. Les bureaux des agences sont installés les uns à côté des autres à l'extérieur du hall d'arrivée. Mais on vous conseille fortement d'avoir fait votre réservation à l'avance. Il y a également de nombreux petits loueurs locaux qui offrent des voitures d'occasion à des prix beaucoup plus intéressants et qui, pour certains, livrent gratuitement la voiture à l'aéroport. Mais l'état des véhicules peut être très variable. Beaucoup d'hôtels et chambres d'hôtes peuvent se charger de faire la réservation pour vous. Cela peut éviter des mauvaises surprises à l'arrivée. Dans cette catégorie, voir nos adresses à Saint-Gilles, notamment.

Distances entre les principales villes

Distances en km	CILAOS	HELL-BOURG	LE TAMPON	SAINT-ANDRÉ	SAINT-BENOIT	SAINT-DENIS	SAINT-GILLES	SAINT-JOSEPH	SAINT-LEU	SAINT-LOUIS	SAINT-PAUL	SAINT-PHILIPPE	SAINT-PIERRE
HELL-BOURG	158		95	20	35	50	89	95	111	120	80	85	105
LE TAMPON	63	95		75	60	99	72	30	50	25	69	50	10
SAINT-ANDRÉ	138	20	75		15	30	69	85	91	100	60	65	85
SAINT-BENOIT	123	35	60	15		45	132	70	106	85	75	50	70
SAINT-DENIS	112	50	99	30	45		39	105	61	74	30	95	89
SAINT-GILLES	85	89	72	69	132	39		82	22	47	9	102	62
SAINT-JOSEPH	73	95	30	85	70	105	82		46	35	79	20	20
SAINT-LEU	63	111	50	91	106	61	22	46		25	31	80	40
SAINT-LOUIS	38	120	25	100	85	74	47	35	25		44	55	15
SAINT-PAUL	82	80	69	60	75	30	9	79	31	44		99	59
SAINT-PHILIPPE	93	85	50	65	50	95	102	20	80	55	99		40
SAINT-PIERRE	53	105	10	85	70	89	62	20	40	15	59	40	

Pour les voitures louées à l'aéroport Roland-Garros (Saint-Denis), il faut s'acquitter d'une ***taxe*** d'environ 35 € en plus du prix de la location. D'une manière générale, les ***tarifs*** sont légèrement inférieurs à ceux pratiqués en métropole, sauf chez les loueurs nationaux. Les tarifs des loueurs comprennent toujours le kilométrage illimité (sauf pour les annonces racoleuses à 15 € par jour, hors taxes). La franchise varie de 300 à... 1 500 € selon les loueurs et le type de véhicule. Elle correspond généralement à la caution demandée. Pour 1 journée, compter de 30 à 45 € pour un véhicule de catégories A et B. Tarifs dégressifs à partir de 1 semaine de location. Le ***prix de l'essence*** est assez proche des prix que l'on connaît en métropole. Il est plafonné par arrêté préfectoral ; vous ne paierez donc pas votre plein plus cher à Cilaos qu'à Saint-Denis. Sachez que le conducteur doit être âgé de plus de 21 ans et justifier d'un permis de plus de 1 an. Une empreinte CB sera demandée (la réclamer en fin de séjour s'il s'agissait d'un sabot).
VÉRIFIEZ BIEN le ***contrat de location*** avant de signer, surtout pour les clauses concernant le vol ; pas mal de voitures visitées au départ de certains chemins de randonnée. Si vous avez eu un accrochage, n'attendez pas le dernier moment pour prévenir le loueur, vous seriez alors en situation délicate pour négocier, vu que votre avion ne vous attendra pas et que le loueur se fera un plaisir

d'empocher la caution ou la franchise. Les litiges sont assez fréquents, alors posez bien toutes les bonnes questions AVANT de louer. Lors de l'état des lieux, vérifier vraiment tout, de l'attache-ceinture aux poignées de porte : un routard averti en vaut deux.

■ ***BSP AUTO :*** *☎ 01-43-46-20-74 (tlj). • bsp-auto.com •* Les prix proposés sont attractifs et comprennent le kilométrage illimité et les assurances. BSP Auto propose exclusivement les grandes compagnies de location sur place, assurant un très bon niveau de service. Les plus : vous ne payez votre location que 5 jours avant le départ. Remise spéciale de 5 % aux lecteurs de ce guide avec le code « ROUTARD18 ».

■ ***ITC Tropicar :*** *27, av. de Bourbon, à L'Ermitage, 97434* ***Saint-Gilles.*** *☎ 02-62-24-01-01 (central de résa). • contact.itc@gbh.fr • itctropicar.re • À partir de 20 €/j. selon saison pour une nouvelle Renault Twingo. Franchise de 800 €. Assistance 24h/24 et remplacement immédiat du véhicule. Présent à l'aéroport. Réduc de 10 % sur place sur présentation du guide de l'année, ou sur le site avec le code promo « routard2018 ».* Loueur depuis 30 ans à La Réunion. Membre de la charte *Qualité Tourisme Île de La Réunion.* Minimum 23 ans, et 2 ans de permis.

■ ***Hertz Remirex :*** *7, rue de la Pépinière, 6 ZAE de la Mare, 97438* ***Sainte-Marie.*** *☎ 02-62-28-05-93 et 02-62-53-22-55. • hertzreunion.com •* 5 points de vente sur l'île : aéroport Roland-Garros, Sainte-Marie, Saint-Gilles, Saint-Paul et Saint-Pierre. Livraison possible dans les hôtels. Large gamme de véhicules, de la petite économique au 4x4 en passant par la confort, les automatiques et les hybrides. Service assistance 24h/24.

■ ***Jumbo Car :*** *aéroport Roland-Garros. ☎ 02-62-53-53-72. • reservation.runcar@gbh.fr • jumbocar-reunion.com • À partir de 17 €/j. selon saison pour un véhicule de type Twingo. Réduc de min 10 % pour nos lecteurs sur Internet avec le code « ROUT2018 ».* 3 agences sur l'île. Plus de 300 véhicules diesel et récents. Assistance 24h/24 et livraison à l'hôtel.

■ ***Au Bas Prix Car Go :*** *agences à l'aéroport (aéroport de Roland-Garros, 97438* ***Sainte-Marie,*** *☎ 02-62-48-81-89) et à* ***Saint-Denis*** *(☎ 02-62-21-05-24). • aubasprix@wanadoo.fr • aubasprix.fr • À partir de 36 €/j. pour 7 j., catégorie A. Sur présentation de ce guide et pour les catégories A, B et F en loc 4-13 j., réduc de 15 % pdt le 1er semestre de l'année et de 5 % le reste de l'année.* Loueur discount depuis 25 ans. Parc de plus de 200 véhicules (répartis en 10 catégories).

■ ***Avis :*** *☎ 0825-20-00-25 (prix appel + 0,15 €/mn). • avisreunion.com •*

■ ***Europcar :*** *☎ 02-62-48-81-87. • europcar-reunion.com •*

■ ***Run A Van :*** *📱 06-92-42-94-45. • runavan974@gmail.com • runavan.re • Compter 58-120 €/j., selon modèle de van.* Offrez-vous la liberté de voyager sur toute l'île en autonomie complète grâce à des vans aménagés : *Westfalia, Camper Van, Sleeper Van.* La garantie d'un voyage unique au cœur de La Réunion !

La moto

Un autre moyen de profiter des charmes de l'île. Mais, ici comme ailleurs, les automobilistes ne respectent pas toujours les priorités : prudence ! Et un gros souci à signaler : les assurances ne couvrant plus les vols de motos, les loueurs demandent généralement pour les grosses cylindrées une caution de la valeur vénale de la moto (par CB ou chèque). En résumé : gare aux vols ! Sans compter l'état des engins loués. Prudence donc...

Le vélo

Pas facile, vu le relief de l'île. Pour ceux qui ont déjà les mollets musclés ! Les seuls itinéraires à peu près plats couvrent l'ensemble des routes du littoral, mais

ce n'est pas simple, voire risqué, en raison des vents contraires, des nombreux faux plats de la côte est, et des voitures qui foncent. Tout ça pour dire que faire du vélo sur les grands axes est largement déconseillé.
Néanmoins, ces dernières années, se sont développées de larges bandes jaunes destinées aux cyclistes le long des routes nationales, en particulier entre Saint-Paul et l'Étang-Salé-les-Bains ou au sud de Saint-Pierre. Il existe également un sentier littoral très prisé entre Saint-Denis et Sainte-Suzanne qui comprend une piste pédestre et une piste cyclable.
Les amoureux de vélo qui tiennent absolument à découvrir l'île au rythme lent mais passionnant des tours de mollets devront aller vers les cirques et grimper les routes sinueuses sous le soleil, dominées par les falaises. Les routes sont plus étroites, la circulation moins importante et la vitesse plus réduite (nettement). Bon courage !

Le bus

L'île est très bien desservie (surtout à l'ouest ; moins à l'est, où l'on ne trouve plus grand-chose après 18h). Les gares routières ou les offices de tourisme vous fourniront gracieusement la carte du réseau des bus de l'île sur laquelle figurent les différentes lignes. Un détail amusant pour ceux qui prennent les bus sur l'île : il faut frapper dans ses mains pour signaler au chauffeur quand on désire descendre !
On distingue deux sortes de lignes : grosso modo, celles de la côte, les plus rapides et les plus importantes (il s'agit des *Cars Jaunes*), et celles qui desservent les Hauts et les environs des principales villes, très pittoresques.
Renseignements (horaires et tarifs) :
– ***Cars Jaunes :*** ☎ *0-810-123-974 (prix d'un appel local).* • *carjaune.re* •
– ***Réseau Citalis :*** ☎ *0-800-655-655 (appel gratuit depuis un tél fixe).* • *citalis.re* • Dessert les secteurs de Saint-Denis, Sainte-Marie et Sainte-Suzanne.
– ***Réseau Kar'Ouest :*** ☎ *0-810-456-520 (0,05 €/mn).* • *karouest.re* • Dessert les secteurs Le Port, La Possession, Saint-Paul, Saint-Gilles, Trois-Bassin et Saint-Leu.
– ***Réseau Alternéo :*** ☎ *0-800-355-354 (nº Vert).* • *alterneo.re* • Dessert les secteurs Les Avirons, Étang-Salé, Saint-Louis, Cilaos, Saint-Pierre et Petite-Île.
– ***Réseau Estival :*** ☎ *02-62-92-53-40.* • *cirest.fr* • Dessert les secteurs Bras-Panon, La Plaine-des-Palmistes, Saint-André, Saint-Benoît, Sainte-Rose et Salazie.

Lignes principales des Cars Jaunes.

– ***Lignes Z'Éclair ZO, ZE et T :*** la ligne *Z'Éclair ZO* va de Saint-Denis à Saint-Pierre, sans arrêt, par la route des Tamarins. La ligne *Z'Éclair ZE* va de Saint-Denis à Saint-Benoît avec arrêt à l'aéroport de Saint-Denis. Quant à la ligne *Z'Éclair T* (pour « touristique »), elle dessert les principales stations balnéaires de la côte ouest entre l'aéroport de Roland-Garros et la gare routière de Saint-Pierre. Ces minibus jaunes sont plus chers que les *Cars Jaunes* classiques (5 €, contre 2 € pour les bus classiques ; il existe aussi des tickets à la journée, à la semaine, etc.), mais on y gagne largement en temps :
Ligne *Z'Éclair ZO,* lun-sam slt, une douzaine de bus/j., 6h-17h10 au départ de la gare routière de Saint-Denis (5h30-17h10 depuis Saint-Pierre). Trajet : env 1h.
Ligne *Z'Éclair ZE,* lun-sam, 3 bus/j. 8h30-17h30 au départ de la gare de Saint-Denis (7h-16h depuis Saint-Benoît). Trajet : env 50 mn-1h.
Ligne *Z'Éclair T,* 7 départs/j. au départ de l'aéroport Roland-Garros, 5h15-20h (5h15-17h50 depuis Saint-Pierre). Trajet : env 2h.
– ***Ligne 01 :*** Saint-Denis/Saint-Pierre (par la route des Tamarins). Env 10 liaisons lun-sam, 8 dim et j. fériés. Trajet : env 1h40.

– ***Ligne 02 :*** Saint-Denis/Saint-Pierre par le littoral. Env 20 liaisons/j., 10 dim et j. fériés. Trajet : env 1h40.
– ***Lignes 03 et 04 :*** Saint-Denis/Saint-Paul. Env 15-20 bus/j. pour chaque ligne ; une quinzaine de départs dim et j. fériés sur la ligne 03 slt. Trajet : 1h.
– ***Lignes E1 et E2 :*** Saint-Denis/Saint-Benoît. Les 2 desservent Saint-André, mais la E1 *(Express)* est plus rapide (moins d'arrêts, mais elle ne fonctionne pas dim et j. fériés). Une quinzaine de liaisons lun-sam pour chaque ligne, 8 dim slt sur la E2. Trajet : 1h-1h30.
– ***Lignes E3 et E4 :*** Saint-Denis/Saint-André. Env 12 liaisons lun-sam pour chaque ligne, moitié moins dim et j. fériés. Trajet : 1h30.
– ***Ligne S1 :*** Saint-Benoît/Saint-Pierre par Sainte-Anne, Sainte-Rose, Saint-Philippe, Saint-Joseph et Petite-Île. Env 6 départs/j. Trajet : env 2h30.
– ***Ligne S2 :*** Saint-Benoît/Saint-Pierre par les Plaines. Tlj, 5-6 départs. Trajet : 2h. Pratique pour se rendre au piton de la Fournaise.
– ***Ligne S3 :*** Saint-Joseph/Saint-Paul par le littoral. Env 10 bus/j. ; 8 dim et j. fériés. Trajet : 2h.
– ***Ligne S4 :*** Saint-Pierre/Saint-Paul par les Hauts. Env 20 bus/j. ; 8 dim et j. fériés. Trajet : 1h30-2h.
– ***Ligne S5 :*** Saint-Pierre/L'Entre-Deux via Saint-Louis. 7 liaisons/j. lun-sam, slt 3 dim mais sur la portion Saint-Louis/L'Entre-Deux slt. Trajet : 30 mn.
– ***Ligne S6 :*** Saint-Joseph/Le Tampon. 2 bus/j. lun-sam slt. Trajet : 1h.

URGENCES

Urgences médicales

■ ***SAMU :*** *☎ 02-62-20-15-15 ou le ☎ 15.*
■ ***SOS Médecin :*** *☎ 02-62-97-44-44.*
✚ ***Centre hospitalier régional :*** *allée des Topazes, dans le quartier de Bellepierre à **Saint-Denis.** ☎ 02-62-90-50-50.*
■ ***Pôle sanitaire Est :*** *30 RN 3, ZAC Madeleine, BP 186, 97470 **Saint-Benoît.** ☎ 02-62-98-80-00.*
■ ***Pharmacies de garde :*** pharmacies et médecins de garde sont signalés dans la presse du week-end, au commissariat de police, à la gendarmerie de la ville ou en composant le ☎ *17.*

Perte/vol carte de paiement

Quelle que soit la carte que vous possédez, chaque banque gère elle-même le processus d'opposition et le numéro de téléphone correspondant ! Une carte perdue ou volée peut être rapidement remplacée. En appelant sa banque, un système d'opposition, d'avance d'argent et de remplacement de carte pourra être mis en place afin de poursuivre son séjour en toute quiétude.

– ***Carte Visa :*** *numéro d'urgence (Europ Assistance) : ☎ (00-33) 1-41-85-85-85 (24/24). • visa.fr •*
– ***Carte MasterCard :*** *numéro d'urgence : ☎ (00-33) 1-45-16-65-65. • mastercardfrance.com •*
– ***American Express :*** *numéro d'urgence : ☎ (00-33) 1-47-77-72-00. • americanexpress.com •*

Perte/vol téléphone portable

Suspendre aussitôt sa ligne permet d'éviter de douloureuses surprises au retour du voyage ! Voici les numéros des quatre opérateurs français, accessibles depuis la France et l'étranger.

– **SFR :** *depuis la France : ☎ 10-23 ; depuis l'étranger : 📱 + 33-6-1000-1023.*

– **Bouygues Télécom :** *depuis la France comme depuis l'étranger, ☎ + 33-800-29-1000 (service et appel gratuits).*

– **Orange :** *depuis la France, ☎ 0800-100-740 ; depuis l'étranger, ☎ + 33-969-39-39-00.*

– **Free :** *depuis la France : ☎ 32-44 ; depuis l'étranger : ☎ +33-1-78-56-95-60.*

Vous pouvez aussi demander la suspension de votre ligne depuis le site internet de votre opérateur.

Avant de partir, notez (ailleurs que dans votre téléphone portable !) votre numéro IMEI, utile pour bloquer à distance l'accès à votre téléphone en cas de perte ou de vol. Comment avoir ce numéro ? Il suffit de taper sur votre clavier *#06#. Puis reportez-vous au site • *mobilevole-mobilebloque.fr* •

SAINT-DENIS

• Plan Saint-Denis *p. 88-89* • Plan Les hauts de Saint-Denis *p. 103*

142 450 hab. Code postal : 97400

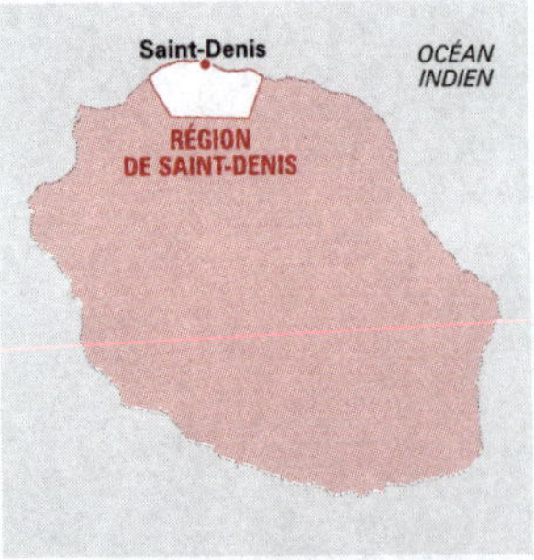

Saint-Denis est la plus grande ville de l'outre-mer. Cette Ville d'art et d'histoire compte à elle seule plus de 50 monuments classés historiques (plus du tiers du patrimoine de l'île). Implantée entre mer et montagne, encadrée par deux rivières, avec ses terrasses de cafés et ses décapotables prises dans les embouteillages du soir, Saint-Denis est une ville typiquement française... Pourtant, en fouinant un peu, on découvre le charme des « boutiques z'arabes », la majesté d'arbres centenaires en plein centre-ville (comme les baobabs, rares à La Réunion, dans la cour de la DEAL), la beauté de l'architecture créole et surtout le métissage de ses habitants. Tendez l'oreille, vous capterez des mots en créole, mahorais, chinois, hindi, malgache... Et la fin de la prière (vers 13h), quand tous les fidèles quittent la mosquée, rappellera à certains des souvenirs d'Afrique du Nord.
Une journée idéale passe par la visite des musées, un tour au marché, une balade au jardin de l'État, puis un verre au parc Barachois, la promenade en bord de mer au coucher du soleil, sans oublier un passage par l'office de tourisme, qui mérite doublement votre visite, car c'est un lieu chargé d'histoire. Notre coup de cœur nocturne : le point de vue des « 3 bancs », sur les rampes de la route de La Montagne. L'espace, aménagé, offre un panorama remarquable sur le plan en damier de la ville. Ce site est très prisé des jeunes amoureux dionysiens...

UN PEU D'HISTOIRE

En 1665, Étienne Régnault, qui sera le premier gouverneur de l'île Bourbon, accoste à La Réunion. Un des bateaux de l'expédition s'est perdu en cours de route et arrive avec beaucoup de retard sur l'île, en 1667. Régnault baptise la rivière où mouille ce bateau du nom de celui-ci : *Saint-Denis.* Il s'y fait construire une modeste demeure et décide d'y fonder une ville. Longtemps simple village peuplé de colons et d'esclaves, Saint-Denis va connaître un prodigieux essor grâce au gouverneur Mahé de La Bourdonnais, un marin du roi, originaire de Saint-Malo, qui décide, en 1738, d'y établir un port et d'en faire la nouvelle capitale de l'île, à la place de Saint-Paul. Le port ne résistera pas aux nombreux cyclones, mais la ville ne cessera pas de s'agrandir.

LA VILLE AUJOURD'HUI

Si Saint-Denis constitue la capitale économique et administrative de La Réunion, elle est avant tout une ville de passage où chacun vient travailler en voiture. Mais la municipalité ne manque pas d'idées pour lui donner un vrai rayonnement régional : rendez-vous culturels (une *Cité des arts* a vu le jour), mise en valeur du patrimoine de la rue de Paris, animation de la vie nocturne (notamment dans le *Quartier Cathédrale*).
Dans la journée, un « cœur vert familial » du côté de la Trinité-Montgaillard offre terrains de sports, amphithéâtre, *skatepark*... Un grand parc aquatique a également ouvert ses portes.
– Pour connaître l'agenda culturel, événementiel et sportif de la ville, consulter le site • *saintdenis.re* •
– On trouve des places de stationnement partout en ville (payant au centre). Une possibilité : se garer du côté du Barachois et visiter tranquillement la ville à pied, en remontant par les rues Juliette-Dodu ou Jean-Chatel, par exemple.
– En revanche, la découverte de Saint-Denis est à éviter le dimanche, quand toute animation a déserté la cité...

Arriver – Quitter

En avion

✈ ***L'aéroport La Réunion-Roland-Garros*** *(hors plan par C3) : situé à 10 km à l'est de Saint-Denis, dir. Sainte-Marie.* Guichets automatiques et bureau de change (à l'extérieur du hall d'arrivée). Comptoir de l'office de tourisme situé dans un petit espace vitré du hall principal *(tlj 7h-20h)* : ils peuvent passer un coup de fil pour connaître les disponibilités d'hébergement ; borne interactive à l'extérieur. Au 1er étage, un point presse (où l'on trouve des recharges de téléphone). Pas de consigne. Enfin, si besoin, vente de cartes SIM locales dans les boutiques des supermarchés *Carrefour* et *JUMBO* voisins *(ouv sam et dim mat).*
– ***Infos sur les vols :*** *☎ 02-62-28-16-16 (répondeur automatique).* Numéro à appeler pour toutes les compagnies opérant à Saint-Denis, mais pas toujours à jour. Sinon, *☎ 02-62-48-81-81* pour des infos en temps réel, ou consulter le site • *reunion.aeroport.fr* •

Location de voitures à l'aéroport

Les loueurs de voitures attendent souvent l'arrivée du dernier vol pour fermer. ***Taxe d'aéroport d'environ 35 € pour la location de voitures.*** Certains petits loueurs vous apportent la voiture à l'aéroport. Quant au GPS, si vous n'en avez pas avec votre portable, sachez qu'il est très utile pour visiter les Hauts (compter env 12 €/j.) ! Sélection de loueurs en début de guide, voir la rubrique « Transports » dans « La Réunion utile ».

Comment se rendre à Saint-Denis depuis l'aéroport ?

➢ En ***taxi,*** intéressant à plusieurs : env 20-30 € la course de l'aéroport au centre-ville ; supplément après 19h, dim et j. fériés. Également des taxis de 8 places (mêmes tarifs). *Taxis de l'aéroport (GIE) : ☎ 02-62-48-83-83.*
➢ ***En bus :*** avec le réseau ***Car Jaune, lignes Z'éclair T*** (relie Saint-Pierre à Sainte-Marie) et ***Z'éclair ZE*** (relie Saint-Benoît à Saint-Denis, via l'aéroport) ; elles sont rapides (5 € ; achat des tickets dans le bus ou en carnets de 5 tickets auprès de l'office de tourisme du hall d'arrivée). Les départs se font devant le hall d'enregistrement. À noter que la ligne ***Z'éclair T***, après un arrêt à la gare routière de Saint-Denis, poursuit sa route et dessert les zones balnéaires de l'ouest (Saint-Paul, Saint-Gilles-les-Bains, Saint-Leu, L'Étang-Salé, Saint-Louis et Saint-Pierre) : très pratique pour ceux qui logent dans ces secteurs. La ligne ***Z'éclair ZE***

■ Adresses et infos utiles

- 1 Office de tourisme intercommunal du Nord
- 2 Air France
- 3 Air Mauritius
- 4 Air Austral
- 5 Air Madagascar
- 7 Vélo & Oxygen

Où dormir ?

- 20 Pension Zoulékhan Limbada
- 21 Central Hôtel
- 22 Austral Hôtel
- 23 Le Juliette Dodu
- 24 Hôtel La Marianne
- 25 La Case d'Aymline
- 26 Hôtel Select

Où manger ?

- 40 Camions-bars sur le Barachois
- 41 La Cardinale
- 42 Boulangerie Casta
- 43 Chez Kaï
- 44 Aux Bons Enfants
- 45 Le Caudan
- 46 Chez Jean-Marc
- 47 Aux Délices de l'Orient
- 48 Au Comptoir du Potager
- 49 Potes et Popotte
- 50 K-Rem
- 51 Le Reflet des Îles
- 52 Le Cap Horn
- 53 Lé Gadiamb
- 54 Le Roland Garros
- 55 L'Atelier de Ben

Où déguster une glace ?

- 70 L'Igloo
- 71 Amorino

Où boire un verre ?
Où danser ?

- 80 Bars-resto du « Quartier Cathédrale »
- 82 L'Ô Bar
- 83 Le Bar a Cas
- 84 Le Prince – Klub Mix

Où assister à un spectacle ?

- 90 Théâtre du Grand Marché
- 91 La Cité des Arts
- 92 Théâtre Champ Fleuri

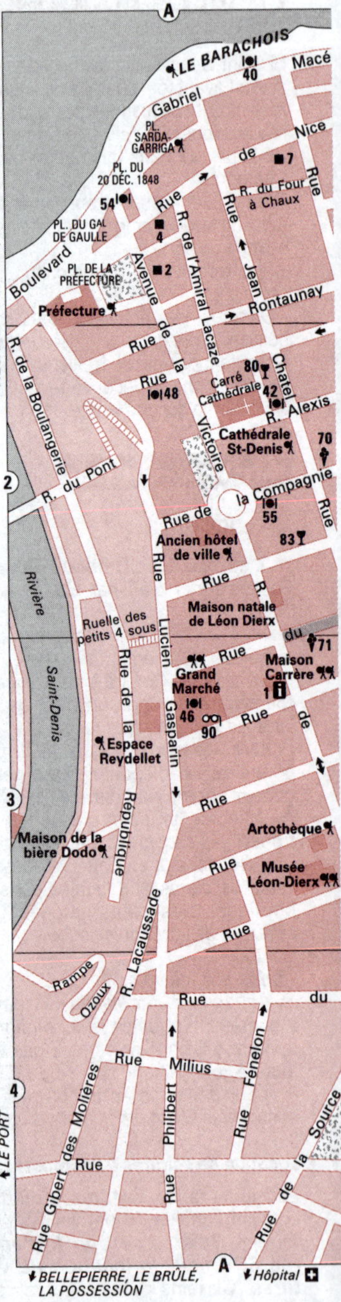

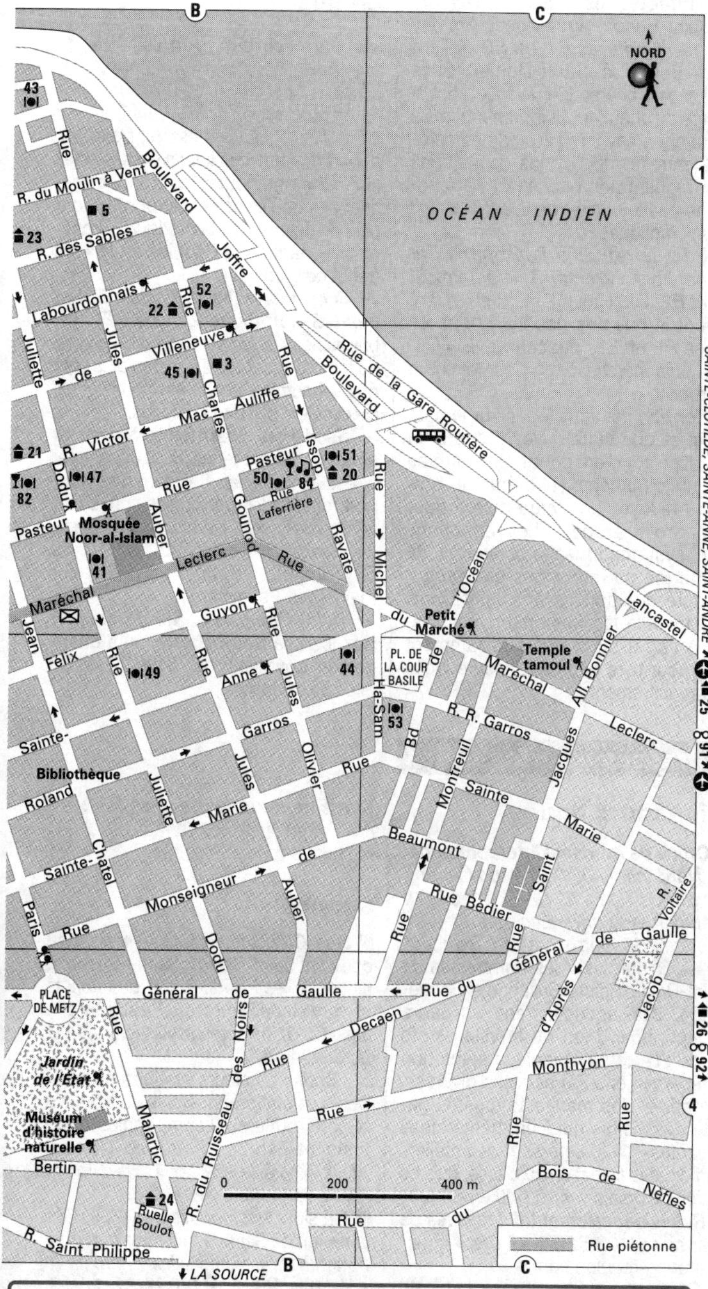

NORD
OCÉAN INDIEN
SAINTE-CLOTILDE, SAINTE-ANNE, SAINT-ANDRÉ
25
91
26
92
LA SOURCE
Boulevard Joffre
Rue de la Gare Routière
Boulevard Lancastel
R. du Moulin à Vent
R. des Sables
Labourdonnais
Rue de Villeneuve
Mac Auliffe
R. Victor
Rue Pasteur
Rue Laferrière
Rue Maréchal Leclerc
Rue Guyon
Rue Félix
Anne
Garros
R. R. Garros
Sainte-
Roland
Rue Sainte Marie
Rue Monseigneur de Beaumont
Rue Bédier
Rue du Général de Gaulle
Rue Decaen
Rue Monthyon
Rue Bertin
Rue Bois de Nèfles
R. Saint Philippe
Ruelle Boulot
Rue Juliette Dodu
Rue Jules Auber
Rue Charles Gounod
Rue Issop Ravate
Rue Michel Ha-Sam
Rue Jean Chatel
Rue Jules Olivier
Rue Juliette Dodu
Rue de Paris
Rue Malartic
R. du Ruisseau des Noirs
Bd de l'Océan
Rue Montreuil
Rue Jacques
Rue Saint Jacques
d'Après
R. Voltaire
Rue Jacob
All. Bonnier
Rue du
Mosquée Noor-al-Islam
Petit Marché
PL. DE LA COUR BASILE
Temple tamoul
Bibliothèque
PLACE DE METZ
Jardin de l'État
Muséum d'histoire naturelle
43
5
23
52
22
45
3
21
47
82
51
20
50
84
41
44
53
49
24
0
200
400 m
Rue piétonne
B
C
1
4

SAINT-DENIS

est directe jusqu'à Saint-Denis ou Saint-Benoît. Autre possibilité, les ***lignes régulières E1 ou E2*** (relient Saint-Benoît à Saint-Denis). Elles sont moins chères (2 € le trajet, ticket auprès du chauffeur uniquement), mais s'arrêtent à env 5 mn à pied de l'aéroport (entre les deux ronds-points). Pas très fréquent non plus (la E1 ne fonctionne pas le dim) et cette solution est plus compliquée.

➢ Pour le ***retour à l'aéroport,*** *Car Jaune*, lignes ***Z'éclair T, Z'éclair ZE, E1 et E2.*** Les lignes T et ZE s'arrêtent devant le hall des départs ; pour les lignes E1 et E2, descendre à « Gillot », puis marcher 5 mn pour rejoindre l'aéroport.

– ***Attention :*** si vous logez sur la côte ouest et que vous devez prendre un vol de retour en début de matinée (ou un dimanche en début de soirée), prévoyez une large marge pour rejoindre l'aéroport. Les bouchons sont systématiques aux heures de pointe (ou au retour des plages) sur la route du littoral avant Saint-Denis et le moindre accident peut vous laisser à l'arrêt un temps suffisamment long pour faire dépasser l'heure limite d'enregistrement.

En bus

Gare routière *(plan C2)* ***:*** *rue de la Gare-Routière (de l'autre côté du bd Lancastel, côté mer). ☎ 0810-123-974 (nº Azur). Lun-ven 4h30-19h45, le w-e 6h30-17h45 env.* C'est le point de départ des bus des lignes *Cars Jaunes* et *Z'éclair* pour toutes les grandes destinations de l'île (dont l'aéroport). Pour plus de détails, voir la rubrique « Transports » dans « La Réunion utile » en début de guide.

➢ ***Saint-Pierre (ligne Z'éclair ZO) et Saint-Benoît (ligne Z'éclair ZE) :*** les bus jaunes *Z'éclair* permettent de gagner du temps, mais on paie un peu plus cher que les autres *Cars Jaunes* classiques. Ne circulent pas dim et j. fériés.

➢ ***Saint-Paul, Saint-Gilles, Saint-Leu et Saint-Pierre :*** lignes 01 ou 02. À noter que la ligne *Z'éclair T,* venant de l'aéroport, dessert les principales zones balnéaires de l'ouest. Nombreux départs tlj.

➢ ***Saint-Benoît :*** ligne E1 ou E2 (ou ZE). De là, ligne S2 pour Plaine-des-Palmistes.

➢ ***Saint-Philippe*** et ***Saint-Joseph :*** bus jusqu'à ***Saint-Pierre*** puis changement pour les lignes S1 et S3 (slt S3 pour Saint-Joseph).

Adresses et infos utiles

Infos touristiques

Office de tourisme intercommunal du Nord *(plan A3,* ***1****)* ***:*** *maison Carrère, 14, rue de Paris. ☎ 02-62-41-83-00. • lebeaupays.com • Lun-sam 9h-18h. Chèques de métropole et CB acceptés.* Infos sur les communes de Saint-Denis, Sainte-Suzanne et Sainte-Marie. Bon accueil, dans un cadre exceptionnel. Plan de la ville. Vente de billets de spectacle, réservation d'hébergements ou activités diverses, calendrier des manifestations. Organise des visites guidées thématiques payantes *(10-20 €/pers)* et des ateliers participatifs (initiation au créole, cuisine au feu de bois... ; *env 35-40 €/pers*).

■ ***Relais départemental des Gîtes de France :*** *☎ 02-62-72-97-81. • gites-de-france-reunion.com •*

■ ***Comité départemental du tourisme de Mayotte*** *(plan B3)* ***:*** *19, rue Sainte-Anne. ☎ 02-62-56-62-90. • mayotte-tourisme.com •*

Services

■ ***Bus Citalis :*** *• citalis.re •* Réseau couvrant Saint-Denis à Sainte-Suzanne ainsi que les Hauts. Achat des tickets et renseignements au Petit Marché *(plan C2-3)*, à l'hôtel de ville *(plan A2)* et au Chaudron.

Taxis : plusieurs stations à Saint-Denis (la station principale se trouve à la gare routière). 2 compagnies fonctionnent 24h/24 : ***Paille-en-Queue,*** *☎ 02-62-29-20-29, et* ***Taxis Dionysiens,*** *☎ 02-62-21-31-10.*

■ On signale 2 ***loueurs de vélos*** dans la région de Saint-Denis pour parcourir notamment le sentier littoral nord :

– *Yellow Bike : 📱 06-92-32-17-02.*

• yellowbikereunion@orange.fr • (préférer le tél à l'e-mail). Livraison des VTT à l'hôtel.
– *Vélo & Oxygen* (plan A1, **7**) : 34, rue de Nice, à Saint-Denis. ☎ 02-62-41-64-38. Tlj sf dim 8h (9h sam)-12h, 14h-18h. Également des vélos électriques.

Centre hospitalier régional : allée des Topazes, dans le quartier de Bellepierre à Saint-Denis. ☎ 02-62-90-50-50.

Compagnies aériennes

Air France (plan A1, **2**) : 7, av. de la Victoire. ☎ 0820-820-820 (0,12 €/mn). • airfrance.re • Lun-ven 8h30-17h, sam 8h30-12h.

Air Mauritius (plan B2, **3**) : 13, rue Charles-Gounod. ☎ 02-62-94-83-83. Lun-ven 8h30-12h30, 14h-17h30. À l'aéroport : ☎ 02-62-40-80-18. • air mauritius.com •

Air Austral (plan A1, **4**) : 4, rue de Nice. ☎ 0825-013-012 (0,15 €/mn). • air-austral.com • Lun-ven 8h30-17h30, sam 8h30-11h45.

Air Madagascar (plan B1, **5**) : 31, rue Jules-Auber. ☎ 0892-680-014 (0,31 €/mn). À l'aéroport : ☎ 02-62-48-83-05. • airmadagascar.com • Lun-ven 8h15-12h15, 13h30-17h (16h ven).

Corsairfly : à l'aéroport slt. ☎ 0820-042-042 (0,12 €/mn). • corsairfly.fr • Lun-ven 9h-17h30.

SAINT-DENIS

Où dormir ?

Dans le centre-ville

Très bon marché

Pension Zoulékhan Limbada (plan B2, **20**) : 37, rue Issop-Ravate. ☎ 02-62-41-05-00. 06-92-36-59-33. ♿ Double 30 € ; petit déj env 3 €. Petite pension familiale impeccable et bien placée. 4 chambres seulement, au calme, avec w-c et douches à l'extérieur. Cuisine extérieure à disposition. Accueil aimable et discret. Évidemment, il faut respecter l'existence paisible de Mme Limbada. Rapport qualité-prix imbattable !

De chic à plus chic

Central Hôtel (plan B2, **21**) : 37, rue de la Compagnie, BP 901. ☎ 02-62-94-18-08. • central.hotel@wanadoo.fr • centralhotel.re • Doubles sans ou avec balcon 81-113 €, avec petit déj. Parking gratuit. Réduc de 10 % sur le prix de la chambre en janv et août sur présentation de ce guide. Un 2-étoiles avec une soixantaine de chambres réparties entre un bâtiment sur rue, et un autre donnant dans une cour tranquille. Peu d'originalité côté déco, mais les chambres, certaines petites, sont fonctionnelles et confortables (clim). 3e étage sans ascenseur. Ensuite, tout peut se faire à pied, on est en plein centre.

Austral Hôtel (plan B1, **22**) : 20, rue Charles-Gounod. ☎ 02-62-94-45-67. • hotel-austral@wanadoo.fr • hotel-austral.fr • ♿ Doubles 96-114 €. Parking gratuit. Un hôtel moderne, sans cachet particulier, voire un peu désuet, mais dont les chambres se révèlent convenables, fonctionnelles et bien tenues. Petite piscine blottie au centre des 3 bâtiments.

Beaucoup plus chic

Le Juliette Dodu (plan B1, **23**) : 31, rue Juliette-Dodu. ☎ 02-62-20-91-20. • juliettedodu@orange.fr • hotel-juliette-dodu.com • ♿ Doubles 157-189 €, petit déj 14 €. Parking de poche gratuit. Un hôtel de charme d'une quarantaine de chambres, construit autour d'une belle maison créole du milieu du XIXe s. Mobilier colonial, parquets parfaitement cirés et déco aux couleurs lumineuses. En revanche, la plupart des chambres sont petites, vieille bâtisse oblige. En fait, on profite surtout du cadre et de l'emplacement de cet établissement au confort irréprochable. Différents endroits où se poser avec son bouquin, petite bibliothèque cosy. Piscine et jacuzzi. Accueil pro.

Pas très loin du centre

Bon marché

🏠 ***Hôtel La Marianne*** *(plan B4,* ***24****) : 5, ruelle Boulot. ☎ 02-62-21-80-80. • hotel-la-marianne@wanadoo.fr • hotel-la-marianne-reunion.fr • ♿ Double env 60 €. Parking gratuit.* Wi-Fi Dans un quartier résidentiel, proche du centre, une adresse pratique et classique. Immeuble moderne qui abrite une vingtaine de chambres climatisées avec téléphone et minibar, mais sans déco particulière. Elles sont claires et spacieuses (sauf au rez-de-chaussée). La plupart ont un petit balcon. Celles situées au 4e étage (sans ascenseur) s'offrent le luxe d'un certain charme, car nichées sous les combles.

Prix moyens

🏠 ***La Case d'Aymline*** *(hors plan par C3,* ***25****) : 45, rue des Deux-Canons, 97490* ***Sainte-Clotilde.*** *📱 06-92-71-78-03. • lacasedaymline974@hotmail.fr • lacasedaymline.com • Du bd Lancastel (le long de la mer), prendre le chemin en face de la station Tamoil ; 3e entrée sur la gauche. Fermé autour des fêtes de fin d'année. Doubles à partir de 60 € avec petit déj ; studios à partir de 65 € sans le petit déj.* Wi-Fi Au calme dans un petit square, cette maison individuelle abrite 1 chambre double et 2 studios dans une cour toute cosy avec bassin à poissons. Déco soignée et élégante, notamment dans les salles de bains avec douches à l'italienne. Logements nickel, même si l'un des studios ne possède qu'une kitchenette toute simple et des sanitaires sans cloison. Accueil chaleureux d'une famille réunionnaise.

🏠 ***Hôtel Select*** *(hors plan par C4,* ***26****) : 1 bis, rue des Lataniers. ☎ 02-62-41-13-50. • hotelselect@wanadoo.fr • hotel-select.fr • ♿ Doubles env 60-80 €. Parking gratuit.* Wi-Fi Dans un quartier populaire, un peu à l'écart du centre et au calme, un hôtel sans grand charme, dont les 55 chambres ont été rénovées. Petite piscine au fond de la cour pour faire trempette seulement, on n'y battra pas de record. TV, AC et location de voitures. Ascenseur.

Où manger ?

Sachez que la plupart des restos sont fermés le dimanche.

Dans le centre-ville

De très bon marché à bon marché

🍽 Des ***camions-bars sur le Barachois*** *(plan A1,* ***40****)*, ouverts le midi et tard le soir. On y mange des samoussas, un sandwich aux *bouchons* gratiné ou un repas créole dans une barquette et on y boit une *Dodo,* dans une ambiance parfois pimentée le soir. Une scène a d'ailleurs été installée pour les musiciens. C'est aussi la balade dominicale préférée des Dionysiens sur la partie piétonne, fréquentée par les joueurs de pétanque, les amoureux et les familles en goguette.

🍽 Plusieurs ***boulangeries*** offrent un grand choix de gâteaux, dont les *macatias* (petites brioches rondes) : ***La Cardinale*** *(plan B2,* ***41*** *; 75, rue Juliette-Dodu ; tlj sf dim ap-m).* Ne manquez pas sinon la ***Boulangerie Casta*** *(plan A2,* ***42*** *; rue Alexis-de-Villeneuve, à l'angle de la rue Saint-Paul).* Boulangerie-pâtisserie métro aux influences créoles. Goûter la brioche au géranium qui fait danser les papilles. Quant aux ***boulangeries-pâtisseries Paris*** *(rue Pasteur, à l'angle de la rue Issop-Ravate ; plan B2 ; tlj sf dim)* et ***lë Lys Sucrée*** *(36, rue Alexis-de-Villeneuve ; plan B2 ; tlj sf mer),* elles vendent aussi d'excellents produits ; on peut s'y asseoir.

🍽 ***Chez Kaï*** *(plan B1,* ***43****) : 35, rue de Nice. ☎ 02-62-21-90-98. ♿ Ouv jusqu'à 20h30. Fermé lun, dim midi et le midi des j. fériés. Env 7 € le repas sur le pouce. Café offert sur présentation de ce guide.* Ouvert depuis 1967, ce snack au cadre basique est impeccable en cas de petite faim intempestive.

En dehors des éternels samoussas et des beignets de crevettes, plein d'autres petites fritures à consommer sur place (petite terrasse) ou, mieux, à emporter pour les déguster sur le Barachois tout proche.

Aux Bons Enfants (plan B3, **44**) : *82-84, rue Sainte-Anne. ☎ 02-62-21-20-00. Près des 2 temples chinois. Tlj 9h30-14h, 17h-22h. Congés : 3 sem en janv. Plats 7-10 €.* Dans un décor de cafétéria colorée, cuisine correcte à dominante chinoise, sur place ou à emporter. Très pratique pour se restaurer le dimanche (n'oubliez pas de prendre un ticket à l'entrée) !

Le Caudan (plan B2, **45**) : *38, rue Charles-Gounod. ☎ 02-62-94-39-00. Fermé dim soir et lun soir. Plats 9-12 €. Café offert sur présentation de ce guide.* Bonne cuisine créole et indienne (*massalé*, aux *brèdes*, *biryani*...). Le tout servi avec des achards et agrémenté de la gentillesse mauricienne du patron. Gâteaux variés, dont des *Goulab Jammu*.

De bon marché à prix moyens

Chez Jean-Marc (plan A3, **46**) : *au Grand Marché, rue du Maréchal-Leclerc. Tlj sf dim. Le midi slt (service jusqu'à 15h ; ouvre certains soirs de spectacle au théâtre). Plats env 12-14 € (env 7 € à emporter).* Ce marché de style Baltard cache, au milieu de la bimbeloterie colorée provenant pour la plupart de Madagascar, un petit snack chaleureux. Chez Jean-Marc, on s'assied quand on trouve une table de libre, on commande un des *caris* du jour, copieux, goûteux, ou un poulet-frites. Et les produits sont frais.

Aux Délices de l'Orient (plan B2, **47**) : *59, rue Juliette-Dodu. ☎ 02-62-41-44-20. Fermé dim, lun et j. fériés. Buffet 16 € en sem sf ven soir, 20 € ven-sam.* On est dans un bon resto chinois (oubliez le cadre !). Carte variée typique à des prix corrects, même si l'on vous fait payer le bol de riz. Grande salle paisible et fraîche à la déco soignée. Service discret et efficace. La clientèle du midi est habituée à un service rapide dans une ambiance animée de cantine. Barquettes à emporter.

De prix moyens à chic

Au Comptoir du Potager (plan A2, **48**) : *8 bis, rue Labourdonnais. 📱 06-92-85-59-31. • aucomptoirdupotager@gmail.com • Fermé sam midi, dim et le soir lun-mer. Formule et menu déj 21-30 €, le soir 30-34 €.* Un resto plein de fraîcheur, tant au niveau du cadre que des préparations (sans parler de la clim, relativement efficace). Les plats du moment sont consignés dans un petit carnet, d'une écriture appliquée. Tous les 3-4 jours, les propositions sont renouvelées. On a toujours le choix entre une viande et un poisson, parfaitement exécutés. C'est original et réjouissant. En revanche, pas de terrasse.

Potes et Popotte (plan B3, **49**) : *117, rue Juliette-Dodu. ☎ 02-62-18-75-34. Ouv le midi en sem, plus le soir jeu-sam. Le midi, plats 14-22 € ; le soir, grignotes 6-10 €.* Arrivée tout droit de la Ville rose, Barbara s'est lancée dans le projet qu'elle a toujours voulu réaliser. Dotée d'un vrai talent de décoratrice et d'une bonne dose de créativité, elle a transformé une petite cahute qui ne payait pas de mine en resto accueillant et chaleureux comme tout. Dans les assiettes, même tonalité. Tout est frais, à base de produits du marché. Le soir, c'est version grignotes cuisinées (comprenez tapas améliorées) pour encore plus de convivialité. Musique qui balance agréablement. Une adresse pleine de sincérité.

K-Rem (plan B2, **50**) : *11, rue Laferrière. 📱 06-92-80-85-95. Tlj sf dim et j. fériés. Pas de menu ; carte env 30-40 €. CB refusées.* N'hésitez pas à pousser la porte de cette mignonne maison créole. Resto végétarien, tenu par David. Une poignée de tables à l'étage dans un cadre de bois. Carte relativement courte, mais tout à fait appétissante : *cari panir combava*, profiteroles au géranium, tarte à la banane... hmm ! Accueil discret, cuisine soignée et réussie.

Le Reflet des Îles (plan B2, **51**) : *27, rue Issop-Ravate. ☎ 02-62-21-73-82.*

♿ *Fermé dim-lun. Congés : de fin déc à mi-janv. Résa conseillée. Plats 15-26 €.* Grillades et salades variées, mais aussi *caris*, achards, ou encore boudin créole, pour aller d'île en île. Grande salle chaleureuse en bois, climatisée, propre et agréable où officient des serveurs accueillants. Un classique local, à la qualité régulière. Bon, ça peut être assez animé, voire bruyant.

IOI ***Le Cap Horn*** *(plan B1,* ***52****)* **:** *3, rue Charles-Gounod. ☎ 02-62-93-08-74. Fermé lun soir et dim. Congés : 1re quinzaine de janv. Formules déj 16-23 €. Plats 19-26 €.* Petit bistrot marin au cadre sobre et moderne, tenu par une équipe souriante qui s'efforce de proposer le meilleur à prix raisonnables. On vient d'abord pour les spécialités de poisson, simples, goûteuses et bien présentées, mais il y a toujours quelques bonnes options pour les inconditionnels de la viande. Très agréable.

IOI ***Lé Gadiamb*** *(plan C3,* ***53****)* **:** *104, rue Roland-Garros. ☎ 02-62-20-10-79. Tlj sf dim et j. fériés. Congés : 3 sem fin déc-début janv. Plats 15,50-23,50 € (un poil chérot, tout de même). Digestif maison offert sur présentation de ce guide.* Une cuisine traditionnelle, simple et correcte, préparée au feu de bois, avec de grands classiques, comme les *rougails*-saucisses ou les *caris* (une dizaine au choix). Une adresse sympathique au cadre très agréable : il s'agit d'une ancienne maison créole, avec plein de vieux objets et une terrasse verdoyante et paisible. Bon accueil.

IOI ***Le Roland Garros*** *(plan A1,* ***54****)* **:** *2, pl. du 20-Décembre-1848. ☎ 02-62-41-44-37. • restaurantrolandgarros@gmail.com • Tlj jusqu'à 23h (minuit ven-sam). Formule déj en sem 15,50 € ; plats 15,50-25,50 €.* Pour ceux qui voudraient manger un plat de brasserie très métropolitain plutôt honnête, dans une ambiance bistrot assez chic, histoire de se ressourcer en observant l'animation du Barachois. Quelques *caris* également. Vieille bâtisse coloniale dotée de colonnes et de pierres volcaniques sombres. Dommage que la terrasse soit bruyante, circulation oblige... Une institution à Saint-Denis.

Chic

IOI ***L'Atelier de Ben*** *(plan A2,* ***55****)* **:** *12, rue de la Compagnie. ☎ 02-62-41-85-73. • atelierdeben974@yahoo.fr • Tlj sf dim-lun et sam midi. Formule et menu déj env 25-28 € ; plats env 28-36 €. Résa indispensable.* C'est l'une des meilleures tables gastronomiques de La Réunion. Benoît Vantaux a des idées et du talent, et propose dans sa jolie petite salle contemporaine une cuisine à la fois ancrée en métropole et volontiers métissée. Celui qui fut aussi DJ a trouvé à La Réunion une table de mixage idéale. Génial, mais c'est toujours bondé.

Excentré

IOI ***Oncle Sam*** *(carte Les Hauts de Saint-Denis)* **:** *71, allée des Topazes,* ***Bellepierre****, Saint-Denis. ☎ 02-62-21-33-89. • info@onclesam.com • Route de Bellepierre, face au centre hospitalier (CHD). En principe, mar-sam 9h-22h, lun et j. fériés 15h-22h (mieux vaut téléphoner avt). Fermé dim. Congés : 2 sem début fév. Autour de 15 €.* Fast-food créole avec une incroyable variété de samoussas (cabri, requin, autruche, *sarcive*, canard-vanille et surtout ananas et coco-vanille) à emporter, que l'on ne trouve pas ailleurs, sans oublier le samoussa au fromage, une création maison. Des *bouchons*, des *bonbons piments* et autres plats du moment. Pas mal pour l'apéro, en fait.

Où déguster une glace ?

🍦 ***L'Igloo*** *(plan A2,* ***70****)* **:** *67, rue Jean-Chatel, à l'angle de la rue de la Compagnie. ☎ 02-62-21-34-69. Tlj jusque tard le soir ; fermé le midi.* Une institution locale avec une succursale juste en face, spécialisée dans les glaces italiennes. Demander le parfum « igloo », recette du chef.

🍦 ***Amorino*** *(plan A3,* ***71****)* **:** *26, rue du Maréchal-Leclerc. ☎ 02-62-98-18-21.*

Tlj 13h (14h dim-lun)-22h (23h ven-sam). Excellents sorbets et glaces artisanaux servis dans des cornets en forme de fleur. C'est original, en plus d'être bon ! Également des gaufres et des crêpes. Terrasse au bord de la rue piétonne pour déguster toutes ces douceurs.

Où boire un verre ? Où danser ?

Les bars-restos du « Quartier Cathédrale » (plan A2, **80**) **:** *rue Saint-Paul. Fermé dim pour la plupart.* Cette ruelle piétonne est devenue un lieu de rencontre agréable, de jour comme de nuit, autour de cafés et restaurants (le *KT Dral* et *L'Arto Carpe* notamment). C'est festif, gentiment branché. Choisissez donc la terrasse qui vous séduit le plus. À l'heure de l'apéro, c'est parfait !

L'Ô Bar (plan B2, **82**) **:** *32, rue de la Compagnie. Tlj sf dim et j. fériés 7h30-2h.* Parmi les terrasses fashion de la ville qui ouvrent le plus tard. Vaste, contemporain et festif : tapas entre 18h et 20h, restauration bien ficelée... Bref, on n'y sert pas que de l'ô et personne ne risque de s'y ennuyer.

Le Bar a Cas (plan A2, **83**) **:** *19, rue Pasteur. ☎ 02-62-20-17-68. Tlj sf dim 6h30-0h30.* Un bar à bières aux allures de simple bar de quartier que tout le monde, ici, connaît. Atmosphère bon enfant et relax : cocktails, bonne musique, écrans vidéo et clientèle assez mélangée. Terrasse en bord de rue.

Le Prince – Klub Mix (plan B2, **84**) **:** *108, rue Pasteur. Ven-sam et veilles de fêtes 22h30-7h ; jeu et dim, c'est Klub Mix.* Une discothèque-bar *gay-friendly*.

Où assister à un spectacle ?

Théâtre du Grand Marché (plan A3, **90**) **:** *2, rue du Maréchal-Leclerc, dans le Grand Marché. ☎ 02-62-20-96-36 (lun-ven et sam ap-m 11h-18h). • cdoi-reunion.com • Congés : de mi-déc à mi-janv.* Pièces de théâtre d'auteurs de la région et spectacles en tout genre.

La Cité des Arts (hors plan par C3, **91**) **:** *23, rue Léopold-Rambaud, quartier de* ***Sainte-Clotilde****. ☎ 02-62-92-09-90. • citedesarts.re •* La Cité des Arts comprend une salle de spectacles *(Le Fanal)*, de concerts *(Le Palaxa)* et un espace d'expositions *(Banyan)*. Programmation très riche.

Théâtre Champ Fleuri (hors plan par C4, **92**) **:** *2, rue du Théâtre. ☎ 02-62-41-93-25. • theatreunion.re •* Une scène qui voit passer chanteurs, musiciens, acteurs en tournée.

Achats et marchés

Le Grand Marché ou Marché malgache (plan A3) **:** *rue du Maréchal-Leclerc. Tlj sf dim jusqu'à 18h en principe.* Entourée d'une belle grille en fer forgé, cette structure de style Baltard rassemble des artisans proposant des produits provenant pour la plupart de Madagascar. Il est conseillé, bien sûr, de négocier les prix.

Le Petit Marché (plan C2-3) **:** *au coin de la rue du Maréchal-Leclerc et du bd de l'Océan. Tlj 6h-18h (12h dim).*

Autres marchés alimentaires : *mer et dim mat, quartier du* ***Chaudron****. À gauche au niveau du magasin Score, on peut y aller en bus (lignes nos 5, 6 et 8 ; arrêt Mail Chaudron).* Un marché de quartier sur le parking entre l'église et la poste du Chaudron. C'est le plus grand de la région Nord, le plus coloré et le plus authentique (on y trouve toutes sortes de tisanes comme celle censée « *nétoy'le san* »). Également le marché des Camélias : *ven mat, bd Sud, sur le parking de la « Sécurité sociale ».*

SAINT-DENIS

À voir

Visites guidées

– Nombreux prestataires (liste disponible à l'office de tourisme), dont ***Guid'A Nou*** qui organise des visites thématiques intéressantes : 06-92-86-32-88. • domi nick@guid-a-nou.com • explorerlareunion.com • Compter 20-25 €/pers. Sinon, **Chemins Gadyamb** (06-92-80-60-42. • cheminsgadyamb@gmail.com •) ; 10-20 €/pers selon le thème (« Circuit des cases créoles » ou « Une Réunion des religions »).

– On rappelle que l'office de tourisme propose également des visites guidées, voir « Adresses et infos utiles ».

Autour de la rue de Paris

La maison Carrère (plan A3) : *14, rue de Paris. ☎ 02-62-41-83-00. • lebeaupays.com • Lun-sam 9h-18h. Entrée : 4 € avec support papier, 5 € avec audioguide ; réduc ; jeu enfants.* Raphaël Carrère était un négociant en sucre et, en 1905, il acheta cette vieille maison créole dont le rez-de-chaussée remonte à 1820. Il l'agrandit en lui ajoutant un étage. À l'abandon à la fin du XXe s, comme beaucoup d'autres demeures de la rue de Paris, la maison accueille aujourd'hui l'office de tourisme intercommunal du nord de l'île. Le petit jardin et le rez-de-chaussée de la maison sont ouverts au public et se visitent en une petite heure, en prenant son temps. Il ne s'agit aucunement d'une restitution à l'identique, mais d'une succession de sections thématiques permettant de comprendre la vie d'une maison d'autrefois, ses codes et ses coutumes, ainsi que l'évolution de la rue de Paris au fil des ans. On peut y voir en particulier de très nombreuses photos (500 à 600), provenant de collections privées. Également une expo consacrée aux « nénènes » (un joli nom donné aux nounous créoles).

Le musée Léon-Dierx (plan A3) : *28, rue de Paris. ☎ 02-62-20-24-82. • museeleondierx.re • ♿ (par la rue Sainte-Marie). Mar-dim (sf 1er mai) 9h30-17h30. Entrée : 2 € ; réduc ; gratuit étudiants, moins de 18 ans et pour tous le 1er dim du mois. Visite guidée possible sur rdv.* On est donc accueilli par le buste de Léon Dierx (1838-1912), illustre inconnu pour la plupart des gens. Né à La Réunion, il fut pourtant poète de l'école parnassienne, mais aussi peintre à ses heures. Mais c'est à Ambroise Vollard, natif de l'île, collectionneur et marchand d'art, qu'on doit de pouvoir découvrir ici un ensemble d'œuvres de toute première valeur, exposées par roulement. On peut les admirer dans un cadre très sobre, celui de l'ancien évêché devenu musée d'Art moderne axé sur la peinture des XIXe et XXe s. Au gré des expos, vous pourrez peut-être contempler des toiles de Maurice Denis, Vuillard, Odilon Redon et de peintres locaux comme Roussin et Leroi. Superbe série d'eaux-fortes de Rouault et d'intéressantes assiettes de de Vlaminck. Des estampes de Renoir, Picasso, Degas ou encore Rodin. Également des œuvres contemporaines, comme celles de Beng-Thi, Chen Zhen, Yan Pei-Ming... Également des expos temporaires.

L'Artothèque *(plan A3) : 26, rue de Paris. ☎ 02-62-41-75-50. ♿ (par le 34, rue Roland-Garros). Tlj sf lun 9h30-17h30. GRATUIT.* Une sorte de carrefour de l'art contemporain abritant des expos temporaires dans de belles salles avec parquet et bois d'Afrique. Peintures et sculptures locales la plupart du temps.

Le jardin de l'État (plan B4) : *accès par la rue de la Source, la rue Bertin, la rue Poivre, la rue Malartic et la pl. de Metz. Tlj 7h-18h (19h en été). GRATUIT.* Créé en 1767, ce jardin royal se développa au fil du temps, notamment grâce à Nicolas Bréon (1785-1864) : il fit planter une importante collection d'arbres fruitiers, des espèces de Madagascar, de Maurice et d'Arabie. D'autres jardiniers ont enrichi le parc pour composer une agréable balade en pleine ville, à la découverte

d'essences exotiques (gare aux moustiques !). Bassin avec ses jeux d'eau (maillot de bains indispensable, même pour les tout petits). Divaguez parmi les arbres rares (niaouli, santal, teck...), le long des bassins, ou partez à la recherche de la fontaine Wallace ainsi que des statues de Pierre Poivre ou de Joseph Hubert (botaniste réunionnais). Au fond du jardin, le Muséum d'histoire naturelle.
Deux petits *snacks* sur place.

Le Muséum d'histoire naturelle *(plan B4)* : *1, rue Poivre, dans le jardin de l'État. ☎ 02-62-20-02-19. • cg974.fr/culture • Mar-dim et j. fériés (sf 1er mai et quelques jours pour les fêtes de fin d'année) 9h30-17h30. Entrée : 2 € ; réduc ; gratuit moins de 18 ans et pour tous le 1er dim du mois.* Installé dans l'ancien palais législatif, siège du conseil colonial, édifié en 1834. Belle bâtisse beige de style néoclassique, aux élégantes colonnades intérieures. Propose une exposition permanente sur la faune et la flore des îles de l'océan Indien : lémuriens naturalisés (primates endémiques de Madagascar), impressionnant cœlacanthe (un poisson), que l'on croyait disparu depuis 60 millions d'années et moulage de l'emblématique dodo de Maurice aujourd'hui disparu. Également un clin d'œil au tuit-tuit, l'échenilleur de La Réunion, un oiseau forestier menacé d'extinction. Également des expos temporaires.

L'espace Reydellet *(plan A3)* : *103, rue de la République, quartier le Bas de la Rivière. ☎ 02-62-20-62-00. • cg974.fr • Mar-sam 9h-19h (18h en hiver) ; le 2e sam du mois, 6h30-12h30, marché de producteurs. GRATUIT.* Un espace d'expo-vente pour promouvoir la filière bois de goyavier. Atelier et animations culturelles.

L'âme de Saint-Denis : les maisons créoles du centre ancien

Les Dionysiens ont baptisé « vieux carré créole » le quartier rassemblant un nombre important de ces maisons de charme. Sur la carte de Saint-Denis, il correspond au secteur compris entre les rues du Général-de-Gaulle, Félix-Guyon, Lacaussade et Jules-Olivier. C'est là qu'il faut flâner, au hasard la chance, en redescendant du jardin de l'État ! Sinon, suivez la rue de Paris et découvrez le centre ancien, avec cette petite balade qui recoupera forcément celle que vous ferez ensuite dans la ville actuelle, entre marchés et lieux de culte (voir paragraphe suivant).
Des maisons créoles – datant pour la plupart du deuxième quart du XIXe s –, le centre ancien de Saint-Denis en compte une kyrielle, la plupart précédées d'une élégante grille d'entrée (un *barreau* ou *baro* en créole) soutenue par deux hauts piliers en pierre sombre. Sur les 53 édifices classés (bâtiments publics, églises et villas), une dizaine sont de vieilles maisons créoles, dont deux seulement appartiennent encore à des privés : la *villa Repiquet* et la *villa Angélique*.
La plupart de ces demeures sont fermées au public, excepté la maison Carrère (lire plus haut). On doit donc se contenter de jeter un coup d'œil furtif à travers les grilles des portails. Longtemps, le coût élevé de l'entretien, les impôts fonciers écrasants, les problèmes de succession, la mode des « maisons avec vue sur la mer », sans compter la folie spéculatrice des agents immobiliers, ont favorisé leur lente dégradation. Les autorités ont pris conscience du problème. Des subventions sont dorénavant accordées aux particuliers pour favoriser leur rénovation (merci l'Europe !). Un gros travail de mémoire a été accompli puisque, désormais, devant chaque demeure de la rue de Paris, un panneau explicatif et des photos font revivre le passé.

La rue de Paris *(plan A2-3-B3)* : *l'office de tourisme organise la visite guidée de la rue, « Circuit des cases créoles », voir plus haut.* Au nº 49, en haut de la rue, près du jardin de l'État, maison dite « du Général », aujourd'hui « villa de Région ». Au nº 39, la belle *villa Angélique,* puis au nº 25, la *villa Repiquet,* construite entre 1839 et 1844, qui appartient toujours à la famille Repiquet. En face, le nº 18 est la *maison Mas,* autre propriété du conseil général. L'entrée principale se faisait rue Félix-Guyon, il était d'usage à l'époque d'orienter la maison au nord ou au sud pour se protéger du vent dominant venant de l'est. À l'angle, un petit *guetali.* Juste après, au n° 14, la maison Carrère se visite (accès payant). Au n° 15, au fond d'un jardin, la maison couleur vert d'eau où naquit Léon Dierx, en 1838. Dans le jardin, un angelot joufflu. Ici naquit également un autre joufflu moins angelot, Raymond Barre, aussi appelée « villa Déramond-Barre » (sans jeu de mots), et qui date de la seconde moitié du XVIIIe s. L'actuelle Artothèque date du XIXe s (visite possible, voir plus haut). Plus bas, au n° 7, la case de Marie-Claire Potier, aujourd'hui disparue. Sa maison était dans la famille depuis 1925, et elle prit grand soin de ses arpents de jardin, notamment de cet immense mouroungue, dont les feuilles font de délicieuses *brèdes* (désigne les feuilles comestibles dans leur ensemble) et dont les gousses accompagnent le *cari*-morue.

La rue Rontaunay *(plan A1-2)* **:** au n° 5, le palais Rontaunay, à l'angle de la rue Jean-Chatel. C'est une grande maison créole en bois, édifiée vers 1850 pour Gautier de Rontaunay, l'un des plus riches négociants de l'île. Il fit construire à ses frais la route du Brûlé et importa malgré lui le choléra. Un navire de sa flotte commerciale n'avait pas respecté les impératifs de la quarantaine. L'épidémie débarqua sur l'île et fit des milliers de morts.

La rue Labourdonnais *(plan A2-B1)* **:** deux superbes villas créoles, classées. La *villa Fock-Yee,* au n° 41, date de 1798 pour la partie arrière et a bénéficié de travaux de restauration. La maison *Kichenin,* au n° 42, se situe au fond d'un jardin orné d'une fontaine qui met en valeur son allure classique. Elle a été rénovée dans des tons bleu pastel et blanc. Au n° 39, construction de 1819, en pierre de taille de basalte sur deux niveaux. Exceptionnelle à Saint-Denis, elle est tout de même un peu plus triste que ses voisines.

La rue Alexis-de-Villeneuve *(plan A-B2)* **:** au n° 48, connue sous le nom de *château Lauratet,* la maison abrite aujourd'hui la chambre régionale des comptes. Construite à la fin du XVIIIe s, refaite en 1876 sur le modèle du musée Léon-Dierx. Des murs blancs, des colonnes néogrecques comme en Louisiane, un petit bassin et une balustrade sur le toit. Nostalgie... Au n° 63, jolie villa créole parfaitement restaurée.

La rue Juliette-Dodu *(plan A1-B2-3-4)* **:** entre les rues Félix-Guyon et Sainte-Anne, deux vieilles maisons créoles, aux nos 140 et 142. Celle située au n° 140 se cache derrière de hauts murs blancs. Elle est couverte de bardeaux de bois, une tradition décorative venue des Hauts de l'île. Tandis qu'à l'angle de la rue Roland-Garros on peut voir un *guetali,* rénové.

HÉROÏNE

Quittant à 16 ans La Réunion pour Pithiviers, la jeune créole Juliette Dodu fut rattrapée par la guerre avec les Prussiens en 1870. Juliette trifouillait dans les câbles et intercepta les communications des Prussiens, sauvant 40 000 soldats. Dénoncée, l'espionne fut condamnée à mort puis graciée, armistice oblige. Elle obtint la Légion d'honneur.

La rue Félix-Guyon *(plan A3-B2-3)* **:** deux autres demeures oubliées et pourtant encore pleines de charme. Au n° 30 et en face, au n° 43, la demeure *Cavalier-Dubousquet,* bâtie vers 1820, grande maison créole bourgeoise avec sa varangue intégrée. Aux nos 73 et 77, deux cases créoles.

La rue Sainte-Anne *(plan A-B3)* **:** au n° 6, une impressionnante demeure conçue par Émile Hugot, le directeur des Sucreries de Bourbon. Le jardin est envahi par les herbes folles... et la maison, par les squatteurs. Aux nos 63 et 80, deux temples chinois dédiés à Guan Di.

Petite balade au centre-ville, du temple tamoul au Barachois

Voici, pour remonter le temps, entre marchés et lieux de culte, une petite balade très sympa à faire dans la ville, du temple tamoul au Barachois où toute la ville défile, à la fraîche.

Le Petit Marché (plan C2-3) : *au coin de la rue du Maréchal-Leclerc et du bd de l'Océan.* Se reporter plus haut à la rubrique « Achats et marchés ».

Le temple tamoul (plan C3) : *259, rue Maréchal-Leclerc. Fermé au public ; on ne peut l'admirer que de l'extérieur.*
Le *Kovil Kalikambal* (temple de Karli) est très coloré. C'est le principal de Saint-Denis, mais pas le plus important de l'île. Le temple tamoul le plus remarquable s'appelle Le Colosse et se trouve à Saint-André, sur la côte est. Plusieurs petites structures pyramidales, aux couleurs acidulées, rassemblent sur la montagne sacrée l'essentiel du panthéon hindouiste. On reconnaîtra, parmi les grandes figures : Çiva, Ganesh et Parvati.
Sur la gauche des temples pyramidaux, un bâtiment moderne abrite des salles de cours et de formation. Au rez-de-chaussée, dans une sorte de long préau, voir une série de scènes sacrées peintes sur les murs. À gauche, trois statues de femmes symbolisant l'argent, le pouvoir et l'éducation. Puis une suite de scènes illustrant des épisodes du *Ramayana* et du *Mahabharata,* textes sacrés de l'hindouisme, avec plusieurs statues colorées sur lesquelles le guide donne des explications.

La mosquée Noor-al-Islam (plan B2) : *119, rue du Maréchal-Leclerc. Fermé aux heures de prière. Photos, shorts et minijupes interdits, on dépose ses chaussures devant les bassins.*
C'est la plus ancienne mosquée de France, inaugurée en 1905 ; le minaret date de 1972. C'est aussi la plus grande mosquée de La Réunion. Des commerçants originaires de l'État indien du Gujarat sont à l'origine de sa construction, commencée à la fin du XIXe s, quand ils s'unirent pour financer un lieu de culte.
Au rez-de-chaussée, des arcades commerciales. À l'intérieur, un agréable patio, blanc et vert, précédé des bassins aux ablutions, débouche sur la salle de prières. Cinq fois par jour, aux heures de prière, mais surtout à la quatrième prière (soit entre 18h et 19h), elle se remplit de fidèles, tous vêtus de blanc, comme la majorité des musulmans de La Réunion (une communauté de 30 000 à 35 000 croyants).

Le Grand Marché ou Marché malgache (plan A3) : *rue du Maréchal-Leclerc.* Se reporter plus haut à la rubrique « Achats et marchés ».

L'ancien hôtel de ville (plan A2) : *en bas de la rue de Paris. Accès libre en sem 8h-16h (11h ven).* Édifice du XIXe s, classé Monument historique, qui ne manque pas d'élégance avec son architecture néoclassique. Il en impose par sa façade monumentale, une grille caractéristique et un intérieur somptueux. Le bâtiment comprend un patio avec une belle fontaine ainsi qu'un salon des fêtes (35 m x 9 m), qui servait pour les bals, et ressemble à la galerie des Glaces de Versailles avec ses 14 miroirs.

La cathédrale Saint-Denis (plan A2) : *en descendant l'av. de la Victoire, sur la droite. Lun-ven 6h-18h et pdt les offices du w-e.* Il s'agit d'une église néoclassique du milieu du XIXe s (1860, pour être précis !). Difficile de faire plus simple et plus sobre. Elle n'a pas de haut clocher, et ressemble extérieurement à un temple protestant. À l'intérieur, surprenante peinture centrale au fond du chœur qui représente un condensé de l'histoire de la France chrétienne : aux côtés du Christ, on reconnaît facilement ses disciples, dont Pierre et Paul, et quelques célébrités comme Clovis, Saint Louis, Bossuet, Louis XIV et Napoléon ! Devant, une fontaine sur laquelle vous reconnaîtrez les quatre mamelles de l'île : l'agriculture, l'industrie, la marine et le commerce. Et derrière, deux rues piétonnes à angle droit, appelées « Quartier Cathédrale », regroupant plusieurs terrasses de bars et restaurants.

➢ ***L'avenue de la Victoire*** *(plan A1-2)* **:** au nº 22 (en face de la cathédrale), le presbytère est l'un des rares bâtiments authentiques de la Compagnie des Indes, avec sa grande varangue. Plus bas dans la rue, à l'angle de la rue Rontaunay, notez le petit parc avec la statue de Leconte de Lisle et deux arbres enlacés.

La préfecture *(plan A1-2)* **:** *sur la droite de la place quand on est dos à la mer. Ne se visite pas.* Bel ensemble de la première moitié du XVIIIe s, achevé par Mahé de La Bourdonnais. Classique, avec un corps central et deux ailes formant un U. Des grilles, on aperçoit le péristyle à colonnes, le beau toit colonial et la petite fontaine devant. À l'origine, les employés de la Compagnie des Indes y habitaient. Sur la place de la Préfecture se dresse la statue de Mahé de La Bourdonnais (1699-1753), dont la sœur jumelle se trouve dans la cité des corsaires, c'est-à-dire Saint-Malo (Bretagne), où il est né. Il fut commandant des armées navales du roi dans les mers des Indes et gouverneur général des îles de France et de Bourbon.

La place Sarda-Garriga *(plan A1)* **:** Sarda-Garriga abolit l'esclavage à La Réunion en 1848. Ombragée et verdoyante, la place fait face au Barachois (voir plus bas). Devant le café du *Roland Garros* trône la statue du grand aviateur né à Saint-Denis en 1888, justement adossé à une hélice.

Le Barachois *(plan A1)* **:** on termine cette promenade par le Barachois (mot qui désigne un petit port), espace vert bordant la mer, où les familles déambulent le long de la digue. Les vagues viennent s'écraser avec vigueur sous l'œil des vieux canons pointés vers le large. L'emplacement des célèbres canons est aussi le kilomètre zéro de l'île, point à partir duquel sont mesurées les distances qui séparent La Réunion du reste du monde. Cette grande esplanade, plantée de ficus le long du boulevard, a été créée au début du XXe s. Auparavant, le bord de mer servait au déchargement des voyageurs et des marchandises.
Plus loin, le Barachois devient un petit parc. Quelques terrasses où l'on s'installe en fin de journée pour admirer les palmiers jouant avec les rayons du soleil. Aujourd'hui, le Barachois est le lieu de promenade dominicale des Dionysiens, qui connaît des aménagements au fil des ans (bars, scène musicale, discothèque...). On peut profiter du marché nocturne qui s'y tient tous les premiers samedis du mois, et du *Kabarachois Kréol* (voir plus loin « Fêtes et manifestations »).

VAGUE À L'ÂME

En 1841, après 10 mois de voyage sur un voilier, le jeune Charles Baudelaire fit connaissance avec l'île de La Réunion en... tombant à l'eau. Débarquant comme tous les voyageurs au Barachois, il fut happé par une vague au moment d'agripper l'échelle. Cela ne l'empêcha pas de trouver l'inspiration aux tropiques et de composer notamment son célèbre poème « À une Malabaraise ».

Un peu excentré

La Maison de la bière Dodo *(plan A3)* **:** *60, quai Ouest.* ☎ *02-62-90-22-04.* • *ladodo.com* • *De la pl. de la Préfecture, suivre dir. Saint-Pierre ; après le pont, 1re à gauche, encore 1re à gauche, puis à droite juste avt le pont : c'est au fond de la rue. Visite guidée (2h) sur résa slt mar-jeu à 10h et 14h. Tarif : 4 € ; réduc.* Pour tout savoir ou presque sur les secrets de fabrication de la célèbre bière réunionnaise. On visite également la partie limonaderie et un petit musée. La visite s'achève par une dégustation. *La Dodo lé la !*

– **Aquanor** (hors plan par A1) : 1, route de la Digue. ☎ 02-62-20-10-10. • laquanor.re • Depuis la pl. de la Préfecture, dir. Saint-Pierre, puis peu après le pont, fléché sur la gauche. Tlj 11h30 (9h le w-e)-21h ; 10h-21h lors des vac scol. Tarifs : 6 € ; 3-16 ans 4 € ; forfait famille. Un espace aquatique avec plusieurs bassins et de beaux toboggans.

Fêtes et manifestations

– ***Marché de nuit :*** le 1er sam du mois, au Barachois. Le rendez-vous nocturne le plus populaire chez les Dionysiens. La circulation est coupée (18h-1h) tandis que des milliers de badauds déambulent dans une joyeuse ambiance. Marché de producteurs uniquement, avec restauration sur place.
– ***Jazz ô Barachois :*** le 2e sam du mois, au Barachois, à partir de 20h. Le jazz dans tous ses états.
– ***Kabarachois Kréol :*** le 4e sam du mois à partir de 20h au Barachois. Contes, musique, *maloya*, humour...
– ***Somèn Kréol :*** 1 sem en oct. Spectacles créoles dans toute l'île.
– ***Cyclone BD :*** en nov-déc, les années impaires. Festival international de la B.D.
– ***Commémoration de l'abolition de l'esclavage :*** le 20 déc. Grand défilé de la liberté avec chars, du jardin de l'État au Barachois. Grosse affluence !

DANS LES ENVIRONS DE SAINT-DENIS

Le Colorado (carte Les Hauts de Saint-Denis) : quartier **La Montagne,** entre Saint-Denis et La Possession, par l'intérieur des terres (D 41). La sortie typique du dimanche dionysien avec aire de pique-nique, kiosques, toilettes et points d'eau. Point de vue, dans un environnement de goyaviers (fruits mûrs en mai-juin).

La Vallée Heureuse (carte Les Hauts de Saint-Denis) : au village du **Brûlé.** 06-92-87-81-87. • pboyervidal@wanadoo.fr • À env 12 km sur les hauteurs de Saint-Denis (30 mn de voiture) ; suivre la D 42 qui décrit de nombreux lacets jusqu'au Brûlé. Sur rdv slt auprès de l'office de tourisme, par tél direct ou sur le site • lebeaupays.easyloisirs.com • Entrée : 8 € ; réduc. Compter 2h30. Prévoir un pull en hiver, un vêtement de pluie au cas où et une protection contre les moustiques. Une visite réservée aux amoureux de jardins créoles. Celui-ci, vieux de 200 ans et perché à 860 m d'altitude, est classé aux Monuments historiques. Pascale a hérité de ce rare « jardin de changement d'air » et, à l'heure où d'autres sont tout simplement rasés par des municipalités peu scrupuleuses, elle le bichonne et le fait découvrir avec une passion sans limite. Dans une nature exubérante, la visite ethnobotanique révèle une multitude d'anecdotes passionnantes sur la société réunionnaise à travers les plantes. Une trentaine de variétés de camélias (de la famille du thé, le saviez-vous ?), des orchidées, des bambous utilisés comme canalisations, des caféiers... Certaines variétés sont menacées de disparition, comme le bois jaune. Petit passage par la partie odorante : camphrier, cannelle, quatre-épices (lesquelles déjà ?)... Et une descente dans la ravine où subsiste une modeste parcelle de forêt primaire. Avec le grand natte, ultra-résistant aux cyclones, vous pourrez faire votre parquet. Mais pas touche au mafatambois ou au bois de belle-mère ! La visite se termine par une dégustation (et la vente) de délicieux rhums arrangés, confitures et artisanat maison. Une découverte inattendue qui vaut largement la grimpette en voiture pour y arriver.

Le jardin des Affouches (carte Les Hauts de Saint-Denis) : 250, route Antide-Boyer, **La Montagne.** 06-92-87-81-87. • pboyervidal@wanadoo.fr • À env 18 km de Saint-Denis, par la D 41. Sur rdv slt auprès de l'office de tourisme, par *tél ou sur le site • lebeaupays.easyloisirs.com • Entrée : 8 € ; réduc. Visite guidée le 1er sam du mois 9h-12h.* Dolaine et Bernard, deux passionnés d'histoire, font visiter leur magnifique jardin dans lequel s'épanouissent légumes lontan, plantes médicinales, épices, arbres fruitiers, etc. Dégustation et vente de produits de l'exploitation.

Randonnée de la Roche-Écrite (carte Les Hauts de Saint-Denis) **:** *compter au moins 7h A/R au départ de la rando, c'est-à-dire au parking de la fin de la route forestière. Accessible en bus Citalis n° 12 depuis Saint-Denis, dir. Bassin-Couderc, puis taxi-bus n° 12 a dir. Le Brûlé.*
Du Brûlé, continuer la route sur encore 5 km. Le sentier GR R2 l'emprunte. Puis elle se termine en cul-de-sac au niveau d'un parking. De ce parking jusqu'à la Roche-Écrite, point culminant à 2 277 m, compter 4h30 de marche aller, difficulté moyenne avec une dénivelée positive de 1 100 m. On traverse une forêt de cryptomerias, tout en marchant sur un sentier aménagé et une très belle tamarinaie (forêt de la plaine des Chicots).
À mi-chemin de la montée, on tombe sur le gîte de la plaine des Chicots. Les robinets extérieurs fournissent de l'eau potable. Dépasser le gîte et continuer tout droit vers le plateau en suivant le balisage blanc. Au retour, on peut emprunter une variante vers la caverne des Soldats, puis la mare aux Cerfs, où certains auront la chance de voir des cerfs de Java. Une autre variante permet de passer par le Piton Bois-de-Nèfles dans les Hauts de Saint-Denis.
– Si vous êtes plusieurs, pourquoi ne pas louer les services d'un guide de montagne ? Un coût certes élevé (180 € la journée), mais vite rentabilisé par les passionnantes explications sur la Roche-Écrite, le tuit-tuit, le travail de l'ONF à La Réunion...

Gîte de la plaine des Chicots : *☎ 02-62-43-99-84. Résas dans les offices de tourisme, sur • reunion.fr • ou • explorelareunion.com • Tarifs : 17-19 € la nuitée en dortoir ; doubles 45-50 € ; repas 22 € ; petit déj env 6 €. Capacité : 28 lits.* Certains préfèrent effectuer cette randonnée en 2 jours en prévoyant une nuit dans ce beau gîte rénové, dans une ambiance agréable. Douches chaudes. Aire de camping.

La cascade Maniquet (carte Les Hauts de Saint-Denis) **:** *toujours sur la même route que la Roche-Écrite, env 2 km après la sortie du village du **Brûlé,** la route de la cascade est indiquée. Bus Citalis n° 12 jusqu'à Bassin-Couderc, puis taxi-bus n° 12 a.* La promenade est sans difficulté (référencée « sentier marmailles » par l'ONF), et on peut faire trempette dans un joli bassin sous la cascade, quand elle n'est pas à sec ! On met juste 10 mn à descendre et à peine plus à monter, soit 30 mn l'aller-retour maximum. C'est très humide et vite boueux. Vous verrez de nombreux goyaviers sur le chemin et une forêt de cryptomerias. Très fréquentée le week-end et en saison sèche, la cascade est assez décevante. D'octobre à avril, attention, risque de glissades !

Balade jusqu'au piton Bois-de-Nèfles (ou pic Adam *; carte Les Hauts de Saint-Denis)* **:** *promenade facile de 1h30 env A/R. À la clinique de Sainte-Clotilde, prendre dir. Bois-de-Nèfles en restant sur la route principale jusqu'à l'arrêt de bus Piton-Bois-de-Nèfles (terminus de la ligne Petit-Pont n° 24 b, tlj sf dim et j. fériés). En fait, il faut aller au bout de la route principale jusqu'à ce que celle-ci devienne un sentier forestier bétonné. Pas facile à trouver, ne pas hésiter à demander.* Quartier résidentiel qui permet d'avoir un point de vue sur le littoral. Parking. Suivre le panneau « ONF » sur place qui indique le sentier. Rapidement, une bifurcation. Pour le piton, prendre à gauche. Le sentier de droite peut être une variante intéressante si l'on souhaite rejoindre la Roche-Écrite (lire plus haut), mais il faut prévoir nettement plus de temps pour effectuer les 15 km. En allant au piton, on accède d'abord à l'aire de pique-nique sous des cryptomerias (assez fréquentée le week-end), puis à une série de marches en rondins et... à un champ d'ananas. Belle luxuriance

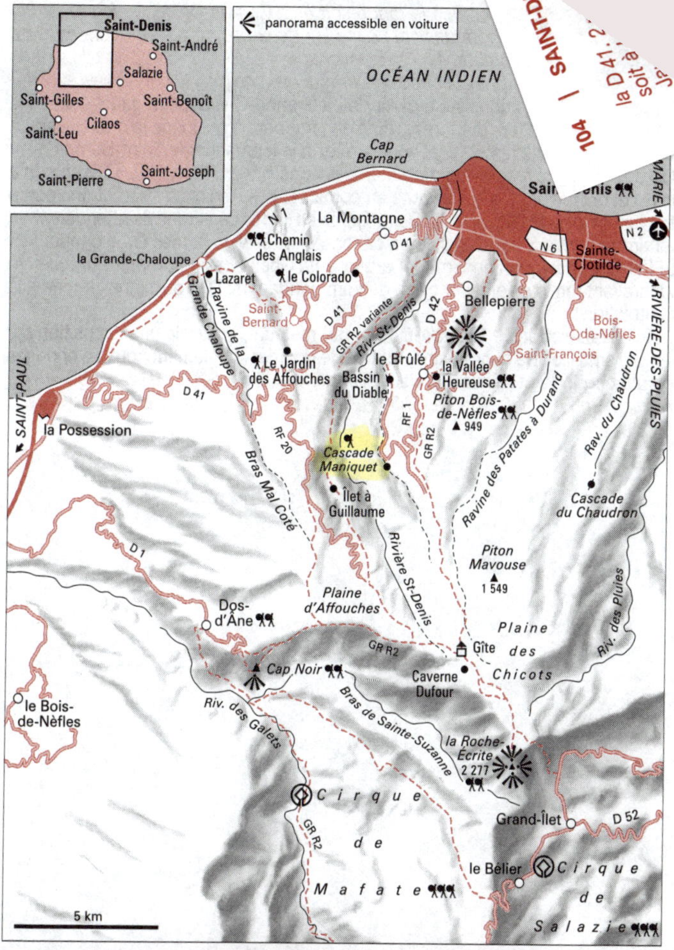

LES HAUTS DE SAINT-DENIS

de la végétation. On longe ensuite une ravine en découvrant des points de vue de plus en plus beaux, notamment sur la cascade du Chaudron (accès interdit). Attention, les 100 derniers mètres peuvent poser des problèmes à ceux qui sont sujets au vertige. Du sommet, très beau panorama du cap Bernard au phare de Sainte-Suzanne ! Gare à la descente si le terrain est détrempé par la pluie, risque de glissades, soyez prudent.

Le chemin des Anglais (carte Les Hauts de Saint-Denis) **:** *c'est une balade qu'il vaut mieux faire en aller simple. Départ de Saint-Bernard : chemin fléché après le cimetière sur la gauche. Pour s'y rendre, bus Citalis n° 21, arrêt au terrain de foot de Saint-Bernard. En voiture, prendre dir. La Montagne et continuer sur*

…ossibilités : on finit la rando soit à La Grande-Chaloupe (compter 2h) … La Possession (compter 4h) ; dans les deux cas, retour possible en Cars …nes. Chemin peu ombragé, pensez au chapeau et à l'eau. Possibilité de se faire accompagner d'un guide pour éclairer sur tout plein de détails botaniques et historiques. Une variante consiste à partir de La Grande-Chaloupe, à gauche après le pont de chemin de fer : prendre la route en terre battue qui longe la rivière, jusqu'à l'ancienne chapelle tamoule, et vous arrivez à la léproserie de Saint-Bernard (lieu d'expos temporaires). Vous marcherez sur des pavés (datant de 1775) jusqu'à un point de vue unique sur la route en corniche. Les Anglais utilisèrent une partie du chemin lors de l'attaque de Saint-Denis en 1810. Les Français attendaient un débarquement à Saint-Denis, leurs canons tournés vers la mer. Or le danger vint de l'arrière, puisque l'ennemi débarqua à La Chaloupe, empruntant un chemin auparavant remis en état sur ordre du commandant de l'île, qui signa lui-même la capitulation !

L'ancien ***lazaret*** de ***La Grande-Chaloupe,*** restauré, accueille une exposition sur l'engagisme (lieu de quarantaine, il servit de quartier d'isolement pour les engagés recrutés en Inde et débarquant sur l'île). *☎ 02-62-55-64-10. 📱 06-92-97-40-40. Mar-sam 9h30-12h30, 13h30-15h30 (17h30 sam ; ouv 1 dim/2). Entrée payante.*

LA CÔTE SOUS LE VENT (OUEST)

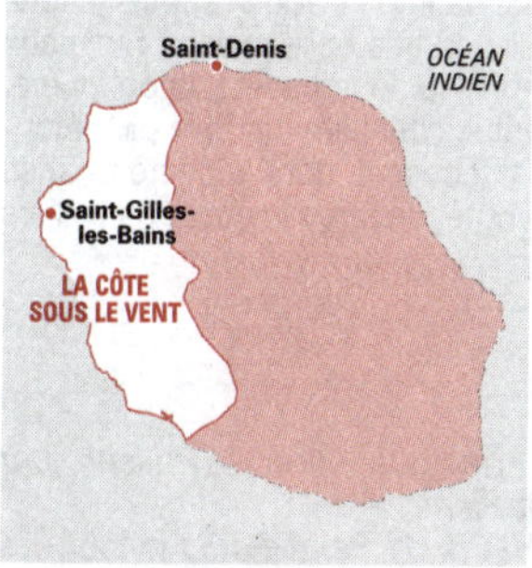

De Saint-Denis à Saint-Louis via Saint-Paul et Saint-Gilles, c'est la côte la plus habitée et la plus touristique. Éloignée du volcan, protégée des vents (d'où son nom) et bordée des seules plages de l'île, elle offre musées, jardins, activités et sites historiques. Vous rencontrerez la vraie vie créole dans les Hauts, facilement accessibles depuis la route des Hauts, dite « des Tamarins ». Mais rien ne vous empêche d'emprunter la route du littoral.

SAINT-PAUL

(97460) 104 330 hab.

• Plan Saint-Paul *p. 108-109* • Carte Les Hauts de Saint-Paul et Saint-Gilles *p. 117*

À 30 km au sud de Saint-Denis par la route du littoral ou par la jolie route tortueuse des Hauts (en n'étant pas pressé). Une plage de sable noir de 3 km borde la baie historique dite « du meilleur ancrage », où les premiers habitants de l'île s'installèrent en 1663. Saint-Paul, labellisée Ville d'art et d'histoire, est une ville plaisante, non dénuée de ce qu'il est convenu d'appeler le « charme colonial ». À ne pas manquer le vendredi et le samedi matin pour profiter du célèbre grand marché. Les « bazar sou pie'bois » comme celui-ci font partie des incontournables du tourisme réunionnais. Un marché

artisanal couvert, moins passionnant, se laisse visiter au 59, rue Leblond *(plan B3, lun-ven).* **La ville est aussi connue pour ses fruits exotiques (cocoteraie et mangueraie centenaires). Les hauteurs de la commune sont propices à de belles excursions, comme le fameux piton Maïdo (1h de route aller) et la découverte pédestre du cirque de Mafate.**

UN ŒIL SUR TOUT

Les pirates n'étaient pas tous borgnes. Ils portaient un cache-œil avant tout pour mieux voir ! En habituant l'œil au noir, ils pouvaient mieux se battre de nuit ou passer rapidement d'un pont aux cales sombres. Il suffisait alors de faire glisser le bandeau sur l'autre œil. Mais cet artifice servait aussi à effrayer l'ennemi !

LE BERCEAU DE LA RÉUNION

La « baie du meilleur ancrage » : c'est ainsi qu'est surnommée la ville de Saint-Paul. C'est dans cette baie que les premiers Français débarquent en 1638. En 1663, les premiers colons s'installent, avec 10 esclaves malgaches, et Saint-Paul devient capitale de l'île Bourbon. Ce site où les navires ne pouvaient trouver « meilleur ancrage » fut le point de départ de la colonisation de l'île. La place du Peuplement rappelle cet événement.
Saint-Paul, première capitale de l'île, a conservé quelques témoins de son prestigieux passé : des maisons du XVIIIe s et anciens bâtiments administratifs (l'hôtel Laçay, emblème de la façade maritime de la ville, la très belle maison Serveaux ou la maison Lucas, place de Gaulle, par exemple), le débarcadère, la poudrière, plus ancien bâtiment de l'île (1724), mais surtout le cimetière marin le plus étonnant de La Réunion. De célèbres personnages y reposent, dont le poète Charles Marie Leconte de Lisle, né à Saint-Paul. Tout à côté, un rare cimetière de milliers d'esclaves a été mis au jour.

Arriver – Quitter

Gare routière *(plan B3)* **:** *141, chaussée Royale. ☎ 02-62-22-54-38.* Pour plus de détails, se reporter à la rubrique « Transports » dans « La Réunion utile » en début de guide.

➢ ***Saint-Denis et Saint-Pierre :*** plusieurs fois/j. avec les *Cars Jaunes* (lignes 02, 03, 04 et Z'Éclair T).

➢ ***Saint Philippe et Saint-Benoît :*** *pas de bus direct. Passer par Saint-Pierre.*

➢ ***Hauts de Saint-Paul :*** le tour des Roches, le village de L'Éperon et le musée de Villèle, le Maïdo... avec la compagnie *Kar'Ouest.* Pour le piton Maïdo, 3 bus/j. (à 6h, 14h et 16h15 lun-sam) pour rejoindre le départ du sentier de Maïdo ; compter 1h de trajet.

Adresses utiles

Informations touristiques : *pour de petites infos, on peut s'adresser à l'accueil de la* ***mairie*** *(plan B3). ☎ 02-62-45-43-45. • ouest-lareunion.com •* Sinon, s'adresser à l'office de tourisme de l'Ouest à Saint-Gilles (voir plus loin). Vous y trouverez des plans touristiques – notamment celui des « Hauts » –, différents guides sur les sites et activités des environs et des infos sur l'application iPhone (« Monument tracker ») qui permet de découvrir le patrimoine architectural de la ville, en suivant des itinéraires.

■ ***Visites guidées :*** *avec le guide* ***Clovis*** *; ts les ven 9h-11h sur rdv slt ; résa auprès de l'office de tourisme de l'Ouest (☎ 0810-797-797). Compter 9 €/pers.* Une balade historique passionnante « Sur les traces des premiers habitants » en découvrant le cimetière marin, la « baie du meilleur ancrage », les abords de la grotte des Premiers-Français et le centre de Saint-Paul. *Également avec* ***Dominick,*** *06-92-86-32-88. • dominick@guid-a-nou.com • explorerlareunion.com • (horaires sur le site). Compter 25 €/pers.*

■ ***Rosalie :*** *06-92-60-39-55. • rosalie.re • Départs mar-sam aux vac scol, slt mer et w-e hors vac scol. Tarif : 7 € ; réduc.* Au départ de l'embarcadère, balade commentée à Saint-Paul et dans ses environs à bord d'un petit train (« le tour des Roches »). Ce circuit retrace l'histoire du peuplement de La Réunion à travers les paysages du tour des Roches, premier lieu de colonisation de l'île Bourbon ; commentaire de l'écrivain Daniel Vaxelaire.

@ ***Web C@fé jR&Ko*** *(plan B3) : 39, rue Rhin-et-Danube. Face à la poste. ☎ 02-62-01-08-08. Lun-ven 8h-16h30.* Ce vaste local aux couleurs pétantes vert anis et orange fait aussi snack et café. Un lieu agréable.

■ ***Toilettes publiques :*** *face au marché forain, rue Suffren et sur le parking en face du cimetière marin (côté grotte des Premiers-Français).*

Où dormir ?

Peu d'hôtels à conseiller sur Saint-Paul centre. Le mieux : réserver un meublé de tourisme ou se réfugier dans les Hauts (voir plus loin), où le choix est beaucoup plus varié. Pour rendre leur accès plus facile, l'office de tourisme a édité un plan des Hauts, quartier par quartier, avec les hébergements, lieux à découvrir et centres d'intérêt pointés. Ouf ! Sinon, Boucan-Canot et Saint-Gilles ne sont pas très loin...

Chambre d'hôtes Kia Ora *(plan C2,* ***10****) : 204, rue Saint-Louis. ☎ 02-62-25-31-68. • reservation@kiaorarun.com • kiaorarun.com • Doubles 68 € (sdb partagée)-88 €.* Une escale plaisante et apaisante, tenue par un couple globe-trotter très accueillant. Les 3 chambres, à l'étage de la maison, sont lumineuses et sans reproche (clim, TV). On prend le savoureux petit déj sous la grande varangue, au bord de la piscine et du beau jardin fleuri. Confort et décontraction sont bel et bien au rendez-vous !

Où manger ?

Très bon marché

Plusieurs ***camions-bars*** *(plan B2,* ***20****)* sont installés sur la place du marché forain en front de mer. Agréable pour un grignotage pas cher ou une *Dodo* bien fraîche, face à la plage de sable noir.

Bon marché

Chez Mamy Marianne *(plan B2,* ***21****) : 5, rue du Général-de-Gaulle. 06-92-75-09-83. Tlj sf dim (ouv dernier dim du mois). Plat env 9 € (un peu moins cher à emporter). CB refusées.* En plein centre-ville, le petit resto tout simple, avec ses quelques plats créoles (boucané chouchou, rougail-morue, civet de canard, etc.), vraiment bons, certainement pas chers, et que les habitués emportent dans des barquettes. La cour soignée et agrémentée de plantes vertes est agréable pour se poser.

Le Palais de l'Eau de Coco *(plan A3,* ***22****) : 10, route Nationale, face au cimetière marin. 06-92-88-19-58. Tlj sf lun-mar 8h-19h. Résa conseillée ven, jour du marché. Plats env 6-11 € sur place ou à emporter. Punch coco offert sur présentation de ce guide.* Cette cahute spartiate au bord de la nationale est toujours là pour proposer sa cuisine « à la noix ». En dehors des plats habituels, on pourra y manger des *bouchons,* samoussas, tartes... devinez à quoi ? Évitez la ruée du vendredi si vous voulez goûter en paix au coco sous toutes ses autres formes : eau de coco au verre ou à la bouteille, bonbon, nougat (hmm...), etc. Accueil aimable.

Atelier des Pâtes *(plan B3,* ***23****) : 47, rue Rhin-et-Danube.*

Adresses utiles

- Informations touristiques
- Web C@fé jR&Ko

Où dormir ?

10 Chambre d'hôtes Kia Ora

Où manger ?

20 Camions-bars
21 Chez Mamy Marianne
22 Le Palais de l'Eau de Coco
23 Atelier des Pâtes
24 Là-bas, Ter la
25 Le Grand Baie
26 Le Débarcadère
27 La Barque
28 Chez Paul

Où déguster une bonne glace ?

30 La Magie des Glaces

Où boire un verre ? Où sortir ?

31 La Cerise et
Espace culturel Leconte-de-Lisle

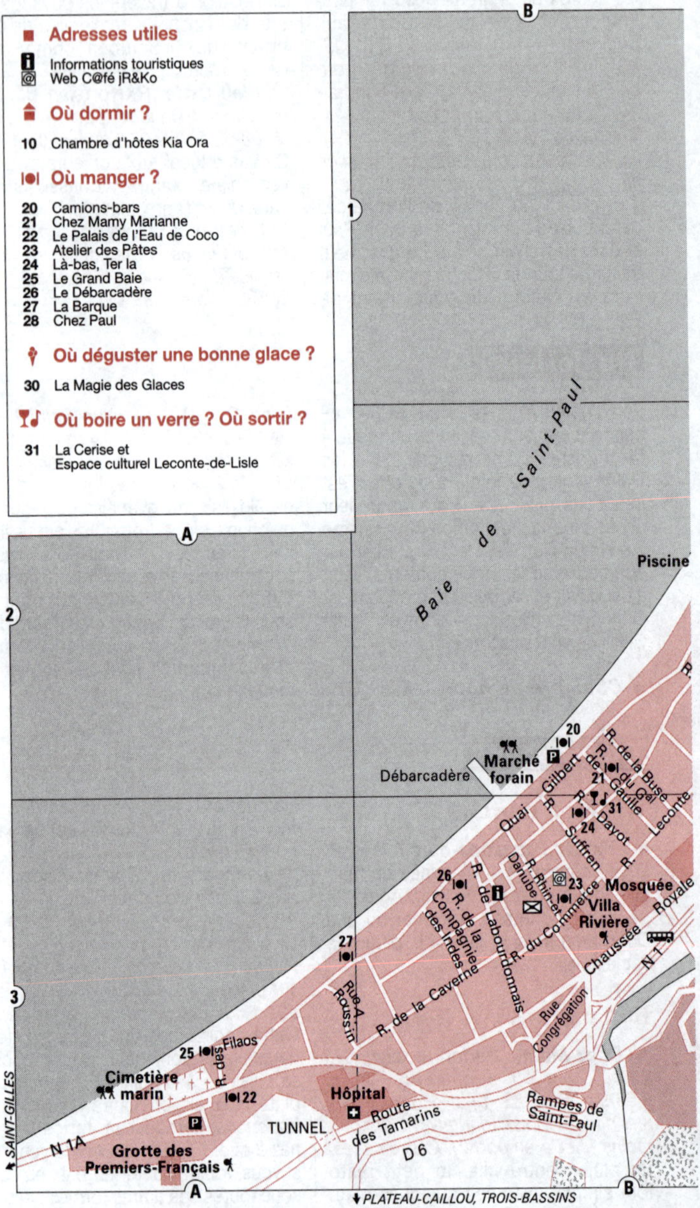

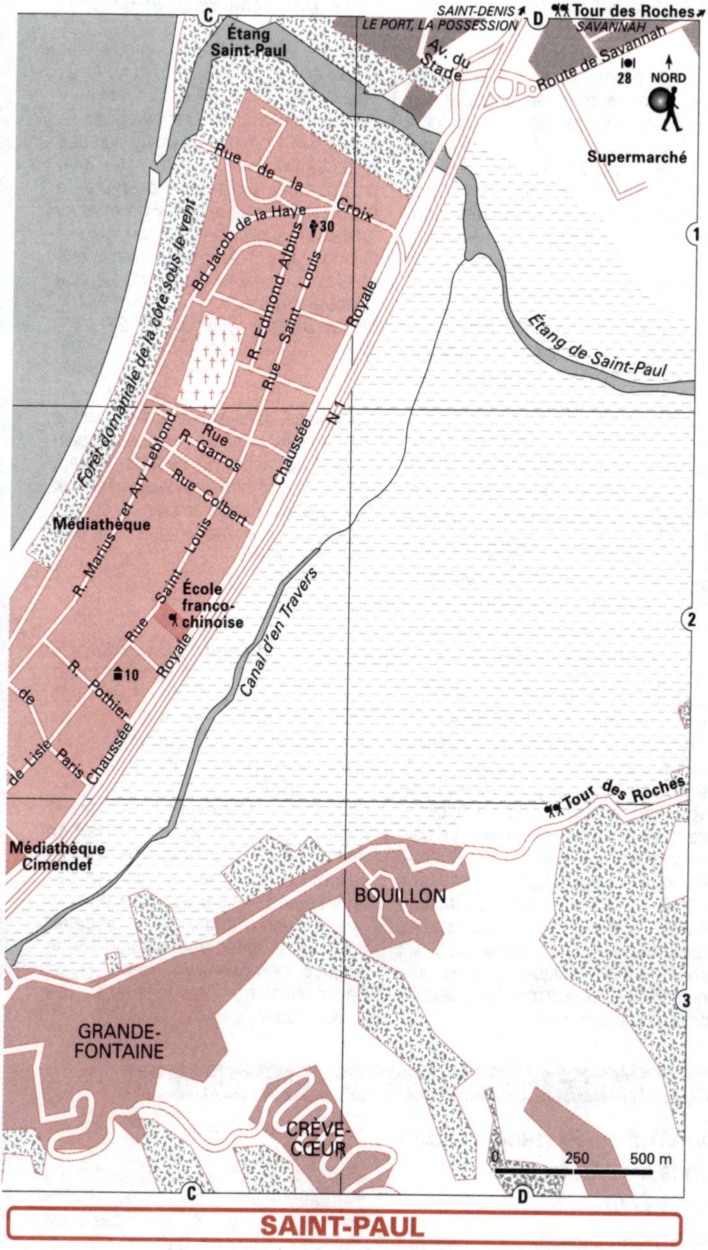
SAINT-DENIS
LE PORT, LA POSSESSION
Tour des Roches
SAVANNAH
Étang Saint-Paul
Av. du Stade
Route de Savannah
28
NORD
Supermarché
Rue de la Croix
Bd Jacob de la Haye
30
R. Edmond Albius
Rue Saint Louis
Royale
Forêt domaniale de la côte sous le vent
Étang de Saint-Paul
N1
Rue R. Garros
Chaussée
Rue Colbert
R. Marius et Ary Leblond
Médiathèque
Rue Saint Louis
École franco-chinoise
Canal d'en Travers
Royale
10
R. Pothier
de Lisle
de Paris
Chaussée
Tour des Roches
Médiathèque Cimendef
BOUILLON
GRANDE-FONTAINE
CRÈVE-CŒUR
0
250
500 m
C
D
1
2
3

SAINT-PAUL

06-92-28-42-70. Ts les midis sf dim et j. fériés, plus le soir ven-sam. Compter 15-18 € le repas. Digestif maison offert sur présentation de ce guide. Endroit caché pour se changer les idées et les saveurs, les jours de marché. Belle carte de pâtes, gnocchis et raviolis frais, le propriétaire les faisant lui-même, ainsi que les sauces, d'ailleurs. La spécialité : à l'indienne. Accueil chaleureux.

Prix moyens

Là-bas, Ter la (plan B3, **24**) : *4, rue Eugène-Dayot. ☎ 02-62-57-10-51. Fermé dim-lun et le midi mar, mer et sam. Congés : juin-juil et pour les fêtes de fin d'année. Plats 13-18 € le midi et 18-26 € le soir.* Un lieu bien agréable, tenu par un couple, Kris et Manu, lui en cuisine, elle en salle. Tous deux aiment faire partager leurs dernières créations, résultats de ce qu'ils appellent « une balade culinaire aux quatre coins du monde ». Diversité des saveurs, qualité des produits, jolie présentation des plats, sur fond de décor plutôt zen. Une cuisine gourmande à tendance bio que l'on salue.

Le Grand Baie (plan A3, **25**) : *14, rue des Filaos. ☎ 02-62-02-44-17. Tlj sf lun. Plats env 15-26 €. Digestif offert sur présentation de ce guide.* Dans un cadre privilégié en bordure de plage et sur le site romantique du cimetière marin, une terrasse aérée. Le soir, lumières tamisées et une ambiance plus intime pour déguster poissons du jour, grillades et plats métros ou créoles. Carte variée et, à l'ardoise, des plats raffinés selon l'humeur du chef : tartare de thon, grillades de poisson... Une adresse accueillante, un brin chic, mais aux tarifs mesurés.

Le Débarcadère (plan B3, **26**) : *1, rue de la Baie. 06-92-61-13-92. Tlj sf dim soir et lun soir. Congés : des fêtes de fin d'année à fin janv. Résa conseillée. Plats 15-23 €. Digestif maison offert sur présentation de ce guide.* Un nom tout trouvé puisque le resto fait face à la mer. Le chef propose une belle carte de plats de brasserie, parfois revisités de saveurs locales (quenelles à l'espadon, glace à l'ylang-ylang...). Ambiance parfois animée sous la vaste varangue. Service aimable et efficace.

La Barque (plan A-B3, **27**) : *48, rue de la Baie. ☎ 02-62-19-96-25. Ouv le midi mar-sam et le soir jeu-sam. Congés : 3 sem en janv. Plats 18-23 €.* Côté plage, dans un jardin avec piscine dont on peut profiter, une table accueillante et conviviale qui tient bon le cap. On y sert des plats créoles, métros et des salades. Bonne ambiance, surtout les soirs avec animation musicale. Service attentionné.

Excentré

Chez Paul (plan D1, **28**) : *16, D 4, à Savannah. ☎ 02-62-45-32-53. À 2 km env de Saint-Paul ; au rond-point du centre commercial de Savannah, suivre dir. Savannah, c'est 200 m plus loin, à droite, juste avt la station-service. Tlj sf dim soir et lun. Plats 9-20 €.* Certes, l'environnement n'est pas très gai, mais c'est le bon restaurant chinois de la ville. Ne pas confondre avec le self du rez-de-chaussée. Le resto est soigné, avec une entrée grandiose, un escalier en bois sculpté, une cascade, une pagode, des plantes vertes. Bref, un décor qui ne trompe pas et un accueil à l'asiatique.

Où dormir ? Où manger dans les environs ?

Du côté de Plateau-Caillou (dans les Hauts, à l'ouest, par la D 6)

Le Caillou Blanc : *20, rue des Merles, à **Plateau-Caillou,** 97460 Saint-Paul. 06-92-87-51-92. • cailloublanc@wanadoo.fr • cailloublanc.com • À 5 km de Saint-Paul, sur la route du Bernica. En arrivant à Plateau-Caillou, prendre à gauche 50 m après la station Tamoil (pas la rue indiquée « piscine », mais la suivante), puis continuer sur env 800 m ; la rue des Merles se trouve sur la gauche.*

Double env 45 €, sdb commune ; studio env 50 € ; petit déj en sus. Tarifs dégressifs. CB refusées. Une maison moderne toute blanche dans un quartier résidentiel, à choisir pour de longs séjours. Déco basique, mais les chambres mansardées ont un soupçon de cachet et certaines ont vue sur la mer. L'ensemble est avant tout fonctionnel (cuisine et lave-linge à disposition). Autre intérêt : sa situation, à mi-chemin entre les plages et le piton Maïdo.

Du côté de Bois-de-Nèfles (en passant par Savannah et la D 4)

La Caz' des Orangers : *24, impasse Cernot, à Sans-Souci-les-Hauts, 97411* ***Bois-de-Nèfles.*** *☎ 02-62-44-50-32. 06-92-08-23-12. • info.resa@lacazdesorangers.com • lacazdesorangers.com • À env 13 km de Saint-Paul, à 400 m d'altitude. Prendre la N 1 dir. Saint-Denis, puis sortie Cambais ; suivre la D 2 jusqu'au hameau de Sans-Souci. Juste après l'école primaire Jasmin-Robert de Sans-Souci, prendre à gauche, c'est ensuite fléché (détail des indications sur le site internet). Accessible depuis Saint-Paul en bus* Kar'Ouest. *Doubles 39-55 € (sans ou avec sdb privée). Repas 15 €.* C'est tout là-haut sur le chemin de Mafate. Une dizaine de chambres doubles, à l'ameublement simple, comme les prix. Celles avec salle de bains privée se trouvent dans une maisonnette, au sein du jardin, à l'écart de la maison principale. Jérôme Thomas, qui ne manque pas d'initiatives, peut garder votre voiture pendant vos randos (service payant si vous ne logez pas sur place).

Chambres et table d'hôtes Les Géraniums : *chez Mme Natacha Lauret, 150, chemin des Barrières, 97411* ***Bois-de-Nèfles.*** *☎ 02-62-44-28-11. 06-92-52-31-91. • natacha.lauret@wanadoo.fr • À env 16 km de Saint-Paul (30 mn en voiture) et 700 m d'altitude. Prendre la N 1 dir. Saint-Denis, puis la D 4 vers « Bois-de-Nèfles ». Traverser le village et suivre la D 3 vers Guillaume (panneau discret sur la gauche). Chambre env 48 €. Table d'hôtes (sur résa) 26 €.* Un peu galère à trouver, mais quelle récompense, car l'endroit est merveilleux, en pleine nature. 4 chambres avec douche et toilettes, toutes simples, au-dessus de la ferme-auberge. Petit déj servi à partir de 6h30 pour les randonneurs.

La Villa Zen : *125 bis, chemin Macé, 97411* ***Bois-de-Nèfles.*** *☎ 02-62-70-74-57. • lavillazen@yahoo.fr • rvillazen.com • À env 12 km de Saint-Paul ; en sortant de la voie rapide, prendre La Plaine, centre commercial de Savannah. Suivre les panneaux « Bois-de-Nèfles ». Traverser le village en dir. du Guillaume. Au panneau de sortie de Bois-de-Nèfles, après un virage très serré, prendre la 1re route à droite, chemin Macé, et descendre à gauche presque jusqu'en bas. Chambres 85-95 €. Repas 30-32 €. Réduc de 10 % sur le prix de la chambre pour 2 nuitées sur présentation de ce guide.* 3 chambres d'hôtes et une table d'hôtes dans un jardin luxuriant, avec piscine et vue sur le littoral. 2 des chambres sont sous les combles, et la 3e, la plus spacieuse et dotée de douche et baignoire, donne directement sur la piscine. Une belle adresse pour un séjour coloré, au calme, dans une maison aux beaux volumes. Espace cinéma. Massages possibles sur demande.

La Ferme du Bel'Air : *209, chemin des Barrières, 97411* ***Bois-de-Nèfles.*** *06-92-29-78-88. • fermedubelair@gmail.com • fermedubelair.com • À env 16 km de Saint-Paul (30 mn en voiture) et 700 m d'altitude. Prendre la N 1 vers Saint-Denis, puis la D 4 en dir. de « Bois-de-Nèfles ». Traverser le village et suivre la D 3 vers Guillaume (panneau discret sur la gauche). Double env 85 €, avec petit déj. Repas sur résa 25 €.* Perchée à 750 m d'altitude, la ferme a tout du nid d'aigle : depuis les terrasses des 2 gîtes identiques, la vue est géniale... surtout si l'on en profite depuis les jacuzzis ! Les gîtes sont simples, constitués de 2 chambres qui se partagent une grande pièce à vivre et une cuisine (mais qui ne peut pas être utilisée en formule chambres d'hôtes). Les repas sont servis dans la maison des adorables propriétaires, et élaborés avec les légumes du jardin, les canards de l'élevage... Une adresse hors des sentiers battus, loin de tout et qui fleure bon l'arrière-pays.

Du côté de La Rivière-des-Galets *(au nord, par la D 1)*

Gîte d'étape, chambres d'hôtes Les Acacias : *34, rue Germain-Élisabeth, Dos-d'Âne, 97419* **La Possession.** *☎ 02-62-32-02-34. À 23 km env de Saint-Paul (30 mn en voiture), tout là-haut dans la montagne, à 1 000 m. Après Dos-d'Âne, rester sur la route principale en dépassant le centre du village, puis tourner à gauche en dir. du resto* Pilon d'Or. *Après le resto,* Les Acacias *sont 100 m plus loin sur la droite. Bus n° 8 a (arrêt Poteau Vert à env 300 m). Compter env 20 € la nuitée en dortoir, 50 € la double ; petit déj en sus. Repas sur résa 18-26 €. Cuisine à dispo (payant).* Un *Gîte de France* comportant 2 chambres d'hôtes et un gîte d'étape de 4 chambres, avec 6 lits superposés dans chacune. Accueil sincère d'Axel Nativel, qui fait goûter son rhum arrangé tandis que sa femme veille sur la cuisine. Possibilité d'acheter du miel et des œufs de caille maison. Simple, très propre, et toujours une bonne adresse malgré son succès. La vue sur la montagne est somptueuse. Possibilité de se balader vers la Roche-Écrite et de rejoindre le GR R2 pour Mafate.

Auberge du Cap Noir (chez Raymonde) : *3, allée Pignolet, Dos-d'Âne, 97419* **La Possession.** *☎ 02-62-32-07-66. • jacques.bousicaux@wanadoo.fr • À env 23 km de Saint-Paul ; indiqué à droite à la sortie de Dos-d'Âne, dir. « Cap Noir ; roche Vert-Bouteille ». Fermé autour des fêtes de fin d'année. Double 47 € avec petit déj. Repas 20 €.* 4 chambres (dont 1 pour 4 personnes) bien tenues, avec de larges balcons, dans la maison des propriétaires. Jus de fruits frais du jardin au petit déjeuner. La maison n'a pas de charme particulier, en revanche, elle offre une vue imprenable sur l'océan et la ville du Port. Possibilité de balade jusqu'au cap Noir. Bon accueil.

Chambres d'hôtes Bienvenue dans les Hauts : *7, rue Ferdinand-Louise, Dos-d'Âne, 97419* **La Possession.** *☎ 02-62-33-28-91. 06-92-67-51-93. • bienvenuedansleshauts@gmail.com • À env 22 km de Saint-Paul (35 mn en voiture) ; dans le centre de Dos-d'Âne, à 100 m après l'église (en venant de la route principale). Double avec sdb 78 €. Repas 25 €.* 3 chambres aménagées de manière simple, mais ce qu'on retient ici, c'est l'emplacement et surtout la terrasse avec la vue extraordinaire sur la ville du Port. Le soir, lorsque les lumières de la côte scintillent de mille feux, le spectacle est assuré ! Jacuzzi pour se relaxer après d'intenses randos.

Oh Suzie Q : *88 bis, rue Mahatma-Gandhi, 97419* **La Possession.** *☎ 02-62-22-06-74. • quelquejeu.erick@gmail.com • À env 10 km au nord de Saint-Paul ; sur la N 1, prendre à droite au rond-point du Sacré-Cœur, puis à gauche au rond-point suivant. Tlj sf dim. Plats 17-23 €.* Érick, mi-ch'ti, mi-créole, a le sens de l'accueil et de l'ambiance. Il propose une cuisine simple et créative, avec des plats du jour frais et savoureux. Ses assiettes australiennes à base de kangourou, crocodile et autruche restent l'attraction n° 1 de la maison avec les cocktails maison, les whiskies et les concerts en soirée. Une adresse avec un côté hétéroclite, dans le décor comme en cuisine.

Du côté de L'Éperon

Les Tamariniers : *12, rue du Poivre-Vert, L'Éperon,* **Saint-Gilles-les-Hauts.** *06-92-88-02-57. • jeanclaude.gardenat@sfr.fr • gitelestamariniers.com • À env 7 km au sud de Saint-Paul. Prendre dir. Saint-Pierre ; dans L'Éperon, prendre la rue située entre la pharmacie et la supérette Vival ; portail vert d'eau sur la droite. Double 76 €, petit déj inclus. Table d'hôtes (sur résa) 26 €.* Ensemble très coloré et tout récent, dans le jardin des proprios, et donc en face de leur maison. Le logement abrite 2 chambres (1 par niveau), chacune avec sa salle de bains. Celle de l'étage, légèrement mansardée a un petit charme supplémentaire. Salon-cuisine cathédrale. Bon petit déjeuner. Supplément pour utiliser la cuisine. Un autre gîte dans la même enceinte.

Où déguster une bonne glace ?

La Magie des Glaces *(plan C1, **30**) : 1, rue Edmond-Albius, à l'angle du bd Jacob-de-la-Haye. ☎ 02-62-45-25-48. Fermé lun, mer mat, jeu mat et à l'heure du déj.* Divines glaces et sorbets aux parfums classiques ou aux mélanges originaux et savoureux (passion-géranium, miel-gingembre, etc.). Gâteaux et macarons glacés. Un pur moment de plaisir.

Où boire un verre ? Où sortir ?

La Cerise *(plan B2-3, **31**) : 1, rue Eugène-Dayot. ☎ 02-62-96-21-69. • lacerise.re • Mar-sam 17h-minuit.* La Cerise... sur le gâteau, car ce café, collé à *Léspas*, invite à la gourmandise culturelle. Un peu bar, un peu galerie, un peu salle de concerts, le lieu qui bouge de Saint-Paul. Un accueil chaleureux, toutes générations et expériences artistiques confondues : musique, théâtre, arts visuels, peinture, philosophie, littérature, contes, jeux, courts-métrages, débats...

Espace culturel Leconte-de-Lisle *(plan B2-3, **31**) : 5, rue Eugène-Dayot (à côté du précédent). ☎ 02-62-59-39-66. • lespas.re • Lun-ven 9h-12h, 13h-17h (16h ven) et 1h avt les représentations. Congés : 1 mois pour les fêtes de fin d'année.* *Léspas*, comme on dit ici, est un petit lieu qui réchauffe les cœurs et les esprits. Un hommage décalé au poète Leconte de Lisle.

LA CÔTE SOUS LE VENT

À voir. À faire

Le centre-ville : quelques vieilles maisons créoles, dont la plupart appartiennent à d'anciennes familles, où l'on est médecin de père en fils. Voir aussi les somptueuses demeures de bourgeois enrichis par le négoce et le boom de l'industrie sucrière. La *maison Laçay* servait d'auberge pour les voyageurs, au temps de la Compagnie des Indes. On peut aussi flâner place de la Mairie et voir une ancienne caserne, du côté du bâtiment de la DEAL (un entrepôt de la marine du XVIIIe s face au débarcadère) et du tribunal, autant de témoignages architecturaux de la Compagnie des Indes. Panneaux explicatifs devant les maisons remarquables.

La villa Rivière *(plan B3) : 34, rue du Commerce. ☎ 02-62-59-20-18. 📱 06-93-00-31-93. • villariviere.com • Tte l'année, lun-ven, visite guidée slt sur résa ; en juil et sept, visite (sans résa) à 9h, 10h, 11h, 14h, 15h et 16h. Visite guidée : 6 € ; ½ tarif enfants.* Belle villa de la fin du XVIIIe s, de style néoclassique avec varangue et colonnes. Typique des bâtiments édifiés sur l'île à l'époque de la Compagnie des Indes.

Le marché forain *(plan B2) : le long de la plage, ven tte la journée (le plus important) et sam mat.* Sans doute le marché le plus pittoresque de l'île, avec ses stands cosmopolites, ses fleuristes et ses herboristes. Entre 300 et 400 exposants s'y donnent rendez-vous. Les marchands d'artisanat malgache qui se trouvent sur le trottoir (et non sur le parking) sont un peu moins chers. Flânez tout en grignotant ou en remplissant votre sac de samoussas, de gâteaux patate, carotte, citrouille... Un bon endroit pour faire le plein de souvenirs.

■ **Ti' Navèt :** ☎ *0810-456-520 (prix d'un appel local). • karouest.re • Le ven slt, navette circulaire ttes les 10 mn, 7h30-17h10 ; départ du parking de la grotte des Premiers-Français (plan A3). GRATUIT.* Un bus qui fait le tour de Saint-Paul pour se rendre au marché, sans galérer pour se garer dans le centre.

Le cimetière marin *(plan A3) : à la sortie de la ville, sur la route de Saint-Gilles.*
À ne pas rater, tant pour la beauté du lieu que pour son histoire. Posés sur le mur d'enceinte, des panneaux noirs portent des citations de poètes et d'écrivains. Et partout, d'autres panneaux marquant les tombes de personnages célèbres, et même un plan à l'entrée.

PROTECTION DIVINE

Autrefois, les marins avaient pris l'habitude de se faire tatouer une croix sur tout le dos afin de se protéger des punitions par flagellation. En effet, c'était un péché que de frapper un symbole chrétien.

Outre l'émouvante sépulture à la mémoire des naufragés bretons du *Ker Anna,* coulé en 1894, deux stars locales hantent les allées (voir en fin de guide la rubrique « Personnages » dans « Hommes, culture, environnement ») :
- *Charles-Marie Leconte de Lisle* (1818-1894), tout d'abord, dont le buste trône au milieu de l'allée centrale du cimetière, dans l'alignement de la porte donnant sur la nationale. Chef de file des parnassiens, il est l'auteur des *Poèmes antiques, Poèmes barbares* et *Poèmes tragiques,* notamment ;
- le pirate *Olivier Le Vasseur,* dit *La Buse,* dont la plaque mortuaire se trouve face à l'entrée nord, adossée au muretin d'enceinte du tombeau familial des Desbassayns. Elle se signale par un petit canon en bronze nommé *Le Batailleur* et par une croix de basalte sombre, gravée d'une tête de mort ! On sait maintenant qu'il ne s'agit pas de sa sépulture puisque, à sa mort, en 1730, le cimetière n'existait pas encore ! L'envers de la plaque tombale fait référence à une jeune fille enterrée là. Une mise en scène donc qui remonterait à quelques dizaines d'années seulement...

Le cimetière des esclaves *(plan A3) :* suite au passage du cyclone Gamède, en 2011, a été découvert, côté plage, juste derrière les murs du cimetière marin, un cimetière des esclaves, où l'on estime que plus de 2 000 personnes – hommes, femmes et enfants – auraient été inhumées il y a près de deux siècles. Autrefois, à La Réunion, les lieux d'inhumation étaient répartis entre cimetières officiels, cimetières d'habitations, terres incultes en bordure des ravines et terrains sableux du littoral : la mort continuait de séparer « les Blancs, les libres de couleur, les esclaves baptisés et les esclaves non baptisés, appelés aussi esclaves païens ». Il faudra attendre 1820 pour qu'une véritable réglementation soit définie, avec un cimetière pour la population blanche et libre et un autre pour les esclaves. Abolie en 1848, cette discrimination funéraire va subsister quelques années à Saint-Paul, où « le cimetière des esclaves deviendra aussi la dernière demeure des engagés indiens et africains ». Aujourd'hui, c'est une vaste étendue d'herbe sur laquelle trône une stèle de la mémoire, inaugurée le 20 décembre 2013.

PREMIERS MARRONS

Quand les Français décidèrent de s'installer définitivement dans l'île Bourbon, en 1663, ils se disaient que pour la peupler, il leur faudrait peut-être des femmes. C'est ainsi que Louis Payen débarqua à Saint-Paul avec semences, bétail et 10 Malgaches dont 3 femmes. Une petite Malgache allait bientôt naître, Anne Mousse, considérée comme la première fille née sur l'île, ancêtre symbolique de tous les Réunionnais. Il est même possible que ses parents aient été les premiers « marrons » de l'île (des esclaves fugitifs), faussant compagnie à Louis Payen.

La grotte des Premiers-Français (plan A3) : *face au cimetière marin, de l'autre côté de la nationale. Fermé au public.* On considère cette caverne comme la première « habitation » française de l'île, les premiers occupants y ayant trouvé refuge. Au pied de la falaise, un petit parc verdoyant a été aménagé avec sentier d'interprétation et aires de pique-nique.

L'école franco-chinoise (plan C2) : *233, chaussée Royale, à la sortie de la ville, dir. Saint-Denis par l'ancienne départementale.* Une vieille demeure construite par M. Desbassayns, selon le modèle du palais du gouverneur à Pondichéry, et classée Monument historique. Transformée en école catholique, la « grand cour » servit à évangéliser les jeunes Chinois. L'école ne se visite pas.

Le tour des Roches (hors plan par D1 et plan D2-3) : *prendre la D 4 à la sortie nord de la ville ; au rond-point de la zone commerciale, prendre dir. Savannah, puis au 2e rond-point, fléché sur la droite. Il s'agit du 1er tronçon de route La Réunion, suite à l'installation des colons en 1663 ! Circuit très plaisant de 5-6 km à faire en voiture, à vélo... ou en petit train Rosalie (au départ du débarcadère, infos à l'office de tourisme de Saint-Gilles).* Depuis le nord, premier arrêt à ***Bassin vital*** d'où l'on peut marcher jusqu'aux vestiges du vieux Saint-Paul et continuer éventuellement en rando. Le long de cette route ombragée, entre marais et ravines, on est soudain si loin de Saint-Paul, traversant des hameaux isolés, découvrant des ***sources fraîches*** où se baigner, au niveau du ***Moulin à eau*** notamment. À 100 m de là, bon petit snack-bar populaire *(**Snack du Moulin** ; ouv tlj)* servant des sandwichs, *caris* et plats du jour à manger sur place ou à emporter. La route longe en fait l'***étang Saint-Paul.*** Classé Réserve naturelle régionale, il s'étend sur plus de 447 ha et regorge d'espèces endémiques comme les tourterelles malgaches ou les papangues. Paysages verdoyants de cocotiers, bambous, bananiers, manguiers, papyrus... Toute cette zone est inondable (ne pas s'engager dans l'eau si la route est submergée). Gare alors aux moustiques ! Voir encore la ***poudrière*** à un carrefour, le plus ancien bâtiment de l'île (1724), ainsi que le ***vieux temple tamoul.*** On passe, enfin, à proximité de la ***ravine du Bernica,*** une autre jolie promenade en perspective.

➢ ***La ravine du Bernica*** : *dir. Plateau-Caillou depuis le centre (chaussée Royale), puis à gauche de la route du tour des Roches ; se garer à 50 m. Compter 30-45 mn A/R.* Le site a été aménagé, et il semble que le sentier soit entretenu (mais il n'est pas indiqué). De belles gorges, qui ont inspiré Leconte de Lisle, le lithographe Roussin et même George Sand. Le tout dans une quiétude presque parfaite.

Fêtes et manifestations

- ***Cavadee*** : *dernier w-e de mai.* Départs des pénitents de Fond-Jardin à Grande-Fontaine vers 8h, jusqu'au temple de Saint-Paul.
- ***Fête commerciale de Saint-Paul*** : *2 sem en juil.*
- ***Grande fête de la Noix de coco*** : *1 w-e en août.* Les meilleurs grimpeurs de cocotier s'y donnent rendez-vous !
- ***Zot Movie Festival*** : *oct.* ● *zotmoviefestival.re* ● Festival de films de sensations fortes.
- ***Festival TAMTAM*** : *oct-nov.* ● *tamtam.re* ● Festival de marionnettes et de théâtre visuel sur 2 semaines.
- ***Festival de la Rando*** : *2 w-e en oct.* Différentes randonnées durant un week-end avec bivouac sont organisées dans le cirque de Mafate (compter 40 €). Lors du 2e week-end, bivouac en forêt dans les Hauts de Saint-Paul, avec ateliers.

DANS LES ENVIRONS DE SAINT-PAUL

LES HAUTS DE SAINT-PAUL ET LA POSSESSION

Le Domaine des Caféiers (carte Les Hauts de Saint-Paul et Saint-Gilles) **:** *1156, chemin Féoga, 97411* **Bois-de-Nèfles.** *06-92-29-30-33. • fermesliti.wordpress.com • À env 16 km de Saint-Paul. Visite et vente possibles, sur résa slt, dim-mar et jeu, à 9h30 ; compter 1h30. Tarif : 10 €/pers, dégustation de café comprise ; gratuit moins de 8 ans.* Durant la visite de la plantation, Martine Sliti, une passionnée à qui l'on doit ce café exceptionnel (seul certifié bio de toute l'Union européenne), explique le travail réalisé dans cette ferme pilote depuis une dizaine d'années. La caféière, d'une surface de 1 ha, est cultivée avec le souci constant du respect de l'environnement. D'octobre à février, les visiteurs participent, s'ils le veulent, à la cueillette des « cerises », bonne façon de découvrir le procédé encore artisanal qu'emploie le domaine, du « dépulpage » à la torréfaction. On termine par la dégustation de ce grand cru qu'est le café Bourbon pointu, reconnu pour la délicatesse de son arôme. Sa boisson se caractérise par « une faible teneur en caféine (0,4 à 0,75 % contre 1,2 à 1,6 % pour les arabicas), une bonne acidité et une amertume faible. Elle est fine, délicate, très parfumée ». Le café produit ici a ses adeptes, comme la chef triplement étoilée Anne-Sophie Pic. Pour en savoir plus, lire *L'Incroyable Histoire du café Bourbon Pointu de la Réunion* (Alexandre Dijoux, éd. Edilivre, 2016).

Mafate par la canalisation des Orangers (carte Les Hauts de Saint-Paul et Saint-Gilles) **:** *accessible avec les bus Kar'Ouest, sinon prendre dir. Savannah et monter jusqu'à La Plaine et Sans-Souci. Pour plus de rens, voir « Le cirque de Mafate », dans la rubrique « Comment accéder à Mafate ? De Saint-Paul ».* On peut se garer au bord de la route, mais des dégradations de véhicules sont parfois à déplorer. En fait, le plus sûr est de laisser sa voiture sur le parking gardé de M. Thomas, aux chambres d'hôtes *La Caz' des Orangers*, à Sans-Souci : *• lacazdesorangers.com • À env 13 km de Saint-Paul. Voir « Où dormir ? Où manger dans les environs », plus haut. Compter 10 € par 24h (2 € en journée) si vous n'êtes pas client des chambres d'hôtes.*

Dos-d'Âne (carte Les Hauts de Saint-Paul et Saint-Gilles) **:** *suivre la D 1 à partir de La Possession en dir. de Dos-d'Âne, traverser le village et prendre dir. cap Noir. Possibilité d'y monter en bus au départ de Saint-Paul. Arrivée au parking, après 15 mn de marche jusqu'à la table d'orientation où vous aurez sous les yeux Mafate, vue par l'entrée de la rivière des Galets. Attention, de nombreux vols ont été signalés sur ce parking.*

Le site est impressionnant, tout comme le sentier qui mène à l'îlet des Orangers, en face de vous. Vous pouvez faire une boucle de 30 mn aller-retour en prenant la direction de cap Noir ou bien rejoindre la Roche-Écrite (12 km). Au parking du cap Noir, le propriétaire du snack-bar connaît bien le coin, et vous aurez toujours une place dans le camion en cas de pluie. Dos-d'Âne est un petit village d'altitude (1 600 habitants, à 1 130 m) à l'orée du cirque de Mafate. C'est d'ici que part le sentier GR R2. Voici un bon point de chute pour entrer comme pour sortir de Mafate, mais bien se renseigner pour savoir si le sentier est praticable, car en cas de pluie, il devient vraiment dangereux. Partir de bonne heure : il faut au moins 7h pour arriver au premier îlet. On peut donc prévoir d'y dormir (voir plus haut les adresses dans « Où dormir ? Où manger dans les environs ? »). Les randonneurs peuvent en principe s'approvisionner en eau au niveau du stade de foot, près de l'aire de pique-nique.

Il existe un site de décollage de parapente à Dos-d'Âne pour atterrir dans la rivière des Galets. On survole la crête, puis on penche sur la gauche pour prendre les ascendances et « thermiquer » (utiliser les courants thermiques) au-dessus de la rivière des Galets.

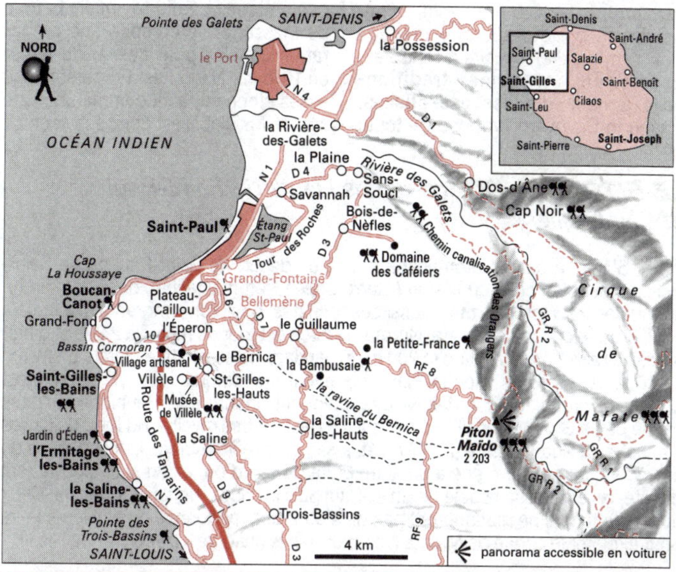

LES HAUTS DE SAINT-PAUL ET SAINT-GILLES

La Petite-France *(carte Les Hauts de Saint-Paul et Saint-Gilles)* **:** *à env 15 km au sud-est de Saint-Paul, via Bellemène (D 5, puis RF 8), sur la route (touristique) du piton Maïdo, après Le Guillaume.* Un paisible hameau de moyenne altitude, membre du réseau *Villages Créoles,* assez pittoresque et connu pour ses plantations de géraniums. Les cultivateurs ont encore leurs propres distilleries qu'on peut parfois visiter. Une fois extraite de la plante, l'huile de géranium est transformée en essence, utilisée comme parfum, voire comme médicament.

LES FLEURS DU BIEN

La côte ouest a vécu longtemps de la monoculture de la canne à sucre, mais en subissait surtout les crises. Au début du XXe s, on trouva un palliatif avec le géranium, dont on extrait une huile fortement parfumée. Il envahit les plus hautes terres et sauva de la misère une génération de petits planteurs. La route du Maïdo est ainsi devenue une route de distilleries.

Voici quelques infos sur les distilleries :

- **_L'alambic Bègue :_** *403, route du Maïdo. 06-92-64-58-25.* Alambic bien en vue et souvent fumant devant l'entrée. C'est toujours un vrai plaisir de visiter cet atelier familial et d'écouter les explications sur tout le processus de fabrication des huiles.
- **_Maison du géranium :_** *route du Maïdo. Indiqué sur la droite. 06-92-82-15-00. • maisondugeranium.pagesperso-orange.fr • Visite guidée payante sur rdv. Boutique et buvette.* Pour tout connaître sur les bienfaits du géranium rosat, sa distillation et les produits dérivés à base de géranium. Nombreuses huiles essentielles à la vente.
- **_Distillerie du Maïdo « Chez Nanou » :_** *700, route du Maïdo. • ladistilleriedumaido.com • La petite*

dernière, à droite en montant, avt le Relais du Maïdo*. Chemin d'accès très cahoteux et horaires variables.* Expert en médecine traditionnelle à base d'huiles essentielles, Nanou le Savoyard propose de tout : cosmétique, confiture, miel, baume de massage... y compris une préparation d'huiles pour cesser de fumer en 10 jours. Nanou est un personnage assez étonnant, actif comme un jeune sportif. Mais quel est donc son secret ?

LE PITON MAÏDO *(carte Les Hauts de Saint-Paul et Saint-Gilles)*

S'il n'y a qu'une promenade à faire au départ de Saint-Paul ou de Saint-Gilles, c'est bien celle du Maïdo (« terre brûlée » en malgache), belvédère archi-connu des Réunionnais, mais aussi des touristes, pour son panorama à couper le souffle sur le cirque de Mafate. Normal, le piton est tout de même à 2 203 m d'altitude. Du belvédère du Maïdo (à 200 m du parking), on surplombe Mafate d'environ 1 500 m. À vos pieds, Roche-Plate, où vivent une cinquantaine de personnes. En face, à droite, le piton des Neiges, point culminant de La Réunion (3 070 m), caché par le Gros Morne (2 990 m), qui n'a pas l'air très réveillé. Au fond du cirque à gauche, la Roche-Écrite (2 277 m) et, à ses pieds, l'îlet Aurère. Sur la gauche du belvédère, un sentier mène à un autre point de vue d'où, en un seul mouvement de tête, on embrasse la baie de Saint-Paul puis le chaos rocheux du cirque. Ceux qui ont le temps ne manqueront pas de s'offrir une randonnée de plusieurs jours pour explorer le cirque de Mafate (voir plus loin le chapitre « L'intérieur de l'île »).

Comment y aller ?

Attention : il est vivement recommandé de s'y rendre très tôt le matin (idéal pour le lever du soleil), car à mesure que les heures avancent, les nuages commencent à envahir le cirque. Alors pour la vue, tintin ! On peut aussi tenter sa chance en journée car le temps est très changeant et espérer profiter d'une percée. Les petits malins appelleront la météo avant de monter : compter tout de même de 1h à 1h15 de route (de montagne) depuis la côte.

➢ ***En bus :*** depuis la gare routière de Saint-Paul, la ligne nº 2 de la compagnie *Kar'Ouest* vous dépose 3 fois/j., en 1h, au départ du sentier pour Mafate (départs à 6h, 14h et 16h15 lun-sam).

➢ ***En voiture :*** prendre la direction Saint-Gilles-les-Hauts et Le Guillaume au départ de Saint-Paul centre ou de Saint-Gilles, puis la route RF 8. Le Maïdo est ensuite fléché.

Très belle route aux paysages changeant au fur et à mesure que l'on prend de l'altitude. Après les champs de géraniums de La Petite-France, on traverse des étendues de mimosas, puis de tamarins qui forment une sorte de forêt chevelue. Le sommet est recouvert d'un maquis bien odorant. La route du Maïdo est devenue un haut lieu de passage touristique. Il y a de jolies photos à faire des alambics et de la nature en général. Essayez d'y séjourner pour vous imprégner de l'endroit. De nombreuses activités de loisirs vous sont proposées : parapente, VTT, équitation, luge...

Et en repartir...

Pour éviter de reprendre la même route au retour, la route forestière RF 9 dite des « Tamarins » (à ne pas confondre avec la 4-voies, entre Saint-Paul et Étang-Salé) rejoint Le Tévelave, au-dessus des Avirons. Elle est indiquée un peu plus bas que le Maïdo sur la gauche. Route superbe qui traverse des champs de canne à sucre et la forêt de cryptomerias. Elle traverse une région qui a beaucoup souffert d'importants incendies en 2010. Il y

a seulement une sortie indiquée au-dessus de Trois-Bassins, sinon il faut continuer jusqu'au Tévelave.
Vous pouvez aussi, au retour du Maïdo, enchaîner avec la visite du *domaine de Madame Desbassyns : le musée Villèle.* Quand vous êtes au Guillaume, prendre à gauche vers Le Bernica, puis à droite vers Fleurimont, ensuite à Saint-Gilles-les-Hauts, Villèle est indiqué. Tout le monde connaît, il suffit de le demander en créole : *« Comon il é, scuz' a moin, mi voudrais roder à Villèle... »*

Où dormir ? Où manger sur la route du piton Maïdo ?

Sur la route du Maïdo, plusieurs bonnes petites adresses où les nuits sont calmes, les gâteaux à base de patate douce et les cafés-vanille excellents, à vous de choisir l'endroit. Mieux vaut réserver la veille ou dans la matinée.

Chez Rose Magdeleine : *13, chemin de l'École, 97423* ***La Petite-France.*** *☎ 02-62-32-53-50. 06-92-75-15-39. • dominique.magdeleine@only.fr • C'est juste après la maison bleue ; tourner à gauche vers l'église ; puis c'est indiqué sur la gauche. Double 45 € ; familiales également. Dîner 22 €. ½ pens souhaitée en oct-nov.* Un *Gîte de France* moderne et fonctionnel comprenant 4 chambres doubles bien propres et une chambre familiale. Dominique, ancien cuistot, se met aux fourneaux avec l'unique souci de vous faire découvrir et apprécier la gastronomie créole. Aujourd'hui agriculteur, il cuisine les légumes de son champ, les volailles venant de son petit élevage personnel. On partage la table avec ses hôtes.

Le Relais du Maïdo : *bien plus haut, parc de la Luge, 750, route du Maïdo, 97434* ***Le Guillaume.*** *☎ 02-62-32-40-32. • jm.delgard@orange.fr • Le dernier établissement avt le piton Maïdo. Ouv le midi slt, fermé lun-mar hors saison. Repas 15-20 €. Café ou digestif maison offert sur présentation de ce guide.* Propose, en plus de son snack-restaurant, différentes activités (luge d'été, tir à l'arc, poney pour les petits...).

Loisirs sportifs au Maïdo

– ***Pour les fous volants :*** le Maïdo est un site majeur de La Réunion pour les ***parapentistes*** (les écoles de parapente sont basées sur Saint-Leu). Le survol de Mafate, la vue sur les plus grands massifs de l'île en font un vol de montagne admirable. Voir plus loin, à Saint-Leu, la rubrique « Loisirs sportifs » pour connaître les modalités.
– ***Pour les fous roulants :*** le site du Maïdo est aussi remarquable pour découvrir le ***VTT de descente.*** C'est une belle manière de sortir de la route hyper touristique du Maïdo pour surfer dans les sentiers aux senteurs de géranium. Prendre aussi le temps de s'arrêter et d'écouter pour goûter un instant bucolique. Voir le loueur *Descente VTT,* qui organise et accompagne les descentes depuis le Maïdo, à la rubrique « Sports et loisirs » en début de guide.

Randonnées au départ du Maïdo

Vers Mafate (La Brèche) : *départ du sentier « transmafatais » un peu avt le belvédère du Maïdo, au km 12 sur la route F 8 (signalé par l'inscription « Roche-Plate » sur la route). Le bus ligne n° 2 (à 6h, 14h et 16h15 lun-sam) vous dépose au départ du sentier.* C'est l'un des accès les plus courants pour Mafate, mais attention, la dénivellation en fait une rando difficile, surtout au retour ! Prévoir 2h de marche pour atteindre La Brèche, carrefour de plusieurs sentiers pédestres, à 5,5 km. Les moins sportifs ou les plus pressés peuvent se contenter du début du parcours, qui conduit en 10 mn à un formidable point de vue appelé *Grand Bord* (signalé par une croix blanche). Mieux vaut ne pas avoir le vertige : d'ici, on plonge de 1 500 m ! Ceux qui poursuivent jusqu'à La Brèche (qui n'est pas un village, ne vous attendez pas à trouver une bière en arrivant) devront ensuite compter près de 3h pour remonter par le même chemin, à moins de continuer sur l'îlet de Roche-Plate pour y faire étape.

Le Grand Bénare *(2 896 m)* **:** *départ au fond du parking du Maïdo, après la buvette.* C'est le même sentier qui mène à la Glacière (voir plus loin). Compter normalement 6-7h aller-retour. « Bénare » vient du malgache *be nara* (très froid). Le chemin est bien fléché et marqué au sol par des traces blanches. C'est caillouteux, attention aux entorses, surtout à la descente. Pensez à vous protéger du soleil et de la déshydratation. Arrivé à l'embranchement de la Caverne, en prenant à gauche vers le Grand Bénare, on arrive en 5 mn à un superbe point de vue sur Mafate, face à La Nouvelle. Après, c'est l'ascension... panoramique, et cela en vaut la peine. Vue époustouflante sur les cirques de Mafate et de Cilaos. On devine Salazie et Saint-Benoît. Choisir de partir tôt, pour être les premiers et pour profiter du silence du matin. L'idéal, quand on sait qu'on met 3h30 pour y aller, est de partir 3h30 avant le lever du soleil (mais pensez à emporter une bonne torche et soyez extrêmement vigilant pour éviter les chutes !).

– *Variante :* les bons marcheurs, une fois arrivés au sommet, peuvent continuer vers le Petit Bénare (2 756 m) et descendre vers piton Rouge (2 401 m) puis revenir pour faire une boucle par la Glacière. Compter 8-10h pour le tour, avec 2 l d'eau et un bob. Au sommet du piton, œuvres du sculpteur Gilbert Clain, commémorant l'esclavage. De piton Rouge, on peut aussi rejoindre la RF 9 dans les Hauts de Saint-Leu.

La caverne de la Glacière : *un sentier y mène directement du parking du Maïdo. Sinon, reprendre la RF 8 vers Saint-Paul et tourner à gauche un peu avt La Petite-France (route des Hauts-sous-le-Vent) ; 6 km plus loin, un sentier démarre à gauche du gîte de Trois-Bassins.* Attention, les 1 000 m de dénivelée peuvent en rebuter plus d'un. On traverse une forêt de tamarins avant d'apercevoir la mer d'un côté. Après une première grotte, on croise le sentier menant au piton (en 1h30, pour ceux que ça tente !). Continuer tout droit jusqu'à un puits. La caverne est là, au milieu des blocs de roche volcanique. Toutefois, ce n'est pas la balade la plus intéressante de l'île.

AVEC OU SANS GLAÇON ?

Au bon vieux temps des colonies, ladite « caverne de la Glacière » ne méritait que trop bien son nom. Les grands propriétaires y envoyaient leurs esclaves (50 km aller et retour, à pied dans la montagne) chercher la glace qui s'était formée pendant l'hiver. Les hommes en revenaient portant des pains de 25 kg pour agrémenter l'apéro des planteurs avec un petit glaçon... Cela se transforma en entreprise avec des salariés qui assuraient la collecte et le transport. Enfin, au début du XXe s, une glacière industrielle fut créée.

BOUCAN-CANOT (97434)

Entre Saint-Paul et Saint-Gilles, Boucan-Canot (prononcer « canotte ») étend sa plage surveillée avec douches, considérée comme l'une des plus belles de La Réunion. C'est certainement la plus grande, mais aussi la

plus chic, avec ses établissements dans l'air du temps. Avec ses bars le long de la modeste allée piétonne qui attirent une clientèle jeune (voire très jeune) les week-ends et lors des vacances scolaires, Boucan-Canot prend des airs de petite station balnéaire très animée en journée. Il faut dire que le filet de sécurité nouvelle génération, installé depuis 2015 sur une portion du littoral, permet désormais de faire trempette sereinement (vérifier tout de même qu'il soit bien opérationnel et la couleur du drapeau le jour de votre passage) ! À cet endroit, la mer offre de somptueux rouleaux qui feront la joie des surfeurs et des bons nageurs, mais les parents devront avoir l'œil sur leur marmaille car les courants peuvent se révéler dangereux. Les enfants peuvent se baigner en toute tranquillité dans la piscine naturelle, qui jouxte la plage. L'endroit est réputé pour le nombre de gros poissons qui logent dans les rochers à côté de la piscine, pensez au masque (on peut en louer, voir « Adresse utile »). Les clubs de plongée de Saint-Gilles viennent aussi y faire des baptêmes. On peut sinon longer le bord de mer et trouver quelques criques plus discrètes, comme le cap La Houssaye (au nord de Boucan) ou, en allant vers Saint-Gilles, la plage de Cap-Homard (au sud), avec son gros rocher de lave qui se jette dans l'océan. C'est sur ces plages – non surveillées, on le précise – que des *kabars* (des fêtes spécifiques à La Réunion) sont parfois organisés les vendredi et samedi soir.

Adresse et info utiles

■ ***La Grotte d'Albius :*** *en bord de route, face à la plage, sous le resto* La Boucantine. ☎ *02-62-33-02-15. Tlj.* Location de parasols, palmes, masques, moreys et bodyboards.
– ***Marché :*** *dim mat.*

Où dormir dans le coin ?

Peu d'hôtels abordables à Boucan, on trouve surtout des établissements de luxe, sinon de charme, parmi les plus chers de La Réunion. Consultez le site de l'office de tourisme de Saint-Paul : nombreux gîtes à tous les prix, pour tous les goûts et un peu plus éloignés de la plage, à Boucan ou à Grand-Fond.

De prix moyens à chic

⌂ ***La Villa du Soleil :*** *54, route de Boucan-Canot.* ☎ *02-62-24-38-69.* • *lavilladusoleil@wanadoo.fr* • *lavilla dusoleil.com* • *Pas loin du très chic* Saint-Alexis, *en continuant tt droit. Résa conseillée. Doubles 58-78 € selon saison, 6e nuit offerte.* Petit hôtel simple, doté d'une douzaine de chambres climatisées, avec juste ce qu'il faut comme place. Et une piscine de poche. Un bon rapport qualité-prix pour la station.

⌂ ***Appart-hôtel Marina :*** *6, allée des Pailles-en-Queue.* ☎ *02-62-33-07-07.* • *hotelmarina@orange.fr* • ♿ *En venant de Saint-Paul, dir. Boucan-Canot-Plage et lotissement Champagne : juste avt l'entrée du lotissement. Doubles 87-99 € selon saison. Également des chambres pour 3-4 pers.* Une dizaine de studios éparpillés dans un jardin, avec terrasse, kitchenette, AC. Certains ont vue sur la mer (au-delà de la N 1, on le précise, quand même !), d'autres sont au rez-de-chaussée et vous aurez un peu de pelouse en terrasse côté jardin. Piscine et salle de gym. L'endroit est calme, bien aménagé et propre. On prend de copieux petits déjeuners sous la varangue.

⌂ ***Senteur Vanille :*** *route du Théâtre.* ☎ *02-62-24-04-88.* 📱 *06-92-78-13-05.* • *senteurvanille@wanadoo.fr* • *senteurvanille.com* • *De Boucan, prendre dir. Saint-Gilles-les-Hauts par la route du Théâtre, au rond-point sur la gauche après la* *station-service* Total *(chemin des Lantanas, continuer jusqu'au bout). Env 85 € pour 2 (min 3 nuits) ; dégressif à partir de 7 nuits. Lodges 2-4 pers également. Des produits du verger offerts sur présentation de ce guide.* Voici une belle adresse. Le chemin par lequel on y accède peut étonner puisqu'on traverse un verger de manguiers (15 variétés), dont M. Law Yat s'occupe à l'année. On a le choix entre les bungalows de style créole, ravissants, avec terrasse meublée en teck, au milieu d'un jardin riche en essences de toutes sortes, et de l'autre côté de la propriété, des chalets de style sud-africain, avec bois et ardoises importés de là-bas et une vue imprenable. Tous très bien équipés, de la cuisine au salon, avec l'AC. Également une villa à louer (6 personnes).

Beaucoup plus chic

Le Boucan Canot : *32, rue de Boucan-Canot. ☎ 02-62-33-44-44. • hotel@boucancanot.com • boucancanot.com • Doubles standard 218-265 €, petit déj inclus ; également des suites. Promos sur Internet. Apéritif maison offert en cas de résa de nuitée, sur présentation de ce guide.* Pour les plus fortunés de nos lecteurs. Un bel hôtel de construction néocréole face à la mer. Un escalier descend directement sur la plage, quel bonheur ! Une cinquantaine de grandes chambres spacieuses et luxueuses, habillées de mobilier moderne, et une vue sur l'une ou l'autre des plages de Boucan. Piscine et petit jardin, restaurant, bar et tout ce que l'on est en droit d'attendre d'un établissement de cette qualité.

Où manger ? Où boire un verre ?

La Boucantine : *29, rue Boucan-Canot, rue qui longe la plage. ☎ 02-62-33-62-10. • la-boucantine@orange.fr • Tlj sf mer. Carte env 35 €. Digestif maison offert sur présentation de ce guide.* Un resto avec une position stratégique, une terrasse sur les toits qui domine la rue et la plage un peu plus loin. On s'installe sur les quelques tables bistrot de la terrasse découverte, sous les grands arbres, pour boire un verre en fin de soirée ou manger des sushis ou une souris d'agneau. Bar à vins au rez-de-chaussée. L'adresse est aérée, paisible et relax.

Le Ti Boucan : *rue Boucan-Canot. ☎ 02-62-24-85-08. Tlj.* Propose cocktails, jus de fruits frais, tapas créoles, tartares de poissons, viandes exotiques, etc. Concerts le vendredi soir. Service décontracté.

Toque Chef : *plage de Ti Boucan,* ***Cap-Homard.*** *☎ 02-62-44-10-13. Tlj 9h-23h. Plats midi (lun-ven) 12-18 €, sinon 15-25 €.* L'intérêt du *Toque Chef,* c'est d'abord sa situation exceptionnelle, sur une terrasse en surplomb d'une plage photogénique. Superbe ! L'autre avantage, ce sont ses horaires étendus bien pratiques (on peut même y prendre son petit déj !). Quant à la cuisine, elle fait dans le local, classique et bon (du genre tartares, belles salades, poissons du jour...), avec des présentations soignées, voire carrément originales. Très sympa, comme l'accueil.

SAINT-GILLES-LES-BAINS (97434)

• Plan Saint-Gilles-les-Bains *p. 125* • Plan L'Ermitage et La Saline *p. 127*

À 40 km au sud de Saint-Denis, Saint-Gilles est une petite ville, bien connue des métros qui en ont fait en quelque sorte la capitale touristique de l'île. Saint-Gilles est devenue un « z'oreille-land ». Coincé entre les deux plus

belles plages de La Réunion, pour ne pas dire les seules vraies plages (Boucan-Canot et L'Ermitage), cet ancien village de pêcheurs est aujourd'hui une station balnéaire sans charme architectural mais plaisante, et incontournable pour les activités balnéaires (plusieurs centres de plongée se concentrent autour du port de plaisance). Avantage de Saint-Gilles : la proximité de sites touristiques (musées et jardins) à découvrir entre deux bains de soleil et deux cocktails de fruits frais. Inconvénient : ce n'est pas ici que vous découvrirez les profondeurs de l'âme créole. Ne passez donc pas tout votre séjour ici, même si tout semble avoir été prévu pour ça.
Dans le coin, plusieurs plages : plage des Roches-Noires au centre de Saint-Gilles (surveillée) et plage des Brisants, après le port de plaisance (non surveillée). On peut rejoindre L'Ermitage et son lagon, puis La Saline, en marchant sur le sable...
– ***Carnaval Le Grand Boucan :*** en juin ; le défilé s'achève avec la mise à mort du roi Dodo, un bal et un feu d'artifice.

SAINT-GILLES, L'ERMITAGE ET LA SALINE, COMMENT S'Y RETROUVER ?

Nous avons regroupé ces trois « quartiers » dans les pages suivantes. Ils dépendent tous les trois de la même administration (on est toujours dans la commune de... Saint-Paul), se succèdent par la route du littoral, mais surtout, ils sont bordés par la même longue plage. Et le même esprit bronzette-plage-barbecue y règne. Le paysage change un peu, devenant plus sauvage et un peu moins fréquenté (oh, à peine !) quand on se rapproche de La Saline. De Saint-Gilles à La Saline, sable fin et barrière de corail pour tout le monde. En gros, il faut aller à Saint-Gilles pour organiser ses sorties plongée, à L'Ermitage pour sortir le soir, et partout sur les plages.

Arriver – Quitter

Attention : ne pas confondre avec Saint-Gilles-les-Hauts, situé dans les terres.

➢ ***En bus :*** avec le réseau *Car Jaune* *(départs fréquents tlj ; 2 €)*, liaisons avec Saint-Paul, Saint-Leu, Saint-Louis et Saint-Pierre via la ligne S4. Également la S3, plus directe, mais sans arrêt à L'Ermitage. Sinon, la ligne touristique *T* relie Saint-Denis et l'aéroport Roland-Garros. Pratique, rapide, mais un peu plus cher *(5 €)*.
➢ Avec les *Kar'Ouest* *(☎ 0810-456-520)*, la ligne du littoral n° 2 fait la navette entre Saint-Paul (gendarmerie) et Saint-Leu via Saint-Gilles en passant par les plages. Bus env ttes les heures. *Tarif : 1,50 €.*

Adresses et infos utiles

ℹ ***Office de tourisme de l'Ouest*** *(plan Saint-Gilles, B1)* ***:*** *1, pl. Paul-Julius-Bénard. ☎ 0810-797-797 (prix appel local + 0,054 €/mn). • ouest-lareunion.com • Lun-ven 9h-12h, 13h30-17h30 ; sam 9h-12h, 14h-17h.* Réservation des hébergements, spectacles ou certaines activités touristiques sur toute l'île, des circuits culturels guidés dans les communes de l'Ouest (La Possession, Saint-Paul, Saint-Leu, Trois-Bassins et Le Port), etc. Vend également les tickets de bus (*Kar' Ouest* et *Car Jaune*).
■ ***Banques :*** plusieurs guichets de retrait dans la rue principale. Un *gabier* au *Score* de L'Ermitage.
✚ ***Hôpital Gabriel-Martin :*** *38, rue Labourdonnais, à* ***Saint-Paul****. ☎ 02-62-45-30-30.* Le plus proche. Dispose d'un service d'urgences adultes et pédiatriques, ouvert 24h/24.

■ **Gendarmerie** *(plan Saint-Gilles, A1, **3**) : face à la mairie.* ☎ *02-62-24-40-47.*
■ **Secours en mer :** ☎ *02-62-43-43-43.*
■ **Épicerie :** pas d'épicerie digne de ce nom à Saint-Gilles. Il faut aller à Boucan-Canot ou à La Saline.
■ **Laverie automatique** *(plan Saint-Gilles, A1, **2**) : 1, ruelle de l'Ancienne-Mairie. Tlj 9h-17h30 (13h dim).* Possibilité de laisser son linge. Petites retouches de couture.
■ **Parc marin de La Réunion :** *à L'Ermitage, à la limite de La Saline.* *06-92-89-18-68. • reservemarinereunion.fr •* Toute l'équipe des écogardes se trouve ici, avec toujours la même passion pour la défense du lagon. Se reporter à la rubrique « Environnement », en fin de guide. Organise également des balades guidées gratuites le long du « sentier sous-marin » de L'Ermitage (consulter « Plages » plus loin).
– **Marché :** *mer mat.*

Transports

■ **Location de voitures :** *voir aussi en fin de guide la rubrique « Transports » dans « La Réunion utile ».* La plupart des loueurs de véhicules de plus de 18 mois se trouvent dans la longue rue du Général-de-Gaulle qui relie Saint-Gilles à L'Ermitage. Attention aux pubs accrocheuses ; autour de 15 €, c'est hors taxes et sans le kilométrage illimité.
■ **Oté Tuktuk :** *06-92-70-77-10. • info@ote-tuktuk.re • ote-tuktuk.re • Tlj pour la navette ; sur résa 24h à l'avance pour les circuits.* Navette-taxi depuis les principaux hôtels ou toute adresse particulière entre Saint-Leu et Saint-Paul, jusqu'au port de Saint-Gilles ou la plage *(compter 8-12 € A/R).* Sinon, circuit coucher de soleil *(compter 55 € pour un couple)* ou circuits *Tour des Roches, Tour des plages,* etc., tout cela à bord de tuk-tuk électriques. Également des transports à la demande.

Où dormir ?

À Saint-Gilles

Hôtel de la Plage *(plan Saint-Gilles, A-B1, **10**) : 20, rue de la Poste.* *06-92-80-07-57. • hoteldelaplagereunion@hotmail.fr • hoteldelaplage.re • Doubles sans ou avec sdb env 50-70 € en formule hôtel ; env 50-55 € en formule auberge (dans ce cas, min 3 nuits).* Très central, cet établissement modeste a choisi une déco très colorée pour égayer le lieu. Résultat, on s'y sent bien ! Heureusement, car c'est la seule adresse du centre abordable, et à 200 m de la plage. Abrite une dizaine de chambres propres, très classiques avec ou sans salle de bains. Également une terrasse sur le toit très conviviale et une petite cuisine à disposition pour se préparer le petit déj. Douche possible et service de bagagerie avant l'avion le soir. Sympa ! On est quand même au bord de la rue principale (un peu bruyant le matin).
L'Archipel *(hors plan Saint-Gilles par A1, **13**) : 9, rue de la Cheminée, route du Théâtre, **Grand-Fond,** Saint-Gilles-les-Bains.* ☎ *02-62-24-05-34. • reservation@archipel-residence.com • archipel-residence.com • Entre Saint-Gilles et Boucan-Canot, sortie « Grand-Fond », puis à droite, puis encore 1re à droite. Doubles env 105-140 € ; familiales. 7e nuit offerte.* Excentrée dans une petite zone commerciale sans charme à proximité de la rocade, cette résidence hôtelière réussit malgré tout à préserver une ambiance conviviale et calme. La grande piscine y est pour beaucoup, de même que les chambres, studios et duplex, qui disposent de balcon ou de terrasse. Ils sont progressivement rénovés dans un style sobre. Un bon rapport qualité-prix, à privilégier en famille.

À L'Ermitage et à La Saline-les-Bains

Camping

Camping intercommunal de l'Ermitage *(plan Ermitage/Salines, C4, **33**) : 60, av. de Bourbon, **L'Ermitage.***

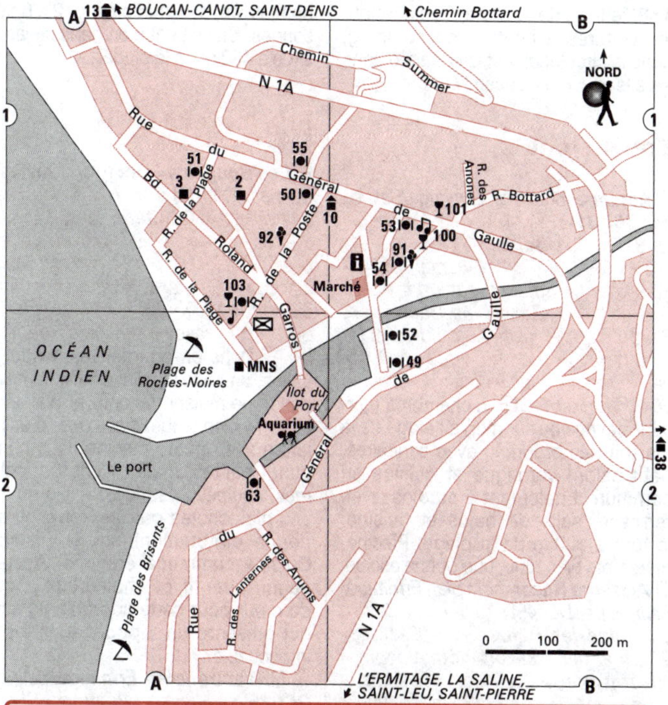

SAINT-GILLES-LES-BAINS

Adresses utiles

- Office de tourisme de l'Ouest
- **2** Laverie automatique
- **3** Gendarmerie

Où dormir ?

- **10** Hôtel de la Plage
- **13** L'Archipel
- **38** Tama Hôtel

Où manger ?

- **49** La Case à Pains
- **50** Chez Loulou
- **51** Chez Mité
- **52** Chez Marie
- **53** Snack Le Balnéair
- **54** DCP
- **55** Ti Coq
- **63** Bistrot des Pêcheurs

Où déguster une glace *péi* et autres douceurs ?

- **91** Natur'elle
- **92** Marie B

Où boire un verre ?

- **101** Le Jungle
- **103** Les bars de la plage des Roches-Noires

Où sortir ? Où danser ?

- **100** Le Cubana Club

☎ 02-62-96-36-70. 06-93-10-11-08. • contact@campingermitage.re • campingermitage.re • Bus Kar'Ouest, lignes n°s 2, 3, 6 et 7, arrêt « Camping – Ermitage Lagon ». Pour 2, compter 22-35 €/nuit selon saison avec tente. Sinon, une vingtaine de vastes tentes « safari » aménagées (6 pers) 402 €/sem en hte saison. Aménagé sur un terrain de 3 ha, le camping n'est certes pas très intime (105 emplacements), mais il est récent et les pieds presque dans l'eau, il n'y a qu'une route à traverser ! Pas de piscine, mais aire de jeux, podium pour les spectacles, barbecues... Éviter les emplacements 30

à 50, le long de la route. Parking pour les voitures à l'entrée du camping, donc la circulation est très limitée dans les allées. Un bel ensemble.

Bon marché

Amarina *(hors plan Ermitage/Salines par D6,* ***31****) : 30, rue des Ormeaux,* ***La Saline-les-Bains.*** *☎ 02-62-33-81-60. 06-93-97-02-81. • amarina974@gmail.com • amarinareunion.fr • À la sortie de La Saline-les-Bains vers Saint-Leu, aller jusqu'au rond-point du Trou-d'Eau et prendre la rue des Chênes, puis suivre les indications. Double 50 €. Studio 65 €.* 5 chambres (certaines avec vue sur mer) à l'étage de la maison des proprios, avec sanitaires, petit salon, varangue et cuisine en commun. Également 2 studios avec terrasse, salle de bains et cuisine, le tout à 200 m de la plage. Piscine. Ensemble bien tenu, une bonne escale.

Auberge Kazor *(hors plan Ermitage/Salines par D6,* ***45****) : 19, rue des Jades,* ***La Saline-les-Bains.*** *06-92-38-89-27. • aubergekazor@hotmail.com • aubergereunionkazor.com • Depuis le rond-point du jardin d'Éden, continuer sur la RN 1 (déviation), passer 2 ronds-points et 1re à gauche (mais inaccessible en arrivant de Saint-Gilles : faire demi-tour pour l'emprunter). Double 42 €, dortoir 20 €/pers. CB refusées.* En surplomb de la route (calme la nuit), cette petite structure moderne, fonctionnelle et bien tenue, cultive un esprit décontracté façon auberge de jeunesse. En terrasse, dans le grand salon TV, ou dans la cuisine ouverte, routards d'un jour ou au long cours fraternisent dans la bonne humeur ! Ambiance sympa donc et confort très correct (chambres sobres et salles de bains propres). Barbecue dans le jardin. Un bon plan.

Bouquet de l'Île *(plan Ermitage/Salines, C5,* ***32****) : 7, bd des Cocotiers, Les Filaos,* ***L'Ermitage.*** *06-92-94-42-19. • bouquet.delile@gmail.com • bouquetdelile.com • Résa bien à l'avance car c'est souvent loué sur de longues périodes. À partir de 300 €/sem pour 2.* Dans un coin tranquille et verdoyant, des appartements, des bungalows, des studios pour 2 à 6 personnes. On se sent bien dans ce jardin situé à 450 m de la plage.

Prix moyens

Les Bougainvilliers *(plan Ermitage/Salines, C5,* ***35****) : 27, ruelle des Bougainvilliers,* ***L'Ermitage.*** *☎ 02-62-33-82-48. • bougainvilliers@wanadoo.fr • bougainvillier.com • À 400 m de la plage de L'Ermitage. Arrêt de bus jaune L'Ermitage. Doubles 68-78 € (sans ou avec terrasse) ; familiale ; dégressif.* Dans un quartier résidentiel et calme, un hôtel familial à taille humaine dans une maison récente et pleine de charme, bien tenue et entourée d'un joli jardin avec petite piscine. Chambres plutôt petites, mais fraîches et colorées, équipées de frigo, ventilo ou AC. Les plus chères ont une terrasse qui donne directement sur la piscine. Cuisine commune équipée. Accueil gentil, attentif et chaleureux. Coup de cœur pour cette adorable adresse qui présente un rapport qualité-prix impeccable.

Le Vacoa *(plan Ermitage/Salines, D6,* ***36****) : 54, rue Antoine-de-Bertin,* ***L'Ermitage.*** *☎ 02-62-24-12-48. • levacoa.com • Non loin du centre commercial Leader Price. Doubles 60-69 € ; dégressif à partir de 4 nuits. Rhum arrangé offert sur présentation de ce guide.* Petite résidence hôtelière de 16 chambres climatisées qui s'ordonnent autour d'un patio : chambres de plain-pied au rez-de-chaussée (les plus chères, avec terrasse) et sur 2 niveaux avec lit en mezzanine (pour 2 ou 3 personnes) à l'étage. Cuisine commune équipée, ouverte sur l'extérieur, coin barbecue, ainsi qu'une jolie piscine. Gentillesse et discrétion.

Les Perles du Lagon *(plan Ermitage/Salines, C5,* ***37****) : 1, ruelle des Bougainvilliers,* ***L'Ermitage.*** *☎ 02-62-10-70-98. • lesperlesdulagon@gmail.com • perles-du-lagon.com • Résa conseillée bien à l'avance (l'adresse est toujours pleine). Prévoir 385-434 €/sem pour 2. CB refusées. Parking. Panier d'accueil maison offert sur présentation de ce guide.* Une maison à côté de la

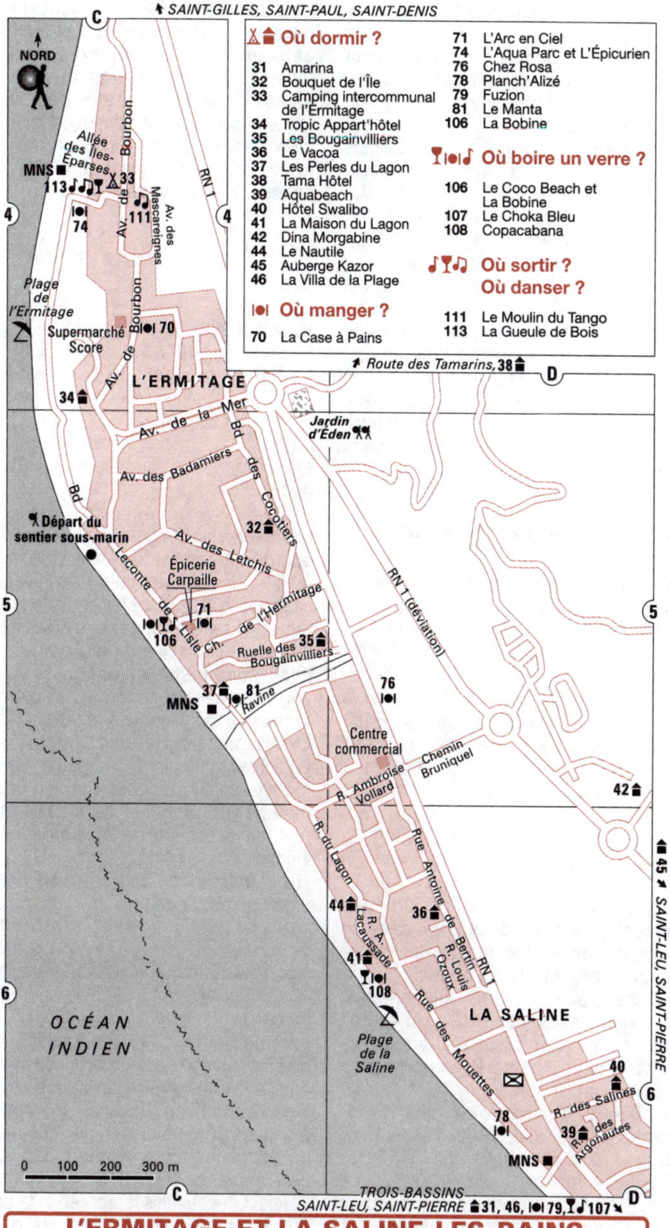

L'ERMITAGE ET LA SALINE-LES-BAINS

plage à un prix tout à fait raisonnable. Une grosse clôture recouverte d'une fresque qui protège de la rue, ouvre sur trois F2. Le tout est climatisé, avec barbecue. Accueil chaleureux avec punch et fruits du pays.

Aquabeach *(plan Ermitage/Salines, D6, **39**) : 13, rue des Argonautes, **La Saline-les-Bains.** ☎ 02-62-33-88-00. • aquabeach@wanadoo.fr • aquabeach.net • ♿ Au bout d'une impasse perpendiculaire à la rue. Studio (1-2 pers) 70 € ; duplex (3-4 pers) 110 €/nuit ; dégressif à partir de 2 nuits. (réception).* Résidence récente, implantée au calme. Logements très standard, mais bien équipés (kitchenette) et fonctionnels. Minipiscine agrémentée d'un jacuzzi. Un établissement discret et sans prétention.

De prix moyens à chic

Tama Hôtel *(hors plan Saint-Gilles par B2 et hors plan Ermitage/Salines par D4, **38**) : 77, rue des Navigateurs, Saint-Gilles-les-Bains. ☎ 02-62-44-48-88. 📱 06-92-25-82-58. • tama-hotel.com • Depuis le rond-point du jardin d'Éden à L'Ermitage, dir. route des Tamarins ; après 1,3 km tourner à gauche vers mont Roquefeuil/Kerveguen ; 800 m plus loin, au 2e rond-point, suivre le panneau « déchetterie » sur la droite ; fléché ensuite. Doubles 69-99 € selon saison ; également des studios et apparts pour 4 pers.* Structure récente, éloignée de la côte, dans un style moderne. Une trentaine de vastes chambres, studios, suites... fonctionnels, avec balcons, kitchenettes, varangue, selon son choix. Un endroit très calme avec piscine et vue sur la savane environnante. Bus publics pour la plage en journée.

Tropic Appart'hôtel *(plan Ermitage/Salines, C4, **34**) : 102, av. de Bourbon, **L'Ermitage.** ☎ 02-62-22-53-53. • info@residencetropic.com • tropicapparthotel.com/fr/ • Studios 79-94 € pour 2 ; duplex 119-145 € pour 4.* Une structure de 40 hébergements climatisés, récente et bien tenue, avec un petit côté « motel sous les tropiques ». Hébergements bien équipés, cuisine extérieure et 2 salles de bains dans les duplex. 2 bémols toutefois : piscine riquiqui et voitures garées sous les fenêtres pour certains... Accès gratuit à l'espace fitness-musculation voisin, et tarifs préférentiels pour tennis, squash et multisport enfants. Idéal en famille.

De chic à beaucoup plus chic

Hôtel Swalibo *(plan Ermitage/Salines, D6, **40**) : 9, rue des Salines, **La Saline-les-Bains.** ☎ 02-62-24-10-97. • info@swalibo.com • swalibo.com • ♿ Doubles 140-190 €, petit déj-buffet inclus. ½ pens possible. Repas env 30 €. Parking gratuit. Un cocktail de bienvenue/pers offert sur présentation de ce guide.* De jolis bâtiments dans un jardin verdoyant, un endroit qui respire le calme et la tranquillité, loin de l'agitation des plages situées à 200 m. Les chambres, confortables et bien arrangées, s'ordonnent autour de la piscine ou d'un joli jardin. Elles sont fraîches, décorées avec sobriété mais beaucoup d'élégance, tapissées de fresques chatoyantes. Le soir, on dîne à la lueur des bougies. Également un billard, une petite bibliothèque, un jacuzzi gratuit et le prêt de matériel de plage et de snorkelling. Accueil personnalisé et atmosphère intime.

La Maison du Lagon *(plan Ermitage/Salines, D6, **41**) : 72, rue Auguste-Lacaussade, **La Saline-les-Bains.** ☎ 02-62-24-30-14. • lamaisondulagon@wanadoo.fr • lamaisondulagon.com • Doubles env 100-134 €, petit déj compris. Également 2 suites et 1 bungalow familiaux.* Une maison de charme plantée dans un jardin de cocotiers, avec une dizaine de chambres les pieds dans l'eau. Piscine. Un espace aménagé avec beaucoup de goût, dans un esprit intimiste et charmant, loin de l'ambiance touristique des grands hôtels. On vous laisse apprécier la baignade du matin avant le petit déj ou le punch devant le coucher du soleil.

La Villa de la Plage *(hors plan Ermitage/Salines par D6, **46**) : 52, route* *du Trou-d'Eau,* ***La Saline-les-Bains.*** *☎ 02-62-61-88-16. 📱 06-92-66-86-32. • contact@lavilladelaplage.fr • lavilladelaplage.fr • ♿ Doubles 149-179 €, petit déj inclus. Parking gratuit.* Dans l'ancienne maison familiale posée au bord du lagon, Delphine et son compagnon ont aménagé 4 chambres à la déco fraîche, colorée, douce et tonique à la fois. Un grand jardin avec piscine, des espaces pour laisser filer le temps, une terrasse perchée dans les filaos pour admirer le coucher du soleil sur les flots. Accès direct au lagon dans lequel batifolent des bancs de poissons multicolores. Prêt de vélos et de paddles. Un vrai coin de paradis qui allie charme, quiétude, confort et modernité.

Dina Morgabine *(plan Ermitage/Salines, D5,* ***42****)* ***:*** *80 bis, rue des Engagés, Bruniquel,* ***La Saline-les-Bains.*** *☎ 02-62-61-88-88. • reservation@dinamorgabine.com • dinamorgabine.com • ♿ Près du golfe. Doubles env 115-155 € ; studios 110-145 € ; petit déj 15 €.* Près de 70 chambres dans ce bel établissement récent construit sur les hauteurs, dans un esprit contemporain. Le mélange du béton brut, du bois, des zelliges à la réception et des couleurs se révèle du meilleur effet. Déco de très bon goût. Les chambres disposent d'une terrasse ou d'un balcon d'où l'on aperçoit une forêt de filaos, de cocotiers et l'océan. Belle piscine dans laquelle on peut même faire de vraies longueurs ! Spa et resto. Accueil à la hauteur.

Le Nautile *(plan Ermitage/Salines, D6,* ***44****)* ***:*** *60, rue Auguste-Lacaussade,* ***La Saline-les-Bains.*** *☎ 02-62-33-88-88. • hotel@nautile.re • nautile.re/fr • ♿ Doubles env 160-260 €, avec petit déj. 💻 Réduc de 10 % sur le prix de la chambre avec petit déj, sur présentation de ce guide.* On aime bien ce charmant établissement à taille humaine (une quarantaine de chambres ou suites), au cachet créole affirmé, idéalement situé les pieds dans l'eau dans un secteur tranquille. Les parties communes sont chaleureuses, et les chambres aux couleurs pastel très agréables, spacieuses et confortables. Resto sur place, au bord de la piscine. Activités nautiques (kayak de mer, initiation à la plongée), et accès direct à la plage. Service impeccable. Même direction que *Le Juliette Dodu* à Saint-Denis.

Où manger ?

À Saint-Gilles

Saint-Gilles est loin d'être bon marché, mais vous trouverez quand même des ***camions-bars*** au-dessus de la plage, quelques snacks comme le ***Beach Bar,*** pour des sandwichs, et des petits restos, sur le port notamment.

De très bon marché à bon marché

🍽 *La Case à Pains* *(plan Saint-Gilles, B2,* ***49****)* ***:*** *sur le port. 📱 06-92-68-66-65. • lacaseapains@business.ool.fr • À l'étage. Tlj 6h30-19h30 (19h dim). Formules env 5-8 €.* Pain bio et sandwichs garnis de bonnes choses à emporter, ou à manger sur place en terrasse à l'arrière ou en surplomb du port.

🍽 *Chez Loulou* *(plan Saint-Gilles, A1,* ***50****)* ***:*** *86, rue du Général-de-Gaulle, en plein centre. ☎ 02-62-24-40-41. Tlj sf dim ap-m 7h-13h, 15h-19h30.* C'est la boulangerie la plus photographiée de l'île. Sa façade bleu vif est célèbre, pour ne pas dire voyante. Prise d'assaut par les habitués à l'heure du goûter. On y trouve des petites choses typiques de La Réunion : *bouchons* (boulettes de porc ou de bœuf), petits pâtés créoles (ananas, goyavier...), excellents samoussas, *bonbons piments,* mais aussi sandwichs et repas chauds (plats à emporter).

🍽 *Chez Mité* *(plan Saint-Gilles, A1,* ***51****)* ***:*** *rue de la Plage. ☎ 02-62-24-22-94. 📱 06-92-14-15-59. En sem le midi slt. Plats 8-10 €.* La cantine populaire par excellence, tant auprès des locaux que des touristes avisés. *Rougail, cari, boucané...* de la cuisine créole copieuse et appétissante. Passage par le comptoir où le patron remplit les assiettes en distillant ses bons conseils. Puis on s'installe au sein d'un jardin verdoyant.

|●| ***Snack Le Balnéair*** *(plan Saint-Gilles, B1, **53**) : 108, rue du Général-de-Gaulle. ☎ 02-62-24-46-97. Fermé jeu soir et dim et le soir des j. fériés. Plats 9-12 €, à emporter autour de 7 €. Apéritif maison offert sur présentation de ce guide.* Une petite terrasse couverte au bord de la route principale (et très passante) pour ce snack créole typique. *Caris,* salades ou steak d'espadon-frites, mais également de bons sandwichs.

De prix moyens à chic

|●| ***Ti Coq*** *(plan Saint-Gilles, A1, **55**) : 79, rue du Général-de-Gaulle. ☎ 02-62-24-31-69. Dans un renfoncement, juste à gauche du Forum. Tlj sf dim-lun. Menus du jour env 10-15 € ; plats 12-22 €.* Cuisine créole à base de produits locaux de saison, servis dans des feuilles de bananier. Et le chef d'y ajouter une poignée de créativité, parfois osée ! Le cadre un peu suranné mais typiquement créole, avec sa varangue, les plantes tropicales et les bougies se prêtent particulièrement aux dîners. Accueil agréable.

|●| ***Chez Marie*** *(plan Saint-Gilles, B2, **52**) : sur le port, local 28. ☎ 02-62-24-08-87. Ts les midis slt. Formule env 15 €. Plats env 10-23 €.* Face aux bateaux, la petite terrasse toute simple profite d'une vue privilégiée sur les allées et venues du port. L'ambiance est sympa et sans façon, à l'image d'une cuisine sans complication, locale et efficace. La carte varie selon la pêche du jour et propose de bons tartares ou des poissons grillés, ce qui contente habitués et touristes.

|●| ***DCP*** *(plan Saint-Gilles, B1, **54**) : pl. du Marché. 📱 06-92-70-58-93. ♿ Tlj. Plats env 20-30 €. Menu dégustation pour 2 env 60 €.* Au départ, un centre de pêche au gros et de vente au détail (petite poissonnerie au centre du resto). Ne venez pas pour un steak, sinon de thon : on ne mange ici que du poisson frais *péi* proposé cru, à la vapeur ou fumé. À moins de succomber à la mode des maki, sushi et sashimi ! Les accompagnements ne sont pas toujours à la hauteur, mais dans l'ensemble, on se régale. Terrasse sous les auvents bleus. D'autres adresses au Port et à Saint-Pierre.

|●| ***Bistrot des Pêcheurs*** *(plan Saint-Gilles, A2, **63**) : sur le port de plaisance. ☎ 02-62-33-21-02. Tlj midi et soir. Formule déj en sem env 15 €. Plats env 22-33 €.* Un resto convivial haut en couleur, avec une déco de récup au plafond qui donne le ton. C'est du frais (tout est local, ou en provenance directe de Rungis), du bon, du cuisiné maison. Couscous de la mer copieux, beaux plateaux de fruits de mer, demi-homard grillé. Petite terrasse au bord des flots.

À L'Ermitage et à La Saline-les-Bains

De très bon marché à bon marché

|●| ***La Case à Pains*** *(plan Ermitage/Salines, C4, **70**) : av. de Bourbon, en face du supermarché Score, à **L'Ermitage.** Tlj 6h30-19h30 (19h dim). Formules 5-8 €.* Pain bio et sandwichs. Terrasse pour grignoter sur place.

|●| ***Épicerie-bar Carpaille*** *(plan Ermitage/Salines, C5) : bd Leconte-de-Lisle, à **L'Ermitage.** Fermé mar.* Propose des sandwichs et des plats du jour, ainsi que du poulet grillé le week-end. Très pratique également, le ***supermarché Score*** *(plan Ermitage/Salines, C4), av. de Bourbon à **L'Ermitage** (fermé dim ap-m et lun mat).*

|●| ***L'Arc en Ciel*** *(plan Ermitage/Salines, C5, **71**) : 14, chemin Père-La-Frite, **L'Ermitage.** ☎ 02-62-33-80-61. ♿ Midi et soir jusqu'à 22h, sf dim. 5 plats au choix pour env 7 € (un peu moins cher à emporter).* La bonne petite adresse, abritée dans une maison familiale. Terrasse couverte avec quelques tables où l'on s'installe comme à un beau spectacle de la vie créole. Parce que les gens sont fort aimables et que l'on sent l'amour de la cuisine créole simple et bonne. Les plats ont du goût et sont copieux, comme le civet-*zourites,* les *caris* cabri ou poulet, le *rougail*-saucisse, etc. Attention, peu de tables et pas mal de monde le midi.

🍴 Deux rondavelles locales typiques à conseiller d'entrée : ***Le Faham*** *(plan Ermitage/Salines, C4 ; entre la plage de L'Ermitage et l'hôtel* Le Récif*)*, un resto familial à l'emplacement exceptionnel tenu par Fanny et Willy *(en principe tlj le midi et le soir jeu-sam ; plats du jour autour de 16 €)*, et ***Chez Denis – La Varangue du Lagon*** *(plan Ermitage/Salines, C6 ; à droite de l'hôtel* Lux*, directement sur la plage ; ts les midis)*. Très bon tartare de poisson.

🍴 ***L'Aqua Parc*** *(plan Ermitage/Salines, C4, **74**) : 7, allée des Îles-Éparses, plage de **L'Ermitage**. ☎ 02-62-24-49-61. Tlj sf mar 9h30-18h. Congés : courant juin et sept. Menu env 14 € ; sinon caris, sandwichs et salades.* Un endroit tout simple avec ses tables en plastique, mais idéal pour les familles. Les enfants peuvent jouer dans les piscines ou au toboggan (payants) pendant que les parents mangent peinards. Les locaux y côtoient les touristes dans une ambiance bon enfant, forcément.

🍴 ***Chez Rosa*** *(plan Ermitage/Salines, D5, **76**) : sur la nationale, à gauche en venant de Saint-Gilles. ☎ 02-62-24-65-28 et 02-62-22-97-49. En bord de route passante. Fermé normalement mar soir, mer et jeu soir. Plats 8,50-9,50 €.* *Chez Rosa*, c'est vraiment tout simple et les spécialités de la maison, notamment le civet-*zourites*, sont vraiment bien mitonnées. Le demi-poulet grillé, une autre spécialité, s'en sort pas mal lui aussi !

Prix moyens

🍴 ***Planch'Alizé*** *(plan Ermitage/Salines, D6, **78**) : 25, rue des Mouettes, sur la plage de **La Saline-les-Bains**. ☎ 02-62-24-62-61. Tlj sf dim soir et lun soir. Repas env 25 € le midi, 30 € le soir.* Une petite structure les pieds dans le sable, face à la mer, avec location de transats, embarcations à pédales, planches à voile, masques et tubas, etc. Au choix : resto ou snack. Mais super apéro au coucher du soleil pour tout le monde.

🍴 ***L'Épicurien*** *(plan Ermitage/Salines, C4, **74**) : allée des Îles-Éparses, **L'Ermitage**. 📱 06-92-86-49-47. Tlj midi et soir. Salades et plats env 15-25 €.* Un genre de paillote solidement construite en bois et bambou, en retrait de la plage. L'endroit est chaleureux et la déco amusante. On y sert une cuisine créole et métropolitaine, fraîche et très honnête. Pendant que les parents mangent, les enfants peuvent jouer au minigolf à l'arrière (payant). Quelques objets artisanaux en vente à l'entrée.

🍴 ***Fuzion*** *(hors plan Ermitage/Salines par D6, **79**) : 69, rue du Trou-d'Eau (RN 1), **La Saline-les-Bains**. 📱 06-92-95-97-98. Tlj sf mer midi et jeu midi. Plats le midi 14-18 €. Café offert sur présentation de ce guide.* Le soir, c'est trop cher. Mais le midi, ça se défend bien. Car cette petite enclave zen à la déco soignée, voire sophistiquée (entre plantes vertes, bouddhas et jacuzzi !), est une bonne alternative pour qui voudrait déjeuner loin des foules. L'atmosphère est tranquille, l'accueil souriant, et la cuisine d'un rapport qualité-prix très convenable (dans un genre métissé et coloré : poissons *a la plancha*, burgers, belles salades, tartares...). Impeccable pour une pause gourmande.

De prix moyens à chic

🍴 ***La Bobine*** *(plan Ermitage/Salines, C5, **106**) : plage de **L'Ermitage**. ☎ 02-62-33-94-36. ♿ Tlj 12h-23h (service continu). Sandwichs à partir de 3 €. Tapas 7-10 €. Salades 17-19 €. Plats env 18-25 €.* *La Bobine* fait partie de ces adresses un peu mythiques où l'on entraîne tout nouvel arrivant, en fin de journée, pour voir le soleil se coucher sur le lagon, siroter un cocktail et grignoter des samoussas. Évidemment, ce n'est pas donné, et le service est aussi changeant que la météo à la saison des pluies... Mais la cuisine reste généralement bien réalisée (si l'on s'en tient aux classiques poissons grillés, tartares, ou *caris*) et les jolies petites paillotes garantissent une soirée romantique (voir aussi « Où boire un verre ? »).

🍴 ***Le Manta*** *(plan Ermitage/Salines, C5, **81**) : 18, bd Leconte-de-Lisle, **L'Ermitage**. ☎ 02-62-33-82-44. ♿ Tlj midi et soir. Plats env 16-25 €, salades env 11-15 €.* À la carte, des plats créoles comme les *caris* de poisson, civet-*zourites*... et métro : assortiment de poissons crus, panaché de poissons grillés et, pour les amateurs de viande, un bon magret de canard à l'ananas Victoria, ou du kangourou, pour changer. Dans un luxuriant jardin tropical, on mange sous une spacieuse varangue. Mobilier en teck. Assez chic mais sans trop en faire et surtout reposant.

Où dormir ? Où manger dans les Hauts ?

Les accès que nous décrivons se font depuis la côte. Mais la route des Tamarins, qui relie Saint-Paul à Étang-Salé par les Hauts, permet de s'épargner quelques virages.

Côté Cannelle : *63, route de Fatima,* ***Le Bernica,*** *97435 Saint-Gilles-les-Hauts. ☎ 02-62-19-98-00. • cotecannelle@hotmail.com • cotecannelle.com • À env 15 km de La Saline-les-Bains ; à la sortie sud du Bernica par la D 4. Doubles 89-95 € avec petit déj. Villa 2-6 pers autour de 600 €/sem. Table d'hôtes sur résa 35 €.* Un vrai cocon ! Car rien n'a été laissé au hasard par les chaleureux propriétaires, qui ont aménagé avec soin leur grande maison et ses extensions pour accueillir les visiteurs : la déco des parties communes, les petites chambres d'hôtes cosy et accueillantes (préférer celles de l'étage pour la vue), la piscine mignonne comme tout et le spa. Impeccable pour se ressourcer.

Ferme Crescence : *130, chemin de Ligne, 97422* ***La Saline-les-Hauts.*** *06-92-85-15-14. • fermecrescence974@gmail.com • fermecrescence.jimdo.com • À env 15 km de La Saline-les-Bains ; depuis La Saline-les-Hauts, dir. Trois-Bassins par la D 102 (rue Prisami) puis la D 4 (panneau sur la gauche). Gîtes 2-4 pers 110-220 € (2 nuits) ; loc à la sem. Possibilité de petit déj.* Isolée au milieu des champs, cette petite ferme en activité propose 3 gîtes confortables à la déco soignée, disposant chacun d'une terrasse privée avec vue dégagée sur l'océan. Propreté impeccable. Idéal pour qui veut s'essayer aux travaux agricoles et se frotter aux animaux de la ferme.

Snack-bar des Violettes : *12, chemin des Violettes,* ***Villèle,*** *97435 Saint-Gilles-les-Hauts. ☎ 02-62-55-63-58. À env 12 km de La Saline-les-Bains ; fléché à partir du parking du musée, sur 500 m. Tlj jusqu'à 22h. Plat du jour env 7 € ; le w-e, slt des sandwichs.* Pour qui veut déjeuner d'un sandwich sur le pouce, ou s'offrir un bon plat créole ou métro, direction ce petit café de pays sans chichis fréquenté par des habitués. Évitez janvier, en revanche, si vous voulez profiter d'un *cari-zourites* ou d'un *rougail* de morue typique, c'est le moment où la cuisinière retourne en métropole. Terrasse ombragée. Accueil très sympa.

Où déguster une glace *péi* et autres douceurs ?

Marie B *(plan Saint-Gilles, A1,* ***92****) : 13, rue de la Poste. ☎ 02-62-24-53-06. Mar-dim 11h (13h mar)-19h (20h sam-dim), plus lun ap-m aux vac scol et j. fériés.* Évidemment, les glaces artisanales sont alléchantes, mais ce sont les sorbets qu'il faut absolument goûter pour découvrir les délicieux fruits exotiques de La Réunion : pitaya, sapotille, mangue... Également des gaufres, cafés, thés, jus de fruits frais et smoothies... le tout à emporter ou à déguster sur place.

Natur'elle *(plan Saint-Gilles, B1,* ***91****) : 24, résidence Saint-Gilles, pl. Paul-Julius-Bénard. ☎ 02-62-33-21-09. • lenaturelle@gmail.com • Mar-sam 8h30-18h (22h ven-sam) ; fermé dim-lun. Formules déj 15-30 €. Digestif maison offert sur présentation de ce guide.* Une multitude de petits et grands macarons faits maison (cannelle, cassis, passion, coco...), des pâtisseries et des sorbets. Également une longue carte de thés, dont certains venus tout droit de Chine. On peut aussi y déjeuner, et très bien, d'un bon plat du jour, d'une salade ou d'une tarte salée. Pas de salle, mais une très agréable terrasse. Une valeur sûre dans sa catégorie.

Où boire un verre ?

À Saint-Gilles

Le Jungle *(plan Saint-Gilles, B1, **101**) : 131, rue du Général-de-Gaulle, face au Cubana. 06-93-01-79-63. Tlj 19h-4h.* Bar à cocktails animé (après 23h), avec un son qui fait bouger les plus timides. Belle déco avec des aquariums partout, et, à l'extérieur, un gorille géant en guise d'enseigne !

Les bars de la plage des Roches-Noires *(plan Saint-Gilles, A1-2, **103**) : rue de la Poste. Tlj.* Plusieurs bars-restos étalent leurs terrasses en surplomb de la plage des Roches-Noires. Autant dire que l'endroit est hautement stratégique à l'apéro pour profiter du coucher de soleil. Installez-vous selon votre feeling ou sur le fauteuil qui vous tente le plus... Pour prolonger la soirée, la plupart des bars proposent salades et plats *(env 12-18 €).* Quelques concerts de temps en temps.

À L'Ermitage et à La Saline-les-Bains

Copacabana *(plan Ermitage/Salines, D6, **108**) : 20, rue des Mouettes, **La Saline-les-Bains.** ☎ 02-62-24-16-31. Tlj. Plats 18-25 €.* Un bar-resto les doigts de pied dans le sable, dans un coin calme. Parfait en journée pour boire un cocktail de fruits frais ou au coucher du soleil. On peut aussi y déjeuner, le midi, ou y dîner, les vendredi et samedi.

Le Coco Beach *(plan Ermitage/Salines, C5, **106**) : bd Leconte-de-Lisle, plage de **L'Ermitage.** ☎ 02-62-33-81-43. Tlj.* C'est un resto très correct les pieds dans l'eau, mais qu'on préfère à l'heure de l'apéro ou certains soirs pour des soirées animées par des DJs. Longue carte de cocktails, avec ou sans alcool. Il y a souvent foule le week-end, attirée par le cadre, l'ambiance et la bonne musique. Un des endroits les plus en vogue sur cette plage.

La Bobine *(plan Ermitage/Salines, C5, **106**) : plage de **L'Ermitage.** ☎ 02-62-33-94-36. Tlj midi et soir.* Sœur siamoise du précédent, mais pas jumelle, car l'ambiance et la clientèle sont différentes. On vient pour voir le soleil se coucher sur le lagon, tout en sirotant un punch et en grignotant des tapas d'ici et d'ailleurs (voir aussi « Où manger ? »).

Le Choka Bleu *(hors plan Ermitage/Salines par D6, **107**) : 2, route de Saint-Pierre, **La Saline-les-Bains.** ☎ 02-62-35-16-14. Tlj lun-mar.* Emplacement de rêve pour cette grande terrasse qui surplombe les flots. Idéal pour flirter avec le soleil couchant, dans une atmosphère assez *place to be.* Soirée DJ. C'est aussi un resto gastronomique.

Où sortir ? Où danser à Saint-Gilles et dans les environs ?

Dans ce carrefour touristique et repaire de la jeunesse qui sait comment s'occuper quand il n'est plus possible de bronzer, les lieux nocturnes ne manquent pas. À L'Ermitage, ils sont tous dans la même zone, pas loin de la plage et tout près du casino... Pour être au courant de ce qui se passe, procurez-vous *L'Azenda (● azenda.re ●),* bon mag qui liste les passages de DJs et les soirées. On le trouve dans les bars et à l'office de tourisme. À noter, une initiative fort intéressante : jusqu'à 6h du matin, pour une somme modeste, vous pouvez vous faire ramener à votre hébergement (s'il est situé entre Boucan-Canot et Trou-d'Eau) par *Vol Il Nuit,* une société qui propose un service de taxi de nuit, pour éviter les accidents nocturnes. Renseignez-vous dans l'établissement où vous faites la fête (la plupart des lieux nocturnes sont partenaires), on les appellera pour vous. *Le Transporteur* propose également les mêmes services de Saint-Leu à Saint-Paul *(06-92-40-57-27 ; tlj 19h-3h-5h ven-sam).*

♫ 🍸 ***Le Cubana Club*** *(plan Saint-Gilles, B1, **100**)* **:** *122, rue du Général-de-Gaulle, à la sortie de Saint-Gilles, vers Saint-Pierre. 📱 06-92-66-40-84. ♿ Mar-sam 19h-5h. Entrée gratuite.* Un Che en fresque, de la salsa en bips techno et des barmans qui assurent gentiment. Une terrasse couverte. Tenue correcte et tout le tralala des boîtes. Soirée salsa le jeudi.

♩ ♫ 🍸 ***La Gueule de Bois*** *(plan Ermitage/Salines, C4, **113**)* **:** *5, allée des Îles-Éparses, à **L'Ermitage.** ☎ 02-62-22-90-06. ♿ Tlj sf lun 19h-minuit.* Comme ça fait du bien, un petit bar à l'ambiance survoltée à côté des boîtes de nuit ! On se défoule sur la toute petite terrasse en cherchant à attraper un verre. DJs presque tous les soirs, concert le dimanche. Clientèle trentenaire sans complexe.

♫ ***Le Moulin du Tango*** *(plan Ermitage/Salines, C4, **111**)* **:** *av. de Bourbon, à **L'Ermitage,** derrière le casino. ☎ 02-62-24-53-90. • moulin-du-tango.re • Mer, ven, sam et veille de j. fériés. Entrée payante.* Réputé pour son toit ouvrant et ses soirées chaudes. Musique (et clientèle) des années 1970, soirées à thème.

– Si vous voulez changer d'ambiance et de siècle, filez dans une des boîtes les plus branchées du secteur : ***La Villa Club*** (à côté du Moulin du Tango).

– ***Théâtre de Saint-Gilles* :** ☎ *02-62-41-93-24. • theatreunion.re •* Un amphi de 1 000 places en plein air dans les Hauts de Saint-Gilles. Comprend aussi le *Badamier,* une scène plus intimiste de 300 places.

À voir. À faire

L'aquarium de La Réunion *(plan Saint-Gilles, A2)* **:** *au port de plaisance. ☎ 02-62-33-44-00. • aquariumdelareunion.com • Tlj 10h-18h (billetterie fermée à 17h30). Entrée : 9,50 € ; 4-12 ans 6,50 € ; gratuit moins de 4 ans. Compter env 1h. Visite guidée sam ap-m pour les adultes et mer ap-m pour les enfants (dès 7 ans) : supplément de 3 €.* Une quinzaine d'aquariums accueillent plus de 500 poissons réunionnais, qu'on découvre le temps d'une incursion sous-marine moderne, pédagogique et ludique. Mais le plus original ici, c'est que les espaces d'exposition mêlent intelligemment volcan et vie sous-marine. D'ailleurs, un film sur l'expédition Abysséa, qui eut lieu suite à l'éruption de 2007, montre bien ses répercutions sur les fonds marins (12 nouvelles espèces de poissons ont alors été découvertes !). Amusant : on pénètre dans une baleine (reconstituée) où l'on écoute la symphonie des mammifères marins. Également un grand bac de 300 m³, avec petits requins, carangues et barracudas. Parmi le must de l'aquarium, un petit récif de coraux et le film « Rendez-vous avec la lune » sur la naissance des coraux. Un émerveillement pour les petits et les grands, avec bien sûr l'objectif de sensibiliser le public au milieu marin.

Le jardin d'Éden *(plan Ermitage/Salines, C4-5)* **:** *au rond-point de L'Ermitage, le long de la N 1. ☎ 02-62-33-83-16. • jardindeden.re • Tlj 10h-18h. Fermé Jour de l'an et Noël. Entrée : 8 € ; réduc 4-12 ans et étudiants de moins de 25 ans. Dépliant à emprunter à l'accueil.* Très intéressants fascicules (en vente) qui regroupent les panneaux d'information avec croquis du jardin. Sur 2,5 ha, ce jardin botanique bien ombragé rappelle que l'île Bourbon fut surnommée « jardin d'Éden » au XVIIe s... Un ingénieur agronome, Philippe Kaufmant (1941-1992), a rassemblé

LE DROIT À LA PARESSE

En visite au jardin d'Éden, partez à la recherche de l'endormi. Il vous faudra un peu de chance et un œil exercé, car il se cache bien et aime épouser le décor dans lequel il se faufile. C'est, en réalité, le nom donné par les créoles aux placides caméléons.

ici 700 espèces de plantes médicinales, tinctoriales, alimentaires, odoriférantes, mais aussi aphrodisiaques, sacrées et maléfiques, comme le datura qui servait au célèbre Sitarane. La balade est ponctuée de panneaux explicatifs – certains spécifiquement adaptés aux enfants. On passe ainsi des épices aux plantes hindoues, des cactées (dont le fameux « coussin de belle-mère ») aux fleurs bleues, des bambous aux plantes aquatiques ou encore au (seul) baobab. Pour agrémenter le tout, un jardin des senteurs, un ruisseau des songes, un rucher pédagogique sans danger (miel en vente, délicieux !) et une expo photos installée dans un foudre de chêne qui a contenu... 51 000 l de rhum. Parmi les hôtes pacifiques du jardin d'Éden : oiseaux, monarques (papillons), caméléons et lézards. Les tortues de Bourbon, dont on a retrouvé un cimetière sur le site, ont quant à elles disparu depuis 1840.

La Maison de la mangue : *50, chemin de la Vanille, à* ***Grand-Fond.*** *06-92-57-48-39. • maison-des-fruits.re • Entre Saint-Gilles et Boucan-Canot, sortie « Grand-Fond », puis parcourir env 500 m. Tlj sf lun, slt au moment de la récolte nov-mars sur résa. Tarif : 6 €.* Visite d'une exploitation de mangue en agriculture raisonnée, en compagnie de l'exploitant. Une expérience originale et instructive.

➢ ***Rando sur le chemin Bottard*** *(hors plan Saint-Gilles par B1) : départ du parking du Théâtre. Compter 2h A/R, sans difficulté.* Pour ceux qui en auraient marre de la plage, un sentier aménagé le long de la ravine Saint-Gilles avec panneaux sur les légendes locales.

Plages

Les plus belles plages sont celles de L'Ermitage et de La Saline. Et plus on descend vers le sud, plus les bords de mer deviennent sauvages et la baignade difficile.

La plage des Roches-Noires *(plan Saint-Gilles, A2) : dans le centre de Saint-Gilles.* L'une des plages surveillées les plus populaires et les plus petites de la côte, d'autant plus qu'elle est protégée par un filet antirequins dernière génération (comme à Boucan-Canot, vérifier la couleur du drapeau de baignade ; il se peut que le filet ne soit pas opérationnel). Il n'est pas rare d'apercevoir des dauphins à l'entrée du port de Saint-Gilles.

La plage de L'Ermitage *(plan Ermitage/Salines, C4-5) :* elle s'étend sur plusieurs kilomètres. Postes de MNS *(ouv w-e et pdt vac scol, sf lun),* avec douches. La barrière de corail a formé un étroit lagon aux belles eaux vertes, où l'on peut admirer de petits poissons tropicaux. Ne pas se baigner au niveau de la passe dans la barrière, c'est une sortie de la ravine de L'Ermitage et aussi, et surtout, le déversoir des eaux usées de la ville. Se renseigner au poste des MNS sur la qualité de l'eau dans le secteur. Idéal pour bronzer en paix. Plusieurs restos et snacks (voir nos adresses plus haut).

Le sentier sous-marin *(plan Ermitage/Salines, C5) : départ avec stand d'accueil à droite du resto Au K'Banon. 06-92-89-18-68. Visite gratuite avec un guide (résa impérative) ; planning selon marées, consulter l'office de tourisme de Saint-Gilles ou le parc marin, sinon le planning est affiché au resto Au K'Banon. Munissez-vous de palmes, masque, tuba (avec même caméra intégrée).* La réserve naturelle marine propose une découverte sous-marine du lagon de L'Ermitage. Ce parcours est ouvert aux plus de 8 ans. Il chemine dans le lagon à moins de 100 m de la plage. Attention, la visite peut être annulée lors de grosses pluies ou par forte houle.

La plage de La Saline *(plan Ermitage/Salines, C-D6)* **:** *Site handiplage, près du poste MNS.* Joli lagon, mais pas évident pour se baigner. Il faut plutôt aller plus loin, à **Trou-d'Eau,** où s'étend une petite plage sympa sous les filaos. On y pratique le kite-surf et la planche. Pendant l'été austral, il y a parfois des algues dans le secteur : si vous avez des enfants, évitez de vous y baigner.

POURQUOI LES COCOTIERS PENCHENT-ILS VERS LA MER ?

Tous les végétaux recherchent la lumière pour favoriser leur croissance (photosynthèse). Le soleil se reflétant dans l'eau, les plantes et les arbres ont donc tendance à s'incliner vers la mer. De plus, le sable humide (donc meuble) accentue ce mouvement.

Le site de Trois-Bassins *(hors plan Ermitage/Salines par D6)* **:** *à 1,5 km au sud de la plage du Trou-d'Eau, en continuant vers Saint-Leu.* Avant l'arrivée des requins, c'était l'un des meilleurs spots du secteur pour pratiquer le surf. Désormais déconseillé, le site reste néanmoins superbe et mérite une halte, d'autant qu'on peut se ravitailler ou faire une pause à un camion-bar sympa, avec terrasse.

La plage de la Souris-Chaude : *2 km au sud de Trois-Bassins.* Pas très grande, assez intime. Secteur naturiste fréquenté surtout par des messieurs...

Sports et loisirs

Surf

Le secteur est favorable au windsurf et à son petit cousin à la mode, le funboard. Ces activités se pratiquent à Boucan-Canot (voir plus haut) et aux Roches-Noires à Saint-Gilles, depuis que les filets antirequins garantissent la sécurité des surfeurs. Mais n'hésitez pas à vous renseigner sur les lieux autorisés avant de vous jeter à l'eau et respectez à la lettre les consignes.

Le *stand up paddle*

Planches en location chez de nombreux restaurants/rondavelles de plage. Des écoles de surf se sont aussi reconverties au *stand up paddle* comme celle des Roches-Noires *(☎ 02-62-24-63-28 ; 06-92-86-00-59).*

Plongée

Saint-Gilles est l'endroit de l'île le plus fréquenté par les plongeurs. Les clubs (quasiment tous situés autour du port de Saint-Gilles ; *plan Saint-Gilles, A2*) proposent leurs services, presque tous au même prix. On peut faire confiance au sigle de *Qualité Tourisme Île de La Réunion,* qui fait un travail sérieux de contrôle de sécurité et d'accueil. Ces clubs proposent également des sorties *snorkelling* pour découvrir la barrière de corail sans bouteilles, juste avec masque, tuba et palmes, et certains des randonnées subaquatiques, pour une rencontre inoubliable avec les baleines de juillet à octobre (sorties en demi-journée). Il y a même un club réservé aux enfants : **Premières Bulles** *(06-92-85-76-57).*

■ **Bleu Marine :** *sur l'avant-port de plaisance de Saint-Gilles. ☎ 02-62-24-22-00. 06-92-85-80-83. • bleu-marine-run@wanadoo.fr • bleu-marine-reunion.com • Tlj sf lun. Baptême 65 € et plongée 50 €. Rando subaquatique (snorkelling) 30 €. Chèques-vacances acceptés. Réduc de 10 % sur le baptême et l'exploration (sur une plongée), adulte et cadet, sur présentation de ce guide.* Depuis 1995, Yves et ses moniteurs font découvrir la plongée en toute sécurité et convivialité. 2 bateaux avec protection contre le soleil et parc de matériel régulièrement renouvelé. Formation tous niveaux, brevets internationaux. Plongée à thème pour les confirmés. Enfants dès 8 ans. Plongée de nuit et barbecue. Club-house sympa avec terrasse vue sur mer, café offert. Photos numériques (tortues sur quasiment tous les spots de plongée !). Propose également la découverte des baleines et dauphins en randonnée subaquatique ; sorties en demi-journée de fin juillet à début octobre. Adhérent aux labels d'*Observation certifiée responsable des cétacés à La Réunion (O²CR)* et *Qualité Tourisme Île de La Réunion.*

■ ***O Sea Bleu :*** *port de Saint-Gilles.* ☎ *02-62-24-23-30. • oseableu@reunion-plongee.com • reunion-plongee.com • Baptême 65 € ; plongée à partir de 37 € (sans l'équipement). Réduc de 10 % sur le baptême pour 1 pers sur présentation de ce guide.* Plusieurs sorties par jour et une plongée de nuit. Également des sorties *snorkelling* encadrées, à la découverte des mammifères marins en fonction de la période (baleines de juillet à octobre). Plongée profonde plusieurs fois par semaine (épave, tombant). Un centre de plongée très reconnu, labellisé *Qualité Tourisme Île de La Réunion.*

■ ***Corail Plongée :*** *port de Saint-Gilles.* ☎ *02-62-24-37-25. • corail-plongee.com • Fermé dim ap-m. Rdv à 8h30 et 13h30 pour les sorties. Baptême 60 € ; plongée 48 €.* Labellisé *Qualité Tourisme Île de La Réunion,* garantie de sérieux et de confort (douche chaude, entre autres). Matériel récent et bien rangé. Exploration et formation tous niveaux, enfants dès 8 ans. Sorties de nuit, épaves et récifs.

■ ***Le Cinquième Élément :*** *sur le port de Saint-Gilles, à côté du bateau Le Grand Bleu.* 📱 *06-92-86-29-48. • le5element.com • Départ tlj 9h et 14h. Baptême 55 € ; plongée 45 €.* Un club de petite taille, très pro et convivial, avec une pédagogie qui plaira aux enfants (à partir de 8 ans). Sa spécificité : les plongées de nuit (à partir du niveau 1). Philippe est aussi guide de haute montagne et spéléologue. Organise des sorties baleines également. Labellisé *Qualité Tourisme Île de La Réunion.*

■ ***CEREPS :*** *161, rue du Général-de-Gaulle, au-dessus du port.* ☎ *02-62-24-40-12.* 📱 *06-92-43-91-14 • cerepsplongee@wanadoo.fr • Baptême 50 € ; plongée à partir de 40 €. Forfaits et formations. Pas de réduc pour les enfants plongeurs (min 8 ans). Sorties tlj.* Un club avec des gens à la fois pros et décontractés. Ils emmènent beaucoup d'habitués, mais les visiteurs et les touristes sont les bienvenus.

Observation des baleines et des dauphins

Les baleines prennent leurs quartiers d'été au large de la côte ouest réunionnaise depuis quelques années, alors que leur population avait dangereusement décliné dans les années 1940-1960. Durant l'hiver austral, période d'accouplement et de mise bas, on peut en observer plus d'une centaine dans cette zone. Une aubaine pour l'industrie touristique, et ça change des requins ! Une « charte d'approche » a été mise en place par la préfecture en 2009, signée par nombre de professionnels du tourisme bleu. Mais l'afflux de bateaux de plaisance, de particuliers ou de location encerclant les mammifères à certaines périodes donne parfois lieu à des scènes dignes de safari ! Surtout lorsqu'il y a peu de baleines (cela arrive certaines années). Choisissez bien votre prestataire. Certains n'hésitent pas à improviser l'activité... Vous trouverez dans ces pages quelques coordonnées de professionnels du tourisme bleu labellisés O²CR (label délivré par arrêté préfectoral, valable 1 an) et proposant des sorties en mer pour aller observer baleines et dauphins.

Les baleines à bosse sont une espèce migrante. Longues de 10 à 15 m, pesant 20 à 40 t, elles fréquentent les eaux chaudes pour se reproduire et mettre bas, de mi-juillet à mi-octobre à peu près. Et en octobre, les baleines migrent vers les eaux plus froides pour se gaver de krill et reconstituer leur couverture graisseuse. On sait que cette espèce assure une migration de plusieurs milliers de kilomètres (jusqu'à 8 000 km). Leurs chants et leurs sauts constituent un spectacle absolument unique. Pour info, seuls les mâles chantent. Et si les baleines ne sont pas au rendez-vous, les dauphins le seront quasi à coup sûr !

Observation des fonds sous-marins

■ **Visiobul :** *port de plaisance de Saint-Gilles. ☎ 02-62-24-37-04. Départ ttes les 40 mn à partir de 8h, sous réserve de conditions météo favorables. Privilégier le matin, le milieu marin est plus stable. Résa conseillée 3 j. à l'avance en saison. Env 13 € adulte ; réduc.* 2 petits bateaux équipés d'une bulle de Plexiglas installée sous la coque permettant aux passagers (5 personnes maximum) d'observer les fonds sous-marins au cours d'une balade de 40 mn. Permet d'approcher de près les coraux où se trouvent les poissons. Accueil particulièrement sympathique et explications à la fois ludiques et adaptées pour les enfants. Par temps instable, on vous explique le principe avec une petite vidéo et on vous conseille de revenir quand les conditions météo seront meilleures. Organise également des safaris dauphins, promenades en mer et coucher soleil *(1h30 ; 20 €, réduc).* Labellisé *Qualité Tourisme Île de La Réunion.*

■ **Le Grand Bleu Croisière Découverte :** *port de plaisance de Saint-Gilles. ☎ 02-62-33-28-32. • grandbleu.re • Compter à partir 19 €/pers.* Croisières de 1h15 sur plus de 20 km le long de la côte ouest, à bord de grandes vedettes à fond de verre, et observation des fonds marins avec arrêt de 20 mn sur la barrière de corail. Avec de la chance, possibilité de croiser des dauphins, tortues ou encore poissons volants et oiseaux marins dans la baie de Saint-Paul, et aussi des baleines pendant la saison (de mi-juillet à mi-octobre). En soirée, c'est cocktail et musique créole au coucher du soleil. Labellisé *Qualité Tourisme Île de La Réunion.*

Balades en mer

■ **Croisière Dauphin Safari :** *port de plaisance de Saint-Gilles. ☎ 02-62-33-28-32. • grandbleu.re • Compter 30 €.* 2 croisières en catamaran de 2h le matin pour rechercher et observer les dauphins et les baleines en saison. Collation petit déj pour les départs de 8h et créole pour les départs suivants. Labellisé *Qualité Tourisme Île de La Réunion.*

■ **Cat'Ananas :** *port de plaisance de Saint-Gilles. ☎ 02-62-33-28-32. • grandbleu.re • Compter 46 €/3h et 60 €/4h.* Catamaran accueillant un maximum de 12 personnes. Farniente, recherche et observation des cétacés (dauphins ou baleines à bosse pendant l'hiver austral), initiation à la voile et pêche à la traîne, vous occuperez votre excursion comme vous le souhaitez. Labellisé *Qualité Tourisme Île de La Réunion.*

■ **Cata Passion :** *port de plaisance de Saint-Gilles. ☎ 02-62-33-28-32. • grandbleu.re • Env 68 €/3h, 90 €/4h.* Encore plus prestigieux. Catamaran accueillant un maximum de 16 personnes et doté de 4 cabines spacieuses et confortables avec salle d'eau privative. Labellisé *Qualité Tourisme Île de La Réunion.*

■ **Kayak transparent et stand up paddle :** *plage de **Trou-d'Eau** (proche Coco Beach), 97434 La Saline-les-Bains. 📱 06-92-30-74-74. • contact@lagon-reunion.fr • lagon-reunion.fr • Tlj 10h-18h. Kayak transparent biplace à partir de 6 €/pers ; stand up paddle 9 €/h ; également des balades de 1h30 avec guide et cocktail à 30 €.* Randonnées guidées sur le lagon ou en location libre, kayak transparent ou *stand up paddle.* Au menu, observation des fonds marins (coraux et poissons) ainsi que tortues et raies. Génial pour voir le monde du silence en famille ! Ne pas oublier protections contre le soleil et bouteille d'eau. Labellisé *Qualité Tourisme Île de La Réunion.*

– **Bateau à louer :** *port de Saint-Gilles. 📱 06-92-00-61-03. • contact@bateaualouer.re • bateaualouer.re •*

Équitation

■ **Shai Ena :** *38, chemin de la Vanille. 📱 06-92-88-70-00. • shaiena.com • Accès : vers Saint-Gilles-les-Hauts par la route du Théâtre. C'est le dernier chemin à gauche avt le rond-point de la route des Tamarins.* Emmanuel Bougnoux organise des promenades à cheval vers la savane du cap La Houssaye de 16h au coucher du soleil, suivies d'un pot autour d'un feu de bois.

Manifestation

– ***Festival de l'image sous-marine :*** *10 j. en juin.* Concours de photos et de vidéos, projections de films sur la plage, initiation à la plongée, etc. Dans différents lieux de la côte.

DANS LES ENVIRONS DE SAINT-GILLES-LES-BAINS

Le musée de Villèle : *au lieu-dit* ***Villèle,*** *3 km à l'est de Saint-Gilles-les-Hauts, par la D 6 (accès en bus Kar'Ouest nº 6, 1 depuis Saint-Gilles-les-Bains et Boucan-Canot ; bus nº 9, 7 depuis Saint-Paul ; arrêt Musée Villèle). ☎ 02-62-55-64-10. • cg974.fr/culture • ♿ (sf accueil et étage du musée). Tlj sf lun 9h30-12h30, 13h30-17h30 (dernière visite à 16h30 ou 17h) ; en visite guidée obligatoire pour le rdc ttes les 30 mn ou 1h, durée 30-45 mn ; visite libre pour les extérieurs. Fermé 1er mai et quelques jours pour les fêtes de fin d'année. Entrée : env 2 € ; gratuit moins de 18 ans, étudiants, personnes handicapées et pour tous le 1er dim du mois.* Cette belle demeure coloniale, ancienne propriété d'une riche famille de planteurs (les Panon-Desbassayns), fut achevée en 1788. C'est l'une des rares de l'île (avec le domaine des Colimaçons du marquis de Chateauvieux à Saint-Leu) ouvertes au public. Revendue en 1974 (pour 1 franc symbolique !), alors que les quelques lointains et derniers héritiers ne pouvaient s'occuper d'un tel domaine, elle fut restaurée puis transformée en musée par le Département. Les lieux évoquent aujourd'hui l'histoire de la colonisation de l'île, au travers de ce qu'elle a de plus glorieux mais aussi de plus abject (l'esclavagisme).

La maison de maître de style « pondichérien » (Henri-Paulin Panon, dit Desbassayns, qui avait servi aux Indes, prit le palais du gouverneur de Pondichéry comme modèle) était au XIXe s le cœur d'une vaste et prospère plantation. Elle a résisté aux cyclones, et pour cause : les murs font 82 cm d'épaisseur !

Tout évoque ici le souvenir d'Ombline Desbassayns. Cette femme de caractère, qui développa la fortune familiale grâce à ses 400 esclaves, eut la clairvoyance de se lancer dans la canne à sucre, le café périclitant alors. Véritable femme d'affaires, elle dirigea son domaine d'une main de fer, pendant près d'un demi-siècle, jusqu'à sa mort en 1846. Sa cruauté à l'égard des esclaves fugitifs est à l'origine de nombreuses légendes. Son personnage est complexe, ambigu et controversé. Pour certains, elle est la « dame providence » : elle fonda sur son domaine des écoles et un hôpital (avec la maison, c'est le seul vestige encore debout de cette époque), elle construisit une chapelle pour ses esclaves et fit tardivement venir un prêtre antiesclavagiste. Mais, pour d'autres, elle reste un personnage cruel et injuste, qui maltraitait ses esclaves avec des méthodes dignes du Moyen Âge (torture, fouet, bûcher) s'il faut en croire les guides, qui vous font frémir tout au long de la visite. Son hôpital était plus un mouroir qu'autre chose. Et si elle demandait la main de l'esclave qui s'enfuyait dans la montagne, ce n'était pas pour la bagatelle !

LAVEUR DE PÉCHÉS

La méchante propriétaire Desbassayns ne reposera pas en paix. Sa cruauté envers ses esclaves s'est retournée contre elle, et le volcan de la Fournaise le lui rappelle sans arrêt. Quand il entre en éruption, une légende prétend que la vieille femme reçoit des coups de fouet chaque fois que la lave jaillit des entrailles du volcan. Les fesses de Mme Desbassayns ont sacrément chauffé.

Bref, à défaut de cœur, la « sorcière » avait du goût, comme le prouvent les plafonds à caissons, la salle à manger en bois de litchi et le mobilier d'époque (XVIIIe s), le parquet du grand salon, quant à lui ayant été refait. Au passage, on voit une illustration représentant *Paul et Virginie*. Bernardin de Saint-Pierre s'inspira d'une histoire vraie pour écrire son fameux roman : une cousine de M. Desbassayns mourut dans le naufrage du *Saint-Géran* à l'île Maurice. D'autres sagas pourraient être contées sur cette famille qui écrivit à elle seule une bonne partie de l'histoire de La Réunion, car le couple eut 11 enfants (5 garçons), et l'on compta 30 mariages entre cousins et cousines jusqu'en 1974.
Autre clin d'œil de l'histoire, que le guide vous fera remarquer au cours de la visite passionnante des lieux : le portrait d'Edmond Albius, esclave qui découvrit, à l'âge de 12 ans, le procédé de la fécondation artificielle de la vanille.
– En sortant, on visite librement la cuisine extérieure, le jardin, l'hôpital des esclaves (avec des panneaux intéressants sur l'organisation de la plantation et le quotidien des esclaves), les vestiges de l'usine sucrière et la ***Chapelle pointue,*** de l'autre côté de la route. Celle-ci doit son nom à la toiture qui évoque une pagode chinoise. Elle inaugure le goût néogothique dans l'architecture religieuse réunionnaise. À l'intérieur, l'élément le plus remarquable est certainement l'autel de marbre blanc décoré de pinacles, de « feuilles de chou » et de sculptures qui rappellent les bas-reliefs gothiques de la fin du XVe s. Devant le chœur, remarquer la pierre tombale d'Ombline Desbassayns.

|●| ***Snack-bar des Violettes :*** *12, chemin des Violettes,* ***Villèle.*** *Voir « Où dormir ? Où manger dans les Hauts ? ».*

La Bambusaie : *100, ch. des Calumets, 97423* ***Le Guillaume.*** *☎ 02-62-32-83-41. 06-92-66-25-74. • bambusaie.jimdo.com • À 16 km env de Saint-Gilles, dans les Hauts. Lun-ven, visite guidée slt à 9h et 14h. Tarif : 8 € ; enfant 4 €. Durée : 2h.* Il s'agit d'une exploitation agricole spécialisée dans la culture du bambou. Cette plante a des vertus particulièrement intéressantes en matière de dépollution des eaux. Une centaine de variétés poussent sur l'exploitation.

La distillerie de fruits tropicaux La Part des Anges : *ZA Bellevue. 06-92-28-81-01. • partdesanges.re • Suivre les indications « Vue Belle/Piscine », puis tourner à droite dans la zone artisanale. Visite sur résa slt. Tarif : 4 € ; réduc.* Installée dans les Hauts de l'Ouest à La Saline-les-Hauts, la distillerie délivre délicatement ses vapeurs d'alcool aux visiteurs. Des cuves de 600 l et un immense alambic fabriqué sur mesure occupent le local. Ananas, litchis, goyaves et bananes : Ludovic et Céline Maufras, originaires de la région de Cognac, ont décidé de reprendre le flambeau familial. Ainsi, depuis 2010, la première distillerie de fruits tropicaux légale à La Réunion fabrique artisanalement des eaux-de-vie 100 % naturelles. Les eaux-de-vie « Sublim' » sont commercialisées chez les cavistes de l'île et dans les épiceries fines.

Le village artisanal de L'Éperon : *sur la D 10, dir. Saint-Gilles-les-Hauts par la route du Théâtre ; dépasser la route des Tamarins puis accès 500 m plus haut. Tlj sf dim.* Quelques artisans et boutiques dans un ancien site d'usine de canne et de moulin à maïs, qui s'est développé et transformé en village. Pas donné.

SAINT-LEU (97436) 33 155 hab.

• Plan Saint-Leu *p. 143* • Carte Les Hauts de Saint-Leu *p. 151*

À 22 km au sud de Saint-Gilles, cette petite ville s'étire le long d'une rue principale commerçante, classique, et d'un front de mer bordé de filaos

et de roches volcaniques, plus séduisant. La plage surveillée se trouve dans le centre-ville. Il y en a une plus belle sous les filaos dans la direction de Saint-Pierre, mais elle est dangereuse. Le long de la plage, joli lagon peuplé par de nombreuses espèces de poissons.
À l'entrée nord de la ville, grosses vagues qui plaisent aux surfeurs (c'est l'un des meilleurs spots du monde, bien que la houle soit un peu irrégulière), notamment grâce à la fameuse vague appelée « gauche de Saint-Leu ». Saint-Leu constitue un agréable pied-à-terre avec son bord de mer aménagé en croisette, idéal pour trottinettes et skates, et ses rondavelles ouvertes le soir. C'est une ville prisée des jeunes, même si *Le Journal de l'Île* révélait en 2012 que Saint-Leu abrite le plus grand nombre de foyers payant l'ISF sur l'île pour un patrimoine moyen approchant celui de... Monaco ! Surprenant pour une ville aux allures somme toute modestes et paisibles.
À part ça, on se balade surtout dans les Hauts pour voir le très beau jardin botanique de La Réunion, avant de revenir sur le littoral pour découvrir *Kélonia,* l'observatoire des tortues marines.

Arriver – Quitter

Arrêt des bus *(zoom B1)* **:** *pl. de la Mairie.* Pour plus de détails, se reporter à la rubrique « Transports » dans « La Réunion utile » en début de guide.
➢ ***Saint-Denis, Saint-Paul et Saint-Pierre* :** plusieurs fois/j. avec les *Cars Jaunes* (lignes 02, S4 et Z'Éclair T).
■ ***Réseau Kar'Ouest*** *(zoom B1,* ***3****)* **:** *agence commerciale, 4, ruelle de la Marine. ☎ 02-62-34-71-71. • karouest.re • Lun-ven 8h-14h45.* Dépliants (également fournis à l'office de tourisme) avec le détail des lignes et les horaires. Les Hauts, donc les chambres d'hôtes, les sites à visiter et les balades sont accessibles en minibus. La ligne nº 41a monte jusqu'à La Chaloupe, en passant devant le décollage de parapente et le Conservatoire botanique, la ligne nº 42 monte à Étang-Saint-Leu, la nº 43 va à Piton-Saint-Leu, les nºs 46 et 62 desservent le Conservatoire botanique.

Adresses et infos utiles

ℹ ***Office de tourisme de l'Ouest*** *(zoom B1)* **:** *bâtiment Espace Laleu, 1, rue Le Barrelier. ☎ 0-810-797-797 (prix d'un appel local + 0,054 €/mn). • ouest-lareunion.com • Lun-ven 9h-12h, 13h30-17h30 ; sam 9h-12h, 14h-17h.* Dans une belle bâtisse qui servait de dépôt de sucre. Résa des hébergements, spectacles ou certaines activités touristiques sur toute l'île, des circuits culturels guidés dans les communes de l'Ouest (La Possession, Saint-Paul, Saint-Leu, Trois-Bassins et Le Port), etc. Vend également les tickets de bus (*Kar Ouest* et *Cars Jaunes*).
■ ***Laverie Océane*** *(zoom B1,* ***1****)* **:** *5, rue de l'Étang. Tlj 7h-20h.* Sinon ***laverie Ariane*** (zoom B1, **2**) : *5, rue du Trésor ; tlj 7h-20h.*
– ***Marché* :** *sam mat.*

Où dormir ?

Dans le centre

⌂ **Le Palais d'Asie** (zoom B1, **10**) **:** *11, rue de l'Étang. ☎ 02-62-34-80-41. 📱 06-92-86-48-80. • lepalaisdasie974@wanadoo.fr • Téléphoner avt ; pas de réception. Double 40 € (35 € à partir de 2 nuits) ; studios 45-65 € pour 2-4 pers (min 2 nuits). Pas de petit déj. Parking. Une boisson d'accueil offerte sur présentation de ce guide.* Un excellent rapport qualité-prix ! Car les logements sont fonctionnels, impeccables (tous avec frigo et clim, voire une kitchenette) et s'organisent autour d'un carré de gazon et d'une piscine. Le tout en plein centre, à deux pas de la plage et tout à fait au calme. Un bon plan, d'autant que l'accueil est très aimable.

Pas très loin du centre

Prix moyens

Résidence Les Pêcheurs *(plan d'ensemble B2, **11**) : 27, av. des Alizés. 06-92-85-39-84. • residence.les.pecheurs@wanadoo.fr • les.pecheurs.pagesperso-orange.fr • À la sortie de Saint-Leu, en dir. de Saint-Pierre, 300 m après la gendarmerie, prendre la route à gauche qui monte dans le quartier résidentiel ; continuer tt droit env 600 m. Arrêt de bus « Pêcheurs ». Pour 2-4 pers, compter 116-198 € pour 2 nuits min ; 350-525 €/sem. Parking.* Dans un quartier résidentiel agréable et tranquille, un petit terrain gazonné avec 6 agréables chalets en bois répartis autour de la piscine. Ils sont mignons, pratiques et ventilés, mais on n'est pas très isolé de ses voisins. Cuisine équipée ouvrant sur la terrasse, pour mieux profiter du jardin et d'une petite vue sur la mer. Les chalets pour 4 personnes ont une jolie mezzanine. À disposition, lave-linge (payant) et congélateur. Accueil très sympathique et arrangeant.

De chic à beaucoup plus chic

Iloha Hôtel *(hors plan d'ensemble par B1, **12**) : 44, rue Georges-Pompidou (route des Colimaçons), pointe des Châteaux. 02-62-34-89-89. • hotel@iloha.fr • iloha.fr • Prendre la dir. des Colimaçons, au niveau de Kélonia ; l'hôtel se trouve sur la droite. Doubles 90-130 € ; petit déj-buffet 15 €. Également des bungalows à partir de 130 €. Gratuit moins de 12 ans. Réduc de 10 % sur le prix de la chambre sur présentation de ce guide.* Un bel endroit au calme en surplomb de Saint-Leu. Les chambres classiques occupent un élégant bâtiment de style colonial, tandis que les plus récentes, à la déco plus contemporaine et adaptées pour les familles, sont regroupées dans une annexe dans le parc. Sinon, on peut opter pour de beaux bungalows en bois avec ou sans kitchenette. Agréable varangue pour profiter du jardin tropical devant chaque bungalow. Tout est savamment étudié, avec des tables et transats joliment disposés à côté de la piscine. Possibilité de massages. Également 2 restos (voir « Où manger ? »), un bar et un espace bien-être.

Blue Margouillat *(hors plan d'ensemble par B2, **13**) : 6, impasse Jean-Albany, Four-à-Chaux. 02-62-34-64-00. • info@blue-margouillat.com • blue-margouillat.com • À 300 m après la gendarmerie, prendre la route qui monte à gauche dans le quartier résidentiel (suivre le fléchage discret). Doubles env 175-239 € ; petit déj 20 €. Le soir slt et dim midi, menus env 69-89 € et carte.* Retiré sur les hauteurs de Saint-Leu, le *Blue Margouillat* domine la baie de Saint-Leu et profite d'une vue splendide. Grande demeure créole à la décoration à la fois élégante et chaleureuse, en harmonie avec l'atmosphère intimiste des lieux. On n'y compte qu'une douzaine de chambres – très raffinées – et 2 suites immenses, chacune avec une petite varangue privative ou un balcon, toutes tournées vers la mer. Piscine et galerie d'art. Le soir, cuisine gastronomique à déguster aux chandelles sous la véranda. Bien maîtrisée, savoureuse, c'est l'une des meilleures de l'île. Chic sans être intimidant, et accueil délicieux.

Où manger ?

Très bon marché

Le soir, il y a plusieurs ***camions-pizzas.*** Allez aussi à la ***boulangerie Chong*** *(zoom B2, **20**), 239, rue du Général-Lambert. Tlj sf dim ap-m 7h30-19h. Plat env 6 €.* Outre les bonnes viennoiseries, l'adresse est intéressante le midi pour ses repas à emporter.

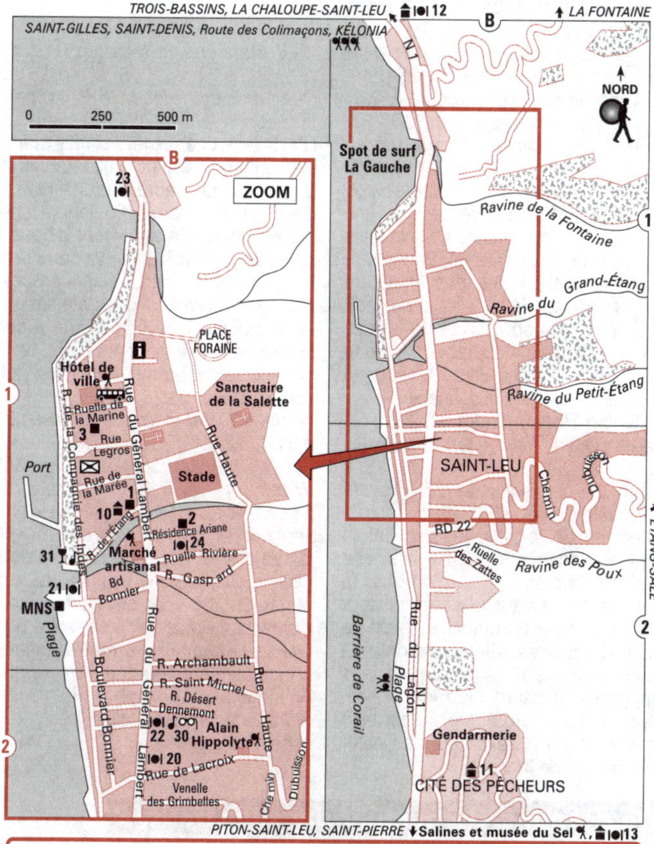

SAINT-LEU

Adresses utiles

- Office de tourisme de l'Ouest *(zoom)*
- **1** Laverie Océane *(zoom)*
- **2** Laverie Ariane *(zoom)*
- **3** Réseau Kar'Ouest *(zoom)*

Où dormir ?

- **10** Le Palais d'Asie *(zoom)*
- **11** Résidence Les Pêcheurs
- **12** Iloha Hôtel
- **13** Blue Margouillat

Où manger ?

- **12** Iloha Hôtel
- **20** Boulangerie Chong *(zoom)*
- **21** Le Zat *(zoom)*
- **22** Auberge du Relais *(zoom)*
- **23** Sarah Beach *(zoom)*
- **24** Il était une fois *(zoom)*

Où boire un verre ? Où sortir ?

- **30** Le Séchoir, La Ravine et Le K *(zoom)*
- **31** Rondavelle Les Filaos *(zoom)*

De bon marché à prix moyens

Le Zat (zoom B1, **21**) : *14, rue de la Compagnie-des-Indes. ☎ 02-62-42-20-92. Tlj 9h-17h. Résa conseillée. Plats et salades env 14-20 €.* Un petit resto de plage sympa et sans chichis, les pieds dans le sable. Au menu, des salades, des tartares, quelques plats qui ne font pas de vagues et des desserts maison. Service décontracté.

Auberge du Relais (zoom B2, **22**) : *211, rue du Général-Lambert. 06-92-34-81-81. Tlj sf sam midi et dim ; service jusqu'à 22h. Résa conseillée. Plats env 11-18 €. Digestif offert sur présentation de ce guide.* En plein centre-ville, une petite salle familiale sans chichis mais accueillante (et climatisée). Bonne cuisine créole appréciée des amateurs de gibier (civets de sanglier et de cerf). Également des spécialités de la mer. Chaque plat est accompagné d'une petite entrée. Accueil amical. Une bonne petite adresse à prix raisonnables.

Sarah Beach (zoom B1, **23**) : *44, rue du Général-Lambert. ☎ 02-62-10-23-37. Ouv tlj midi et soir. Fermé 2 sem en juin. Plats 18-28 €. Digestif offert sur présentation de ce guide.* À l'entrée de la ville, juste avant le pont en venant de Saint-Gilles, une très jolie terrasse en surplomb de la mer. Le cadre vaut le coup, surtout si on décroche une table au bord de l'eau. Grosses salades, qui n'ont rien de local, et des plats métros pas plus typiques (du genre pierrade le soir, steak de kangourou), mais c'est bien amené, et plutôt savoureux, à l'instar de la trilogie de thons.

Chic

Il était une fois (zoom B1, **24**) : *1, ruelle Rivière. 06-92-68-96-19. Ouv mar-sam, le soir slt. Résa indispensable. Plats 25-35 €. CB refusées.* C'est dans une ruelle discrète que se cache l'une des plus belles tables de Saint-Leu. Le cadre séduisant et la déco réalisée à base d'objets récupérés et détournés racontent déjà une belle histoire. Mais on ne va pas s'arrêter en si bon chemin. Le chef propose une cuisine pleine d'idées, de saveurs et de fraîcheur. Si l'on ajoute à cela un accueil simple et souriant, voilà un dîner aussi prometteur qu'un petit conte de fées.

Iloha Hôtel (hors plan d'ensemble par B1, **12**) : *44, rue Georges-Pompidou, pointe des Châteaux (voir « Où dormir ? »). À la Trattoria, formules déj 24-28 € et plats 16-19 € ; au resto, ouv le soir et dim midi slt, plats env 15-28 €.* Cadre chic et apaisant, au bord de la piscine ou sous une paillote, dans ce restaurant hôtelier ouvert aux non-résidents. Service aux petits soins pour une cuisine créole et métro raffinée, principalement tournée vers la mer. À l'étage, en surplomb de la piscine, la *Trattoria,* un resto italien (pâtes, *bruschette* et burgers).

Où dormir ? Où manger dans les Hauts ?

Tous les accès que nous décrivons se font depuis Saint-Leu et la côte (route dite « du littoral »). Mais la route des Tamarins qui relie Saint-Paul à Étang-Salé par les Hauts permet parfois de rejoindre plus facilement ces hébergements et de s'épargner quelques virages, en empruntant les sorties : « Colimaçons » pour les adresses au nord de Saint-Leu, « Stella » ou « Le Portail » pour celles au sud.

Au nord de Saint-Leu, par la route des Colimaçons

Fleur de Canne : *env 250-350 €/sem pour 2.* C'est le joli petit gîte proposé par l'équipe très sympa de *Planète Parapente* (voir plus bas, « Loisirs sportifs »).

Gîte et chambres d'hôtes Balcon Créole : *202, chemin Potier, Bras-Mouton, D 13, Saint-Leu. ☎ 02-62-54-76-70. • gitehuet@gmail.com • balcon-creole.fr • À env 13 km de Saint-Leu ; après le jardin botanique de La Réunion, prendre dir. Bras-Mouton, indiqué sur la droite à env 1,5 km. Doubles exposées mer ou montagne 50-60 €. Également un gîte pour 2-4 pers env 420-500 €/sem. Repas 25 €.* Sur les hauteurs, une maison neuve aménagée spécialement pour les 4 chambres d'hôtes confortables et bien aménagées (2 avec vue sur l'océan) avec, en contrebas, la maison des propriétaires et le gîte pour 4 personnes. Calme et vue grandiose sur l'océan. Magnifique jardin créole et beau verger où cueillir litchis et bananes. François est aux petits soins et renseigne volontiers sur les excursions à la journée.

Villa Mascarine : *396, rue Georges-Pompidou (route des Colimaçons).* ☎ *02-62-55-73-17.* • *contact@villamascarine.fr* • *villamascarine.fr* • *À env 11 km de Saint-Leu ; en montant, env 100 m après le jardin botanique de La Réunion, sur la droite. Fermé en juin. Double 94 € (min 2 nuits), avec petit déj ; 2 studios et 1 appart 469-728 €/sem (possibilité de petit déj). Repas sur résa 31 €.* Isabelle et Cyrille ont aménagé leur villa moderne dans un style tendance soigné, avec quelques belles surprises comme une confortable salle de cinéma à l'étage. 2 chambres à l'étage de l'habitation et 3 studios à l'entrée indépendante, tout confort, profitant pour certains de terrasse avec vue plongeante sur la mer. Piscine chauffée, spa et massages complètent avec la manière cette adresse séduisante et écoresponsable.

Au sud et à l'est de Saint-Leu

Eliz'o z'îles : *7, chemin Mazeau, 97424* ***Piton-Saint-Leu.*** ☎ *02-62-19-48-33.* • *elise.rollet@hotmail.fr* • *elizoziles.re* • *À env 5,5 km de Saint-Leu. Bus S4, arrêt Portail. En voiture, à la sortie de Saint-Leu, suivre « Stella » ; au grand rond-point, prendre « Piton Saint-Leu », puis 2 km plus loin, à gauche juste après l'arrêt de bus « Portail ». Env 17 € en dortoir, 36 € la double. Réduc de 5 % sur le séjour sur présentation de ce guide.* Un genre de petite auberge de jeunesse pur jus, colorée, fraternelle, et hyper décontractée. Bon, le rangement (et parfois le balai) peut être en mode relax, mais si on adhère au mode de vie fraternel et convivial, on est sûr de passer un très bon moment chez Élise et ses deux chiens. 4 chambres doubles et un dortoir (de 10 places) tout simples avec vue sur l'océan. 2 salles de bains communes. Vaste salon et cuisine ouverts sur un petit bout de jardin (centre commercial accessible à pied) avec coin barbecue...

Gîte « Bardzour », Chez Mme Vion : *87, chemin des Serres,* ***Grand-Fond,*** *97424* ***Piton-Saint-Leu.*** ☎ *02-62-34-13-97.* 📱 *06-92-69-94-91.* • *christian.vion@wanadoo.fr* • *bardzour.com* • *À env 7 km de Saint-Leu. Ligne Kar'Ouest n° 45, arrêt Maison-de-Quartier, puis à gauche, chemin des Serres. En voiture, à la sortie de Saint-Leu, suivre dir. « Stella » ; au grand rond-point, prendre « Grand-Fond » ; 150 m après l'église de Grand-Fond, bifurquer 1re à gauche. Double env 57 € avec petit déj ; gîtes à partir de 75 € pour 4 pers.* Dans un bel environnement boisé et fleuri, une grande propriété agricole comprenant, dans des bâtiments à côté de la maison des propriétaires, 6 chambres indépendantes à la déco soignée, avec cuisine commune, toutes climatisées et avec terrasse. Mais c'est la « case planteur » qui est la plus indiquée pour les amoureux, car elle occupe un chalet intimiste plus grand, isolé dans la verdure. Très romantique ! Également 4 gîtes tout aussi confortables, un peu plus haut dans le parc. Le tout dans un immense domaine avec piscine, un verger de manguiers et de papayers et une vue plongeante sur la côte, splendide. Au petit déj, fruits du jardin, confitures maison, et jus de fruits frais bien sûr à déguster au bord de la ravine du Cap ! Excellent accueil.

Case Rouge Piment : *10, allée des Lataniers, Le Plateau, 97424* ***Piton-Saint-Leu.*** 📱 *06-92-78-13-32.* • *fycuenot@wanadoo.fr* • *sites.google.com/site/locationvacances-reunion* • *À env 7 km de Saint-Leu. Après Piton-Saint-Leu en dir. des Avirons (D 11), au lieu-dit Le Plateau, l'allée descend en face d'un garage, côté mer. Env 259-413 €/sem pour 2-4 pers ; dégressif.* Devant la maison des propriétaires, 2 cases très jolies de styles différents, ouvertes sur le jardin : la malgache, en bambous, en provenance directe de Madagascar et dotée d'une mezzanine, et la créole, légèrement plus grande. Le terrain n'est pas très étendu autour, mais agréable et tranquille. Elles sont bien équipées : salle de bains nickel, barbecue, cuisine et lecteur DVD. Linge fourni. Matériaux choisis avec soin, tout comme la déco d'ailleurs. Accueil très sympa.

Leu Bleu Austral : *15, chemin des Perdrix,* ***Étang-Saint-Leu.*** *06-92-14-64-65. • info@leubleuaustral.fr • leubleuaustral.fr • À env 5 km de Saint-Leu par la D 22. Dans Étang-Saint-Leu en venant de Saint-Leu, dépasser la pharmacie et prendre 300 m après à droite la D 22, dir. La Chaloupe (rue Henri-Bègue), puis 2e à gauche, dans un virage. Fermé en juin. Doubles 75-95 € (95-105 € le w-e pour une seule nuit), avec petit déj ; dégressif.* Bienvenue chez un couple de Belges très chaleureux, qui reçoivent leurs hôtes comme des amis. Les chambres, réparties dans leur grande maison à flanc de montagne sont nickel, tout confort, aménagées avec soin (meubles balinais et douches à l'italienne), et chacune a sa petite terrasse. Et pour couronner le tout, une belle piscine chauffée profite d'une vue géniale sur l'océan. On est rudement bien ici !

Kaz Océan : *176 D13,* ***Étang-Saint-Leu.*** *06-92-08-00-80. • kazocean@orange.fr • kazocean.fr • À env 6 km de Saint-Leu ; prendre la D 22 vers Étang-Saint-Leu jusqu'au bout. Au stop (après env 5 km), prendre à droite la D 13 sur env 1 km. Appartements pour 2 pers 110 €/nuit en basse saison (min 4 nuits) ; loc à la sem slt en hte saison 880 €.* Panorama splendide sur la côte, les lagons et la haute mer. Une vue dont on profite depuis la piscine, le jardin, et surtout les terrasses des appartements. Ces derniers, alignés comme à la parade, sont vastes (chambre en mezzanine), aménagés dans un style sobre et moderne.

Où boire un verre ? Où sortir ?

Le Séchoir, La Ravine **et** ***Le K*** *(zoom B2,* ***30****) :* 3 lieux à connaître. D'abord la salle de concerts *Le K* : *rue du Général-Lambert, à côté du Crédit agricole. 02-62-34-31-38. Site internet commun : • lesechoir.com •* Ensuite, *La Ravine,* derrière l'office de tourisme, une vraie ravine qui peut accueillir jusqu'à 6 000 personnes pour les gros événements ! Quant à la salle du *Séchoir* *(à côté de la mairie de Piton-Saint-Leu, dans les Hauts),* c'est une scène pluridisciplinaire qui fait bouger la ville avec son organisation bien rodée. À l'affiche, de février à mi-décembre (sauf juillet-août), concerts, spectacles de danse, théâtre, arts de la rue, cirque, etc. Le programme est disponible dans les offices de tourisme, médiathèques, bibliothèques ou au *K*. *Le Séchoir* organise aussi *Leu Tempo Festival* (voir « Fêtes et manifestations » plus loin).

Rondavelle Les Filaos *(zoom B1,* ***31****) : 12, rue de la Compagnie-des-Indes, face à la mer. Tlj 8h-21h.* Ce petit kiosque basique est l'un des rendez-vous incontournables pour l'apéro au coucher du soleil et, surtout, pour ses concerts du dimanche à 18h30. Ces soirs-là, une poignée de stands ambulants permettent de grignoter sur place (samoussas, crêpes, grillades...). Il y a foule ! L'atmosphère est alors populaire et festive.

À voir. À faire

L'hôtel de ville *(zoom B1) :* bel édifice en pierre volcanique du pays et au toit couvert de bardeaux de bois. Ancien bâtiment de la Compagnie des Indes, où l'on entreposait, entre autres, du coton et du café. Sur son côté gauche (lorsqu'on lui fait face), l'ancien hôtel des Postes accueille des expos temporaires (*GRATUIT*). À 100 m de là, dans la rue principale, se dresse l'église, massive et toute noire, dont on peut admirer la charpente en bardeaux et les façades en pierre de taille.

Le marché artisanal *(zoom B1) : 112, rue du Général-Lambert. Mar-sam 9h30-18h30, dim 9h-13h.* Une poignée de boutiques d'artisanat local.

Le sanctuaire Notre-Dame-de-la-Salette *(sanctuaire ; zoom B1) : derrière l'église principale, sur une petite colline.* Dans les escaliers bordés par un chemin de croix, une Vierge pleurant sous sa tonnelle chargée de fleurs. La chapelle elle-même est envahie de bouquets colorés et d'une multitude d'ex-voto et de bougies, dans un décor on ne peut plus kitsch. C'est le lieu de pèlerinage (tous les 19 septembre) le plus réputé de l'île : au XIXe s, grâce à l'édification de cette chapelle, dit-on, la sévère épidémie de choléra de 1859 stoppa net aux portes de Saint-Leu...

Kélonia, l'observatoire des tortues marines *(hors plan d'ensemble par B1 et carte Les Hauts de Saint-Leu)* **:** *à l'entrée de la ville (en venant de Saint-Gilles). ☎ 02-62-34-81-10. • museesreunion.re/kelonia • Tlj 9h-18h (dernier billet à 17h) ; fermé 1er janv, 1er mai et 1er nov. Entrée : env 8 € ; réduc. Visites commentées 5 fois/j., sans supplément (env 1h). Audioguide : 2 €.* Situé bord du lagon, *Kélonia* est un centre dédié à la protection des tortues marines. Il comprend une unité de recherche pour les soins aux tortues blessées et l'accueil des chercheurs, en collaboration avec les Comores, Madagascar et l'Afrique du Sud. Le but étant de relâcher les tortues une fois soignées (certaines sont alors équipées d'une balise Argos pour étudier leur comportement en mer).

QUELLE SANTÉ !

La tortue de mer cache bien son jeu. Sous ses airs débonnaires, l'accouplement ne dure pas moins de 5h sous l'eau. Les femelles se traînent ensuite péniblement sur le sable pour aller pondre une centaine d'œufs dans un nid enterré. Les œufs enfouis au plus profond, bien au frais, donnent des mâles. Ceux plus proches de la surface (donc de la chaleur), des femelles.

Deuxième mission du centre : la sensibilisation du public, à travers un parcours pédagogique. Après avoir observé les ébats de différents spécimens, parfois colossaux, dans les grands bassins en extérieur, direction les salles d'expos pour découvrir l'écologie des tortues, leurs habitats, les menaces auxquelles elles sont confrontées, les perspectives et les mesures de protection (une tortue sur mille parvient à l'âge adulte...).

L'expo aborde notamment les nombreux usages des écailles de tortues, assez déroutants, qui ont perduré jusqu'au XXe s : éventails, pipes, barrettes à cheveux et même chaussures de golf ! Atelier avec démonstration du travail de l'écaille (il ne reste que quatre écaillistes dans toute l'île), l'après-midi du lundi au jeudi, plus le 2e samedi du mois. À ce sujet, la tortue luth (la plus grosse) fut un peu épargnée puisqu'elle est la seule à ne pas avoir d'écailles... Zoom également sur les Vezos, « le peuple des tortues » de Madagascar.

Enfin, pour conclure, différents films en continu, ainsi que des expos temporaires. Et n'oubliez pas de monter en haut de la tour d'observation, pour une vue panoramique sur l'ensemble des bassins, le lagon et la baie de Saint-Leu ! Une belle visite pour toute la famille.

Alain Hippolyte, le ferblantier (zoom B2) **:** *31, rue de Lacroix. ☎ 02-62-34-76-47. Mieux vaut téléphoner avt de passer, surtout le w-e.* Un des derniers ferblantiers de l'île, dont le travail consiste à façonner la tôle galvanisée, soudée à l'étain. Alain travaille tout à la main : des lampes à pétrole, bassines, grègues, bougeoirs, arrosoirs, le tout sur commande. Toutefois, si par hasard vous tombez sur un objet qui vous intéresse lors de votre passage, vous pourrez l'acquérir. Un artiste des objets *lontan* qui aime aussi essayer son « savoir-fer » sur de nouveaux objets.

Edwige Vaiani-Aubry, peintre de rue (zoom B2) **:** *on la rencontre souvent à l'angle de la rue Saint-Michel et de la rue du Général-Lambert, à côté de Groupama.* Toiles hautes en couleur locale : une case créole, la plage, des flamboyants...

Le lagon : superbe, mais très menacé par le ravinage et la pollution au moment des grosses pluies. En nageant avec vos palmes, évitez de poser les pieds par terre, pour ne pas casser les branches de corail qui parsèment le lagon (sinon sandalettes conseillées pour ne pas se blesser, pour les simples nageurs). Si la plage du centre-ville, avec son poste MNS, vous semble trop petite, en longeant la côte vers Saint-Pierre, à côté de la gendarmerie, vous en trouverez une plus grande et à l'ombre sous les filaos, mais moins abritée du vent. Propreté moyenne également. Attention aux courants, particulièrement dangereux par ici : des noyades ont déjà eu lieu.

Les salines et le musée du Sel *(hors plan d'ensemble par B2)* **:** *à* **La Pointe-au-Sel.** *☎ 02-62-34-67-00. Tlj sf lun 9h-12h, 13h30-17h. Fermé 1er mai. GRATUIT.* Grâce à son ensoleillement et aux faibles pluies, Saint-Leu est le seul endroit sur l'île où l'on fabrique du sel. Le petit musée, vieillot à souhait et installé dans d'anciens hangars, retrace succinctement l'histoire de l'exploitation de l'or blanc à La Réunion. Vaut surtout le détour pour la vue sur le site et les salines.

Circuit culturel « De Boucan Laleu à quartier trois lettres » : *avec le guide Clovis ; sur rdv slt ; rens et résa à l'office de tourisme de l'Ouest (à partir de 2 pers). Compter 9 € ; réduc. Prévoir 4h.* Visite guidée de Saint-Leu sur les traces de ses monuments, de la religion, de l'esclavage, du café, etc.

Loisirs sportifs

Parapente

Saint-Leu est l'endroit idéal pour s'essayer à voler, d'autant que c'est possible toute l'année. On vous en dit plus dans le chapitre « La Réunion utile », rubrique « Sports et loisirs ». Baptême (800 m), coucher de soleil, décollage de 1 500 m, vol de 1h... Le 1 500 m vaut vraiment le coup, dans les hauteurs de La Chaloupe, quand le paysage ressemble aux alpages. Certains proposent aussi des stages de formation ou des photos en vol, se renseigner au club-house face à *Kélonia*, départ des navettes pour les sites.

■ **Parapente Réunion :** *1, rue Georges-Pompidou (route des Colimaçons). ☎ 02-62-24-87-84. 📱 06-92-82-92-92. • info@parapente-reunion.fr • parapente-reunion.fr • Accueil à l'entrée nord de Saint-Leu, à l'angle de la montée des Colimaçons. Depuis la route des Tamarins (N 1), sortie « Colimaçons » et suivre « Kélonia ». Compter 75-110 € (20 mn à 1h), et vol pour les moins de 12 ans. Photos prises en vol en supplément. Réduc de 10 % sur les vols biplaces sur Saint-Leu sur présentation de ce guide.* Implantée à La Réunion depuis plus de 25 ans. Vols biplaces découverte, stages pour tous niveaux avec des formations à la carte (matériel fourni). École labellisée FFVL et équipe sympa. Membre de la charte *Qualité Tourisme Île de La Réunion.*

■ **Azurtech Parapente :** *pointe des Châteaux. ☎ 02-62-34-91-89. 📱 06-92-85-04-00. • contact@azurtech.com • azurtech.com • Résa obligatoire. Vols 65-120 € selon dénivelée et durée. Réduc de 10 € pour 1 pers sur présentation de ce guide (sf « bi marmaille »).* En plus des vols « classic » (15-25 mn) et « must » (40 mn), *Azurtech Parapente* propose un long vol de plus de 1h en fonction de la météo, « le top » – avec prise en main des commandes et initiation à l'aérologie selon conditions météo – et un vol « bi marmaille » à 65 € pour les moins de 12 ans. Rendez-vous sur la zone d'atterrissage à côté de *Kélonia.* Labellisé *Qualité Tourisme Île de La Réunion,* fait également de la formation (labellisée FFVL) et est agréé pour faire voler des personnes handicapées.

■ **Bourbon Parapente :** *4, rue Haute, 97424* **Piton-Saint-Leu.** *📱 06-92-87-58-74. • bourbonparapente.com • À côté du rond-point, à l'entrée nord de Saint-Leu. Vols 80-110 €. 10 % de remise sur les résas en ligne et avec le PassAventure, distribué gratuitement et valable* *chez d'autres professionnels de loisirs à La Réunion.* Propose des combinés air/mer (avec baptême de plongée, descente en canyoning et initiation au surf), air/air (avec survol en ULM) et air/terre (avec balade à VTT) ! Membre de la charte *Qualité Tourisme Île de La Réunion.* Boutique et petit resto.

■ ***Planète Parapente :*** *06-92-71-97-49. • planetemanu@gmail.com • planete-parapente-reunion.com • Vols 65-195 €.* Cette petite structure indépendante et très sympa n'a pas de bureau mais un stand sur les marchés de Saint-Paul (vendredi) et Saint-Pierre (samedi matin). Emmanuel Saget, secondé par d'autres moniteurs diplômés d'État, se concentre sur les baptêmes et ne fait voler que 4 passagers à la fois. En plus du vol découverte, il propose un « vol adrénaline », plus technique, qui enchaîne les acrobaties ! Propose également un mignon studio pour 2-4 personnes (*• fleurdecanne.com •*). Labellisé *Qualité Tourisme Île de La Réunion.*

Plongée sous-marine

Toutes les plongées partent du port de Saint-Leu. En plus du spot de La Pointe-au-Sel avec son Grand-Tombant (25 à 71 m), derrière le spot de surf, deux ancrages : Sec-Zitte (18 m) et La Roche (27 m).

■ ***B'Leu Océan :*** *25, rue du Général-Lambert. ☎ 02-62-34-97-49. • bleuocean2@wanadoo.fr • bleuocean.fr • ♿ À l'entrée de Saint-Leu, côté nord. Baptême 60 € pour min 20 mn (moins cher en groupe) ; plongées 36-53 € selon niveau et équipement ; forfaits.* Plongée tt niveau, matériel enfant, nitrox, recycleurs et moniteurs handiplongée. Beau bateau, très agréable pour se changer et attendre les retardataires. 2 sorties par jour et une 3e à 7h30 les week-ends et jours fériés pour une profonde (environ 40 m). Propose aussi de photographier votre baptême ou votre plongée. Bel espace derrière la réception avec douches, w-c et bar. Labellisé *O²CR* (observation des cétacés) et *Qualité Tourisme Île de La Réunion.*

■ ***Excelsus :*** *1, impasse des Plongeurs, ZA pointe des Châteaux, au niveau d'Autosur sur la route des Colimaçons. ☎ 02-62-34-73-65. • contact@excelsus-plongee.com • excelsus-plongee.com • Baptême 62 € ; plongée non équipée encadrée 52 € ; découverte de la barrière de corail en snorkelling 20 €.* 2 plongées par jour, sorties à thème, plongées de nuit. Formations tout niveau et nitrox (au prix de l'air). Club-house, bar et terrasse avec vue sur la mer. Observation des baleines de juin à septembre. Membre de la charte *Qualité Tourisme Île de La Réunion.*

■ ***Abyss Plongée :*** *17, bd Bonnier. ☎ 02-62-34-79-79. • abyss-plongee@wanadoo.fr • abyss-plongee.com • Baptême 58 € ; plongée non équipée 47 € et équipée 35 €.* Formations tous niveaux. Double plongée en matinée. Plongées de nuit. Centre PADI, FFESSM et ANMP. Équipe sympa et compétente. Propose également des randonnées snorkelling à la rencontre des baleines (de mi-juin à mi-octobre).

■ ***Aquabulle :*** *30, rue des Cocotiers. 06-92-18-04-22. • aquabulle.plongee@gmail.com • aquabulleplongee.re • Indiqué depuis la route des Colimaçons, en face du collège. Plongées 37-50 € selon niveau et équipement ; baptême 65 € (30 mn garanties). Forfaits et PassAventure en commun avec d'autres partenaires sur l'île. Pour un baptême suivi d'une formation niveau 1, une plongée offerte.* Propose des formations nitrox ainsi que des sorties à la rencontre des baleines en saison (label *O²CR*). Bateau de 16 places. Un club très sympa, labellisé *Qualité Tourisme Île de La Réunion.*

Équitation

■ ***Centre équestre du Cap :*** *124, route Hubert-Delisle, 97416* ***La Chaloupe-Saint-Leu.*** *06-92-82-35-76. • club@ceducap.fr • ceducap.fr •* À partir de 4 ans. Sorties et stages dans les Hauts, à cheval et à poney.

Fêtes et manifestations

– ***Marches sur le feu :*** *début janv et début fév. Infos à la mairie.* Elles ont lieu au temple du Portail à Piton-Saint-Leu, au temple de Stella et au temple de La Pointe-au-Sel.
– ***Leu Tempo Festival :*** *3 j. en mai. Infos au Séchoir (☎ 02-62-34-31-38 ; ● lesechoir.com ●).* Marionnettes, cirque, danse, arts de rue, concerts... C'est la fête générale dans la ville, à tel point que la route nationale est fermée à la circulation.
– ***Pèlerinage de Notre-Dame-de-la-Salette :*** *19 sept.* Pèlerinage le plus réputé de l'île, à la chapelle du même nom. À lire dans la rubrique « À voir. À faire ».
– ***Festival Gourmand :*** *1 w-e en déc.* Concours de recettes sucrées et salées, ateliers culinaires.

DANS LES ENVIRONS DE SAINT-LEU

AU NORD, PAR LA ROUTE DES COLIMAÇONS

La Maison du Coco *(carte Les Hauts de Saint-Leu)* **:** *134, rue Georges-Pompidou. 06-92-76-95-39. ● maisonducocoreunion.com ● Sur la D 12, à env 7 km de Saint-Leu (panneau sur la droite) ou sortie « Colimaçons » depuis la route des Tamarins. Tlj sf lun 9h30-16h30. Ateliers (2h) sur résa à 10h et 14h : 8 € ; gratuit moins de 3 ans.* Un domaine consacré au coco qui propose des ateliers complets « À la découverte du coco ». Boutique avec vente de produits issus du coco (savon, farine, huile, bonbons, etc.). Snack. Petite ferme.

Le jardin botanique de La Réunion *(carte Les Hauts de Saint-Leu)* **:** *2, rue du Père-Georges,* ***Les Colimaçons.*** *☎ 02-62-24-92-27. Sur la D 12, à env 11 km de Saint-Leu ou sortie « Colimaçons » depuis la route des Tamarins. Bus Kar'Ouest n°s 41 ou 46 depuis Saint-Leu, arrêt Jardin Botanique. À ne pas confondre avec le jardin botanique-pépinière qui se trouve lui aussi sur cette route, mais qui est privé. Mar-dim 9h-17h ; fermé 1er mai et quelques jours pour les fêtes de fin d'année. Entrée : 7 € ; réduc ; gratuit moins de 5 ans. Compter min 2h pour visiter les 9 ha (sur 12 ha) ouv au public. Visites guidées thématiques sans supplément, tlj à 11h, 14h et 15h (sf sam mat).*
Propriété au XIXe s du marquis de Chateauvieux, le domaine des Colimaçons et sa très belle villa recouverte de bardeaux ont été transformés en centre de recherche en 1986. Sa mission : recenser et protéger les espèces de La Réunion, parmi lesquelles des plantes médicinales et une majorité de spécimens endémiques. Sans oublier la sensibilisation du public à leur préservation. En 1993, il est devenu Conservatoire botanique national (CBN).
On se promène agréablement au gré des sentiers dans les espaces consacrés aux principales collections végétales (« Réunion », « Verger créole », « Plantes *lontan* », « Succulentes », « Palmiers »), complétées par une collection d'orchidées et fougères, une bambouseraie et une collection des caféiers du monde.
On recommande fortement la visite guidée qui évoque, selon les thématiques, les espèces cultivées sur l'île (principalement fruitières), l'histoire de la colonisation vue sous l'angle de la mise en valeur de l'île par les cultures (café, épices, géranium...) ou donne une idée de ce que pouvait être une forêt semi-sèche des bas d'Ouest à l'arrivée des premiers humains avec nombre d'espèces indigènes et endémiques, aujourd'hui en danger. En visite libre, voir la collection (impressionnante) des succulentes et des palmiers, et les petites expos sur la faune et la flore endémiques ainsi que sur les « pestes végétales » (essences apportées par l'homme), présentées dans les anciennes dépendances du domaine. D'ailleurs, en repartant, pensez à visiter la belle ***villa du marquis,*** joliment meublée, avec ses deux tours imposantes. C'était à l'origine une vigie, avec ses postes de garde pour

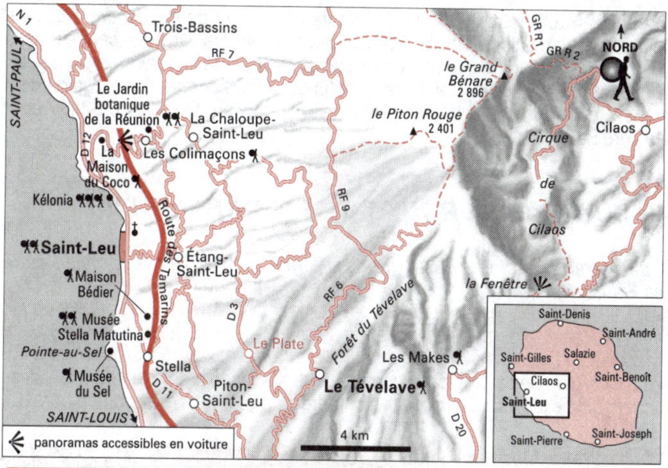

LES HAUTS DE SAINT-LEU

observer l'ennemi. Entre les deux tours, la demeure de Chateauvieux et, autour, des dépendances. Un rare exemple d'architecture locale.
Café sur place pour boire un verre ou prendre une collation.

L'église du Sacré-Cœur : *aux* ***Colimaçons,*** *juste à côté du jardin botanique.* Classée Monument historique, elle a été restaurée en 1993. Bâtie par Joseph-Antoine Sosthène de Chateauvieux, qui la dédia au Sacré-Cœur, en hommage à Paray-le-Monial, dans sa région d'origine, où le Sacré-Cœur serait apparu. Le marquis de Chateauvieux y repose, aux côtés de sa femme. Le reste de la famille a son propre caveau, à l'entrée du joli cimetière fleuri, à flanc de colline. L'église, en pierre et ornée de vitraux, est le lieu d'un pèlerinage annuel depuis les années 1920, le jour de la fête du Sacré-Cœur.

Balade dans les Hauts de Saint-Leu : en allant au jardin botanique de La Réunion par la route des Colimaçons, la vue sur le large est magnifique au coucher du soleil.
– De jolies petites routes panoramiques mènent aux Hauts de Saint-Leu. Prenez, par exemple, la direction Étang-Saint-Leu, puis, à Bras-Mouton, continuez la route qui monte à travers les champs de canne, pour arriver à La Chaloupe-Saint-Leu. Et en montant encore, vous rattrapez la route forestière qui mène vers le nord au Maïdo ou vers le sud au Tévelave.
– Après le Jardin botanique, vous pouvez aussi faire une boucle en voiture, en continuant tout droit direction Étang-Saint-Leu, par la D 13 qui longe les ravines. Vous redescendez à Étang-Saint-Leu et débouchez dans le centre-ville de Saint-Leu. Au passage, vous verrez des *ti'bon dieu,* des Bob Marley tagués sur les réservoirs d'eau, des *chauffe-galets* à côté des boutiques...

Le sentier Bras-Mouton : *prendre le Kar'Ouest n° 46 qui monte au Jardin botanique, marcher jusqu'au lieu-dit Bras-Mouton, dir. Étang-Saint-Leu (env 2 km, 20 mn). Le sentier commence juste après l'arrêt de bus École-de-Bras-Mouton, sur la droite dans le virage en épingle à cheveux. Autre possibilité (plus directe) : bus n° 41bis qui passe par Étang-Saint-Leu et arrêt École-de-Bras-Mouton. Fiche descriptive et gratuite sur le sentier disponible à l'office de tourisme de Saint-Leu.* Les Hauts de Saint-Leu comptent de nombreux sentiers « coutumiers » non balisés, qui permettent aux habitants des Hauts de descendre à la ville. Celui-ci a la particularité de traverser un paysage encore sauvage, certes parfois plus ou moins grignoté par des propriétés privées. À ne pas faire en plein soleil (aucun arbre à l'horizon !) : préférer le matin ou la fin d'après-midi, en gardant un moment pour admirer le coucher du soleil sur l'océan. Compter 3h-3h30 pour rejoindre Saint-Leu.

AU SUD, PAR LA ROUTE DE PITON-SAINT-LEU

La maison Bédier – FRAC *(Fonds Régional d'Art Contemporain ; carte Les Hauts de Saint-Leu)* **:** *6, allée des Flamboyants, 97424* ***Piton-Saint-Leu.*** *☎ 02-62-21-80-29. • fracreunion.org • À 4 km ; à la sortie de Saint-Leu, en dir. de Saint-Pierre, bifurquer à gauche, dir. Stella (D 11), puis 2 km plus loin, fléché sur la gauche (juste avt Stella Matutina). Tlj sf lun-mar et ven 10h (9h jeu)-12h, 14h-17h. GRATUIT.* Cette belle case construite au XIXᵉ s, en même temps que l'usine sucrière située juste à côté, accueille d'intéressantes expos d'art contemporain.

Stella Matutina *(carte Les Hauts de Saint-Leu)* **:** *6, allée des Flamboyants, 97424* ***Piton-Saint-Leu.*** *☎ 02-62-34-59-60. • museesreunion.re/stellamatutina • À env 4 km, au lieu-dit* ***Stella,*** *par la D 11 (fléché sur la gauche à la sortie de Saint-Leu en dir. de Saint-Pierre). Tlj 9h30 (13h lun)-17h (dernier billet à 16h45). Fermé 1er janv, 1er mai, 1er nov et 25 déc. Entrée : 9 € (+ 2 € cinéma 4D sur... les dinosaures !) ; réduc. Compter 2h. Possibilité de visite guidée (sans supplément) tlj sf dim à 10h (sf lun) et 14h.* Un bel espace muséographique installé au cœur de l'ancienne usine sucrière qui a fonctionné de 1858 à 1978. Les vieilles machines, que l'on observe depuis des passerelles, sont toujours là, comme autant de témoins émouvants du passé (notez d'ailleurs la magnifique colonne utilisée pour la distillation !). On y évoque l'histoire de l'exploitation du sucre, de manière très complète, depuis le XIXᵉ s jusqu'à nos jours : mise en place des plantations sous l'égide de la Compagnie des Indes, agronomie de la canne à sucre, techniques et processus de fabrication, impact des cultures sur l'environnement, etc. Le musée évoque également l'aventure humaine et les rapports sociaux au sein de l'entreprise à travers des témoignages, des objets d'anciens travailleurs, sans oublier de vieilles plaques émaillées aux messages particulièrement explicites « De l'ordre s'il vous plaît », « Une goutte d'huile perdue = 10 sous perdus ». La visite permet aussi d'aborder des sujets comme l'esclavage et l'engagisme. Le parcours s'achève par un hommage à la culture créole (amusante *boutik sinoi* reconstituée, une boutique traditionnelle où l'on vend de tout...) et par une expo sur les produits issus de l'activité sucrière. Ne ratez pas le bus « courant d'air » qui a marqué l'histoire des transports sur l'île. Prenez le temps aussi de consulter les anciennes affiches publicitaires vantant les bienfaits du rhum, y compris chez le nourrisson... Toute une époque ! Également des expos temporaires et un centre de recherche et de documentation.

UN CYNIQUE MÉTISSAGE

Le musée de Stella évoque la pratique peu glorieuse de l'engagisme, mise en œuvre sur l'île de La Réunion au XIXᵉ s. Pour pallier le manque de main-d'œuvre suite à l'abolition de l'esclavage, les usines sucrières recrutèrent des travailleurs immigrés en Inde, Chine, Indonésie, au Mozambique, à Madagascar... Les contrats de 5 ans s'apparentaient la plupart du temps à un esclavagisme déguisé. Au total, 160 000 travailleurs étrangers furent ainsi recrutés et, en 1877, un tiers de la population réunionnaise était issu de l'engagisme. Cette pratique perdura jusqu'en 1930 et est à l'origine du métissage actuel.

AU SUD, PAR LA ROUTE CÔTIÈRE

À mi-chemin entre Saint-Leu et Étang-Salé, la curiosité, ce sont les ***souffleurs,*** phénomènes géologiques de la côte, qui propulsent de hautes gerbes d'eau dans un fracas de vagues et d'embruns. On les aperçoit du bord de la N 1.

LE TÉVELAVE

Là-haut, à 926 m, vous êtes vraiment dans les hauteurs, et depuis ce village verdoyant vous pouvez faire des balades dans une majestueuse forêt primaire. À commencer par celle fléchée par l'ONF, « Le sentier des Ouvriers », avec des panneaux illustrant la vie des hommes qui se sont battus pour entretenir la forêt autrefois. Indiqué sur la RF 9 (route forestière) qui monte jusqu'au Maïdo.
– Consulter le site • *sud.reunion.fr* •

Comment y aller ?

Montée de 10 km depuis Piton-Saint-Leu par la D 15 (compter 45 mn de route depuis Saint-Leu). La route se tortille à travers les champs de canne à sucre jusqu'au Plate, puis la végétation se densifie. On traverse des ravines bien vertes et impénétrables. Le Tévelave se trouve tout là-haut, il y fait plus frais que sur la côte. Autre accès possible : parcourir 12 km depuis Les Avirons, par la D 16.

Où dormir ? Où manger ?

Prix moyens

Chez Mamie : *371, route des Vacoas. 06-92-82-55-27. • chambres.chezmamie.e-monsite.com • Bien avt le village en venant des Avirons, non loin de la Maison Cadeau (un délire d'architecte), arrêt panneau « Gîtes de France ». Venant du Plate (Saint-Leu), prendre à droite avt le village, dir. Les Avirons ; c'est à 900 m. Arrêt de bus Maison-Cadeau. Double env 60 € et 75 € la triple.* Réparties entre la maison principale et une dépendance, 3 chambres simples et propres pour 2 ou 3 personnes avec sanitaires privés et une pièce commune avec lave-linge.

Ferme-auberge L'Écorce Blanc : *chez Corneille Blondel, 46, rue Francis-Rivière. ☎ 02-62-38-31-52. • lecorce-blanc.com • Sur la route de la discothèque Kiosque 2000, qui tourne à droite à l'entrée du centre du village du Tévelave. Kar'Ouest n° 88 arrêt Serres. Double 65 €, petit déj compris. Table d'hôtes sur résa slt (24h à l'avance) 25 € midi et soir.* L'adresse se mérite (600 m de raidillon en voiture), mais une fois arrivé au royaume des papangues (le seul rapace de La Réunion), on est accueilli par Élise et son fils Corneille. 4 chambres avec salle de bains privée et de délicieux *caris* en perspective.

À voir. À faire

L'écomusée du Tévelave : *au centre du village, sur la voie principale. 06-92-30-81-17. Mieux vaut téléphoner pour prendre rdv. Entrée : 2 €.* Dany Lepinay est un passionné. Grâce à lui, ces panneaux et ces vitrines réalisés avec soin, ces objets du quotidien continuent de vivre dans la mémoire de chacun : outils de menuisiers, fers à repasser de l'époque coloniale, mini-alambic, fioles de parfums, ustensiles de toilette...

Un P'tit Tour aux Jardins : *15, rue Paul-Hermann, Tévelave, 97425* ***Les Avirons.*** *06-92-21-79-04 (Daniel) ou 06-92-86-32-88. Tlj à 9h et 14h. Visite guidée slt sur résa : env 10 €, réduc.* Une jolie surprise. Cachés dans le village du Tévelave, dans les Hauts de la commune des Avirons, quatre jardiniers vous invitent à partager leur passion pour le monde botanique. Une balade un peu hors du temps, pour apprécier en paix le parfum des roses, admirer les couleurs des hibiscus, découvrir l'art du bonsaï ou encore les plantes endémiques de l'île.

Randonnées

Les randonneurs de montagne s'en donneront à cœur joie : on peut rejoindre le Grand Bénare (2 896 m) ou la Glacière (2 489 m), mais surtout le piton Rouge (2 401 m) riche en histoire marronne. Des hommes ont vécu dans ces paysages de haute montagne. L'ONF a mis au jour des ossements qui pourraient provenir de la tombe du roi Phaonce. Ce roi s'était organisé en société avec sa garde rapprochée, et certainement ses *couvertures péi* (autrement dit ses femmes). Un autre trésor, inattendu, récompense les randonneurs : une création du sculpteur Gilbert Clain. Elle représente un esclave endormi. Départ de la rando sur la RF 9 qui rejoint le Maïdo.

ÉTANG-SALÉ-LES-BAINS (97427) 13 800 hab.

Charmant village de pêcheurs, à tendance balnéaire, essentiellement résidentiel et contourné par une voie rapide. La route des Tamarins rejoint également ce contournement, rendant le bourg encore plus attractif auprès des résidents comme des visiteurs de passage. Sa grande plage de sable noir qui s'étend sur 1,5 km attire de plus en plus de touristes (il y a même un camping pas loin). On vient de bon cœur s'y brûler les pieds... Des parasols en forme de paillotes attendent les pique-niqueurs. Attention, à certains endroits, la mer est dangereuse (surtout vers la gauche, près de la passe), mais il y a un poste MNS. Comme d'autres villes balnéaires de La Réunion, un second centre se trouve dans les Hauts, à 6 km. Attention donc de savoir où vous allez : Étang-Salé-les-Bains (autrement dit « les-Bas ») ou Étang-Salé-les-Hauts ?

Arriver – Quitter

➢ ***Saint-Denis et Saint-Pierre :*** en *Cars Jaunes* par les lignes T et ZO.
– Étang-Salé est également relié à Petite-Île, via Saint-Louis et Saint-Pierre, par la ligne *Litto*.

Adresse et info utiles

Office de tourisme d'Étang-Salé et des Avirons : *74, av. Octave-Bénard,* ***Étang-Salé-les-Bains.*** *☎ 0820-203-220 (prix d'appel + 0,08 €/mn). • accueil.otetangsale@gmail.com • sud.reunion.fr • Dans* *l'ancienne gare du Ti'Train, prendre à droite au 1er rond-point. Lun-sam 9h-12h, 13h-16h30.* Un lieu par lui-même original et accueillant. Réservation d'hébergements sur toute l'île, sorties patrimoine, location de voitures, activités sportives, etc. Boutique fort bien approvisionnée.

■ ***Distributeurs de billets :*** à Étang-Salé-les-Bains et à Étang-Salé-les-Hauts.

Où dormir ?

Camping

Camping municipal : *rue Guy-Hoareau,* ***Étang-Salé-les-Bains.*** ☎ *02-62-91-75-86.* • *camping-reunion.com* • *Après l'office de tourisme, tourner sur la droite au niveau du centre de vacances du Tampon, c'est juste après. Fermé pdt les fêtes de fin d'année. Env 20 €/emplacement, + 2 €/tranche de 2 pers.* Emplacements ombragés sous les filaos. Bien situé, pas loin de la plage et du centre. Barbecue à disposition, 3 points sanitaires et jusqu'à 500 personnes, faut-il préciser, pour qui rechercherait la tranquillité !

De très bon marché à bon marché

Les Sables Noirs : *88 bis, av. Raymond-Barre,* ***Étang-Salé-les-Hauts.*** *06-92-08-06-28.* • *sables noirs@orange.fr* • *En plein centre, à côté de l'église, face au bazar chinois. Compter 15 €/pers en dortoir, 45 € en double. Supplément pour la clim.* Une « pension » pour les petits budgets, bien tenue, proposant plusieurs types de chambres très simples mais propres, de la double au dortoir. Sanitaires en commun. Cuisine équipée à disposition des hôtes et grande terrasse pour prendre ses repas. Accueil sympathique.

Chambres d'hôtes Chez Gisèle : *3, sentier des Prunes, Ravine-Sheunon, chemin de Ligne,* ***Étang-Salé-les-Hauts.*** *06-92-08-19-88.* • *nathalie.savigny@orange.fr* • *Depuis le centre, à l'angle de la pharmacie Le Tamarinier, prendre le chemin Charbonnier sur 2 km, en direction de la montagne ; au 1er stop, tourner à droite sur le chemin de Ligne et continuer sur env 200 m. Double 40 €. Gîte 6 pers.* Dans une maison au calme et avec vue, 2 chambres agréables et simples. Possibilité d'utiliser la cuisine (avec un supplément). Le matin, excellent petit déjeuner sur la terrasse qui domine l'océan et Saint-Louis. Une bonne petite adresse, tenue par des exploitants agricoles ayant beaucoup à dire sur leur île.

Prix moyens

Locations Le Z'Oiseau Vert : *9, sentier des Abeilles,* ***Étang-Salé-les-Hauts.*** ☎ *02-62-45-70-96.* • *contact@zoiseauvert.re* • *zoiseau vert.re* • *Depuis la D 11, prendre dir. « Les Canots/Le Lambert » et grimper ; indiqué sur la gauche après la pharmacie (à env 1 km). Compter 371-651 €/sem selon capacité (2-7 pers). Réduc de 5 % janv-sept sur présentation de ce guide.* Plusieurs logements en bois de style créole disposés sur un grand et beau terrain un peu accidenté et boisé, tous plus charmants les uns que les autres. Cela va du bungalow « Tec-Tec » pour 2 personnes à la villa « Paille-en-queue » jusqu'à 7 personnes avec du beau mobilier créole. Une affaire tenue par un couple de métros particulièrement disponibles qui ont su insuffler des alizés positives à cet endroit reposant et à dimension humaine.

Meublé de tourisme Ti' Voyageur : *59 bis, chemin de Ligne,* ***Étang-Salé-les-Hauts.*** ☎ *02-62-26-56-18.* • *tivoyageur.fr* • *(1 bungalow). Depuis la D 11, prendre dir. « Les Canots/Le Lambert » et grimper jusqu'à la station de bus Maison-65, c'est 200 m après le gîte Chez Gisèle. Pour 2 à 6 pers, compter 273-476 €/sem.* Piscine, barbecue, kiosque : tout est concentré dans un petit espace, mais c'est mignon. Dans tous les logements, kitchenette, TV et clim. Possibilité de louer un véhicule. Belle vue depuis le jardin.

Zot Case en Natte : *3, impasse des Alamandas, route des Canots,* ***Étang-Salé-les-Hauts.*** *☎ 02-62-26-57-73. 06-92-82-33-26. • waro-lauret@wanadoo.fr • Sortir d'Étang-Salé-les-Hauts vers l'ouest et tourner à droite (D 19) dir. « Les Canots », l'impasse des Alamandas est 1,2 km plus haut, à gauche. Compter à partir de 440 €/sem (w-e possible sur demande).* Jolie case, en apparence bien moderne avec ses bardeaux peints en blanc, mais historique à sa manière : construite au Tampon, elle a été démontée puis remontée pièce par pièce à Étang-Salé. L'utilisation du bois de natte et de matériaux respectueux de l'environnement justifie largement le label « Bonne qualité environnementale ». 2 chambres climatisées, salle à manger, salon TV, terrasse avec barbecue. Signole Lauret, qui possède également des gîtes en bois de cryptomeria à Plaine-des-Cafres, habite la maison à côté.

Où manger à Étang-Salé-les-Bains ?

Deux ***camions-bars*** au niveau de la grande plage jusqu'à 20h. Au rond-point, passer devant *La Luna Rossa* et continuer jusqu'au parking. *Le Grand Bleu* est le plus proche de la plage. De bons sandwichs bien copieux. Et un camion-pizza sur le parking.

La Carangue : *1, rue Roger-Payet, au rond-point. ☎ 02-62-91-70-87. Tlj sf jeu. Buffet env 15 € en sem, env 23 € le w-e.* Grand choix de plats créoles et surtout asiatiques dans ce resto-brasserie sans aucun charme, mais placé stratégiquement. Également des pizzas et des grillades. À emporter ou à manger sur place, dans la grande salle ou sur la petite terrasse.

Le Bambou : *56, av. Octave-Bénard, près du rond-point. ☎ 02-62-91-70-28. Tlj sf mer. Plats 7-25 €.* Une autre vaste terrasse couverte et lambrissée pour déguster une cuisine variée à tous les prix. En plus des classiques (pâtes, pizzas, salades), on trouve à la carte des galettes bretonnes, mais aussi des moules, des poissons bien frais ou des crêpes en dessert. Service sympathique de surcroît. Penser à réserver, surtout le week-end.

À voir. À faire

Deux ***plages*** : celle du centre-ville, le *bassin Pirogue* avec ses bateaux de pêche et sa petite place sous les arbres. Pour y aller, après le rond-point, tourner à gauche au niveau de l'épicerie (celle-ci est ouverte même le dimanche). En face du poste MSN, une zone est aménagée avec des filets et permet normalement de se baigner en toute sécurité. La seconde plage se trouve sur l'ancienne nationale en continuant tout droit après le rond-point. Le parking est signalé par des camions-bars. Cela dit, gare à vos pieds, le sable noir brûle parfois vraiment.

➢ Mieux vaut prendre l'ancienne route pour rejoindre Saint-Pierre, c'est plus calme que la 4-voies. Au niveau du « ***Gouffre*** », l'endroit porte bien son nom. Il s'agit d'un couloir de basalte dans lequel s'engouffrent les vagues. Au départ du gouffre, un sentier de randonnée pédestre le long du littoral ainsi qu'une piste cyclable qui rejoint Saint-Louis et la forêt d'Étang-Salé.

La forêt d'Étang-Salé : en 1873, un Landais pense à stabiliser les dunes, comme cela a été fait chez lui. Depuis, les filaos ont poussé, et l'ONF a suivi pour arriver à 1 million de filaos sur une superficie de 900 ha. Cela fait maintenant la joie des promeneurs à pied et à VTT (départ du parking de *Croc Parc*). Également un parcours santé pour les amateurs. À noter qu'on peut rejoindre Étang-Salé-les-Bains par cette « coulée verte ». Par ailleurs, depuis le gouffre de l'Étang-Salé en direction du site de la roche des Oiseaux, le sentier littoral permet de se promener jusqu'à l'embouchure de l'Étang du Gol.

Croc Parc : *à* ***Étang-Salé-les-Hauts,*** *la ferme aux crocodiles est fléchée depuis la 4-voies ; c'est à 3 km, sur les hauteurs, le long de la route forestière. ☎ 02-62-91-40-41. • crocparc.re • Tlj 10h-17h30. Entrée : env 12 € ; 3-12 ans env 10 €.* Miniferme avec crocodiles et autres animaux à poils et à plumes, où les locaux passent la journée (jeux pour enfants, etc.), mais qui peut décevoir les visiteurs pressés s'ils ne veulent que photographier les crocos... L'idéal est d'être là pour voir Jo « Dundee » faire son show, à l'heure du repas (mercredi et dimanche à 16h). Si vous arrivez à l'heure de la sieste des crocos, il vous reste la possibilité de pique-niquer sur place.

Loisirs sportifs

■ ***Plongée-Salée :*** *5, rue Motais-de-Narbonne,* ***Étang-Salé-les-Bains.*** *☎ 02-62-91-71-23. • plongeesalee.com • Baptême env 65 € ; plongeur autonome non équipé et encadré env 56 €.* 2 sorties par jour et des sorties de nuit. Réserver 2 ou 3 jours à l'avance. Des ancrages ont été installés pour les baptêmes au Petit-Tombant (6-16 m).

– Possibilité de faire du ***trekking*** avec *Rando Run Océan Indien* (voir la rubrique « Randonnées » dans « La Réunion utile » en fin de guide).

– Dans le coin, sachez qu'on peut aussi faire du ***golf*** ou une ***balade à cheval,*** ou emmener les enfants dans un ***parc aquatique (Akoatys).***

SAINT-LOUIS (97450) 50 720 hab.

Quand on approche de Saint-Louis par l'ouest, on remarque sur la gauche de la quatre-voies une superbe allée de cocotiers et de palmiers royaux qui menait au château du Gol. Il ne reste que l'allée, car le château a été démonté pierre par pierre au milieu du XIXe s. Saint-Louis est une petite ville grouillante et cosmopolite, reconnaissable à son usine sucrière où est fabriqué le plus fameux sucre de l'île. En allant à Cilaos, ne rechignez pas à faire une étape dans cette ville multiculturelle où les Saint-Louisiens de toutes confessions (catholiques, musulmans et hindous) cohabitent en harmonie. La ville est aussi réputée pour le travail du bois. Dans les Hauts, une belle promenade à faire jusqu'à la Fenêtre des Makes, qui offre un panorama somptueux sur Cilaos.

Adresses et info utiles

Gare routière : *rue Saint-Philippe, dans le sud de la ville. Cars Jaunes, ☎ 0800-401-125. Alternéo, ☎ 0800-355-354. Tlj 5h30-18h.* Départs réguliers pour Saint-Denis (*Cars Jaunes,* lignes T, 01 et 02). Durée : 1h30. Liaisons très fréquentes pour Saint-Pierre, desservie par les 2 compagnies. Vers Les Makes (ligne n° 24 ; *Alternéo*), 9 bus/j. (7 le dim). Pour Cilaos (ligne n° 60 ; *Alternéo*), compter une douzaine de liaisons (ttes les 1-2h) en sem, un peu moins le dim.

✉ ***Poste :*** *à côté de la gare routière ; une autre à côté de la mairie, dans la rue principale.*

■ Plusieurs ***distributeurs*** dans l'avenue principale.

Où manger ?

Très bon marché

Charcuterie Corré : *65, rue Saint-Louis. ☎ 02-62-26-11-02. Ouv jusqu'à 14h (13h sam) ; fermé lun. Repas env 10 €.* Un traiteur réputé qui propose des plats à consommer sur place ou à emporter. *Rougail*-morue, sauté ou rôti d'agneau, mais aussi des sandwichs, salades, pâté de tête, poulet rôti... Une poignée de tables pour déjeuner sans façon. Le principal est là : c'est simple, frais et bon. Accueil aimable.

Boulangerie La Ronde des Pains : *à l'angle de l'av. principale et de la rue Saint-Louis. ☎ 02-62-45-59-83. Tlj jusqu'à 18h ; dim, slt mat.* On peut s'y attabler dans un cadre moderne et coloré. Une bonne escale pour grignoter sucré ou salé.

Où dormir ? Où manger à La Rivière-Saint-Louis et dans les Hauts ?

De bon marché à prix moyens

Ferme pédagogique Lou Cachet : *3, chemin Source-Songe, route de Cilaos (fléché sur la gauche). ☎ 02-62-38-09-81. 06-92-87-20-52. • ferme.loucachet@gmail.com • loucachet.re • 25 emplacements. Nuitée en camping 10 €/pers. Possibilité de se faire prêter une tente. Cabane 50 € ; tente safari (10 pers) 150 €. Pas de petit déj.* Dans la journée, cette petite ferme bio accueille les élèves et leur fait découvrir les animaux du domaine ainsi que la flore, grâce à des ateliers ludiques. Ceux qui dorment sur place peuvent profiter des activités, et les enfants sont ravis d'aller observer les oiseaux, de découvrir le potager, d'appréhender le monde des abeilles... Terrasses au milieu des arbres à litchis pour planter sa tente (le plus loin possible des stridents cocoricos de la basse-cour !). Également 3 cabanes perchées dans les arbres, façon Robinson. Toilettes sèches et cuisine à disposition. On peut acheter du miel, des fruits et légumes.

La Corbeille d'Or : *275 A, route Hubert-Delisle, Bellevue. 06-92-61-62-33. • lacorbeille.dor@gmail.com • lacorbeilledor.sitew.com • Dans les Hauts, bien au-dessus de la ville. Bus n° 25, arrêt « Pêcher ». Double 75 €, familiale également, avec petit déj. Gîte pour 2 pers 350 €/sem. Table d'hôtes sur résa 26 €.* Ah, qu'on est bien à la *Corbeille d'Or* ! Mireille et Chris sont un couple charmant qui cultive le sens de l'accueil, sincère et chaleureux. La volubile Mireille ne ménage pas sa peine : la chambre double, la suite familiale et le gîte pour 2 sont impeccables. Déco soignée, belle harmonie des couleurs, vue plongeante sur le littoral (d'où le nom) ; une piscine dans le jardin fleuri et un kiosque en bois pour lire confortablement complètent ce tableau idyllique. Petit déjeuner bien complet et repas très conviviaux le soir. Un excellent rapport qualité-prix.

Les Caps'Îles : *15, chemin des Ruches, 97421* ***La Rivière-Saint-Louis.*** *☎ 02-62-39-86-29. • lescapsiles@gmail.com • lescapsiles.fr • Dans une rue perpendiculaire à la route de Cilaos. Loc à la sem slt ; compter 290-360 € (2-4 pers).* Derrière la maison de votre hôte, 2 gîtes s'étagent sur le terrain entre caféiers, avocatiers, arbres à pain... Tant qu'à faire, on préfère le grand, avec ses 2 chambres et sa terrasse dominant le littoral. Celui pour 2 personnes bénéficie aussi d'une vue sur la mer. Également un 3e gîte, sans vue mais mieux équipé et moins cher. Dans tous les cas, pas de charme particulier, mais le confort est au rendez-vous et l'ensemble tiré au cordeau. Accueil chaleureux. Un très bon rapport qualité-prix pour une étape avant Cilaos ou la côte.

La Bamba : *8, rue des Gris, 97421* ***La Rivière-Saint-Louis.*** *☎ 02-62-38-68-10. Dans le village. Tlj. Plats 8-15 €.* C'est le rendez-vous du village, un café-resto sans chichis et convivial où les habitués viennent écluser un gorgeon entre deux parties de billard. Les repas sont servis sur l'agréable terrasse abritée par un toit de bambous. Au menu, spécialités créoles et chinoises de bon aloi et quelques plats métro, le tout à prix serrés. Le vendredi soir, pour changer, c'est moules-frites et karakoé !

Plus chic

Des Cabanes sur une Île : *3, allée des Marjolaines, 97421 **La Rivière-Saint-Louis.** 06-93-40-47-37. • contact@descabanessuruneile.com • descabanessuruneile.com • À env 6 km de Saint-Pierre ; prendre dir. Les Makes, puis à env 4,5 km, bifurquer à droite vers La Rivière (D 3) ; à 1,5 km, juste après l'arrêt de bus « Jean Hoarau », prendre la rue à droite (fléché ensuite). Bungalows 125-145 € pour 2, avec petit déj. Le soir, panier pique-nique 35 € pour 2, sur résa.* Le genre d'adresse coup de cœur que l'on aurait envie de garder rien que pour soi. Au bord d'une ravine boisée, au milieu d'une bambouseraie, Olivier et Anne-Sophie ont aménagé 5 superbes cabanes tout en bois. Quelques objets de récup en guise de déco, une petite dose d'insolite, beaucoup de sobriété, mais tout y est. Le matin, on est réveillé par les bruits de la nature. La cabane *Fleur de Jasmin* (la plus chère) bénéficie d'une vue sur la mer. Piscine avec vue, possibilité de massage. Une vraie adresse de charme. En revanche, l'endroit n'est pas adapté aux jeunes enfants.

À voir

Dans le centre

La mosquée Moubarak : elle possède le plus beau minaret de l'île (33 m), de style indo-pakistanais. L'***église*** (édifiée entre 1853 et 1866) est le plus grand édifice religieux de La Réunion. Le ***temple du Gol,*** classé Monument historique, est le plus ancien de l'île.

Ashram – La Maison de l'Inde : *90, rue Pierre-Mendès-France, dans le quartier du Gol, en surplomb de la sucrerie. ☎ 02-62-26-74-97. C'est fléché à l'entrée de Saint-Louis, puis les flèches se perdent. Compter 3 km à partir de la 1re et seule pancarte, à l'intersection Maison-Rouge/observatoire des Makes, dir. Bellevue. À la pancarte « Bellevue », descendre la rue Pierre-Mendès-France jusqu'en bas. Visite guidée tlj 8h-12h, 14h-18h. GRATUIT (donations acceptées). Enlever ses chaussures.* Musée privé abritant une petite collection d'instruments de musique indiens (sitars), des peintures réalisées à La Réunion et une série de sculptures délicatement ciselées. La maison abrite un ashram (monastère), dédié à Amma (la Mère), une Indienne aujourd'hui âgée d'une soixantaine d'années, qui sillonne le monde en prodiguant son amour à tous par étreintes. La petite communauté qui y vit rassemble des « statuts » divers : célibataires et familles, personnes ayant un travail extérieur ou pas... La visite guidée, très enrichissante, détaille les richesses du musée, répond aux questions sur la vie quotidienne, les rituels... tout en s'efforçant de faire passer un message universel de tolérance. Un joli jardin avec des espèces endémiques. Retraites possibles.

En dehors du centre

Le MADOI (*musée des Arts décoratifs de l'océan Indien*) **:** *17 A, chemin Maison-Rouge. ☎ 02-62-91-24-30. • madoi.re • Bien indiqué. Tlj sf lun 9h-17h30. Fermé 1er janv, 1er mai, 1er nov et 25 déc. Attention, le musée ferme également quelques jours entre chaque expo. Le domaine et la caféière sont visitables pour les groupes sur rdv. Entrée : 4 € (visite guidée mar à 10h, 8 €) ; réduc.* Les écuries d'un ancien domaine caféier abritent des expositions temporaires et thématiques uniques et remarquables par la diversité et le métissage des œuvres exposées. Meubles, textiles, porcelaines, objets d'arts et iconographies témoignent de la richesse de la production matérielle des grands foyers de civilisations islamiques, persans, hindous, africains, malgaches, chinois ou européens qui, depuis le XVIIe s se sont croisés dans cette zone géographique. On peut également découvrir le domaine de Maison Rouge, classé Monument historique, dernier domaine caféier du XVIIIe s de l'outre-mer français.

UNE GROSSIÈRE CONFUSION

Dans les années 1970, deux incidents survinrent le même jour : un camion transporteur de cannes à sucre s'était renversé, tandis qu'un cachalot s'était échoué sur une plage. Aucun rapport, mais le lendemain, un journal local fit une confusion et publia sous le texte concernant l'animal marin une photo... du camion ! Depuis, ces énormes engins sont appelés des cachalots.

La sucrerie du Gol : *à 2 km à l'ouest du centre ancien. ☎ 02-62-91-05-47. De Saint-Louis, par la 4-voies, prendre vers Étang-Salé-les-Bains et emprunter la sortie « Le Gol, Bel-Air », puis c'est fléché. Visite slt pdt la campagne sucrière, env juil-déc ; vérifier les dates précises. Plusieurs visites/j. de 1h30, visites nocturnes également. Résa indispensable par tél. Entrée : env 8 € ; réduc. Attention : les enfants de moins de 7 ans ne sont pas admis et la visite est déconseillée à ceux qui ont des difficultés pour se déplacer ou pour respirer (asthme, vertige...). Chaussures fermées indispensables, pas de talons, mais des pantalons, oui !* C'est l'usine la plus importante de l'île et l'une des deux dernières à subsister de la grande époque sucrière (il y en eut jusqu'à 18 sur l'île). Vous ne pouvez pas la rater, c'est l'objet non identifié qui, à la nuit tombée, ressemble à un vaisseau illuminé posé en lisière de la ville ! Près de 2 700 petits producteurs vendent ici leur récolte et 350 à 400 t y sont broyées par heure. Entre l'arrivée d'un chargement et sa transformation en cristaux de sucre, il se sera passé 21h. L'usine emploie 400 personnes en saison, période durant laquelle elle fonctionne 24h/24. Un *cachalot* (un énorme camion) y entre toutes les 4 mn. La visite permet de bien comprendre tout le processus de la fabrication du sucre, narré de manière pédagogique et vivante : déchargement, stockage, défibrage, passage par l'électroaimant (pour retirer les particules de fer), extraction du jus, dessablage, précipitation des particules à la chaux (production d'une écume qui servira d'engrais). Viennent ensuite l'évaporation, puis la cristallisation et la mise au point des différents types de sucre.

Artisanat du bois : *1, N 5,* ***Bois-de-Nèfles-Coco ;*** *env 100 m sur la gauche après le panneau de fin d'agglomération de Saint-Louis, en dir. de Cilaos. ☎ 02-62-26-13-75. Horaires variables : appeler avt de passer.* Une boutique qui propose des objets tournés sur bois. On y travaille le camphrier, le benjoin, le litchi, le tamarin et bien d'autres encore. Jeux, boîtes, plateaux...

Manifestation

– **Cavadee :** *janv-fév.* La ville est l'un des lieux, avec Saint-André, où l'on peut assister à la cérémonie du *Cavadee*. Les pénitents (300) partent de la rivière Saint-Étienne, en dessous du grand pont de la route de Saint-Pierre, et marchent jusqu'au temple situé dans le centre-ville.

DANS LES HAUTS DE SAINT-LOUIS

LES MAKES (97421)

À 13 km au nord de Saint-Louis ; fléché à partir de l'entrée de Saint-Louis ; accessible en bus au départ de Saint-Louis (ligne n° 24) ou en taxi collectif. Ce village constitue une excellente étape pour qui veut prendre la peine d'explorer les Hauts de Saint-Louis et accéder à la fameuse Fenêtre des Makes. C'est un village d'altitude typique de La Réunion (905 m), souvent dans les nuages entre 10h et 16h, entouré de superbes paysages montagneux. Prendre la jolie route D 20 avec de beaux points de vue sur la mer d'un côté, la montagne de l'autre.

Où dormir ? Où manger ?

De prix moyens à chic

Auberge de campagne Le Vieil Alambic : *chez M. et Mme d'Eurveilher, 55, rue Montplaisir. ☎ 02-62-37-82-77. 06-92-61-57-28. • levieilalambic.com • Suivre dir. La Fenêtre ; après la sortie du village, à env 1 km, c'est la dernière maison sur la gauche, indiquée Gîte de France. Double en ½ pens 105 €. Repas env 26 € (résa hautement conseillée).* 4 chambres impeccables avec salle de bains privée dans un bungalow en bois, et varangue commune pour profiter du calme. Jus frais au petit déjeuner et excellente table avec vue sur la mer, à laquelle sont proposés les produits de la ferme. Une vraie adresse authentique des Hauts, réputée pour son accueil. Un sentier permet de se faire une idée des environs proches. De l'autre côté de la route, un espace naturel aménagé avec des tables de pique-nique.

Les Bungalows des Makes : *5, rue des Raisins-Marrons. 06-92-77-28-38. • lesbungalowsdesmakes@gmail.com • location-bungalow-reunion.net • Après le 1er village des Makes, sur la route de La Fenêtre, sur la gauche à un petit carrefour. Prévoir 95 € la nuit pour 2 (petit déj en sus).* Laurent Ferrère, gérant du PMU des Makes, loue 4 chalets tout en rondins, légèrement en surplomb de la route, sur une jolie pelouse où glougloute une fontaine. Un kiosque pour s'attabler dehors, demi-pension sur demande. Également un spa (sauna et jacuzzi en accès payant) et la possibilité de bénéficier de soins esthétiques.

À voir

L'observatoire astronomique : *18, rue Bizet. ☎ 02-62-37-86-83. • obs.astronomique@wanadoo.fr • Sur les hauteurs du village, prendre la route tout à fait à droite au niveau de l'église, l'observatoire est fléché plus loin. Visites guidées et séances nocturnes, mais résa indispensable (sinon c'est fermé).* Situé au cœur d'un jardin superbement entretenu, ce petit observatoire, géré et animé par une équipe de professionnels sympathiques, est le seul de l'océan Indien. Pour le soir, prévoir des vêtements chauds, car il fait frisquet.

À faire

➢ ***Le sentier d'interprétation de Bon Accueil :*** 33 km de sentiers dans la forêt, pas très bien entretenus, mais également un sentier de découverte balisé de 1h (bois de pomme, tan rouge...) avec de nombreux oiseaux aux noms parfois pas piqués des vers (tec-tec, oiseau la Vierge...). Départ de la balade : en arrivant à l'église, prendre la route à gauche. Du sentier, on peut rejoindre le ***parc des Platanes,*** pour pique-niquer et faire la sieste. Le week-end, le site est pris d'assaut par les familles du coin. Tout le savoir-vivre réunionnais en direct.

– ***Makesaventures :*** *dans la forêt des Makes, situé à 1 300 m d'altitude. Résa obligatoire : 06-92-30-29-29. • info@makesaventures.com • makesaventures.com • Tlj pdt les vac scol et mer et sam-dim durant l'année. Ouv à 9h, derniers départs à 14h. Entrée : 22 € ; enfant 15 €. Buvette sur place.* 6 parcours d'accrobranche de niveaux différents dans les cryptomerias. Tyroliennes, saut de liane, « pas de géant » ou tonneaux : près de 110 attractions rythment ces différents parcours.

– Une ***balade à cheval*** (néophytes ou confirmés), grâce au *Centre équestre de La Fenêtre* : *31, route de Mont-Plaisir, chez Reine-Claude Laiton.* ☎ *02-62-37-88-74.* • *ceflafenetre@hotmail.fr* •

★★★ Après Les Makes, encore 11 km d'une route bétonnée qui longe des champs de géraniums et de christophines (également appelées *chouchou* – on les mange en gratins) jusqu'à la ***Fenêtre.*** Là, un balcon exceptionnel sur Cilaos et sur le sommet du piton des Neiges vous attend. Du belvédère, on peut rejoindre Piton-Cabris en une randonnée de 1h30 A/R sur un sentier assez escarpé.

★★ Les bons randonneurs pourront rejoindre le ***Petit Bénare*** (7h A/R) à partir du parking de la Fenêtre.

Manifestation

– ***Les Étoiles du terroir :*** *2 j. en août.* Mise en avant du patrimoine des Makes sur fond d'animations et d'artisanat. C'est surtout l'occasion de découvrir l'observatoire astronomique, avec des visites gratuites, et de mettre un coup de projecteur sur l'environnement magnifique.

L'ENTRE-DEUX (97414) 6 600 hab.

À 12 km au nord de Saint-Louis, par la D 26 ou par la D 27, un petit village de caractère, posé entre mer et montagne. Il a conservé une belle harmonie architecturale grâce à l'authenticité de ses maisons créoles multicolores, enfouies sous la végétation. Le tout dans un beau cadre montagneux. Ses premiers habitants cultivèrent le café, très en vogue au XVIIIe s et aujourd'hui patiemment remis à l'honneur. Puis la canne et le géranium prirent le dessus. C'est aujourd'hui un vivier d'artisans et d'artistes. La fabrication de la *savate choca* en est le meilleur exemple, tant elle est spécifique au village. L'Entre-Deux est intéressant comme camp de base pour de belles randonnées, mais aussi pour se reposer, sans être trop loin de la plage d'Étang-Salé.
Le village tire son nom de sa géographie. Il se trouve entre deux rivières, le Bras de la Plaine et le Bras de Cilaos, qui forment plus bas la rivière Saint-Étienne. Les deux Bras ont déjà creusé deux belles gorges de part et d'autre du plateau où se situe le village. Il est dominé par le Dimitile (1 837 m), montagne où se réfugièrent les esclaves en fuite.
– Pour se repérer, l'office de tourisme fournit un bon plan des environs.
– En juillet, c'est la ***fête du Choca*** (une plante) au village, sur 3 jours. Cette plante, de la famille des agaves, sert pour ses fibres ; on en mange également le cœur (chou).

Arriver – Quitter

En bus

➢ Liaisons en ***Cars Jaunes,*** ligne S5, avec Saint-Pierre ou Saint-Louis : 7 départs/j. en sem, 3 le dim, dans les 2 sens. Trajet : env 45 mn. ☎ *02-62-26-82-05.*

En voiture

Pour gagner le village, 2 routes, qui possèdent chacune leur charme. D'abord une portion commune, la D 26, puis, quelques kilomètres plus loin, elle fait une fourche : la D 27 à droite, qui emprunte le pont enjambant le Bras de la Plaine, un bel ouvrage d'art. On peut également prendre sur la gauche (D 26). Cette route est intéressante pour ses premiers kilomètres où, sur le côté droit, on peut observer une curieuse falaise, trouée comme un gruyère. Il s'agit d'une coulée pyroclastique (cendres), provenant d'une phase explosive du piton des Neiges. Elle présente d'énormes et étranges orifices, de véritables crevasses en fait, creusées par l'eau et le temps, où nichent les pigeons.

Adresse et infos utiles

Office de tourisme : *13, rue Fortuné-Hoarau. ☎ 02-62-39-69-80. • ot-entredeux.com • Dans le centre, dans une jolie case créole, au toit en bardeaux. Lun-sam 8h-12h, 13h30-17h, plus dim mat oct-nov.* Renseignements sur les randos pour le Dimitile et les sentiers dans le coin, les guides locaux, les boutiques et l'artisanat (se reporter à la rubrique « À voir. À faire »). Réservation d'hébergements sur toute l'île, sorties patrimoine, activités sportives, etc.

Gabier (distributeur de billets) à la poste.

– Lignes de bus *Casud* pour sillonner le village.

Où dormir ?

Camping

Camping Entre 2 Songes : *chez Isabelle et Rodolphe, 9, chemin Macaire. 06-92-82-57-75. • entre2songes@orange.fr • Dans le quartier du Bras-Long (dir. Bras-Long, le chemin Macaire est sur la gauche). Compter 12 €/pers avec sa propre tente, 15 € en hamac, 20 € en tente équipée, 25 € en gîte ; chambre et cabane perchée Robinsonges 65 € pour 2.* Seulement 6 emplacements dans un jardin luxuriant avec différents kiosques, des hamacs et une rivière. Un petit coin de rêve, en fait, à l'abri d'arbres fruitiers. 2 blocs sanitaires et 2 cuisines à disposition (dégustation de produits de la ferme avec la proprio). Également des lits en gîte familial (sanitaires et cuisine en commun avec le camping) ou chambres insolites appelées « Robinsonges ». Du *B & B* chez l'habitant version camping, quoi ! Avec un cadre aussi nature que l'accueil.

Bon marché

Chambres d'hôtes Les Durentas : *35 bis, rue Defaud, ravine des Citrons. ☎ 02-62-39-64-03. • nicole@lesdurentas.com • lesdurentas.com • À 3 km du bourg, vers Ravine-des-Citrons, indiqué sur la droite. Double 42 €. Repas 20 €.* 2 chambres dans une maison indépendante de celle des proprios, au calme, dans un joli potager. Chambres dépouillées, l'une orange, l'autre jaune, au confort simple mais tout à fait suffisant et puis on est vraiment au cœur de la vie créole. Excellent accueil et petite piscine agréable.

De chic à plus chic

Chambres d'hôtes Les Frangipaniers : *165, rue Jean-Lauret, Ravine-des-Citrons. ☎ 02-62-39-51-08. • frangipaniers@orange.fr • À 2 km du bourg, dir. du Dimitile, sur la gauche. Double env 95 €.* Très belle adresse pour le repos qui s'affiche volontiers « station de bien-être ». Les 2 chambres décorées avec goût et bois *péi* occupent une jolie maison créole dans le jardin des proprios. Depuis la terrasse du petit déj, vue sur la côte tout en bas. Dans le jardin, des frangipaniers, bien sûr, des orchidées et un spa de plein air (prestation offerte). Également un sauna et un hammam payants, bienvenus après l'ascension du Dimitile.

Entre Deux Rêves : *8, impasse du Margouillat. 06-92-70-37-43.*

• *entredeuxreves@gmail.com* • *entre-deux-reves.com* • *Avt d'arriver dans le bourg, côté gauche. Doubles 85-115 € selon période. 5 chambres et 1 appartement (4 pers max).* Chambres pas bien grandes, mais de style contemporain, lumineuses et à l'aménagement soigné. Également un joli salon-cuisine à disposition. L'ensemble s'articule autour d'une belle piscine, mais la circulation tout autour n'est pas des plus pratique avec des enfants. De l'autre côté de la maison, on découvre une de ces vues, à couper le souffle ! Le regard peut embrasser mer et montagne en même temps, depuis le jacuzzi et le bar... Une belle escale.

L'Échappée Belle : *13, impasse du Palmier.* ☎ *02-62-22-91-31.* *06-92-55-55-37.* • *lechappee-belle974@orange.fr* • *lechappee-belle.com* • *En plein centre. Compter 105 € la double (dégressif à partir de la 3e nuit consécutive). Également un gîte (2 chambres).* Très au calme, tout au fond d'une impasse, 4 belles chambres à la décoration soignée, dans un pavillon indépendant de la maison des propriétaires, Sébastian et Audrey. L'une des chambres peut accueillir 3 personnes. Cuisine commune. Salon avec TV et bibliothèque. Piscine, jacuzzi et grand jardin arboré. Une belle adresse.

Où manger ?

De bon marché à prix moyens

On signale quelques petits restos locaux comme ***L'Estanco*** *(☎ 02-62-44-14-25)* ou encore ***Le Régal des Hauts*** *(06-92-72-81-45 ; spécialités de pizzas),* parmi les seuls ouverts le soir 6 jours sur 7. Sinon, un bon plan pour le midi consiste à acheter un plat à emporter et à aller le manger sur l'aire de pique-nique de Bras-Long à 3 km du centre (également un snack sur place le week-end).

Le Gadjak : *1, rue Fortuné-Hoarau, juste en face de l'hôtel de ville. 06-92-41-03-69. Tlj sf dim, à midi slt jusqu'à 16h ou 18h selon saison. Plats à partir de 9 €. CB refusées.* Case colorée en plein centre du village, avec quelques tables. Raphaël et Sylvaine y proposent une cuisine de terroir de bon aloi. Le *choca* bleu y est parfois à l'honneur. Glaces artisanales et jus de fruits frais. Ne pas arriver trop tard, la carte est courte, les plats à emporter sont très appréciés, et il n'y en aura pas pour tout le monde !

Le Longanis : *9 bis, rue du Commerce (la rue principale). ☎ 02-62-39-70-56. Fermé le soir mar, mer, dim et j. fériés. Plats et salades env 10-20 €.* Une adresse familiale, fréquentée pour sa cuisine créole. Salle colorée et terrasse modestes, nappes fleuries, et accueil adorable. Les locaux y viennent aussi en nombre pour les plats à emporter.

Chez Josian et Céline : *11, chemin Bastian, CD 26, Le Serre. 06-92-94-17-73. Avt d'arriver sur L'Entre-Deux, indiqué sur la droite. Repas env 25 € le midi, env 27 € le soir ; sur résa slt.* Attenant à une ferme, beau jardin avec différentes parcelles dans lequel planter sa tente, totalement isolé, dans la nature. Également des tables de pique-nique et possibilité de table paysanne, au feu de bois. Accueil chaleureux de Josian et Céline.

Chic

O Libané : *16, rue Césaire. ☎ 06-92-24-82-10. Derrière l'office de tourisme. Mer-sam, midi et soir. Menu 3 plats env 35 € (plus 25 € le midi pour 2 plats).* On s'installe avec délice dans cette élégante case créole en bois pour découvrir une cuisine gastro aux tendances libano-françaises. Des plats franchement réussis qui n'ont pas tardé à faire parler d'eux dès les débuts en 2016, à peine sortis des fourneaux. Roula tient les recettes de sa grand-mère. Accueil aux petits oignons pour ne rien gâcher.

À voir. À faire

Les artisans : L'Entre-Deux possède une longue tradition artisanale. Une vingtaine d'artisans travaillent à domicile. On peut leur rendre visite. Sinon, ils exposent à l'*espace artisanal,* situé à 100 m de la Poste, sur le côté gauche de la rue principale (06-93-92-81-23 ; mar et jeu 8h30-11h30). L'office de tourisme fournit un plan pour mieux les trouver. Il est très conseillé de les appeler au préalable, car l'artisanat, pour ces personnes, reste souvent une seconde activité. *Françoise Payet* (☎ 02-62-39-52-28) propose des *savates choca,* des chapeaux, des broderies... et explique son travail. Sinon, *Babouk Kréation* (06-92-09-73-58) est un atelier d'objets décoratifs, notamment de lampes en bois et de mobilier en fer forgé. *Kado Kréol* (06-92-65-40-81) fabrique des objets artisanaux comme des alambics, diffuseurs et personnages du pays. Il y a aussi un tailleur de pierre et un tisaneur, très connu à La Réunion (il a son émission à la radio), Frantz Ledoyen, dit Kakouk (06-92-83-81-87). Il vit sur les hauteurs, peu avant le début de la piste forestière pour le Dimitile.

Circuit des Cases et Jardins créoles : *infos à l'office de tourisme. Tlj à 10h et 14h, slt sur résa directement auprès du guide (06-92-36-89-25). Tarif : 10 €.* Visite de 1h30 au départ de l'office, sur le thème de l'architecture, de l'histoire du village et des jardins. Une visite menée par un guide passionnant.

- Différentes autres **visites-activités** originales à L'Entre-Deux, une bourgade décidément dynamique : préparation de pain dans un four traditionnel *(four Duportail, ☎ 02-62-39-60-06),* jardin d'hôtes *Entre-Deux Songes* (06-92-82-57-75), atelier de création de parfums *Mémoire d'Sens* (06-92-92-56-53). Également des sentiers *RandoCroquis* : l'un, au départ de l'office de tourisme est axé sur le patrimoine architectural ; l'autre, au départ du parking situé à côté du court de tennis, est consacré au paysage... Possibilité de balade en compagnie d'un écoguide pour découvrir les écosystèmes et la biodiversité de la forêt (06-92-60-64-04 ; • natureetpatrimoine@outlook.fr • ; le dim sur résa à 9h ; compter 18 €/pers et 3h15). *Infos à l'office de tourisme.*

Plusieurs balades sympas et faciles à faire autour de L'Entre-Deux. L'office de tourisme propose une brochure gratuite qui répertorie 5 itinéraires dans le village ou dans les proches environs, à faire en famille, de 1h à 1h15. Parmi eux, le sentier du bassin Sassa (un mix de végétation et d'eau) et le Coteau Sec que l'on aime bien. Original, car on peut aussi « compiler » ces 5 sentiers en 4h. Parmi les autres possibilités de promenade demandant un peu plus de temps, le plateau Raisin (3h A/R) et le pont de la Liane (1h15-1h30 A/R). Cette dernière permet de descendre, en 25-30 mn, au fond de la rivière Bras de la Plaine, près de 200 m plus bas. Une passerelle (appelée pont de la Liane) l'enjambe. De l'autre côté, ça remonte au Tampon. Possibilité de baignade.

LE DIMITILE

Plusieurs itinéraires pour s'y rendre, le premier assez simple, les deux autres plus difficiles. Une belle balade en perspective, au milieu des goyaviers et des acacias, avec de nombreux points de vue sur les Hauts de la région et des crêtes en fin de parcours. Dans le cadre de la commémoration du 20 décembre, sept stèles-souvenirs ont été installées à son sommet où l'on peut visiter l'Espace culturel muséographique avec des panneaux et surtout un camp de marrons reconstitué (06-92-64-52-75 ; • le-capitaine-dimitile.re • ; *planning d'ouverture disponible auprès de l'office de tourisme).* Visite *(env 2 €)* bien faite.

Conseils : dans tous les cas, ne pas partir seul, éviter les jours de pluie et se lever tôt. Se renseigner impérativement auprès de l'office de tourisme au préalable (fournit une carte avec descriptif des sentiers). Des randonnées accompagnées sont proposées : s'adresser, par exemple, à ***Bouillon d'Aventure*** (*06-92-66-93-87*).

– *Sentier du Dimitile par la chapelle :* départ de la piste forestière au bout de la D 26, au portail (parking). On est déjà à 1 100 m d'altitude. Permet en 5h A/R de faire l'ascension en passant par la *chapelle* du Dimitile (1 745 m) où une tombe rassemble les restes des victimes du cyclone de 1948, pour gagner ensuite les plus beaux points de vue sur le cirque de Cilaos : l'Espace culturel muséographique puis la table d'orientation sont à 30 mn environ de la chapelle.

– *Par le sentier du Zèbre :* départ dans la rue Le Bord. Durée : 7h A/R ; assez difficile, dénivelée positive de plus de 1 400 m. Déconseillé aux personnes sujettes aux vertiges.

– *Par le sentier de la Grande-Jument :* direction Ravine-des-Citrons (sentier fléché près de la chapelle Saint-Expedit, au chemin Trou-de-Terre). Mêmes remarques que pour le sentier précédent.

– On peut aussi monter au Dimitile en véhicule 4x4. Contacter l'agence : ***Kréolie 4x4,*** avec Thierry Nativel, qui connaît bien le coin et les plantes. ☎ *02-62-39-50-87.* • *kreolie4x4.com* •

Ou encore *Z'île 4x4* : *06-92-81-99-74.* Si vous y montez avec votre propre véhicule 4x4, n'oubliez pas de passer à l'office de tourisme (muni de la carte grise du véhicule et d'une pièce d'identité) qui vous délivrera un laissez-passer (gratuit) permettant l'accès à la piste forestière.

LE « GUETTEUR » N'AVAIT PAS VU LE CYCLONE

Les sommets des Hauts de L'Entre-Deux furent d'abord occupés par une cinquantaine de marrons (esclaves en fuite). Ils donnèrent son nom à la montagne : dimitile signifie « guetteur » en malgache. Des familles de Petits Blancs s'y installèrent ensuite pour entamer une culture prospère de géraniums, jusqu'à ce qu'un cyclone les déloge en 1948.

Où dormir ?

Il y a plusieurs gîtes sur les flancs du Dimitile, qui n'ouvrent que sur réservation. Indispensable de s'y prendre à l'avance, infos à l'office de tourisme.

Tikaze Gilbert : *au* ***Dimitile.*** *06-92-88-07-22. Compter 20 € la nuitée (min 5 pers).* Mignon chalet meublé dans la nature avec 2 dortoirs de 5 personnes et 1 chambre double. On y accède par un sentier de 4 km (2h), accompagné par Gilbert, poète à sa manière et peu avare en explications sur le coin. Les sacs lourds peuvent être transportés en 4x4. Apporter ses provisions pour faire sa popote.

Gîte Beldan : *à moins de 1 km de la chapelle du Dimitile.* • *gilbert.beldan@hotmail.fr* • *Compter 43 €/pers en pens complète.*

LA CÔTE SUD-EST

SAINT-PIERRE

(97410) 81 415 hab.

• Plan *p. 170-171*

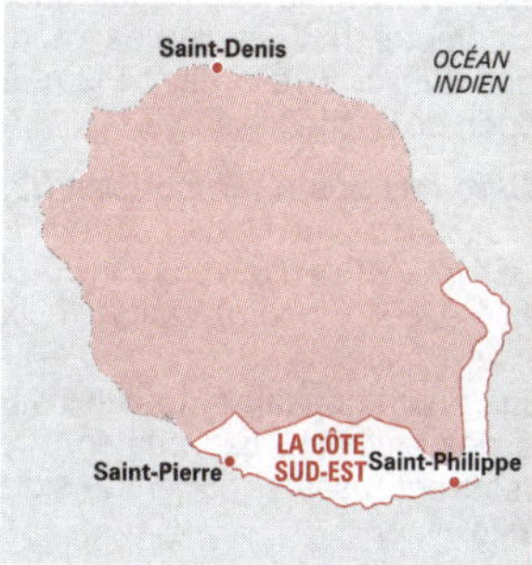

LE MARATHON DES MERS

C'est depuis le port de Saint-Pierre que s'ébranle, 4 fois par an, le Marion Dufresne, *le bateau qui approvisionne les équipes travaillant sur les Terres australes et antarctiques françaises. En moins d'un mois, le navire parcourt près de 10 000 km à une vitesse avoisinant les 16 nœuds. Essayez-donc de faire 5 allers-retours entre le sud et le nord de la France avec un Solex de plus de 10 000 tonnes, vous verrez !*

Capitale du Sud et troisième ville de l'île (après Saint-Denis et Saint-Paul), voici une ville importante dans l'histoire de La Réunion. Elle a d'ailleurs reçu le label « Ville d'art et d'histoire ». Il y règne une atmosphère animée. La promenade qui longe l'océan est bien aménagée avec ses « jardins de la plage » où l'on vient pique-niquer en famille avant d'aller piquer une tête sur la très longue plage, bien agréable. Le centre-ville est quadrillé comme une petite cité coloniale avec des avenues et des rues se croisant à angle droit, de bas en haut. C'est pratique comme une ville américaine, et convivial comme une ville tropicale. La plupart des rues aboutissent à un long boulevard animé longeant l'océan Indien (on en profite surtout la nuit !). À Saint-Pierre, on trouve

aussi un charmant quartier et petit port de pêche (Terre-Sainte), un cimetière intéressant, plusieurs temples tamouls, une mosquée, des églises, un marché pittoresque à ciel ouvert le samedi matin, un port de plaisance aménagé pour le plaisir des promeneurs, sans oublier... le siège des TAAF (Terres australes et antarctiques françaises) ! Saint-Pierre est aussi un passage obligé d'une côte à l'autre et la porte d'accès aux hautes plaines et au volcan. C'est un bon point de chute pour rayonner dans les environs, d'autant qu'il y a de nombreuses possibilités d'hébergement en ville comme dans les villages aux alentours, et pas mal de bonnes tables à découvrir.

Arriver – Quitter

En avion

✈ ***Aéroport de Pierrefonds*** *(hors plan par A1)* **:** *à 5 km de Saint-Pierre vers Saint-Louis. ☎ 02-62-96-80-00. • pierrefonds.aeroport.fr •* Liaisons avec l'île Maurice, l'île Rodrigues et l'île Sainte-Marie à Madagascar. Taxis sur le parking de l'aéroport (en fonction des vols). Sinon, la ligne T des *Cars Jaunes* dessert les villes de la côte ouest, de Saint-Pierre (gare routière) jusqu'à l'aéroport de Saint-Denis, via l'aéroport de Pierrefonds (8 bus/j.).

Compagnies aériennes

■ ***Air Austral*** *(plan C2,* ***3****)* **:** *6, bd Hubert-de-Lisle. ☎ 0825-013-012 (0,15 €/mn). • air-austral.com • Lun-ven 8h30-17h30, sam 8h30-11h45.*

■ ***Air Mauritius*** *(plan B2,* ***4****)* **:** *7, rue François-de-Mahy. ☎ 02-62-96-06-00. • airmauritius.com • Lun-ven 9h-12h, 13h30-17h30, sam 9h-11h30.*

■ ***Madagasikara Airways :*** *à l'aéroport. 📱 06-92-20-02-61. • madagasikaraairways.com •*

En bus

🚌 ***Gare routière*** *(plan B1,* ***1****)* **:** *1, rue du Presbytère. ☎ 02-62-35-67-28. Point info : en principe, ouv en sem 5h30-19h ; sam 5h30-11h, 12h30-17h ; dim 6h-12h, 13h-17h30.* Saint-Pierre est un important carrefour routier de l'île. Pour plus de détails, se reporter à la rubrique « Transports » dans « La Réunion utile » en début de guide.

➢ D'ici partent et arrivent les nombreux cars jaunes pour ***Saint-Denis, Saint-Benoît*** (via ***Saint-Philippe*** ou via ***Le Tampon*** et ***Bourg-Murat***).

➢ Pas de bus direct pour Cilaos : prendre les lignes 01, 02, S3 ou S4 jusqu'à la gare de Saint-Louis puis le bus n° 60 de la compagnie *Alternéo.*

➢ La ligne *Z'Éclair ZO* relie Saint-Pierre et ***Saint-Denis*** sans arrêt (env 12 bus/j. sf dim et j. fériés). C'est plus rapide que le *Car Jaune* classique (lignes 1 et 2), mais aussi plus cher (5 €) ; compter 1h30 au lieu de 2h30. La ligne *Z'Éclair T* relie Saint-Pierre à l'aéroport de Saint-Denis.

🚌 ***Gare des bus Alternéo*** *(plan B2,* ***2****)* **:** *à côté du marché couvert. ☎ 0800-355-354 (n° Vert). • alterneo.re • Ticket env 1,50 € (1,80 € à bord), valable 1h, et autorise 1 changement.*

➢ Bus pour l'hôpital, et tous les villages des environs. Les bus sont le plus souvent roses et portent le sigle *Alternéo.*

Adresses et infos utiles

ℹ ***Office de tourisme de Saint-Pierre*** *(plan C2)* **:** *capitainerie du port Lislet-Geoffroy, pl. Napoléon-Hoareau. ☎ 0820-20-32-20 (prix d'appel + 0,09 €/mn). • sud.reunion.fr • En principe lun-sam 8h-18h, dim et j. fériés 8h-12h.* Réservation d'hébergements sur toute l'île, sorties patrimoine, circuits de randonnée, location de voitures, activités sportives, etc. Plan de ville, un circuit de découverte de Saint-Pierre et nombreuses brochures. Boutique artisanale.

– ***Visites guidées :*** le pôle *Valorisation du Patrimoine de la ville* propose des visites guidées de Saint-Pierre et de ses environs (quartier de Terre-Sainte, vieux Saint-Pierre, etc.). *Infos et résas : ☎ 02-62-96-29-10. Compter 5 € (avec repas : 25 €) ; réduc. Durée : 1h30 en moyenne.*

■ ***Horizon Réunion :*** *93, allée de la Source. ☎ 02-62-02-40-00. • horizon-reunion.com • Réduc de 25 €/pers pour tt voyage d'une durée min de 7 nuitées (valable sur les Autotours ou Treks) en mentionnant le code promo « ROUTARD18 » dans le formulaire de résa ou par mail à • contact@horizon-reunion.com •* Agence de voyage locale spécialiste du voyage sur mesure à La Réunion et des combinés avec l'île Maurice. Une équipe de passionnés, experts de la destination et œuvrant à la valorisation d'un tourisme responsable. L'agence Horizon Réunion s'attache à concevoir des voyages de qualité personnalisés pour une découverte hors des sentiers battus de l'île intense en privilégiant les petites structures d'hébergement chez l'habitant ou les petits hôtels de charme.

■ ***Laverie du Centre*** *(plan B2,* ***5****) : 2, rue François-Isautier. Tlj 7h-20h.*

■ ***Location de vélos : Vélo & Oxygen,*** *23, pl. Napoléon-Hoarau. ☎ 02-62-44-01-97. Tlj sf dim 8h (9h sam)-12h, 14h-18h.* VTT et vélos électriques.

Où dormir ?

Très bon marché

Pension Ognard *(plan B1,* ***10****) : 111-113, rue François-Isautier. ☎ 02-62-25-89-72. • marcel.ognard@orange.fr • pensionognard.com • Près de la gare routière, dans un quartier résidentiel et paisible. Double 30 €, dégressif à partir de 4 nuits. Parking.* Dans une maison indépendante, en contrebas de la rue, une dizaine de chambres sommaires mais correctes et ouvrant, pour certaines, sur le grand jardin familial. Douches et w-c dans le couloir. Pas de petit déj, mais mise à disposition d'une terrasse et d'une cuisine extérieure. Vous pouvez vous servir sur les arbres fruitiers. Une adresse bien tenue, au rapport qualité-prix imbattable.

Pension touristique Chez Papa Daya *(plan C2,* ***11****) : 27, rue du Four-à-Chaux. ☎ 02-62-25-64-87. • chez.papa.daya@orange.fr • chezpapadaya.com • Doubles 30-40 € avec sdb commune ou privée. Parking gratuit.* Fameuse pension de la ville d'une vingtaine de chambres, tenue depuis des lustres par un Indien chaleureux et son fils Roger, très accueillants et pro. Noter le bel artisanat malgache à la réception, souvenir d'une autre vie. Chambres certes simples, mais spacieuses et bien entretenues, toutes avec clim et minibar. Préférer celles de l'étage, lumineuses, qui ont l'avantage de se partager une grande terrasse (mais aussi la salle de bains pour le coup). Sinon, il reste la grande cour arborée et un petit jardin tropical charmant pour les autres résidents. Salon TV et espace cuisine à disposition, pour le petit déj et des repas froids.

Chambres chez Mme Queland *(plan B1,* ***12****) : 7, allée des Flamboyants, Ravine-Blanche. ☎ 02-62-25-35-69. • queland@wanadoo.fr • Prendre la rue Leblond, puis la rue de la République et 1re à droite. Doubles env 38-40 € sans ou avec clim ; bungalow 48-50 € ; dégressif à partir de 3 nuits. Pas de petit déj.* Caché dans une allée résidentielle, la maison de Mme Queland renferme 2 chambres simples et propres, avec salle de bains privée, TV, clim, ventilo et cuisine équipée commune donnant sur la terrasse. Sinon, au fond du jardin, 2 bungalows en bois avec cuisine équipée et salle de bains. Là encore, un rapport qualité-prix très honorable.

Bon marché

Hôtel Cap Sud *(plan B2,* ***13****) : 6, rue Caumont. ☎ 02-62-25-75-64. • hotel-capsud@orange.fr • hotel-capsud-reunion.com • ♿ Réception 11h-19h. Doubles 50-55 € sans ou avec TV. Parking.* Petit hôtel fonctionnel à une centaine de mètres de la plage, aux chambres confortables (clim, salles

LA CÔTE SUD-EST

■ **Adresses utiles**

- Office de tourisme
- 1 Gare routière
- 2 Gare des bus Alternéo
- 3 Air Austral
- 4 Air Mauritius
- 5 Laverie du Centre
- 8 Association nautique de Saint-Pierre

Où dormir ?

- 10 Pension Ognard
- 11 Pension touristique Chez Papa Daya
- 12 Chambres chez Mme Queland
- 13 Hôtel Cap Sud
- 14 Tèr Marine
- 15 Lindsey Hôtel
- 16 Alizé Plage
- 18 Le Battant des Lames
- 19 Hôtel Le Saint-Pierre
- 20 Villa Morgane
- 21 Villa Belle
- 22 Villa Delisle
- 23 P'ti Coin Letchis et Les Oiseaux du Paradis
- 24 Ti Kaz Bourbon, Tipalais et Villa Ambralini

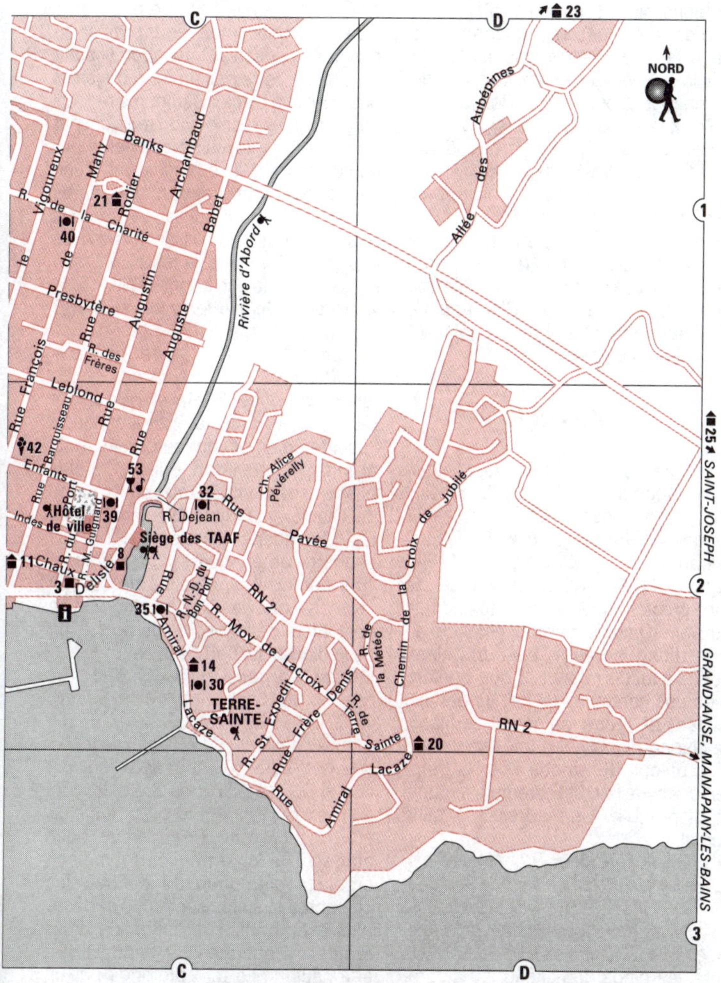

SAINT-PIERRE

25 Chambres d'hôtes Entre Ciel et Mer
26 Le Domaine des Pierres

Où manger ?

30 La Terrasse
31 Les Bons Enfants
32 La Baie des Anges
33 Art i show
34 Restaurant du Lavoir
35 Ancre Terre et Mer
36 Belo Horizonte
37 La Kaz à Léa
38 Le Caraco
39 Ô Baya
40 Le Flagrant Délice

Où déguster une glace ?

42 Castel Glacier
43 Aloha
45 Steff

Où boire un verre ?
Où danser ?

51 Factory Pub et Le Five
53 Le Toit
54 Long Board Café

de bains nickel), simples, plaisantes et bien entretenues. Balcons côté rue, avec une agréable vue sur la mer depuis le 2e étage. Assez frais en saison chaude, c'est un plus. Bon accueil.

Tèr Marine (plan C2, **14**) : *51, rue Amiral-Lacaze, à Terre-Sainte. 06-93-44-42-68 ou 06-92-65-13-06. • termarinelareunion@gmail.com • Compter 60 €, ménage inclus ; min 3 nuits. Pas de petit déj.* Un petit bungalow pour 2, dans le jardin des proprios, dans ce vieux quartier de pêcheurs, à deux pas de la plage. Bien équipé, cosy avec une chambre, un salon et une cuisine équipée.

De chic à plus chic

Lindsey Hôtel (plan B2, **15**) : *21 bis, rue François-Isautier. ☎ 02-62-24-60-11. • lindseyhotel@yahoo.fr • lindsey-hotel-reunion.fr • Face à la gare routière. Doubles 90-120 €. Parking.* Ce joli petit édifice de style créole moderne, aux faux airs de Nouvelle-Orléans, central, est isolé au fond d'une impasse, bien au calme. Bonne situation donc, et bon confort, avec des chambres nickel, modernes, teintées de rouge, de gris et de blanc. La plupart disposent d'une terrasse ou d'un balcon. Piscinette pour la trempette. Accueil particulièrement aimable et disponible. Une adresse à taille humaine.

Alizé Plage (plan B2, **16**) : *17 bis, bd Hubert-Delisle, au bout de la plage. ☎ 02-62-35-22-21. • alizeplage@ilereunion.com • hotel-restaurant-alize-plage.re • Doubles 95-120 €.* Un hôtel les pieds dans l'eau, au centre-ville. Une quinzaine de chambres spacieuses et rénovées, dans des tons gris clair, à l'ameublement standard, avec balcon ou terrasse, AC et TV (vue sur mer pour les plus chères). Plage au pied de l'hôtel (avec un bras un peu long, vous pourriez presque étaler la crème solaire sur les plagistes depuis votre balcon).

Le Battant des Lames (plan A2, **18**) : *117, bd Hubert-Delisle. ☎ 02-62-61-61-61. • reservation@lebattantdeslames.com • lebattantdeslames.com • Doubles 105-170 €. Petit déj 14 €. Parking.* On ne peut rêver meilleur emplacement pour profiter du charme de l'océan et du lagon (il suffit de pousser le portail au fond du jardin pour fouler la plage). Chambres modernes, équipées d'un balcon rafraîchi par les vents du large mais seules les supérieures et les *deluxe* bénéficient d'une vue directe sur l'océan. Certaines standard donnent sur la rue (avouez que c'est frustrant !). Bar au bord de la piscine. Sur place, le resto *Le Grand Large* se révèle une bonne table.

Hôtel Le Saint-Pierre (plan B2, **19**) : *51, av. des Indes. ☎ 02-62-61-16-11. • reservation@hotelsaintpierre.fr • hotellesaintpierre.fr • Doubles 109-129 €. Parking.* Bel établissement récent, dont la vaste entrée stylée, à l'esprit contemporain (béton ciré, bois et murs bleutés) donne le ton. L'établissement compte une soixantaine de chambres à l'ameublement actuel. Les plus chères disposent d'une kitchenette aménagée sur la terrasse. Très confortable, cela va de soi, en revanche, pas de vue sur la mer. On se contentera de la piscine de poche, un peu coincée au fond de la cour.

Villa Morgane (plan D2, **20**) : *334, rue Amiral-Lacaze, à Terre-Sainte. ☎ 02-62-25-82-77. 06-92-82-91-84. • reservations@hotel-villamorgane-reunion.com • hotel-villamorgane-reunion.com • Dans la dir. de Saint-Joseph, au rond-point, sur la droite. Bus nos 1 et 5. Double env 130 €.* La belle adresse de charme : cette maison créole a beaucoup de cachet, les chambres et suites sont cosy et décorées avec goût en fonction de différentes thématiques, et l'accueil est à la hauteur. Le tout prolongé par un délicieux jardin fleuri, avec un adorable coin piscine. Parfait pour cocooner.

Beaucoup plus chic

Villa Belle (plan C1, **21**) : *45, rue Rodier. 06-92-65-89-99. • villabelle@wanadoo.fr • villabelle.e-monsite.com • Doubles env 170-230 € ; petit déj 20 € ; brunch 40 €, dîner avec vin 65 €.* En centre-ville, cet ancien domaine créole a fait peau neuve dans un style sophistiqué, où l'ancien et le moderne s'imbriquent avec harmonie. Dans les parties communes et dans les chambres superbes (dont une suite spa, exceptionnelle), tout a été pensé avec goût et originalité. Les immenses chambres coloniales flottent même sur un lac artificiel ! Grand jardin avec une varangue cossue et, cachée dans un écrin de verdure, une adorable piscine dotée d'un jacuzzi, ainsi qu'un salon-bibliothèque et un spa. Une adresse hors norme.

Villa Delisle *(plan B2,* ***22****) : 42, bd Hubert-Delisle. ☎ 02-62-70-77-08. • info@hotel-villadelisle.com • hotel-villadelisle.com • Doubles 175-250 € ; suites plus chères ; petit déj et 1h au bain hydromassant et/ou hammam inclus. Parfois des promos sur le site. Parking privé.* Sur le front de mer, un établissement d'une quarantaine de chambres, joliment rénové dans un style créole. Chambres très réussies et confortables, aménagées par une décoratrice d'intérieur. Les standard, sans balcon, donnent à l'arrière. Le petit déj se prend au bord de la piscine. Bar de style colonial et jardin verdoyant. Spa, possibilité de soins corporels. Sans oublier le resto de bonne tenue. Une adresse élégante et raffinée.

Où dormir hors du centre ?

Voir aussi nos adresses à Mont-Vert, Grands-Bois, Petite-Île, Manapany et à Tampon ou Saint-Louis.

De très bon marché à bon marché

P'ti Coin Letchis *(hors plan par D1,* ***23****) : 40, chemin Bassin-Martin. 06-92-30-21-39. • contact@pticoinletchis.re • pticoinletchis.re • À 7 km env de Saint-Pierre. Doubles 35-40 € ; dégressif à partir de 4 nuits. Pas de petit déj. Également 2 gîtes pour 2-4 pers 45 €.* Dans les Hauts de Saint-Pierre, dans une propriété tranquille noyée sous les arbres fruitiers, une poignée de chambres récentes, impeccables et soigneusement décorées, ce qui n'est pas si fréquent dans cette catégorie de prix. 2 cuisines communes et pas mal d'espace. Également des gîtes tout aussi bien tenus et de bon confort. Des yourtes devraient être prochainement installées. Les propriétaires habitent juste à côté. Imbattable rapport qualité-prix, d'autant que l'accueil est très sympa !

Ti Kaz Bourbon *(hors plan par B1,* ***24****) : 105 A, ancienne RN 3,* ***Condé****, 97432 Saint-Pierre. ☎ 02-62-22-63-99. • tkb974@gmail.com • meubleiledelareunion.fr • À env 8 km de Saint-Pierre ; du centre-ville, prendre la 4-voies vers le Tampon, puis la sortie n° 1 Condé. Au rond-point, repasser sous la 4-voies, la reprendre en sens inverse et 1re sortie à droite : prendre alors la route qui la longe. Env 285-320 €/sem pour 2 (ou 2 + 1 enfant). Parking.* Dans cette maison colorée bien cachée en contrebas de la rue, au calme, les sympathiques propriétaires ont pensé à tout : une piscine, une grande terrasse commune avec cuisine extérieure (indispensable pour les grillades ou les apéros entre voisins !), un jardin bien entretenu, et 4 hébergements nickel et bien aménagés. Ça fleure bon les vacances !

Les Oiseaux du Paradis *(hors plan par D1,* ***23****) : 38, chemin Bassin-Martin,* ***Bassin-Plat****, 97410 Saint-Pierre. 06-92-66-08-25. • gite.paradis@wanadoo.fr • gite-oiseauxduparadis.com • À 6 km de Saint-Pierre. Prendre la route du Tampon, puis 3e sortie à droite, sortie « Basse-Terre », les Casernes, puis dir. Bassin-Plat. Longer l'Hyper U, c'est le 4e chemin à gauche. Nuitée 49-59 € pour 2-4 pers ; min 2 nuits.* On ne peut rêver environnement plus paisible, cerné comme on l'est ici par les champs de canne, d'où l'on voit dépasser la mer, en contrebas. Les 2 villas offrent le même confort, impeccable. 2 chambres à l'étage, salon et cuisine équipée au rez-de-chaussée ouvrant sur la varangue et le jardin fleuri doté d'un barbecue. Les charmants propriétaires habitent à côté.

Chic

Tipalais *(hors plan par B1,* ***24****) : 80, av. Nelson-Mandela, Ligne Paradis.*

☎ 02-62-44-10-45. • tipalais.com • À env 6 km de Saint-Pierre ; chambre 100 €, studio et duplex 120 € ; dégressif à partir de 3 nuits. Perdu au bout d'un petit chemin de terre et au bord d'un champ de canne à sucre, on découvre un *Tipalais* qui a tout d'un grand : de l'espace à l'intérieur comme à l'extérieur de cette villa moderne, une superbe vue, des chambres et appartements très bien équipés et une déco contemporaine, colorée et design. Le pain frais et les viennoiseries sont déposés devant votre porte le matin, et tout le reste vous attend dans votre frigo ; vous prenez donc votre petit déj quand le cœur vous en dit, sur votre terrasse, face à la belle piscine. Bref, que du bonheur. Une poignée de chiens sympas. Accueil charmant de Franck en prime.

Villa Ambralini *(hors plan par B1, **24**) : 33, chemin Reboul, 97432 **Ligne-des-Bambous.** ☎ 02-62-38-17-24. 06-92-11-13-33. • mehari_chevalier@yahoo.fr • villaambralini.fr • À env 6,5 km de Saint-Pierre ; dir. Tampon (N 3), puis à 5 km, dir. Lignes-des-Bambous ; dans le village, au 2e rond-point, prendre le chemin à gauche. Double 95 € ; tarifs dégressifs. Repas 28 €.* Dans leur maison récente, Pascale et Pascal proposent, à l'étage, 2 chambres d'un blanc immaculé. Elles disposent d'un salon et d'une grande terrasse commune avec vue sur Cilaos au loin. Déco sobre et de bon goût. Literie de qualité, mais w-c peu intimes pour l'une des chambres. Piscine dans un agréable jardin. Cerise sur le gâteau, Pascale fait des massages...

Chambres d'hôtes Entre Ciel et Mer *(hors plan par D2, **25**) : 1276, chemin Boissy. 06-93-60-19-46. • entrecieletmer.re • À 8 km de Saint-Pierre ; suivre dir. CHU Terre-Sainte-Boissy ; 800 m après le CHU, bifurquer à gauche (panneau Terre-Rouge). Doubles et bungalows 90-95 €, petit déj compris.* Belle maison récente construite sur les hauteurs et dissimulée derrière un grand portail électrique. 3 chambres soignées et plaisantes dont 1 familiale. Mais on a un petit faible pour les bungalows en bois, à l'écart de l'habitation, posés au bord de la ravine des Cafres. Chacun dispose d'une terrasse pour profiter sereinement du cadre. Cuisine équipée commune. Le point fort de l'adresse est incontestablement la vue sur la côte depuis le jardin et la piscine. Bel accueil.

Beaucoup plus chic

Le Domaine des Pierres *(hors plan par A1, **26**) : 60, CD 26, route de L'Entre-Deux. ☎ 02-62-55-43-85. • domainedespierres@wanadoo.fr • domainedespierres.com • À 8,5 km de Saint-Pierre ; de Pierrefonds, prendre la D 26 vers L'Entre-Deux, c'est indiqué à env 500 m sur la gauche. Doubles 142-181 € selon standing, petit déj 15 €.* Bel ensemble de bungalows en bardeaux de bois, chacun comprenant 3 à 4 chambres de plain-pied, joliment aménagées et tout confort. Les plus chères sont équipées de lits à baldaquin et disposent d'une terrasse : très romantique. Le tout s'organisant autour d'une jolie piscine, dans un jardin jouxtant le parc Exotica (entrée gratuite pour les clients de l'hôtel). Accueil pro.

Où manger ?

Les pépites gastronomiques, c'est bien à Saint-Pierre qu'il faut les chercher. Des tables créatives, nichées dans des galeries d'art, des terrasses fleuries, des décors insolites...

De très bon marché à bon marché

De nombreux ***camions-bars*** en bordure de plage, sur toute la longueur du boulevard Hubert-Delisle, vendent des plats à emporter ou à consommer sur place ; certains proposent de copieux *caris*.

La Terrasse *(plan C2, **30**) : rue Amiral-Lacaze, à Terre-Sainte. 06-92-25-17-28. Lun-ven 7h30-19h, sam 10h-15h. Congés : de juil à mi-août et 2 sem en janv. Compter env 7-12,50 € pour la part de tarte ou croque-monsieur + salade. CB refusées.* Sympathique escale simple et colorée, en retrait et en surplomb de la petite route qui longe la mer, où l'on peut s'attabler dès le matin pour prendre un petit déjeuner. Dans l'assiette, tartes salées ou plat du jour (du genre tartare de poisson ou carpaccio de bœuf). Et un dessert maison peut-être ? Crème brûlée, moelleux au chocolat, île flottante...

I●I **Les Bons Enfants** *(plan B2, **31**) : 124, rue des Bons-Enfants. ☎ 02-62-25-08-27. Tlj jusqu'à 22h. Plats env 7-8 €.* C'est la bonne cantine du coin. Midi et soir, les habitués font gentiment la queue un numéro à la main, agglutinés autour du grand comptoir central où s'entassent une vingtaine de plats (porc, bœuf, poulet, poisson, crevettes...). Bonne cuisine chinoise et créole, d'un excellent rapport qualité-prix-quantité. On s'attable dans l'une des 2 vastes salles climatisées, aussi gaies qu'un réfectoire d'école. On peut aussi emporter.

Prix moyens

I●I **La Baie des Anges** *(plan C2, **32**) : 28, av. du Président-François-Mitterrand. 📱 06-92-39-79-65. • labaiedesangesdavid@orange.fr • Face à l'église de Terre-Sainte. Fermé dim-lun et sam midi. Formule déj en sem 14 € ; plats 16-23 €.* Derrière une façade discrète, difficile d'imaginer la belle cour ombragée, paisible et agréable qui vous attend au bas de l'escalier. La carte propose des viandes, des poissons (pas mal de tartares) et des produits locaux, préparés sur des tonalités à dominante métro. C'est simple, sans esbroufe et goûteux. Du beau travail.

I●I **Art i show** *(plan B1, **33**) : 107, rue Suffren. ☎ 02-62-13-78-05. 📱 06-92-60-63-76. Tlj sf dim-lun, mar midi et sam midi. Résa conseillée. Formule déj env 16 € ; plats env 20-25 € le soir.* Vente d'albums de musique ou de bijoux, tableaux aux murs, soirées thématiques (contes, philo, concerts...). Voilà pour l'esprit du lieu. Atmosphère très détendue et bohème, donc. Dans l'assiette, des plats souvent inventifs et des desserts plus classiques, le tout servi avec le sourire. 2 salles et 2 ambiances : une terrasse couverte, du bois sous les fesses, du gravier sous les pieds, des petites bougies sur la table ; ou du côté de l'entrée, une poignée de tables hautes ou très basses (on s'installe sur des coussins), d'où l'on assiste au ballet cuisine-comptoir-salle en profitant de l'expo du moment sur les murs.

I●I **Restaurant du Lavoir** *(plan B1, **34**) : 46, rue du Lavoir. ☎ 02-62-01-74-83. • restaurantdulavoir@gmail.com • ♿ Ouv le midi lun-ven et le soir jeu-ven. Congés : 3 sem en janv. Résa conseillée. Formule déj 12 € ; plats env 12-19 €. Digestif maison offert sur présentation de ce guide.* C'est un brin excentré, mais ça vaut la peine de venir jusqu'à cette paisible terrasse ombragée. D'abord, parce que l'accueil est vraiment sympa et décontracté, ensuite, parce que la cuisine est méritante. Produits bien choisis : on se régale d'un poisson frais, d'une spécialité créole ou métro, ou tout simplement d'un bon plat du jour. Et le tout à des tarifs très raisonnables. Impeccable.

I●I **Ancre Terre et Mer** *(plan C2, **35**) : 31, rue Amiral-Lacaze. ☎ 02-62-27-97-52. • ancre.terre@gmail.com • ♿ Fermé lun, mar et dim soir. Plats env 15-29 €. Apéritif maison offert sur présentation de ce guide.* La maison est connue pour ses excellentes spécialités de tartares de poisson, mais ses plats de poisson et de viande, voire son burger revisité, ne font pas que de la figuration ! Dans tous les cas, c'est bon, bien servi, et joliment mis en scène. De quoi passer un bon moment en terrasse, dans une belle cour ombragée, paisible et fleurie. Accueil très sympa.

I●I **Belo Horizonte** *(plan B2, **36**) : 10, rue François-de-Mahy. ☎ 02-62-22-31-95. Ouv le midi slt sf dim, plus le soir jeu-sam. Salades et pizzas env 11-13 € ; plats env 15-25 €. Digestif maison offert sur présentation de ce guide.* Salades, pâtes fraîches, pizzas, tartes salées, et quelques propositions plutôt classiques de viande et de poisson : avec une telle carte, chacun devrait y trouver son compte, d'autant que le résultat est tout à fait convenable. L'autre avantage, c'est le cadre agréable, surtout en terrasse dans la jolie cour intérieure. Le soir, l'atmosphère est intime. Service très aimable, parfois un peu longuet tout de même.

La Kaz à Léa (plan B2, **37**) : *34, rue François-Isautier. ☎ 02-62-25-04-25. Tlj sf dim. Formule déj 15 € ; plats env 16-28 €. Digestif maison offert sur présentation de ce guide.* Un agréable restaurant créole, avec une jolie terrasse organisée autour d'une fontaine et plutôt romantique le soir. À l'intérieur, la déco est plus moderne. Atmosphère chic et décontractée à la fois. Prenez un cocktail de fruits frais « Léa » ou un punch coco en attendant votre poisson grillé d'une fraîcheur garantie, ou une spécialité métro-créole bien amenée. Il y a même des hamburgers pour les inconditionnels. Crêpe flambée au rhum ou ananas melba qui vous laisseront baba, au dessert.

Le Caraco (plan B2, **38**) : *46, bd Hubert-Delisle. ☎ 02-62-25-28-67. Fermé lun et dim soir. Plats env 9-22 €.* Sur le front de mer, ce resto populaire, où les tables jouent à touche-touche, propose une carte étendue. Mais ce qui nous intéresse surtout, ce sont les spécialités du jour inscrites sur un tableau noir ; des poissons préparés façon créole, comme ces *camarons* vanille ou le *cari*-légine. Sans être très fin, c'est bon et copieux. En revanche, l'endroit peut être bruyant...

Chic

Ô Baya (plan C2, **39**) : *7, rue Auguste-Babet. ☎ 02-62-59-66-94. Fermé sam midi, et dim-lun. Plats env 18-29 €.* Une adresse qui marche fort. Le cadre soigné et branché y est pour beaucoup (couloir rougeoyant agrémenté de plantes vertes, coin salon pour les amoureux, tables hautes, expo d'artistes...), mais c'est surtout la cuisine qui fidélise les foules. Les plats sont bien exécutés, joliment présentés, et associent avec bonheur les saveurs : qu'il s'agisse, par exemple, d'une trilogie de tartares ou d'un poisson au pain d'épice, on se régale. Vraiment sympa, comme l'accueil.

Le Flagrant Délice (plan C1, **40**) : *115, rue François-de-Mahy (entrée rue de la Charité). 📱 06-92-87-28-03. Fermé sam midi, dim et lun. Formules déj en sem 15-20 € ; plats env 23-29 €.* L'une des belles adresses de Saint-Pierre : atmosphère relax, cadre soigné d'une villa cossue (jolie salle contemporaine ou terrasse irrésistible au bord de la piscine d'ornement – donc pas de baignade) et spécialités métisses qui ravissent les papilles. Les produits sont bons, bien travaillés et l'assiette est à l'image de la déco de l'ensemble de la maison. Du charme à revendre !

Où déguster une glace ?

Castel Glacier (plan C2, **42**) : *38, rue François-de-Mahy. ☎ 02-62-22-96-56. Tlj sf lun soir et dim mat.* Cadre de salon de thé dans un style moderne sans importance, mais c'est bien sûr pour les très bonnes glaces que les gourmands font la queue.

Aloha (plan B-C2, **43**) : *51, rue François-de-Mahy. ☎ 02-62-35-53-53. Lun-sam 11h30-19h (23h sam) ; dim 14h-19h30.* Propose des glaces en cornet ou en coupe, en plus des crêpes et des galettes. Goûter par exemple aux glaces les plus mangées en Inde (*kulfi* et rose-coco-cardamome) parmi les dizaines de parfums proposés. Accueil sympathique du patron.

Steff (plan B2, **45**) : *47 bis, rue du Four-à-Chaux. Tlj 13h (14h le w-e)-18h. À côté de la gare routière.* À la sortie d'un trajet en bus, on apprécie pleinement les glaces et sorbets aux fruits *péi*, fabriqués sur place : jambrosade, pitaya, gingembre, vanille Bourbon...

Où boire un verre ? Où danser ?

La capitale du Sud offre de nombreux endroits où s'amuser. Si vous avez un véhicule, l'*Apollo Night* est la boîte de Ravine-des-Cabris et *Le Chapiteau* celle de Ravine-des-Cafres. Sinon, en front de mer, outre les boîtes mentionnées plus bas, rendez-vous au *Duplex* et au *Five*.

Le Toit (plan C2, **53**) : *16, rue Auguste-Babet. ☎ 02-62-35-55-53. Mar-sam 18h30-0h30. Congés : août et 2 sem fin déc.* *Le Toit* est le bar des copains par excellence : ambiance très conviviale, déco échevelée sympa, tartines à grignoter et bonne sélection musicale. Tout pour plaire.

Long Board Café (plan B2, **54**) : *18, bd Hubert-Delisle, sur le petit front de mer. Fermé lun soir.* Un bar logé dans une ancienne maison créole, dont les quelques tables profitent d'une vue imprenable sur l'océan. Photogénique ! Concerts et soirées à thème.

Factory Pub (plan B2, **51**) : *40, bd Hubert-Delisle. ☎ 02-62-59-31-78. Tlj jusqu'à 2h.* Une adresse dans l'air du temps qui s'articule autour du bar central. Clientèle de 25-30 ans, qui se trémousse un peu quand la mayonnaise a pris. Tous les ingrédients d'une bonne soirée sont dans le shaker !

Le Five (plan B2, **51**) : *8, rue François-de-Mahy. 06-92-97-02-22. Mer-sam 18h-2h (5h ven-sam).* Le bar-resto-boîte de nuit, tendance mode, relativement incontournable des soirées festives à Saint-Pierre. L'espace lounge est agréable pour prendre un verre installé dans les fauteuils, sous la voûte étoilée. DJs et boîte de nuit le week-end. Les moins de 30 ans doivent montrer patte blanche pour entrer.

Achats et marchés

– **Le marché couvert** (plan B2) : *à côté de la gare des bus Alternéo, dans le centre. Lun-sam 8h-17h.* L'architecture métallique en forme de kiosque date de 1858. Restauré à la fin du XXe s, le marché abrite une ribambelle d'étals d'épices, de textiles brodés de Madagascar et d'artisanat de La Réunion, de sculptures sur bois et de souvenirs bon marché. Probablement le marché le moins cher de l'île.

– **Le marché forain** (plan A2) : *sur le front de mer, sam 5h-12h, en plein air.* C'est l'un des plus beaux marchés de l'île avec celui de Saint-Paul, très animé. On y trouve un concentré de produits régionaux et d'artisanat, à des prix abordables. En vrac, on côtoie l'un des derniers écaillistes de l'île, qui réalise des bijoux avec de l'écaille de tortue, de superbes fleurs tropicales, un apiculteur, un club de parapente venu présenter son activité, des bijoux réalisés avec des graines locales de fruits et légumes... Bref, plein d'idées originales à mettre dans son cabas.

– **Autres marchés** : *le* ***marché aux fleurs*** *(mer mat) se situe derrière le marché couvert. La* ***brocante de Saint-Pierre*** *est organisée le 2e dim de chaque mois (jusqu'à 13h), sur le parking du lycée professionnel, dans la rue Luc-Lorion.*

À voir. À faire

Visite guidée possible avec le Pôle Valorisation du patrimoine. Voir « Adresses et infos utiles », plus haut.

Le siège des TAAF (plan C2) : *rue Gabriel-Dejean. ☎ 02-62-96-78-37. • taaf.fr • Lun-ven 8h30-12h, 14h-17h. Petite boutique avec timbres et livres. GRATUIT.* « TAAF » ? Ouh, une très vague notion qui remonte au lycée... Allez, on vous aide : les « Terres australes et antarctiques françaises ». Elles constituent une

DES LAPINS TROP CHOUX

Le chou de Kerguelen est la plante emblématique des Iles Kerguelen. Il a sauvé de nombreux marins du scorbut (d'où son nom latin Pringlea antiscorbutica*). Depuis la création de la réserve naturelle nationale des Terres australes françaises, toutes les espèces natives qu'elle abrite sont protégées, y compris donc ce fameux chou. Malheureusement, les lapins introduits par l'homme il y a plusieurs décennies sur l'archipel en raffolent, et le chou disparaît petit à petit.*

collectivité territoriale atypique qui englobe, dans l'océan Indien, les archipels de Crozet, des Kerguelen, les îles Saint-Paul et Amsterdam, les îles Éparses et, plus isolée encore, la terre Adélie (Antarctique). À vos mappemondes ! À la tête des TAAF, un préfet qui a une double casquette (car qui dit pas d'habitants permanents dit pas d'électeurs... le préfet est donc à la fois représentant de l'État et exécutif de la collectivité).
Ces territoires représentent divers intérêts pour la France : maintien de la souveraineté française, soutien de programmes scientifiques, préservation d'un environnement unique, zone de pêche (légine, thon, langouste) ; une zone de pêche exclusive, trois fois supérieure à celle de la métropole quand même ! Chaque année, quelque 300 personnes sont réparties sur les bases pour des missions de 6 mois à 1 an. Pour préserver ces espaces fragiles, la réserve naturelle nationale des Terres australes françaises a été créée en 2006. Il s'agit de la réserve naturelle la plus étendue de France.
Une petite exposition présente le travail des hommes, militaires, scientifiques ou civils, qui s'invitent une poignée de mois sur ces territoires pour protéger et effectuer des recherches, reliés à la terre ferme par avion militaire (îles Éparses) ou par bateau (jusqu'à 15 jours de mer pour rallier les îles australes). Qui n'a jamais rêvé de leur emboîter le pas ? Sachez qu'il est possible d'envoyer une carte postale avec un timbre édité par les TAAF (en vente au siège), et demander à ce qu'elle soit oblitérée aux Kerguelen, en terre Adélie, etc. Il faudra être juste un peu patient pour qu'elle arrive à son destinataire (le voyage peut prendre 3 ou 4 mois...).

La rivière d'Abord *(plan C1-2)* **:** jetez un œil sur l'embouchure de cette rivière qui fut au départ de la création de ce quartier. Il prit le nom de Saint-Pierre, en 1731, en hommage au gouverneur Pierre-Benoît Dumas (qui n'était pourtant pas un saint). Voir aussi la grotte de Notre-Dame-de-Lourdes, dans la rue Gabriel-Dejean, où le culte de la Vierge et celui de Saint-Expedit sont associés.

L'hôtel de ville *(plan C2)* **:** entre la rue du Port et la rue Auguste-Babet. Long bâtiment typique de l'époque coloniale (fin XVIIIe s) puisqu'il servait d'entrepôt et de bâtiment administratif à la Compagnie des Indes. Classé Monument historique en 1982. C'est l'un des plus anciens édifices de la ville. Remarquez l'horloge de la façade principale et, à travers les hautes fenêtres, les plafonds en bois. Construit par des ingénieurs de marine, son toit d'origine était probablement en forme de carène de vaisseau renversé. Visite possible aux heures de bureau, ça sent bon l'encaustique. En face, un petit jardin fleuri, bien agréable avec sa fontaine et un point d'eau.

Dans le centre-ville, nombreuses ***cases créoles historiques,*** certaines luxueuses, notamment rue Marius-et-Ary-Leblond (face à l'église). Au n° 18, la maison Motais de Narbonne, aujourd'hui la sous-préfecture, avec ses murs jaunes et les piliers blancs de la galerie, au 1er étage. Au n° 21, la maison Adam de Villers, sans doute la plus ancienne de la ville (1770-1780). Au n° 46, le temple chinois (pagode Guan Di), rouge et jaune, sous un tapis de verdure, dégage une certaine sérénité. Il suffit de passer sous la porte arrondie pour se retrouver dans l'espace spirituel. Il ne faut pas hésiter à se perdre dans les hauteurs de Saint-Pierre, traîner du côté des coiffeurs, des petites boutiques, prendre un café avec les joueurs de cartes sur le front de mer, manger un bonbon au miel... bref, vivre au rythme créole.

La plage **:** longue et bien pratique, elle s'anime de bon matin, avec les joggeurs et les nageurs matinaux. Il n'y a pas d'oursins dans le carré délimité devant le poste MNS et devant l'hôtel *Alizé Plage*. Douches publiques sur la promenade et aménagements pour les enfants. Le lagon de la plage de Saint-Pierre est très populaire, un vrai plaisir que de se balader sur la jetée et admirer les bateaux... Et il est bordé de plusieurs petits restos tout aussi populaires, profitant d'une belle vue.

Le quartier de Terre-Sainte *(plan C2)* **:** un quartier entièrement consacré à la pêche (espadon, thon, zomar...), avec beaucoup de charme et d'authenticité.

On peut, en fin de journée, s'installer sous un banian avec les joueurs de dominos – il y a parfois du Pagnol créole dans les intonations – ou prendre un verre en terrasse en admirant le coucher du soleil. Noter que la route est en sens unique. La ruelle Lallemand (si vous la trouvez !) mène dans un quartier de *p'tites cases créoles* de pêcheurs. Quant au port de plaisance Lislet-Geoffroy, il a été aménagé pour qu'on puisse s'y balader et assister au départ des bateaux de pêche.

Les temples tamouls Karli et Nassaringua-Perournal *(plan A1)* **:** *rue Mahatma-Gandhi, à l'entrée ouest de la ville, quartier Ravine-Blanche, Saint-Pierre. Ne se visitent pas, mais méritent un coup d'œil de l'extérieur.* Le temple Karli est considéré comme le plus beau de l'île, avec celui de Saint-André. C'est en tout cas un des plus grands, consacré à la divinité Skri Maha Bada Karli.
Un peu plus à l'ouest, un autre temple tamoul, celui de Nassaringua-Perournal.

Le cimetière *(plan B2)* **:** *à l'entrée ouest de la ville, le long du bd Hubert-Delisle.* L'autre nécropole fameuse de La Réunion (avec celle de Saint-Paul). Depuis l'entrée principale, prendre l'allée de gauche. Une croix noire signale la tombe rouge d'un certain Sitarane, bandit légendaire de l'île à qui la population attribua des pouvoirs maléfiques. Au début du XXe s, une mystérieuse série de cambriolages, parfois suivis de meurtres, terrorisèrent les habitants de la région. Les méfaits avaient lieu sans le moindre bruit. Seules traces laissées : de curieux trous dans les portes... Pratiqués à l'aide d'un vilebrequin, ils permettaient de faire passer le bras d'un homme, qui actionnait le loquet. En 1909, après un cambriolage manqué, la bande est démasquée. À sa tête, Sitarane, un gardien de nuit africain qui se prétendait immortel. Parmi ses complices, un sorcier du nom de Saint-Ange qui préparait des poudres spéciales pour endormir les victimes et des morceaux de viande empoisonnés pour les chiens !

ÇA FOUT LA TROUILLE !

Malgré son exécution après un procès retentissant, le tueur Sitarane, à qui l'on prêtait des pouvoirs occultes, continue à fasciner, un siècle après sa mort. Sur sa tombe, l'herbe ne pousse pas, car celle-ci est piétinée par des visiteurs nocturnes, qui déposent bougies votives et bandeaux de tissu rouge, couleur symbolique chez les Malbars. Certaines nuits, des verres de rhum sont déposés sur la tombe et de la terre est prélevée pour jeter un sort à un ennemi.

Sports et loisirs

– ***Bato Péï :*** *06-92-64-81-97. • batopei.re • Rdv sur le port. Adulte : 23 € ; moins de 12 ans 17 €.* Sortie en bateau quand les conditions le permettent (observation de mammifères marins, sorties sensations).

– ***Plongée sous-marine :*** sur cette côte, les fonds sous-marins sont moins visités. Les conditions ne sont pas bonnes toute l'année ; les plongées de juin à août sont plus sportives. La ville est exposée pendant la saison des alizés.

■ **Association nautique de Saint-Pierre** *(plan C2,* ***8****)* **:** *7, rue Gabriel-Dejean. ☎ 02-62-25-26-32. • contact@ansp.re • ansp.re •* Installé le long de la rivière d'Abord.

– ***Voile :*** même local et même numéro de téléphone que l'*Association nautique de Saint-Pierre.* Cours de planche à voile, Optimist et sortie à la demi-journée en *First Class 8* vers le Sud sauvage. Assez original pour découvrir cette fameuse côte.

– ***Tour de l'île en hélico :*** *avec* ***Corail Hélicoptères,*** *aéroport de Pierrefonds (hall d'accueil), situé entre Saint-Louis et Saint-Pierre. ☎ 02-62-22-22-66.*

• corail-helicopteres.com • Depuis la 4-voies, sortir à Pierrefonds et suivre le fléchage « Pierrefonds Aéroport ». Voir la rubrique « Sports et loisirs » dans le chapitre « La Réunion utile ».

– ***ULM :*** moins cher que l'hélico (mais pas donné non plus) et aussi plus impressionnant. *Plusieurs compagnies à l'aéroport de Pierrefonds.* Consulter nos pages « Sports et loisirs » dans « La Réunion utile ».

Manifestations

– ***Sakifo Festival :*** *3 j. en mai ou juin. • sakifo.com •* Gros festival de musique, avec des pointures nationales et internationales.
– ***Grand Raid :*** *ou encore la Diagonale des Fous, en oct. • grandraid-reunion.com •* Départ de Saint-Pierre, traversée des trois cirques et arrivée à Saint-Denis dans la même journée pour les meilleurs. Les plus lents mettent 3 jours ! Une course mythique de 162 km de parcours qui rassemble près de 2 500 participants.

DANS LES ENVIRONS DE SAINT-PIERRE

🕴🕴 ***La Saga du Rhum*** *(hors plan par A1) : chemin Frédéline. ☎ 02-62-35-81-90. • sagadurhum.fr • ♿ À 5 km env au nord-ouest de Saint-Pierre : panneaux depuis le rond-point de Ravine-Blanche (situé à la sortie de la ville, dir. Saint-Denis). Tlj 10h-18h (dernier billet à 17h). Fermé 1er et 2 janv, 1er mai, 3 sem en juin, 14 juil, 1er nov et 25 déc. Entrée : env 10,50 € ; réduc. Visites guidées à 10h, 11h, 14h, 15h et 16h. Audioguide : 2 €.* En partenariat avec les deux autres distilleries de l'île, rivière du Mât (Saint-Benoît) et Savanna (Saint-André), la vénérable distillerie familiale Isautier, riche de l'expérience de six générations (170 ans en 2015 !), a créé ce beau musée pour promouvoir le rhum réunionnais. Sa particularité, à la différence des Antilles, c'est l'utilisation de la mélasse pour produire un rhum dit « traditionnel » et non « agricole », ce qui lui vaut une moindre réputation. Pourtant le rhum réunionnais mérite d'être mieux connu. C'est tout le propos de cet espace séduisant, à la muséographie claire et bien documentée, dont les différentes sections évoquent tour à tour l'histoire mouvementée du sucre à La Réunion, les méthodes de production, et la commercialisation du rhum (belle collection d'étiquettes). On touche même du doigt la réalité du travail de la canne, en empruntant une passerelle qui surplombe d'impressionnantes machines, dont un grand moulin à canne datant des années 1940, un ensemble industriel unique sur l'île. On conseille la visite guidée, très pédagogique, avec des anecdotes, des explications sur les procédés d'extraction, sur l'utilisation de la bagasse (résidu ligneux) dans les centrales thermiques, ou sur la manière dont fonctionne une colonne de distillation, par exemple.
🍷 Après l'effort, le réconfort, en fin de visite, direction le bar pour une dégustation de rhum(s) dans les règles !

🕴🕴🕴 ***Le Domaine du Café Grillé*** *(hors plan par A1) : 10, allée des Cèdres,* ***Pierrefonds.*** *☎ 02-62-24-15-40. • infos@domaineducafegrille.fr • domaine-cafegrille-st-pierre.com • ♿ À env 7,5 km à l'ouest de Saint-Pierre ; de la 4-voies, sortir à l'échangeur pour L'Entre-Deux, c'est de l'autre côté du rond-point, côté mer. Mar-dim 9h30-17h (dernier billet 1h avt). Entrée : 7 € ; ½ tarif moins de 12 ans. Compter min 1h30 de visite guidée (mar-sam 10h30 et 14h30, dim 10h30 et 15h) ; possibilité de visiter seul le jardin, demander les brochures à l'entrée. On vous prêtera même des ombrelles pour vous protéger du soleil.* Ce jardin botanique créole est le résultat d'une heureuse initiative privée, celle d'un horticulteur passionné, M. Luspot, qui a patiemment préparé son projet. Après une petite vidéo de présentation, les visiteurs pénètrent dans son domaine merveilleux, 5 ha divisés

en plusieurs zones qui se succèdent au fil de la balade. On passe ainsi du jardin « moderne », riche de centaines de variétés de plantes fleuries, au jardin créole de grand-père avec des plantes nourricières, puis à celui de grand-mère avec des plantes médicinales, et enfin à une forêt endémique de basse altitude reconstituée. On y trouve aussi tous les arbres fruitiers de la Réunion (plus d'une centaine différents !). Impossible de tout citer : la richesse et la variété de la flore sont étourdissantes.
À la fin du circuit, petite halte pour admirer un ajoupa (hutte où étaient logés les journaliers agricoles), ainsi qu'un alambic utilisé pour la distillation des huiles essentielles, derrière lequel s'étendent des plants de café Bourbon rond (le domaine est le seul producteur de l'île !). Cette visite est l'occasion d'un voyage à la fois géographique (nombre d'essences viennent d'ailleurs et leur parcours est raconté), historique et écologique, nourri par un commentaire instructif, passionnant, plein d'humour, très engagé dans la défense de l'environnement et mené à un rythme enlevé.
– ***Boutique-café :*** profitez-en pour déguster et comparer le fameux café Bourbon pointu et le rare café Bourbon rond. Ce dernier, vendu au célèbre café *Procope* à Paris, était l'un des favoris de Balzac ! On peut aussi y acheter le parfum *Fleur de café,* élaboré à partir des fleurs de café du domaine. Très délicat.

Au nord de la ville, avant l'aéroport de Pierrefonds : la ***pointe du Diable,*** une péninsule basaltique, s'avance dans la mer et est assaillie par d'énormes vagues qui éclatent en embruns. De part et d'autre, les plages sont réputées pour la pratique du surf, mais cette activité est interdite en raison de la présence de squales.

DE SAINT-PIERRE À SAINT-JOSEPH PAR LA CÔTE

GRANDS-BOIS ET MONT-VERT

Grand-Bois est un ancien quartier de Saint-Pierre, à la limite de Petite-Île, devenu un village résidentiel. On peut y retrouver les vestiges de son usine sucrière, des aires de pique-nique, à moins de préférer le piton Mont-Vert, un des rares espaces préservés de la capitale du Sud. On trouve des fraises délicieuses à ***Mont-Vert-les-Hauts,*** pour les amateurs.

Où dormir ? Où manger ?

Prix moyens

Chambres d'hôtes La Cour Mont-Vert : *18 ter, chemin Roland-Garros, Mont-Vert-les-Bas, 97410* **Saint-Pierre.** ☎ *02-62-31-21-10.* • *info@courmontvert.com* • *courmontvert.com* • *De Grands-Bois, D 72 sur 4,5 km puis dir. Petite-Île (D 29) et panneau à droite. Double env 75 € ; dégressif à partir de 2 nuits. Repas sur résa 27 €.* Difficile de se faire une idée de ce domaine agricole bio depuis la route, car il faut d'abord traverser 4 ha de manguiers et de litchis pour atteindre la maison des propriétaires, qui précède 4 petits bungalows en bois. Pimpants, confortables, ils profitent en outre d'une vue superbe sur la côte depuis leurs terrasses privées. Les chambres créoles ont du style, comme celles dans l'esprit indien. Au petit déj, bonnes confitures maison. L'environnement est très tranquille, on s'en doute, et l'accueil très sympathique.
Chambres d'hôtes La Bulle Verte : *91, chemin Piton-Filaos, Mont-Vert-les-Hauts, 97410* **Saint-Pierre.**

☎ 02-62-33-58-80. 📱 06-92-87-94-90. • contact@labulleverte.re • labulleverte.re • De Saint-Pierre, dir. Saint-Joseph. Au rond-point de la Cafrine D 29 à gauche, puis D 72 pour Mont-Vert-les-Hauts ; bifurquer à droite juste à l'arrêt de bus Les Fougères (fléché ensuite). Double env 80 €. Dépaysement garanti dans cette « bulle » noyée dans une végétation luxuriante. Depuis les terrasses, ou plongé dans le jacuzzi, l'effet est génial, et l'impression de sérénité totale. Côté chambres, l'esprit déco règne : c'est soigné, tout confort et bien pensé... avec toujours de larges baies pour profiter au maximum de la nature. L'une d'elles dispose d'une balancelle intérieure. On se relaxe, et comme on n'a plus envie de partir, on profite de la table d'hôtes gourmande proposée par les jeunes et sympathiques propriétaires. Un coup de cœur !

De chic à plus chic

***Victoria Hôtel :** 8-10, allée des Lataniers, route principale de Grands-Bois, 97410 **Saint-Pierre.** ☎ 02-62-50-95-67. • reservation@levictoria.re • levictoria.re • ♿ À 5 km de Saint-Pierre. Doubles en bungalow ou dans la partie hôtel 90-120 € ; dégressif à partir de 2 nuits.* Un établissement qui ne manque pas de charme : à taille humaine, rénové dans un style balnéaire agréable, et situé dans un environnement privilégié, puisqu'il flirte avec l'océan qui ici n'a rien de pacifique. On a le choix entre des bungalows organisés autour de la belle piscine (certains avec kitchenette), ou des chambres plus classiques avec balcon (et super vue sur la mer !), dans un petit édifice de 2 étages. Restaurant sur place. Accueil très gentil.

À voir. À faire

***Le domaine du Relais :** suivre Mont-Vert puis les panneaux. Tout en haut, à droite.* *Le Relais* est un site aménagé pour les pique-niqueurs et les sportifs à 900 m d'altitude. Des sentiers de randonnée partent en direction de Saint-Joseph, des Hauts de Saint-Pierre et du Tampon. Vous ne serez pas seul, des familles viennent la veille réserver les kiosques pour être sûres de pouvoir en disposer le lendemain. On y trouve également un club équestre de randonnées *(**L'Écurie du Relais,** 📱 06-92-00-42-98)* : belles balades dans cette immense forêt.

GRAND-ANSE ET PETITE-ÎLE

Le flot des voitures mène à la plage de Grand-Anse, mais rien ne vous empêche de faire sécession pour découvrir Petite-Île... dans les terres. Village des Hauts du Sud, il fut appelé ainsi en raison de la seule île (on dirait un rocher) de La Réunion, qui pointe à quelques dizaines de mètres du rivage. Les bonnes terres se trouvant en hauteur, le quartier s'est déplacé vers 1727 et a gardé le nom d'origine de l'endroit. Cette agréable bourgade considérée comme le grenier de l'île s'est développée au rythme de ce qu'on appelait alors les « spéculations agricoles » : café, épices, canne à sucre. Elle est maintenant réputée pour son ail et ses « pomme en l'air » (famille de l'igname) et organise une fête en octobre. Mais c'est surtout pour sa plage de Grand-Anse que l'on s'y arrête.

– ***Bus :*** liaisons quotidiennes avec Saint-Paul et Saint-Pierre (ligne S3) ; Saint-Joseph, Saint-Philippe et Saint-Benoît (ligne S1).

Où dormir ? Où manger ?

Bon marché

***Les Badamiers :** 22, chemin Neuf, 97429 **Petite-Île.** ☎ 02-62-56-97-53. Après Grands-Bois, en allant vers Saint-Joseph, au rond-point, prendre la D 30 à droite ; c'est 600 m plus loin. Fermé le w-e et mer soir. Plats env 11 €. CB refusées.* Un petit resto presque confidentiel, mais bien connu de quelques chanceux, fidèles au poste le midi. Ici, pas de chichis ! On mange sur des tables recouvertes de toile cirée, certes, mais disposées sur une terrasse face à une vue sur l'océan que de nombreux établissements huppés pourraient jalouser... Cuisine créole pur jus (civet de cerf, rougail-poisson, etc.). On ne peut plus authentique.

De chic à beaucoup plus chic

La Bohème : *36, chemin Sylvain-Vitry, 97429* ***Grand-Anse.*** *☎ 02-62-30-98-12. • laboheme.lareunion@gmail.com • laboheme.re • En arrivant de Saint-Pierre par la N 2, prendre la rue à droite après le panneau d'entrée de La Croisée. Appartement env 92 € pour 4 pers ; min 4 nuits. Parking.* Accrochée sur un versant face au soleil couchant, cette grande maison propose 4 appartements cosy et sympas comme tout (dans un esprit moderne et élégant), avec cuisine équipée. Depuis les terrasses, la vue sur l'océan est franchement top ! Cuisine commune avec plancha. Et même une belle piscine.

Palm Hôtel & Spa : *43, rue des Mascarins, 97429* ***Grand-Anse.*** *☎ 02-62-56-30-30. • hotel@palm.re • palm.re • Après Grands-Bois, en allant vers Saint-Joseph, au rond-point, prendre la D 30 à droite, puis la route tout de suite à droite. Doubles 250-310 €, petit déj inclus. Intéressantes promos sur le site.* Voilà le plus bel établissement de l'île, niché au cœur d'un environnement de toute beauté, en surplomb de la baie de Grand-Anse. Raffiné, élégant, sans rien de clinquant. Les chambres sont réparties dans des maisonnettes disséminées au sein d'un vaste jardin. Pour un coup de folie, les lodges isolés et perchés sur la falaise face à l'océan devraient faire l'affaire... 2 piscines dont 1 chauffée, 3 restos, bains à remous et hammam (gratuit), terrasses avec panorama d'anthologie. Chemin privé pour rejoindre la baie. Superbe spa avec possibilité de massages. Si votre budget vous le permet...

À voir. À faire

Grand-Anse : *après Grands-Bois, en allant vers Saint-Joseph, au rond-point, prendre la D 30 à droite (fléché).* Une route descend en tournicotant vers une plage blottie entre deux pointes rocheuses. Une grande plage de sable très prisée des Réunionnais du Sud pour les pique-niques, à l'ombre des palmiers. Sur place, toilettes, buvettes, snacks et poulets grillés (même en semaine et hors saison). Ambiance familiale très bon enfant. Autour, les courants sont forts même quand la mer paraît calme. Les fleurs et les croix, sur les rochers à droite de la plage, sont autant d'appels à la prudence. Et puis, les panneaux du genre « Attention aux requins » sont dissuasifs... On rappelle à ce sujet que les arrêtés préfectoraux interdisent la baignade jusqu'à nouvel ordre. Pour faire trempette sereinement, la municipalité a aménagé une zone protégée par des enrochements.

Si vous avez le cœur à marcher un peu, au niveau de l'aire de pique-nique (avant la plage) démarre un sentier qui, en 1h environ, fait le tour de piton Grand-Anse et que les Réunionnais appellent le « Z'Indien couché ». Joli point de vue sur la côte et le cap Petite-Île.

La Maison de l'abeille : *68, chemin Laguerre. ☎ 02-62-56-95-03. Au départ de la N 2, en arrivant de Saint-Pierre, aller jusqu'au rond-point Laguerre, puis prendre le chemin Laguerre, côté montagne ; c'est à 1 km. Mer-sam et dim mat 9h30-12h, 13h30-17h. Visite libre gratuite ou guidée sur rdv slt (3 € ; 45 mn).* Pour découvrir le métier d'apiculteur, de père en fils, petit musée. On peut aussi se contenter d'acheter du miel à la boutique (leur miel de litchi est fameux, mais il est vite vendu !).

Loisirs sportifs

■ ***Adrenal'île :*** *06-92-75-04-00 et 06-92-75-07-38. • contact@adrenalile.com • adrenalile.com • Stand le sam mat sur le marché de Saint-Pierre.* Une agence tenue par Cyril et Véronique qui propose canyoning, escalade, bivouac et rando. Également des stages photo d'une demi-journée pour découvrir La Réunion autrement. Certaines activités peuvent être réalisées à partir de 6-7 ans. Membre de la charte *Qualité Tourisme Île de La Réunion.*

MANAPANY-LES-BAINS

Un peu avant Saint-Joseph, une petite route en corniche conduit à ce charmant village construit en surplomb de la mer, au creux d'une jolie baie. Le « les-Bains » est un peu usurpé puisque la plage est couverte de cailloux. Mais on peut s'y baigner... dans un grand bassin naturel, au milieu des rochers (en contrebas du parking). Le bassin est plus profond qu'à Grand-Anse, mais beaucoup moins long. C'est un endroit tranquille (enfin... en dehors des vacances scolaires et des dimanches) à l'ombre du grand badamier, avec douches publiques. Le site, souvent chanté par les artistes de l'île, vaut le coup d'œil.
On peut continuer la rue jusqu'au bout en longeant la mer, par la petite croisette. De jolies cases donnent un cachet balnéaire.
Superbe site sauvage au niveau de l'ancien four à chaux, dont il reste des ruines en pierre qui côtoient les éléments naturels.

Adresse et infos utiles

Maison du tourisme du Sud sauvage : *15, allée du Four-à-Chaux. ☎ 02-62-37-37-11. • accueil.sudsauvage@gmail.com • sud.reunion.fr • Tourner à gauche à 100 m avt le bassin de baignade de Manapany-les-Bains. Lun-ven 9h30-12h, 13h-17h30 ; sam 10h-17h ; également oct-nov 9h-13h dim.* Infos et doc sur les communes du Sud sauvage (Saint-Joseph, Petite-Île, Saint-Philippe). Résas d'hébergement et loisirs sur toute l'île, sorties patrimoine, location de voitures, activités de loisir, etc. Différentes animations proposées toute l'année. Boutique artisanale et de terroir (beaux objets en vacoa).

– ***Bus :*** liaisons quotidiennes avec Saint-Paul et Saint-Pierre (ligne S3) ; Saint-Joseph, Saint-Philippe et Saint-Benoît (ligne S1).

Où manger ?

Restaurant Chez Jo : *143, bd de l'Océan. ☎ 02-62-31-48-83. Sur le parking juste avt la descente qui mène au bassin aménagé. Ouv ts les midis et le soir ven-sam ; fermé mer. Plats 16-22 € ; env 6 € à emporter. Café offert en fin de repas au resto sur présentation de ce guide.* Tout le monde connaît *Chez Jo*. Forcément, chacun y trouve son compte, puisque ceux qui choisissent la formule à emporter y mangent aussi bien des sandwichs que de bons plats créoles, chinois et métro servis en barquette. Reste alors à trouver une place sur la terrasse géniale face au grondement de la mer. Quant à ceux qui préfèrent l'option resto, ils s'attablent dans une salle chaleureuse et ont accès à des plats beaucoup plus soignés.

À voir. À faire

La Maison des terroirs : *96, rue Maxime-Payet (N 2). ☎ 02-62-45-47-22. • lamaisondesterroirs.com • En face de la chapelle de Manapany. Tlj 9h-17h. Accueil par un agent du parc national de La Réunion, lun-ven 8h30-12h,*

13h-16h30 (☎ 02-62-58-02-61). Cette jolie maison créole construite en 1887 abrite une boutique de produits de terroir provenant de petits producteurs (miel, confitures, tisanes, sirops, savon, etc.). Pas mal de produits sont issus de l'agriculture bio. De plus, l'accueil de Claire et de Ludovic est absolument charmant. Ludovic propose également des visites guidées dans le coin (village de Manapany, plantation de canne à sucre, île aux oiseaux, etc.) qui permettent d'aborder la culture et le patrimoine locaux *(tarifs 5-20 €/pers ; réduc enfants).*

Manifestation

– ***Manapany Bay Festival :*** *3 j. mi-sept. • manapanyfestival.com •* Dans le cadre somptueux de la baie de Manapany au sud de l'île. Festival autour des « musiques en cuivre », fanfares, ska, chanson française et de l'océan Indien. Avec, en prime, une compétition d'escalade qui remplace celle de surf depuis que les requins se sont invités au rendez-vous.

SAINT-JOSEPH (97480) 37 550 hab.

• Carte Les environs de Saint-Joseph *p. 189*

Agréable ville au charme à l'ancienne avec quelques sympathiques promenades à faire dans les Hauts, du côté de la sauvage rivière des Remparts (que l'on peut remonter) et de la rivière Langevin (superbe cascade).

Arriver – Quitter

🚌 ***Gare routière :*** *rue du Général-de-Gaulle.* Pour plus de détails, se reporter à la rubrique « Transports » dans « La Réunion utile ».

➢ ***Saint-Pierre :*** plusieurs fois/j. avec les *Cars Jaunes* (ligne S3).

➢ ***Saint Philippe et Saint-Benoît :*** plusieurs fois/j. avec les *Cars Jaunes* (ligne S1).

➢ ***Le Tampon :*** 2 fois/j. sf dim (ligne S6).

Infos utiles

ℹ ***Informations touristiques :*** *s'adresser à la maison du tourisme de* ***Manapany-les-Bains.***

– ***Marché :*** *ven mat. Pl. François-Mitterrand. Également un marché artisanal et de produits de terroir, le 2ᵉ mar du mois.*

Où dormir ? Où manger ?

De très bon marché à bon marché

🏠 ***La Case, meublé de tourisme :*** *2, rue Jean-Bart. ☎ 02-62-56-07-50. • contact@case.fr • case.fr • Sur la gauche à la sortie de la ville, vers Saint-Philippe ; dans un virage, pas facile d'accès. Double 37 € (petit déj en sus). Familiales et studios (2-6 pers) 50-75 €.* Au bord de la route principale, une adresse décontractée, plus proche de l'esprit d'une auberge de jeunesse que de celui de la chambre d'hôtes classique. La maison dispose de 3 chambres toute simples à l'étage (douches privatives, mais w-c en commun), d'un studio 5 personnes attenant à la maison et, plus intéressant, d'une poignée de studios nichés dans un bâtiment à l'arrière. Dotés d'un bout de terrasse, ils ont l'avantage de donner sur une petite piscine et sont aussi plus calmes car éloignés de la route (assez passante en journée). Ambiance cool.

Les Bons Enfants : *47 bis, rue Raphaël-Babet. ☎ 02-62-21-82-26. Au bord de la route principale (N 2), à la sortie de la ville, en dir. de Saint-Pierre. Tlj jusqu'à 21h30. Plats à partir de 7 €.* Saint-Joseph ne brille pas par sa gastronomie. On a connu plus glamour comme cadre, mais ce self qui propose de nombreux plats du jour peut rendre service...

De bon marché à prix moyens

Chambres d'hôtes L'Arpège Austral : *53, rue des Prunes. ☎ 02-62-56-36-89. 06-92-70-74-12. • arpegeaustral@orange.fr • arpegeaustral.minisite.fr • Du centre, prendre dir. « Jean-Petit », puis la 1re à droite après le panneau de sortie de la ville. Double 63 €. Repas sur résa 26 €.* Une adresse conviviale et un brin bohème, à deux pas du centre, mais dans un quartier paisible. 2 chambres sous le toit et, dans le beau jardin, 1 bungalow coloré avec kitchenette... Accueil charmant de la propriétaire, qui est aussi pianiste (peut-être aurez-vous la chance d'en profiter !) et veille avec bienveillance sur ses hôtes.

La Caz à Éva : *225 bis, rue Raphaël-Babet. ☎ 02-62-47-58-95. Au centre-ville, à 50 m de la poste. Tlj sf dim-lun. Plats 16-26 €.* Éva a eu la bonne idée de monter son resto dans cette ruelle discrète. Qu'elle en soit remerciée. Cadre très blanc, très propre. On a une petite préférence pour la terrasse. La carte joue dans un registre métro réussi.

Où dormir ? Où manger dans les environs de Saint-Joseph ?

Du côté de La Plaine-des-Grègues

Chambres d'hôtes de Nathalie Hoareau : *205, rue Edmond-Albius, **Bésaves.** ☎ 02-62-37-61-92. • gitenath.sud@wanadoo.fr • monsite.wanadoo.fr/giterunsud • À env 8 km de Saint-Jospeh ; à La Croisée, juste avt l'intersection de la D 3 et de la D 32 entre Bésaves et Carosse, sur la gauche. Venant de Saint-Pierre, prendre la D 32 après Petite-Île sur la gauche (dir. Carosse, Lianes) ; au stop, à droite, c'est 100 m plus bas. Venant de Saint-Philippe, prendre la D 3. Double 55 € ; dégressif à partir de 3 nuits.* Au calme, 3 chambres avenantes dans une maison récente bordée par un beau jardin-verger. 2 sont simples et classiques, tandis que la 3e, rénovée, profite d'une déco plus soignée et d'une salle de bains moderne (c'est, bien sûr, la plus chère). Accueil très sympa.

Du côté de Grand-Coude

Au Lapin d'Or : *55 bis, chemin Concession, à **Jean-Petit.** ☎ 02-92-66-89-26. De Saint-Joseph, compter 20-30 mn de voiture ; indiqué dans le hameau, quelques km avt Grand-Coude. Double env 75 €. Repas 26 €.* À l'étage d'une maison récente, 3 chambres confortables et pleines de gaieté, à l'image de cette famille d'éleveurs... devinez de quoi ! Pas étonnant que parents et enfants aient l'accueil des « z'oreilles » dans la peau. Leur joie de vivre est contagieuse jusqu'au repas, car qui *Lapin d'Or* dîne, c'est bien connu ! Au petit matin, c'est le concert des coqs qui vous réveille, à moins que vous n'ayez succombé au rhum 5 ans d'âge servi la veille au repas...

Chambres d'hôtes L'Eucalyptus : *24, chemin de la Croizure, à **Grand-Coude.** 06-92-03-54-78. • eucalyptus.grondin@wanadoo.fr •*

Double env 50 €. Repas 26 €. La très accueillante Marie-Claude Grondin propose 2 chambres toute simples mais impeccables (douche et w-c privés), réparties de part et d'autre d'un espace commun, le tout dans un petit bâtiment léger indépendant. Également un petit bungalow avec cuisine équipée à l'écart. Les propriétaires sont très impliqués dans le développement du fameux café pointu (lire « La maison du Laurina », dans les environs de Saint-Joseph).

Vers Langevin

Chambres d'hôtes Le Rougail-Mangue : *12, rue Marcel-Pagnol, plateau Vincendo. ☎ 02-62-31-55-09. 06-92-20-21-63. • contact@rougailmangue.com • rougailmangue.com • À 5 km de Saint-Joseph, en dir. de Saint-Philippe. Double env 60 € ; bungalow 70 € ; petit déj à partir de 3 €.* Beaucoup d'espace, à l'intérieur comme à l'extérieur et un jardin bien entretenu qui surplombe l'océan. Grande piscine et jacuzzi (payant). Les 4 chambres (jusqu'à 6 personnes) sont colorées, confortables (clim en option) et se partagent un agréable salon commun. Également un bungalow pour les amoureux. Sinon, spacieuse cuisine ouverte sur le jardin. Bref, s'il fallait trouver un bémol, ce serait la situation de la maison elle-même, au bord de la route. Mais bon, ce n'est pas une autoroute non plus et les hébergements sont bien à l'écart. Location de vélos.

Sur le versant du volcan

Chambres d'hôtes Îlet aux Palmistes : *25, rue Claude-Marion, 97480* ***Vincendo.*** *☎ 02-62-20-21-14. 06-92-20-41-58. • raymondevienne@yahoo.fr • À env 12 km de Saint-Joseph ; 200 m après le panneau de fin d'agglomération de Vincendo en dir. de Saint-Philippe, bifurquer à gauche vers Matouta (D 37). Double env 60 €.* Au rez-de-chaussée de son habitation, un couple d'agriculteurs a aménagé 2 chambres à l'accès indépendant, pouvant accueillir 3-4 personnes. Cuisine équipée et terrasse commune. Raymonde, qui réserve un accueil souriant et discret, vous expliquera comment féconder la vanille et réussir les confitures maison. Visites de l'exploitation (fruitiers essentiellement). Magnifique vue sur l'océan depuis la terrasse où sont servis les bons petits déjeuners.

Chambres et ferme-auberge Desprairies : *44, route de Matouta, Saint-Joseph (dans le hameau de* ***Matouta,*** *sur les Hauts de Saint-Joseph). ☎ 02-62-37-20-27. 06-92-64-61-70. • matouta@wanadoo.fr • ferme-auberge-desprairies.com • À env 13 km de Saint-Joseph ; 200 m après le panneau de fin d'agglomération de Vincendo en dir. de Saint-Philippe, bifurquer à gauche vers Matouta (D 37), puis fléché jusqu'à l'auberge. Double 44 € avec petit déj. Repas sur résa 22 €.* Un village du bout du monde, auquel on accède par une petite route qui grimpe à travers les plantations de canne à sucre. Au cœur du hameau, une grosse maison moderne abrite une demi-douzaine de chambres simples, sans décor ni recherche particulière, avec douche et toilettes. Fonctionnel et confortable. Cuisine créole, copieuse et familiale, élaborée principalement avec les produits de la ferme. Pas de jardin mais un petit kiosque où se poser. Accueil souriant.

À voir

Art Sud, centre des arts du Feu : *6, impasse du Bellay. • artsud.re • À la sortie de Saint-Joseph par la N 2, en dir. de Saint-Pierre, prendre à droite la 1re rue après Leader Price. Lun-ven 8h-12h, 14h-17h ; fermé le w-e.* L'association organise en principe une exposition par an autour de l'argile et du basalte, et forme aux techniques de poterie et de céramique. C'est aussi une résidence d'artistes.

DANS LES ENVIRONS DE SAINT-JOSEPH

LA PLAINE-DES-GRÈGUES

Dans les hauteurs de Saint-Joseph, à 11 km par la D 3. On appelle ce secteur La Plaine-des-Grègues en référence à un filtre à café (*inn grèg* en créole). Belle image pour évoquer l'eau qui, traversant les sols perméables, ne réapparaît que bien plus bas par infiltration... Ce bourg ne manque en tout cas pas de charme. On y produit safran, curcuma et autres épices.

La Maison du curcuma : *14, chemin du Rond, dans le village de La Plaine-des-Grègues. C'est la maison couleur safran, à 150 m de l'église. ☎ 02-62-37-54-66. • maisonducurcuma.fr • Tlj 9h-12h, 13h30-17h. GRATUIT.* Brève explication sur le travail de l'or jaune (le curcuma évidemment), du gingembre et de la rouroute, trois racines cultivées localement (avec un petit film). Quelques infos sur la préparation du confit de gingembre, du curcuma, de la marmelade de tangor, du sirop de cannelle, etc. Dégustation et boutique.

Rando de la boucle des Margosiers : *prendre à 100 m à droite de l'église, l'entrée du sentier est indiquée par un panneau sur la gauche de la route (5h A/R). Balisé.* Il est aussi possible de faire la petite boucle (**boucle du Curcuma** ; compter 1h30), il s'agit juste de ne pas manquer le raccourci (indiqué).

GRAND-COUDE

À 15 km au nord de Saint-Joseph. À Grand-Coude, on n'est plus vraiment à La Réunion, mais dans des paysages de montagne, à 1 100 m d'altitude, avec des prairies vertes, des vaches et des plants de thé sauvages, témoignages des années 1950-60 où cette culture pesait lourd dans l'économie locale... Un vrai bout du monde, bien au frais, parsemé de géraniums que l'on cultive ici, et parfois au-dessus des nuages. C'est sur les vues aériennes, et donc le plus souvent en carte postale, qu'on distingue le mieux les méandres de ce plateau en forme de coude entre deux précipices verdoyants. On accède à Grand-Coude par la D 33, entre rivière Langevin et rivière des Remparts. Pour en redescendre, on peut emprunter le raccourci qu'on trouve à 5 km au niveau de la rue des Papyrus, sur la gauche. La rue rattrape la route, 1,4 km plus loin. Prendre ensuite la rue Aimé-Turpin. On passe dans les champs de canne et on arrive dans un lotissement. Il faut toujours viser la mer.

Sur la route qui monte à Grand-Coude, peu avant d'arriver, ne pas manquer le ***belvédère et l'aire de pique-nique du Petit-Serré,*** qui dominent la rivière des Remparts (côté gauche). On a un plan large sur la rivière et l'Îlet-Dimitile. Un peu plus haut, à 200 m, en empruntant un escalier, on trouve un autre belvédère, mais cette fois-ci sur la rivière Langevin et sa cascade, tout en bas, côté droit.

Le Labyrinthe en Champ Thé : *rue Émile-Mussard. 📱 06-92-60-18-88. • enchampthe.com • Tlj 9h-12h, 13h-17h (guide sur résa slt). Entrée : 5,50 € (8,50 € la visite guidée de 1h30 ; moins cher si on peut se greffer à un groupe ; téléphoner) ; moins de 12 ans 4,50 €.* Cette étonnante forêt de thé datant des années 1950 a bien failli tomber dans les oubliettes. Mais c'était sans compter sur un couple de passionnés qui a entrepris de lui rendre son lustre d'antan et récolter ainsi la seule culture (bio) de thé en France, sur un peu plus de 3 ha. Un pari un peu fou, puisque pour 1 kg ramassé... il ne reste que 130 g de produit fini ! La visite ne manque pas d'originalité. Après une introduction détaillée sur les plantations et le thé, les visiteurs sont lâchés dans un vaste labyrinthe de 1 ha formé par des théiers de taille colossale et des touffes de bambous. Ludique ! De plus, l'endroit reste frais, même en plein après-midi ! C'est aussi l'occasion de distinguer le théier (feuilles dentelées) du caféier (feuilles lisses) et de nombreuses autres plantes qui vous seront présentées

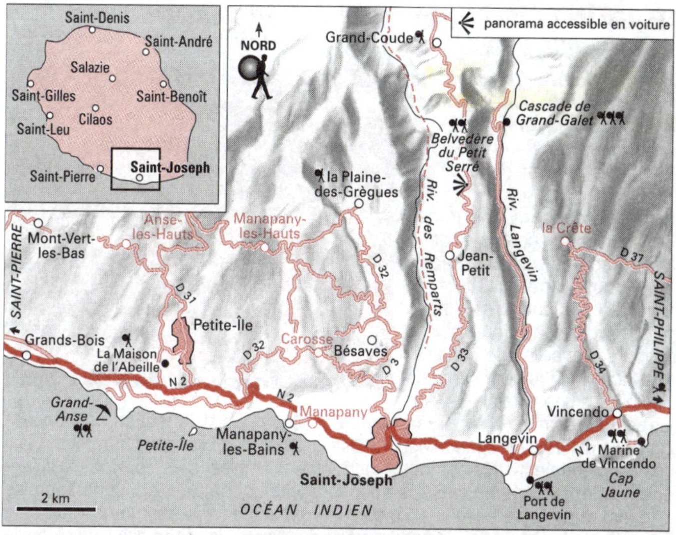

LES ENVIRONS DE SAINT-JOSEPH

(le vétiver et ses propriétés antimites, différentes variétés de géranium aux propriétés diverses...). Dégustation évidemment (thé blanc et thé vert). Bref, ici, on découvre le thé, de l'arbre à la tasse ! Vente de produits à base de thé, et d'autres de producteurs voisins (curcuma, miel...). Également un petit topo sur la distillation du géranium pour étoffer le tout. Profitez-en pour découvrir le poster du plateau de Grand-Coude et de la route que vous avez empruntée pour y accéder. On ne s'en rend pas bien compte quand on est dans sa voiture, mais l'environnement est tout à fait spectaculaire !

La Maison du laurina : *15, chemin de la Croizure. ☎ 02-62-56-39-48. 06-92-03-54-78 ou 06-92-68-78-72. • lamaisondulaurina.fr • Visite sur résa slt, env 12 €/pers ; réduc.* Ici, vous pourrez découvrir le café Bourbon pointu (son nom scientifique : *Laurina*), une variété haut de gamme, sauvée de la disparition par une association de passionnés. Il s'agit d'un arabica qui a muté dans les années 1700, naturellement décaféiné (c'est cette particularité qui avait apparemment causé sa disgrâce à la Cour et son remplacement par du café de Moka) et bio à 100 %. La visite comprend un film, une balade dans les caféières et une dégustation.

LE SUD SAUVAGE

• Carte *p. 191*

Un peu après Saint-Joseph et jusqu'à Sainte-Rose, la route côtière traverse un univers radicalement différent. Les falaises remplacent les plages, les villages se font moins nombreux, la lave devient omniprésente. On entre sur le territoire du volcan.

DE SAINT-JOSEPH À SAINT-PHILIPPE

COULÉ… SERRÉ

La force de l'érosion et les pluies diluviennes creuseront à coup sûr d'autres cirques sur l'île. Ainsi, par exemple, les deux rivières parallèles coulant au sud du massif du piton de la Fournaise, celles des Remparts et Langevin, ont commencé à entamer dangereusement les hautes falaises qui les séparent. Le village du Serré porte bien son nom : situé entre les deux rivières, il attend son heure avant d'être englouti.

La rivière Langevin et la cascade de Grand-Galet (ou Grande-Ravine) : *à 13 km au nord-est de Saint-Joseph ; juste après le pont de la rivière Langevin, fléché sur la gauche.* Au niveau du pont, les ruines d'une ancienne sucrerie et de la balance sont le point de départ d'une route spectaculaire et « fruitière ». Pendant la saison, on trouve tout au long du trajet des vendeurs d'ananas, de bananes et de litchis. On remonte le lit de la vallée sur une dizaine de kilomètres pour admirer la superbe cascade de Grand-Galet. Attention, toutefois, le long de la rivière, la baignade est interdite à cause des brusques montées d'eau dues à la centrale hydroélectrique. Pourtant, en semaine, c'est toute la vie créole qui s'y joue. Des *gramounes* (personnes âgées) jouent aux dominos sous les kiosques, tandis que le week-end, c'est carrément la foule des grands jours qui s'entasse sur les berges. Certaines années, à cause de la sécheresse, ne s'écoule qu'un simple filet d'eau ! Les voitures se garent au petit bonheur la chance, on est victime des bouchons, mais quelle ambiance !

À la pancarte « Trou-Noir », un sentier mène après 200 m à un joli bassin avec une première cascade. Mais on n'est pas encore arrivé. La route qui monte à la cascade de Grand-Galet est parfois très raide et en épingle à cheveux. Il arrive aussi qu'elle soit fermée, après de fortes pluies. La prendre en première et klaxonner à chaque virage. Une fois arrivé aux chutes, un fabuleux spectacle se présente à vous : un voile de cascades rafraîchissantes dans une sorte de cirque de verdure. Il s'agit de développer son ingéniosité pour photographier le voile dans son entier ! Les cascades sourdent à mi-hauteur dans la falaise, en raison du parcours souvent souterrain de l'eau dans un sol basaltique truffé de failles. La route se termine au village de Grand-Galet. C'est aussi le départ du sentier de rando qui mène à la plaine des Sables.

Les Fleurettes : *Maison de la ruralité, 8, route de la Passerelle,* ***Langevin****. Juste au début de la route qui mène à la cascade de Grand-Galet (en face des ruines de l'ancienne sucrerie). 06-92-03-18-56. Lun-ven 8h-16h.* Vanneries et artisanat vacoa confectionnés par les femmes de la coopérative.

Le petit port de Langevin : *à env 1 km plus à l'est de la rivière de Langevin. Après le pont de la rivière Langevin, au 1er rond-point, tourner à droite et suivre le fléchage.* Un tout petit port, très mignon, à l'ombre des vacoas. Avant l'installation d'un câble, en 1995, les pêcheurs devaient s'entraider pour remonter leurs barques. La mise à l'eau et le retour (vers 12h-13h) restent quand même des moments très pittoresques. En dehors de ces temps forts, des pêcheurs *chauffe-galets* jouent aux cartes devant les cases. Sinon, le sentier qui commence derrière la baraque des pêcheurs vaut également le coup (direction Saint-Philippe). Il longe la côte et livre quantité de points de vue spectaculaires sur les falaises déchiquetées, inlassablement fouettées par d'énormes vagues qui s'y engouffrent violemment et rejaillissent en gerbes étincelantes. Éminemment photogénique ; à l'opposé, un autre sentier longe la rivière depuis son embouchure. Cascades et talus escarpés. Attention aux chutes ! Voir au passage les constructions en sacs et en pierre pour la saison des *bichiques* (à l'embouchure). Les pêcheurs attendent avec leur nasse que les alevins remontent la rivière.

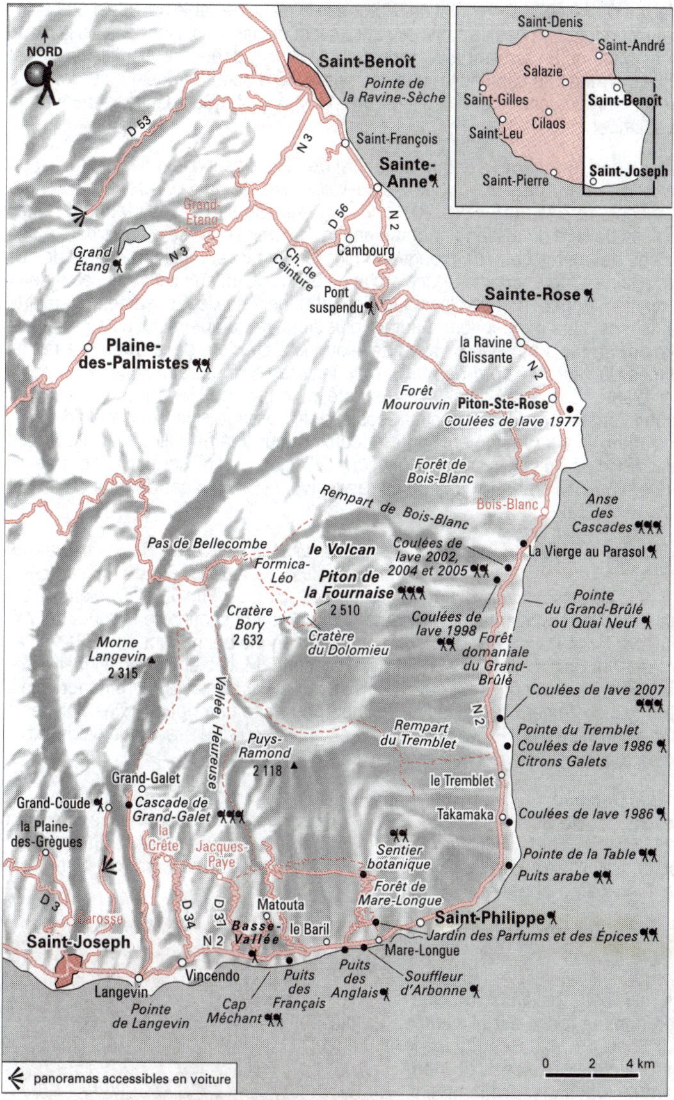

LE SUD SAUVAGE ET LA CÔTE EST

La marine de Vincendo : *à Vincendo, à 7 km à l'est de Saint-Joseph ; au rond-point, prendre la dir. du lycée.* Très prisée en fin de semaine par les familles qui pique-niquent sous les vacoas en admirant les rouleaux. Il est d'ailleurs dangereux de se baigner, mais on peut faire une petite balade dans les rochers pour se dégourdir les jambes. Le site est superbe, largement protégé par de hautes falaises et une épaisse végétation. Noter que la plage de sable noir n'est qu'épisodique : en fonction des saisons, elle apparaît et disparaît, laissant parfois la place à des rochers. En arrivant à la marine, sur la droite, débute un sentier discret et facile qui mène au cap Jaune, une falaise teintée d'ocre. Sa couleur surprenante est liée à la présence de soufre (compter 1h30 A/R). Le Sud sauvage dans toute sa splendeur !

Le cap Méchant : *à env 12 km à l'est de Saint-Joseph et à 8 km à l'ouest de Saint-Philippe. Après le pont de Basse-Vallée, venant de Saint-Joseph, prendre tout de suite à droite et descendre vers la mer.* Un site assez étonnant où les coulées de lave du volcan ont formé une falaise noire comme du charbon, d'une dizaine de mètres de haut, plongeant dans la mer bleue. Plusieurs points de vue sur la falaise, notamment sur une arche naturelle. Juste au niveau de l'eau, noter la manière dont la roche volcanique s'est étrangement dépigmentée et couverte de lichens. Une atmosphère d'autant plus étrange qu'une minuscule graminée, formant un tapis mousseux, s'est développée à la lisière de la forêt, elle-même formée de *vacoas* « bord de mer », reconnaissables à leurs racines aériennes... Ces plantes à l'aspect de palmiers ont été importées de Madagascar pour lutter contre l'érosion. Puis, on les a utilisées pour le tressage et la fabrication d'objets artisanaux. Plus récemment, on a découvert leur intérêt culinaire, notamment celui de leurs fruits, les *pinpins,* qui sont délicieux. Sur place, plusieurs aires de pique-nique à l'ombre et des petits restos (voir « Où manger dans le coin ? » à Saint-Philippe).

Basse-Vallée : *après le pont de Basse-Vallée, venant de Saint-Joseph, au niveau de l'église, prendre à gauche la dir. du gîte de Basse-Vallée (où l'on peut, sur résa slt, passer la nuit) et monter jusqu'au sommet. Env 6 km.* Quelques centaines de mètres avant le gîte débute sur la droite le sentier de la route du Volcan, par Puys-Raymond. De là, on peut entamer une bonne rando vers le volcan en passant par le GR R2 jusqu'à Puys-Raymond. Mais bien se renseigner avant pour savoir si ce sentier est ouvert et praticable. Par ailleurs, une route forestière pour 4x4 seulement rejoint Saint-Philippe pour faire une boucle. Des balades à faire à VTT ou à pied. Prévoir une bonne carte IGN, ou s'adresser à un guide expérimenté qui vous fera découvrir la flore locale.

La Bertelle : *47, rue du Général-de-Gaulle,* ***Le Baril.*** *06-93-91-66-52. Lun-ven 9h-17h30, sam 9h-15h.* Ici, on travaille en famille. On y trouve de bien jolies choses à acheter, on assiste à des démonstrations de tressage, et les plus motivés peuvent même participer à des initiations et repartir avec leur création. Sympa et original.

La piscine du puits des Anglais : *panneau, 1 km après Le Baril. Accès libre.* En bord de mer, cette belle piscine creusée dans la roche est alimentée par l'eau de mer. Beaucoup de monde le week-end et pendant les vacances évidemment, d'autant que des aires de pique-nique et des douches ont été aménagées. Certains s'aventurent dans le bassin naturel à côté. Le puits est un escalier (accès grillagé aujourd'hui) qui s'enfonce dans la roche, non loin du bord de mer. Construit entre 1813 et 1822 par des habitants de la région, il doit son nom au fait que l'autorisation de le construire fut donnée par les Anglais.

QUI VEUT GAGNER DES MILLIONS ?

Les contes et les légendes locaux s'accordent au moins sur un point : il y aurait, cachées sous la margelle du puits des Anglais, des quantités de jarres bourrées d'or, abandonnées il y a des lustres par des pirates. Mais les forbans, pas fous, y auraient également enseveli un esclave pour surveiller le magot ! 50-50, ça vous tente ?

LA CÔTE SUD-EST

– Dans les environs également, entre le puits des Anglais et Mare-Longue, le ***souffleur d'Arbonne,*** une curiosité géologique en forme d'arche où s'engouffre la mer.

Le sentier botanique de Mare-Longue : *depuis la N 2, 200 m après le puits des Anglais, fléché sur la gauche, puis continuer 4 km. Possibilité d'y aller depuis le jardin des Parfums et des Épices (voir ci-dessous).* Un sentier de promenade facile (qui peut être réalisée en boucle en 1h) permet d'explorer cette forêt primaire, et riche en espèces rares : sapotacées, bois de cannelle, bois de lait, joli cœur, etc. Quelques panneaux explicatifs jalonnent la balade. On se croirait dans la jungle avec toutes ces lianes, ces fougères et les chants d'oiseaux. Le GR R2 passe dans le coin.

Le jardin des Parfums et des Épices : **forêt de Mare-Longue** ; *depuis la N 2, 1 km après le puits des Anglais, fléché sur la gauche ; c'est 500 m plus loin. ☎ 02-62-37-06-36. 06-92-66-09-01. • fontaine.patrick.e@orange.fr • jardin-parfums-epices.com • Slt 2 visites guidées/j., à 10h30 et 14h30 ; sinon visite libre 9h-17h. Résa la veille en hte saison. Entrée : env 6,10 € (env 5,50 € en visite libre) ; réduc.* Une plongée d'environ 1h30 dans un jardin d'éden tropical, planté d'arbres fruitiers, de plantes médicinales, ornementales, de bois de couleurs, de plants d'épices et autres espèces aromatiques propres à l'océan Indien. Ici sont rassemblées 1 500 espèces sur 3 ha. C'est un concentré de senteurs et de couleurs, régal pour les yeux et véritable révélation pour l'esprit. Enchanteur, donc, mais ce qui donne tout le sel à la visite ce sont les commentaires savoureux de Patrick Fontaine (le paysan qui eut l'idée de créer ce site) lorsqu'il est là, et de ses guides, qui vous font partager leur savoir encyclopédique sur chaque espèce. Science botanique, culture créole et anecdotes s'entremêlent pour créer une partition bien rythmée. En sortant, vous ne regarderez plus un jardin de la même façon !

SAINT-PHILIPPE (97442) 5 090 hab.

Village principal du Sud sauvage, Saint-Philippe est devenu commune par décision de Louis-Philippe en 1830. Une bourgade qui n'a pas vendu son âme aux démons du modernisme ! Grâce probablement à la présence de ce puissant volcan toujours actif, qui a su apaiser les esprits frénétiques. Si Saint-Philippe ne présente pas un charme particulier, il y règne une ambiance paisible et agréable. On dirait qu'on s'attache ici plus à l'essentiel qu'à l'éphémère, c'est-à-dire à la qualité de la vie et de l'environnement. D'ailleurs, avec un pareil monstre au-dessus de la tête, mieux vaut réfléchir à deux fois avant d'enfoncer sa pioche en terre. Le volcan est capable de se réveiller à n'importe quel moment, de rugir, d'exploser et de cracher ses rivières de lave incandescente jusqu'à l'océan. Ici, on vit en permanence sous une épée de Damoclès, menaçante, terrible, mais majestueuse. Pour beaucoup d'habitants, le piton de la Fournaise a sauvé la région de l'invasion du béton. Saint-Philippe s'est spécialisée dans la pêche, le tressage du vacoa et la culture de palmiers palmistes, dont le bourgeon donne un légume – le palmiste –, rouge ou blanc, très apprécié dans le coin. Les habitants, à 70 % des Petits Blancs, vécurent longtemps des ressources de la culture du girofle et de la muscade introduite par Joseph Hubert, un grand ami de Poivre. Mais, aujourd'hui, c'est plutôt la vanille Bourbon qui fait la réputation du quartier du Tremblet. En saison, des petites pancartes fleurissent aux abords des maisons. N'hésitez pas à vous arrêter pour acheter quelques gousses...

LA PORTE DU SUD SAUVAGE

Voici donc, enfin, ce Sud sauvage, si différent du reste de La Réunion. Derrière cette appellation touristique – bien choisie, il faut le dire – se trouve l'arc de cercle formé par le littoral au sud-est de l'île, de Saint-Joseph à Sainte-Rose. Autrefois, les bourgeois de Saint-Denis ignoraient cette partie-là, qu'ils considéraient comme la face cachée de la lune ! À Saint-Philippe, on le sent immédiatement, le voyageur entre sur un nouveau territoire. Ce n'est pas tout à fait la lune, mais un royaume à part quand même, dont le volcan serait l'incontestable souverain. Préservé et fleuri, le village profite aussi de la fertilité de la terre volcanique qui permet à une végétation tropicale luxuriante de s'épanouir librement.
Ici, on se laisse bercer, nuit et jour, par les vagues de l'océan Indien. Il suffisait de quelques règles strictes et bien pensées en matière d'urbanisme (pente de toit minimum de 40 %, dalles en béton interdites, hauteur des maisons limitée à 7,50 m...) pour que l'environnement ne soit pas dénaturé. Les paysages n'ont donc pas été enlaidis par de hideuses constructions. Le style créole des habitations a été sauvegardé.

LE FIEF DU VACOA

En entrant dans le pays du vacoa, ou *Pandanus utilis,* on entre dans l'histoire de ce village. On en cuisine le fruit (le *pinpin*) et le chou (grande spécialité locale). À l'origine, le vacoa servait à fabriquer les emballages du café, du sucre et des épices cultivés sur l'île. De cette époque, il reste le fameux sac *bertel,* qu'on retrouve sur le dos des coupeurs de canne, et des touristes. Des associations sont nées pour sauvegarder ce savoir-faire. Sacs, paniers gigognes, huches à pain, cartables, paniers à linge, sets de table, on trouve de tout désormais en vacoa. La technique de tressage est même enseignée. Il faut enlever les épines des feuilles, puis elles sont fendues, réunies en bottes et séchées au soleil. Les feuilles devenues blanches sont rafraîchies dans un linge humide pour les assouplir, et puis c'est la technique du tressage. Il y a plusieurs façons de tresser : droit, en biais, en tresse, en cannage. C'est la même technique depuis le début du peuplement du Sud.
– À noter : la fête du Vacoa en août, où l'on peut le manger à toutes les sauces.

Arriver – Quitter

➢ Saint-Philippe est le terminus du GR R2, sentier de randonnée qui traverse l'île au départ de Saint-Denis.

➢ ***En bus :*** Saint-Philippe est desservi par la ligne S1 *Cars Jaunes* (Saint-Pierre-Saint-Benoît). 6 bus/j. dans les 2 sens.

Adresse et info utiles

🛈 ***Office de tourisme :*** *41 A, rue Leconte-de-Lisle, sur la rue principale.* ☎ *02-62-97-75-84.* • *sud.reunion.fr* • *Lun-sam 9h-17h.* Réservation d'hébergements sur toute l'île, de sorties patrimoine, d'activités sportives, etc. Équipe accueillante.

■ ***Distributeur de billets :*** ***Crédit agricole,*** *presque en face de l'église.*

Où dormir dans le coin ?

De très bon marché à bon marché

🏠 🍽 ***Gîte de la Vallée Heureuse – Brice Benard (Refuge de Basse-Vallée) :*** *route forestière 36,* ***Basse-Vallée.*** ☎ *02-62-37-36-25.* 📱 *06-92-23-31-93. Résas dans les offices de tourisme ou sur* • *explorelareunion.com* • *À env 13 km de Saint-Philippe ; par la N 2 en dir. de*

Saint-Joseph, 50 m avt l'église de Basse-Vallée, prendre à droite, puis grimper sur 8 km. Env 16-18 € la nuitée ; 20 € le repas sur résa, petit déj 7 €. Perché à 700 m, au bout d'une belle route très étroite (pour ne pas dire à une seule voie) qui monte jusqu'à la forêt. Difficile de faire plus isolé ! L'environnement est génial, l'ambiance sympa à table, mais côté confort, c'est sommaire. Le gîte est vieillot, et les infrastructures un peu justes pour 2 dortoirs de 4 lits superposés et un autre de 8 places. En revanche, draps, couvertures et gaz sont fournis.

Ferme-auberge Le Rond de Basse-Vallée : *route forestière 36,* ***Basse-Vallée.*** *06-92-69-65-51. À env 11,5 km de Saint-Philippe ; par la N 2 en dir. de Saint-Joseph, 50 m avt l'église de Basse-Vallée, prendre à droite, puis grimper sur 5,5 km. Double env 40 €, avec petit déj. Repas sur résa env 22 €.* Au milieu de la forêt et à deux enjambées du GR, cette adresse champêtre est tout indiquée pour les randonneurs et les adeptes de nature. En contrebas de l'habitation principale, une maison renferme 4 chambres simples avec salle de bains, largement ouvertes sur le jardin. Mais les familles choisiront le grand bungalow pour 8 personnes, avec 4 chambres et une salle de bains commune. La table est à l'image des sympathiques propriétaires : délicieuses confitures maison et des plats généreux préparés avec les produits frais de la ferme (qui s'achèvent avec des rhums arrangés du tonnerre !). L'un de ces endroits authentiques et assez confidentiels dont les Hauts regorgent.

Chambre d'hôtes Le Palmier : *8, rue de la Pompe, Saint-Philippe. 06-92-02-85-71. • nicolelepalmier@yahoo.fr • Juste au panneau de fin d'agglomération de Saint-Philippe (vers Sainte-Rose), prendre à droite ; c'est un peu plus loin sur la gauche. Double env 52 €, avec petit déj. Également un meublé récent pour 6 pers (min 2 nuits).* Dans une aile indépendante de la villa des sympathiques propriétaires, 3 chambres (2 doubles et une grande familiale) sobres, nickel et d'un bon confort. Cuisine à disposition. La piscine est là pour reprendre des forces. Impeccable pour une étape.

Prix moyens

Dan'n Tan Lontan : *19, allée des Palmiers, Saint-Philippe. 06-92-65-14-29. • lacailleorange@orange.fr • dantanlontan.com • Depuis la route principale (N 2), prendre la rue en face de l'office de tourisme, puis fléché. Doubles env 54-70 € (120-150 € w-e et j. fériés) ; dégressif à partir de 3 nuits. Réduc de 10 % sur le prix de la chambre sur présentation de ce guide.* Enfouies sous la végétation luxuriante, et pourtant à deux pas du centre, 3 cases de charme climatisées pour 2 à 5 personnes, à proximité de la maison des proprios. Elles ont été patiemment construites par Laurent, bien agencées et bien équipées (cuisine). La plus petite, située au bord de la piscine et du jacuzzi, réserve un peu moins d'intimité que les 2 autres, légèrement à l'écart. Un bon rapport qualité-prix en semaine.

Le Crabe sous la Varangue : *1, RN 2,* ***Le Tremblet,*** *Saint-Philippe. 06-92-92-13-56. • lacazboyer@laposte.net • À 6 km de Saint-Philippe ; à env 600 m avt la ravine Takamaka, sur le côté gauche de la route. Double 80 €, avec petit déj. Table d'hôtes sur résa ven-sam 30 €.* Fantaisie et imagination : un nom original, qui reflète bien la sympathique atmosphère familiale qui y règne. Catherine et Juanito, cultivateurs de vanille, ont aménagé 3 chambres : 2 dans la maison principale et 1 quadruple dans une jolie maisonnette dans le jardin. Déco hyper colorée et soignée (avoir bossé à la conception de décors de cinéma, ça aide !), de même que le petit déj d'ailleurs. Pour boucler la boucle ? Profitez des conseils avisés de Juanito, accompagnateur en montagne. Il peut aussi vous emmener dans les tunnels de lave.

Chambres d'hôtes du Cap Méchant : *31, rue Labourdonnais,* ***Basse-Vallée.*** *02-62-28-57-50. 06-92-36-26-16. • huet.jacky@hotmail.fr • À env 6,5 km de Saint-Philippe ; au cap Méchant, face au* *parking du resto* L'Étoile de Mer. *Fermé dim. Double 70 € (dont 2 mitoyennes). Table d'hôtes sur résa 26 €, en sem slt.* Dans un jardin, en contrebas de la maison des propriétaires et indépendantes, 5 cases récentes, réalisées dans le style créole, avec terrasse. Elles sont spacieuses et très confortables, disposées autour de la piscine clôturée et végétalisée. Un net effort de déco a été apporté aux chambres, toutes différentes et aux vastes salles de bains. Des prestations de qualité et un accueil tout en douceur qui donnent envie de prolonger le séjour.

Chambres d'hôtes Au Domaine du Vacoa : *12, chemin Vacoa, Saint-Philippe. ☎ 02-62-37-03-12. 06-92-64-89-89. • bigot.anna@live.fr • domaineduvacoa.fr • Prendre la ruelle juste sur la droite de l'office de tourisme (panneau). Double 75 €. Repas 26-30 €.* Perchée au sommet d'une ruelle tranquille, cette petite adresse propose 2 chambres colorées et de bon confort (clim), dans un pavillon à l'écart de la maison principale, avec un accès privé. Le jardin est fleuri, l'atmosphère champêtre. Également une piscine. Accueil très discret d'un couple sympathique qui connaît le coin comme sa poche.

Où manger dans le coin ?

Noter qu'il est difficile de trouver des restos ouverts le soir, en particulier le dimanche. Par ailleurs, c'est dans les parages qu'il faut apprécier la salade palmiste, délicieuse quand elle est bien relevée, mais qui devient fâcheusement insipide quand elle est mal préparée. Eh oui, il faut le coup de main !

Vers l'ouest, sur la route de Saint-Joseph

Le Warren Hasting : *103 A, RN 2,* **Le Baril.** *☎ 02-62-97-22-65. À env 3,5 km de Saint-Philippe, 500 m avt le puits des Anglais. Tlj midi et soir. Congés : 2 sem pour les fêtes de fin d'année. Plats 16-20 €.* Du nom du bateau qui s'échoua en janvier 1897 au large de Saint-Philippe (rassurez-vous, les 1 262 passagers furent sauvés !). Installé sous la terrasse couverte en léger retrait de la route, l'océan en ligne de mire, on apprécie les petits plats créoles, bien préparés. À la barre, une jeune équipe très sympathique. Attention à ce que le rhum arrangé ne vous fasse pas chavirer à votre tour.

L'Étoile de Mer : *13, rue de l'École, au* **cap Méchant.** *☎ 02-62-37-04-60. À env 6,5 km de Saint-Philippe. Ts les midis ; le soir slt sur résa. Plats chinois et créoles 10-20 € ; à emporter 5-9 €.* Un immense resto qui fait face aux vacoas et à la mer (du moins on la devine entre les troncs) et dont la réputation se maintient. Le resto voisin, **Le Cap Méchant** *(☎ 02-62-37-00-61 ; tlj sf lun le midi slt ; plats 10-20 €),* propose une bonne cuisine créole et chinoise, de qualité régulière, avec pas mal de spécialités de fruits de mer. Là encore, la salle ne fait pas dans la dentelle : hyper vaste, fonctionnelle et relativement bruyante.

Snack La Mer Cassée : *101, rue Nationale,* **Mare-Longue.** *☎ 02-62-46-56-18. À env 1,5 km de Saint-Philippe. Tlj au déj, sf mer. Fermé pdt les fêtes de fin d'année. Env 10-15 €.* Un snack brut de décoffrage avec sa terrasse de part et d'autre de la route, près des vacoas. Cuisine toute simple, du genre salade composée, brochette et plat créole. Super vue côté mer (si le temps permet l'installation des tables).

Vers l'est, sur la route de Sainte-Rose

La Marmite du Pêcheur : *18 A, N 2, au lieu-dit* **Ravine-Ango.** *☎ 02-62-37-01-01. À env 2 km de Saint-Philippe. Le midi slt, fermé mer. Menu env 20 € en sem et buffet créole env 25 € dim ; plats 15-30 €. Digestif maison offert sur présentation de ce guide.* Spécialités de poisson, on s'en doute, mais surtout 2 plats qui sortent du lot : la marmite du pêcheur (le meilleur des produits de la mer du coin) et le riz pilé pour 2 (dégustation de 4 *caris* sur une feuille de bananier)... Accueil sympathique et cadre pimpant, agréable (nappes blanches), pour une cuisine métro ou réunionnaise de bonne tenue. Terrasse côté jardin.

Le Vieux Port : *112, pointe du Tremblet. 06-92-15-79-31. • holdingdalleau@hotmail.fr • À env 9,5 km de Saint-Philippe. Tlj sf ven, le midi slt. Fermé 2 sem fin déc-début janv et fin juin-début juil. Plats 15-20 €. Apéritif maison offert sur présentation de ce guide.* En voilà un qui a eu chaud aux fesses ! La redoutable coulée de 2007 s'est répandue à quelques encablures, épargnant de justesse le village et ce petit resto de bord de route. Tant mieux pour nos papilles. La salade de palmiste est ici très goûteuse, et les *caris* ne décevront pas les amateurs, car les spécialités sont bonnes, copieuses, et servies avec le sourire. Avec un peu d'organisation, pensez à commander un *cari-zourites* ! Les plats sont préparés à la minute, ce qui laisse le temps de jeter un coup d'œil aux bouquins de photos, bien installé dans la jolie salle arrangée ou en terrasse.

À voir. À faire

Le port de pêche : *prendre la rue à droite au niveau de la station-service, puis au bout à droite.* Un port de poche, caractéristique du coin : une simple rampe taillée dans la roche et une poignée de barques colorées. Autour, quelques cases de pêcheurs, toutes simples. Essayez d'assister au retour de la pêche (le matin vers 11h en général).

➢ Un ***sentier*** de 11 km a été aménagé ***du cap Méchant au Tremblet,*** le long de la côte, en passant par Saint-Philippe. Compter environ 6h30 de marche. Pas besoin d'user vos semelles pour le trajet retour : en rejoignant la route nationale, des bus assurent la liaison dans un sens comme dans l'autre.

L'EST VOLCANIQUE

DE SAINT-PHILIPPE À PITON-SAINTE-ROSE

Entre Saint-Philippe et Piton-Sainte-Rose, on entre vraiment dans le vif du sujet : la Fournaise ! La route traverse l'enclos, cette zone entre le rempart du Tremblet et celui de Bois-Blanc, interdite à l'habitation (vous comprendrez vite pourquoi !). On peut y admirer les différentes coulées qui ont marqué l'actualité de ces dernières années. Spectaculaire depuis la route, et encore plus sous terre ! L'exploration de tunnels de lave rencontre, en effet, un vrai succès depuis quelques années.

Le jardin volcanique (Puits arabe) : *à 4 km au nord de Saint-Philippe, indiqué sur la droite de la route. Parking en bord de mer, prolongé par une aire de pique-nique.*
À l'entrée du site, sur la gauche, le Puits arabe (juste avant le parking) et son escalier de lave percé dans la roche, qui s'enfonce dans les profondeurs jusqu'à la nappe phréatique. Creusé selon de vieilles techniques connues depuis le roi Salomon, un puits que les premiers archéologues ont attribué aux Arabes, d'où son nom. Mais cette citerne est l'œuvre d'Européens et daterait seulement de 1830. Il faudra attendre 1984 pour que l'eau courante arrive dans tous les foyers, seulement 2 ans avant que la source ne soit tarie, suite à une éruption (la fameuse de 1986).
Un sentier en boucle de 2h (2 km) démarre du bord de mer et emprunte la coulée de 1776, recouverte en partie par celle de 1986. Différents panneaux jalonnent le parcours sur le thème du volcanisme. Prévoir de bonnes chaussures et un chapeau, car l'immense étendue de roche plissée et fissurée en plein soleil est traîtresse pour les chevilles. Très bonnes explications sur les différents types de coulées et leurs formes, parfois surprenantes ! Le sentier permet de rejoindre

la ***pointe de la Table.*** Il s'agit de deux avancées de lave, résultat de la coulée de 1986. On aperçoit nettement la coulée, large boulevard grisâtre, sur le flanc du volcan. En s'écoulant jusqu'à la mer, la lave a formé de noires falaises, sortes de plates-formes de magma séché, aux boursouflures et aux fissures caractéristiques. Grâce à cette coulée de 1986, l'île de La Réunion (donc la France) s'est agrandie de 30 ha ! Et il faut voir comment la végétation a déjà repris le dessus, avec des vacoas de plusieurs mètres de hauteur. C'est par le Puits arabe que l'on accède le plus facilement à la pointe de la Table. Depuis la route, un peu plus loin en remontant vers le nord, un autre chemin non carrossable en indique la direction, mais nous le déconseillons à cause de son mauvais état.

L'Escale Bleue : *7, N 2, au **Tremblet,** 97442 Saint-Philippe. ☎ 02-62-37-03-99. À 8 km après Saint-Philippe, vers Piton-Sainte-Rose, sur la gauche de la route ; 500 m avt la ravine Takamaka. Tlj sf dim 9h30-11h30, 13h30-17h. Visites guidées possibles (5 € ; enfant 3 €).* Si vous hésitez à pousser la porte des habitants qui vendent de la vanille le long de la route au Tremblet, voici un endroit où s'en procurer facilement. C'est avec humour et passion qu'Aimé – chevalier de l'ordre du Mérite agricole – et Nicole Leichnig expliquent en détail la culture de cette gousse si prisée et font visiter leur atelier. En récompense de leur travail, de prestigieux prix leur ont été remis, dont un à New York ! Ils vendent aussi une gamme de produits pour le corps contenant de la vanille (la leur, bien sûr).

LA CÔTE SUD-EST

Les coulées de lave de 1986 : le 20 mars 1986, un flot de lave jaillit du volcan, se scinde en deux branches qui descendent jusqu'à la mer. La première se trouve au lieu-dit *Takamaka.* La seconde, appelée coulée de lave « Citrons Galets », est située au niveau de la ravine du Tremblet, avant d'entrer dans la forêt domaniale du Grand-Brûlé. Elle détruisit huit maisons, coupa la route à 17h, atteignit l'océan à 21h, prolongeant le promontoire de la pointe de la Table de plusieurs dizaines de mètres. Aujourd'hui, la végétation a repris ses droits, et il n'y a déjà plus grand-chose à voir depuis la route.

Les coulées de lave de 2007 : là, ça devient on ne peut plus réel ! Durant tout le mois d'avril 2007, la Fournaise a connu l'une de ses éruptions majeures, avec 140 millions de m³ de lave déversée, la naissance de deux plages, une plate-forme de 30 ha gagnée sur la mer et l'effondrement du Dolomieu un peu plus haut... Fontaines de lave de 200 m de haut, pluies acides, explosions au niveau du littoral, bruits indescriptibles... Toute l'artillerie était au rendez-vous. Il est interdit de s'aventurer sur la lave refroidie, mais un point de vue a été aménagé au cœur du site, légèrement en surplomb de la route, pour mieux apprécier les dimensions de cet océan de roches noires comme l'ébène, de part et d'autre de la route. Paysage à la fois superbe et désolé, quand on pense qu'une forêt dense de bois de couleurs se trouvait là avant. Peut-être apercevrez-vous toujours des fumerolles dues à l'évaporation de l'eau quand il pleut. Tout simplement spectaculaire... Avec les odeurs de soufre et la chaleur, on a le sentiment que ça pousse encore là-dessous, à 60 m de profondeur.

SPÉCIAL BELLE-MAMAN

Les coulées de lave refroidies créent un paysage particulièrement minéral et hostile que colonisent des plantes fort tenaces. Il s'agit bien souvent de bois de rempart (Agarista salicifolia), *un arbuste d'origine africaine. Mais, attention, pas touche ! S'il présente de nombreuses vertus médicinales, notamment contre les éruptions... de boutons cette fois-ci, une seule feuille peut tuer un bœuf. Allez savoir pourquoi, on le surnomme aussi « bois de belle-mère » !*

➢ Depuis l'ancien port du Tremblet, au bord de l'eau, autre point de vue magnifique et peu connu sur cette coulée de 2007. Pour y accéder depuis Saint-Philippe, prendre juste après la ravine Citrons Galets, la petite route à droite (pas d'indication) qui serpente dans la forêt sur 1,2 km, jusqu'à un petit parking. À pied, juste 10 mn de descente le long d'un sentier et d'un escalier, et vous voilà directement sur la mer face à l'ancien port du Tremblet, en bas des ***coulées de lave de 2007.*** Devant vous, une belle plage de sable noir aux reflets verts. Le site est magnifique.

Les coulées de lave de 1998, 2001, 2002, 2004 et 2005 : évidemment, on ne les traverse pas dans l'ordre chronologique, mais bien au gré des caprices de la nature. Souvent, une même éruption donnait lieu à plusieurs coulées, ce qui explique que l'on aperçoive parfois plusieurs pancartes portant la même date mais à différents endroits. Certaines coulées sont encore bien impressionnantes, d'autres commencent à disparaître sous la végétation... Jaillies le 9 mars du piton Kapor, les coulées de 1998 se sont ainsi succédé à l'intérieur de l'enclos pendant plus de 6 mois, pour s'arrêter à quelques mètres de la route nationale. C'était probablement la plus longue éruption de l'histoire de l'île depuis sa colonisation. Dans la nuit du 5 janvier 2002, le piton de la Fournaise fait encore parler de lui. La Vierge au Parasol est déplacée le 14, quelques heures avant que la lave ne rencontre la mer, entre Bois-Blanc et Grand-Brûlé. Le village de Bois-Blanc est évacué le lendemain ; il faut remonter à 1977 pour qu'une telle mesure soit prise. Une grande partie de cette coulée de lave a disparu sous celle de février 2005, mais l'île s'est agrandie de 24 300 m², une plate-forme qui s'avance fièrement dans la mer. Quant à la belle coulée double de 2004, plusieurs sentiers ont été dessinés dessus. À chaque fois, la zone de l'enclos étant inhabitée, les dégâts ont surtout été matériels, la route coupée et la circulation sur la côte sérieusement perturbée.

La Vierge au Parasol : au **Grand-Brûlé.** Ex-voto et nombreux bouquets de fleurs au pied d'une statue de la Vierge sous un parasol bleu. À l'abri du soleil et des pluies, cette Vierge du début du XXe s semble se protéger du volcan. Installée à l'origine par le propriétaire d'un champ de vanilliers qui pensait que Dieu épargnerait ainsi ses récoltes, elle échappa à plusieurs coulées de lave mais pas à celle de 1961. Elle fut remplacée et bénie en 1963. Pour la coulée de 2002, la mairie a attendu le dernier moment avant de la mettre à l'abri. Même si la statue a été déplacée plusieurs fois, elle est vénérée par les habitants de la région et reçoit une procession le 15 août (bonjour les bouchons ce jour-là !).

L'anse des Cascades : *à env 3 km au nord du village de Bois-Blanc, vers Piton-Sainte-Rose (petite pancarte discrète sur la droite après* Le Joyau des Laves*).* On découvre une adorable forêt de palmistes ceinte d'une muraille de pitons couverts par la végétation, d'où coulent de hautes cascades en filets. Celles situées derrière le restaurant sont à portée de main. Le spectacle est des plus ravissant, complété par une petite anse composée d'énormes galets volcaniques, où reposent quelques barques de pêche. Très pittoresque lorsque la flottille rentre au bercail en fin de matinée, les filets lourds de poissons de toutes sortes. Sans conteste le port de pêche le plus mignon de la côte, idéal pour pique-niquer (le coin est d'ailleurs envahi le week-end). Le chemin continue sur la gauche jusqu'à une autre aire de pique-nique. Tout ce secteur est géré par le Conservatoire du littoral. Baignade interdite, et gare aux moustiques qui prolifèrent dans le coin.

➢ À noter que c'est d'ici que part une magnifique balade le long de la côte. Le ***sentier du littoral*** emprunte un itinéraire préservé, dans un environnement de vacoas et de rivages sauvages, en direction de Piton-Sainte-Rose (vers le nord, départ derrière le bloc toilettes). Compter 1h30-1h45 aller. Enchanteur, vraiment, mais avec une partie sur la lave durcie, ce n'est pas toujours facile pour les enfants.

L'exploration de tunnels de lave : la coulée de lave de 2004 a laissé près de 6,5 km de galeries souterraines que l'on peut en partie explorer. Mais, attention, activité à ne pratiquer qu'avec des guides diplômés et aguerris à ce monde jules-vernien unique dans son genre. Toutes les infos dans nos pages « Sports et loisirs. Spéléologie ».

PITON-SAINTE-ROSE

On ne peut pas rater la fameuse église de ce beau petit village, rebaptisée Notre-Dame-des-Laves, que les touristes viennent régulièrement contempler : une coulée de lave qui a traversé le village en 1977, largement hors enclos, engloutissant quelques maisons au passage, est restée figée autour de l'église... qui se retrouve du coup à demi enterrée côté porche ! Lois de la physique ou intervention divine ? Très théâtral, ce volcan, quand il s'y met. En empruntant à pied l'ancienne route de Piton-Sainte-Rose (côté montagne), on peut encore voir la coulée de lave qui traversa la route.
Le village lui-même est charmant, avec ses cases bleues, vertes, blanches ou rouges, disséminées dans une végétation luxuriante. Le long de la route menant à Sainte-Rose, on aperçoit quelques hameaux compacts, aux toits de tôle rouillée, dans les cours desquels sèche le linge d'une population modeste. Entre Piton-Sainte-Rose et Sainte-Rose, n'hésitez pas à chercher les petits coins tranquilles, sous les vacoas, comme à La Ravine-Glissante. À visiter éventuellement : *Bananaland,* une bananeraie en bord de route.

Où manger ?

Le Joyau des Laves : *474 ter, Piton-Cascades, N 2. ☎ 02-62-47-34-00. • LJDL@joyaudeslaves.com • À 1 km avt Piton-Sainte-Rose, en venant du sud, sur la gauche. Ouv le midi jeu-lun, plus le soir sur résa slt. Congés : 10 j. en fév, juin et sept. Menus 15-25€, formule dim 28 €. Digestif maison offert sur présentation de ce guide.* Agréable restaurant traditionnel dominant l'océan, spécialisé dans le palmiste rouge, endémique à La Réunion et la fleur de banane (baba figues). La cuisine est fraîche, généreuse et se déguste sur la terrasse ou dans une vaste salle de resto aux larges baies vitrées. Noter qu'on peut visiter le jardin tropical situé en contrebas si le temps le permet.

Le Corail : *en bordure de nationale (nº 398), à 300 m de l'église, en dir. de Saint-Philippe. ☎ 02-62-23-75-36. Tlj 9h30-18h. Plats 12-22 €.* Un Réunionnais revenu au pays accueille dans sa petite case aux couleurs gaies et avec enthousiasme les clients de passage. Plats créoles et grillades sur place ou à emporter (moitié prix), plutôt goûteux et épicés, bien adaptés aux palais locaux. Dommage que la rue soit si bruyante.

Le Poisson Rouge : *en bordure de nationale (nº 503), à 1 km de l'église, en dir. de Saint-Philippe. ☎ 02-62-47-32-51. Ouv le midi mar-dim, le soir sam slt, mais appeler avt. Plats 9-22 €.* Terrasse accueillante et fleurie ou grande salle, le tout un peu à l'écart de la nationale. Devinez quelle couleur domine... On y sert une cuisine créole ou chinoise de bon aloi, ainsi que des grillades. Pas toujours de carte, bien se faire préciser les tarifs au préalable.

À voir. À faire

➢ ***Balade jusqu'à la mer :*** ne pas hésiter à rejoindre le littoral (prendre la petite route à droite de l'église, puis au bout à droite) pour avoir une autre vision du phénomène volcanique. Garer sa voiture et suivre la traînée de roches noires jusqu'à la mer où l'on rejoint le sentier du littoral vers l'anse des Cascades. Très beau point de vue sur les rouleaux se fracassant contre les récifs. Et une plage de sable noir aux étranges reflets. Les roches que l'on trouve sur le site sont en effet des océanites, constituées de cristaux d'olivine, ces petits cristaux verts qui brillent au soleil.

Visite d'un jardin tropical : *infos au Joyau des Laves, à* ***Piton-Cascades,*** *N 2 (voir plus haut « Où manger ? »). ☎ 02-62-47-34-00. À 1 km de Piton-Sainte-Rose, en venant du sud, sur la gauche. Sur résa slt.* Balade nature de 1h environ, en compagnie d'un botaniste.

SAINTE-ROSE (97439) 6 790 hab.

Une furieuse bagarre entre Anglais et Français eut lieu par ici en août 1809. Sur le port, quelques vestiges de canons et un monument rendant hommage au commodore britannique Robert Corbett, mort l'année suivante lors d'une autre attaque de l'île. Curieux, ce monument, pour un ressortissant de la perfide Albion ! Il a en fait été construit pendant l'occupation britannique et le corps du commodore rapatrié ensuite quand l'île est redevenue française. Sainte-Rose est plutôt fleurie mais assez quelconque. Le petit port mérite néanmoins un crochet, avec ses quelques barques, des gamins qui se baignent et quelques canons pointés vers le large. À la sortie nord de la ville, un grand pont suspendu franchit la rivière de l'Est. Cet ouvrage pittoresque (tablier de 150 m soutenu par 103 km de câbles) conçu en métropole et installé en 1894 à cet endroit stratégique n'est plus en service depuis 1979.

Adresses utiles

■ ***Gabiers*** *(distributeurs de billets) : au* ***Crédit agricole*** *et à* ***la Poste,*** *sur la nationale.*

Le Bazar d'André (La Caverne aux Touristes) : *88, N 2. ☎ 02-62-47-20-46. À 2 km après le pont suspendu, sur la droite en venant du nord, après un virage. Tlj sf dim ap-m et lun mat 7h-11h, 14h-18h.* Une caverne d'Ali Baba. Il faut se frayer un chemin et baisser la tête pour ne pas se prendre une cafetière. On y trouve un *bon peu* de souvenirs et ça vaut le coup d'œil. Pour un panier, une horloge en plastique, un arrosoir en fer-blanc...

Où dormir ? Où manger ? Où boire un verre ?

Chambres d'hôtes Matilona : *84, chemin du Petit-Brûlé. 06-92-85-86-86. • matilona@laposte.net • matilona.monsite.orange.fr • Après le rond-point de l'église en dir. de Sainte-Anne, prendre la rue qui monte sur la gauche. Double 65 €.* Retirée dans une rue tranquille des hauteurs de Sainte-Rose. De vastes espaces bien agencés : salon avec lecteur DVD, billard, table de ping-pong et bibliothèque encombrée de B.D., belle pièce à vivre avec cuisine américaine, enfilade de 4 chambres toute mignonnes, dont une familiale. Piscine dans le jardin et kiosque. Également 4 studios.

Ferme-auberge La Cayenne : *chez Joëlle et Sully Narayanin, 317, RN 2, à* ***La Ravine-Glissante.*** *☎ 02-62-47-23-46. • ferme-auberge-lacayenne.fr • À quelques km avt Sainte-Rose (panneau indiquant l'entrée du chemin privé). À l'écart de la route et au bord de la mer. Double 50 € sans le petit déj. Menus 25-40 € slt sur résa.* Cette auberge en bord de mer connaît un franc succès pour sa cuisine traditionnelle. Joëlle et Sully élèvent des poulets, des lapins, des canards, des pintades et des cabris (pas besoin de réveil !), ce qui leur permet de concocter toutes sortes de petits plats goûteux arrosés de jus de fruits maison. Certaines chambres donnent directement sur les vagues déchaînées, celles du rez-de-chaussée sont un peu moins enthousiasmantes. D'un autre côté, le petit déj sur la terrasse vaut la photo !

Hôtel La Fournaise : *154, N 2. ☎ 02-62-47-03-40. • hotellafournaise.fr • À l'entrée de Sainte-Rose en arrivant de Sainte-Anne. Resto slt le soir. Doubles à partir de 69 € avec petit déj. Menu env 20 €.* C'est le seul vrai hôtel à plusieurs dizaines de kilomètres à la ronde. Les aficionados apprécieront à coup sûr sa piscine, ses chambres impeccables, fonctionnelles, tout confort, la vue géniale sur la mer depuis les balcons (éviter par conséquent de réserver côté parking !). Accueil souriant, efficace. Table métro-créole tout à fait convenable avec petite terrasse (une aubaine, car peu de restos ouvrent le soir).

Snack Chez Louiso : *46, chemin de la Marine. ☎ 02-62-47-26-37. Tlj sf lun 6h-19h. Repas sur place (env 12 €) ou à emporter. Café offert sur présentation de ce guide.* C'est plus la situation face au port (bien bétonné, pour le protéger des vagues) qui attire le promeneur que la cahute en tôle et en parpaings : un œil sur les barques du port, un autre sur le grand large. Les petits plats créoles de la maison sont tout à fait honorables et servis avec le sourire. Bien aussi pour boire un verre en regardant la mer...

À voir

La plantation Vanilla Bourbon : *Le Petit-Brûlé. 06-92-15-76-37. • plantationvanillabourbon@yahoo.com • vanille-reunion.fr • Dans les Hauts de Sainte-Rose (explications sur le site ou appeler). Lun-sam à 9h ou 13h, sur rdv exclusivement. Entrée : 7 € ; réduc.* Visites guidées dans une forêt endémique de 5 ha qui abrite plusieurs milliers de pieds de vanille. Pensez à prendre de bonnes chaussures ! Maryse n'a pas sa pareille pour faire partager sa passion de la gousse.

Randonnée

➢ **Le sentier littoral ou sentier des pêcheurs :** point de départ derrière le *Snack Chez Louiso.* Petit sentier facile d'accès, au milieu des bananeraies, des vacoas et des bouquets de hauts bambous qui chantent en se pliant au vent. Une vraie leçon de botanique. On longe les falaises où se fracassent les rouleaux de l'océan.

LA CÔTE AU VENT (NORD-EST)

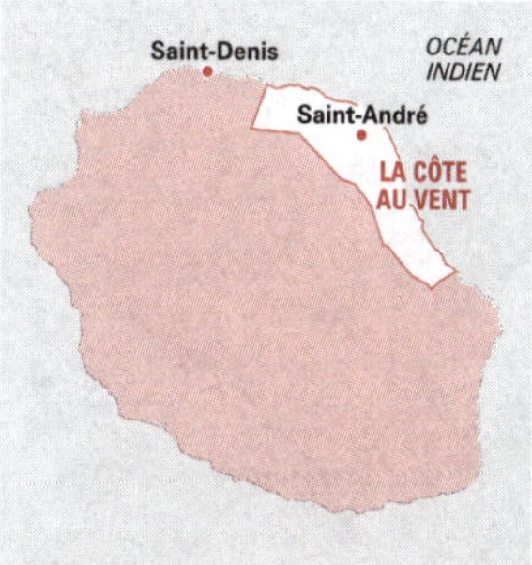

La côte est de La Réunion, entre Sainte-Rose et Saint-Denis (à ne pas confondre avec la côte « sous » le vent, autrement dit la côte ouest), est plus sauvage, et donc moins touristique, car elle ne possède pas de plages à proprement parler. Mais les paysages y sont plus verdoyants (il y pleut bien plus fréquemment que dans l'Ouest). De là, on accède au cirque de Salazie et à la route des Hautes Plaines et du volcan.

SAINTE-ANNE

(97437)

• Carte De Sainte-Anne à Bras-Panon *p. 204-205*

En poursuivant la route, on enchaîne les villages côtiers, souvent snobés par la grande et rapide N 2 qui ne nous laisse pas le temps de les apercevoir. À Sainte-Anne, pourtant, il faudra faire une halte. Cette bourgade, administrativement rattachée à Saint-Benoît, s'est développée à l'écart de sa grande voisine distante de quelques kilomètres. Ici, pas d'immeubles sans âme, mais une atmosphère de village, et surtout le grain de folie d'un curé pas comme les autres. On peut également voir de jolies cases créoles à la sortie de la ville.

Adresses utiles

Office de tourisme intercommunal de l'Est, antenne de Saint-Benoît *(plan D3)* **:** *pl. de l'Église. ☎ 02-62-47-05-09. 06-92-24-62-30. • oti-est.re • Mar-sam 9h-12h30, 13h30-17h.* Toutes les infos à la fois sur Sainte-Anne et sur Saint-Benoît. Réservation d'hébergements sur toute l'île, infos sur la location de voitures, activités sportives, etc. Vaste boutique d'artisanat. Excellent accueil.

Poste et distributeur : *au bord de la N 2, à env 100 m de l'office de tourisme.*

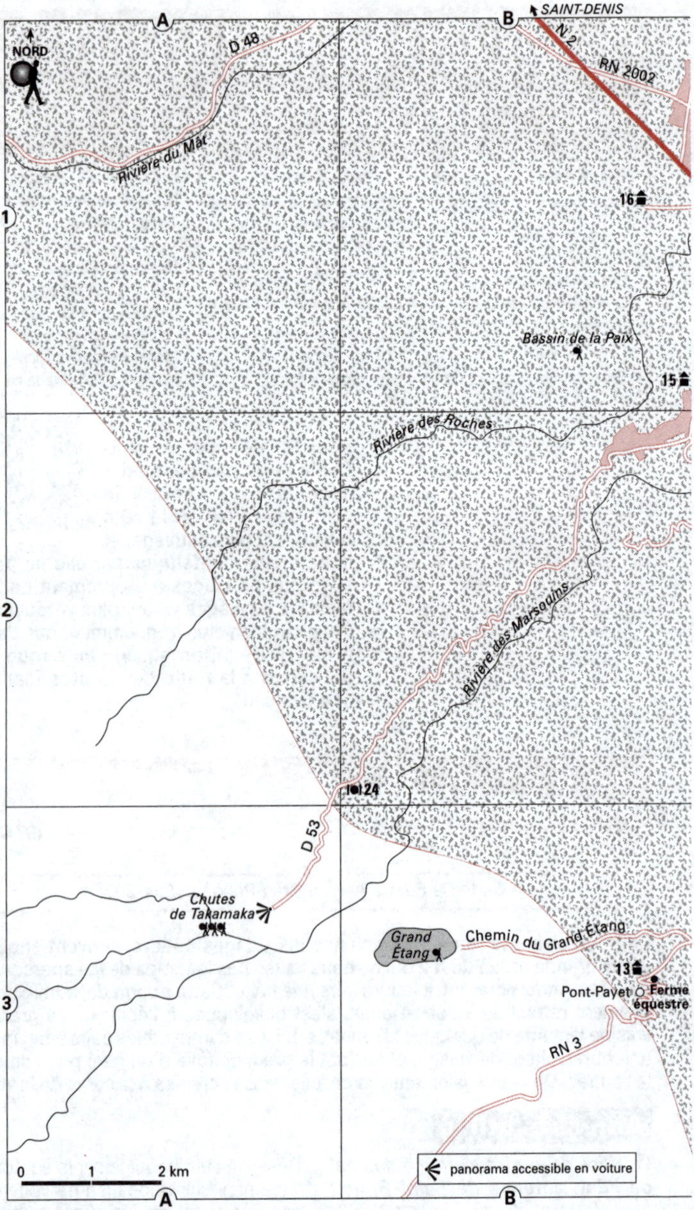

NORD
SAINT-DENIS
N 2
RN 2002
D 48
Rivière du Mât
16
Bassin de la Paix
15
Rivière des Roches
Rivière des Marsouins
24
D 53
Chutes
de Takamaka
Grand
Étang
Chemin du Grand Étang
13
Pont-Payet
Ferme
équestre
RN 3
panorama accessible en voiture
0
1
2 km
A
B
1
2
3

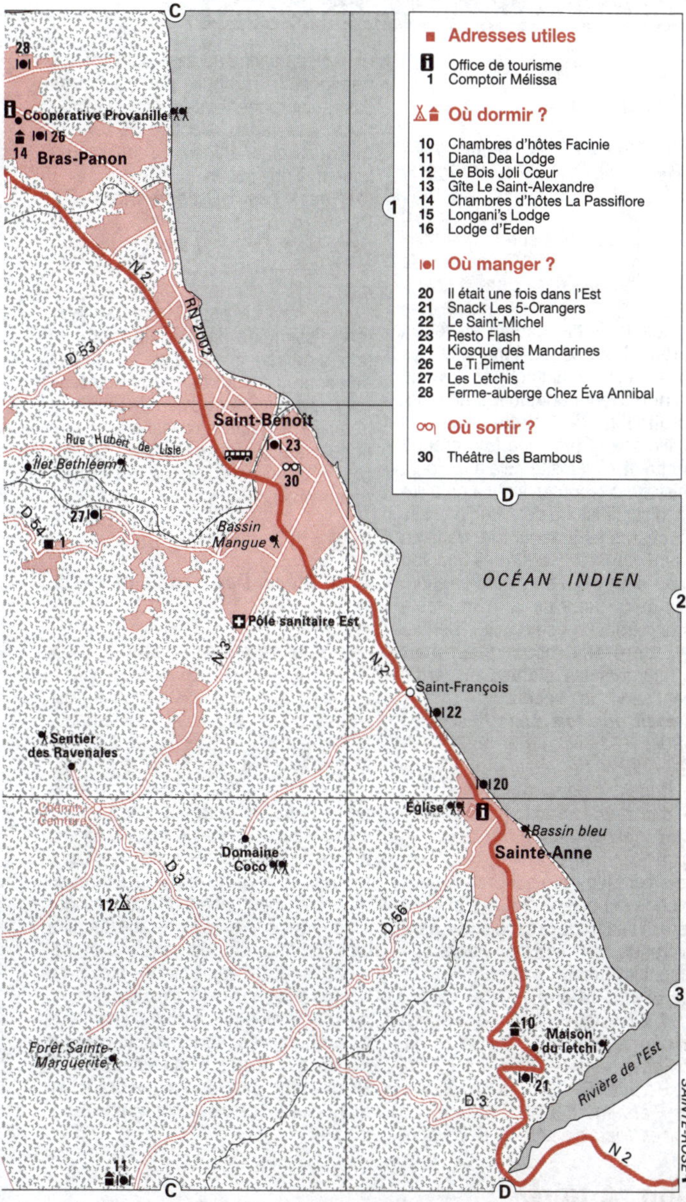

DE SAINTE-ANNE À BRAS-PANON

Où dormir ? Où manger dans le coin ?

De bon marché à prix moyens

Chambres d'hôtes Facinie (plan D3, **10**) : *339, N 2,* **Les Orangers.** *☎ 02-62-51-19-23. • facinie@hotmail.fr • facinie.cabanova.com • À 3 km au sud de Sainte-Anne (fléché sur la gauche). Congés : 20 déc-10 janv. Double env 61 € (dégressif). Sur présentation de ce guide, réduc de 3 € sur le prix de la nuitée.* Suffisamment en retrait de la route pour ne pas être gêné : les champs de litchis alentour et le jardin luxuriant doivent contribuer à atténuer les bruits ! Marie-Colette Guichard accueille ses hôtes avec une grande simplicité et générosité. Elle a toujours une histoire à raconter. Il n'y a qu'à lire son livre sur l'histoire de sa région ! Elle loue 2 chambres tout confort, dans un bâtiment séparé. Confitures maison extra au petit déj. Les dîners finissent parfois tard autour de la même table dans une franche convivialité. Dernier détail : gare aux moustiques, mais heureusement les plantes du jardin peuvent servir de remède.

Il était une fois dans l'Est (plan D2, **20**) : *133, N 2. 06-92-64-60-11. À 80 m de l'église, en dir. de Saint-Benoît. Tlj le midi slt, fermé sam et mi-mai à mi-juin env. Plats à partir de 13 €. Apéritif maison ou café offert sur présentation de ce guide.* Une petite affaire familiale qui propose des plats bons et copieux. Tout se passe à l'arrière, à l'écart de la circulation, dans une véranda dont les baies vitrées surplombent le littoral.

Le Saint-Michel (**Chez Éric** ; plan D2, **22**) : *sur la N 2 (n° 33), à* **Saint-François** *(97400). ☎ 02-62-88-14-45. À 1,5 km de Sainte-Anne, en dir. de Saint-Benoît. Fermé dim, sf exceptions. Plats env 8-17 €. Également à emporter. Pizzas env 8-12 €.* En bord de nationale, une adresse bien connue des locaux. Au choix, petite terrasse (les tables partent vite) ou salle climatisée. À la carte, sélection de *caris* et quelques plats chinois ou métro également, à prix serrés.

Snack Les 5-Orangers (plan D3, **21**) : *12, rampe des Chicots,* **Les Orangers.** *06-93-04-26-95. À mi-chemin entre Sainte-Rose et Sainte-Anne. Tlj sf mer, midi slt. Plat env 10 €. Également à emporter.* La petite terrasse colorée, dissimulée derrière un modeste rideau de végétation et qui ne fait pas de vague, en bord de route. Pourtant, on y sert une cuisine créole simple et honnête, à petits prix, dans un cadre accueillant avec ses couleurs sympas et la vue sur l'océan entre deux branchages.

Beaucoup plus chic

Diana Dea Lodge (plan C3, **11**) : *94, chemin Helvetia,* **Cambourg.** *☎ 02-62-20-02-02. • resa@diana-dea-lodge.re • diana-dea-lodge.re • À 10 km env de Sainte-Anne : prendre la D 56, puis fléché. Doubles classiques 200-275 € pour les standard, petit déj inclus ; dégressif dès la 2e nuit. Plats 17-45 € ; le soir, formules et menu 35-45 €.* L'adresse de charme et de prestige sur la côte est, perchée sur les hauteurs, en pleine nature. Elle se mérite : il faut tourner le dos à la côte, monter une route étroite, sinueuse mais bien bétonnée (sur 5 km !) avant d'accéder par une piste au domaine clos (un troupeau de cerfs y a également élu domicile). Une fois arrivé, on découvre un bâtiment à la déco design, où le bois et la pierre sont à l'honneur. Les chambres sont spacieuses et bénéficient toutes d'une superbe vue. Restaurant gastronomique franchement classe, service impeccable. Spa, piscine.

À voir. À faire

L'église (plan D3) : *au centre du village ; on ne peut pas la manquer.* Classé Monument historique, voici une sorte d'édifice baroco-naïf que n'aurait pas renié le Facteur Cheval. À l'origine, il ne s'agissait pourtant que d'un édifice sans

LA CÔTE AU VENT

intérêt notable, surmonté d'une haute tour carrée qui devient octogonale dans sa partie la plus haute. Mais de 1922 à 1946, à l'instigation du père Daubenberger, un Alsacien, le vieux bâtiment de 1857 est devenu une maison de Dieu pas comme les autres. Il fut d'ailleurs enterré dans l'édifice en 1946. À la recherche d'un projet collectif pour réunir ses fidèles, le curé se met en tête de décorer l'église avec les enfants du catéchisme. Ce sont eux qui réalisent des moules en ciment d'angelots, de grappes, de motifs floraux et de coquillages qui ornent la façade dans un style d'inspiration mi-baroque, mi-gaudienne, pour en faire un véritable décor de théâtre émouvant.
De 2010 à 2012, un chantier de rénovation a donné à l'église des couleurs (jaune, bleu, ocre et gris). Ce qui n'est pas du goût de tout le monde (une page Facebook a même été créée pour regrouper les « opposants » !). Il semble pourtant que les architectes n'aient fait que restituer les couleurs d'origine...
À l'intérieur, même poème, du moins, une fois passé la nef principale d'une grande sobriété. Tout se passe dans la chapelle Sainte-Thérèse, sur la gauche, décorée, là encore par les enfants, un peu à la manière d'un temple hindou, façon gâteau meringué. Noter les deux mappemondes où apparaissent La Réunion sur l'une et la planète entière sur l'autre. Une *Dormition* et une *Déposition* complètent ce tableau angélique.
François Truffaut y a célébré le mariage de Belmondo et Deneuve dans son film *La Sirène du Mississippi* (1968).

Le bassin bleu *(plan D3)* **:** *dir. Sainte-Rose et, après la poste, indiqué à 100 m sur la gauche.* Petits bassins à l'embouchure de la rivière et gros rochers pour sécher au soleil. On peut s'y baigner toute l'année, mais le week-end, c'est la cohue. Kiosques à pique-nique.

La Maison du letchi *(plan D3)* **:** *353, N 2,* **Les Orangers.** *06-92-60-63-88.* • *maison-des-fruits.re* • *À 2,5 km au sud de Sainte-Anne, vers Sainte-Rose ; juste avt le panneau « Ravine des Chicots », fléché sur la gauche. Pdt la saison slt (de mi-nov à mi-janv) sur résa, tlj sf lun. Compter 6 €/pers, dégustation comprise.* Visite d'une exploitation de letchis bio en compagnie de l'exploitant (compter 1h). Très intéressant.

SAINT-BENOÎT (97470) 36 000 hab.

• Carte De Sainte-Anne à Bras-Panon *p. 204-205*

Saint-Benoît porte le second prénom d'un gouverneur de l'île, Pierre-Benoît Dumas. La capitale de l'Est n'est pas spécialement jolie avec ses petits immeubles modernes, son centre-ville bétonné qui a oublié de garder ses cases créoles (un incendie en 1950 y est pour quelque chose) et ses insupportables embouteillages aux heures de pointe. La ville fait pourtant un réel effort culturel avec une médiathèque, un théâtre et un cinéma.
Et puis Saint-Benoît est l'une des portes d'entrée pour les hautes plaines, un coin propice à de nombreuses balades : Plaine-des-Palmistes n'est qu'à 20 km par la N 3 et les bords de mer ont été aménagés en piste cyclable ou piétonne. Noter qu'en décembre-janvier c'est la saison des litchis et, en février, celle de leurs cousins, les longanis.

Arriver – Quitter

Gare routière *(plan C2)* **:** *av. François-Mitterrand, en longeant la rivière des Marsouins.* ☎ *02-62-50-10-69.*

– Cars Jaunes : ☎ 0810-123-974 (n° Azur).
➢ **Saint-Denis :** avec les lignes *Cars Jaunes* E1, E2, E3 et E4. Départs très réguliers, mais fréquence plus faible le dim. Plus rapide, mais plus chère, la ligne *Z'Éclair ZE* via l'aéroport Roland-Garros.
➢ ***Saint-Pierre par Plaine-des-Palmistes et Plaine-des-Cafres :*** ligne S2. 6 bus directs/j., 5 le dim. Durée : 2h.
➢ ***Saint-Pierre par le Grand-Brûlé (côte) :*** ligne S1. Env 6 bus/j. Durée : 2h50.
– Les petits bus locaux du réseau *Estival* desservent également les Hauts de Saint-Benoît.

Adresses et infos utiles

Office de tourisme *(plan D3)* : *à Sainte-Anne.*

■ **Comptoir Mélissa** *(plan C2, **1**)* : *28, chemin Cratère.* ☎ *02-62-21-12-12.* • *melissa.fr* • *Depuis la N 2, prendre dir. Bras-Canot ; 3 km plus loin, panneau sur la droite.* Production de fleurs et de fruits *(visite possible de l'exploitation tlj sf dim à 14h30 sur résa slt ; compter 7 €/pers, réduc moins de 12 ans)*, bouquets à rapporter en métropole. Voir les informations en fin de guide dans « Hommes, culture, environnement », à la rubrique « Achats ». Propose aussi des goûters *(compter 12 €/pers, 8,50 € moins de 12 ans, visite de l'exploitation comprise).*

Pôle sanitaire Est *(plan C2)* : *30, RN 3, ZAC Madeleine, BP 186, 97470 Saint-Benoît.* ☎ *02-62-98-80-00.* Un hôpital récent, sur la route de Plaine-des-Palmistes.

– **Marché :** *sam mat. Parking de la Savane.*

Où dormir dans les environs ?

Camping

Le Bois Joli Cœur *(plan C3, **12**)* : *chez Edvin Payet, 120, propriété Payet, 97437* ***Sainte-Anne.*** *06-92-61-56-02 ou 06-92-51-49-69.* • *edvin97437@yahoo.fr* • *campingleboisjolicoeur.re* • *À env 8 km ; dir. Plaine-des-Palmistes (N 3) puis à Chemin-Ceinture, suivre Cambourg sur la gauche (D 3) ; à 1,6 km, fléché sur la droite. Nuitée 15 €/pers ; 40 € le bungalow (1-2 pers).* Un camping dans la nature avec une poignée d'emplacements, au calme. Kiosques couverts pour se restaurer dont un équipé d'une cuisine à disposition avec frigo. Barbecue (bois fourni), toilettes sèches et espace de jeux. Également 3 bungalows, très simples (sanitaires communs). Attention, pas d'eau potable. Possibilité de repas et de visite de l'exploitation *(payants).*

De prix moyens à chic

Gîte Le Saint-Alexandre *(plan B3, **13**)* : *à* ***Pont-Payet*** *(n° 14).* *06-92-60-80-25.* • *saint.alexandre@hotmail.fr* • *saintalexandre974.com* • *À env 8 km. Prendre la N 3, dir. Plaine-des-Palmistes, jusqu'à Pont-Payet, puis à droite avt le pont et suivre le chemin. Compter 72-135 €/nuit selon taille (2-5 pers). Réduc de 10 % pour 4 nuits min sur présentation de ce guide.* Au cœur d'un verger de 5 ha, une poignée de chalets indépendants, confortables et bien aménagés, chacun aux couleurs de l'océan Indien (créole, malgache, indien, chinois...). Noter le sens du détail, comme ce voile de lit, semblable paraît-il à celui d'un roi de Madagascar (kitsch à souhait !). Une adresse au calme, où l'on est reçu à la créole par des propriétaires pleins de gentilles attentions.

Longani's Lodge *(plan B1, **15**)* : *95, chemin Harmonie.* *06-92-76-84-52.* • *contact@longanilodge.com* • *longanilodge.com* • *À env 8 km. Prendre la D 53 dir. Takamaka, puis, à 5 km de l'embranchement avec la N 2002, suivre le chemin de l'Abondance sur la droite ; c'est 800 m plus loin. Compter env 115 € pour 2 (env 155 € pour 3-5 pers). Possibilité de petit déj. Dîner demandé pour les séjours de 1 nuit.* Un superbe gîte, au cœur d'un magnifique jardin, qui allie esprit contemporain et tradition. De nombreuses ouvertures rendent l'endroit très lumineux. Le salon avec terrasse donne sur la ravine et la forêt luxuriante. En guise de déco, de beaux objets d'Afrique, d'Inde, du Japon... content un peu l'histoire de Jacqueline, la propriétaire, qui a beaucoup voyagé avant de se poser dans ce coin de paradis. Un lieu plein de charme, où l'on se sent vraiment bien.

Où manger dans le coin ?

De très bon marché à bon marché

I●I ***Resto Flash*** *(plan C2,* ***23****) : 1, rue Pierre-Benoît-Dumas, à l'angle de l'av. Jean-Jaurès. ☎ 02-62-50-00-64. ♿ Tlj sf dim soir et j. fériés. Plats 4-9 €.* Plusieurs plats différents chaque jour, créoles, parfois métro et surtout chinois, sur place ou à emporter. Petite adresse propre et pas chère. Un bon *ti chaud.*

I●I ***Kiosque des Mandarines*** *(plan B2,* ***24****) : 747, route de Takamaka (D 53), à env 9 km de l'embranchement depuis Saint-Benoît. 📱 06-92-84-91-92. Tlj (le soir sur résa). Plat env 13 €. CB refusées. Digestif maison offert sur présentation de ce guide.* Pour une halte revigorante après une balade à Takamaka. Case agréable, sur les hauteurs, cuisine traditionnelle au feu de bois et un accueil tout sourire du patron, Jacky (1er roi du royaume de Takamaka !) et de ses belles moustaches.

De prix moyens à chic

I●I ***Les Letchis*** *(plan C2,* ***27****) : 42, îlet Danclas,* ***Bras-Canot.*** *☎ 02-62-50-39-77. ♿ Depuis la N 2, dir. Bras-Canot ; 2,5 km plus loin, juste après le pont, tourner à droite (panneau « base raft »), puis fléché (parcourir encore 1 km). Tlj le midi sf lun-mar, plus les soirs de w-e en saison. Plats env 20-35 €. Menu déj env 25 €, formule w-e env 38 €.* La route bordée de letchis n'est qu'une jolie invitation vers ce restaurant idéalement situé, dans un cadre de verdure et en bordure de rivière. Terrasse en ponton bien agréable pour une cuisine de fruits de mer et de rivière qui change tous les jours selon l'arrivage : anguilles, *camarons, cari-bichiques...* Une halte gastronomique et reposante.

Où sortir ?

Théâtre Les Bambous *(plan C2,* ***30****) : rue Jean-Moulin. Rens et résas : ☎ 02-62-50-38-63. • lesbambous13.wordpress.com •* Scène conventionnée de l'Est. Théâtre alternatif qui présente des pièces contemporaines ou anciennes. Très dynamique. Organise un festival de chansons chaque année paire, début décembre, « Les Bambous Libres ».

À voir. À faire

Le Domaine Coco *(plan C3) : 📱 06-92-27-75-19. • domainedecoco.com • À Saint-François, 1,5 km au nord de Sainte-Anne, prendre la route qui monte sur 2,6 km (c'est indiqué). Tlj (sf s'il pleut ; mieux vaut téléphoner avt donc) à 10h30 ; sur résa et min de 10 pers le w-e. Durée : env 1h30. Tarif : 7 € ; réduc.* Une exploitation de 11 ha, incluant 9 ha de canne, dont la visite permet d'aborder l'histoire de la canne à sucre et sa place dans l'île, sans oublier les difficultés du métier de coupeur. Vous sortirez également incollable sur les nombreux arbres du domaine rencontrés au cours de la visite.

■ ***Ferme équestre du Grand Étang*** *(plan B3) : RN 3,* ***Pont-Payet.*** *☎ 02-62-50-90-03. 📱 06-92-86-88-25. • riconourry@wanadoo.fr • À 10 km de Saint-Benoît,* *dir. Plaine-des-Palmistes.* Un centre équestre bien situé à mi-hauteur entre Saint-Benoît et Plaine-des-Palmistes, proposant de bien belles balades dans le secteur : demi-journée au lac de Grand Étang, balades plus courtes ou à la journée sur la côte est, voire sur plusieurs jours. Labellisé *Qualité Tourisme Île de La Réunion.*

– Pas mal de ***sports en eaux vives*** praticables dans la région : rafting, hydrospeed, canyoning, etc. Voir la rubrique « Sports et loisirs » dans « La Réunion utile » en fin de guide.

DANS LES ENVIRONS DE SAINT-BENOÎT

➢ ***Le sentier des Ravenales*** *(plan C2) : à env 6 km ; prendre dir. Plaine-des-Palmistes jusqu'au rond-point de Chemin-Ceinture ; tourner alors à droite (fléché) et faire 1 km.* Le sentier se partage en deux boucles, une facile (environ 45 mn) et une plus difficile (environ 1h15), avec deux passages d'échelle. Mais tout cela n'est pas bien indiqué. Beaucoup se cassent le nez... Si vous faites le sentier, vous verrez une poignée de *ravenales,* appelés aussi « arbres du voyageur ».

La forêt Sainte-Marguerite *(plan C3) : à env 10 km. Gérée par l'Association de protection des milieux naturels de l'Est (APMNEST, ☎ 02-62-51-60-15). De Saint-Benoît, prendre la N 3 dir. Plaine-des-Palmistes ; au rond-point de Chemin-Ceinture, prendre à gauche. Fléché ensuite sur la droite à 2 km, puis monter sur 2,3 km le chemin de Lamandière. Site ouv (en accès libre) lun-ven 9h-17h ; le w-e 9h-18h. Visite guidée et payante sur rdv auprès de l'office de tourisme (compter 8 €/pers ; réduc enfants).* Cette forêt de bois de couleurs de moyenne altitude, un « espace naturel sensible », est appelée le « paradis du tangue », ce petit mammifère ressemblant au hérisson. On y voit aussi, entre autres, des orchidées sauvages. Prévoir de bonnes chaussures.

Le Grand Étang *(plan B3) : à 10 km de Saint-Benoît ; suivre la N 3 en dir. de Plaine-des-Palmistes, puis juste avt le panneau « Pont-Payet », prendre à droite (indiqué « Grand Étang ») et continuer sur 3 km.* C'est le seul lac d'altitude d'origine volcanique de 7 km de périphérie, entouré de remparts verdoyants, d'une végétation foisonnante... et traversé de fils électriques ! Depuis le parking, compter 15-20 mn pour rejoindre l'étang. Au premier croisement, en poursuivant le chemin incertain sur la droite, on atteint un point de vue en 10 mn et les cascades de Bras-d'Annette en 1h environ. Sinon, promenade facile de 2-3h pour en faire le tour, mais le sentier, entouré par les fougères, est rapidement boueux en cas de pluie. On passe dans une végétation abondante : goyaviers, *grains rouges,* nattes et *tans rouges.*

■ ***Visites guidées de Grand Étang :*** *avec* ***Dominick Cerveaux,*** *06-92-86-32-88. • dominick@guid-a-nou.com • explorerlareunion.com • À partir de 20 €/pers.* Rando *péi* tournée nature et une demi-journée jusqu'aux cascades de « Bras-d'Annette » autour du Grand Étang.

Le bassin Mangue *(plan C2) : à env 1,5 km ; depuis la N 2, prendre dir. Bras-Canot, puis, à 1 km bifurquer à droite sur le chemin en contrebas juste après le 1er pont.* Le bassin est situé sur la rivière des Marsouins, au cœur de la nature verdoyante. Le week-end, prisé par les familles qui viennent pique-niquer et s'y baigner.

L'îlet Bethléem *(plan C2) : à env 5 km ; depuis la N 2 (bien fléché), une route à travers les champs de canne mène au parking. Terminus, tout le monde descend, et on prend le sentier qui suit le rempart de la rivière des Marsouins au milieu des bambous. Compter 20 mn de marche.* On a une vue sur les vergers de letchis et de longanis de l'îlet Coco, puis on arrive sur le site, où l'on se baignerait bien s'il n'y avait pas tant de déchets ! Cet îlet servait de refuge aux familles qui redoutaient les

LA CÔTE AU VENT

incursions des pirates. Hubert Delisle, gouverneur de l'île de 1852 à 1858 et natif de Saint-Benoît, y fit construire une chapelle en pierre de lave, et sa femme créa un atelier dirigé par les religieuses, tout cela pour inculquer les principes chrétiens à ceux qui, en se retirant dans l'îlet, les avaient oubliés. Aire de pique-nique.

Le site de Takamaka (plan A3) : *à env 18 km ; de Saint-Benoît, prendre dir. Abondance (D 53). Les bus de la ligne n° 12 s'arrêtent à Abondance. Une charmante (et sinueuse) route traverse d'abord de jolis champs de canne avant de grimper à flanc de montagne.* Nature épaisse et primitive comme aux premiers jours... Au bout, on est récompensé par un spectacle grandiose de pitons acérés, de gorges profondes recouvertes d'une végétation dense, striée de cascades gigantesques (quand il a plu). Le site est souvent sous la pluie : on est à 763 m et les nuages s'en donnent à cœur joie. L'endroit est parmi ceux qui battent les records de pluviométrie... au monde ! La route se termine par un cul-de-sac où une station EDF a élu domicile (les deux centrales hydroélectriques, elles, sont tout au fond, dans des salles souterraines). Magnifique vue sur la nature environnante et la rivière des Marsouins. C'est ici qu'aboutit un beau sentier conduisant à la forêt de Bébour. Mais il est fermé par arrêté préfectoral.

BRAS-PANON (97412) 12 800 hab.

• Carte De Sainte-Anne à Bras-Panon *p. 204-205*

Village côtier assez animé, sans charme particulier. Entre l'océan et la ville, la région est couverte par quelques hectares de champs de canne à sucre traversés par de petites routes. Un coin assez agréable pour flâner aux heures crépusculaires. Mais l'attrait principal du village réside dans la visite de la coopérative de producteurs de vanille.

Adresse et info utiles

Office de tourisme de l'Est, bureau de Bras-Panon (plan C1) : *dans le hall d'entrée de la coopérative* Provanille. *☎ 02-62-23-98-36. Lun-ven 8h30-12h, 13h30-17h.*

– ***Marché :*** *jeu mat, au centre-ville.*

Où dormir ? Où manger ?

Chambres d'hôtes La Passiflore (plan C1, **14**) : *31, rue des Baies-Roses. ☎ 02-62-51-74-68. • casolari.christian@yahoo.fr • lapassiflore.re • Prendre la rue entre la coopérative de vanille et le stade, puis à gauche au niveau du panneau de sens interdit ; la rue des Baies-Roses est la prochaine à droite. Double avec sdb 60 €, clim en option.* La maison est retranchée derrière de hauts murs et prend ses aises dans un joli jardin. Les 3 chambres d'hôtes occupent un petit bâtiment indépendant. Elles sont confortables et décorées avec goût, chacune sur un thème : romantique, africaine, marine. Les têtes de lit de récup (un paravent, une porte marocaine) apportent une note originale. Une des chambres se trouve à l'étage de la maison des proprios, avec une salle de bains extérieure. Piscine au bord du jardin. Une adresse plaisante.

Lodge d'Eden (plan B1, **16**) : *5, chemin de la Caroline. 06-92-64-62-09. • lodgededen974.fr • À 3,5 km du centre-ville ; du rond-point situé à 50 m de la mairie, suivre dir. « Refuge*

La Caroline/N 2 » ; 1 km plus loin, peu après le pont, tourner à droite puis encore à droite juste après le 2e pont ; fléché ensuite. Double 89 €. Repas env 25 €. 4 chambres au bord d'un jardin zen et coquet dans lequel veille un bouddha accompagné d'un petit bataillon de nains de jardin. Les chambres sont colorées, plaisantes et agrémentées de quelques voilages. Accueil charmant et attentionné d'Hélène qui fait ses propres confitures.

Le Ti Piment (plan C1, **26**) : *1 bis, rue Roberto. ☎ 02-62-23-46-79. 06-92-85-67-11. Congés : 1re quinzaine de janv. À env 150 m de la coopérative Provanille (dos au centre-ville), au niveau de la contre-allée. Tlj sf dim soir. Menu 28 €, plats 12-18 €. Repas slt sur résa. Également à emporter.* Un bâtiment à la façade rouge comme un piment, à l'intérieur moderne, à la terrasse paisible, colorée et ombragée. Quelques plats métro, mais on vous conseille plutôt les préparations créoles inscrites sur le tableau noir. Un resto apprécié le midi par les gens du coin.

Ferme-auberge Chez Éva Annibal (plan C1, **28**) : *6, chemin Rivière-du-Mât. ☎ 02-62-51-53-76. • eva.annibal@wanadoo.fr • Depuis la mairie, se diriger vers la coopérative Provanille ; au 1er rond-point, prendre à gauche, puis, 400 m plus loin, à droite (fléché). Fermé dim soir. Résa obligatoire la veille voire l'avant-veille car, en plus des routards, Éva reçoit parfois des groupes. Table d'hôtes 25 € midi et soir.* Éva a ouvert cette activité en 1986 en servant son fameux canard à la vanille, autour d'une longue et même table, accompagné d'un *cari* de poisson et d'un *rougail,* sans oublier un rhum arrangé ou un petit punch en guise d'apéro. Préparez-vous à un repas gargantuesque ! Une adresse pittoresque, une véritable institution appréciée des touristes comme des locaux... En revanche, les chambres nous ont moins séduits.

À voir. À faire

La coopérative Provanille (plan C1) : *21, RN 2002. À la sortie sud du village, après le stade. ☎ 02-62-51-71-02. • provanille.fr • Boutique tlj 8h30-12h, 13h30-17h. Visites guidées : 9h-11h15, 14h-16h15 ; départ ttes les 45 mn. Entrée : 6 € (un café à la vanille offert) ; gratuit moins de 10 ans. Durée : env 40 mn.* La coopérative de Bras-Panon, la seule de l'île, regroupe 120 petits producteurs de vanille. Voilà qui fait du monde, aussi chaque producteur met-il sa marque (un poinçon) sur la gousse verte avant récolte pour qu'on s'y retrouve (et aussi pour prévenir les vols !). La visite balaie tout l'ensemble du processus, de la fécondation pratiquée par les « marieuses » qui peuvent en féconder environ 1 500 en une seule matinée jusqu'aux dernières étapes, le calibrage et le conditionnement, sans oublier de passer par la serre. Pour les amateurs, il y a une gamme bio, plus parfumée. Explications claires et détaillées. Petite vidéo.

Le sentier du front de mer : *débute à côté de l'embouchure de la rivière des Roches, sur la droite du restaurant* Beauvallon. *Compter 1h30 A/R.* Parcours facile et bien aménagé (se munir d'un chapeau et d'eau toutefois).

DANS LES ENVIRONS DE BRAS-PANON

Le bassin de la Paix (plan B1) : *de Bras-Panon, peu après le pont de la rivière des Roches, prendre à droite ; c'est fléché (panneau bleu). Le parking est à 4 km, par un chemin traversant des champs de canne.* Depuis le même parking, possibilité d'aller au ***bassin de la Mer,*** en 45 mn de marche. Cascades et bassins. Un site de toute beauté, recommandé aux amateurs d'activités d'eaux vives, encadrées de professionnels.

➢ ***La cascade du Chien et le belvédère de l'Éden*** : *suivre dir. Rivière-du-Mât, ensuite c'est fléché.*

Ça monte sur 8 km, dans un paysage de champs de canne, avec parfois quelques cases cachées dans la verdure. À la pancarte « Cascade du Chien », un petit promontoire sur la droite permet d'admirer la chute, mais de loin seulement (pas d'accès possible sans marcher !). Garer la voiture ici.
On trouve alors le sentier pour la cascade par le Bras-des-Lianes. On passe sous la barrière, puis le chemin mène à des piscines naturelles. Attention, la cascade est au bout des bassins. Pour les bons marcheurs, on peut atteindre le gîte de Bélouve. Compter entre 10 et 11h de marche tout de même !
Reprendre la voiture et continuer sur la piste très caillouteuse, difficile par endroits. Plus loin, elle redevient bitumée sur 500 m. Possibilité d'accéder au belvédère de l'Éden (environ 20 mn de marche), en empruntant un sentier qui s'enfonce dans la forêt et redescend par Caroline. En chemin, des restes d'habitations et plusieurs beaux sites de bivouac équipés de barbecues. Le sentier débouche ensuite au terminus pour les voitures. On marche encore pendant 1h, en traversant une plantation de thé. Joli panorama de Sainte-Marie à Sainte-Rose. Attention : pas de point d'eau.

SAINT-ANDRÉ (97440) 56 000 hab.

• Plan *p. 214-215*

Tout en longueur, assez animée et même régulièrement embouteillée aux heures de pointe, la ville de Saint-André ne présente pas de cachet particulier. Sa population est en grande partie d'origine tamoule. Après 1848 et l'abolition de l'esclavage, les « engagés » venus d'Inde affluèrent vers Saint-André, centre d'une région sucrière très importante. Ils s'y sont implantés, contribuant au développement économique de la zone. Témoins de cette composante ethnique, quatre temples tamouls à l'architecture colorée, dont le fameux Colosse, considéré comme le plus important de l'île. On y pratique les marches sur braises fin décembre-début janvier. La fête hindoue du *Cavadee* (janvier-février) est également très importante. Pour y assister, le mieux est évidemment de se faire inviter par des familles tamoules. Une très grande discrétion est requise, surtout pendant les scènes de transe. Également une communauté tamoule chrétienne et musulmane.
Autre particularité de Saint-André : sa production de vanille, d'une qualité exceptionnelle. Cette épice de luxe ne fut qu'une plante ornementale, avant qu'un jeune esclave, Edmond Albius, mette au point la fécondation manuelle en 1841 (voir la rubrique « Personnages » dans « Hommes, culture, environnement » en fin de guide).

Adresses et info utiles

i *Office de tourisme intercommunal de l'Est, bureau de Saint-André* *(plan B2)* **:** *maison Martin-Valliamée.* ☎ *02-62-46-16-16.* 📱 *06-92-24-30-83.* • *est.reunion.fr* • *Lun et mer-ven 8h30-12h30, 13h30-16h30.* Logé dans un Monument historique qui vaut largement le coup d'œil (lire « À voir. À faire »). Infos sur les visites guidées (vanille, maison Martin-Valliamée...). Réservation d'hébergements sur toute l'île, infos sur les activités sportives, dates des fêtes, etc. Propose des animations et journées de découverte à dates fixes (1 ou 2 jours), sur des thèmes variés *(compter 29-69 €/pers selon l'excursion, tt compris : transport, repas, activités, guide, hébergement).* Organise aussi des excursions sur mesure à partir de 8 personnes *(résa 2 sem à l'avance).*

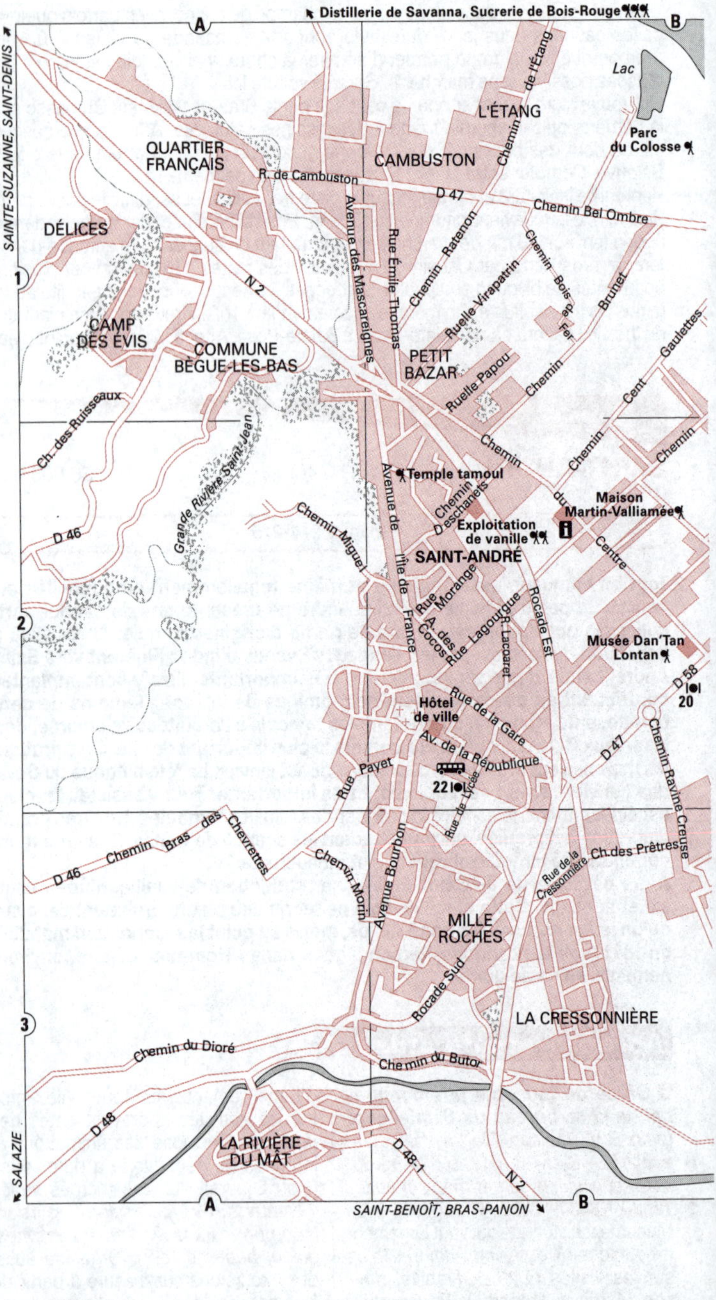
Distillerie de Savanna, Sucrerie de Bois-Rouge
A
B
SAINTE-SUZANNE, SAINT-DENIS
Lac
Parc du Colosse
L'ÉTANG
Chemin de l'Étang
QUARTIER FRANÇAIS
CAMBUSTON
R. de Cambuston
D 47
Chemin Bel Ombre
DÉLICES
1
N 2
Avenue des Mascareignes
Rue Émile Thomas
Chemin Ratenon
Ruelle Virapatrin
Chemin Bois de Fer
Brunet
Gaulettes
CAMP DES ÉVIS
COMMUNE BÈGUE-LES-BAS
PETIT BAZAR
Ruelle Papou
Chemin
Cent
Chemin
Chemin
Ch. des Ruisseaux
Grande Rivière Saint-Jean
Chemin
Temple tamoul
Chemin D'eschanets
du
Centre
Maison Martin-Valliamée
Exploitation de vanille
Chemin Miguel
Avenue de l'île de France
SAINT-ANDRÉ
D 46
Rue Morange
A. des Cocos
Rue Lagourgue
R. Lacaret
Rocade Est
2
Musée Dan'Tan Lontan
D 58
20
Hôtel de ville
Rue de la Gare
Av. de la République
D 47
Chemin Ravine Creuse
Rue Payet
22
Rue du Lycée
Chemin Bras des Chevrettes
D 46
Chemin Morin
Avenue Bourbon
Rue de la Cressonnière
Ch. des Prêtres
MILLE ROCHES
Rocade Sud
3
LA CRESSONNIÈRE
Chemin du Dioré
Chemin du Butor
D 48
LA RIVIÈRE DU MÂT
D 48-1
N 2
SALAZIE
SAINT-BENOÎT, BRAS-PANON

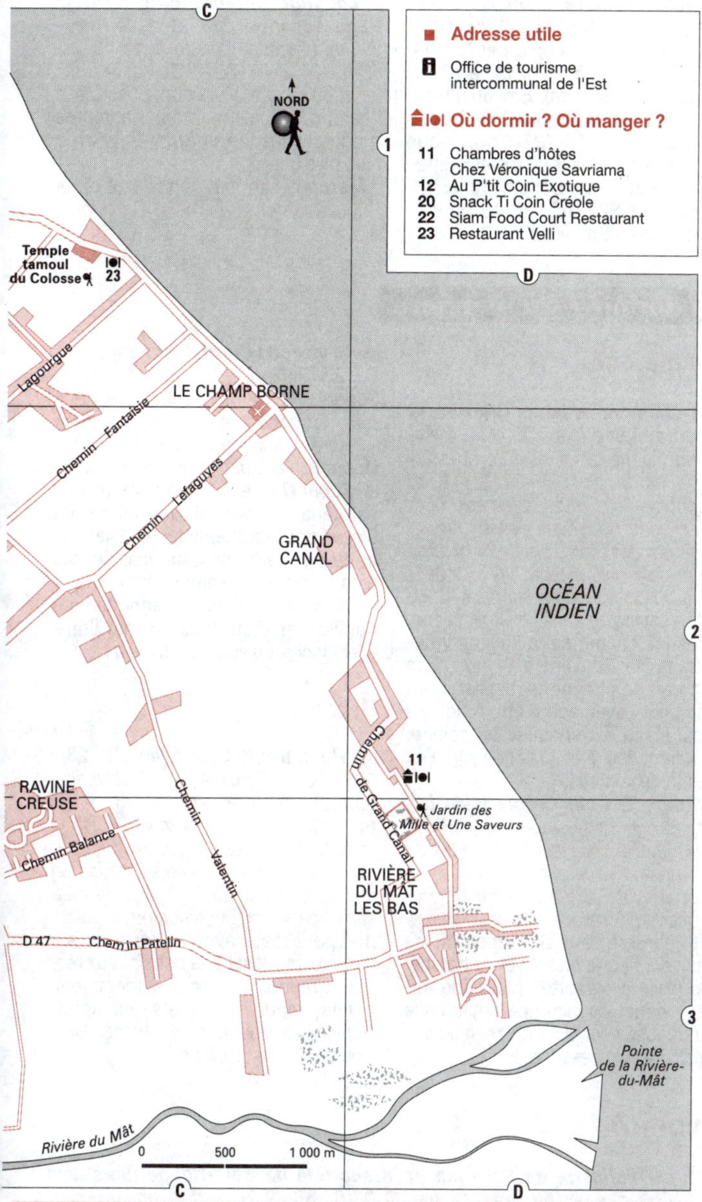
Adresse utile
Office de tourisme intercommunal de l'Est
Où dormir ? Où manger ?
11 Chambres d'hôtes Chez Véronique Savriama
12 Au P'tit Coin Exotique
20 Snack Ti Coin Créole
22 Siam Food Court Restaurant
23 Restaurant Velli
NORD
C
D
1
2
3
Temple tamoul du Colosse
23
Lagourgue
LE CHAMP BORNE
Chemin Fantaisie
Chemin Lefaguyes
GRAND CANAL
OCÉAN INDIEN
Chemin de Grand Canal
11
Jardin des Mille et Une Saveurs
RAVINE CREUSE
Chemin Balance
Chemin Valentin
RIVIÈRE DU MÂT LES BAS
D 47
Chemin Patelin
Pointe de la Rivière-du-Mât
Rivière du Mât
0
500
1 000 m

SAINT-ANDRÉ

Gare routière (plan B2) : *rue du Lycée.* ☎ *02-62-46-80-00.* Pour Salazie *(réseau Alizé géré par la Estival,* ☎ *02-62-92-53-44),* ligne nº 80, 7 bus/j. (3 bus slt dim). Env 30 mn de trajet. Avec la compagnie *Cars Jaunes (infos au* ☎ *0810-123-974),* pour Saint-Denis (via Sainte-Marie et Sainte-Suzanne) et Saint-Benoît, lignes E1 (Express) et E2/E3/E4 (avec arrêts). Nombreuses fréquences.

■ **Location de voitures** (plan B2) : ***Régis Location,*** *313, av. de la République, bâtiment Christel II.* ☎ *02-62-46-43-18.* *06-92-85-34-19.* • *regis location.com* • Livraison possible à l'aéroport. Également aux chambres d'hôtes chez **Véronique Savriama** (voir plus bas).

– **Marché :** *ven mat ; entre l'av. de la République et la rue de la Gare (plan B2).*

Où dormir ? Où manger ?

Bon marché

Chambres d'hôtes Chez Véronique Savriama (plan D2, **11**) : *1084, chemin Quatre-Vingt, Rivière-du-Mât-les-Bas.* ☎ *02-62-46-69-84.* *À 6 km du centre-ville. Double avec sdb 50 € (45 € à partir de 3 nuits consécutives). Également des triples, meublés et gîtes à partir de 3 nuits. Repas 20 €, accessible aux non-résidents, sur résa.* La maison est située dans un jardin calme. Toutes les chambres, à l'accès indépendant, se trouvent à l'étage. Elle n'ont pas de charme particulier, mais présentent l'avantage d'être fonctionnelles. L'eau est chauffée au solaire. Également des gîtes, pas très loin. Fait location de voitures.

Snack Ti Coin Créole (plan B2, **20**) : *482, chemin Lefaguyes.* *06-92-54-84-62. Congés : autour des fêtes de fin d'année. Fermé dim soir et j. fériés. Buffet env 14 €. Café ou digestif maison offert sur présentation de ce guide.* Petite adresse sans prétention où les locaux sont nombreux à venir chercher leurs plats à emporter, mais une terrasse permet de faire une petite halte pour déguster sur place son *cari* ou son *rougail.* Pas de desserts.

Siam Food Court Restaurant (plan B2, **22**) : *200, rue du Lycée, 1er étage du Super U.* ☎ *02-62-92-92-12.* • *info@siam-foodcourt.re* • *Ouv le midi lun-sam, le soir jeu-sam. Plat env 10 €.* Une fois n'est pas coutume, direction le *Super U* ! Le 1er étage abrite une cafétéria regroupant pas moins de 6 pavillons aux thématiques asiatique et créole. Cadre plaisant, cuisine tout à fait correcte. Paiement par carte rechargeable à l'entrée permettant de papillonner dans tous les pavillons. C'est facile, on vous expliquera !

Prix moyens

Restaurant Velli (plan C1, **23**) : *336, chemin Colosse (à côté du temple tamoul).* ☎ *02-62-46-03-38.* • *restaurant.velli@gmail.com* • *Tlj le midi slt (fermé sam). Congés : autour des fêtes de fin d'année. Formule déj 16 € ; repas env 25-30 €. Apéritif maison offert sur présentation de ce guide.* Joli petit resto avec sa terrasse sur l'arrière, proposant de bons plats créoles et métro. Des *caris* évidemment, civets, *rougails,* poulets palmistes, *ti'Jacques* boucané et autres. Bien bonne cuisine en vérité.

À voir. À faire

La distillerie de Savanna et la sucrerie de Bois-Rouge (hors plan par A1) : *2, chemin du Bois-Rouge.* ☎ *02-62-58-59-74.* • *distilleriesavanna.com* • *À 4 bons km du centre de Saint-André. De Saint-Denis, dir. « Bois Rouge ». Usines (distillerie et sucrerie) l'une à côté de l'autre. Arrêt de bus ligne nº 36 (depuis Saint-Denis et Saint-André), mais fréquence très faible. La distillerie se visite (avec guide slt) tte l'année, la sucrerie slt pdt la campagne sucrière (voiture nécessaire*

pour s'y rendre). Résa obligatoire au moins la veille. Attention, visites à partir de 7 ans slt pour des raisons de sécurité. Prévoir pantalon ou short (pas de jupe ni de robe) et des chaussures bien fermées avec semelles épaisses. Déconseillé aux personnes sujettes au vertige. Pas d'effets personnels non plus (comme les bijoux), excepté l'appareil photo muni d'une bandoulière (portable interdit). Boutique ***Tafia & Galabé*** *: juil-début déc, tlj sf dim 9h-20h (18h sam) ; le reste de l'année, lun-sam 9h-18h.*
Visites sur résa :
– Pdt la campagne sucrière, de juil à mi-déc : tlj sf dim, visite guidée de 2h (excellent film, visite de la distillerie et de la sucrerie suivie d'une dégustation) ; dernier départ à 18h ou 18h30. Compter 10 € de jour et 12 € pour la visite de nuit (vision intéressante) ; réduc.
– De mi-déc à début juil : visite guidée de la distillerie slt (1h30 avec la dégustation). Compter 7 € ; réduc.
Une visite très intéressante, que ce soit la distillerie seule ou la visite combinée. Côté sucrerie, on assiste à la réception des cannes, la manutention, l'extraction des jus, le traitement, les évaporations, la cristallisation, le séchage, l'unité de fabrication des sucres spéciaux... Très impressionnant, et il faut savoir que cette mécanique bien huilée permet de produire près de 900 t par jour durant la saison de récolte !
Pour la distillerie, on observe la partie fermentation, la distillation et le vaste chai où le rhum vieillit dans d'anciens fûts de cognac. Ici, on produit des rhums dits « de sucrerie » issus de la fermentation de la mélasse, qui donneront des rhums légers ou de grands arômes ainsi que des rhums agricoles, issus de la fermentation du jus de canne. À noter que l'odeur d'alcool est due à la « part des anges », joli nom pour évoquer l'évaporation naturelle du rhum pendant le vieillissement. Malgré tout, la maison arrive à produire plus de 60 000 bouteilles par an. Puis direction la boutique pour la dégustation. Pour les amateurs, c'est le moment de goûter au rhum maturé moins d'un an dans des fûts de chêne, et aux vieux rhums à partir de 3 ans d'âge. Vente de sucres spéciaux également. Le complexe possède une centrale thermique, brûlant un mélange de charbon et de bagasse (les résidus de la canne).

Le temple tamoul du Colosse *(plan C1)* **:** *à 4 km du centre-ville, près du bord de mer. De la pointe du Champ-Borne, prendre dir. Cambuston. À env 1,2 km, sur la gauche de la D 47, se dresse un grand temple tamoul, considéré comme le plus imposant de l'île.* Le Colosse mérite au moins un coup d'œil en passant, du bord de la route. Tout en longueur, multicolore, orné d'une kyrielle de divinités et de sous-divinités ; le meilleur moment pour y aller est le jour de la fête de *Pandialé* (marche sur le feu), en début d'après-midi.

Le temple tamoul du Petit Bazar *(plan B2)* **:** *av. de l'Île-de-France.* On doit se contenter de l'extérieur. Fin janvier s'y déroule le *Cavadee*.

Le parc du Colosse *(plan B1)* **:** *en bordure de l'océan, sur la D 47 (panneaux). Il commence au bout du lac. ☎ 02-62-47-45-52. GRATUIT.* Parc aménagé sur plusieurs hectares, avec pièces d'eau, jeux pour enfants, location de rosalies, téléski nautique, centre de massage... Plébiscité par les familles pour les pique-niques dominicaux. Des deux côtés du lac, agréable sentier de front de mer bien aménagé et balisé, apprécié des promeneurs et des joggeurs. Boutiques, snacks-crêperies et marchands de glaces.

La maison Martin-Valliamée *(plan B2)* **:** *1590, chemin du Centre. Au bout d'une belle allée arborée, presque à l'intersection entre le chemin du Centre et le chemin Lagourgue. L'office de tourisme s'y est installé et organise des visites guidées sur résa slt, bourrées d'anecdotes cocasses (8,50 €/pers avec collation ; réduc moins de 12 ans ; durée : 1h30).* Construite en 1925 par le docteur Martin, un médecin fortuné, elle est rachetée en 1954 par un cultivateur d'origine modeste, M. Valliamée. Certains disent, pour expliquer sa subite richesse, qu'il aurait trouvé un fabuleux trésor en labourant son lopin de terre. Mais à la mort du bonhomme, personne n'a réussi à mettre la main sur le magot ! C'est une des plus belles pièces du patrimoine créole, que les guides sympathiques font visiter salle par salle : chambre, salle à manger, salle du coffre...

Le musée Dan'Tan Lontan (plan B2) : *2208, chemin du Centre. 06-92-82-87-79. Ouv selon disponibilité ; téléphoner avt. Visite guidée slt : env 4 €/pers.* Un collectionneur fou, un vrai passionné a amassé ici moult objets, des plus communs aux plus surprenants... Un lieu atypique pour un véritable voyage dans le temps !

L'exploitation de vanille de la famille Roulof (plan B2) : *470, chemin Deschanets. 06-92-10-87-15. • lavanilledelareunion.com • Visite tlj sf dim et j. fériés à 11h, 14h, 15h et 16h. Env 4 €/pers ; gratuit moins de 12 ans.* Ni musée ni site touristique bien léché, il s'agit ici d'une vraie exploitation en activité. La famille Roulof, qui produit de la vanille depuis des générations, réalise toutes les étapes de la production, de la plantation à la commercialisation. On accompagne donc M. Roulof ou son épouse dans les champs derrière la maison, pour une visite de terrain pleine d'anecdotes vécues : vous saurez tout des techniques de fécondation, de la différence entre la culture de la vanille en sous-bois ou en serre... Comme M. Roulof est l'un des derniers producteurs à Saint-André (2 t par an), c'est un des rares endroits où vous verrez les gousses in situ et visualiserez tout le cycle. Profitez-en ! Les plus chanceux pourront même réaliser une fécondation, en novembre-décembre uniquement. À l'issue de la visite, possibilité d'acheter de la vanille, évidemment.

Le jardin des Mille et Une Saveurs (plan D3) : *1321, chemin Grand-Canal. 06-92-76-49-85. À env 6 km du centre-ville, par la D 47. Visite guidée slt ; tlj sf mer à 10h et 14h30 (15h dim), suivie d'une dégustation. Tarifs : env 6 € ; réduc.* Aniel, un agriculteur passionné, vous guide au cœur d'un beau jardin pour faire découvrir plantes, fruits, fleurs et quelques plantes médicinales de La Réunion. Très pédagogique.

➢ **Le site du Dioré** : *du centre de Saint-André, suivre dir. Salazie ; après la station-service, prendre le chemin à droite sur 5,4 km, avt le terrain de foot. Le sentier pédestre vers la plaine des Fougères se trouve un peu plus haut. Visite guidée sur résa slt (infos à l'office de tourisme ; 8,50 €/pers).* Randonnée dans les Hauts, vers un point de vue sur Salazie et jusqu'au Trou-de-Fer quand il fait très beau. Sur place, flore très riche, dont des orchidées endémiques. Compter 3h A/R.

LA CÔTE AU VENT

Fêtes et manifestations

- ***1er et 2 janvier*** : *Pandialé*, ou marches sur le feu, et *fête de Kali*.
- ***Fin janvier*** : fête du *Cavadee*.
- ***Février*** : Jour de l'an chinois.
- ***Avril*** : Jour de l'an tamoul.
- ***Fin octobre-début novembre*** *(date variable)* : *Dipavali*, fête de la Lumière. La ville est aux couleurs de l'Inde ; plats indiens et spectacles de danse dans les restaurants ; « souk indien » dans le parc du Colosse.

SAINTE-SUZANNE (97441) 22 400 hab.

En 1667, le gouverneur Régnault encourage les premiers arrivants sur l'île, jusqu'alors restés à Saint-Paul, à s'installer plus à l'est, où les terres sont meilleures. Une chapelle est alors construite et quelques habitations forment le noyau du futur village. Aujourd'hui, Sainte-Suzanne possède un beau phare en bord de mer, le seul de l'île. Sa tour de ronde est ponctuellement accessible (renseignements auprès de l'office de tourisme). Ne pas manquer

non plus la visite de la *Vanilleraie* à 5 mn du village. Enfin, les adeptes de sports en plein air seront gâtés (canyoning du côté des bassins de la rivière Sainte-Suzanne, canoë-kayak au Bocage ou encore stade en eaux vives), tout comme les pique-niqueurs qui étaleront leur nappe au *Bocage,* le poumon vert de la ville, l'un des plus fréquentés de La Réunion.

Adresse et info utiles

Office de tourisme intercommunal du Nord : *18, rue du Phare (dans le jardin du phare).* ☎ *02-62-52-13-54.* • *lebeaupays.com* • *Lun-sam 9h-12h30, 13h30-17h.* Réservation d'hébergements sur toute l'île, activités sportives, etc.

– ***Marché :*** *mar mat.*

Où dormir ? Où manger à Sainte-Suzanne et dans les environs ?

Hôtel-restaurant Pharest : *22, rue Blanchet.* ☎ *02-62-98-91-10.* • *pharest-reunion@wanadoo.fr* • *pharest-reunion.com* • *À 10 mn de l'aéroport. Dans le centre de Sainte-Suzanne, prendre la rue à gauche de la station Vito, c'est au bout. Compter 63 € pour 2, petit déj inclus, clim en sus. Familiales également. Resto tlj sf dim ; menus 18 € (lun-jeu soir), 25-39 € sur résa midi et soir. Digestif maison offert sur présentation de ce guide.* Patrick et Nadège, eux-mêmes grands routards, ont posé leurs valises au pied du phare de Sainte-Suzanne. D'où le nom de leur petite structure qui, dans l'esprit, tient plus de la chambre d'hôtes que de l'hôtel. On aime bien les 4 bungalows, de tailles différentes et aux couleurs vives et gaies, qui encadrent un jardin, agrémenté d'une petite piscine bien agréable. L'un est composé de 2 chambres et d'un coin salon, et peut loger jusqu'à 8 personnes ; w-c extérieurs pour le moins cher. À table, spécialité de canard à la vanille ou aux litchis. Une adresse conviviale. À la devise de la maison : « Au *Pharest,* on y vient, on y reste », on adhère !

Les gîtes de la Renaissance : *47, La Renaissance.* *06-92-14-48-11.* • *lesgitesdelarenaissance@gmail.com* • *lesgitesdelarenaissance.fr* • *Dans les Hauteurs : depuis la N 2, prendre la sortie « La Renaissance » (et non « Sainte-Suzanne »), puis la 1re rue à droite ; c'est à 1,5 km. Compter 295-320 €/sem pour 1-5 pers, dégressif selon durée. Gîte de groupe également.* Après avoir passé les champs de canne à sucre, une vaste propriété bucolique où ont poussé palmiers, litchis, arbres du voyageur... et un gîte de 5 personnes bien agréable avec 2 chambres. Calme absolu, sauf peut-être si vous entendez résonner une cornemuse. Les proprios ont monté un groupe de musique créolo-celtique qui répète régulièrement chez eux. Ça vaut le coup de rentrer plus tôt de la plage ce jour-là ! L'autre gîte de 3 chambres peut accueillir jusqu'à 15 personnes *(10 €/pers la nuitée).*

À voir. À faire

Stade en eaux vives intercommunal du Bocage : *2, rue du Stade.* ☎ *02-62-56-66-12.* • *eauxvives.org* • *À la sortie de la ville, dir. Saint-André. Mar-dim. Sur résa slt : 4 € pour 1h30, avec moniteur.* Originalité et gros succès pour cette base où l'on vient pour s'initier au kayak, au canoë ou au rafting. Pour tous niveaux à partir de 10-12 ans selon la discipline, sur une rivière artificielle (débit variable en fonction des besoins) et un plan d'eau naturel.

Phare de Bel-Air : expos temporaires d'artistes locaux au rez-de-chaussée *(tlj sf dim ; mêmes horaires que l'office de tourisme ; GRATUIT).*

■ ***Ateliers de cuisine :*** *avec* ***Far Far Kréol,*** *à Bagatelle. Infos à l'office de tourisme mar, jeu, sam-dim. Tarif : env 40 €/pers ; gratuit moins de 18 ans.* *Massalé* de poisson, rôti de porc à la patate douce, samoussas... Préparation du repas au feu de bois avant de déjeuner ensemble. Noter que l'atelier du dimanche comprend avant la visite du marché forain du Chaudron.

DANS LES ENVIRONS DE SAINTE-SUZANNE

La cascade Niagara : *à 5 km env du centre-ville ; prendre dir. « La Renaissance », puis fléché sur la droite ; on suit sur un peu plus de 2 km un chemin bétonné étroit (le w-e, on se croise collé-serré).* Petit cirque du haut duquel se jette une assez jolie cascade de quelques dizaines de mètres avec un bassin à ses pieds. Baignade interdite. L'ensemble se révèle rafraîchissant, mais est nettement plus impressionnant en saison des pluies. Il existe des chutes plus belles, mais ce lieu de pique-nique apprécié est accessible en voiture. La paroi rocheuse est équipée d'échelles et de cordes. C'est la première *via ferrata* sur l'île de La Réunion *(rens auprès de l'office de tourisme).*

La Vanilleraie : *à 2,5 km du centre ; prendre dir. Bagatelle (indiqué sur la droite, après le 2e rond-point), allée Chassagne, jouxte le domaine du Grand-Hazier. ☎ 02-62-23-07-26. • lavanilleraie.com • Visites guidées ttes les heures lun-sam 9h-11h, 14h-16h. Durée : 45 mn env. Tarif : 5 € ; réduc.* Visite instructive et très vivante de cette récente vanilleraie qui entend relancer et promouvoir la production de cette épice emblématique, à laquelle l'île est historiquement très attachée. En hommage à Edmond Albius, ce jeune esclave originaire de Sainte-Suzanne, qui, le premier, pollinisa artificiellement la vanille, en 1841, les plus adroits et les botanistes (en herbe !) peuvent effectuer ce même geste dans la plantation miniature d'octobre à décembre : une fécondation en direct... ça n'arrive pas tous les jours ! On suit enfin le parcours de la future épice jusqu'à sa commercialisation.

COMPLÈTEMENT GIVRÉS

Saviez-vous que la vanille a son caviar : les gousses givrées ? Alors que les gousses arrivent en surmaturité, la vanilline cristallise au contact de l'air, recouvrant les gousses de petits filaments blancs étincelants. Ils ont l'avantage de contenir une forte concentration en vanilline (d'où un arôme incomparable) et l'inconvénient de coûter terriblement cher. Les grands restaurateurs en sont... fous !

Les bassins de la rivière Sainte-Suzanne : *à env 6,5 km du centre-ville ; prendre dir. Bagatelle, puis suivre le fléchage « Bassin Bœuf ». De là, soit vous descendez la rivière jusqu'au bassin Nicole, soit vous remontez la rivière jusqu'au bassin Grondin.* Entre-temps, il y a la petite rivière Saint-Jean, puis, vers le quartier Français, la ***cascade des Délices.*** Accessible en voiture, à vélo et à pied. Cases en tôle, sentier bétonné, c'est une jolie balade entre les bambous géants. Monter les escaliers et prendre la 1re à gauche.

SAINTE-MARIE (97438) 33 000 hab.

Quasiment les faubourgs de Saint-Denis, à une dizaine de kilomètres seulement. On peut y séjourner pour rayonner dans le Nord-Est ou y passer 2 ou 3h avant de reprendre l'avion. C'est tout près de l'aéroport. Les bords

de mer présentent de beaux points de vue depuis qu'un sentier littoral a été aménagé, de Saint-Denis à Sainte-Suzanne, tandis que les pêcheurs s'affairent en déchargeant leurs casiers. Possibilité de louer un vélo pour se promener le long du sentier littoral nord (renseignements auprès de l'office de tourisme). C'est à Sainte-Marie qu'est enterré le frère Scubilion (1797-1867), l'« esclave des esclaves », béatifié en 1989 (voir en fin de guide notre rubrique « Personnages » dans « Hommes, culture, environnement »), dont le mausolée se situe derrière l'église. Si vous êtes par là le 20 décembre, jour de la fête de l'Abolition de l'esclavage, passez-y : bel exemple de piété populaire, on y vient en foule.
– ***Marché :*** *sam 6h30-12h30.*

Où dormir ? Où manger ?

Chambres d'hôtes Nicole Maillot : *54, rue Nono-Robert. ☎ 02-62-53-81-64. • chambre54nicolemaillot@hotmail.com • chambresdhotesnicolemaillot.jimdo.com • À 15 mn de l'aéroport. Prendre la sortie « La Mare/Duparc » ; au rond-point du centre commercial, dir. Duparc ; au rond-point suivant, 2e sortie dir. Grande-Montée ; au stop, à droite dans la rue Vidot ; à gauche vers La Confiance, puis à droite dir. « école La Confiance ». Prendre la 1re rue à droite. Ouf ! Double 60 €. Également une triple.* Perchée au sommet d'une ruelle archipentue, cette maison moderne est un vrai belvédère. Bon, les chambres agréables et de bon confort ne sont pas vraiment orientées du bon côté (les 2 doubles se trouvent au rez-de-chaussée, sans vue), mais on se consolera depuis la terrasse où est servi le petit déj. Les arbres fruitiers et la piscine se partagent le petit jardin. Cuisine à disposition. On apprécie aussi l'accueil souriant des proprios et les anecdotes de monsieur, facteur à Mafate pendant 10 ans. Une adresse stratégique pour qui souhaite séjourner aux portes de Saint-Denis et de l'aéroport.

Villa des Cannes : *17, lot. Lisa, Chiendent, route du Paradis, 97438 Sainte-Marie. ☎ 02-62-37-32-13. • lavilladescannes.com • À plusieurs km, dans les Hauts de Sainte-Marie, par la D 62, puis à gauche à une patte-d'oie dir. « école Ravine coco » (rue des Camphriers). Après 2 km, à droite à la boutique (route de Monte Sano). Encore 2 km, dépasser l'école, traverser un petit pont, 5 virages et prendre à gauche de l'abribus. Indications complètes sur le site, car c'est assez labyrinthique ! Double 150 €/j., et 1 suite plus chère ; petit déj compris.* Élégante demeure de charme dans un quartier résidentiel, sans luxe pour autant, avec piscine et un bâtiment en U couvert de lambris. Une adresse pas facile à dénicher, tout là-haut là-haut, mais on a l'avantage de la vue panoramique sur la côte à l'arrivée et de la tranquillité. 3 chambres élégantes, aux beaux volumes, chacune avec son style. Pour des vacances sereines, assurément.

Le Domaine Moka : *route de Moka, 97438 Sainte-Marie. 06-92-78-78-05. Sur l'îlet Moka, au-dessus de la Rivière des Pluies (compter 10 mn en voiture depuis la Vierge noire).* Propose un restaurant classique, *La Cour* (formule à 21 €) et un restaurant gastronomique, *l'Emprunte* (menu-dégustation à... 90 €) dans un cadre assez exceptionnel, une maison de maître de style colonial. Service en revanche parfois brouillon.

LA CÔTE AU VENT

DANS LES ENVIRONS DE SAINTE-MARIE

La Vierge noire de Rivière-des-Pluies : *dans le centre de Rivière-des-Pluies. Accès par la D 61 depuis Sainte-Marie ou depuis le rond-point de l'aéroport sur la N 2.* Le petit village de Rivière-des-Pluies abrite, à gauche de l'église, une Vierge noire que la population vient honorer, en particulier le 1er mai. La légende raconte qu'elle aurait sauvé Mario, un esclave marron, en lui permettant de se cacher derrière une bougainvillée qu'elle aurait fait pousser en un clin d'œil. L'histoire est un peu confuse, et nombre de fidèles ne savent pas vraiment pourquoi elle est là. L'essentiel est ailleurs, dans la foi avec laquelle elle est honorée. Elle fut longtemps la seule Vierge noire de l'île, puis il semblerait qu'une autre soit apparue à la Bretagne. En métropole, les Vierges noires (Perpignan, Toulouse, Rocamadour...) sont signes de fécondité.

JEU DE DAMES

Peu connaissent l'existence de la sœur jumelle de la Vierge noire de Rivière-des-Pluies, blanche celle-ci, à droite de l'église. À l'époque, il arrivait souvent que les objets soient cassés pendant le long voyage, aussi on commanda deux statues en fonte. Elles arrivèrent intactes. Comme la fonte noircit en vieillissant, en 1856 on peignit celle du rocher en marron sombre et celle de la place de l'Église en blanc.

Le port de pêche et de plaisance : *en bout de piste de l'aéroport.* Ce port relativement calme permet d'observer les avions décoller. Quelques restaurants proposent du poisson frais le midi (fermés le soir).

➢ ***L'aire de pique-nique maison Martin :*** **Beaumont-les-Hauts.** *Depuis la N 1, prendre la sortie « Piton Fougères/La Ressource », compter 30 mn de route.* L'aire de pique-nique, classique, propose des kiosques et des aires de jeux. C'est la route d'accès qui se révèle intéressante, car elle serpente dans les champs de canne et d'ananas et offre des points de vue époustouflants sur le littoral nord-est. En mai-juin, le site regorge de goyaviers en fleur. Pour les randonneurs, c'est le départ de la boucle de Piton-Fougères (5h de marche en forêt tropicale humide).

– Autre ***aire de pique-nique à Bois-Madame,*** près du rond-point de la Mare. Parcours de santé populaire dans le coin. Avis aux amateurs !

L'INTÉRIEUR DE L'ÎLE

Les habitants vous le diront : les véritables beautés de La Réunion se cachent dans l'intérieur. Encore sauvage, souvent difficile d'accès, l'arrière-pays montagneux abonde en surprises de taille : volcan, pitons, cascades, forêts denses, villages perdus (les îlets), chemins de crêtes, plaines et cirques spectaculaires. « Pitons, cirques et remparts de l'île de La Réunion » : ces richesses naturelles d'une beauté époustouflante sont classées depuis 2010 au Patrimoine mondial de l'Unesco. En plus de ces paysages vertigineux, les Hauts, comme on les appelle ici, conservent les traditions créoles, que la modernité a encore un peu de mal à atteindre. L'exemple est surtout frappant dans le cirque de Mafate, l'une des cinq régions distinctes de l'intérieur de l'île, avec le cirque de Salazie, celui de Cilaos, les hautes plaines (des Palmistes et des Cafres) et le piton de la Fournaise. C'est, bien sûr, le paradis des randonneurs.

LES CIRQUES

LE CIRQUE DE CILAOS (97413) 5 390 hab.

• Carte *p. 225*

Par son côté « bout du monde » inaccessible, Cilaos fait penser à ces villages du Far West conquis par l'homme avec audace et violence. Mais il s'agit d'un Far West peu ordinaire, situé dans une des feuilles du « grand trèfle » central que dessine sur la carte de l'île l'assemblage des trois cirques (Mafate, Salazie, Cilaos). Hauts remparts, pitons et corniches, multitude de torrents et îlets solitaires, le cadre est souverain. Perchées

à 1 200 m, entourées des principaux sommets de l'île (le Grand Bénare, les Trois-Salazes, le Gros Morne et, au centre, le piton des Neiges qui culmine à 3 071 m), les maisons de Cilaos émergent souvent au-dessus de la couche de nuages, qui monte en s'agrippant aux parois vertigineuses, comme si ce village était plus attiré par le ciel que par la terre. Un paysage digne de la cordillère des Andes. Un air frais et pur. Cerise sur le gâteau : la route pour s'y rendre est elle aussi de toute beauté (lire plus loin).
Ce point de chute unique reste l'une des meilleures étapes pour les randonneurs de passage, qui arrivent ou qui partent explorer les environs et les autres cirques. La région est réputée pour ses lentilles (fête début octobre), mais aussi pour ses vins. Elle l'est également pour ses fameuses broderies, tradition introduite autrefois par la fille d'un médecin.

UN PEU D'HISTOIRE

Dérivé d'un mot malgache signifiant « qu'on ne quitte pas », Cilaos fut autrefois un repaire de marrons, ces esclaves en fuite qui se regroupaient en clans sous les ordres de grands chefs rebelles et rêvaient de construire un royaume plus juste. En 1744, devant le nombre croissant de marrons réfugiés dans le cirque, les Blancs, avec à leur tête le tristement célèbre « chasseur » Mussard, décident d'organiser des expéditions punitives aux méthodes radicales. Une prime est offerte pour chaque main ou oreille coupée ! Mussard deviendra riche, et les marrons disparaîtront... Après la découverte de sources dans le cirque, au début du XIXe s, des concessions sont accordées aux colons et un sentier est tracé. Malgré les difficultés d'accès, le village de Cilaos prend de l'importance à la fin du siècle, grâce aux plantations de *grains* (les lentilles) et à son petit établissement thermal, puis avec l'apparition des fameuses broderies de Cilaos. Avec la construction d'une vraie route à partir de 1932, la station est lancée. C'est désormais l'un des lieux de séjour favoris des Réunionnais.

PAS MARRONS POUR AUTANT

Lors des blocus américains et anglais de la Seconde Guerre mondiale, aucun navire n'arrivait plus à La Réunion. Mais si elle fut épargnée par les combats, un autre problème menaçait l'île : elle n'était plus approvisionnée en vivres. La population des Hauts et des cirques fut celle qui souffrit le moins, vivant naturellement en autarcie. Cette ancienne terre d'esclaves marrons chassés à outrance retrouva pour quelque temps sa vocation première de refuge et de terre nourricière.

LE CIRQUE AUX LENTILLES

Fines de goût, onctueuses, faciles à cuire et excellentes sur le plan diététique, les lentilles de Cilaos figurent sur toutes les cartes des restaurants du cirque, accompagnées de riz, de sauce et d'une viande fumée (saucisse ou côte de porc). Si son histoire est récente, le succès de la lentille ici a été foudroyant. Elle fut d'abord importée, puis cultivée par les premiers habitants (vers 1850). Elle devint si populaire qu'elle servit même, à une époque, de monnaie d'échange. On disait alors qu'une livre de lentilles rendait le centuple à son heureux propriétaire tant la terre de Cilaos était fertile. Aujourd'hui, le cirque ne compte plus qu'une trentaine de planteurs, exploitant une vingtaine d'hectares. La moyenne par hectare est faible, la récolte de ces dernières années – une trentaine de tonnes – est en nette diminution par rapport aux riches années 1970. La cause : l'épuisement des terrains, les pilleurs que sont les oiseaux, le petit ver blanc, l'oïdium (champignon)... Du coup, la lentille de Cilaos est sacrément onéreuse ! Semée en avril-mai, elle est récoltée en octobre, sauf à Îlet-à-Cordes (en août). Séchée et battue, elle donne lieu à un spectacle haut en couleur.

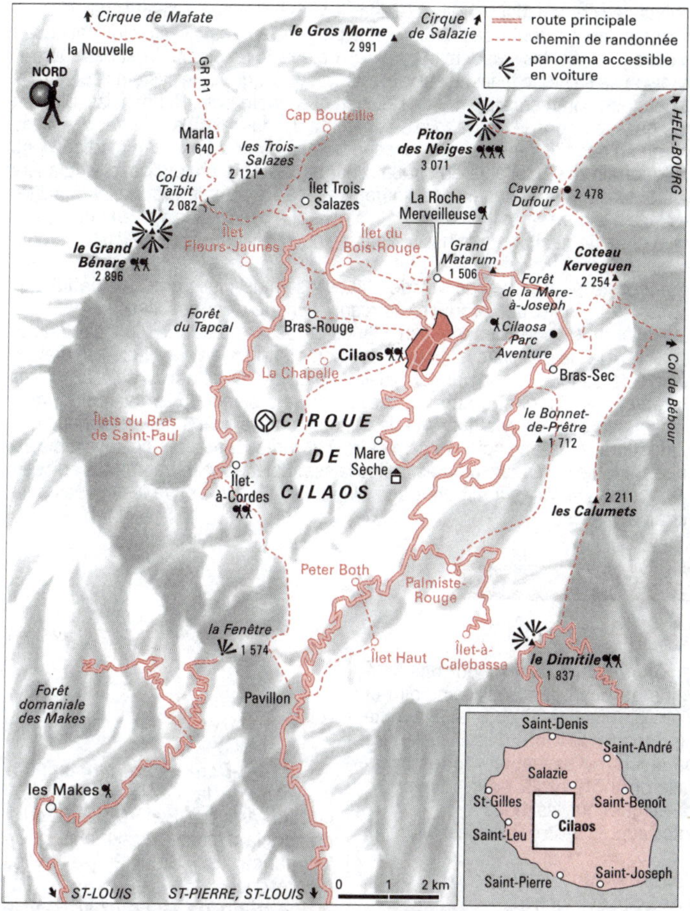

LE CIRQUE DE CILAOS

LE VIN DE CILAOS

Le cirque de Cilaos est le seul endroit de l'île de La Réunion qui produise du vin. Les vendanges se déroulent en janvier et février, pendant les mois cycloniques. À cette période souvent agitée, les viticulteurs travaillent sous la menace de voir leur récolte détruite du jour au lendemain sous les effets d'un cyclone dévastateur. Au commencement, il y avait un cépage hybride américain, nommé *isabelle,* qui fut introduit à La Réunion vers 1771 par les colons français. Puis, pour éviter d'avoir à descendre sans cesse à Saint-Louis pour le ravitaillement, les premiers habitants de Cilaos, isolés, eurent l'idée de produire leur propre vin sur place (vers 1860). Les viticulteurs firent alors pousser leurs pieds de vigne sur des treilles, un type de culture toujours prédominant aujourd'hui. Ce cépage résistant et naturellement peu chargé en sucre échappa au phylloxéra.

Il existe deux productions de vin à Cilaos : le vin « historique », et artisanal donc, et un récent cépage noble. Le premier – et le plus ancien – est un vin traditionnel issu de cépages hybrides (couderc et *isabelle*), de qualité médiocre. Il est très sucré et en raison de sa haute teneur en alcool méthylique (il agit sur le système nerveux), il ne peut être commercialisé ni à La Réunion ni en métropole. Reconnaissable à sa robe quasi pourpre, le vin *isabelle* s'apparente au muscat ou au vin doux ; il ne se boit qu'en apéritif, jamais à table. Il est produit à partir du moindre pied de vigne sur le terrain des habitants du cirque. Pour accélérer la chaptalisation, du sucre (et même du rhum) est souvent ajouté. Il est toléré pour la production familiale destinée à la consommation privée. On n'échappe pas à son petit verre dès qu'on arrive chez un habitant, et n'hésitez pas à vous arrêter chez les viticulteurs pour goûter à leur vin.
La seconde production de vin de Cilaos est plus classique. Au début des années 1990, quelques producteurs réunis dans le *Chai de Cilaos* se sont mis à essayer trois autres cépages, en « rangs palissés », tout à fait légaux et autorisés ceux-là : le *chenin* (ayant comme région d'origine le Val de Loire), le *malbec* (région de Cahors) et le *pinot noir* (région de Bourgogne), qui se boivent en vins de table. Depuis, quatre autres cépages ont été sélectionnés (verdelho, gros manseng, gamay et syrah). Le vin de Cilaos ne ressemble à rien de connu : atypique, floral avec des notes minérales et d'agrumes. Le rouge couleur rubis est puissant, et les premiers arômes fruités laissent place à des fragrances épicées. La cuvée Saint-Vincent est un rouge plus qualitatif. On trouve les cuvées chez certains cavistes.

Arriver – Quitter

En bus

➢ ***Saint-Louis :*** ligne n° 60 ; une douzaine de bus/j., un peu moins dim et j. fériés. Il faut 1h30 pour faire la route au départ de Saint-Louis. À l'aller, les amateurs de sensations fortes s'installeront côté droit, pour admirer les paysages sous les roues.
Infos auprès de la compagnie *Alternéo*, • *alterneo.re* •
➢ ***Bras-Sec :*** ligne n° 63 ; 9 bus/j. (5 les dim et j. fériés).
➢ ***Îlet-à-Cordes :*** ligne n° 62 ; 9 bus/j. (5 les dim et j. fériés).
➢ ***Palmiste-Rouge :*** ligne n° 61 ; 10 bus/j. (5 le dim et j. fériés).
Noter que le tarif du billet est le même pour tous les trajets : *1,50 € au guichet, 1,80 € à bord.*

En voiture

➢ ***L'Entre-Deux et Le Tampon :*** une alternative à la 4-voies pour redescendre. Arrivé à Rivière-Saint-Louis, prendre la direction Ouaki, puis suivre les pancartes « Saint-Pierre ». Plus pittoresque.
➢ ***Le piton de la Fournaise et le sud-est de l'île :*** 100 km, compter plus de 2h.
➢ ***Saint-Denis et l'aéroport :*** 130 km, compter 3h.
➢ ***Saint-Gilles :*** compter 2h.

LA ROUTE DE SAINT-LOUIS À CILAOS

Accès par la N 5 de Saint-Louis, soit 38 km et une bonne heure et quart de route, selon le temps. Compter 2h de trajet pour ceux qui viennent de Saint-Gilles. Superbe, la route n'en est pas moins fatigante : on la surnomme « la route aux 420 virages » ! Elle date de 1932 et reprend dans sa globalité l'itinéraire d'un sentier construit dans les années 1800, le sentier du cap Noir. Les ingénieurs de l'île de La Réunion ne disposant pas d'un équipement aussi précis que ceux du tunnel sous la Manche, au moment où les équipes se rejoignirent, les deux tronçons n'étaient pas en face. Il fallut tracer de nouveaux virages et construire un pont pour

relier les deux tronçons, si bien qu'en montant un peu au-dessus du Pavillon on a l'impression de faire un étrange demi-tour.
Un peu après Rivière-Saint-Louis, on découvre un décor sauvage de montagne à pic. D'un côté de la route, une gorge profonde, de l'autre, une paroi rocheuse, puis un couloir de végétation. À 5 km avant Cilaos et avant Mare-Sèche, au niveau d'un pont et d'un emplacement aménagé pour le pique-nique, se trouve sur la droite un petit chemin qui mène aux bassins du *Bras de Benjoin* (c'est un arbre avec lequel les habitants font une tisane très rafraîchissante). On peut facilement se baigner dans les piscines naturelles (mais prudence dans les lits de rivières) ; vous en aurez besoin après l'émotion des virages...
– ***Attention :*** comme toutes les routes de montagne, pendant la période cyclonique, des éboulements de pierres, des glissements de terrain, de l'eau et de la boue peuvent entraîner la fermeture de la route le temps du nettoyage.

MÉTIER À LA DURE

Avant la construction de la route, des porteurs assuraient le transport des marchandises et des riches habitants entre Saint-Louis et Cilaos. Il fallait une douzaine d'heures pour arriver à Cilaos, à l'assaut de pentes vertigineuses. Ils se relayaient tous les 2 km. Le prix de la course était en fonction du poids du colis. Le dernier porteur de Cilaos est mort en 2006. Il avait 102 ans ! À présent, ce sont plus de 3 000 véhicules par jour qui empruntent cette route.

CILAOS

• Plan *p. 229*

Le centre-ville a été aménagé à l'européenne. Contrairement à Hell-Bourg (cirque de Salazie) qui a gardé son centre-ville historique, Cilaos ressemble à un village de haute montagne, sans les pistes de ski. On trouve néanmoins quelques beaux exemples de maison créole, comme la *villa Soledad,* au 31, rue du Père-Boiteau. Ici, des eaux réputées bienfaitrices, dont la première eau gazeuse de l'île : voici donc un mini-Aix-les-Bains au cœur de l'océan Indien !

Adresses et infos utiles

Destination Sud Réunion, antenne de Cilaos *(office de tourisme ; plan A1) : 2, rue Mac-Auliffe (dans le centre). ☎ 0820-203-220 (prix d'un appel local). • sud.reunion.fr • Lun-sam 8h30-12h30, 13h30-17h ; dim et j. fériés 9h-12h.* Plan de la ville, horaires des bus, infos sur les randos et leur durée, l'état des sentiers, la météo du jour... Central de réservation pour des hébergements sur toute l'île (dont le refuge de randonnée du piton des Neiges), location de voitures, activités sportives, etc. Vente de produits locaux (vin, miel, souvenirs) dans la boutique attenante.

■ ***Météo France :*** *☎ 0892-68-08-08.*

■ ***Secours en montagne (PGHM) :*** *☎ 02-62-930-930.*

■ ***Gabiers*** *(distributeurs)* **:** *à la Banque postale et pl. du marché couvert.* Parfois vide le week-end, donc prévoir un peu d'avance au cas où...

@ ***Internet :*** *un poste à l'office de tourisme (plan A1). Gratuit 15 mn.*

■ ***Hôpital*** *(plan B1) : ☎ 02-62-31-70-50.*

■ ***Station-service Engen*** (plan B2, **1**) **:** *lun-sam 7h-19h, dim 8h-12h slt.*

■ ***Supermarché*** (plan A2, **2**) **:** *rue du Père-Boiteau. Tlj sf dim ap-m.*

Transport en navette SCT *(plan A2) : ☎ 02-62-31-85-87.* La Société cilaosienne de transport propose des navettes au départ de Cilaos vers les sentiers, mais aussi vers la côte, ainsi que des visites guidées. Tarif en fonction du nombre de personnes.

– ***Marchés :*** *marché couvert (plan A2), dans une ruelle perpendiculaire à la rue* *du Père-Boiteau (tlj sf dim ap-m 7h-18h).* Rassemble producteurs et artisans. *Également un marché hebdomadaire dim mat.* Produits du terroir (miel de bibasse, lentilles, brèdes, bois de songe, vin...).

Où dormir ?

On vous conseille fortement de réserver longtemps à l'avance, surtout le week-end et dans les chambres chez l'habitant les moins chères. En effet, les Réunionnais de la côte viennent passer parfois plusieurs semaines à l'intérieur de l'île, et les adresses à petits prix sont prises d'assaut. Certains logent même plusieurs mois dans ces chambres, ça revient moins cher qu'un loyer ! L'ONF tolère le bivouac (sur ses sites et pour une seule nuit), au départ du GR du Taïbit pour Mafate, route d'Îlet-à-Cordes, ainsi qu'au plateau des Chênes, route de Bras-Sec au départ du sentier Kerveguen. Si vous avez une voiture, vous pouvez dormir à Bras-Sec ou à Îlet-à-Cordes, vous y serez plus proche de Mère Nature.

De très bon marché à bon marché

Gîte de la Roche Merveilleuse *(plan B1, **11**) : 1, rue des Platanes. ☎ 02-62-31-82-42. 06-93-30-69-41. Résas dans les offices de tourisme ou sur • explorelareunion.com • Nuitée 16-18 € en dortoir ; doubles sans ou avec sdb 42-50 €. En tente 10 €/pers. Petit déj 6 €.* Gîte à l'écart du centre, en surplomb de la ville et au départ des randonnées, avec différents bâtiments renfermant 4 chambres doubles, un dortoir de 13 personnes et un dortoir de 4 personnes. On peut planter la tente et avoir accès aux sanitaires et au salon, avec cheminée et frigo. La maison taillée dans d'épais rondins de bois, façon trappeur, et tapissée de bois foncé partout à l'intérieur, avec au sol du carrelage rustique, a un certain charme. Vue imprenable sur Cilaos depuis la terrasse et la grande salle à manger panoramique.

La Case Bleue *(plan A2, **12**) : 15, rue Alsace-Corré. 06-92-65-74-96. • manureva97413@hotmail.fr • gitecasebleu.e-monsite.com • Nuitée en dortoir 18 € ; double 40 €. Petit déj 6 €. Réduc de 10 % sur le prix de la chambre sur présentation de ce guide.* Cette petite case créole aux volets bleus dispose d'une dizaine de couchages dans le dortoir (lits superposés) et d'une double. 3 douches communes et cuisine à disposition, donnant sur une terrasse de poche. Simple, agréable et suffisant.

Chez Lucette *(plan B1, **13**) : 7, rue des Fleurs-Jaunes. ☎ 02-62-31-74-18. • ttfd.lucette@orange.fr • chezlucette.wifeo.com • En face de l'hôpital. Résa impérative. Nuitée 15 €, studio 40 € pour 2 pers, petit déj en plus ; repas sur résa 15 €.* Une bonne adresse chez l'habitant : 3 chambres indépendantes et très simples, au rez-de-chaussée d'une maison créole jaune et vert, avec lits doubles et superposés, et une salle de bains commune (plus une autre à l'extérieur, si besoin). À l'arrière de la maison, un T2 plus grand. Repas à base de plats créoles ou chinois. Sinon, micro-ondes à disposition. Lucette, dynamique, attentionnée et femme de caractère, vous montrera sans doute sa volière de canaris et de moutardiers. Sachez que c'est une randonneuse hors pair.

Le Cryptomeria *(plan B1, **14**) : 21, route de Bras-Sec. 06-92-29-81-20. • gerard.turpin4@wanadoo.fr • lecryptomeria.com • Fermé quelques jours pdt les fêtes de fin d'année. Nuitée en dortoir env 15 € ; double 38 € ; petit déj en sus. Repas sur résa 22 €. CB refusées.* Au bord de la route, un gîte à l'ancienne mode, dont les chambres (sans chauffage) sont entièrement couvertes de lambris, avec sanitaires privés et entrée indépendante. Sous les toits, dortoir avec 2 salles de bains commune, des matelas disposés dans 3 pièces. Pas de jardin mais une simple terrasse pour refaire le monde sous la voûte céleste. Correct. Quant à la cuisine, elle n'est pas toujours accessible (ça se négocie !), mais juste à côté, un petit snack propose des plats à emporter.

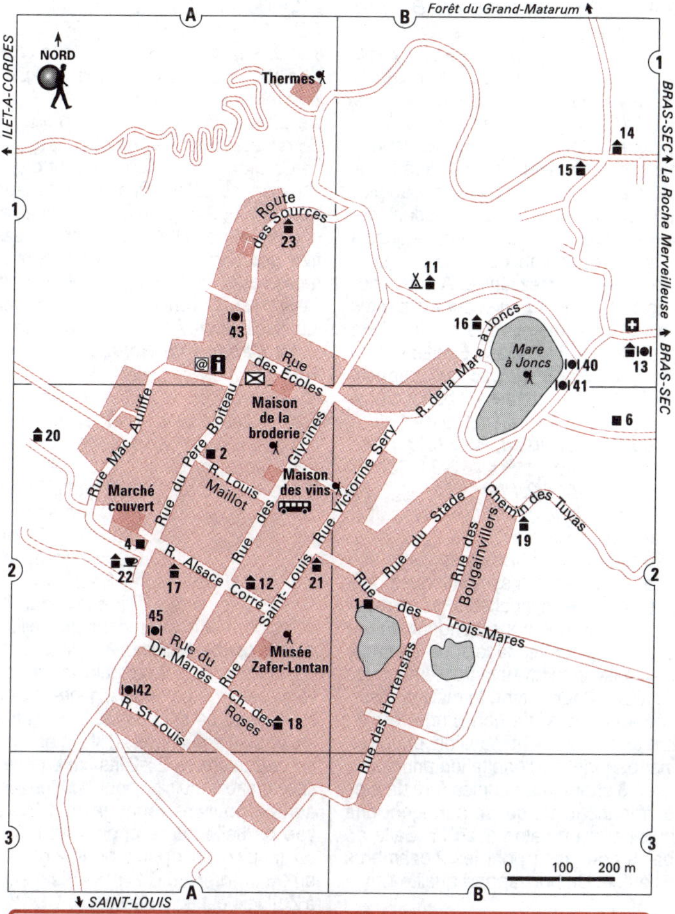

CILAOS-VILLE

Adresses utiles

- Destination Sud Réunion (office de tourisme)
- Hôpital
- **1** Station-service Engen
- **2** Supermarché
- **4** Run Évasion
- **6** Fabrice Bouisset

Où dormir ?

- **11** Gîte de la Roche Merveilleuse
- **12** La Case Bleue
- **13** Chez Lucette
- **14** Le Cryptomeria
- **15** Le Rosier
- **16** La Carte Postale
- **17** Résidence Églantine
- **18** Le Bois de Senteur
- **19** La Cabane du Raideur
- **20** Case Nyala
- **21** Le Vieux Cep
- **22** Tsilaosa
- **23** Le Bois Rouge

Où manger ?

- **40** Kiosque Cass'Dale
- **41** Snack du Cirque
- **42** Chez Luçay
- **43** Le Petit Randonneur
- **45** L'Instant Plaisirs

Où boire un thé ?
Où manger une douceur ?

- **22** Salon de thé de l'hôtel Tsilaosa

La Carte Postale (plan B1, **16**) : *9, rue de la Mare-à-Joncs. ☎ 02-62-52-84-29. 06-93-50-10-33. • rdulac974@gmail.com • colonialocation.free.fr • Compter 46 € pour 2. Pas de petit déj.* Largement en surplomb de la Mare-à-Joncs, 2 jolis chalets jaunes bien équipés avec cuisine, très lumineux, avec une belle hauteur sous plafond au rez-de-chaussée. Séduisante vue sur le plan d'eau et le cirque depuis la terrasse panoramique. Pas de chambre, mais une mezzanine. À noter toutefois que l'on a le nez sur les pentes du toit une fois allongé sur les 3 lits (1 double et 2 simples). Également un resto, ***La Perle du Lac*** qui propose, midi et soir, un intéressant buffet créole *(ouv tlj ; 18 € en sem, 20 € le w-e).*

Le Rosier (plan B1, **15**) : *route de Bras-Sec. ☎ 02-62-31-28-98. 06-92-69-01-02. Presque à l'angle du carrefour. Double 34 € (40 € avec utilisation de la cuisine) ; possibilité de petit déj.* Ici, on ne mourra pas de faim... ni de soif ! Car les sympathiques propriétaires, des agriculteurs qui ne manquent pas d'humour, vendent du vin (les vignes sont en face), des légumes, des fruits, et même éventuellement des volailles. Pour autant, la maison réservée aux hôtes n'a rien d'une ferme : il s'agit d'un petit pavillon pimpant, indépendant de l'habitation principale, avec 3 chambres doubles fort simples et impeccables, qui se partagent une cuisine et un salon avec TV. Salle de bains commune pour les 2 chambres à l'étage. Un bon rapport qualité-prix.

Prix moyens

Résidence Églantine (plan A2, **17**) : *2-4, rue Alsace-Corré. 06-92-82-64-64. • residence.eglantine@wanadoo.fr • residence-eglantine.re • En plein centre, 7 studios (2-4 pers) sans ou avec mezzanine 55-85 €. Parking.* Une jolie maison créole dont la façade aux balcons fleuris est accueillante. Studios bien équipés, confortables et agréables. La mezzanine est ouverte, mais l'option reste intéressante pour les familles. Petite terrasse ou balcon devant chaque logement. Accueil sympathique et discret.

Le Bois de Senteur (plan A2, **18**) : *4 C, chemin des Roses. 06-92-29-81-20. • gerard.turpin4@wanadoo.fr • leboisdesenteur.com • Fermé quelques jours pdt les fêtes de fin d'année. Double 60 €, petit déj compris. Familiales. CB refusées. Mêmes proprios que le gîte Le Cryptomeria.* Tout au bout d'une impasse, au calme. Dans cette maison bien tenue, à la propreté impeccable, une dizaine de chambres simples, pas très grandes, mais tout à fait convenables avec couleurs gaies et lambris. Celles du haut sont plus plaisantes avec leur minibalcon. Accueil sympathique.

La Cabane du Raideur (plan B2, **19**) : *32, impasse Ethève. 06-92-21-53-96. • lacabaneduraideur.com • Au stade, aller au mur d'escalade (petit rond-point) et prendre la rue montante dans laquelle donne l'impasse. Bungalow pour 6 pers 160 € (min 2 nuits pdt vac scol : 280 €). Également une maison pour 6 pers 190 € (min 2 nuits pdt vac scol : 350 €). Possibilité de petit déj. Repas 25 €. Réduc de 5 à 10 % sur la nuité, sur présentation de ce guide.* Marie et Frédéric accueillent avec le sourire leurs hôtes, avant de les conduire à leurs 3 bungalows de bois vernis, avec lambrequins, genre chalets au fin fond de la Laponie. Ils sont nickel et bien aménagés : 2 lits joignables en mezzanine et 2 x 2 lits superposés, salle d'eau et cuisine équipée. Terrasse abritée pour les repas (avec BBQ et vue partielle sur le cirque), et même un jacuzzi en option pour 2 d'entre eux *(compter 60 €/24h).* « Bienvenue à Zot' », c'est écrit dessus.

De chic à plus chic

Case Nyala (plan A2, **20**) : *8, ruelle des Lianes. ☎ 02-62-31-89-57. • case-nyala@orange.fr • case-nyala.fr • Double 85 € avec petit déj ; bungalow 95 €. Familiale. Réduc de 10 % sur le prix de la chambre, sur présentation de ce guide.* Cachée dans un quartier résidentiel paisible, cette adorable maison créole renferme 4 jolies chambres, très lumineuses, tout confort et décorées avec beaucoup de goût. Les amoureux choisiront le charmant bungalow à l'arrière de la maison, tout aussi cosy, mais plus intime ! Différents espaces communs (cuisine à disposition, véranda et petit salon). Laurence et Erick habitent la maison située de l'autre côté de la rue. Ils ont le sens de l'accueil et font tout pour que leurs hôtes se sentent comme chez eux. Une bonne alternative aux hôtels de luxe.

Le Vieux Cep (plan A2, **21**) : *24, rue Saint-Louis. ☎ 02-62-31-71-89. • accueil@levieuxcep.re • levieuxcep.re • Doubles env 80-125 € ; petit déj 12 €.* Un hôtel de bonne tenue, repris en main par une direction qui lui donne un souffle de fraîcheur. Une bonne quarantaine de chambres qui se répartissent dans 2 bâtiments et en 3 catégories. Les standard ont un côté boisé ; les supérieures ont été relookées dans un esprit contemporain. La plupart disposent d'un balcon tourné vers le fameux piton des Neiges. Sauna, hammam, jacuzzi (payants), possibilité de massages, salle de fitness et piscine pour le bonheur des hôtes. Fait aussi resto.

Tsilaosa (plan A2, **22**) : *21, rue du Père-Boiteau. ☎ 02-62-37-39-39. • accueil@tsilaosa.com • tsilaosa.com • Doubles env 109-129 € ; petit déj 15 € ; familiales. Parking.* Le bel hôtel de la ville, dans une séduisante demeure de caractère à taille humaine. Chambres doubles de tailles différentes, avec une déco et un mobilier de bon goût, dans un style sobre et élégant. En se levant le matin, un peu d'air frais sur le balcon avec vue sur le piton des Neiges, pas désagréable... Une adresse de charme, avec seulement une vingtaine de chambres. Spa. Le petit déj est servi dans le joli salon de thé de l'hôtel (voir plus bas la rubrique « Où boire un thé ? Où manger une douceur ? »).

Le Bois Rouge (plan A1, **23**) : *2, route des Sources. 📱 06-92-69-94-30. • giteleboisrouge@gmail.com • leboisrouge.com • Double env 110 €, avec petit déj.* Maison d'hôtes de charme dans une grande case créole pleine de cachet, proposant 5 chambres très confortables, chacune réalisée dans un bois noble de La Réunion : tamarin, tinatte, bois noir, bois d'olive et eucalyptus. Toutes différentes, soignées, et prolongées par une varangue privative avec vue sur la ville et le cirque. Petit déj de qualité que l'on peut prendre, selon saison et envie, près de la cheminée ou sur la terrasse. Chic, intime et romantique à souhait. Une adresse qui fait l'unanimité, notamment grâce à l'accueil aux petits soins (la maison organise même des transferts pour les sentiers de rando).

Où manger ?

À Cilaos, on sert dans l'ensemble une solide cuisine de montagne, pas très raffinée, certes, mais qui tient au corps après une journée de marche.

Très bon marché

Boulangerie (plan A2) : *64, rue du Père-Boiteau, à côté de la mairie.* Pains spéciaux, très bons pour la rando au piton. Sandwichs, *macatias* au chocolat, rochers au coco...

Kiosque Cass'Dale (plan B1, **40**) : *rue de la Mare-à-Joncs, face à la mare. ☎ 02-62-31-84-29. Tlj 9h-19h30.* Sandwichs, *bouchons*, samoussas et assiettes chaudes basiques. On mange un petit en-cas sur des tables de jardin.

Snack du Cirque (plan B1-2, **41**) : *rue de la Mare-à-Joncs, face à la mare. 📱 06-93-02-43-84. Fermé le soir.* Juste à côté du précédent, même programme : sandwichs, salades...

De bon marché à prix moyens

Le Petit Randonneur (plan A1, **43**) : *61, rue du Père-Boiteau. ☎ 02-62-31-79-55. • le-petit-randonneur@orange.fr • Hors vac scol, ouv le midi plus sam soir ; pdt les vac, le midi slt. Fermé ven. Plats env 11-20 €.* On s'attable sur la terrasse couverte ou dans le jardin. Un environnement agréable pour goûter à des plats locaux tout simples, mais bien réalisés et de qualité régulière : saucisses-lentilles évidemment, mais aussi émincé de poulet à la vanille et, pourquoi pas, des crêpes, salées ou sucrées. Bon accueil, mais le service est parfois un peu longuet.

|●| L'Instant Plaisirs (plan A2, **45**) **:** *28, rue du Père-Boiteau. 06-92-45-71-99. Mer-dim jusqu'à 20h (20h30 ven-dim). Formules 13-15 €. Env 10-20 € à la carte.* Une crêperie au pays du boucané ? Ça fait exotique, et c'est idéal pour une pause gourmande à toute heure ! Qu'il s'agisse d'une crêpe (au caramel ou au sucre aromatisé, tous maison), ou d'une galette, tout est préparé dans les règles, tourné à la commande et savoureux. Ajoutez une salle pimpante et un accueil charmant, et vous obtenez l'une des bonnes adresses du coin.

|●| Chez Luçay (plan A2, **42**) **:** *12, rue du Père-Boiteau (ne pas confondre avec le resto Chez Luçay – même proprio – non loin de l'église). ☎ 02-62-58-76-84. Fermé dim soir et lun. Formules autour de 25 €. Plats env 12-20 €. Moitié moins à emporter. Café ou digestif maison offert sur présentation de ce guide.* Chez Luçay, on fait un peu de tout : du métro, du créole et du chinois. C'est copieux, classique et tout à fait convenable. Comme l'accueil est gentil et le cadre plutôt sympa (un bout de terrasse et une salle simple et colorée, avec parfois la TV pour les habitués), on peut vite en faire sa cantine.

Où dormir ? Où manger dans les environs ?

À Mare-Sèche

La Petite Fleur de Lentilles : *chez Mme Marie-Reine Payet, 4 bis, chemin Paradis. ☎ 02-62-31-72-51. 06-92-03-53-59. • fleur.lentilles@wanadoo.fr • À env 2,5 km du village de Cilaos, en venant de Saint-Louis, par la N 5. Dans le hameau de Mare-Sèche, en venant de Cilaos, bifurquer à gauche au niveau de l'arrêt de bus* Petite France, *puis fléché. Double 45 € ; petit déj 5 €.* À l'étage, 4 chambres doubles avec accès indépendant, une salle de bains privée ainsi qu'une cuisine équipée donnant sur une grande véranda commune. Marie-Reine qui habite au rez-de-chaussée, ne préparant pas de repas, prenez vos dispositions pour votre frichti.

À Bras-Sec

De Cilaos, prendre la D 241, derrière l'église. Petit hameau de 500 habitants à 6 km de Cilaos-Ville, au pied du Bonnet-de-Prêtre, qu'on reconnaît facilement. Ce sont essentiellement des Dijoux, Payet et Grondin qui habitent ici. Ne pas laisser sa voiture au départ des sentiers : attention aux vols, surtout en période de vacances scolaires.

|●| Les Mimosas : *29, chemin Saül. ☎ 02-62-96-72-73. • gitelesmimosas@gmail.com • Dans la rue principale, à gauche juste après l'église. Compter 17 €/pers la chambre de 6 pers, 40 € la double ; avec petit déj. Repas 25 €.* Une jolie maison vert et jaune au bord de la rue, presque collée à l'église et environnée de fleurs. Une poignée de doubles toute simples avec salle de bains et une chambre familiale de 6 places. Le tout d'un confort assez rudimentaire mais bien entretenu. Petits coins de détente dans le jardin. Propriétaire très sympathique qui élève ses animaux et mitonne, au feu de bois, une savoureuse cuisine locale. Très convivial.

Le Gîte des Cascades : *3 C, chemin Saül. Résa via l'agence* Mik Location *: 06-92-61-88-29. Résas sur • explorelareunion.com • ou • reunionlocation@gmail.com • mik-location.re • Panneau à gauche en arrivant au village. Double env 42 €.* Madame Barret reçoit avec chaleur ses visiteurs dans sa grande maison, bien cachée au bout d'un court chemin. Chambres pimpantes pour 2 ou 3, colorées et tout confort dans le bâtiment principal ou dans les annexes avec salles de bains communes. Dans tous les cas, c'est propre, l'environnement est agréable et le salon est impeccable pour faire des rencontres.

À Îlet-à-Cordes

À 12 km au sud-ouest de Cilaos-Ville, accès par une étroite route aux virages parfois féroces (compter 20 mn), la D 242, indiquée derrière l'église de Cilaos. Le trajet pour s'y rendre est à couper le souffle (se reporter à la rubrique « À voir dans les environs »), encore plus si on s'y rend à pied.

De bon marché à prix moyens

Chambres d'hôtes Au Petit Coin Charmant, chez Hélène Payet : *13, chemin Terre-Fine.* ☎ *02-62-35-18-13.* ♿ *Double env 44 €. Dîner 25 €, sur résa.* Charmante case aménagée simplement mais avec cœur, à 1 063 m d'altitude (pour être précis), et dotée d'une varangue. L'accueil du couple Payet est vraiment charmant et attentionné. Ils ont aménagé dans leur maison 4 chambres (dont 2 avec 2 grands lits) avec douche et w-c privés. Rutilant de propreté et même coquet. Bonne cuisine créole au feu de bois. Une adresse authentique.

Gîte de l'Îlet, Chez Mme Grondin : *27, chemin Terre-Fine.* ☎ *02-62-25-38-57.* 📱 *06-92-64-74-48.* • *grondin.gite@gmail.com* • *gitedelilet.re* • ♿ *Au centre du village. Chambres 3-6 pers 22 €/pers ; doubles 53-58 €, petit déj compris. Repas le soir 25 €.* Vaste *Gîte de France* très familial, entièrement rénové et parfaitement tenu, au pied du Grand Bénare. Une dizaine de chambres spacieuses en lambris pour 2 à 6 personnes, équipées de sanitaires, avec balcon pour certaines. Et une belle piscine pour couronner le tout. Vente de lentilles et de vin dans l'épicerie en face du gîte. Dîner copieux cuisiné au feu de bois et partagé à 19h30 précises (!), autour d'une longue et même tablée. Accueil sympathique.

Épicerie Le Reposoir, Chez Solange : *27 bis, chemin Terre-Fine.* ☎ *02-62-25-38-57. Au centre du village, face au Gîte de l'Îlet. Lun-sam 7h-19h ; dim 7h-12h, 17h-18h30.* Une épicerie qui en a vu d'autres, avec quelques comptoirs antiques garnis de vin *isabelle* (celui qui est interdit en métropole) et de lentilles, et une sélection de sandwichs, *bouchons* et samoussas pour caler une petite faim. Et il y a même un vieux baby-foot pour digérer ! Sympa.

Épicerie Dijoux : *à l'entrée du village sur la droite. Tlj sf le w-e 7h-18h.* Vaut le détour pour une dégustation en règle de vin de Cilaos. Également du vin d'orange, de *bibasse,* de litchi ou de pêche. Quelques tables sur le trottoir, où l'on ne peut qu'être touché par la beauté majestueuse du site.

Plus chic

Chambres d'hôtes Le Tapacala : *2 C, chemin Les Orangers.* 📱 *06-92-84-55-67.* • *gonthier.mickael@orange.fr* • *En arrivant au village, au panneau « Îlet-à-Cordes », tourner à droite. Double env 140 €. Repas 30 €.* Le luxe au bout du monde ! Les 3 suites de cette chambre d'hôtes atypique sont immenses (70 m² quand même !), dotées de grands lits, de belles salles de bains de pierre (avec double vasque et douche à l'italienne) et profitent de grandes terrasses dans le jardin luxuriant. Visites possibles des environs, guidées par le propriétaire, sur demande (payantes). Et, cerise sur le gâteau, un jacuzzi et un hammam pour se détendre après avoir bien crapahuté.

Où boire un thé ? Où manger une douceur ?

Salon de thé de l'hôtel Tsilaosa (plan A2, **22**) **:** *21, rue du Père-Boiteau. Tlj 15h-18h.* Un grand choix de thés d'origine ou parfumés (assez chers !), différents types de cafés et une spécialité : le lait alouda (au sirop de rose), pour accompagner une crêpe ou un gâteau maison. Cadre très élégant pour se réchauffer au coin de la cheminée, quand il pleut à l'extérieur.

À voir. À faire

Les thermes (plan A1) **:** *8, route de Bras-Sec, BP 8, derrière l'église.* ☎ *02-62-31-72-27.* • *thermes-cilaos@cg974.fr* • *cg974.fr/thermes* • *En principe, lun-ven (sf mer ap-m) 8h-12h30, 13h30-17h ; sam 9h-17h ; dim et j. fériés 9h-17h. Fermé 1er janv et 25 déc. Lors des périodes de cures, résa à l'avance conseillée* *pour les individuels (séances slt l'ap-m dans ce cas). Formule à partir de 38 €, peignoirs et serviettes fournis. CB acceptées.* L'établissement Irénée-Accot gère les fameuses sources de Cilaos, riches en minéraux (dont le magnésium et le calcium), qui émergent à une température de 39 °C. Vous pouvez tester l'hydromassage (bain à bulles avec jet d'eau) ou vous offrir une petite séance de sauna ou de massage. Les futures mamans et les enfants peuvent se prélasser dans un bon petit bain à bulles (aérobain).

DES THERMES AU FIL

Quel lien entre la célèbre broderie de Cilaos et les thermes ? Débarqué de sa Bretagne natale, le docteur Jean-Marie Mac-Auliffe commença vers 1899 l'exploitation du premier établissement thermal de la commune. Sa fille Angélique était brodeuse et initia les femmes du village à son art, transformant un loisir en tradition. Il s'agit véritablement d'un art, puisque les fameux « jours de Cilaos » ont aujourd'hui une renommée mondiale.

La Maison de la broderie (plan A1-2) **:** *rue des Écoles. ☎ 02-62-31-77-48. Tlj 9h30-12h, 14h-17h. Fermé 1er janv, 1er mai, 20 et 25 déc. Entrée : 2 €.* Petite salle d'expo consacrée à la grande spécialité artisanale de Cilaos, la broderie, réputée dans le monde entier pour son raffinement et sa perfection technique. De belles vitrines modernes mettent parfaitement en valeur une sélection de véritables chefs-d'œuvre : nappes, mouchoirs, robes de baptême... Les brodeuses travaillent sur place, à l'étage, donc si vous avez des questions, c'est le moment, notamment sur le fameux et très délicat « jour de Cilaos ». La relève est aujourd'hui incertaine, alors si la visite pouvait susciter des vocations, tant mieux ! Vente de petites pièces de broderie, pas si chères compte tenu du temps de travail nécessaire pour les réaliser.

Le musée Zafer-Lontan (plan A2) **:** *30, rue Saint-Louis. ☎ 02-62-31-94-21. 📱 06-92-03-61-48. • techerj@wanadoo.fr • Tlj sf mar et dim 10h-12h, 13h30-17h30 (sur résa pour 8 pers min). Entrée : env 5 € (visite libre ou guidée) ; possibilité de visite guidée « complète », sur résa slt, incluant une projection de dessins animés et une dégustation de café grillé et gâteau pays 7 € (compter 1h).* Un musée attachant, genre d'inventaire à la Prévert, qui rassemble une ribambelle d'objets très insolites pour certains, plus courants pour d'autres, mais qui ont tous une histoire à raconter, bien locale : la chaise à porteur, le pilon, les chaînes d'esclaves marrons, la reconstitution d'une cuisine au feu de bois... Autant de trouvailles qui sont le prétexte à des anecdotes savoureuses racontées par la charmante Cyndie. Dans le hall d'accueil, sont exposées les œuvres (gravures et sculptures) de Jean-Luc Técher, le propriétaire.

Le Chai de Cilaos, Maison des vins (plan A2) **:** *34, rue des Glycines. ☎ 02-62-31-79-69. • chaidecilaos.reunion.fr • Fermé pour une durée indéterminée ; se renseigner auprès de l'office de tourisme.* Cette coopérative appartient à une quinzaine de viticulteurs, dont les 13,5 ha de vignobles s'étendent sur les sols volcaniques de Cilaos. Quelques panneaux explicatifs, un film de présentation (10 mn) et une dégustation gratuite permettent de se faire une idée de ce vin atypique.

La Mare-à-Joncs *(plan B1-2)* **:** tout autour du petit plan d'eau aménagé pour la promenade et les pêcheurs, des bancs surmontés d'un fragment d'un poème de Leconte de Lisle. Location de bateaux électriques et embarcations à pédales *(tlj à partir de 10h pdt vac scol, et le w-e le reste de l'année ; infos à Julmos Loisirs, 📱 06-92-05-38-99).* Un peu de pelouse pour jouer ou se poser, et deux snacks pour prolonger le plaisir.

Le graveur sur cuivre : *route de Bras-Sec, en contrebas de la route, env 200 m après l'église. ☎ 02-62-31-73-64. GRATUIT. Téléphoner avt pour s'assurer de trouver l'artiste dans son atelier.* Philippe Turpin édite ses albums de gravures en assurant lui-même l'impression en typographie manuelle au plomb. Il est aussi sculpteur.

À voir. À faire dans les environs

La Roche Merveilleuse : *à env 2,5 km de Cilaos ; prendre la route de Bras-Sec, puis fléché sur la gauche ; à 2 mn à pied du parking.* Belvédère qui offre un beau panorama sur le village, les montagnes du cirque et les forêts.

Cilaosa Parc Aventure : *à env 5 km de Cilaos, dans la forêt de Bras-Sec ; env 300 m avt d'arriver dans le hameau de* ***Bras-Sec.*** *06-92-03-26-27. • cilaosparc.com • Ouv mer (sur résa), w-e, j. fériés et tlj pdt vac scol 9h-17h. Entrée (plus de 13 ans) : 21 € ; réduc.* Parcours accrobranche.

Îlet-à-Cordes : *à 12 km au sud-ouest de Cilaos (20 mn de voiture), accès par une étroite route (souvent coupée après un cyclone ou de fortes pluies), la D 242, indiquée derrière l'église de Cilaos.* La balade pour s'y rendre en voiture est à couper le souffle. La route semble plonger dans les entrailles du cirque. Une route qui n'a été ouverte qu'en 1972 ; jusque-là, des porteurs transportaient encore occasionnellement en chaise malades et femmes enceintes. Les amateurs de chutes d'eau seront comblés. Quelques impressionnants pitons aux parois abruptes cisaillent l'horizon. Après mille virages en épingle à cheveux et quelques aires de pique-nique judicieusement placées, on parvient à un village du bout du monde de quelque 500 habitants, perdu et entouré de magnifiques paysages de montagne et de champs de lentilles (de mai à octobre). Mais pas seulement d'ailleurs, puisqu'il y a pas mal de maraîchage (haricots, choux, *chouchou*...). On peut y acheter du vin et des lentilles, directement auprès du producteur. Les habitants dressent parfois des tables devant leur maison, à l'attention de ceux qui voudraient goûter et acheter. Un sentier de 4 km rejoint Cilaos, en passant par la très verte forêt et des champs de maïs (voir plus loin « Quelques randonnées... »). On peut sinon revenir en bus ; voir les horaires à Destination Sud Réunion (l'office de tourisme) et dans la rubrique « Adresses utiles ».

DES ESCLAVES AU BOUT DE LA CORDE

Îlet-à-Cordes était un bout du monde tellement inaccessible qu'il fallait y descendre par des cordes jetées depuis le haut des murailles dominant le village. D'où son nom. Ce petit plateau isolé était le refuge idéal des esclaves en fuite. Mais l'îlet fut découvert par Mussard, le chasseur de marrons, en 1751. Sa mission : ramener les esclaves « morts ou vifs », mais plus morts que vifs en fait. Figaro, l'esclave qui trahit les siens durant la révolte de Saint-Leu, reçut l'îlet en récompense.

Le jardin botanique du piton Betoum : *chemin Saül, à* ***Bras-Sec.*** *06-92-64-30-26. Au niveau du stade. Mar-sam 9h30-17h, sur résa. Entrée : 7 €.* Un luxuriant jardin abritant des plantes indigènes et endémiques. Très sauvage.

Quelques randonnées à partir de Cilaos

Le cirque de Cilaos, qui compte les plus hautes montagnes de l'île (dont le piton des Neiges), offre toutes sortes de randonnées, de la plus facile à la plus ardue. Vous avez l'embarras du choix. Avant toute rando, consulter Destination Sud Réunion à Cilaos (voir plus haut la rubrique « Adresses utiles »), qui procure tous les renseignements pratiques.

L'îlet des Salazes : un îlet habité et cultivé de nouveau depuis peu, situé sur le sentier du col du Taïbit, vers le cirque de Mafate. Compter une bonne heure de marche à partir du début du sentier du Taïbit, sur la route d'Îlet-à-Cordes.

L'INTÉRIEUR DE L'ÎLE

Bras-Rouge : randonnée assez facile, d'environ 2h30 A/R, mais ça grimpe bien au retour. Prévoir de bonnes chaussures et tout l'attirail en cas de chaleur et de soleil. Départ à proximité de Destination Sud Réunion. On emprunte d'abord le sentier des Porteurs (départ du resto *Le Petit Randonneur,* fléché). On arrive à une route, la remonter sur 200 m en suivant les balises GR rouge et blanc. On peut aussi gagner ce point en voiture et économiser 15 mn de marche en se garant sur le bord de la route (route d'Îlet-à-Cordes). Le sentier de la cascade est alors indiqué sur la gauche. Descendre pendant environ 45 mn, puis traverser le lit de la rivière au niveau d'une première minicascade. Puis, après encore 10-15 mn de descente, on parvient au lit de la rivière. **Attention aux enfants (et aux autres), le site n'est pas sécurisé et dangereux.**

Si vous continuez en suivant toujours le chemin balisé rouge et blanc, vous partez dans la direction du ***col du Taïbit*** ; mais là, c'est de la vraie rando pour confirmés. Vous pouvez récupérer la route d'Îlet-à-Cordes. Méfiez-vous du temps. S'il pleut fort au Taïbit, la rivière Bras-Rouge monte vite ! Tenez-vous au courant de la météo.

Le sentier des Calumets : plus long et moins évident que les précédents, ce parcours permet de rallier les villages de Bras-Sec et de Palmiste-Rouge. Environ 2h30 de marche aller et au moins 5h30 A/R. Le sentier démarre à la sortie de Bras-Sec, dans un virage (panneau). En cours de route, on passe au pied du Bonnet-de-Prêtre, on longe un joli cours d'eau, puis on atteint l'îlet isolé de Palmiste-Rouge. Le retour depuis Palmiste-Rouge est assez pénible, car il faut tout remonter. Heureusement, il est possible de prendre les bus pour Cilaos.

De Cilaos à Îlet-à-Cordes : une route spectaculaire (mais souvent coupée pendant les pluies) conduit en 10 km à cet îlet perdu dans le cirque (on peut y aller en bus). On peut également s'y rendre par l'ancien chemin, balisé (en blanc) pour les randonneurs. Randonnée pas évidente (plutôt en descente à l'aller, dur dur au retour !) mais superbe. Compter 6h A/R pour 4 km de sentier. Le départ s'effectue du chemin de La Chapelle, à l'entrée de Cilaos (à gauche en venant du sud). Après 45 mn de marche, on parvient à l'intersection d'un sentier conduisant (en 30 mn) à La Chapelle. Prendre à gauche pour Îlet-à-Cordes. On arrive alors à Bras-Rouge, ruisseau qu'on longe pour parvenir à un site grandiose, d'où l'on admire le piton de Sucre, les Trois-Salazes. Le sentier devient ensuite plus difficile. Attention dans les descentes !

Pour le cirque de Mafate : 1 journée de marche jusqu'à l'îlet de Marla, en prenant son temps, via le col du Taïbit (2 081 m). Départ du sentier route d'Îlet-à-Cordes (on peut s'y rendre en bus). Attention, pas de parking surveillé. Depuis la route, compter à peu près 2h30 de marche jusqu'au col. Au niveau de la source Ti-Louis, l'herbe se fait grasse, puis il vous reste 1h de marche jusqu'au col. On passe dans un sous-bois de brandes et de bois de couleurs, puis le sentier part en lacet jusqu'à la plaine des Fraises. Ensuite le parcours se poursuit dans la rocaille. L'ombre fait défaut, mais il ne reste que la descente, qui se fait en 1h15. Marla constitue une bonne étape et cette rando constitue l'une des plus variée et originale de l'île au point de vue botanique.

L'ASCENSION DU PITON DES NEIGES

Sans conteste la plus belle randonnée de Cilaos, pour ne pas dire de La Réunion. La randonnée au départ de Cilaos peut se faire en 1 journée, en partant très tôt, vers 4h de Cilaos (retour vers 16h), avec une lampe de poche. Être bien entraîné à la marche (dénivelée de 1 700 m) et prévoir un minimum d'équipement (si vous partez plus tard et préférez dormir au refuge à mi-chemin, le sac à viande est idéal, mais le sac de couchage est recommandé en hiver, d'autant que les couvertures, au refuge, ne sont pas lavées très souvent...).
L'itinéraire le plus rapide part du lieu-dit Le Bloc, situé sur la D 241, qui conduit à Bras-Sec, via le GR R1. Les bus passent devant. Prévoir tout de même 2h30-3h de

marche pour parvenir au *refuge de la Caverne Dufour* (2 478 m). Si vous dormez sur place, et on vous le conseille, vous entreprendrez tôt le lendemain matin les deux dernières heures d'ascension qui vous permettront d'assister au lever du soleil depuis le sommet (3 071 m, pensez à la lampe de poche). C'est grandiose. Emportez un K-way, des vêtements chauds, de l'eau, des fruits secs.

UNE FOI À TOUTE ÉPREUVE

La messe de l'Ascension (la bien nommée) s'est longtemps déroulée au sommet du piton des Neiges, au lever du soleil, en présence de plus de 2 000 croyants. Voir les gramounes (les personnes âgées) monter si haut au nom de leur foi constituait un véritable chemin de croix. Depuis 2001, pour des raisons de sécurité et de protection de l'environnement, la cérémonie a lieu dans les environs de Saint-Denis.

En cours de route, on traverse une forêt de cryptomerias, de goyaviers, de bois de couleurs et d'arbres recouverts de « barbes de capucins », qui laisse ensuite la place aux scories. Après les sous-bois, la marche devient de plus en plus difficile à cause des cailloux et des traînées de lave. N'oublions pas que le piton est le cratère de la cheminée principale d'un ancien volcan ! Au sommet, le panorama est le plus fantastique et le plus complet de La Réunion. On domine deux des trois cirques (Cilaos et Salazie s'il n'y a pas trop de nuages), les plaines (des Cafres et des Palmistes) et les sommets voisins, le Grand Bénare et le Gros Morne. Au niveau des antennes, continuer jusqu'à la pointe, on a un panorama sur Salazie et Mafate. On passe devant une tête de gorille (pour ceux qui ont de l'imagination, ou l'ivresse de l'altitude).

– Le *cross du piton des Neiges* a lieu en mai. Le meilleur « cabri » met 1h45 mn et 8 s pour monter. Parfois, on peut les voir s'entraîner ; ne soyez pas impressionné, sans votre sac à dos, vous pourriez faire aussi bien !

La redescente du piton des Neiges jusqu'à la route de Cilaos par le même chemin prend environ 3h30-4h. Une grande partie de la descente est constituée de marches. Du refuge, on peut rejoindre Salazie en 5h par le GR R1 ; descente douce et parfois boueuse dans la forêt. À la caverne Mussard, suivre Hell-Bourg sur la gauche, ou tout droit pour ceux qui vont vers le gîte de Bélouve.

Refuge de la Caverne Dufour : *☎ 02-62-51-15-26 et 06-92-67-74-26 (pour repas et petit déj). Sinon, résas dans les offices de tourisme, notamment à Cilaos (☎ 0820-203-220), sur • reunion.fr • ou sur • explorelareunion.com • Réserver 2-3 mois à l'avance pour les w-e et vac scol. Env 19 € le lit (payable à la résa), petit déj 7 €. Plat unique slt le soir 22 € (payable sur place et sur résa, repas à 18h30 précises). Avr-nov, possibilité d'hébergement en bungalows sous bâche (14 €). Accueil à partir de 15h.* On n'est pas dans un hôtel de montagne, mais dans un refuge pour les marcheurs, aux conditions très *roots*. On vient ici pour être fin prêt pour l'ascension au petit matin des dernières pentes du piton. Dortoirs de 9 lits superposés sur 3 étages, 48 en tout, un peu les uns sur les autres. Toilettes et lavabos (pas de vraie douche), à sec parfois... Prévoir des lingettes pour faire un brin de toilette ! Une grande salle pour dîner. Venir avec son repas froid (pas de plaques ou de brûleurs à disposition), ou s'attabler pour profiter du dîner (sur résa) – souvent du boucané. Une partie des vivres sont montées à dos d'homme, les grosses charges sont livrées par hélico. Terrasse avec vue panoramique.

Sports et loisirs

Penser à réserver à l'avance toutes les activités. On ne part pas pour du canyoning au pied levé. Il faut un minimum, et même un maximum d'organisation et de logistique. C'est d'autant plus simple quand on constitue un petit groupe.

Canyoning, escalade et randonnée

Pour les amateurs d'eau, de nature, de sensations, Cilaos et ses environs offrent d'excellents sites d'apprentissage. Au programme, Fleurs-Jaunes et son célèbre rappel-toboggan de 55 m, le must du coin. Une dizaine de sites, parmi les plus beaux de l'île (Bras-Rouge, Gobert, Ferrière...), tous niveaux.
Même si la roche basaltique est incompatible avec la pratique de l'escalade (un vrai millefeuille), Cilaos offre différents sites intéressants. Le massif du piton de Sucre a une bonne réputation, avec plus de 300 m de voies en longueur. Sur le toit de La Réunion, quelques courses d'arêtes vers les Trois-Salazes, et une autre qui consiste à rallier le sommet du piton des Neiges à celui du Gros Morne. Des Trois-Salazes, on découvre le cirque de Mafate à gauche, celui de Cilaos à droite.

■ ***Run Évasion*** *(plan A2,* ***4****)* **:** *23, rue du Père-Boiteau.* ☎ *09-70-35-94-88.* • *runevasion.re* • *Réduc étudiants.* Canyoning, escalade et randos accompagnés à la journée avec un moniteur breveté d'État. Location et vente de matériel de montagne, de canyoning : du sac à dos aux chaussures, en passant par la gourde, le couteau, vous trouverez tout, tout, tout pour la rando !

■ ***Cilaos Aventure :*** *06-92-66-73-42.* • *cilaosaventure.com* • Canyoning, escalade, randos et treks à la carte. Généralement plus sportif que ludique, mais de très bon niveau. Labellisé *Qualité Tourisme Île de La Réunion.*

■ ***Fabrice Bouisset*** *(plan B2,* ***6****)* **:** *06-92-66-22-73.* Canyoning, randonnée...

■ ***Philippe Motheré :*** *06-92-94-03-35.* • *canyoning-la-reunion.fr* • Un pro du canyoning, très apprécié pour sa gentillesse et sa patience. Des vertus indispensables pour l'accueil des débutants !

■ ***Aparksa Montagne :*** *06-92-66-50-09.* • *aparksa-montagne.com* • Thomas Percheron est spécialisé dans le canyoning et la randonnée. Il organise aussi des virées dans les tunnels de lave au sud de l'île.

Fêtes et manifestations

– ***Fête de la Saint-Vincent :*** *2 j. fin janv.* Le saint protecteur de la vigne est associé à la fête qui célèbre le début des vendanges. Des fêtes dans le village, à Îlet-à-Cordes et à la Confrérie du pied de raisin.
– ***Cross du piton des Neiges :*** *1 j. en mai.* Également appelé « Les cabris en liberté », c'est la plus ancienne course en montagne de l'île. Participation payante.
– ***Fête des Lentilles :*** *4-5 j. en oct, avec élection de miss Lentille !* Et un cross, encore. On court beaucoup autour du cirque ! *Rens au service des sports :* ☎ *02-62-31-73-13.*

LE CIRQUE DE SALAZIE (97433) 7 335 hab.

• Carte *p. 241*

À partir de Saint-André, on grimpe au cœur du cirque de Salazie par la RD 48. La route suit le cours de la rivière du Mât où, en fin de semaine, des clubs de canoë-kayak ou de raft viennent faire des descentes (voir la rubrique « Sports et loisirs » dans « La Réunion utile »). Cette même route se fraie doucement mais sûrement un chemin au pied de remparts couverts d'une épaisse végétation d'où jaillissent, étroites et majestueuses, de belles chutes. De la route, on aperçoit notamment la *cascade Blanche,* très belle et

accessible (30 mn de balade depuis la route), juste après le grandiose « pisse-en-l'air », et, une fois le village de Salazie passé, sur la gauche, le *Voile de la mariée,* des chutes vertigineuses que vous ne pourrez pas manquer. La plus belle prise de vue se trouve dans les premiers virages sur la route de Grand-Îlet, au niveau de l'arrêt de bus « Voile de mariée ». Sinon, visibles également depuis la route principale entre Salazie et Hell-Bourg et Mare-à-Poule-d'Eau.

– Le premier village rencontré, qui s'appelle Salazie même, possède la seule station-service et deux des trois distributeurs de billets du cirque (l'autre se trouve à Hell-Bourg). Faites vos provisions ! D'autant que la carte de paiement n'est pas acceptée partout. Malgré son nom qui signifie « bon campement » en malgache (à moins que, selon d'autres, ce terme n'ait désigné le trépied sur lequel on pose une marmite, évoquant les trois pics rocheux appelés les Trois-Salazes, situés entre le Grand Bénare et le Gros Morne), Salazie-Village n'est qu'un lieu de passage. Une fourche permet ensuite de se rendre à Hell-Bourg (le véritable centre névralgique du cirque) ou à Grand-Îlet (d'où l'on peut gagner Mafate à pied).

– ***Fête du Chouchou et des Produits du terroir :*** *en juin, sur 3 j., au champ de foire de Hell-Bourg.* Salazie produit 80 % des *chouchous* de La Réunion. Ce légume est utilisable dans son intégralité : on en consomme le cœur, les racines et le fruit. Quant aux tiges, elles servaient à la fabrication de chapeaux, autrefois connus sous l'appellation de « chapeaux de paille d'Italie ».

Arriver – Quitter

En bus

Liaisons de la gare routière de Saint-André au village de Salazie, puis correspondances (synchronisées) pour Hell-Bourg, Îlet-à-Vidot, Grand-Îlet-col du Bélier et Mare-à-Goyave. *Estival,* ☎ *02-62-92-53-40.*

➢ ***Liaisons Saint-André/Salazie*** *(ligne n° 80)* **:** 7 bus/j. (3 bus slt dim). Compter 30 mn.

➢ ***Correspondances Salazie/Hell-Bourg/Îlet-à-Vidot*** *(ligne n° 83)* **:** 8 bus/j. (4 bus dim et j. fériés).

➢ ***Correspondances Salazie/Grand-Îlet/Le Bélier*** *(ligne n° 82)* **:** 8 bus/j. (4 bus dim et j. fériés). Compter 50 mn.

– La ligne n° 81 va de Grand-Îlet à Mare-à-Martin et Bé-Cabot.

– La ligne n° 82 c relie le hameau du Bélier au col des Bœufs (départ des randonnées pour Mafate), slt lun, mer et ven à 7h35 et 14h35 depuis Le Bélier (dim et j. fériés à 10h05 et 16h20) ; à 8h05 et 15h05 (dim et j. fériés à 10h35 et 16h50) au départ du col des Bœufs. Attention, bien se faire confirmer ces horaires, susceptibles d'être modifiés.

– La ligne n° 84 va de Salazie à Mare-à-Goyave, via Bois-de-Pomme.

SALAZIE-VILLAGE

Le cirque de Salazie apparaît petit à petit en arrivant au village du même nom. Au centre, une mairie et une église, fière comme une cathédrale, sur laquelle on peut lire « Chez nous, soyez reine ». Ici, on cultive les *chouchous* et le cresson (on peut voir les champs au pied de la cascade du *Voile de la mariée,* sur la route de Hell-Bourg).

Adresses et infos utiles

✉ ***Poste :*** *après le pont, sur la gauche, en venant de Saint-André. Lun-ven 8h30 (9h15 jeu)-12h15, 13h-15h30 ; sam 8h-11h30.* Un *gabier* (distributeur automatique de billets).

■ ***Station-service :*** *à l'entrée du village. Tlj 5h30-19h.* La seule du cirque.

■ ***Gabiers*** *(distributeurs automatiques de billets)* **:** à la poste et à la station-service.

@ ***Cyberbase :*** *22, rue de l'Église. Mar-sam. GRATUIT.* Également **Cyber Salaze** : *juste après le pont, sur la droite. Tlj 12h-19h. Payant.*

Où manger ?

De bon marché à prix moyens

Le P'tit Bambou : 166, rue Georges-Pompidou, face à l'église. ☎ 02-62-47-51-51. Fermé le soir et mer. Menu sf dim 18 €, plats 13-22 €. Digestif maison offert sur présentation de ce guide. En surplomb de la rue, une grande maison en bois couverte de tôle rouge, avec une galerie extérieure, une agréable terrasse et une salle bien proprette. Tables recouvertes de nappes blanches et serviettes en tissu. Bonne cuisine créole et métro. Le bœuf sur lit de cresson et le *rougail* de morue aux *chouchous* sont 2 spécialités du coin. Accueil pro.

Restaurant de la Cascade Blanche : *3, pl. de l'Escalier, RD 48, 97433 Salazie. 06-92-07-50-97. • antoinecalais@laposte.net • Au niveau du pont de l'Escalier. Tlj 10h-17h. Repas 20-25 €. Digestif maison offert sur présentation de ce guide.* Un lieu idéalement situé, à côté d'une petite chapelle aux volets rouges. On vient là pour le civet pattes cochon et d'autres « plats pays » (terme étonnant pour qui connaît Hell-Bourg où ça grimpe !). Vraie bonne cuisine créole, avec quelques plats métros, concoctés à base de produits frais. Cadre reposant et accueil chaleureux. Et savoureux cocktails de fruits frais à siroter en terrasse, pour apprécier encore plus la vue et la chance d'être ici.

HELL-BOURG *(97433)*

• Plan *p. 243*

Ancienne station thermale de renom, à 930 m d'altitude, dont le cyclone de 1948 a fait s'égarer la source curative... et sa principale source de revenus. Il lui aura fallu de nombreuses années pour redresser la tête en jouant la carte du tourisme. Ce petit bourg, baptisé en l'honneur du gouverneur de Hell (un Alsacien qui a également donné son nom à Hell-Ville, aujourd'hui Andoany, sur l'île malgache de Nosy Be), possède un charme indicible qui se respire plus qu'il ne se décrit. C'est un endroit où l'on se sent bien, tout simplement. Seul village d'altitude dont le plan soit quadrillé, à la manière coloniale, il est le premier village d'outre-mer à avoir été classé Plus Beau Village de France. Subsistent quelques belles maisons créoles, dont la maison *Folio* (qui se visite). De Hell-Bourg, on embrasse la Roche-Écrite (2 277 m), le Cimendef (2 227 m), mais aussi le piton des Neiges (3 071 m). Hell-Bourg constitue le point de départ de nombreuses randonnées de tout niveau (dont le GR R1). Beaucoup de monde le week-end.

Nid douillet pour poètes et exilés

Au départ, il fallait fuir la torpeur de la côte et trouver un coin verdoyant et frais, qui soit respirable et relié par une route. Hell-Bourg, ce bout du monde méconnu, plus intime et plus accessible que Cilaos, moins isolé que Mafate, convenait parfaitement aux aspirations des nobles et des bourgeois du XIXe s. Ils y firent construire des « maisons de changement d'air ». Puis arrivèrent les fonctionnaires. Un hôpital militaire ouvrit ses portes :

LA PÊCHE EST BONNE

À l'automne 1995, renversé provisoirement par le vieux mercenaire Bob Denard, le chef d'État des Comores fut « déporté » dans la résidence préfectorale de Hell-Bourg, aux frais de la France. Comme le bonhomme s'ennuyait ferme, il passait ses journées à taquiner la truite directement à la ferme piscicole et pêchait jusqu'à 5 000 F de truites par jour. Toujours aux frais de la France.

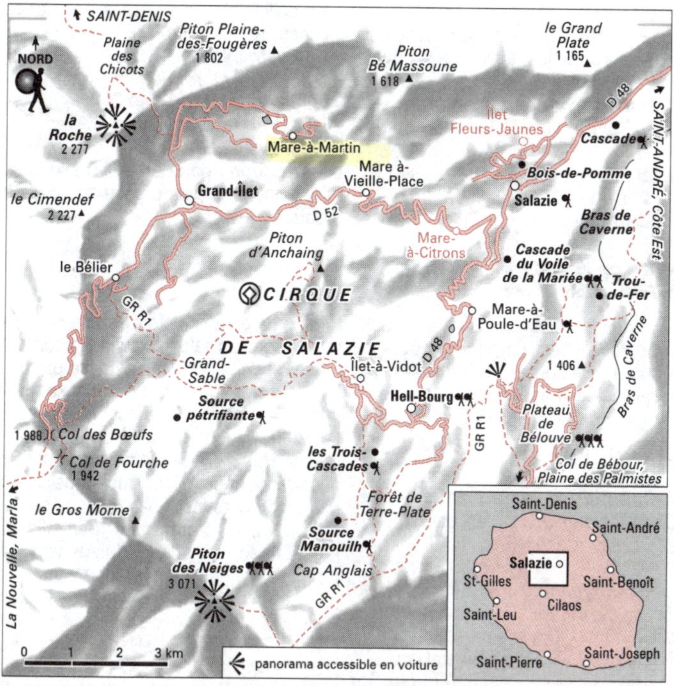

LE CIRQUE DE SALAZIE

les soldats en poste à Madagascar venaient y reprendre des forces. Le préfet vint aussi, histoire de se mettre au vert. On lui construisit une belle et discrète résidence, la *Villa Bourbonia,* nichée sur un flanc de montagne, loin des miasmes et des tracas de Saint-Denis. Aujourd'hui encore, le préfet de La Réunion séjourne de temps à autre à Hell-Bourg pour se reposer de ses fonctions.
Coquet, préservé dans un écrin de verdure, relativement isolé, le village vit également une kyrielle de poètes et d'aventuriers, de têtes couronnées en exil et même Zitte, un bandit de grand chemin. Du côté des écrivains, le poète Charles Baudelaire y serait passé lors de son voyage à La Réunion.

Adresses et infos utiles

Office de tourisme de l'Est, bureau de Salazie *(plan B1-2)* **:** *47, rue du Général-de-Gaulle, à l'étage. ☎ 02-62-47-89-89. 06-92-09-31-88. • est.reunion.fr • Lun-jeu et sam 9h-12h, 13h-17h ; plus dim en janv, de mi-juil à mi-août et d'oct à mi-déc.* Le seul point d'accueil du cirque. Renseignements sur la praticabilité des sentiers (important en saison des pluies) et sur les différentes randonnées, y compris vers Mafate. Une carte en relief du cirque très bien faite permet de mieux visualiser ce qui attend vos mollets ! Réservation d'hébergements sur toute l'île, activités sportives, etc. Expos temporaires d'artistes réunionnais.
– ***Station de trail :*** *à l'office de tourisme.* La seule station trail de La Réunion offrant 14 parcours de randos-trail

et 6 ateliers « Stade de trail ». C'est aussi un lieu d'apprentissage et de partage autour de la passion de la course de montagne.

■ ***Visites guidées thématiques :*** *avec* ***Guid'A Nou,*** *06-92-86-32-88 ; • dominick@guid-a-nou.com • explorerlareunion.com • À partir de 25 €/pers. Durée : 1h-1h30. Sur résa slt.* Plusieurs thèmes : La Case Tonton et les paillotes traditionnelles, circuit des cases créoles, Mare-à-Poule-d'Eau.

✉ ***Poste*** *(plan A1-2)* **:** *dans une vieille case bleu et rouge. Lun-ven 8h30-12h30, plus 13h15-14h45 mar, mer et ven ; sam 8h-11h. Gabier (distributeur automatique de billets).*

– ***Attention :*** pas de station-service à Hell-Bourg, la plus proche se trouve à Salazie.

Où dormir ?

Si toutes les chambres de Hell-Bourg sont réservées (capacité hôtelière réduite), on peut se rabattre sur les adresses de Grand-Îlet (voir plus loin).

Camping

Camping à la ferme Le Relax, Chez Techer *(hors plan par A2,* ***10****)* **:** *21, chemin Bras-Sec. ☎ 02-62-47-83-06. 06-92-66-58-89. • campinglerelax@yahoo.fr • À 2 km de Hell-Bourg, en dir. d'Îlet-à-Vidot, prendre à droite (indiqué), puis parcourir 400 m. Ti'Car nº 83. Emplacement env 22 € pour 2. Loc tente 6 €. CB refusées.* Un joli petit camping bien tenu, en pleine nature, face aux montagnes, avec un verger de pêches, *bibasses*... que l'on peut déguster selon la saison. Ce cadre superbe n'est pas son seul atout : emplacements bien délimités, cuisine équipée à disposition, barbecue, tables sous une tonnelle... La maison des propriétaires est à côté.

De très bon marché à bon marché

Gîte La Mandoze *(plan B1,* ***11****)* **:** *14, chemin de l'École. 06-92-65-65-28. Résas dans les offices de tourisme ou sur • explorelareunion.com • Fermé pour les fêtes de fin d'année et 15 j. en janv. Env 16-18 € en dortoir ; env 42-45 € la double (sdb commune) ; petit déj 6 €. Repas 22 €, le soir slt. CB refusées.* Mandoze, c'est un nom poétique pour les amateurs de rhum. Dans une vieille case créole, un genre d'auberge de jeunesse à l'ambiance très cool, à la bonne franquette, quelquefois trop... Une salle à manger, un salon commun, 4 dortoirs de 6 et 7 lits où l'on s'entasse parfois, le tout prolongé par une annexe abritant quelques doubles. Toilettes et douche en commun. Grande pelouse et une table extérieure pour se raconter les randonnées. Ambiance musicale à la fin de certains repas, quand Patrick Manoro, le propriétaire (par ailleurs guide), sort sa guitare. Mieux vaut ne pas se lever à l'aube le lendemain !

Le P'tit Blanc des « O » *(hors plan par B2,* ***12****)* **:** *13, impasse des Songes. 06-92-70-65-14. Résas dans les offices de tourisme ou sur • explorelareunion.com • marcellino.nativel@orange.fr • À 1,5 km de Hell-Bourg ; accès par la route Auguste-Lacaussade que l'on suit jusqu'au bout ; arrivé au rond-point, prendre l'impasse de Bellevue, puis, 200 m plus bas, la 1re à gauche. Double avec sdb 54 €, petit déj compris ; familiale.* La maison abrite 4 chambres doubles et 1 quadruple, vraiment toute simples, mais correctes. Une adresse idéale en famille où les enfants peuvent profiter des animaux.

Prix moyens

Le Relais des Gouverneurs *(plan B2,* ***14****)* **:** *2 bis, rue Amiral-Lacaze. ☎ 02-62-47-76-21. Résas dans les offices de tourisme ou sur • explorelareunion.com • Double env 80 € avec petit déj. Également des familiales. Repas 26 €.* Ancienne bâtisse restaurée ? Vieil édifice bien entretenu appartenant à un riche propriétaire ? Rien de tout cela : cette noble demeure a été construite en... 2003 par le maître de maison. Chapeau bas ! Rien de luxueux

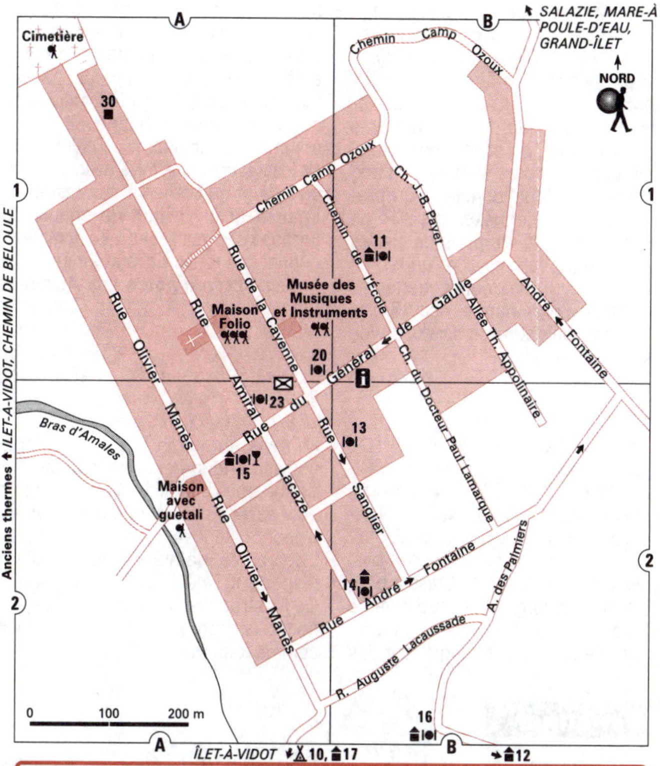

HELL-BOURG

■ **Adresses utiles**

- **i** Office de tourisme de l'Est
- **30** Austral Aventure

Où dormir ?

- **10** Camping à la ferme Le Relax, Chez Techer
- **11** Gîte La Mandoze
- **12** Le P'tit Blanc des « O »
- **14** Le Relais des Gouverneurs
- **15** Le Relais des Cimes
- **16** Les Jardins d'Héva
- **17** Chambres d'hôtes Les Agrumes

Où manger ?

- **13** Restaurant Chez Alice
- **15** Le Relais des Cimes
- **16** Les Jardins d'Héva
- **20** Ti Chouchou
- **23** Chez Maxime's

ni d'extravagant, mais une adresse de charme à l'agréable atmosphère, distillée par des hôtes affables, Yvette et François, et à l'environnement soigné. Autour d'une pelouse bien nette, les bâtiments de style créole (varangue et lambrequins de rigueur) rassemblent une poignée de chambres et de suites familiales au beau parquet, confortables, pour ne pas dire cossues lorsqu'elles sont dotées de baldaquins. Romantique ! À table, cuisine de tradition avec apéro, entrée, 2 *caris* différents (produits maison), vin, dessert et rhum. Un point de chute convivial.

Le Relais des Cimes *(plan A2, **15**) : 67, rue du Général-de-Gaulle.* ☎ *02-62-47-81-58.*

• *info@relaisdescimes.com • relaisdescimes.com • Doubles 82-90 €. Réduc de 10 % sur le prix de la chambre fév-juil, sur présentation de ce guide.* Une structure moderne, dont les bâtiments s'intègrent bien au style architectural local. Les chambres sont sans grand charme mais fonctionnelles. On préfère la coquette annexe, installée de l'autre côté de la rue dans de vieilles cases créoles rénovées et qui abrite une dizaine de chambres, certaines au caractère plus affirmé. Accueil professionnel. Une adresse sérieuse. Voir aussi « Où manger ? ».

Chic

Les Jardins d'Héva (plan B2, **16**) : *16, rue Lacaussade, chemin de Bellevue. ☎ 02-62-47-87-87. • contact@jardinsdheva.re • hotel-restaurant-cirque-salazie.fr • Double env 100 €, petit déj inclus, 45 mn de soins spa compris. Également des triples.* C'est la belle adresse du bourg. Il faut reconnaître qu'elle ne manque pas d'atouts : un emplacement privilégié sur les hauteurs, des chambres à thème, sobres et soignées, réparties dans 5 cases (belles charpentes et plancher en bois), terre cuite dans la chambre malgache et même un trompe-l'œil dans une autre. Un accueil sympa comme tout, un endroit au calme, pour se ressourcer (sans télé), avec d'ailleurs un spa gratuit réservé aux résidents. Également un institut de beauté qui propose des massages... Le comble du bonheur au retour de randonnée !

Chambres d'hôtes Les Agrumes *(hors plan par A2,* **17***) : 7, chemin Manouilh. 06-92-65-51-82. • begue.rene-paul@orange.fr • À 2,5 km de Hell-Bourg, en dir. d'Îlet-à-Vidot, fléché sur la gauche (c'est 100 m plus loin). Double 90 €. Repas 23 €.* Dans un ravissant jardin coquet où s'épanouissent fougères arborescentes, et de superbes bégonias, 4 bungalows en bois aussi spacieux que confortables. Chacun dispose d'une terrasse, de 2 chambres, de grands lits (l'un d'eux dispose même d'un lit suspendu)... Coin barbecue sous un kiosque, au bord d'une fontaine. Un endroit mignon comme tout.

Où manger ?

Prenez soin de réserver dans la journée pour un repas le soir, car les restaurants peuvent tout bonnement fermer s'il n'y a pas assez de touristes dans le village – et parfois même s'ils sont suffisamment nombreux !

De bon marché à prix moyens

Ti Chouchou (plan A1, **20**) : *42, rue du Général-de-Gaulle. ☎ 02-62-47-80-93. Tlj sf ven et jeu soir en basse saison. Résa conseillée, surtout le soir en basse saison. Menus env 18-26 €, plats env 12-25 €.* Dans une jolie petite case colorée de la rue principale, dotée de 2 petites salles accueillantes. L'équipe dynamique veille à adapter ses menus à la clientèle touristique. Cela donne une cuisine créole agréable à base de truite à la crème de cresson, de poulet (à la vanille, hmm !) et de *chouchou*, forcément. Vous pouvez vous inspirer du livre d'or pour choisir votre menu, vous y laisserez certainement votre griffe en repartant.

Le Relais des Cimes (plan A2, **15**) : *67, rue du Général-de-Gaulle (voir « Où dormir ? »). ☎ 02-62-47-81-58. Tlj jusqu'à 20h30. Menus env 18-24 €.* Gentille cuisine créole servie dans un cadre classique. Spécialité de truite vanille flambée au rhum ou grillée sauce cresson et quelques plats malgaches. Possibilité aussi de venir juste boire un verre, au bar (petit) ou en terrasse (pas bien grande non plus).

Restaurant Chez Alice (plan B2, **13**) : *1, rue Sanglier, dans le centre. ☎ 02-62-47-86-24. Tlj sf dim soir et lun, dernier service à 19h45. Résa conseillée. Menus env 19-22 €.* Cuisine familiale, simple et sans chichis, que les habitués plébiscitent pour son bon rapport qualité-prix : *caris*, truites, *chouchous*, toutes les spécialités du coin sont à la carte. Le tout servi dans plusieurs salles ou en terrasse. Service très gentil. Beaucoup de monde le week-end.

Les Jardins d'Héva (plan B2, **16**) : *16, rue Lacaussade (voir « Où dormir ? »). Tlj sf mer midi. Buffet midi (sur résa) et soir env 28 €.* De la salle à manger, vue extraordinaire sur le cirque. Pour un peu, on en oublierait son assiette ! Ce qui serait vraiment dommage, car le chef s'applique et propose chaque jour un buffet bien ficelé et préparé avec de bons produits.

Chez Maxime's (plan A2, **23**) : *rue de l'Amiral-Lacaze. 06-93-94-46-76. Tlj sf mar. Plats créoles env 10 €, sandwichs 2,50-4 €. CB refusées. Digestif maison offert sur présentation de ce guide.* Une illustre référence pour ce resto créole bien discret, sa modeste salle ornée d'un néon ou une tente de l'autre côté de la rue en guise de terrasse. Plats créoles qui changent tous les jours, omelettes, salades, sandwichs... pas mauvais du tout !

Achats

Atelier de Bambou Marius Deville : *37, impasse Ernest-Deville, à* ***Mare-à-Poule-d'Eau.*** *02-62-47-64-24. 06-92-57-69-00. À env 3 km de Hell-Bourg ; à l'entrée du village, au bord de la route principale, sur la droite, dans une maison repérable à son toit rouge et à son inscription « Mon Destin ». Appeler avant, ils ne sont pas toujours sur place !* Toutes sortes de meubles et d'objets de déco en bambou, mais aussi en bois de camphre et de tamarin. Vente sur place.

Créa Passion 974 : *58, route du Téléphérique, à* ***Mare-à-Poule-d'Eau.*** *06-93-92-85-49. À 3 km env de Hell-Bourg, au « Village artisanal » ; à l'entrée du village, au bord de la route principale, sur la gauche. Tlj sf dim 9h-17h.* Un magasin tenu par une association d'artisans : vannerie, vêtements, cosmétiques, bijoux, produits alimentaires, etc. Tout est fait à La Réunion.

À voir. À faire

Le Circuit des cases créoles : un circuit avec panneaux explicatifs pour découvrir une quinzaine de cases créoles disséminées dans Hell-Bourg. Possibilité de louer un audioguide *(5 €)* avec plan auprès de l'office de tourisme (prévoir une pièce d'identité). Compter 1h. Sinon, on peut faire la balade en compagnie d'un guide, *Freddy Lafable* : *06-92-15-32-32. • freddy.lafable@laposte.net • Sur résa, tlj ; compter 9 €/pers.*

La maison Folio (plan A1) : *20, rue de l'Amiral-Lacaze (face à l'église). 02-62-47-80-98. 06-92-22-22-98. • m.folio@wanadoo.fr • Tlj 9h-11h30, 14h-17h. Fermé 1er janv, 1er mai et 25 déc. Entrée : env 5 € (visite guidée de 1h, pas d'attente) ou 4 € visite libre ; gratuit moins de 10 ans.*

La famille Folio a eu la bonne idée d'ouvrir son petit coin de paradis au public et de faire visiter cette ancienne maison créole du XIXe s qu'elle habite encore. La famille est sans doute arrivée à La Réunion il y a 350 ans. La visite guidée se passe en grande partie dans le jardin abondant de curiosités végétales. À vous de découvrir cette plante qui revêt trois couleurs en 3 jours, celle qui réagit au quart de tour quand on la chatouille, cette autre aux senteurs de quatre-épices, la « vierge dans sa grotte », l'anthurium à queue-de-cochon, les scoubidous... On poursuit cette visite passionnante, pleine d'humour et d'anecdotes, dans les dépendances. Les Folio y ont entassé un joyeux bric-à-brac d'objets d'autrefois, de l'antique sorbetière à la baignoire en zinc pour garder l'eau chaude (on est dans les Hauts !). Une bonne introduction avant de passer au clou du spectacle : la maison ! Quasi inchangée, avec ses traditionnels lambrequins appelés aussi « casse-gouttes »,

L'INTÉRIEUR DE L'ÎLE

ses vieux parquets et ses plafonds créoles, elle est par ailleurs meublée d'ancien, ce qui donne une bonne idée du mode de vie de l'époque.
Il est rare de pouvoir visiter, à La Réunion, une maison authentiquement créole. En entrant ici, on goûte à la générosité de la nature et à la singularité de l'histoire de l'île...

Le musée des Musiques et Instruments *(plan A1)* **:** *4, rue de la Cayenne. ☎ 02-62-46-72-23. • maisonmorange.fr • Tlj sf lun 10h-18h. Entrée : 7 € ; réduc ; gratuit moins de 8 ans.* Un superbe musée qui expose une fabuleuse collection privée d'instruments de musique, accumulés au fil des années, par deux passionnés. Certains instruments sont de véritables œuvres d'art, les uns connus, les autres oubliés, souvent insolites. L'approche auditive et sensorielle a été privilégiée par rapport aux explications écrites. Muni d'un audiophone, on se laisse porter par les sonorités comme le gémissement de cet instrument de musique religieuse tibétaine élaboré à partir d'un fémur humain. Un véritable voyage musical, très bien fait, à travers l'océan Indien ! Dans chaque section (Chine-Tibet, Afrique, Inde et Madagascar), de petites vidéos tournées par les réalisateurs du musée illustrent l'utilisation des instruments lors de festivals, de cérémonies, etc. Un endroit magique.

Le cimetière *(plan A1)* **:** *au bout de la rue Amiral.* En surplomb d'un petit vallon, ce cimetière, riche en fleurs et pauvre en marbre, compte quelques tombes d'inconnus célèbres, comme celle du célèbre bandit de grand chemin Zitte. La sépulture se remarque à sa grosse pierre, à gauche derrière la croix principale. Le cimetière abrite également depuis février 2006 les cendres d'Auguste Lacaussade, le poète réunionnais qui a chanté Salazie et a révélé Leconte de Lisle.

FAIS PAS LA TÊTE !

Zitte, un des bandits les plus meurtriers de l'histoire de l'île de La Réunion, repose au cimetière de Hell-Bourg. Mais pas tout à fait en paix ! Pour être sûr que le meurtrier était bel et bien passé de vie à trépas, on le décapita après sa mort. Sa tête fut envoyée à Saint-Denis pour authentification et son corps enterré à Hell-Bourg. Il paraîtrait que son âme erre encore entre les deux, fâchée. Mais chut ! Ici, on ne rigole pas avec ces choses-là.

La maison avec « guetali » *(plan A2)* **:** ce petit pavillon d'angle, en bois couvert de tôle, s'appelle un *guetali*. Il semble être inspiré des moucharabiehs des maisons arabes de la côte swahilie (Kenya, Tanzanie). Planté au coin d'un jardin, dominant la chaussée, le *guetali* permettait aux propriétaires de la maison d'observer et de guetter les mouvements de la rue sans être reconnus. Beaucoup de *guetalis* ont disparu. Celui-ci est un des plus beaux exemples encore debout dans l'île. Il a été classé. Une autre réplique à l'autre bout de la rue principale, à la villa Lucilly.

À voir. À faire dans le coin

***L'îlet de Bémahot* :** un hameau pittoresque perché dans les hauteurs de Hell-Bourg, avec ses petites cases multicolores de guingois. Le bitume fait place à une piste caillouteuse bordée de cases *lontan*. Il existe un sentier qui relie Hell-Bourg : compter 1h30 pour faire la boucle de 2,5 km (la montée est rude et mal balisée, se renseigner auprès de l'office de tourisme pour ne pas s'égarer).

➢ **Les anciens thermes :** *départ du sentier au bout de la rue du Général-de-Gaulle, à droite juste près le petit pont (plan A2). Compter 30 mn A/R.* On a peine à imaginer que ce furent les premiers thermes (en importance) de l'île, dès les années 1830, avant que Cilaos ne prenne le dessus. Ils commencèrent à décliner entre les deux guerres mondiales, et le cyclone de 1948 donna le coup de grâce.

Aujourd'hui, il ne subsiste que quelques ruines. Le chemin qui traverse la ravine se prolonge vers Îlet-à-Vidot. On peut faire une boucle (compter 1h).

La Mare-à-Poule-d'Eau : *à env 3,5 km de Hell-Bourg ; à la sortie du village de* ***Mare-à-Poule-d'Eau,*** *en dir. de Saint-Benoît, fléché sur la gauche ; accès par un sentier de 100 m.* Jolie mare paisible où l'on trouve toutes sortes d'oiseaux, des poules d'eau bien sûr, mais aussi, en prenant le temps de les observer, certains oiseaux endémiques comme une espèce de héron très rare à La Réunion. Quelques familles s'installent ici pour pique-niquer, tandis que des pêcheurs habitués titillent le tilapia.

Quelques randonnées au départ de Hell-Bourg

L'office de tourisme intercommunal de l'Est propose des ***brochures*** consultables sur son site et répertoriant les randonnées et balades possibles. Plans de situation succincts mais tout à fait lisibles, données chiffrées (durée moyenne et distance) sur les différentes balades à réaliser, mais aussi temps de route pour rallier en voiture ou en bus les villages et hameaux du cirque entre eux. De plus, on trouve à l'office de tourisme la liste des sentiers de randonnée fermés provisoirement (en particulier en saison des pluies). Noter que Salazie fait partie du réseau international des « Stations de trail ».
Parmi les plus belles promenades :

➢ ***La forêt de Bélouve et le Trou-de-Fer (Plaine-des-Palmistes) :*** la plus belle rando à faire dans le coin, à notre avis. Carte IGN 4402 RT conseillée ou un topoguide détaillé. Le sentier d'accès à Bélouve part de la mairie annexe de Hell-Bourg et suit le balisage (très bien fait) du GR R1. Sentier pas évident et souvent humide (voire boueux). Après 2h de marche, on atteint un plateau d'où l'on peut admirer le piton des Neiges et le cirque de Salazie. On arrive ensuite au gîte de Bélouve (voir plus loin « Dans les environs de Plaine-des-Palmistes). Retour sur Hell-Bourg par le même chemin : compter 4h de marche pour l'A/R.
Pour le Trou-de-Fer, ajouter 3h A/R depuis le gîte. On peut effectuer la randonnée dans la journée sans dormir à Bélouve à condition de partir de très bonne heure (6h, afin d'arriver au but avant la montée des nuages). Dans tous les cas, il faut y être au moins à 12h. Attention à la dernière heure de marche : terrain très boueux par temps de pluie. Prévoir de bonnes chaussures donc. Autre possibilité : dormir au gîte et faire la rando sur 2 journées. On décrit plus en détail la forêt de Bélouve et les randos à faire dans les environs de Plaine-des-Palmistes.

➢ ***La boucle Hell-Bourg/cap Anglais/Bélouve :*** randonnée demandant 5h30 à 6h30 d'effort (1 400 m de dénivelée positive tout de même !). Difficile également en raison de l'état du sentier : les nombreuses sources du secteur en font une pataugeoire dès la première ondée. Il démarre au fond du stade municipal (prendre les escaliers) sur le GR R1. Il faut monter au cap Anglais (2 160 m) et même si, d'en bas, il ne paie pas de mine, on change d'avis pendant la grimpette. On traverse la forêt de Terre-Plate (cryptomerias). En haut, belle vue sur l'ensemble du cirque. On peut revenir par le même chemin ou prendre à gauche et longer le rempart du cap Anglais jusqu'au gîte de Bélouve (1h30 à 2h), puis redescendre sur Hell-Bourg par le sentier de Bélouve qui est plus agréable (1h30). Attention, dans cette configuration, cette randonnée peut prendre au total 8 à 10h, en fonction des conditions climatiques.
Le chemin de droite rejoint le piton des Neiges, Cilaos... Le refuge de la caverne Dufour est encore à 2-3h de marche. En prenant cette direction pendant quelques minutes, on arrive à la caverne des Anglais. Une grotte bariolée des noms de ses visiteurs. De Hell-Bourg à la caverne Dufour, prévoir 5h aller et au moins 8 à 10h de marche A/R. La rando est classée « difficile ».

➢ ***Terre-Plate :*** même départ que pour le cap Anglais, mais on s'arrête au niveau du kiosque, à l'embranchement pour Îlet-à-Vidot et la source Manouilh. Du kiosque, belle vue sur le cirque. Balade sans grande difficulté de 3h environ, sur 4 km.

➢ **La source Manouilh :** elle a été découverte en 1906 par un jeune coureur des bois, Lucien Lucilly, dit... Manouilh. Toujours la même direction, vers Terre-Plate, et 3-4h au total pour une dénivelée de 600 m. En arrivant au cours d'eau, on découvre quelques cascades. La source Manouilh se trouve sur le versant opposé, dans une petite niche, creusée dans la falaise. Une légende raconte que les lieux étaient un cimetière marron. Retour sur Île-à-Vidot et de là, sur Hell-Bourg. Il y a un accès plus rapide à partir de l'entrée d'Îlet-à-Vidot (départ au terminus du bus n° 83).

➢ **Îlet-à-Vidot :** petite balade sympa et toute simple à faire pour se baigner dans la rivière du Mât. De Hell-Bourg, prendre la CD 48 en direction d'Îlet-à-Vidot (raccourci passant par les anciens thermes), continuer jusqu'au parking. De là, prendre le chemin sur la gauche qui descend à la rivière (un peu raide tout de même), c'est balisé en GR. Traverser la passerelle suspendue au-dessus de la rivière et prendre le chemin qui descend à travers la canne à sucre, au niveau d'une croix blanche sur un arbre. Vous êtes en pleine nature, c'est grandiose. En remontant la rivière, on trouve de petits bassins pour plonger, nager et plus si affinités. On peut même, quand le courant le permet, s'amuser à faire de la descente de rivière. L'endroit est idéal pour un pique-nique. Le sentier GR R1 mène à Grand-Sable, un ancien îlet enseveli en 1875 par un éboulis (60 morts).

➢ **Le piton d'Anchaing :** on peut faire le tour de cette belle montagne haute de 1 352 m, plantée au cœur du cirque de Salazie. Environ 4-5h de marche (A/R), souvent difficile à cause de passages étroits. Mais la récompense est à la hauteur, puisqu'on domine tout le cirque du sommet du piton. Celui-ci doit son nom à une légende. Anchaing et sa femme Héva étaient les esclaves d'un riche propriétaire de la côte au vent. Un matin, le maître ayant battu Héva, le couple prit la décision de s'enfuir, devenant ainsi des marrons. Ils vécurent heureux et eurent de nombreux enfants, jusqu'à l'arrivée du chasseur d'esclaves Bronchard. En réalité, il y a autant de fins à cette histoire que de conteurs, nourrissant les espoirs des uns, le sens du tragique des autres. Mais pour tous, Anchaing symbolise la liberté et la résistance devant l'oppression.

Pour se rendre au piton, prendre la CD 48 vers Îlet-à-Vidot jusqu'au parking terminal, puis prendre le sentier sur la droite. Il descend le long du bras Fontaine jusqu'à l'îlet de la Mare-d'Affouches. Après une descente, on emprunte un pont suspendu (!), puis après 1h de marche, le sentier vers le piton est indiqué à droite. De là, il faut entre 1 et 2h pour grimper jusqu'au sommet. Attention au retour, ça glisse pas mal.

➢ **Mafate par le col de Fourche :** c'est la porte d'entrée pour le cirque de Mafate depuis Hell-Bourg. Départ du sentier au fond du village d'Îlet-à-Vidot (à 2 km de Hell-Bourg). Suivre le balisage du GR R1 et, du col de Fourche, prendre la direction La Nouvelle. Compter 1 journée de marche au total jusqu'à La Nouvelle.

➢ **Mafate par le col des Bœufs :** l'accès le plus facile, en passant par Grand-Îlet. Voir plus loin à Grand-Îlet.

Sports et loisirs

■ ***Austral Aventure*** *(plan A1, **30**) : 42, av. Amiral-Lacaze, **Hell-Bourg,** 97433 Salazie. ☎ 02-62-32-40-29. 📱 06-92-87-55-50. • canyon@australaventure.fr • australaventure.fr • Réduc de 10 % et photos numériques de vos canyons offertes sur présentation de ce guide.* Austral Aventure propose tous les parcours de canyon et randonnées aquatiques de la Réunion, particulièrement le fameux canyon de Trou-Blanc de Salazie. Bon à savoir : possibilité de louer des chaussures de canyon pour votre sortie. Labellisé *Qualité Tourisme Île de La Réunion.*

GRAND-ÎLET

Un minuscule village situé à 15 km de Salazie et 21 km de Hell-Bourg. Tranquillité totale dans ce merveilleux bout du bout du monde où l'on peut séjourner si on veut rejoindre le cirque de Mafate aux aurores.
Deux mots d'histoire sur l'église classée. Le premier édifice datait de 1873, il fut remplacé par un second, plus grand, en 1901. Les cyclones de 1932 et 1935 lui firent subir de graves dommages. Puis vint Hollanda en 1994, la destructrice, qui réduisit à néant la maison de Dieu. Plus d'église du tout, jusqu'à sa reconstruction 2 ans plus tard, en bois et bardeaux.
On compte ici aujourd'hui plus d'une centaine de Maillot, Grondin ou Damour, les Clain sont plutôt à Hell-Bourg et les Sisahye à Mare-à-Martin. Les descendants d'esclaves s'appellent Cocotier, Laup (pour Paul) ou encore Enilorac (Caroline).

Infos utiles

Office de tourisme : *à Hell-Bourg.*
✉ Petite **poste** : *dans le centre. En principe, ts les mat en sem.*

– **Épicerie et boulangerie :** *près de l'église.* Pratique pour le ravitaillement.

Où dormir ? Où manger ?

À Mare-à-Vieille-Place (97433)

À mi-chemin entre Salazie et Grand-Îlet, à environ 8 km de l'embranchement.

Gîte de la Colline : *82, chemin Plateau. ☎ 02-62-47-59-08. 06-92-66-13-08. • gdc.run@gmail.com • À la sortie du village, en dir. de Grand-Îlet, prendre, sur la gauche, le chemin Bègue ; le suivre jusqu'au chemin Plateau (la 1re vraie rue sur la gauche), le gîte est au bout. Compter 350-420 €/sem ; env 162-180 € le w-e (2 nuits).* À 1 000 m d'altitude, au calme, dans un joli jardin, avec belle vue sur la montagne, un gîte en bois, très mignon pouvant accueillir 4 personnes dans 2 chambres. Eau chaude, cuisine équipée, draps fournis. Attention, il y fait froid pendant l'hiver malgré les radiateurs... En revanche, dès le printemps, on profite à fond de la petite terrasse et du joli jardin fleuri.

À Grand-Îlet (97433)

Très bon marché

Chambres Chez Arlette Maillot : *16, chemin des Corbeilles-d'Or. ☎ 02-62-47-70-92. De Grand-Îlet, prendre la route vers Mafate, à gauche en arrivant (D 52). À env 400 m, juste après le resto* Le Grand-Îlet, *emprunter le 1er chemin à droite. C'est au bout. Double env 38 € sans ou avec sdb.* Maison en bois charmante, de plain-pied, agrippée à flanc de colline en contrebas de celle des proprios. Environnement paisible et plaisant avec une belle pelouse. Chambres simples, un peu petites et sombres, mais propres, fonctionnelles et vraiment peu chères. Sanitaires communs (peu nombreux). Cuisine à disposition. Une petite adresse basique mais au rapport qualité-prix imbattable.

Bon marché

Ferme-auberge et chambres d'hôtes La Tourte Dorée : *chez Mme Jeanne-Marie Grondin, 7, chemin Damour (dans le village, 80 m après l'église, fléché sur la gauche). ☎ 02-62-47-70-51. • latourtedoree974@wanadoo.fr • latourtedoree.com • Sur résa slt. Doubles avec sdb 45-50 € ; une familiale. Repas 20-25 €, ouv aux non-résidents.* Une grande maison en bois de style néocréole, dans un jardin agréable. Les 3 chambres du rez-de-chaussée sont d'un rapport qualité-prix correct malgré le manque de lumière, mais la porte ouvre sur une petite terrasse. Celles de l'étage, plus claires et spacieuses, ont un charme suranné et donnent sur une galerie en bois d'où l'on profite d'une belle vue sur la montagne. De l'autre côté de la rue, 3 bungalows très classiques (sans cuisine équipée). À la table d'hôtes (excellente), on mange la volaille de l'élevage de M. Grondin, les légumes du jardin et bien sûr la fameuse tourte aux *brèdes chouchous* de madame.

Chambres d'hôtes Le Jean Robert : *10, chemin Bord-Fontaine. 06-93-20-03-61. • gilette.robert@live.fr • De Grand-Îlet, prendre la route vers Mafate, à gauche en arrivant (D 52). À 1,5 km, prendre le chemin à gauche (fléché ; c'est 200 m plus loin). Double 50 €. Repas 20-26 €. Café offert sur présentation de ce guide.* Une imposante maison en bois avec plusieurs ailes de bâtiment qui ne manque pas de cachet avec ses élégantes balustrades blanches. Grande véranda sur l'avant pour les repas et pour profiter de la jolie vue. Chambres dont une familiale, avec salles de bains. Repas gargantuesques et de très bons conseils sur les randos dans le coin, notamment à Mafate.

Chambres d'hôtes Le Cimendef : *chez Noëline et Daniel Campton, 735, route du Bélier. ☎ 02-62-47-73-59. • campton.cimendef@wanadoo.fr • À 2 km du village, sur la route de Mafate (prendre la D 52 à gauche en arrivant à Grand-Îlet). Doubles avec sdb 50-85 €. Repas sur résa 26 €, boissons comprises.* Daniel a construit lui-même sa très jolie maison de style créole (à l'écart des odeurs des élevages de poulets !). Les chambres sont coquettes avec leurs boiseries, leur moquette et leurs couleurs pimpantes. La chambre prestige (la plus chère) est plus spacieuse et dispose d'un jacuzzi et d'un balcon. Si vous êtes en fonds, offrez-vous la suite nuptiale avec baignoire d'angle et meubles choisis ! Chauffage de mai à septembre. Très bon accueil.

Restaurant Le Grand-Îlet (Chez Serge) : *48, rue du Père-Mancel. ☎ 02-62-47-71-19. De Grand-Îlet, à gauche en arrivant (D 52), prendre la route vers Mafate ; c'est 400 m plus loin, sur le côté droit de la route. Tlj sf jeu hors saison, jusqu'à 20h. Plat env 11 €.* Un snack-resto à l'ancienne, avec son carrelage et son comptoir, où l'on propose chaque jour 1 ou 2 plats tout simples (saucisses, *brèdes,* gâteau *chouchou,* etc.), préparés avec cœur et générosité par Serge, l'adorable patron. Il n'hésitera pas à se plier en quatre, voire en huit, pour vous apporter une aide ou une info.

Randonnées vers Mafate au départ de Grand-Îlet

➢ De Grand-Îlet, on peut poursuivre vers le col des Bœufs, point de départ pour gagner ***Mafate.*** Le stop fonctionne bien, beaucoup de randonneurs l'empruntent ; ou demandez aux propriétaires de chambres d'hôtes s'ils peuvent vous y conduire. Le bus nº 82 relie Salazie jusqu'au village de Bélier, en passant par Hell-Bourg où, certains jours (en principe lundi, mercredi, vendredi, dimanche et jours fériés ; voir plus haut la rubrique « Arriver – Quitter » du cirque de Salazie), on peut attraper le nº 82 c pour le parking sous le col des Bœufs. ATTENTION : en raison de vols, ne pas laisser sa voiture sur le bord de la route. Au bout de la route, on parvient au parking payant du col des Bœufs, à 1 920 m d'altitude, surveillé jour et nuit *(2 € 6h-18h, 10 € par nuit ; penser à faire ses provisions avant !).* De là, on gagne à pied le col des Bœufs proprement dit, en 20 mn de grimpette pour débuter la descente vers La Nouvelle et Marla. Se reporter plus loin à la partie consacrée au cirque de Mafate, « Comment accéder à Mafate ? – Du cirque de Salazie ».

➢ On peut aussi rejoindre le gîte de la ***Roche-Écrite*** (2 277 m) via la plaine des Chicots : une randonnée très difficile, en 4h-4h30 (forte dénivelée : 1 280 m).

MARE-À-MARTIN

C'est un petit îlet au bout de la route. On peut y aller en bus (nº 81), aller et retour direct (voir « Arriver – Quitter » au début du chapitre). Pique-nique au lit-dit Ravine Blanche avec possibilité de rando en boucle (30 mn), sans difficulté avec des enfants. Table d'orientation au lieu-dit La Croix, avec vue sur le piton des Neiges, piton d'Anchaing, Cimendef. Il y a un petit lac, la Mare-à-Martin. Joli effet photographique, avec le reflet d'une case dans l'eau et les montagnes derrière, c'est très beau. Possibilité de loger dans *Les Bungalows d'Emma (Jean-François Rivière, 06-92-11-97-37).*

LE CIRQUE DE MAFATE

800 hab.

• Carte *p. 253*

Le plus sauvage des trois cirques de l'île. C'est aussi le moins fréquenté (ce qui ne signifie pas que c'est le moins intéressant). Et pour cause : Mafate, malgré sa superficie d'environ 100 km², a la particularité d'être coupé du monde ! Aucune route n'y mène. On s'y rend uniquement à pied, par de petits sentiers de montagne. Le cirque est approvisionné essentiellement par des hélicoptères et l'installation d'une antenne de télévision en 1987 a révolutionné la vie des habitants !

Malgré son isolement, le cirque est peuplé d'environ 800 Mafatais, vivant pour la plupart dans des conditions encore assez simples. Si, d'un côté, on ne peut échapper au va-et-vient des hélicoptères, on y voit aussi beaucoup de « cases-la-misère », comme les appellent les créoles. Mais l'isolement n'a pas que de mauvais côtés : les Mafatais sont très hospitaliers et ont toujours du temps pour discuter avec les randonneurs. Car l'autre intérêt du cirque, outre ses habitants, c'est bien sûr la nature. Elle explose à chaque détour de sentier (en tout, plus de 100 km). Les montagnes sont omniprésentes, le cirque étant encerclé par des remparts et dominé par cinq sommets de plus de 2 000 m. L'érosion a donné aux pitons les formes les plus inimaginables, les ravines sont légion, la forêt est partout. Isolé à la pointe d'un plateau ou au creux d'une vallée secrète, surgit de temps à autre un îlet, groupement de maisons en bois sous tôle, quasi anachroniques, où une poignée de familles nombreuses tente d'arracher au sol quelques lopins où planter haricots et maïs.

UN PEU D'HISTOIRE

Mafate était un chef marron qui devint le chef d'une communauté d'esclaves en fuite avant d'être tué en 1751 par Mussard, le chasseur de marrons. Son nom vient du malgache, soit d'un mot signifiant « celui qui tue », soit d'un autre ayant pour sens « celui qui pue » (car il s'était installé près d'une source sulfureuse). À la fin du XVIIIe s, une fois les derniers marrons partis, des Petits Blancs s'installent dans le village d'Aurère. Vers 1860, les thermes de Mafate-les-Eaux voient venir des bourgeois en chaise à porteurs depuis Saint-Denis ou Saint-Paul. Le peuplement de Mafate s'accentue et les îlets de Roche-Plate, Marla et La Nouvelle sont créés. Avant la fin du XIXe s, près de 200 familles se sont installées, malgré le refus des autorités de leur accorder des concessions et l'opposition du service forestier, qui tente de chasser les Mafatais pour transformer le cirque en zone protégée. Devant l'ampleur de cette colonisation « sauvage », les autorités de l'île choisissent la répression : des maisons sont brûlées, les gardes forestiers constituent des milices armées, et des lois impitoyables sont imposées aux habitants. Il était par exemple strictement interdit de ramasser du bois ! Ce contrôle avait tout de même un sens : en déboisant le cirque, les Petits Blancs des Hauts aggravaient l'érosion. Et les inondations menaçaient Le Port et Saint-Paul...

Les problèmes de gestion de Mafate ne sont réglés qu'au XXe s, dans les années 1960 : la population est regroupée en îlets et les terres sont louées pour des sommes symboliques. Économiquement, la solution des coopératives est choisie pour tenter d'améliorer le sort des habitants. Le reboisement et l'irrigation ont résolu les problèmes d'inondation. La culture du géranium et des lentilles est relancée. Et l'ONF, en employant une grande partie des Mafatais pour des travaux forestiers, leur donne la possibilité de subvenir à leurs besoins, les petites cultures vivrières et l'élevage de quelques volailles n'étant pas suffisants. Dans les années 1980, le conseil général a transformé la vie dans le cirque en finançant des chauffe-eau solaires et des blocs sanitaires ! Le projet du XXIe s sera l'électricité... sans fil, mais l'idée ne semble pas plaire à tout le monde. Des infirmières visitent les îlets (à pied !) et des assistantes sociales y font également des tournées. À l'école, les cours sont donnés du lundi midi au vendredi midi (y compris mercredi), pour laisser le temps aux instituteurs de rentrer chez eux. Le nombre d'habitants a diminué de moitié durant les deux dernières décennies, même si aujourd'hui cette chute est nettement enrayée. Ceux qui sont restés sont bien décidés à ne pas quitter leur cirque, et grâce au tourisme, ils peuvent espérer trouver un emploi. Mais gare aux travers du tourisme : l'accueil en chambres d'hôtes n'est plus toujours ce qu'il a été, certains gîtes sont devenus de vraies usines à randonneurs... Alors que la fréquentation touristique augmente dans le cirque (on parle de 80 000 randonneurs par an), Mafate serait-il en train de perdre son âme ?

LE FACTEUR DE MAFATE

Depuis le départ à la retraite d'Angélo Thiburce, le facteur de Mafate, le courrier est distribué par hélicoptère (et collecté une fois par semaine, sachez-le). Deux facteurs mafatais se chargent ensuite de le distribuer aux 300 familles éparpillées sur la centaine de kilomètres carrés du cirque. Mafate possède son propre cachet, et si vous postez votre courrier dans une des boîtes du cirque, celui-ci portera le dessin d'une montagne, un sentier, une case, deux traces de pas et un hélicoptère. Ce sont les enfants de Roche-Plate qui l'ont dessiné. Ils ont recherché tout ce qui pouvait faire penser à Mafate, et l'hélicoptère leur est venu en premier.

UN INLASSABLE FACTEUR

Tout le monde connaît Angélo Thiburce, le facteur de Mafate, depuis que celui-ci est passé à la télévision. La première fois, il a raconté qu'il devait changer régulièrement de chaussures, non remboursées par La Poste... et il en a reçu en quantité suffisante pour marcher jusqu'à la retraite ! Chaque tournée lui prenait 4 jours. Il a pris sa retraite en 2002, au terme d'une longue carrière et de 180 000 km parcourus à pied, soit plus de quatre fois le tour de la planète.

Comment accéder à Mafate ?

Amoureux de nature, de randonnée et de calme, vous êtes ici chez vous ! Tous les sentiers sont balisés : on ne peut pas se perdre (en principe).

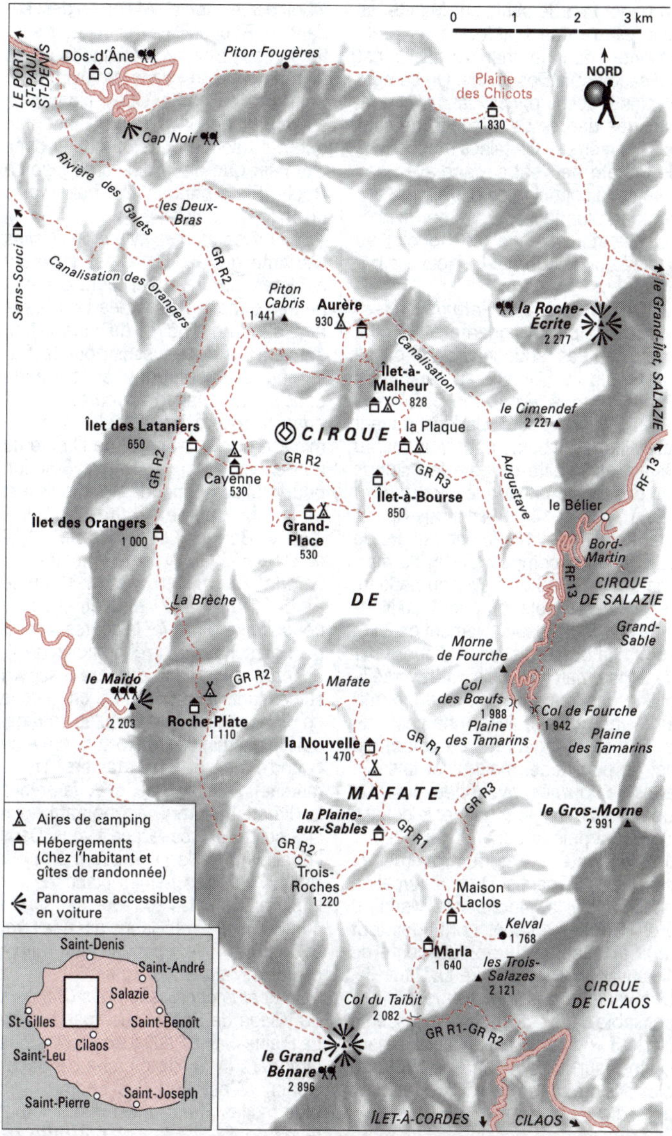

LE CIRQUE DE MAFATE

Compter au minimum 5 jours pour visiter l'ensemble des îlets, tous différents. Les 2 sentiers de grande randonnée, le GR R1 et le GR R2, passent par Mafate. Le GR R3 fait le tour du cirque. La partie basse du cirque (au nord) est la moins visitée. Le village de La Nouvelle est le plus fréquenté. Pour avoir un panorama de choix sur Mafate, se rendre au piton Maïdo (on en parle en détail dans le chapitre qui lui est consacré) ou à Dos-d'Âne. On compte 6 voies d'accès principales au cirque, mais les degrés de difficulté ne sont pas les mêmes ! Certaines randonnées de Mafate peuvent se faire avec des enfants, à condition de choisir les sentiers les plus faciles, comme Rivière-des-Galets/Cayenne (en boucle) ou encore col des Bœufs-La Nouvelle par exemple.

➢ ***Du cirque de Salazie :*** c'est l'option la plus fréquente et la plus appréciée des randonneurs. On passe par Grand-Îlet ; arrivée au parking du Petit-Col sous le col des Bœufs, où on laisse sa voiture (parking payant surveillé). En bus, monter jusqu'au Bélier, et ensuite prendre le minibus qui dessert le parking les lun, mer et ven à 7h30 et 14h30 ainsi que dim et j. fériés à 10h et 16h20 ; en dehors de ces horaires, compter 2 à 3h de marche sur la RF 13 du Bélier au parking. Du col des Bœufs, on gagne La Nouvelle ou Marla (respectivement en 2h et 2h30). La descente se fait d'abord par de larges marches, puis on traverse la plaine des Tamarins, mi-féerique, mi-jurassique (Park), avant une seconde descente plongeante. La remontée est un peu raide, mais c'est faisable dans la journée avec des enfants. Compter 20 mn pour gagner le col des Bœufs depuis le parking, puis 30 mn de descente avant de traverser la plaine des Tamarins. De là, bifurcation possible sur la gauche vers Marla ou Trois-Roches. Sinon, continuer tout droit et effectuer une 2e descente de 1h environ pour atteindre La Nouvelle. Une variante possible mais pas indispensable dans cette dernière descente (surtout en cas de pluie) : par Plateau-Chêne (sur la gauche). C'est un peu plus sportif, mais on profite d'un beau point de vue.

Il est également possible, sans monter au parking, mais à partir de la même RF 13 d'où part le GR R3, de gagner d'autres îlets : Aurère (en 5h), Îlet-à-Malheur (4h30) ou Îlet-à-Bourse (5h30).

➢ ***De Saint-Paul*** (côte ouest), 3 solutions :

– Soit *par le piton du Maïdo* en descendant sur Roche-Plate (on décrit le sentier dans la rubrique « Randonnées au départ du Maïdo » dans les environs de Saint-Paul). Bus *Kar'Ouest* (ligne n° 2) au départ de Saint-Paul et jusqu'au début du sentier (pas de bus le dim). Ce n'est que de la descente jusqu'à Roche-Plate pendant 2h, puis moins de 1h jusqu'à l'îlet.

– Soit *en longeant la rivière des Galets* (variante du GR R1). C'est vraiment à éviter, car marcher pendant des heures dans la rivière des Galets n'a rien d'extraordinaire, de plus il faut souvent se déchausser pour la traverser. Une solution assez rapide consiste à se faire transporter en 4x4 dans la rivière des Galets et à terminer à pied. Convenez de l'heure du rendez-vous pour le retour. Solution peu coûteuse quand le véhicule est plein. M. Louise (*📱 06-92-05-94-72*), M. Budel (*📱 06-92-03-50-84 et 06-92-42-77-25, • taxiteurmafate.wix.com/taxi-de-mafate •*) et M. Thiburce (*📱 06-92-08-00-47*) peuvent vous y conduire : environ 7 € la course à partir de 4 personnes (plus cher moins de 4), en forfait 4x4. Bien se mettre d'accord sur les tarifs avant. Ensuite, on marche un peu dans la rivière jusqu'au barrage, puis le chemin se sépare sur Aurère ou Grand-Place et Les Lataniers (1h de marche). À Deux-Bras, si vous prenez la direction Aurère, en montant vous apercevrez une case face à vous. Dans l'épaisseur de la végétation, on peut parfois voir des taches blanches sur le piton Diane. Ce sont des cabris. On contourne le piton Cabris par une forêt et on arrive à l'embranchement Aurère ou Îlet-à-Malheur.

– Soit *par la canalisation des Orangers* du village de Sans-Souci (pas loin de La Plaine-Saint-Paul) jusqu'à l'îlet des Orangers (4-5h de marche de Sans-Souci). C'est l'un des chemins les plus faciles (il est quasi plat sur tout le parcours, 12 km) et qui offre de manière grandiose une vision globale sur une partie du cirque. Mais on le déconseille aux personnes sujettes au vertige. On peut aller en bus *Kar'Ouest* (*☎ 0810-45-65-20, n° Azur*) jusqu'à Sans-Souci (ligne n° 8.5). Il existe un raccourci avant le virage indiqué par

le chauffeur. Possibilité de bivouac à la réserve d'eau. Compter 1h de marche du départ du sentier, près d'une citerne, jusqu'au début de la canalisation.
La canalisation commence en longeant la rivière des Galets. Attention au vertige, parfois le sentier ne fait que 1 m de large et on marche ainsi pendant 3-4h. La vue est belle sur la rivière qu'on domine, puis sur l'entrée de Mafate. Assez facile, mais terrain découvert en plein soleil. On trouve de l'eau à 1h environ du départ, dans un creux de falaise. Attention, le sol est très glissant. Le 1er groupe de cases qu'on aperçoit est l'îlet des Lataniers, puis, au-dessus, celui des Orangers. La bifurcation a lieu quand on arrive à la rivière, au bruit de l'eau des cascades. Si on prend le petit chemin qui descend, on rejoint les Lataniers en 30 mn.

➢ ***De Cilaos :*** on peut atteindre en 3h (de bonne marche, jonction D 242) et en empruntant le col du Taïbit (balisage du GR R1, puis du GR R2), l'îlet de Marla ou, plus loin, La Nouvelle. Itinéraire assez difficile : ça grimpe !

➢ ***De Dos-d'Âne*** *(au sud-ouest de La Possession)* **:** de Saint-Denis, prendre la N 1 jusqu'à la rivière des Galets, puis la D 1 pour Dos-d'Âne (15 km), où un sentier est indiqué 200 m après l'église, sur la gauche. On peut prendre le bus *Kar'Ouest* (ligne n° 8 a) au départ du Port et monter jusqu'à Dos-d'Âne. Chemin difficile et déconseillé en cas de pluie. On descend en 2h d'une marche très, très sportive jusqu'à Deux-Bras, d'où partent d'autres sentiers pour les îlets voisins, mais il faut encore marcher pendant 2h pour arriver à Aurère.

Avant de partir en randonnée

> **Marche à suivre**
>
> Attention, nos commentaires ne suffisent pas pour se lancer dans ce genre de rando : une bonne carte IGN ou un topoguide est INDISPENSABLE. Les temps de marche ne sont que très indicatifs (au minimum), variables en fonction du niveau de chacun, de ses conditions physiques et des conditions météo. Ceux indiqués sur les bornes sont pour les marcheurs aguerris, sans sac à dos. Attention de bien vous renseigner avant et de ne pas vous surestimer !

– ***Conseils :*** il est imprudent de randonner seul et surtout seule. Mieux vaut être mal accompagné(e) que solitaire... et égaré(e). N'oubliez pas de prendre de l'eau, une lampe de poche, des fruits secs, des savates pour vous reposer les pieds et traverser les cours d'eau...

– ***Ravitaillement :*** on trouve des épiceries presque dans chaque îlet, mais elles manquent cruellement de produits frais et les prix sont très élevés. Hormis les conserves, peu de choses à se mettre sous la dent. Donc prévoir les produits frais avant de partir. 2 boulangeries à La Nouvelle pour acheter du pain frais. Peu de pain dans les épiceries en général.

– ***Hébergement et restauration :*** les petits déjeuners coûtent en général autour de 7 € pour manger souvent des biscottes et de la confiture en pot et ne sont pas inclus dans le prix de la nuitée. Commander les repas quelques jours avant pour éviter les surprises.

– Dans tous les cas, il est ***IMPORTANT de téléphoner au préalable pour connaître l'état des sentiers*** : les éboulements sont en effet fréquents, certains sentiers sont alors fermés, et on se casse le nez. Consulter le site • *onf.fr* • (page Réunion, cartes téléchargeables par secteurs). Ces informations (arrêtés préfectoraux d'ouverture et de fermeture) sont également en ligne sur le site du central de réservation • *explorelareunion.com* •

Idées de circuits de un à plusieurs jours

Choisissez un itinéraire de randonnée en fonction du temps dont vous disposez et de l'endroit d'où vous partez. Les touristes pressés se contentent généralement de se rendre à la « capitale » de Mafate (La Nouvelle) au départ du cirque de Salazie. C'est dommage, car cet îlet ne peut pas résumer à lui seul la particularité de l'habitat et des traditions mafatais. De plus, il est très fréquenté le week-end. Une bonne alternative consiste à visiter l'îlet de Marla, dont l'accès est tout autant possible depuis Salazie.
Nous vous conseillons de visiter au minimum trois ou quatre îlets, par exemple :
- Marla/La Nouvelle/Roche-Plate, si vous venez de Cilaos ou du cirque de Salazie ;
- Grand-Place/Roche-Plate/La Nouvelle, si vous venez du cirque de Salazie ;
- Les Deux-Bras/Aurère/Îlet-à-Malheur/Îlet-à-Bourse/Grand-Place, si vous venez de La Possession et de Dos-d'Âne ;
- îlet des Lataniers/Grand-Place/Îlet-à-Bourse ou Roche Plate/Marla/La Nouvelle, si vous venez du Maïdo.

Depuis le cyclone Dina, le sentier reliant Grand-Place-Cayenne à La Nouvelle par le fond de la rivière des Galets a été fermé. Il vous faudra donc monter à Roche-Plate par le sentier Dacerle avant de rejoindre La Nouvelle (parcours difficile).
Voici quelques idées d'itinéraires, non exhaustives, à compléter en fonction de vos envies. Certaines journées sont plus chargées que d'autres. Plusieurs sites à consulter pour vous aider : • *randopitons.re* • *reunion.fr/decouvrir/cote-montagne* • ou encore • *runraid.free.fr* •

À la journée

➢ ***Randonnées faciles :*** du parking du col des Bœufs à La Nouvelle (4-5h A/R), 40 m de dénivelée positive et 530 m en négatif. Du col des Bœufs à Marla (4-5h A/R). Du col des Bœufs à La Nouvelle par Marla (environ 7h A/R, en boucle). Des Deux-Bras (si vous avez choisi l'option 4x4) à Grand-Place (3-4h A/R). De Sans-Souci dans les Hauts de Saint-Paul à Captage (6-8h A/R).
➢ ***Randonnées moyennement faciles :*** de Bord-Martin à Îlet-à-Malheur (9h A/R). Du Maïdo à Roche-Plate (6h A/R).
➢ ***Randonnée plus difficile :*** de Cilaos à la jonction D 242 à Marla (7h A/R).

Sur 2 jours avec 1 nuit sur place

➢ Du parking ***du col des Bœufs*** (cirque de Salazie) : première demi-journée jusqu'à La Nouvelle (2h) ou jusqu'à Marla (3h) avec une nuit en gîte. Le lendemain, sortir par Roche-Plate (tronçon pas évident venant de La Nouvelle), mais la sortie par le Maïdo est difficile ainsi que celle par le col du Taïbit pour Cilaos. Ou faire la boucle.
➢ ***Du Bélier*** à Marla (5-6h). Nuit en gîte. Le lendemain, sortir par le col du Taïbit pour arriver sur la route d'Îlet-à-Cordes et de Cilaos (3-4h). Autre option : du Bélier, marcher jusqu'à Îlet-à-Malheur, Aurère ou Îlet-à-Bourse (4-5h). Nuit en gîte. Le lendemain, sortir par la rivière des Galets (8h, ou 2 à 4h en utilisant l'option 4x4 jusqu'au village de Rivière-des-Galets).
➢ ***Du Maïdo :*** descente du Maïdo à Roche-Plate (3h), passer une nuit en gîte. Sortie par l'îlet des Orangers, celui des Lataniers et Deux-Bras puis 4x4 jusqu'au village de Rivière-des-Galets (5-6h).
➢ ***De la rivière des Galets :*** une partie de la rivière des Galets peut se faire en 4x4. Marcher ensuite vers Aurère ; dormir sur place ou à Îlet-à-Malheur pour ceux qui peuvent encore marcher (3-4h). Le lendemain, sortir par Bord-Martin jusqu'au Bélier (3-4h).
➢ ***De la canalisation des Orangers :*** 1 journée pour aller jusqu'à l'îlet des Orangers ou pousser vers Roche-Plate et y passer la nuit. Le lendemain, sortir par le Maïdo (difficile). Ou aller à l'îlet des Lataniers et ressortir le lendemain matin par la rivière des Galets (facile).

Sur 3 jours avec 2 nuits sur place

➢ Départ du parking ***de la rivière des Galets*** (en 4x4) : assez facile, pour marcheurs moyens.
- Première demi-journée (moins de 3h de marche) : à Deux-Bras, départ du sentier jusqu'à Grand-Place (2h30-3h).
- Deuxième journée (5-6h) : prendre la direction d'Îlet-à-Bourse/La Plaque, pour aller dormir à Aurère (2-3h).
- Troisième demi-journée (2-3h) : direction Deux-Bras, la rivière des Galets à pied puis en 4x4.

Sur 4 jours avec 3 nuits sur place

➢ Du parking ***du col des Bœufs*** (cirque de Salazie) :
- Première demi-journée jusqu'à La Nouvelle (2h) et première nuit. Inutile de partir très tôt dans ce cas, au risque de tourner en rond à La Nouvelle !
- Journée du lendemain vers Roche-Plate (5h) ; attention, certains tronçons étroits et glissants avec une partie de descente pentue avant la rivière des Galets. Deuxième nuit à Roche-Plate.
- Le lendemain, direction Marla (6h) avec un arrêt pique-nique à Trois-Roches, le long de la rivière, près des cascades. Troisième nuit à Marla.
- Retour vers le col des Bœufs (3h), sans difficulté particulière.

Où dormir ?

Le bivouac est toléré à proximité des sentiers et dans les îlets, à condition de respecter l'environnement (pas de feu, collecte des déchets...). Les gîtes se répartissent sur une dizaine d'îlets. Confort toujours sommaire pour certains, mais des travaux ont été réalisés récemment dans plusieurs autres. En ce qui concerne les gîtes et refuges de randonnée, réservation vivement conseillée dans les offices et maisons de tourisme de l'île ou au ☎ 02-62-90-78-78, ou encore sur le site • explorelareunion.com •

Campings

Officiellement, les campings sont assez rares et interdits sur le domaine forestier. Dans la pratique, la totalité du cirque est un domaine départementalo-domanial, géré par l'ONF, dont certaines parties sont mises en valeur pour l'agriculture.
Il existe quelques ***aires de camping payantes ou non.*** Celle de ***La Nouvelle*** est agréable, tranquille et payante (possibilité de faire à manger et de chauffer de l'eau). Le camping de ***La Plaque*** est également payant. À ***Aurère*** et à ***Cayenne,*** des aires de camping ont également été aménagées. À ***Roche-Plate,*** camping toléré à côté de l'école, et à ***Grand-Place-les-Hauts,*** camping payant. Il existe le long des chemins de nombreux bivouacs, où l'on peut passer une nuit au coin d'un feu. Enfin, plusieurs ***campings chez l'habitant*** théoriquement à La Nouvelle, Grand-Place et Aurère. Renseignements auprès des offices de tourisme de l'île.

ROCHE-PLATE *(1 110 m ; 97419 La Possession)*

Petit village d'à peine 20 familles. On y trouve deux épiceries, une dans chaque hameau de l'îlet. Un petit ruisseau coule à proximité.
De Roche-Plate, on peut rejoindre le fond de la rivière des Galets, site à proximité du lieu-dit Mafate, ancien village thermal. Il n'en reste rien, mais il fut pendant une cinquantaine d'années un centre de villégiature très recherché, au même titre que Cilaos ou Hell-Bourg. La source sulfureuse qui s'écoulait

du Bronchard était connue depuis fort longtemps des marrons qui lui attribuaient un pouvoir magique. Un village se créa plus tard avec 32 familles et atteignit son apogée avec la construction des thermes en 1881. On trouvait un hôtel, des auberges et même des cases à louer, car on y venait comme curiste mais aussi pour un « changement d'air ». On remontait à cheval les 15 km de la rivière des Galets et poursuivait à pied ou en chaise à porteurs. En 1913, un pan du Bronchard s'écroula, obstruant la ravine Cimendal dont les eaux montèrent, inondant l'îlet. Seule l'église, située sur un terre-plein, fut épargnée. La source fut alors enfouie.

➢ ***De Roche-Plate à La Plaine-aux-Sables ou La Nouvelle en passant par Trois-Roches :*** compter de 5h30 à 6h pour La Nouvelle. À Trois-Roches, superbe endroit pour une halte et se tremper les pieds dans les bassins. Petite cascade devant laquelle se dressent trois énormes blocs de basalte. Solide ascension au départ de Roche-Plate dans la caillasse et sous le soleil.

➢ ***De Roche-Plate au Maïdo :*** compter en temps normal 3h de montée pour arriver sur la route (3 bus/j.).

Où dormir ? Où manger ?

Camp de bivouac : *derrière l'école.* Épicerie-bar *Chez Bègue.*

Gîte Mahafaty Be : *06-92-32-80-95. Compter 42 € la double, 18 €/pers en dortoir. Repas 20 €, petit déj 7 €.* Une chambre double ou 2 dortoirs de 6 et une terrasse extra pour la vue. Bon accueil de Jean-Pierre, qui n'hésite pas à raconter avec passion l'histoire de Mafate. Possibilité de camper.

Refuge de randonnée de Mme Robert Vivette : *☎ 02-62-71-24-01. 06-92-43-84-98. Résas dans les offices de tourisme, sur • reunion.fr • ou • explorelareunion.com • Compter 17-19 € la nuit selon saison ; petit déj 7 €. Dîner 20 €.* En hauteur, sur le chemin de l'épicerie (très chère). À l'écart des gérants, et donc de la table d'hôtes. N'oubliez pas votre lampe de poche... Environ 20 lits. Sanitaires sommaires. Cuisine à disposition et repas délicieux. Belle terrasse qui domine l'îlet. Accueil réservé mais aimable.

Gîte chez Juliette : *06-92-34-01-49. Résas dans les offices de tourisme, sur • reunion.fr • ou • explorelareunion.com • Nuitée 18 €/pers ; petit déj 7 €. Repas 20 €.* Rando-refuge avec environ 25 possibilités de couchage (dortoirs).

Gîte chez Thomas Judex : *☎ 02-62-43-61-19. À la sortie du village, en dir. du Maïdo (passer le petit pont). En ½ pens : compter 42 €/pers en dortoir et 96 € la double.* 2 doubles, un dortoir de 4 et un autre de 8. Sanitaires et chambres bien tenus. Terrasse pour profiter du paysage sur le cirque.

LA NOUVELLE *(1 470 m ; 97433 Salazie)*

C'est l'îlet le plus habité de Mafate (une petite trentaine de familles) et le plus touristique. L'endroit a vite compris la notion de « business ». On y trouve une aire de camping, une dizaine de gîtes, un resto, quatre épiceries-bars et une boulangerie (vaut mieux commander son pain la veille). À ne pas manquer : le plateau des Tamarins des Hauts, au-dessus de La Nouvelle. Voir aussi, dans l'îlet, la jolie chapelle recouverte de bardeaux.

➢ Le sentier qui passe par le lieu-dit ***Mafate*** est ouvert vers Roche-Plate, fermé vers Grand-Place-Cayenne.

➢ On peut rejoindre ***Hell-Bourg*** en prenant le GR R1 puis le col de La Fourche en 7h30.

Où dormir ? Où manger ?

Dans les gîtes, pensez impérativement à réserver pour les repas. Le midi, on pourra se dépanner avec les quelques épiceries-bars et boulangeries. Hors saison, les gîtes sont souvent fermés jusqu'à 15h. Les serviettes de toilette ne sont généralement pas fournies.

Campings

Le Cryptomeria : *chez Jérôme Collet. 06-92-45-59-33 et 06-92-36-19-64. Résas dans les offices de tourisme, sur • reunion.fr • ou • explorelareunion.com • Compter 5 €/pers. Loc de tentes et de matelas.* Comme son nom l'indique, situé dans la forêt de cryptomerias de La Nouvelle. Équipement sommaire, mais bien tenu.

Aire de camping : *à quelques mn de l'îlet, sur le chemin de Plaine-aux-Sables-Marla.* Un point d'eau et un foyer pour le feu. Restauration possible à côté, chez Mme Gravina (voir plus loin). Jérôme passe ensuite pour encaisser la monnaie.

De bon marché à prix moyens

Gîte Le Tamaréo, chez Marion et Jean-Yves : *☎ 02-62-26-50-74. 06-92-32-08-28. • letamareo@gmail.com • letamareo.re • Résas également dans les offices de tourisme, sur • reunion.fr • ou • explorelareunion.com • Double env 60 € (serviettes de toilette fournies), en dortoir 25 €/pers ; petit déj 8 €. Repas 30 €.* Dans ce gîte en forme de U dominant le village, 16 couchages répartis en 4 chambres doubles et 2 dortoirs de 4 personnes. Chambres carrelées et fonctionnelles. Sanitaires communs bien tenus. De plus, on y mange fort bien (tout est préparé par le propriétaire cuistot revenu au pays). Location de VTT électriques.

Chez Marie-France Gravina : *après l'aire de camping, sur le chemin de Plaine-aux-Sables (indiqué « Plats à emporter »). ☎ 02-62-43-31-12. 06-92-99-46-67. Le soir slt. Plat à emporter env 8,50 €, sur place env 20 €. Sur résa la veille.* Très pratique pour les randonneurs et les campeurs. Marie-France prépare des plats créoles chez elle. Possède également un gîte.

Gîte de randonnée de Jacques Bègue : *06-92-27-86-46. Compter 15 €/pers en dortoir (petit déj 8 €) ; double 45 €, petit déj compris. Repas 25 €.* Chalet créole en bois au toit rouge délavé avec 2 chambres doubles, et 2 dortoirs de 4 lits. Douche chaude et toilettes en commun.

Gîte de randonnée Le Relais de Mafate : *☎ 02-62-43-61-77. Au centre de La Nouvelle. Fermé autour des fêtes de fin d'année. Résas dans les offices de tourisme, sur • reunion.fr • ou • explorelareunion.com • Compter 60 € la double (serviettes de toilette fournies) ; env 17 € la nuitée en dortoir. Petit déj 7 €. Le soir, menu 25 €.* Sorte de complexe comprenant un gîte avec des chambres doubles et 2 dortoirs de 6 personnes, mais aussi des chambres en bungalow, plus chères mais plus confortables. Également un bar-pub avec parfois des animations. Épicerie et laverie. Une adresse rodée et pas mal de monde en saison, pour des tarifs plutôt élevés.

Gîte-rando d'Yvon Gravina : *☎ 02-62-43-38-72. Résas dans les offices de tourisme, sur • reunion.fr • ou • explorelareunion.com • Compter 35-38 € pour 2. Petit déj 7 €. Repas 18 €.* 6 chambres doubles propres, avec un sanitaire pour 2 chambres. La famille est accueillante et le repas délicieux, à volonté.

Bungalows La Nouvelle Mafate - Le Bistrot des Songes : *06-92-37-97-37. • infos@bistrotdessonges.com • bistrotdessonges.com • ½ pens 60-75 €/pers selon saison. Sinon, sandwichs, plats ou menus (env 25 €). Digestif maison offert sur présentation de ce guide.* L'adresse de charme de La Nouvelle. Des bungalows contemporains tout en bois, sobrement et joliment meublés, avec leurs terrasses privées. L'un pour 2 personnes, l'autre comporte 4 lits d'une place. Agréable et spacieuse terrasse, salle de restaurant boisée avec de grandes tables et cheminée.

LA PLAINE-AUX-SABLES *(97419 La Possession)*

À ne pas confondre avec la plaine « des » Sables sur la route du piton de la Fournaise ! Celle qui nous intéresse ici se trouve à 1h20 de Marla, sur le chemin de La Nouvelle. Un gîte et un accueil qui ne vous feront pas regretter d'avoir fait le détour.

Où dormir ? Où manger ?

Gîte de randonnée de Martial Gravina : ☎ *02-62-43-01-73. Dans des cases neuves, lit en dortoir 16 €/pers ; 2 chambres doubles 35 € ; petit déj 6 €. Repas 20 €.* Quelques animaux de ferme constituent vos compagnons ! Une adresse agréable, loin de tout. Cuisine authentique. Bref, de bons moments de simplicité en perspective.

MARLA *(1 640 m ; 97433 Salazie)*

À l'extrême sud du cirque, on aime bien ce village attachant avec ses cases dispersées et ses champs bien entretenus. Autrefois peuplé d'une centaine d'habitants, Marla n'accueille plus aujourd'hui que sept familles, soit une cinquantaine de personnes (et à peine 10 élèves à l'école). À une altitude de 1 640 m, c'est l'îlet le plus élevé du cirque. Une petite épicerie au village ; accueil un peu timide, vente de T-shirts de Mafate. Autrefois, le beurre de Marla avait une si grande réputation que certains commerçants, malhonnêtes, allèrent jusqu'à en faire des contrefaçons en ajoutant du safran dans le beurre ordinaire pour lui donner une belle couleur jaune semblable à celui de Marla. L'élevage de bovins et la culture des lentilles restent aujourd'hui les deux seules ressources principales de l'îlet. On peut également admirer un bel élevage de cerfs.

➢ ***La Nouvelle*** (5,2 km), indiqué en 1h30 mais on met plus facilement 2h (succession de montées et descentes vite fatigantes). Il faut passer la rivière des Galets, soit à gué, soit par une passerelle. De la *maison Laclos,* à environ 25 mn de Marla, on repart sur La Nouvelle ou vers le col des Bœufs, ou alors on sort du cirque pour celui de Salazie via le col de Fourche, mais on le déconseille par temps de pluie. Possibilité de rallonger la balade en passant par Les Trois-Roches (à 1h30 de Marla) au lieu de Maison-Laclos.

➢ À 1h de Marla (1 640 m), le ***plateau de Kelval*** (1 768 m) est une vaste clairière entourée par une belle forêt de bois centenaires : tamarins des Hauts, change écorce, bois de nèfles, mahot... C'est là que viennent s'abreuver des bovins qui vivent en liberté dans la forêt. Il se dégage une étrange atmosphère dans ce cadre insolite. Un arrêté préfectoral interdit l'accès à Kelval.

➢ Pour sortir du cirque vers ***Cilaos,*** une montée de plus de 1h (1,8 km), assez raide en plein soleil. Du col du Taïbit, une superbe vue sur les deux cirques, encore 2h30 avant de rejoindre la bifurcation avec la D 242. Aux deux tiers de la montée, on trouve un bar à tisanes un peu incongru : on dit où l'on a mal et l'on vous sert la boisson adéquate ! « L'ascenseur » à base de fleurs jaunes est censé vous aider à... monter ! Très *roots* mais hyper accueillant. Possibilité de manger et de camper. On arrive sur la route entre Cilaos et Îlet-à-Cordes, et il faut ensuite marcher jusqu'à l'arrêt de bus. Le bus démarre à Îlet-à-Cordes. Sinon, essayer le stop.

Où dormir ? Où manger ?

La Miellerie de Marla : *chez Sébastien Ladrange. 📱 06-92-03-20-99. • mielleriedemarla.com • À 10 mn de l'école, sur le chemin des Trois-Roches. Nuitée 19 € ; petit déj 8 €. Repas 20 € avec punch.* Un appréciable effort de déco pour les 2 chambres de 4 personnes avec sanitaires communs (2 douches) de cette structure familiale et accueillante. Visite possible de la miellerie biodynamique et point d'observation des papangues (oiseaux endémiques et protégés de La Réunion). Cuisine traditionnelle au feu de bois avec produits du jardin (bio lui aussi). L'adresse nature par définition.

Chambres d'hôtes Le Gros Morne : *chez Brigitte Clain. 06-92-29-47-75. À 5 mn de l'école, sur le chemin des Trois-Roches. Nuitée 18 € ; petit déj 8 €. Repas 20 €.* Élégante maison gris et vert posée sur un terre-plein face à la montagne. Structure récente, avec de l'espace et bien conçue, abritant 2 dortoirs de 6 lits. Salle de bains rutilante. Accueil gentil comme tout de Brigitte.

Snack Chez Jimmy : *à l'entrée de l'îlet, venant de La Nouvelle. 06-92-04-14-64 ou 06-92-04-49-55. CB acceptées.* Petit chalet bien accueillant avec sa terrasse pour se requinquer et sa déco amusante. Boissons, sandwichs, samoussas, plat du jour... Le rendez-vous des randonneurs, dans une ambiance conviviale. Possibilité de réserver un pique-nique.

Gîte privé de Mme Paulina Giroday-Hoareau : *derrière l'épicerie. 06-92-09-16-80. ½ pens env 45 €/pers.* Case en bois sous toit en tôle, c'est génial, mais un peu sommaire et plutôt frais l'hiver (juillet-août), si vous n'avez pas pensé au pyjama ! 4 dortoirs de 6 et 1 de 8 personnes. L'accueil est parfait et la cuisinière, un vrai cordon-bleu. Très sympa.

Gîtes de randonnée de Yolande Hoareau : *☎ 02-62-43-78-31. 06-92-35-44-00. Résas dans les offices de tourisme, sur • reunion.fr • ou • explorelareunion.com • Env 20 places, 17-19 € le lit ; 42-45 € la double. Petit déj 8 €, repas env 22 €.* À quelques mètres de l'épicerie, Yolande propose 2 gîtes. Beau point de vue sur la montagne.

Gîte et chambres de randonnée Maison Laclos : *06-92-07-86-54. À env 1 km de Marla, sur le chemin du col des Bœufs et de La Nouvelle. Nuitée en dortoir 19 €, double 45 € ; petit déj 8 €. Repas 22 €.* Sur le site de la plus vieille maison de Mafate, 5 chalets avec chambres doubles et dortoirs pour 4, douches et sanitaires. Propre et confortable. Accueil chaleureux, dans un site spacieux.

GRAND-PLACE *(97419 La Possession)*

Au nord, c'est l'un des îlets les plus peuplés de Mafate, puisqu'il regroupe trois îlets : Grand-Place-les-Bas (530 m), appelé aussi **Cayenne,** Grand-Place-École (ou Boutique) et Grand-Place-les-Hauts. L'église de Cayenne a été emportée par un cyclone, mais celle qui a été reconstruite abrite encore la plus vieille cloche de l'île (XVIIIe s) ; elle provient de Madras et a été envoyée à La Réunion après la prise de la ville par Mahé de La Bourdonnais en 1745. Cayenne est un joli petit îlet avec des jardins entourés de murets de pierre. C'est le premier îlet quand on vient des Lataniers. Pain disponible à l'épicerie de Benoît Boyer à Grand-Place-les-Hauts (pain maison) et à la boutique d'Ivrin Pausé à Grand-Place-École (pain congelé).

➢ De Grand-Place, balade de 3,7 km en 1h-1h30 vers la ***source Cabris*** par la passerelle du Bras-d'Oussy. Le sentier conduit à Aurère et retarde le moment de se mouiller les pieds dans la rivière des Galets. À gauche de la passerelle, un magnifique jamblon (arbre) offre en mars ses bizarres petits fruits noirs. À quelques mètres de là, on découvre un point de vue superbe sur les méandres de la rivière. Le sentier se sépare en deux branches. Préférez celle de droite, si vous allez à Aurère ; celle de gauche, si vous allez au point d'eau de la source Cabris.

➢ De Grand-Place vers la ***rivière des Galets,*** 4,7 km en 1h-1h30. Toujours s'informer de la météo et des pluies tombées dans la nuit, car du jour au lendemain la rivière peut être submergée. Une fois dans la rivière, vous avez le choix entre sortir du cirque vers La Possession ou Dos-d'Âne (on vous le déconseille).

➢ De Grand-Place, on peut rejoindre ***Îlet-à-Malheur*** en passant par Îlet-à-Bourse (présence d'un gîte) en 4-5h. Petit passage difficile à flanc de montagne avec main courante. Sinon, joli chemin bordé de filaos, en arrivant à Îlet-à-Bourse.

Où dormir ? Où manger ?

Gîte de randonnée d'Éloïse : *02-62-43-31-05. 06-92-29-13-70. À **Grand-Place-les-Hauts,** à la croisée des sentiers pour La Nouvelle et Aurère. Capacité de 16 places. Nuitée 16 €/pers, menu 16 €.* Confortable et bon repas. Éloïse habite la maison verte dans le carreau de bananes, à gauche du gîte.

Gîte Grand Place de Cayenne (Chez Marie Sandrine Trules) : *au lieu-dit **Cayenne.** 06-92-50-43-60. Résas dans les offices de tourisme, sur • reunion.fr • ou • explorelareunion.com • Une vingtaine de places, 17-19 € la nuitée ; 42-45 € la double. Petit déj 6 €, repas 18 €.* Terrasse à l'extérieur. On y mange bien et tout est propre. Monsieur est musicien, peut-être l'entendrez-vous au clavier le week-end...

Gîte de randonnée et boutique Le Pavillon : *à **Grand-Place-les-Hauts,** à 45 mn de Cayenne, en montant. 02-62-43-. 06-92-66-60-83. Résas dans les offices de tourisme, sur • reunion.fr • ou • explorelareunion.com • Fermé autour des fêtes de fin d'année. ½ pens en gîte 40 €/pers. Repas seul 17 €. CB acceptées.* Établissement propre et de belle allure. Une trentaine de couchages et une grande salle à manger. Jardin agréable – où l'on peut planter gratuitement sa tente si on mange là – avec ses tables et ses parasols, et une vue imprenable. Benoît Boyer tient aussi une épicerie, pas celle de l'ancien facteur, mais l'autre. Accueil jeune et sympa.

Gîte de randonnée Cœur de Mafate (Chez Virginie et Nicolas Bulin) : *à **Grand-Place-les-Hauts.** 02-62-55-01-68. 06-92-21-15-35. On ne peut pas le rater, c'est le plus haut de l'îlet, sur le chemin de La Nouvelle, une maison au toit vert lagon. Résas dans les offices de tourisme, sur • reunion.fr • ou • explorelareunion.com • ½ pens 40 €/pers.* Ensemble de 3 bungalows avec 2 dortoirs de 6 places et 2 chambres de 4 personnes. Vue magnifique sur le piton Cabris et la Roche-Écrite. Une adresse accueillante qui plaît, notamment pour sa cuisine.

L'ÎLET DES LATANIERS *(650 m ; 97419 La Possession)*

C'est ici que Mussard, le chef des chasseurs de marrons, captura le chef Samson. Charmant petit îlet qu'on aperçoit en premier quand on arrive par la canalisation. Comme il n'est pas très haut, il fait moins froid pendant l'hiver austral que dans les autres îlets du cirque de plus haute altitude. On peut venir par Grand-Place, mais ça monte, ou par la canalisation des Orangers. L'îlet est plus proche que l'îlet des Orangers, et puis, à l'embranchement, c'est en descente. Joli petit village, avec ses cases en tôle et sa boutique. Elle fait aussi bar ; on prend un verre en assistant à la vie du village, surtout quand les enfants sont de sortie. Plusieurs gîtes sur place.

➤ ***Cayenne/Grand-Place*** est indiqué en 1h-1h15. Il faut descendre jusqu'à la rivière (une passerelle a été construite), le chemin est plutôt bien entretenu, puis, après la traversée, prendre tout de suite le chemin qui monte sur la droite. Ça monte doucement, doucement jusqu'à Cayenne. En mars-avril, c'est la saison des jamblons (fruits noirs d'un petit arbre), meilleurs avec du rhum que nature...

Où dormir ? Où manger ?

Gîte des Bambous, chez M. et Mme Timon : *06-92-21-73-43 ou 06-92-30-39-98. Env 40 €/pers en ½ pens.* Dortoirs de 4 lits superposés et sanitaires sommaires, mais propres. Déco pittoresque et colorée, jardin bien agréable. Un gîte bienvenu, car dans le coin, on n'a pas beaucoup le choix !

L'ÎLET DES ORANGERS *(1 000 m ; 97419 La Possession)*

À l'ouest de l'îlet des Lataniers. On y passe quand on vient de Saint-Paul par la canalisation des Orangers. Joli petit îlet, avec ses cases éparpillées, ses jardins. Épicerie (CB acceptées) à côté de l'église. On y trouve une petite vingtaine de familles, quelques gîtes et une épicerie-bar-gîte. Difficilement accessible en raison de la configuration des lieux, l'îlet était autrefois très prisé des esclaves marrons.

➢ Vers ***Roche-Plate*** (7 km), vous pouvez mettre 2h-2h30. Marche sans difficulté. On peut facilement rejoindre La Nouvelle dans la journée (6h de marche).

➢ Vers ***le Maïdo,*** normalement direction Roche-Plate et, au lieu-dit La Brèche, remontée sur le Maïdo. Compter 3h pour 5,5 km de pente, avec 750 m de dénivelée, ouf. C'est une des sorties les plus difficiles du cirque. Une fois à la croix blanche, la pente se fait moins raide. On n'arrive pas au point de vue du Maïdo, mais quelques kilomètres plus bas. Le stop fonctionne bien en matinée pour redescendre sur Saint-Paul.

Où dormir ? Où manger ?

Gîte Chez Christelle : *06-92-03-83-93. • gitechezchristelle@gmail.com • gite-chez-christelle.com • Double 40 € ; petit déj 6 €. ½ pens 34 €/pers.* 2 doubles et 2 dortoirs de 6 places, accueillants et propres. Christelle Hoareau se révèle une cuisinière avertie : délicieux repas créoles au feu de bois.

AURÈRE *(930 m ; 97419 La Possession)*

Sur un joli plateau et à 930 m d'altitude, c'est l'un des plus anciens îlets de Mafate, découvert au XVIIIe s par des chasseurs de cabris, Lemarchand et Leyritz (des Malouins). Ils trouvèrent un marron qui inventa le nom du site en leur disant *orera* (« je suis seul » en malgache). Le passé d'Aurère est une succession de belles histoires, comme l'implantation de vergers qui faisaient l'admiration de l'occupant anglais, puis de tragédies comme la ruine de cette plantation. L'arrivée de colons de Salazie redonna une certaine prospérité au lieu, à la fin du XIXe s, mais le cyclone de 1948 dévasta les plantations et ruina l'îlet. On trouve une large population de *yabs* à Aurère, suite à cette colonisation par des agriculteurs blancs. Il y a une boutique et un bar, une maison forestière.

L'éloignement, aggravé par un accès difficile, explique le faible peuplement actuel : moins de 20 familles. Aurère est coupée d'Îlet-à-Malheur par la ravine Bémale, que l'on peut franchir sur une solide passerelle qui surplombe le vide de 55 m. Pour repartir d'Aurère, vers Dos-d'Âne par Deux-Bras (12 km), la marche est pénible, c'est plus facile par la rivière des Galets. Mais la marche dans le lit de la rivière est longue et le stop ne fonctionne pas vraiment, vu que les 4x4 sont habitués à être payés. La canalisation Augustave qui rejoint Salazie est ouverte (1 200 m de passerelles), mais est susceptible, comme tout sentier de ce type, d'être refermée si un tronçon n'est pas praticable. Bien se renseigner avant évidemment.

On peut facilement bivouaquer à la fontaine, au centre de l'îlet : eau courante, toilettes en piteux état et barbecue. Superbe vue panoramique.

Où dormir ? Où manger ?

Camping de la Bonne Terre : *☎ 02-62-55-98-20. 06-92-39-32-93. Emplacement 5 €/pers ; 12 €/pers en tente équipée (2 pers max) ; repas 16 €/pers.* Jean-Pierre Thomas est mafatais et a ouvert ici un camping en terrasses, offrant une vue magnifique avec tentes et bons matelas pour ceux randonnant léger. Sanitaires bien entretenus. Délicieux dîner à base de produits de l'exploitation agricole.

Gîte de François Libelle : *☎ 02-62-42-31-36. 06-92-40-06-02. Résas dans les offices de tourisme, sur • reunion.fr • ou • explorelareunion.com • Gîte de 10 places. ½ pens 41 €/pers. Possibilité de camper (payant).* François a travaillé à l'ONF avant de prendre sa retraite et connaît bien les sentiers du cirque.

Gîte de randonnée de Georget Boyer Le Poinsétia : *derrière la maison forestière. 06-92-08-92-20. Résas dans les offices de tourisme, sur • reunion.fr • ou • explorelareunion.com • Une vingtaine de places, nuitée env 17 € et repas 17 €. Petit déj 6 €.* 3 chambres pour couples, 1 dortoir de 10 lits, 2 chambres de 5 places, le tout dans 2 gîtes. Sanitaires privés par chambre. Également une petite épicerie. Très bon accueil.

Gîte de randonnée Auberge du Piton Cabris : *à l'écart de l'îlet, au pied du piton Cabris. ☎ 02-62-43-36-83. 06-92-26-33-59. Résas dans les offices de tourisme, sur • reunion.fr • ou • explorelareunion.com • Nuitée 18 €, petit déj 7 €, repas 19 €.* 4 chambres de 4 personnes, et 3 salles de bains. Le gîte et l'accueil de la famille de Charlemagne Libelle font l'unanimité.

ÎLET-À-MALHEUR *(828 m ; 97419 La Possession)*

Au sud, non loin d'Aurère. En 1829, Guichard, un chasseur de primes, affronta avec son détachement une quarantaine d'hommes, malgaches pour la plupart. Il les extermina et l'îlet prit ce nom en souvenir. Il abrite actuellement une dizaine de familles, des Maillot, Libelle et Grondin en majorité. On y trouve un bar-épicerie qui fait gîte. Une belle petite chapelle, recouverte de bardeaux, accueille le dimanche, deux ou trois fois par mois, la messe et la population des alentours. Mais la vieille église a été reconstruite après le cyclone de 1948, par un chantier vacances avec des jeunes de Saint-Benoît.

➢ Vers le cirque de **Salazie,** le chemin suit une rangée de filaos, passe par une passerelle et monte doucement dans la forêt avant de suivre la crête qui mène au Bélier. La dernière partie est une montée interminable sur un sentier assez monotone, de difficulté moyenne.

➢ De **La Plaque,** compter 1h30 pour Îlet-à-Bourse, Bord-Martin en 3h, La Nouvelle en 5h. Sentier botanique à La Plaque.

Où dormir ? Où manger ?

Camping des Filaos : *06-92-53-15-21. Compter 40 €/pers la nuit en ½ pens, avec w-c et eau chaude.* Tentes fournies, avec matelas. Table d'hôtes que l'on recommande et chambres doubles également.

Gîte de randonnée de M. Guy (dit Guyto) Libelle : *☎ 02-62-43-56-96. 06-92-23-23-44. Résas dans les offices de tourisme, sur • reunion.fr • ou • explorelareunion.com • Dans le village, sur la petite place, à côté de la jolie chapelle. Le gîte est derrière l'épicerie. Compter 17 € le couchage. Petit déj 7 €, repas 18 €.* 2 chambres de 4 lits et 2 chambres de 6 lits. Coin cuisine pour réchauffer les plats uniquement. Excellent repas de Mme Libelle, notamment sa tarte à la banane... hmm, un délice ! Accueil apprécié de nos lecteurs. Très bon endroit pour vivre au rythme des habitants.

ÎLET-À-BOURSE *(850 m ; 97419 La Possession)*

Jolie allée plantée de filaos. Un point d'eau, une petite épicerie et un bar. La dizaine de familles installées là s'appellent Thomas, d'où la complication pour le recensement, sans parler du travail du facteur. Les habitants vont faire leurs achats à La Possession une fois par mois et font appel à l'hélico pour rapporter tout ça à la case. Un dispensaire gratuit, une école et un instit qui vient de Saint-Paul.

➢ Vers ***Grand-Place,*** il y a un coin sympa pour le bivouac (avec le hamac, c'est l'idéal), à 30 mn de l'îlet. Au bord de la rivière, un petit coin avec de la place pour 2 ou 3 couchages. Un bassin pour se baigner à deux pas et un autre, plus profond, à 10 mn en descendant la rivière.

➢ Vers ***Îlet-à-Malheur,*** une petite difficulté sur le sentier à flanc de montagne.

Où dormir ? Où manger ?

Gîte de randonnée de Christophe et Martine Thomas : *06-92-19-76-05. Résas dans les offices de tourisme, sur • reunion.fr • ou • explorelareunion.com • Gîte de 16 lits (4 chambres de 4 ; 17-19 €/pers), et 2 doubles (45-50 €). Petit déj 7 €, repas 18 €.* Le gîte jouit d'un panorama sublime et d'une cuisine complète. Très bonne adresse avec de bons repas dans une ambiance sympa. Eau chaude et bons lits.

LES HAUTES PLAINES

• Carte *p. 267*

Entre les cirques d'un côté (Cilaos et Salazie) et le piton de la Fournaise de l'autre, deux hautes plaines, celle des Cafres et celle des Palmistes, séparées par le col de Bellevue (1 606 m), forment un couloir naturel entre la côte ouest et la côte est. On est là en plein parc national.

On peut accéder à ces hautes plaines soit de Saint-Benoît, soit de Saint-Pierre (via Le Tampon). D'une côte à l'autre, la belle route qui traverse les deux plaines (la N 3) ne nécessite pas plus de 2h30, du moins si l'on se contente d'une petite visite de politesse. Mais la principale attraction des lieux étant le volcan, à découvrir à partir de Bourg-Murat, prévoir au moins une journée, voire deux, puisqu'on trouve dans les environs de charmantes chambres d'hôtes et de magnifiques randos à faire.

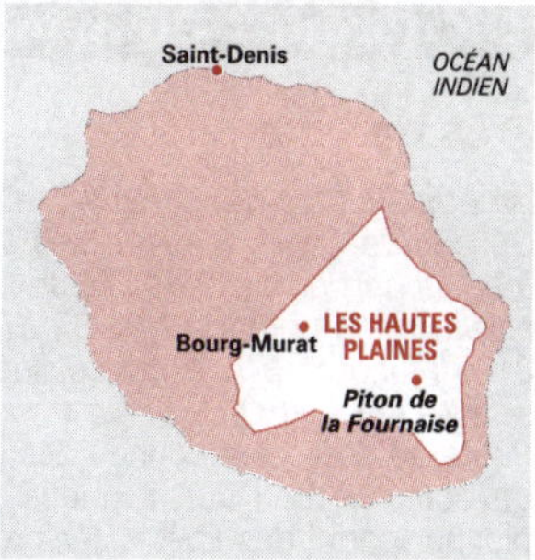

La *plaine des Cafres* est ainsi nommée parce que des cafres (esclaves noirs) s'y étaient cachés. Quant à la *plaine des Palmistes,* elle n'en a plus que le nom : ces petits palmiers, dont le cœur est tellement succulent, ont été décimés ! Longtemps, les hautes plaines sont restées quasi désertes : les

habitants de l'île craignaient leur climat trop rude. La colonisation ne se fera qu'au XIXe s avec l'arrivée des « Petits Blancs des Hauts ». Les animaux s'y plairont et la plaine des Cafres est devenue une région d'élevage : on en parle même parfois comme d'un petit « Jura tropical », et ce n'est pas totalement faux au vu de certains paysages.

Arriver – Quitter

➢ ***En bus :*** la ligne S2 des *Cars Jaunes* relie Saint-Pierre à Saint-Benoît (et inversement) via Le Tampon, Bourg-Murat et Plaine-des-Palmistes (6 bus/j.). Plus prudent de téléphoner avant : ☎ *0810-123-974 (nº Azur).* Petite précision : toujours venir un peu avant l'heure supposée de passage du bus, il arrive en effet qu'il passe plus tôt. Attention, de Bourg-Murat pas de bus pour le volcan (compter env 45 mn en voiture).

➢ ***En taxi :*** on peut également prendre des taxis collectifs de la plupart des bourgs importants, mais c'est plus cher.

LE TAMPON (97430) 77 000 hab.

À 10 km au nord de Saint-Pierre, une grosse ville très étendue, située sur les contreforts du plateau de la plaine des Cafres, assez calme et surtout résidentielle, dont le climat plus frais que celui de la côte attire de plus en plus de monde. Grâce à son antenne de l'université de Saint-Denis, la ville est plutôt jeune.

Son histoire est liée à celle de Gabriel de Kerveguen, racontée dans notre rubrique « Personnages » dans « Hommes, culture, environnement » à la fin du guide.

Il n'est pas très facile de se repérer dans ce vaste territoire à l'habitat très dense. Pour s'y retrouver : la N 3 traverse Le Tampon du sud au nord et deux axes principaux parallèles coupent le centre-ville : celui de l'hôtel de ville et des banques avec *gabier* (rue Hubert-Delisle) ; un peu plus haut, celui où se trouve la poste (rue du Général-de-Gaulle).

Où dormir ? Où manger ?

Très bon marché

|●| ***Aux Délices des Îles :*** *87, rue du Général-de-Gaulle, à la Ravine-Blanche (rue qui part du centre du Tampon, au niveau de la poste).* ☎ *02-62-57-34-31. Tlj jusqu'à 21h. Plats cuisinés et salades 4-8 €, sur place ou à emporter.* Petite adresse bien connue des gens du coin, où l'on fait la queue pour piocher parmi des spécialités créoles simples et bonnes. Belles portions. Quelques tables en terrasse.

Prix moyens

⌂ |●| ***Le Rosier :*** *19 H, chemin des Bibassiers, Pont-d'Yves.* ☎ *02-62-57-19-64.* 📱 *06-92-69-24-26. À l'ouest du Tampon, sur les hauteurs (ça grimpe et vire sec). Double avec sdb env 70 €. Table d'hôtes le soir slt 26 €, sur résa.* Cette grande maison surplombant le littoral comporte 4 chambres spacieuses qui n'ont d'égal que la taille des salles de bains. Certaines ont vue sur la mer ; pour les autres, on pourra se consoler sur les terrasses devant un magnifique coucher de soleil. Beau jardin tranquille avec piscine. Les hôtes savent recevoir, notamment à leur table que l'on recommande vivement. Élise-May est un vrai cordon-bleu et Jean-Marie un joyeux drille. Une adresse au rapport qualité-prix convaincant.

|●| ***El Latino :*** *337, rue Hubert-Delisle.* ☎ *02-62-59-68-58.* • *el-latino.com* • *Depuis la mairie, prendre dir.*

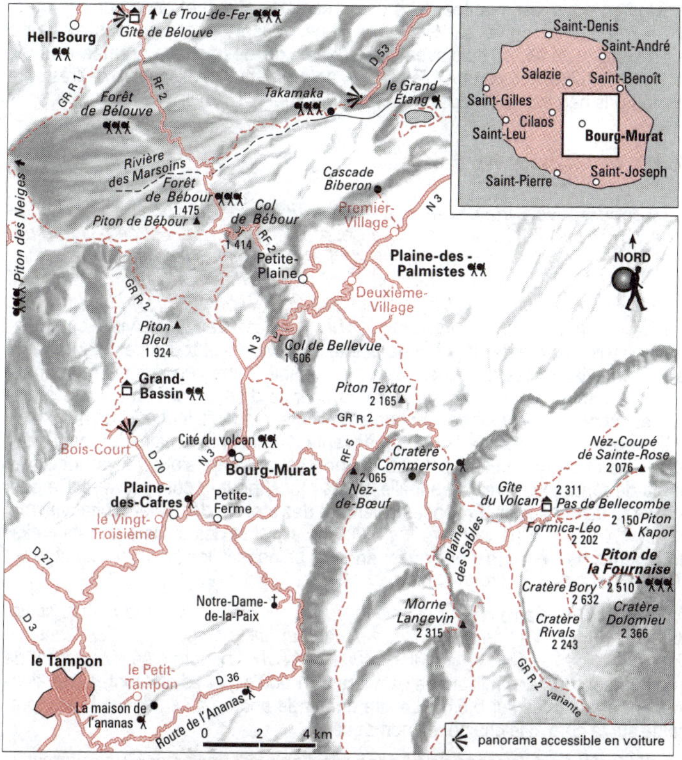

LES HAUTES PLAINES ET LE PITON DE LA FOURNAISE

Trois-Mares sur env 500 m ; en bord de route, côté gauche. Fermé lun soir et dim. Salades et plats 11,50-20 €. Rhum arrangé offert sur présentation de ce guide. Le restaurant-bar du Tampon le plus en vogue, avec sa façade colorée et sa terrasse qui invite à s'arrêter. Les non-fumeurs iront plutôt profiter de la salle à l'arrière avec un semblant de vue sur Saint-Pierre. Salades, burgers, pas mal de plats du Sud-Ouest de la métropole, poisson frais selon les arrivages : la cuisine est généreuse, fraîche, et la chef est pâtissière, alors... Musique certains soirs et service énergique confèrent au lieu une ambiance conviviale.

Le Long Board : *265, rue Jules-Bertaut, une rue qui descend depuis la poste. ☎ 02-62-27-10-27. Fermé dim-lun et certains j. fériés. Plats 15-30 € et pizzas env 6-14 €.* Voici une adresse assez mode et marrante comme tout : un bikini indique les toilettes des filles, tandis que sur un mur trône une planche de surf... évidemment croquée par un requin ! Et les pizzas alors ? Tout aussi croquantes, à pâte fine, et bien garnies. Quelques plats métros également. Bonne ambiance, on s'en doute.

L'Ambéric : *3, chemin Raoul-Hoarau, à Trois-Mares. ☎ 02-62-57-77-68. ♿ Depuis la mairie, suivre dir. Trois-Mares ; à env 1,5 km, fléché sur la droite. Fermé dim-mar. Repas env 30-35 €. Digestif offert sur présentation de ce guide.* L'adresse créole typique avec ses dentelles et ses familles en goguette, plantée dans un jardin tropical et retirée sur les hauteurs. Cuisine au feu de bois avec, à la carte, des gratins et des *caris* bien sûr, mijotés des heures, selon des recettes inspirées à la chef par sa grand-mère. Les desserts ne sont pas en reste avec de délicieuses crèmes brûlées notamment. On est assuré de très bien y manger !

À faire dans le coin

La coopérative agricole des huiles essentielles de Bourbon : *83, rue Kerveguen. ☎ 02-62-27-02-27. • geranium-bourbon.com • En venant de Saint-Pierre, au 2e rond-point, prendre la 1re à droite (dir. Petite-Île), puis suivre les panneaux discrets « CAHEB ». Lun-sam 9h-12h, 14h-17h. Visite guidée sans résa lun-ven à 15h. Durée : 45 mn. Tarifs : 3 € (4,50 € si une distillation est en cours) ; gratuit moins de 6 ans. Le reste du temps, visite libre possible (gratuite).* Pendant la visite commentée du jardin, les mérites de chaque plante sont vantés et toutes les étapes de la fabrication des huiles détaillées. Comme il s'agit d'une coopérative regroupant 150 producteurs, vous aurez peut-être la chance d'en croiser un occupé à distiller sa récolte. Une opération longue et délicate, puisqu'il faut environ 400 kg de feuilles pour obtenir 1 l ! À la boutique, vente d'huiles alimentaires produites sur place. Au choix, géranium, dont Le Tampon est la « capitale », vétiver (boisé en notes de fond, plus rare), citronnelle, baies roses (pour le côté poivré)... De quoi égayer plats et papilles. Propose également des ateliers découverte olfactifs *(min 5 pers ; 10 €/pers ; lun-ven sur résa 48h à l'avance)* et des ateliers de fabrication de produits de bien-être d'où l'on repart avec un échantillon *(min 5 pers, sur résa ; 10-30 €/pers selon le produit fabriqué).*

Le parc des Palmiers : *à env 2 km du centre-ville ; depuis la mairie, suivre dir. Trois-Mare, puis prendre 500 m à gauche après le stade sur la CD 3 (chemin Dassy) ; indiqué à 300 m. Tlj 6h30-18h30. GRATUIT.* Un parc créé récemment de toutes pièces, où des milliers de palmiers de 1 000 espèces différentes (190 genres) ont été plantés sur 6,5 ha. Le site demande encore à se patiner. Vue imprenable sur la côte et la chaîne de montagnes.

➢ ***Itinéraire vert, la route de l'Ananas :*** si l'on n'est pas pressé, une alternative à la route des Plaines (RN 3) pour rejoindre Bourg-Murat en passant par Petite-Ferme (D 36). Voir plus loin « À faire » à Plaine-des-Cafres.

La Maison de l'ananas : *33, rue des Poiriers, à Grand-Tampon. 📱 06-92-71-78-20. • maison-des-fruits.re • À env 4,5 km du Tampon par la route de l'Ananas (à 2 km du Tampon, panneau sur la gauche). Tte l'année sf lun, sur résa. Compter 6 €/pers, jus offert.* Visite d'une exploitation d'ananas en compagnie de l'exploitant. La production atteint 150 t par an, en agriculture raisonnée. Une visite passionnante.

Randonnée

Le sentier Dassy : *depuis la mairie, suivre Bras-de-Pontho, puis le RD 27 dir. Ravine-des-Cabris et L'Entre-Deux ; le sentier est signalé sur la droite. Compter 2h A/R.* Rivière en contrebas où viennent pique-niquer les familles. Pas de difficulté majeure ; juste quelques passages un peu raides et caillouteux. Sinon possibilité de rejoindre L'Entre-Deux en randonnée (7 km, compter 1h30).

Manifestation

– **Les Florilèges :** *en oct, pdt 10 j., rue du Père-Rognard, dans le parc Jean-de-Cambiaire, à côté de l'église.* Exposition florale, nombreux stands de fleurs et fête foraine, animations, concerts...

L'INTÉRIEUR DE L'ÎLE

PLAINE-DES-CAFRES

(97418)

La plaine des Cafres inclut toute la région, densément peuplée, depuis Le Tampon jusqu'à Bourg-Murat. Le village même de Plaine-des-Cafres se trouve au bord de la N 3, au km 23 (ce qui indique la distance depuis Saint-Pierre). On traverse juste cette zone pour rejoindre le volcan. Mais on aurait tort d'oublier la superbe balade de Grand-Bassin (même si on ne descend pas, aller au moins admirer la vue depuis le belvédère) ou, un peu plus à l'est, la balade sur le sentier botanique de Notre-Dame-de-la-Paix.

LA PLAINE DES ESCLAVES

Le terme de « cafre » était le nom des esclaves déportés en masse au début de la colonisation de l'île, en provenance d'Angola, du Mozambique, de Zanzibar ou de Madagascar. À la fin du XVIIIe s, les esclaves composaient 80 % de la population de l'île ! Voir également notre rubrique « Population » en fin de guide.

Adresse utile

Office de tourisme : *voir plus loin à* ***Bourg-Murat.***

Où dormir dans le coin ?

Bon marché

Le Relais du Volcan : *38, chemin Mathias,* ***Petite-Ferme.*** *☎ 02-62-59-30-84. 06-92-74-89-33. • sylvie.arquier@gmail.com • sylviearquier.wix.com/relaisduvolcan • À env 2 km de Plaine-des-Cafres, dir. Notre-Dame-de-la-Paix. Double 55 €. Gîte 6-7 pers 540 €/sem. CB refusées.* Une haie fleurie cache un joli jardin et l'entrée de la maison. Mais c'est l'accueil de Sylvie (à l'accent toulousain) qui séduit d'emblée, chaleureux et dynamique. On se sent tout de suite à l'aise. À l'intérieur, un salon au charme rustique, où il fait bon se réunir près de la cheminée, 2 cuisines équipées et 3 chambres dotées de salles d'eau simples à l'extérieur. Un véritable havre de paix avec, en prime, une vue sur le piton des Neiges.

Auberge La Fermette : *40, rue Raphaël-Douyère. ☎ 02-62-27-50-08. • la-fermette@mediaserv.net • Sur la route de Bois-Court (indiqué sur la droite). Double env 40 € avec sanitaires, petit déj en sus.* Une dizaine de chambres sobres et bien équipées, alignées les unes à la suite des autres, comme dans un motel, sauf qu'à la place d'un parking bétonné s'étend une vaste pelouse. Endroit plaisant et vraiment calme. Les chambres sont propres, l'une peut accueillir une famille avec ses lits en mezzanine.

De prix moyens à chic

Chalets Aurore : *292, rue Raphaël-Douyère. ☎ 02-62-44-53-91. 06-92-76-03-72. • jp-chris@wanadoo.fr • À env 3 km du village de la Plaine des Cafres (km 23), prendre la D 70 qui mène au belvédère de Grand Bassin. Doubles 75-80 € pour 3-4 pers avec sanitaires privatifs ; chalet (min 2 nuits) pour 2 pers (et éventuellement 2 enfants de moins de 12 ans) 80 €/nuit. Possibilité de petit déj.* Au fond d'un beau jardin, 2 petits chalets en rondins de bois perchés sur pilotis et entièrement équipés. Sur le même terrain, un grand chalet en bois avec

L'INTÉRIEUR DE L'ÎLE

2 chambres familiales à louer. Endroit reposant, plein de charme, avec jeux pour les enfants... et quel plaisir de marcher pieds nus sur l'épaisse pelouse !

Gîtes Crypto Sign : *48, chemin de la Chapelle. Adresse postale : Mme Lauret, 5, impasse Alamanda, route des Canots, 97427 Étang-Salé. ☎ 02-62-26-57-73. 06-92-82-33-26. • warolauret@wanadoo.fr • À env 7 km de Plaine-des-Cafres ; 2 km après le village de Notre-Dame-de-la-Paix, prendre la route de la chapelle (D 36), c'est un peu plus loin sur la droite. Compter env 410-1 210 €/sem selon capacité (2-5 chambres) ; également loc w-e.* 3 beaux gîtes en bois de cryptomeria, façon chalet de montagne avec leurs cheminées, vue sur les prairies et sur l'océan lorsqu'il fait beau ! Très bien tenus et équipés, avec terrasse et barbecue. Également un *lodge* pour 14 personnes répondant aux critères « Bonne qualité environnementale » et une chambre spéciale voyages de noces avec spa, le tout accessible aux fauteuils roulants.

Chambres d'hôtes Le Millepertuis : *8, allée des Mimosas, à Piton Hyacinthe. 06-92-56-39-05. • lemillepertuis@orange.fr • lemillepertuis.fr • À env 11 km du Tampon et 7 km de Bourg-Murat. Depuis la RN 3, suivre les panneaux à partir du rond-point du km 19. Double env 73 €, dégressif à partir de 3 nuits. Repas sur résa.* Propriété toute mignonne et proprette avec son beau gazon devant de belles cases créoles traditionnelles. Les 2 chambres sont lambrissées et coquettes, avec salle de bains. Vue plongeante depuis le kiosque où l'on peut faire sa popote. Accueil gentil comme tout dans cette adresse à la fois loin de tout et pratique pour rayonner dans le coin.

Chic

Les Géraniums : *sur la N 3, km 24 ; à la sortie de Plaine-des-Cafres, en dir. de Bourg-Murat, sur la gauche. ☎ 02-62-59-11-06. 06-92-59-21-63. • hotelgeranium@wanadoo.fr • hotellesgeraniums.re • Resto tlj midi et soir. Doubles env 86-88 €, petit déj inclus. Formule déj sf dim 17 € ; repas env 25-30 €.* Cet ancien bâtiment, repris en main récemment, connaît un sympathique vent de fraîcheur. Les chambres, spacieuses, sont progressivement restaurées dans un esprit plus actuel. Mais la vraie cerise sur le gâteau, c'est la vue sur les montagnes et le piton des Neiges depuis certaines chambres et la terrasse du resto (quelques chambres donnent sur le parking ; précisez-le à la réservation !).

Où manger ?

– **Aire de pique-nique du belvédère de Grand-Bassin :** plusieurs kiosques ombragés, pelouses... et, depuis le belvédère, la vue superbe sur Grand-Bassin tout au fond du précipice. Très bien pour déguster ses plats à emporter que l'on trouve le long de la route.

Fraîcheur du Jour : *5, rue Raphaël-Douyère, au niveau du rond-point, face à la mairie. ☎ 02-62-59-19-90. Tlj 5h (6h dim)-20h (18h dim). Congés : de mi-juil à mi-août. À partir de 6 € sur place ou à emporter. Café offert sur présentation de ce guide.* Plats créoles peu chers. Fait aussi boulangerie-pâtisserie. Rien d'extraordinaire, mais pratique pour le pique-nique quand on descend à Grand-Bassin.

Le Vieux Bardeau : *N 3, km 24. ☎ 02-62-59-09-44. À quelques dizaines de mètres de la nationale, sur la droite en dir. de Bourg-Murat (bien indiqué). Fermé mer, le soir dim-mar et le soir des j. fériés. Le midi sf dim formule 14 €, formule « 3 buffets » dim 24 € ; à la carte, plats 12-23 €.* Dans une belle case ancienne, dotée d'une petite terrasse. La bonne affaire, c'est au déjeuner avec la formule buffet qui permet de découvrir un large panorama de la cuisine créole. Les préparations sont goûteuses, l'accueil excellent. Une adresse vraiment bien.

À voir. À faire

➢ ***Itinéraire vert, la route de l'Ananas :*** si l'on n'est pas pressé, une alternative à la route des Plaines (RN 3) pour rejoindre Bourg-Murat en passant par la Petite-Ferme (D 36). Du côté de Notre-Dame-de-la-Paix, on peut s'aventurer sur le sentier botanique et celui de la tamarinaie de la *Ravine-Blanche* (voir plus bas). Beau point de vue sur la rivière des Remparts.

Le Cabaret Pat'Jaune : *39, rue du Père-Favron, à Piton Ravine-Blanche. 06-92-85-81-14. • patjaune@wanadoo.fr • patjaune.com • Après le village (km 23), signalé sur la droite dans un virage ; c'est 1 km plus loin, sur la gauche. Le soir ven-sam. Résa indispensable par mail. À partir de 55 €/pers env.* La vie créole pur jus dans une maison aux allures de faux chalet où l'on vient pour passer une soirée originale, écouter un spectacle musical et déguster des plats traditionnels cuits au feu de bois. Humour, bonne humeur, anecdotes sur les *pat'jaunes,* comme on appelait les habitants des Hauts... Voici le programme de ce groupe de quatre musiciens-clowns pleins de ressources.

Randonnées

➢ ***Le sentier botanique de Notre-Dame-de-la-Paix :*** *de la RN 3 à la sortie du village de Plaine-des-Cafres, en dir. de Bourg-Murat, prendre à droite la D 36 (rue du Père-Favron) : c'est à 9 km (un peu au-delà du hameau de Notre-Dame-de-la-Paix).* Boucle de 30 mn, bucolique comme tout et facile : petits panneaux explicatifs pour tout savoir sur les bois de couleurs des Hauts (mahot, mapou, tan rouge, bois de joli cœur...) sans oublier les fanjans, ces fougères arborescentes typiques de La Réunion. Également un point de vue époustouflant sur la rivière des Remparts, plus souvent dégagé le matin que l'après-midi (on est à 1 700 m tout de même). Lieu idéal pour une halte pique-nique.

➢ ***La tamarinaie de la Ravine-Blanche :*** *après le village (km 23), prendre sur la droite dans un virage la rue du Père-Favron ; 2 km plus loin, prendre à gauche rue du Coin-Tranquille ; parking à 100 m.* De là, sentier facile de 3 km (1h) à travers une forêt de tamarins et d'eucalyptus. La boucle commence tout à gauche, puis une fois qu'on est revenu quasiment au parking, continue par une autre boucle qui passe par des serres vitrées et une aire de pique-nique. Très beaux points de vue sur le Grand Bénare.

➢ ***Le piton des Neiges :*** *à 3 km de Bourg-Murat en dir. de Plaine-des-Palmistes, fléché sur la gauche ; continuer 2,5 km jusqu'au départ du sentier au niveau du parking. Une alternative à l'accès plus « classique » depuis Cilaos.* Une randonnée pour sportifs chevronnés, réalisable en 2 jours minimum, avec nuit en refuge. Compter environ 6h aller et 5 à 6h retour. On traverse des pâturages avant de pénétrer dans une forêt primaire (chemin boueux et glissant). Ensuite, panorama sur Cilaos et montée jusqu'au gîte du piton. L'ascension jusqu'au sommet se fait de préférence tôt le matin. Panorama génial à l'arrivée.

Manifestation

– ***Fête du Miel vert :*** *à* ***Plaine-des-Cafres,*** *début janv, sur 10 j.* Concours des vaches laitières et des mérens, ces chevaux de montagne introduits à La Réunion en 1989 et qu'on retrouve par centaines dans les clubs équestres de l'île. Vente de miels, concerts, gastronomie créole... Sans oublier l'élection de miss Plaine-des-Cafres !

L'ÎLET DE GRAND-BASSIN (97418)

Surnommé « la vallée perdue », l'îlet de Grand-Bassin, à 700 m d'altitude, ne compte que quelques habitations délimitées par des murets de pierre. Ici, c'est un petit Mafate (accessible à pied uniquement, donc), et pour ceux qui voudraient goûter à la vie créole, voici une expérience vraiment intéressante. On peut déjà se contenter de la vue depuis le belvédère et sa plate-forme en bois s'avançant au-dessus du vide. L'un des plus beaux panoramas de l'île accessibles par la route sur le village et sa cascade très attirante, le *Voile de la mariée*. Les bons marcheurs peuvent faire l'aller-retour en une journée, en partant le matin, en déjeunant au village ou en pique-niquant à la cascade et en remontant en fin d'après-midi. Sachez tout de même que la remontée est vraiment physique (dénivelée positive de 670 m). Par ailleurs, le sentier est très fortement déconseillé quand il a plu abondamment. Le plus sympa est encore de passer la nuit dans l'îlet, en essayant de vivre le temps d'une journée au rythme du soleil. Penser en tout cas aux bonnes chaussures, au chapeau, à la bouteille d'eau pour la marche et au maillot de bain pour se rafraîchir.

Grand-Bassin, c'est un peu, selon la saison des fruits et des légumes, un jardin d'éden. Litchis, *bibasses,* haricots, pamplemousses, raisins, maïs, mangues, *chouchous,* ananas, bananes, longanis... Près de 250 familles vivaient au début du XXe s dans ce paradis perdu, il reste actuellement une poignée de personnes. L'école a fermé et la moitié des familles est partie s'installer là-haut, à Bois-Court et à Plaine-des-Cafres pour la scolarisation des enfants. Le reste des habitants s'est reconverti en tenant des gîtes et chambres d'hôtes. Le village est alimenté par une canalisation d'eau potable (avec un robinet à la station à mi-chemin, bon à savoir pour remplir sa gourde !) et par une benne qui fait le va-et-vient (amusant à observer).

Arriver – Quitter

➢ ***En voiture :*** pour se rendre au ***parking de départ,*** prendre la D 70 au centre de Plaine-des-Cafres, direction Bois-Court. On roule environ 5 km jusqu'au parking, où se trouvent quelques kiosques pour le pique-nique ou le bivouac (officiellement interdit, mais toléré ; beaucoup de monde le week-end). Dans la rue Thomas-Payet, 200 m sur la gauche avant d'atteindre le belvédère d'où part le sentier, petit parking payant : *3 € la journée (pas vraiment utile, autant se garer au parking du belvédère), 8 € la nuit.* ☎ *02-62-59-13-26.*

➢ ***En bus :*** service de *Ti'Bus* qui dépose les randonneurs au départ du sentier. Départ du bus n° 3 depuis la mairie du 23e. Horaires au ☎ 02-62-57-03-04, aux heures de bureau. Une demi-douzaine de départs/j. (lun-sam), de Bois-Court, le 1er à 6h30 et le dernier à 18h15. De la mairie, 8h40-18h.

– La ***randonnée*** débute, soit de la rue Thomas-Payet, sur la gauche, avant le parking du belvédère, soit du belvédère même. Vous êtes à 1 388 m et la descente jusqu'à Grand-Bassin dure 1h30-2h aller et 2h-2h30 retour (en fonction des conditions physiques de chacun). Classée difficile. La descente casse les jambes si l'on va trop vite : beaucoup de marches et de gradins à franchir. Cela dit, on a vu des enfants réunionnais descendre sans broncher. Une fois en bas, compter 30 mn de plus jusqu'au bassin de la cascade, car il faut encore traverser le village, puis les rochers de la petite rivière (pas indiqué), avant d'atteindre la chute d'eau. De là, un sentier sur la droite descend au bassin. Pour le retour, ça grimpe en continu ! Possibilité aussi de faire une boucle en partant par le piton Bleu (passer devant l'église). Mais le sentier de 8,5 km s'avère beaucoup plus difficile et plus long que le chemin aller, avec passages à flanc de falaise et quelques échelles. De plus, on se retrouve en pleine campagne, et le retour vers Plaine-des-Cafres est long.

Où dormir ? Où manger ?

Avant de descendre, il est indispensable de réserver nuit et repas (du midi et du soir) pour éviter toute mauvaise surprise. *En règle générale, compter autour de 45 €/pers en ½ pens. Déj env 20-25 €.* Les draps et couvertures sont fournis mais pas les serviettes de toilette, ni le gel douche. Paiement en liquide.

Prix moyens

Gîte Le Paille en Queue : *06-92-24-31-73. • contact@paille-en-queue.re • paille-en-queue.re • À l'entrée du village.* Petit gîte de bois, bien tenu, pouvant recevoir une petite trentaine de personnes, réparties en chambres et dortoirs très simples de 3 à 8 personnes. Belle terrasse sous une tonnelle de vigne. Sanitaires communs. Mais ce qui fait la différence, c'est l'accueil adorable de Josée et ses bons repas servis dans une case toute mignonne avec ses quelques fleurs et ses bibelots.

Gîte La Vieille Tonnelle : *au centre du village. ☎ 02-62-59-20-27.* Dispose de 35 couchages répartis en chambres doubles et dortoirs de 4 à 10 lits, agréablement restaurés avec du bois de cryptomeria. Sanitaires communs. Grande et charmante tonnelle qui procure une fraîcheur bienvenue, et sous laquelle sont servis les repas et le rhum... assez généreusement !

Chez Dany : *au centre du village. ☎ 02-62-39-38-99. 06-92-31-77-62. • contact@chez-dany.fr • chez-dany.fr •* Agréable petit bâtiment en bois, entièrement restauré par Dany, le propriétaire. 2 chambres doubles et 2 dortoirs de 6 lits avec sanitaires communs. L'ensemble est soigné et on sent le souci de bien faire. Plusieurs petites terrasses et salon commun pour se poser (il y a même des jeux de société en cas de pluie !). Jardinet fleuri, mur d'orchidées et accueil charmant. C'est tout bon !

L'Oasis, chambres d'hôtes Chez Jean-Marie Nativel : *06-92-10-30-05. • grandbassin.oasis@gmail.com • Le dernier du village, vers la cascade. Fermé 1er janv et 25 déc.* Lits en dortoirs de 4 à 8 personnes. Très simple et ambiance on ne peut plus créole. À 100 m de là, la même famille propose une autre maison avec des chambres et dortoirs encore plus simples, et un peu moins chers.

Chic

Chambres d'hôtes Les Mimosas : *prendre à droite dans le village. 06-92-61-88-88. • michel@ducrot.re • majo.re • Compter 80-90 €/pers en ½ pens.* L'adresse de charme du village. Les 2 ravissantes chambres doubles se partagent la salle de bains (et sont louées ensemble uniquement si les 4 personnes se connaissent). Bois, terrasses, jardin fleuri et verdoyant, bassins, massages... L'ambiance est résolument zen et conviviale. Et le pari réussi pour les concepteurs de ce lieu, un couple chaleureux et aux petits soins. Saluez pour nous l'âne Robinson : il se fait rarement tirer les oreilles quand les enfants veulent faire un tour !

BOURG-MURAT (97418)

Également appelé « le 27e » (kilomètre), Bourg-Murat est la porte d'accès au piton de la Fournaise. C'est là que se trouve la Cité du volcan. Sinon, Bourg-Murat est un gentil village, une étape pour les randonneurs qui vont explorer le monstre. Peu de commerces, toutefois.

Adresses utiles

Office de tourisme du Tampon/plaine des Cafres : *160, rue Maurice-et-Katia-Krafft (près des grands kiosques), N 3.*

☎ 02-62-27-40-00. • tampontourisme.re • Tlj 9h-17h. Résas d'hébergements sur toute l'île, activités sportives, plans et cartes de la région, etc.

■ **Supérette du Volcan :** *face à la Cité du volcan. Tlj sf dim ap-m pour* Ah Thiane *(fermé 12h-14h).* Pour l'eau et autres réserves énergétiques. Une autre supérette *(Vival)*, à la sortie du village vers Plaine-des-Palmistes.

■ **Station-service :** *au centre du village ; à 50 m de la Cité du volcan. Tlj (pratique). Fermé le dim slt à l'heure du déj.*

■ **Gabiers :** *juste à côté de la station-service* (Crédit agricole), *ou à côté du rond-point* (Banque de La Réunion).

– **Météo France :** ☎ *0892-680-808 (prix appel + 0,35 €/mn).*

Où dormir ?

Bivouac toléré sur la route du Volcan, dans les kiosques équipés. Ils sont souvent pris d'assaut le week-end par les familles.

Bon marché

Marmite Lontan : *200, route du Volcan,* **Grande-Savane.** ☎ *02-62-57-46-09.* 📱 *06-92-60-51-38.* • *marmitelontan.com* • *À env 3-4 km du village en dir. du piton ; c'est la dernière maison sur la droite. En ½ pens, env 40 €/pers en chambre double (sanitaires communs) ou quadruple avec sdb. Petit déj tôt possible.* Pilou, un z'oreille sympa comme tout, a ouvert ce gîte d'étape, en pleine nature, à la manière d'une chambre d'hôtes... dédiée à la rando, ou plutôt aux pieds : les vieilles baskets sont converties en pots de fleurs, tandis que des tongs bleues et vertes ornent la façade de la maison. On est accueilli comme de vieux amis : apéro dans la bibliothèque (comprendre le salon envahi d'objets anciens), repas créole servi dans la salle à manger (un véritable écomusée) et nuitée dans des chambres lambrissées, simples et propres (2 d'entre elles sans fenêtre extérieure). Douches et w-c en commun, mais il y a plein de B.D. à dispo pour patienter ! Très belle vue depuis le jardin.

Auberge du Volcan : *194, rue Maurice-et-Katia-Krafft (N 3), dans le centre de Bourg-Murat, km 27.* ☎ *02-62-27-50-91.* • *aubvolcan@wanadoo.fr* • ♿ *En face du resto du même nom (voir « Où manger ? »). Doubles à partir de 42 €, familiale également.* Le 1er établissement du coin, en bord de route. Chambres très simples et propres pour 2 à 4 personnes, avec douche et chauffage (de mi-juin à mi-septembre). Seule originalité : une petite véranda, bienvenue en hiver. Une adresse fonctionnelle avant tout.

Chambres d'hôtes Chez Clément Alicalapa-Tenon : *154, chemin du Champ-de-Foire.* ☎ *02-62-59-10-41.* 📱 *06-92-08-80-09.* • *c.alicalapa-tenon@ool.fr* • ♿ *À la sortie, dir. Plaine-des-Palmistes, indiqué sur la droite (c'est à 500 m de la nationale). Double 50 €. Repas 20 €, sur résa.* Efficace et fonctionnel : Clément a fait construire une maison moderne pour y aménager 6 chambres lambrissées, confortables et aux jolies couleurs avec salles de bains privatives. Accueil très gentil.

Prix moyens

Hôtel L'Écrin : *km 27, N 3 ; à l'entrée de Bourg-Murat en venant du Tampon, sur la gauche, en léger retrait de la route.* ☎ *02-62-59-02-02.* 📱 *06-92-50-88-63.* ♿ *Réception fermée à 20h. Doubles à partir de 68 € avec petit déj.* Un ensemble de maisonnettes avec une vingtaine de chambres doubles ou triples, fonctionnelles et parfaitement tenues. Elles sont réparties dans un petit jardin agréable et au calme. Sauna, hammam et spa gratuits. Billard. Possibilité de plateau petit déjeuner pour ceux qui veulent partir très tôt à l'assaut du volcan.

Où manger ?

Très bon marché

Le Palais du Fromage : *sur la route du Volcan, sur la droite. ☎ 02-62-59-27-15. Mar-dim 9h-18h. Bon, les horaires sont un peu... aléatoires. Crêpes et gaufres 3-4 €. CB refusées.* Cette crémerie est devenue avec le temps un vrai salon de thé. Évidemment, on y vend et déguste toujours des fromages atypiques (au miel-caramel ou l'étoile des mages, les spécialités de la maison...), mais on s'y attable volontiers pour une gaufre, une crêpe, un jus de fruits maison, un flan fermier. Accueil adorable de surcroît.

Snack-bar Le PMU Maestro : *N 3, face à la station-service. Bouchons,* samoussas, salades et *caris.*

De bon marché à prix moyens

Le Ti' Resto Lontan : *N 3, 209, rue Maurice-et-Katia-Krafft, en face de la Cité du volcan. ☎ 02-62-43-90-42. Tlj sf mar-mer. Plats 12-21 €.* Adresse populaire, au cadre soigné, au service efficace, qui propose une bonne cuisine traditionnelle au feu de bois. Grand choix de *caris.* Pas de terrasse.

Le Relais Commerson : *37, rue Bois-Joly-Potier (peu après la Cité du volcan, à un croisement sur la gauche, sur la route du Volcan). ☎ 02-62-27-52-87. • lerelaiscommerson@orange.fr • Fermé lun-mar (plus le soir mer, jeu et dim hors saison) et en août. Buffet mer-sam env 18 €, env 23 € dim ; menus 20-40 €.* Pas plus la façade que la grande salle rustique ne laissent imaginer les futurs plaisirs gustatifs : une cuisine métisse, fort bien réalisée. *Cari*-poulet fermier aux palmistes frais particulièrement goûteux et desserts à tomber : tatin à la papaye, croustillant à l'infusion de géranium... De plus, présentation soignée et service aux petits soins. Ascètes, s'abstenir ! Terrasse en bord de route pour ceux qui ne seraient pas séduits par l'atmosphère quelque peu surannée du lieu.

Restaurant de l'Auberge du Volcan : *N 3, au centre du village. ☎ 02-62-27-50-91. Tlj sf dim soir-lun. Menus env 18 € (sf dim) puis env 26-32 €.* Une vieille auberge familiale : le père aux fourneaux, la mère et la fille au resto et à l'hôtel. Coin bar où l'on peut commencer par prendre l'apéro. Un resto qui manque un peu d'âme, mais la cuisine puise dans les grands classiques de l'île. Bondé le dimanche midi.

QG : *60 bis, rue Alfred-Picard, sur la route du Volcan. Au niveau du* Relais Commerson, *prendre à droite, c'est un peu plus loin sur la droite. ☎ 02-62-38-28-55. 06-92-48-22-80. Tlj ; service continu 7h-22h. Plats 16-35 €.* Une adresse menée par Abdou, un métro d'origine sénégalaise tombé amoureux des pâturages de la plaine. Il propose une cuisine créole, parfois métro, dans un décor décalé pour le coin : bogolans (tentures), calebasses d'Éthiopie, cheminée. Lumière tamisée pour une ambiance conviviale et décontractée. Le dimanche midi, l'endroit est le Q.G. de nombreux randonneurs.

À voir. À faire

La Cité du Volcan : *RN 3, au début de la route du Volcan. ☎ 02-62-59-00-26. • museesreunion.re/laciteduvolcan • Tlj 9h30 (13h lun)-17h (dernier billet à 16h15). Fermé 1er janv, 1er mai, 1er nov et 25 déc. Entrée : 9 € (+ 2 € cinéma 4D, que l'on vous recommande vivement) ; 4-12 ans 6 €. Compter 2h.* Un espace muséographique que l'on conseille de visiter avant d'attaquer le volcan pour avoir toutes les infos nécessaires, surtout en attendant que le ciel s'éclaircisse ! Toute la technologie moderne a été mobilisée pour rendre les lieux particulièrement attractifs, ludiques et instructifs : tunnel de lave dès l'entrée, salle de projection panoramique sur 270°, cinéma 4D sur les entrailles du piton, hologrammes, effets

sonores, bornes interactives, etc. On découvre, bien sûr, toutes les facettes de l'activité volcanique à La Réunion, et le piton de la Fournaise fait l'objet de toutes les attentions. Mais la *Cité du Volcan* aborde le volcanisme au sens large, terrestre comme sous-marin, sans oublier le volcanisme extraterrestre, le tout en s'amusant. On peut même se prendre pour Dieu en provoquant une éruption : le boulot consiste alors à sauver des habitations menacées par des coulées de lave ! Superbe lithothèque exposant des pierres volcaniques de toute beauté, juste sculptées par les forces de la nature. Intéressante expo sur le rapport entre l'homme et le volcanisme à travers les croyances populaires. Pour finir, un petit coup d'œil sur le réseau d'instruments de mesures et les webcams qui surveillent le volcan.
Également un centre de doc (accès gratuit), des expos temporaires et, une fois par mois, des conférences et des circuits découverte du volcan (sur résa).

■ ***Centre de tourisme équestre Alti Merens :*** *120, rue Maurice-et-Katia-Krafft (ou N 3), km 26, avt l'entrée de Bourg-Murat en venant du sud, sur la droite. ☎ 02-62-59-18-84. 📱 06-92-04-12-38. Sur résa.* Balades de 1h à 3h avec des chevaux adaptés pour tous les niveaux. Sorties de 1 à 3 jours dans la région du volcan.

■ ***Écuries du Volcan :*** *9 bis, domaine de Bellevue, un peu à l'écart de la N 3 après Bourg-Murat, en dir. du col de Bellevue et de Plaine-des-Palmistes. 📱 06-92-66-62-90. • ecuriesduvolcan.e-monsite.com • Tlj 9h-12h, 14h-17h.* Propose des randonnées à cheval pour tous niveaux, de 1h à 5 jours, dans la région du volcan, ainsi qu'une balade en calèche.

➢ ***Itinéraire vert, la route de l'Ananas :*** si l'on n'est pas pressé, une alternative à la route des Plaines (RN 3) pour retourner sur Le Tampon en prenant la direction de Petite-Ferme (D 36). Voir plus haut « À faire » à Plaine-des-Cafres.

LE PITON DE LA FOURNAISE

L'attraction numéro un de La Réunion, qui lui doit son appellation d'île « intense »... En premier lieu, rassurons les « z'oreilles zincultes » : la Fournaise est un volcan effusif mais pas explosif, nuance. Les experts opposent en effet deux catégories : les volcans « gris » ou explosifs (émettant des laves « andésitiques »), qui produisent cendres et nuées ardentes, et les volcans « rouges » ou effusifs (émettant, eux, des laves « basaltiques » fluides), qui se contentent de dégueuler une lave incandescente (à 1 150 °C tout de même !). Les premiers sont les plus dangereux (comme la montagne Pelée à la Martinique) : projections de roches, de cendres incandescentes et de gaz souvent meurtriers. Les « rouges » (dont le piton de la Fournaise), même si des explosions peuvent parfois survenir, ne causent des accidents que lorsque les coulées s'étendent dans les lieux habités. Mais pas de panique : le volcan de La Réunion est sous haute surveillance ! Sismomètre, magnétomètre, inclinomètre et autre extensomètre de l'Observatoire volcanologique de l'île auscultent le monstre 24h/24. On en a fait un véritable « volcan laboratoire » grâce auquel la volcanologie a considérablement évolué.
Tout cela pour vous dire qu'il ne faut pas hésiter à approcher la bête, car vous rateriez un paysage absolument fantastique. D'ailleurs, elle n'effraie plus beaucoup les Réunionnais... Au contraire, les habitants lui vouent une admiration pleine de respect : lors de l'éruption du siècle en 1998, presque toute l'île s'est donné rendez-vous autour du volcan pour l'admirer ! Le 9 mars 1998, un piton se formait (le piton Kapor) et éjectait sa lave, jusqu'à la N 2, sur la côte est (la lave s'est arrêtée à 1 m de la route !). L'éruption

a duré 6 mois. Il suffit d'en parler autour de vous pour que les yeux brillent à l'évocation du souvenir, parole de routard.
Depuis, le volcan *« l'a pété »* régulièrement presque tous les ans, à raison de trois ou quatre fois parfois. Les plus belles éruptions restent celles qui sont arrivées jusqu'à la mer (2002, 2004, 2005 et 2007). Mais l'éruption d'avril 2007 restera l'une des plus importantes de la Fournaise, avec plus de 120 millions de m^3 de lave émis en un mois, l'effondrement spectaculaire du cratère principal (Dolomieu) et la naissance de deux... plages ! En cas d'actualité chaude, consulter le site • fournaise.info •

UN PEU D'HISTOIRE VOLCANIQUE

Selon l'écrivain Jean-François Samlong : « L'île de La Réunion est fille d'un volcan qui blessa la mer Indienne il y a près de 3 millions d'années. » Un million d'années plus tard, il pointe son museau par-dessus les flots. Ce volcan, plus tard appelé ***piton des Neiges,*** déverse au fur et à mesure de ses éruptions des millions de tonnes de basalte qui constitueront le sol de l'île. Les importants effondrements de chambres magmatiques forment un relief tourmenté sur lequel se développe la vie. Après le piton des Neiges, un second volcan apparaît, celui des Alizés. Mais celui-ci ne fera pas long feu. Il disparaît sous un troisième volcan dont l'acte de naissance remonte à environ 1 million d'années : le ***piton de la Fournaise.*** Piton des Neiges et piton de la Fournaise, les deux voisins, crachent leur lave ensemble, de bon cœur, pendant environ 200 000 ans. Mais le plus vieux « cesse » le combat (mais il n'a peut-être pas dit son dernier mot !) : la dernière éruption du piton des Neiges date d'il y a 12 000 ans (soit une bonne nuit de sommeil pour un volcan qui a 2-3 millions d'années). En revanche, le p'tit jeune reste en pleine forme. On peut voir le résultat sur la côte sauvage, dans le sud-est de l'île : des plates-formes basaltiques, véritables falaises de lave, se sont formées au-dessus de l'océan. ***L'île s'agrandit*** par la même occasion de plusieurs hectares. Bloqué à l'ouest par le piton des Neiges, le piton de la Fournaise aurait tendance à glisser vers l'est. Là même où se trouve la zone de faiblesse et où se produit la majorité des éruptions. Il existe une autre zone de faiblesse, moins connue du grand public, et pour cause, qui part de l'enclos Fouqué, au niveau du pas de Bellecombe, et se prolonge vers le nord-ouest en direction de la plaine des Cafres en passant par le Nez-de-Bœuf. Une éruption hors enclos a eu lieu au cratère Commerson il y a 2 000 ans avec une coulée de lave de 25 km de long dans la rivière des Remparts jusqu'à la mer. La plate-forme créée par la lave a depuis été colonisée par... la ville de Saint-Joseph (ce n'est pas si vieux) !

UN PEU D'HISTOIRE TOUT COURT

Si les premières observations du piton datent de l'arrivée de l'homme sur l'île, ce qui permet de savoir que, depuis 1650 environ, 300 éruptions ont eu lieu, il faut attendre le milieu du XVIIIe s pour voir les premières explorations. ***Philibert Commerson,*** le naturaliste de Bougainville lors de son voyage autour du monde, dirige la première expédition scientifique sérieuse en 1771. En 1801, ***Bory de Saint-Vincent,*** géographe et naturaliste, mène, alors que le cratère Dolomieu est en éruption, une mission plus approfondie dont il publiera une relation détaillée. Des cratères de la Fournaise portent le nom de ces deux savants. Le cratère Dolomieu, lui, rend hommage à... ***Dolomieu,*** géologue qui n'est jamais venu à La Réunion, mais qui a été le maître de Bory de Saint-Vincent.
Ce n'est qu'au début des années 1960 que la fréquentation du volcan devient chose normale : avant, en effet, l'absence de route pour y monter supposait qu'il fallait organiser de véritables expéditions, longues et coûteuses, avec porteurs.

Comment y aller ?

➢ ***Une seule route conduit au piton de la Fournaise :*** *la RF 5, qui part de Bourg-Murat (km 27), dans la plaine des Cafres (voir ce chapitre).* Il a fallu 12 ans pour la construire, de 1957 à 1968. De Bourg-Murat au pas de Bellecombe, compter 45 mn pour env 25 km. Pas de bus, mais possibilité d'y aller avec *• taxis-de-france.com/annuaire/arrondissement-lareunion •* Résa à l'avance, min 2 pers. Env 25-30 €/pers sans attente ; dégressif à partir de 5 pers. En stop, c'est faisable, mais prévoir de partir de bonne heure. Voici d'autres moyens d'accès.

➢ La ***marche,*** pour ceux qui ont du temps (et du courage). Périple de 2 jours + 1 nuit, à faire impérativement avec la carte IGN Top 25, nº 4 406 RT. De Bourg-Murat, monter au piton Textor (2 165 m), puis jusqu'à l'oratoire Sainte-Thérèse (2 411 m) et descente dans le paysage lunaire de la plaine des Sables. Compter près de 6h. Nuit au *Gîte du Volcan.* 2e jour : descente dans l'enclos (2h30-3h depuis le gîte) et retour par le même chemin. Possible aussi au départ de Plaine-des-Palmistes : départ du Bras-des-Calumets, puis piton Doré d'où l'on rejoint le piton Textor.

➢ L'***hélico*** ou l'***ULM,*** pour ceux qui ont les moyens (voir nos adresses dans « Sports et loisirs » de « La Réunion utile » en fin de guide) !

➢ ***Original :*** en ***vélo couché*** avec **Atmosphère péi** *(groupes de 5-14 pers, à partir de 20 €/h et par pers ; 📱 06-92-44-47-17 ; • atmospherepei.com •)* ou ***à cheval*** *(infos à l'office de tourisme du Tampon, ☎ 02-62-27-40-00 ; • tampontourisme.re •).*

Où dormir ? Où manger ?

🏠 |●| ***Gîte du Volcan :*** *700 m avt le pas de Bellecombe, tourner à gauche puis continuer sur 1,3 km. 📱 06-92-85-20-91. Résa impérative (également dans les offices de tourisme, sur • reunion.fr • ou • explorelareunion.com •). Resto ouv à tous tlj sf mer midi ; sur résa le soir. Env 16-18 € en dortoir ; 60-80 € en bungalow (2-4 pers). Petit déj 7 €, sur résa. Plat env 20 € (dîner à 19h).* Une adresse du bout du monde. Elle se compose d'une bâtisse principale sur pilotis et de plusieurs petits édifices disséminés dans un jardin. En tout, une soixantaine de lits (ce qui fait du monde), répartis en dortoirs de 4 à 12 personnes, plus ou moins rénovés, mais propres. Sanitaires communs, eau chaude (jeton, mais parfois quelques problèmes vu que ça marche avec des panneaux solaires), cuisine à disposition. Pour le chauffage, on se contente d'une cheminée par bâtiment en hiver. Pour plus de confort, opter pour les bungalows pour 2 ou 4. En revanche, le resto a fière allure : la salle profite d'une vue panoramique géniale sur les environs. Pas de la grande cuisine, mais du solide bien ficelé. Accueil réservé.

L'INTÉRIEUR DE L'ÎLE

À voir sur la route du Volcan

Après avoir quitté Bourg-Murat, la route traverse une forêt de cryptomerias et de conifères d'origine japonaise (quelques petits espaces de pique-nique). Puis les arbres se raréfient. Au bout de 8 km, arrêtez-vous au ***Nez-de-Bœuf*** (2 065 m) sur l'aire de stationnement pour admirer la vue plongeante sur la vallée de la rivière des Remparts et les montagnes prisonnières des nuages. Elle porte bien son nom, cette vallée, avec ses fantastiques falaises de 800 à 1 000 m de hauteur qui dégringolent sèchement jusqu'à la rivière. Le paysage se mue ensuite en un curieux mélange de lande, aux beaux dégradés de vert et de gris, et de chaos basaltique.

➢ **Le piton de l'Eau :** *à env 12 km de Plaine-des-Cafres (env 800 m après la grande antenne), prendre la piste sur la droite ; parking à 100 m.* Pas facile de s'y retrouver, signalisation fantaisiste (bien se renseigner avant !). Dénivelée positive de 220 m. C'est l'unique lac dans un cratère volcanique de l'île, à 1 887 m d'altitude. Balade à faire aussi à VTT. Les paysages ont malheureusement souffert d'un incendie en novembre 2010, mais la nature reprend vite le dessus.

Le belvédère du cratère Commerson : *à env 15 km de Plaine-des-Cafres, petite aire de stationnement sur la droite de la route ; suivre alors un sentier de 150 m (panneau).* Ce cratère invisible de la route porte le nom d'un célèbre scientifique du XVIIIe s. La vue depuis le belvédère est absolument impressionnante : il mesure 200 m de diamètre pour 235 m de profondeur. Des dimensions pour le moins colossales dues à une « éruption phréato-magmatique explosive », excusez du peu. Attention aux enfants, il n'y a pas de barrières de sécurité au-delà du point de vue.

➢ **Le morne Langevin :** *à env 18 km de Plaine-des-Cafres ; le sentier débute sur le côté droit de la route, au niveau du parking du pas des Sables, juste avt de descendre dans la plaine des Sables.* Compter 3h-3h30 A/R en boucle (dénivelée positive de 210 m). Ne pas prendre le chemin sur la droite, mais longer le rempart des Sables, avec vue sur la plaine. Après une petite heure de marche, on atteint le sommet du Morne (avec son antenne, à 2 403 m). Après le belvédère panoramique, il faut revenir sur ses pas.

À 2 360 m, il faut absolument faire une halte au belvédère (du pas des Sables) qui domine la ***plaine des Sables,*** ce « paysage lunaire au bout duquel on tombe dans le vide du ciel » (Bataille). Néant minéral et palette d'artiste, ce désert rouge et noir évoque aussi un décor à la Spielberg : on jurerait une piste d'atterrissage pour Martiens ! Seulement, il faut attendre que les nuages fugitifs s'estompent... et vous apercevrez le cône grisonnant du volcan, juste en face, au bout de la route ! Pour bénéficier d'une vue d'ensemble, il est toutefois préférable de garer son véhicule au niveau du panneau d'information et de gagner à pied la crête (à 100 m derrière le panneau).
À partir de la plaine des Sables, le bitume cède la place à une piste de terre carrossable, mais minée de nids-de-poule vicieux.

Après avoir traversé la plaine des Sables, 5 km plus loin, on parvient au ***pas de Bellecombe*** (2 311 m d'altitude), terminus de la route. En théorie, snack et toilettes sèches sur place (de 8h à 16h environ), mais pas d'eau potable. Prévoir des vivres. Panorama de rêve sur le piton de la Fournaise (enfin, le voilà !). À ses pieds, le fameux « enclos » (l'enclos Fouqué), vaste cuvette naturelle (une caldeira formée il y a 4 700 ans) chargée de contenir les flots de lave du monstre volcanique. En bas à gauche, on remarque le Formica-Léo, un joli petit piton tout rouge, et encore plus à gauche, le piton Kapor. À gauche du belvédère, les escaliers (un peu plus de 400 marches, gardez des forces pour le retour !) mènent au sentier de randonnée vers le volcan... Pour les connaisseurs, on peut apercevoir, en descendant les marches, un dyke (cheminée volcanique solidifiée).

Visite au cœur du monstre

L'une des plus belles randonnées de l'île : un aller-retour dans l'enclos qu'on peut faire avec les enfants, s'ils sont préparés à l'aventure !
On peut passer la nuit au *Gîte du Volcan,* pour être à pied d'œuvre dès l'aube. Mais le départ de la rando se trouve au ***pas de Bellecombe.*** Au sommet du rempart, vous surplombez l'enclos Fouqué, en forme de fer à cheval (9 km de large sur 13 de long). C'est là que commence le sentier, balisé tout le long par de gros points blancs.

Conseils aux randonneurs

– ***Prévoir de bons vêtements :*** très bonnes chaussures (la marche est difficile, tout n'est qu'arêtes et cassures), un pull, un coupe-vent genre K-way, car il fait froid le matin de bonne heure. De juin à septembre, passage de fronts froids et températures autour de 0 °C (en août 2003, la neige a réussi à tenir 24h !). Et surtout, un chapeau, même si le temps est à la grisaille, et de la crème solaire ! Le soleil est beaucoup plus traître qu'on ne le croit, et même par temps de brouillard, à plus de 2 000 m d'altitude, les coups de soleil sont redoutables.
– Ne pas oublier d'***emporter de l'eau,*** car il n'y a pas de point d'eau au parking.
– Prévoir 5-6h de rando au minimum (aller et retour) pour le balcon du Dolomieu (le must), mais d'autres balades plus courtes existent également.
– ***Partir dès l'aurore,*** et même avant, pour être sur le volcan le plus tôt possible et bénéficier de la plus belle lumière de la journée et du lever du soleil. C'est la raison pour laquelle les hélicos survolent les cratères le matin entre 6h et 10h. De plus, il y a moins de monde et les températures sont plus clémentes. Mais sachez que la météo est imprévisible. Le ciel peut se couvrir en 15 mn, la brume peut laisser place à un soleil radieux tout aussi rapidement, même en pleine après-midi. Contrairement à une idée reçue, les nuages n'apparaissent pas systématiquement en fin de matinée, comme dans les cirques où la végétation est abondante. Sachez aussi que si le ciel est bouché à Hell-Bourg, il peut être dégagé au piton. N'hésitez pas à consulter les webcams qui diffusent les images en léger différé sur le site ● *fournaise.info* ● Mais n'oubliez pas que le temps de monter, les conditions peuvent changer...
– ***En cas de mauvais temps*** (brume), ***suivre scrupuleusement les balises du sentier*** (marquage blanc tous les 2 m en moyenne), ne pas chercher à en sortir. Tous les ans, des randonneurs imprudents se perdent, certains ont été retrouvés morts de froid ou de déshydratation !
– Évidemment, ***ne laisser aucun détritus ou déchet sur le sentier,*** les rapporter de préférence à votre point de départ. On trouve quelques poubelles en cours de balade, mais elles sont souvent surchargées, faute d'être vidées régulièrement.

Roches et curiosités volcaniques

Comme nous savons déjà que le lecteur curieux et romantique voudra rapporter un échantillon à l'être aimé(e), voici une petite digression sur les différentes roches à observer. En prévision de cette collecte, emportez une boîte en plastique et du coton, car tous les morceaux sont fragiles et supportent mal le frottement avec leurs congénères. Entourez-les séparément avec du papier.
– ***Le graton*** *(ou AA)* ***:*** c'est la roche qui constitue les énormes fleuves noirs (nommés à juste titre « coulées de gratons »). Vous avez dû les remarquer car on risque de se tordre les pieds en marchant dessus. Roches pleines d'anfractuosités, venant d'une lave de type pâteux, au refroidissement lent.
– ***Les laves pahoe-hoe*** (mot hawaiien) ***:*** laves lisses qui recouvrent une bonne partie de l'enclos, issues d'une lave plus visqueuse. Les coulées d'août 2004, à voir sur la route des laves, sont en *pahoe-hoe,* contrairement à celles de 2002 ou 2005 (graton). Les laves dites « cordées » appartiennent à cette famille.
– ***Les projections :*** ces pierres très lisses, d'aspect luisant et très riches en gaz, ont été projetées à haute altitude et ont donc refroidi vite. Leur couleur va du bleu au rouge (riche en fer) en passant par le beige, le jaune (riche en sulfate de sodium) et le noir. Superbes ! Il existe trois sortes de projections suivant la taille : les cendres (moins de 2 mm), les lapillis ou « petites roches » en italien (de 2 à 64 mm, le Formica-Léo en est constitué) et les bombes volcaniques ou *spatter-cônes* (plus de 64 mm) qui retombent telles de vulgaires bouses de vache en se collant les unes aux autres. Toutes ces projections forment les pitons.

– ***Les lapillis :*** toutes petites pierres friables et fragiles, de différentes couleurs. C'est l'essentiel de la texture de la plaine des Sables (qui porte mal son nom puisqu'elle n'est pas constituée de sable mais bien de lapillis).
– ***Les cheveux de Pélé :*** rien à voir avec le vénérable sportif... mais plutôt avec Pélé, déesse des Volcans hawaiiens. Gouttelettes de lave échappées d'une « fontaine » et se terminant en fil de verre volcanique. Très fragiles et très belles, elles rappellent un peu la peinture japonaise.
Enfin, petites précisions : si toutes les roches sont pleines de trous, c'est que le magma, roche en fusion, est riche en gaz. Au cours d'une éruption, ce dernier s'échappe en raison de la variation de pression. C'est ainsi qu'apparaissent toutes ces alvéoles rendant les pierres si légères.

La marche sur le volcan

➢ Compter 15 à 20 mn de descente (à peu près 150 m de dénivelée) pour arriver dans l'enclos au paysage lunaire. Toutefois, en fonction de l'activité du volcan, il peut être interdit au public. Ne pas enfreindre cette interdiction, les risques sont réels. On passe tout d'abord par le ***Formica-Léo,*** c'est-à-dire le premier cratère, situé juste en face du sentier. Il a été décrit dès 1753 : son nom signifie « fourmi-lion » car il forme un entonnoir rappelant le piège édifié par la larve du fourmi-lion, qui projette du sable pour faire tomber ses proies. Avant, il était beaucoup plus haut mais, il y a 200 ans, une coulée de lave l'a enseveli.
Tout autour, d'immenses plateaux de lave. Ce sont des plaques en *pahoehoe* (prononcer « pa-hoï-hoï » !), dues à une coulée visqueuse de 10 cm à 2 m d'épaisseur. Cette lave a refroidi très lentement, ce qui explique sa couleur et sa texture. Observez la lave cordée : elle se produit, d'une manière générale, en fin d'éruption. Comme elle était très chaude (1 150 °C), donc très fluide et pratiquement sans gaz, elle a formé en se refroidissant lentement ces étranges dessins. La traversée de ce plateau de lave se termine à la « chapelle » de Rosemont, en fait un gros tumulus de lave. De là, il est possible de prendre sur la droite vers le cratère Rivals (2 243 m), une promenade plus facile. Si vous êtes toujours en jambes, continuez sur la gauche, direction le balcon du Dolomieu (2 366 m). Le sentier commence à monter pour de bon et les gratons, de plus en plus nombreux, rendent la progression plus difficile. Certaines de ces coulées de gratons sont très récentes (décembre 2010). On continue en contournant la montagne par le nord-est et au bout de 2h30, voici devant vous le gouffre créé par l'effondrement, le 6 avril 2007, de 100 millions de m³ de roches : 1 000 m de diamètre, 350 m de profondeur, enfin... au moment où ces lignes sont écrites, car chaque nouvelle éruption peut modifier la donne en accélérant son comblement (les deux petites éruptions de 2008 ont déjà permis au plancher de remonter de 70 m : certains ont calculé que d'ici 100 à 200 ans le Dolomieu sera comblé !). Prévoir à peu près la même durée pour le retour.

➢ ***Le piton Kapor*** *(2 150 m)* **:** beaucoup plus facile que le balcon du Dolomieu (300 m de dénivelée seulement et environ 3h A/R, sans se presser). Descendre dans l'enclos, laisser sur la droite le sentier pour la chapelle de Rosemont et poursuivre sur le sentier de gauche. Retour par le même itinéraire. C'est ce piton qui a alimenté la coulée de lave pendant 196 jours en 1998. La coulée est arrivée à 1 m de la RN 2, près de la Vierge au Parasol sur la côte est. De petites coulées hors enclos se sont produites au nord-ouest et à l'aval du Nez-Coupé de Sainte-Rose.

➢ ***Le Nez-Coupé de Sainte-Rose*** *(2 076 m)* **:** compter 3h30-4h A/R (dénivelée positive de 460 m). Du pas de Bellecombe, ne pas descendre dans l'enclos, mais continuer le sentier sur la gauche jusqu'au piton Partage. De là, point de vue sur tous les derniers-nés des cratères : piton Kapor (1998), piton Célimène (2000), cratère Legros (2000). On voit aussi la fissure d'environ 1 000 m apparue après l'éruption de juillet 2015 (la plus sombre). Ensuite, le sentier est plus raide jusqu'au Nez-Coupé avec sa table d'orientation.

Randonnée de 2 jours vers Mare-Longue sur le GR R2

➢ Pour cette rando, il faut avoir la carte IGN Top 25, nº 4 406 RT. Pour randonneurs expérimentés. Départ du parking du *Gîte du Volcan,* arrivée à Saint-Philippe. Partir très tôt. Le premier jour, il faut marcher jusqu'au gîte de Basse-Vallée (19,5 km ; 7h), en longeant le rempart du volcan par le sentier du Tremblet, puis descendre à travers la forêt des Hauts vers Basse-Vallée. La descente prend 3h à travers les landes puis la forêt de tamarins. Ensuite, il faut traverser le lit à sec de la Vallée Heureuse jusqu'à une forêt de cryptomerias. Le gîte est là. Réservation obligatoire auprès du central de réservation *Île de La Réunion* (se reporter à la rubrique « Où dormir dans le coin ? » à Saint-Philippe). Cette première journée offre le plaisir d'alterner les paysages, d'abord lunaires en marchant sur un sol sec et rocheux sans végétation, puis dans une exubérance de sous-bois verts accompagnés des chants d'oiseaux, pour finir dans une canopée à 20 m. Le lendemain, marche de 5h sur le GR R2, jusqu'au sentier botanique. On se retrouve sur la N 9 : essayer le stop ou attendre le bus. Préférable de le faire avec un guide de la centrale de réservation *Île de La Réunion.*

Pour en savoir plus...

Pour découvrir le volcan en compagnie d'un guide spécialisé, plusieurs possibilités :

- Contacter la ***Cité du volcan*** (voir plus haut à Bourg-Murat) ou le ***central de résa Île de La Réunion*** à Saint-Denis. ☎ *0810-160-000 (prix d'un appel local). • explorelareunion.com • Tarifs selon prestation (durée, avec ou sans repas, nombre de participants).*
- Renseignements sur les randonnées dans le volcan et autour auprès de l'***office de tourisme du Tampon/plaine des Cafres,*** à **Bourg-Murat.** ☎ *02-62-27-40-00.*

PLAINE-DES-PALMISTES (97431) 4 940 hab.

• Plan *p. 284-285*

Une fois traversée la plaine des Cafres, on franchit le col de Bellevue. Dans la descente, la route se dandine en dessinant de nombreux lacets et offre de superbes points de vue sur les pitons recouverts de verdure. N'hésitez pas à faire un crochet par Petite-Plaine (route de gauche en venant de Bourg-Murat), au pied des remparts à pic de la forêt de Bébour. Quelques jolies cases anciennes au bord de la route. En arrivant au Deuxième-Village (c'est son nom !), c'est-à-dire dans le centre-ville de Plaine-des-Palmistes, remarquez sur la gauche la villa des Tourelles,

maison de *changement d'air* : elle a en fait été reconstruite à l'identique sur le modèle de la maison de la famille de Villeneuve, datant de 1927. Plaine-des-Palmistes est une agréable bourgade, calme et fleurie. Son nom lui vient des nombreux palmistes (une variété de palmiers) que l'on trouve dans cette haute région verte et humide où poussent également les fougères et les orchidées. La plaine est connue pour ses très bons fromages, aux fines herbes, au gingembre, au *combava,* au miel, au goyavier, à la cardamome...

Arriver – Quitter

Bus : en plus de la ligne *Car Jaune* S2 reliant Saint-Pierre à Saint-Benoît par les plaines *(6/j., ☎ 0810-123-974, n° Azur),* liaison avec Saint-Benoît par bus *Estival* 65 *(5-10/j., ☎ 02-62-92-53-40).* Également une ligne (n° 64) pour la forêt de Bébour (2/j.).

Adresses et infos utiles

Office de tourisme de l'Est, bureau de la plaine des Palmistes *(plan C2)* **:** *258, rue de la République ; dans la Maison du parc national de La Réunion, reconnaissable à son architecture en bois. ☎ 02-62-41-17-70. • est.reunion.fr • ville-plainedespalmistes.fr • Lun-mer et ven-sam 8h30-12h30, 13h30-17h.* Réservation d'hébergements sur toute l'île, infos sur les visites de découverte du patrimoine, activités sportives, etc. Bons conseils et quelques brochures à dispo.

■ ***Luco Sautron :*** *06-92-28-87-19. • luco.sautron@wanadoo.fr •* Un guide qui organise différentes visites guidées et balades contées sur l'histoire, le patrimoine naturel et culturel du coin. *Prévoir 20 €/pers pour 2h ; min 2 pers.*

■ ***Domaine des Tourelles*** *(plan C2)* **:** *en face de l'office de tourisme. ☎ 02-62-51-47-59. • domaine-tourelles.com • Lun-ven 9h-18h (17h30 juin-août), ferme à 17h mar ; le w-e 10h-17h.* Boutique et ateliers d'artisans (fonderie d'art, sculpteur, produits naturels et artisanaux). Propose des ateliers animés *(sur résa ; 2 €/pers).* Parfois, organisation de visites animées en forêt *(sur résa à partir de 6 pers).*

✉ ***Poste et distributeurs :*** *à côté de l'hôtel de ville (plan C1). Lun-ven 8h-12h, 13h-15h (16h jeu) ; sam 8h-11h30. Gabier. Un autre gabier au* ***Crédit agricole,*** *à proximité.*

@ ■ ***Espace culturel Guy-Agénor*** *(plan C1)* **:** *rue de la République, face à la mairie.* Abrite un cinéma *(ouv pdt les vac scol),* un cyberbase *(fermé le w-e)* et un café-snack (voir plus bas).

– ***Marché forain :*** *dim mat 6h-12h, derrière l'hôtel de ville (plan C1).*

Où dormir ?

Gîte d'étape

Gîte d'étape Le Pic des Sables – chambres d'hôtes Les Agrumes *(plan A3,* ***11****)* **:** *2, allée des Filaos, Bras-des-Calumets,* ***Petite-Plaine.*** *☎ 02-62-51-37-33. 06-92-64-54-97. Résas dans les offices de tourisme, sur • reunion.fr • ou • explorelareunion.com • À 4 km du village, prendre la route de Petite-Plaine (D 55), c'est sur la gauche, presque au carrefour pour Bélouve. En gîte, compter 25 €, petit déj compris. Repas 26 €.* Il y a d'abord le gîte dans une petite maison aux volets verts, avec un dortoir basique de quelques lits. Au fond du jardin, dans une bâtisse indépendante, 2 chambres récentes conviendront à ceux qui recherchent plus de confort (clim, lit en 160, frigo et TV). Le patron vous

■ **Adresses utiles**

- Office de tourisme de l'Est
- @ Espace culturel Guy-Agénor

Où dormir ?

11 Gîte d'étape Le Pic des Sables et chambres d'hôtes Les Agrumes
12 Chambres d'hôtes L'Héliotrope, Chez Henriette Grondin
13 Chambres d'hôtes L'Échelle
14 Chambres d'hôtes Le Conflore du Piton
15 Chambres d'hôtes Chez Béa

Où manger ? Où boire un café ?

20 Délice Point Chaud
21 Le Délice des Plaines
22 Le Café des Arts
23 Le Petit Four
24 Restaurant Les Platanes, Chez Jean-Paul
25 Le Relais des Plaines

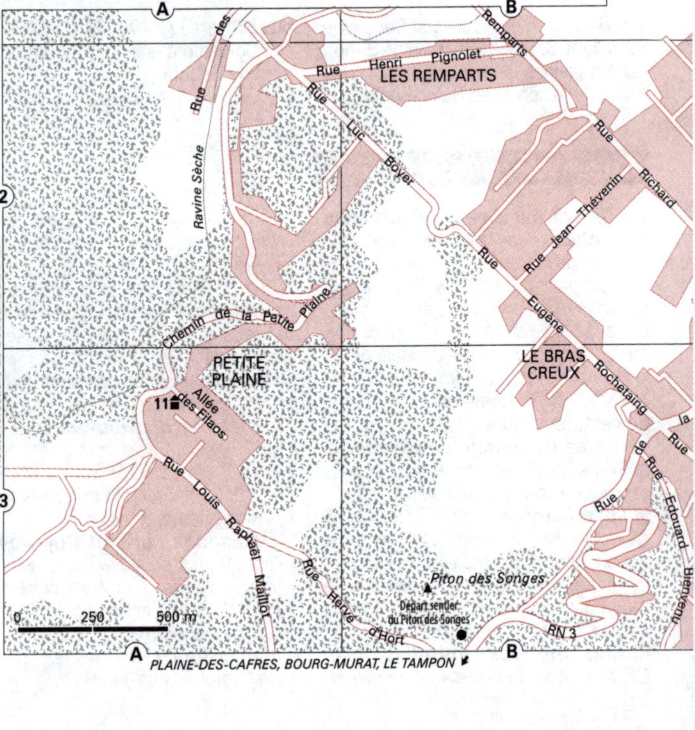

donnera toutes les infos nécessaires sur les sites de canyoning.

De bon marché à prix moyens

Chambres d'hôtes L'Héliotrope, Chez Henriette Grondin *(hors plan par D1,* ***12****)* **:** *43, rue Dureau. ☎ 02-62-51-33-79. 📱 06-92-05-14-57. À env 2,5 km après le village, prendre à droite la rue Dureau depuis une contre-allée, derrière l'arrêt de bus Pyramide-Fleurie. Faire env 700 m ; la maison est indiquée sur la gauche. Double env 50 € avec sdb commune, familiale également. Repas (sur résa) env 25 €, boissons comprises.* 3 gentilles chambres (rose, verte et saumon), pas bien grandes mais scrupuleusement tenues

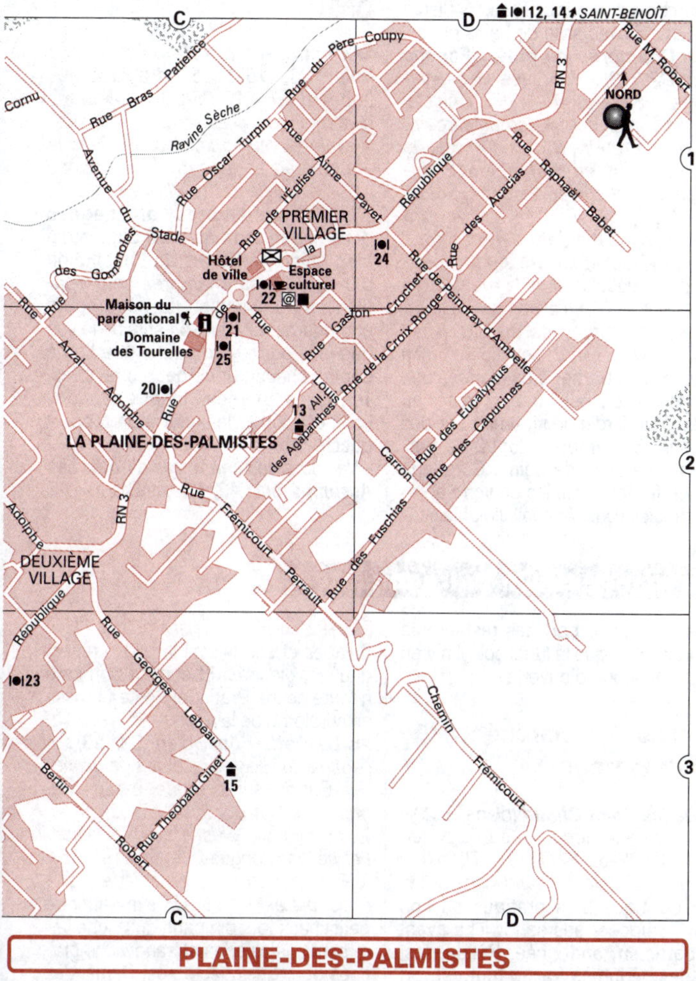

PLAINE-DES-PALMISTES

(murs recouverts de lambris et carrelage qui brille). Le tout dans une ferme d'élevage de volailles, avec un espace fleuri accueillant. L'accueil d'Henriette et d'Étienne est fort aimable. À table, copieux repas traditionnel.

Chambres d'hôtes Le Conflore du Piton *(hors plan par D1, **14**) : 91, rue Dureau, Bras-Piton. ☎ 02-62-51-41-04. • leconfloredupiton@gmail.com • À la sortie du village vers Saint-Benoît, sur la droite. Faire env 2,5 km dans la rue Dureau. Ouv le midi pour les non-résidents, le soir slt pour les hôtes. Double 62 €. Repas 27 €, boissons comprises.* Une jolie case isolée, dans un véritable écrin de nature, avec une belle façade verte et une varangue surmontée de colonnes à moulures, au pied d'un piton (vue magnifique). On se croirait presque au Mexique... C'est en fait très créole.

2 chambres confortables, aux couleurs pimpantes, avec salle de bains privée.

Chambres d'hôtes L'Échelle (plan C2, **13**) : *16, allée des Agapanthes. ☎ 02-62-51-48-55. • nicole.plantec@gmail.com • ilereunion.com/echelle • Prendre à gauche après le 1er rond-point en venant de Saint-Benoît ou à droite au 2e rond-point en venant de Saint-Pierre ; puis la 1re à droite dans la rue Patu-de-Rosemond et la rue Crochet encore sur la droite ; au bout à gauche dans la rue Carron, puis à env 200 m, l'allée des Agapanthes sur la droite ; c'est au bout. Ouf ! Double 60 €. Dîner env 25 €.* Au cœur d'un quartier très calme, une grande maison rose bonbon, posée au milieu d'un jardin fleuri, tenue par des Bretons. 5 chambres dont 2 se partagent une salle de bains. Carrelage luisant, fer forgé, tables en verre agrémentent les lieux. Accueil aimable.

Chic

Chambres d'hôtes Chez Béa (plan C3, **15**) : *86, rue Georges Lebeau. 06-92-95-10-02. • chez-bea@orange.fr • Résas slt sur le site : • explorelareunion.com • Dans la rue qui part en face de l'arrêt de bus « Chemin de la Petite-Plaine ». Double 75 €.* 2 chambres aménagées dans une maison au bord d'un jardin bien calme, à l'écart de l'habitation principale. Les chambres sont spacieuses, lumineuses, la déco sobre et moderne. Le plus, c'est la belle vue dégagée sur la campagne que l'on a depuis chacune des deux chambres. Terrasses privées. L'entretien des lieux est scrupuleux. Un bon rapport qualité-prix.

– Voir aussi ***les chambres d'hôtes Les Agrumes*** *(plan A3, **11**)*, plus haut.

Où manger ? Où boire un café ?

Notez que la plupart des restaurants ferment tôt et que le lundi soir, il n'y en a pas beaucoup d'ouverts !

De très bon marché à bon marché

Délice Point Chaud (plan C2, **20**) : *294, rue de la République (rue principale). ☎ 02-62-37-17-31. Tlj sf lun 6h-21h. Formules et sandwichs 3-8 €.* Une boutique bien pratique où l'on peut composer ses sandwichs avant de partir en randonnée. Pâtisseries, salades, légumes frais... tout est fort appétissant. Fait aussi petit déjeuner. Accueil dynamique.

Le Délice des Plaines (plan C2, **21**) : *333, rue de la République (rue principale) ; repérer le large chapiteau, sur la droite en venant de Plaine-des-Cafres. 06-92-64-61-02. Tlj sf lun. Buffet 10-15 € (mais moins de choix après 13h).* Vaste cantine populaire pour se rassasier à moindres frais : elle est vite prise d'assaut le midi. Très correct et copieux.

Le Café des Arts (plan C1, **22**) : *rue principale, en face de la poste. 06-92-65-57-41. Tlj sf mar 9h30-19h.* Salades et sandwichs le midi, crêpes, gaufres, glaces... Et surtout bon café à toute heure. Pratique. Petite terrasse en surplomb de la rue.

Le Petit Four (plan C3, **23**) : *à l'entrée du village en venant de Plaine-des-Cafres, sur la droite, à l'arrêt de bus Bras-Creux. ☎ 02-62-53-38-79. Le midi slt, plus le soir en saison. Fermé lun. Congés : juin. Plats 10-15 € (6 € à emporter), sinon salades, quiches, pizzas 3-12 €.* Un sympathique petit snack tout pimpant, qui aligne fièrement ses salades et sandwichs gratinés pour quelques euros. Demandez sans piment si vous n'êtes pas habitué, et prenez place sur l'une des quelques tables en terrasse ou dans la minisalle. Tous les jours, un *cari* différent. Le dimanche, coq fermier aux palmistes frais.

De bon marché à prix moyens

Le Relais des Plaines (plan C2, **25**) : *303, rue de la République. ☎ 02-62-20-00-68. • lerelaisdesplai* *nes@hotmail.fr • En léger retrait de la route. Fermé mar soir et mer. Le w-e, mieux vaut appeler avant (l'endroit peut être privatisé). Plat du jour 10,50 € ; formules (midi et soir) 14,50-18,50 €. Digestif maison offert sur présentation de ce guide.* Un resto aux tables recouvertes de nappes blanches qui propose une cuisine créole et métro, fraîche et préparée à l'instant. Intéressants apéros créoles (de 2 à 6 personnes) pour goûter différentes spécialités (*bouchons,* samoussas, beignets de crevettes et piments farcis). Dommage que la vaste salle ne soit pas un poil plus chaleureuse, surtout le soir. Service attentionné. L'un des meilleurs rapports qualité-prix de la ville.

|●| ***Restaurant Les Platanes, Chez Jean-Paul*** (plan D1, **24**) **:** *291, rue de la République. ☎ 02-62-51-31-69. 📱 06-92-60-17-11. Sur la droite de la N 3 en venant du centre, à l'angle de la rue Pendray-d'Ambelle. Ouv le midi mar-dim. Plats env 13-18 €, dim buffet env 20 €. Également à emporter.* Poisson au gingembre, sauté de bœuf aux *chouchous, boucané* aux pommes de terre, *caris,* etc., le tout servi dans une vaste salle par un patron chaleureux. Une bonne cuisine créole et chinoise qui fait le bonheur des familles du coin le week-end.

À voir

☛☛ ***La Maison du parc national*** (plan C2) **:** *même adresse et mêmes horaires que l'office de tourisme. ☎ 02-62-90-11-35. • parcnational.fr • reunion-parcnational.fr • Lun-sam 8h30-12h30, 13h30-17h.* Reconnaissable à ses bardeaux de bois en façade et au zinc pour les toitures, elle est 100 % bioclimatique et accueille un centre d'interprétation. Cet espace scénographique est consacré à la variété des paysages et à la biodiversité des pitons, cirques et remparts. Traversée virtuelle de l'île, films grandeur nature, jumelles interactives, boîtes à outils... Une façon ludique de découvrir les particularités géologiques, biologiques ou encore culturelles de l'île et comment l'homme y a forgé sa place. Terminez la visite dans les jardins endémiques, typiques de la forêt de Bois de couleur des Hauts. Les plus chanceux pourront même apercevoir un papangue en vol ou un zoizo la vierge à travers les feuillages.

Fête

– ***Fête des Goyaviers :*** *1er ou 2e w-e de juin.* Dégustation de produits du terroir et concours culinaires, le tout dans une ambiance de fête foraine, avec concerts en soirée. Élection de miss Goyaviers, mais pas de défilé en maillot de bain vu la fraîcheur du climat.

DANS LES ENVIRONS DE PLAINE-DES-PALMISTES

Randonnées

C'est l'endroit idéal pour entreprendre une randonnée, le choix est vaste. Renseignements à l'office de tourisme. Plusieurs ***balades familiales*** entre 1h et 3h autour de Plaine-des-Palmistes, dont les plus intéressantes partent de la route des forêts de Bébour-Bélouve (véhicule nécessaire). Mais aussi des randos faciles dans les proches environs.

➢ ☛ ***Le sentier botanique du piton des Songes*** (plan B3) **:** *à env 3,5 km du centre-ville ; suivre la N 3 dir. Plaine-des-Cafres. Au Bras-des-Calumets, parking* *sur la droite.* Balade facile (3,3 km en boucle, 1h15 à 1h30) passant par un chemin de croix. Joli point de vue sur Plaine-des-Palmistes.

Les forêts de Bébour et Bélouve *(hors plan par A3)* **:** *de Plaine-des-Palmistes, prendre la D 55 vers Petite-Plaine puis la route forestière, étroite et sinueuse, bordée d'arums en oct-nov, qui traverse la forêt de Petite-Plaine et continue vers les forêts de Bébour-Bélouve. On passe par le col de Bébour (1 414 m). Le terminus est à env 22 km de Plaine-des-Palmistes.* Ces deux forêts d'altitude, magnifiques, séparent Plaine-des-Palmistes du cirque de Salazie. La végétation est dense et on y trouve plantes épiphytes, mousses, bois de couleurs... Lieu de pique-nique favori des gens du coin, c'est aussi l'endroit idéal pour de petites randonnées pédestres à faire en famille ou des circuits à VTT. L'office de tourisme ne fournit pas de plan, mais des panneaux indiquent les randonnées (avec parfois les temps de marche), le long de l'unique route. La route s'arrête environ 400 m avant le gîte de Bélouve.

Gîte de randonnée de Bélouve : *06-92-85-93-07. Résas dans les offices de tourisme, sur • reunion.fr • ou • explorelareunion.com • Tout au bout de la route forestière nº 2 de Bébour-Bélouve, face au cirque de Salazie. Une barrière située à 400 m empêche l'accès du site en voiture (parking). Mais, attention, 2,5 km avt d'arriver à cette barrière, il existe en fait une 1re barrière ; en principe, cette dernière reste toujours ouverte, mais il n'est pas à exclure qu'elle ferme parfois le w-e, du ven 14h au lun 7h (les 3 km se parcourent alors à pied...). Pas de resto en fév le midi, ni le mer midi tte l'année. Env 16-18 €/pers la nuitée ; 42-45 € les doubles. Draps et couvertures fournis. Le midi, plat du jour 12 € ; le soir, menu env 20 €, petit déj 6 €, le tout sur résa. CB refusées.* Aire de bivouac surplombant Salazie, gratuite. 2 gîtes confortables : l'un comprenant un 1 dortoir de 6 lits et 2 chambres doubles, l'autre doté de 3 dortoirs de 6 à 12 lits. Cheminée dans chacun d'eux. Ici, on est loin de tout, et on a juste le silence de la nuit pour fond sonore. Gérants sympas qui peuvent vous renseigner sur le canyoning au Trou-de-Fer.

➢ Parmi les balades faciles indiquées le long de l'unique route, on a, entre autres, le sentier du Piton-Bébour (1,3 km après le col : 2,1 km de longueur, environ 1h15), le sentier pédagogique de Bras-Cabot (1,4 km), le sentier des mares et bois de couleurs, la piste menant à un point de vue sur Takamaka (8 km A/R)...

Juste en face du gîte de Bélouve, petit ***musée Paul-Charly*** *(tlj sf mer, 9h-16h ; GRATUIT)* consacré à l'ancien téléphérique construit en 1953. Il cessa de fonctionner en 1982, lorsque la route forestière fut créée. À proximité, sentier pédagogique de 200 m de long, entièrement aménagé sur un ponton (accessible en fauteuil roulant). Nombreuses bornes pédagogiques et ludiques permettant de découvrir la richesse de la faune, la flore et les activités humaines. Également un sentier pédagogique : le sentier de la Tamarinaie, long de 3,4 km. Compter 1h45 en boucle.

➢ ***Le Trou-de-Fer :*** *on accède au belvédère du Trou-de-Fer par un chemin balisé (« sentier de l'École-Normale ») qui débute env 100 m après la barrière située à 2,5 km avt le gîte de Bélouve. Compter env 4h A/R. Départ possible depuis le gîte de Bélouve (mais attention, le w-e, du ven 14h au lun 7h, la barrière peut être fermée). Compter alors env 3h A/R (dénivelée positive de 300 m). On peut aussi faire la rando en boucle (compter env 4h). Partir de préférence tôt le matin en raison des nuages qui arrivent en fin de matinée.* Des caillebotis ont été aménagés aux endroits les plus boueux. On traverse une belle forêt de tamarins des Hauts, gérée par l'ONF, puis une forêt de cryptomerias. Le chemin, même pavé de rondins, est souvent boueux, il traverse la forêt primaire. Le Trou-de-Fer est un canyon spectaculaire de 300 m de profondeur dans lequel se déversent de hautes chutes d'eau et, de l'avis de tous, c'est l'un des plus beaux spectacles naturels offerts par La Réunion (avec le volcan). À découvrir depuis une plate-forme aménagée. Le Trou-de-Fer est aussi un endroit très prisé par les adeptes du canyoning.

➢ ***Vers la cascade du Chien – Bras-Panon :*** *la carte IGN est obligatoire (n° 4 402 RT). Randonnée à faire sur 2 j. (durée : env 11h aller !).* Il pleut souvent dans cette partie de l'île. Parcours TRÈS sportif et technique (échelles...). Une très belle rando, mais pas à mettre entre toutes les godasses.

➢ ***Vers Hell-Bourg :*** on peut rejoindre Hell-Bourg en 3h A/R (1h à la descente, 2h à la remontée). On vous donne plus de détails dans le chapitre sur Hell-Bourg.

HOMMES, CULTURE, ENVIRONNEMENT

ACHATS

L'artisanat se développe lentement avec des initiatives intéressantes comme le village artisanal dans les Hauts de Saint-Gilles, les artisans du village de L'Entre-Deux, des Hauts de Saint-Joseph, de la région de Saint-Philippe, des marchés forains de Saint-Paul et de Saint-Pierre... À noter que le marchandage n'est généralement pas pratiqué.

La ***vannerie*** est la spécialité principale de La Réunion : avec le bambou fendu et le *vacoa* tressé (région de Saint-Philippe), les habitants fabriquent des paniers (appelés *tentes*) que l'on trouve sur les marchés. Évidemment, difficile d'égaler les prix serrés de l'artisanat malgache. Plus facile à rapporter en tout cas que les meubles de style Compagnie des Indes (région de Saint-Louis), ou même les chaises du Gol (en filaos et jonc) réalisées près d'Étang-Salé, dans le Sud-Ouest. Enfin, si vous voulez faire plaisir aux grands-parents, Cilaos (dans l'intérieur) produit de délicates ***broderies*** très célèbres (mais chères), et L'Entre-Deux (dans les Hauts de Saint-Pierre) des ***pantoufles*** en fibres de *chocas* tressées.

LA SAVATE DEUX DOIGTS

C'est le surnom local donné aux tongs. Évidemment c'est la chaussure la plus utilisée ici, aussi bien à la plage qu'à la ville. Elle a le triomphe modeste, puisqu'elle est toujours aussi bon marché.

Plus faciles à trouver et à transporter, les nombreux produits locaux : ***lentilles*** et ***vin*** (de Cilaos), ***fruits tropicaux*** (à acheter la veille du départ), gousses de ***vanille...*** On conseille de les acheter sèches et non tout juste cueillies, car même si ces dernières paraissent plus appétissantes (plus charnues), elles sont en fait beaucoup moins parfumées. Il leur manque en effet quelques mois de séchage pour que tout leur potentiel aromatique se libère. Choisissez-les de couleur noir-brun et non vert-jaune, collantes et pouvant être enroulées autour du doigt sans casser. Sans oublier les bouteilles de ***rhum,*** de punch et de rhum arrangé (moins chères dans les supermarchés que dans les boutiques touristiques), achards, épices, etc. Une bonne idée de cadeau : les ***fleurs.*** Un anthurium se conserve 2 ou 3 semaines. On en trouve sur les marchés (celui de Saint-Pierre est le mieux fourni), mais certains fleuristes, à Saint-Gilles par exemple, font des emballages spéciaux pour les voyageurs. On vous conseille aussi l'***artisanat malgache,*** notamment les nappes brodées aux motifs naïfs, bon marché. Attention aux objets interdits à base de coraux ou de coquillages. En ce qui concerne l'écaille de tortue, les objets doivent avoir un certificat prouvant la légalité de la mise sur le marché. Dans le doute, s'abstenir. Enfin, en librairie, grand choix de ***livres*** de cuisine, de compilations (avec photos d'archives) ou de romans consacrés à La Réunion ou à l'océan Indien.

Colis de fleurs et fruits

Des sociétés proposent d'expédier les denrées périssables vers la métropole (fleurs, fruits, samoussas, etc.) entre 48h et 72h. Se renseigner dans les offices de tourisme.

■ **Mélissa :** *28, chemin Cratère, Bras-Canot, 97470* ***Saint-Benoît.*** ☎ *02-62-21-12-12.* 📱 *06-92-00-66-99.* • *melissa.fr* • Cette plantation se visite, mais elle propose aussi des colis de fleurs ou de fruits à emporter dans l'avion ou à expédier *(à partir de 55 €).* Penser à commander 48h à l'avance. Soit on passe prendre le colis sur place à Saint-Benoît, soit on le fait livrer à l'aéroport (avec supplément).

■ **Colipays :** ☎ *02-62-28-99-99.* • *colipays.com* • Colis de fruits, rhum et fleurs. En expédition seulement. Produits de bonne qualité, mais prestation chère.

Les principaux marchés

Marché de Saint-Paul : vendredi (toute la journée) et samedi matin. Stands d'artisanat plus riches le vendredi ; le samedi, on vient plutôt pour les fruits et légumes. Moins intéressant, le ***marché artisanal couvert de Saint-Paul*** : ouvert du lundi au vendredi.

Marché couvert de Saint-Leu : fermé dimanche après-midi. Surtout de l'artisanat.

Marché de Saint-Pierre : le samedi matin. Et surtout ***marché couvert*** à côté de la gare des bus *Alternéo,* du lundi au samedi. On y trouve fruits tropicaux, épices, textiles brodés de Madagascar et artisanat de La Réunion, plutôt bon marché.

Grand Marché de Saint-Denis : tous les jours sauf le dimanche (voir Saint-Denis). Artisanat malgache dans un hall couvert (il y a aussi un ***Petit Marché,*** tous les jours sauf dimanche après-midi, où on trouve fleurs et denrées alimentaires).

Marchés forains du Chaudron (Saint-Denis) les mercredi et dimanche matin, ***des Camélias*** (autre quartier de Saint-Denis) le vendredi matin. Enfin, au Barachois (bord de mer à Saint-Denis), marché ***de nuit,*** le premier samedi de chaque mois de 19h à minuit.

Association Cass Le Coin : tous les jours au cap Méchant (région de Saint-Philippe), artisanat de vacoa.

Village artisanal de L'Éperon : à Saint-Gilles-les-Hauts, un « village » dans l'ancienne usine de canne à sucre. Les quelques artisans travaillent la poterie, le coco, la céramique, les vitraux, etc.

BOISSONS

Les vins, bières et eaux minérales

On trouve des vins de métropole de bonne qualité à prix corrects dans les grandes surfaces. Mais puisque vous êtes dans l'océan Indien, ce sera peut-être plutôt l'occasion de goûter aux vins du « nouveau monde » comme ceux d'Afrique du Sud, souvent de très bonne qualité. On trouve à La Réunion une grande variété de bières d'importation (dont la *Phoenix* de l'île Maurice), mais les vedettes incontestées sont la *Bourbon,* gentiment appelée *Dodo,* et la *Fischer,* toutes deux brassées sur place, cette dernière sous licence. La *Dodo* a même une petite sœur : la *Métiss, Dodo* fruitée (aux litchis). La région de Cilaos, dans l'intérieur, produit les seuls vins de La Réunion. Le vin *isabelle,* très sucré, se prend en apéritif mais pas comme vin de table. D'autres cépages ont été introduits à Cilaos, qu'on déguste à table (voir Cilaos pour une information plus complète sur le chai).

UNE INTERDICTION EN VAIN

L'isabelle, produit dans le cirque de Cilaos, est un vin assez exécrable qui sent... le renard. Sa promotion a été interdite en 1975. Le vin « qui rend fou » a été remplacé par des cépages nobles. Cela n'empêche pas que chacun cultive encore sa vigne d'isabelle au bout de son champ ou sous une treille, pour la consommation locale et familiale. Et le vin ne peut être vendu hors du cirque.

Cilaos est par ailleurs bien connue dans l'île pour sa production d'eau pétillante. Mais la vraie boisson « nationale » est évidemment le rhum, omniprésent.

Le rhum

Bien malins, les insulaires ne se sont pas contentés de fabriquer du sucre avec la canne. Ils produisent aussi énormément de rhum. Mais la qualité diffère selon la matière première utilisée, le jus de canne (rhum agricole) ou la mélasse (rhum traditionnel). La mélasse est un résidu de la fabrication du sucre. Vous apercevrez dans les villages reculés les locaux avec leur petite bouteille de rhum *charrette* (du nom de la marque la plus populaire à La Réunion) ; elle se nomme *pile plate.* Vous en apprendrez plus en visitant la sucrerie de Saint-Louis, la distillerie de Savanna à Saint-André ou le musée Saga du Rhum à Saint-Pierre.

PRIS EN GRIPPE

Au XVIIIe s, la Royal Navy n'hésitait pas à abreuver ses matelots de rhum. Mais le sévère amiral Edward Vernon – surnommé « Old Grog » par les hommes à pompon qui l'avaient dans le nez – décida de couper les rations avec de l'eau chaude pour ramener sobriété et obéissance dans les rangs. Une décision peu populaire, mais au passage Vernon avait inventé le grog, remède à beaucoup de maux, dont le rhume (avec un « e » cette fois-ci !) et la grippe.

Attention au *rhum maturé* (moins de 18 mois) : léger en apparence mais redoutable, dans le genre boomerang...
Avec le rhum, on peut confectionner des rhums arrangés (voir ci-après), des punchs (avec jus de fruits et épices) ou des cocktails. Enfin, n'oubliez pas de goûter au *café-vanille.* On trouve dans les supermarchés des bouteilles « Pause Café », qui sont en fait des punchs café-vanille au goût de liqueur de café.

Le rhum arrangé

À La Réunion, « arranger » le rhum est un sport national. C'est un mélange de *rhum traditionnel* et de beaux fruits qu'on laisse macérer de 6 mois à 2 ans avec le *faham,* une orchidée sauvage. Effet garanti ! Un peu comme les eaux-de-vie de nos campagnes. Vous verrez souvent, chez l'habitant ou même sur les comptoirs des bars et des restaurants, de grosses bonbonnes dans lesquelles macèrent les fruits et/ou des épices destinés à parfumer le rhum arrangé. Tous les fruits tropicaux de La Réunion servent à faire des rhums arrangés qui portent bien leur nom : rhum-coco, rhum-vanille, rhum-ananas, rhum-goyave, rhum-mangue, etc. Offrir un *p'tit rhum* après un bon repas est une marque du savoir-vivre créole. On vous en proposera dans tous les restaurants, mais la tradition se perd un peu chez certains qui n'hésitent pas à le facturer, d'autant plus que la vente d'alcool transformé est interdite par la loi.
On trouve sur les marchés des « préparations pour rhums arrangés ». Et puis des recettes sur les sites • *distilleriesavanna.com* • et • *rhum-charrette.com* •

CUISINE

Essentiellement créole, même si l'on trouve des restaurants indiens, chinois et bien sûr « métros », la cuisine réunionnaise est bonne, copieuse et souvent épicée. On y sent une nette influence indienne, notamment dans le *cari,* le *rougail* et les achards. Les recettes rappellent aussi les plats malgaches et africains. Les produits locaux sont pour beaucoup dans l'originalité de la cuisine réunionnaise. Certains fruits cueillis verts sont avant tout cuisinés en tant que légumes. Ils sont utilisés comme fruits une fois mûrs. Étonnante richesse de saveurs, à l'image des Réunionnais eux-mêmes ! Noter que les restaurants ferment généralement tôt, midi et soir (sauf sur la côte ouest, et encore !).

Petit lexique culinaire

– ***Achards :*** mélange de légumes râpés, salade, choux, carottes, gros piments, conservé sous forme de hachis dans de l'huile safranée.
– ***Baba figue :*** fleur de bananier, délicieux en *cari.*
– ***Bonbons piments :*** attention, ces bonbons de *grains* (pois) pimentés ne sont jamais sucrés, mais bien pimentés.
– ***Boucané :*** se dit de tout ce qui est fumé, en général le lard. À l'époque coloniale, toutes les viandes étaient boucanées pour la conservation.
– ***Bouchons :*** très fréquents dans les boutiques chinoises et créoles. Ce sont des boulettes de viande de porc enroulées dans une pâte de riz, et cuites à la vapeur. Bons, pratiques, pas chers. On les mange avec une sauce au piment ou au soja. Ou en sandwichs doublement gratinés, dans les camions-bars !
– ***Brèdes :*** vient du mot portugais *bredos* ou *bledos.* Ce sont des feuilles provenant de certains légumes *(chouchou, songe)* ou de plantes, et utilisées sous forme de bouillon, ou servies avec un *shop suey,* ou encore cuites nature (comme des épinards) avec de l'ail.
– ***Bringelle :*** aubergine, du portugais *brinjela.* En beignet, c'est délicieux.
– ***Chouchou :*** appelé « chayotte » dans le Midi de la France et « christophine » aux Antilles, le *chouchou* fait penser à une poire ou à un avocat de couleur vert-jaune pâle. Vous en verrez surtout à Cilaos et à Salazie, au bord des routes, reconnaissable à ses grosses feuilles et à ses longues tiges en forme de lianes. Il se mange principalement en gratin, voire en salade. Certains le préparent même en dessert. Pratique, dans le *chouchou,* tout est bon, comme dans le cochon ! Pas étonnant que ce soit le légume favori des Réunionnais.
– ***Combava :*** sorte de petit citron vert au goût exquis. C'est le zeste qu'on râpe pour parfumer les plats. Il faut en mettre peu.
– ***Grains :*** désignent les lentilles, haricots, pois qui accompagnent le *cari.*
– ***Lentilles :*** elles sont servies surtout avec les *caris.* C'est la spécialité de Cilaos.
– ***Macatias :*** *macatia* est un nom d'origine swahilie. Ce sont de petits pains ronds légèrement briochés, parfois fourrés aux pépites de chocolat. Divins au goût, ils fondent dans la bouche.
– ***Palmiste :*** sorte de palmier délicieux dont on mange le cœur. Préparé en salade, gratin ou achards. Le « chou » de palmiste – c'est-à-dire le cœur – est très apprécié, mais c'est un mets rare, donc cher. On appelle d'ailleurs « salade du millionnaire » la salade de palmiste, car il faut attendre qu'il ait 7 ans avant de pouvoir le cuisiner et ensuite chaque cœur ne donne que 600 g.
– ***Pinpin :*** fruit du vacoa. Son cœur (ou chou), même s'il est moins fin que celui du palmiste, peut se consommer en salade ou en gratin. Il sert aussi pour la préparation des achards, voire du rhum arrangé.
– ***Samoussa :*** « amuse-bouche » d'origine indienne, de forme triangulaire, farci de légumes, de viande hachée et d'épices. Vraiment pas cher. Les meilleurs se trouvent sur les marchés.
– ***Sarcive :*** travers de porc enrobé de miel et grillé à la chinoise.
– ***Sauté de mines :*** spécialité chinoise, sorte de spaghettis accompagnés de jambon coupé en petits morceaux, œufs, légumes. Plat bon marché.
– ***Songes :*** plantes des forêts humides, qui ressemblent à de la rhubarbe ; elles se mangent en salade, gratin ou en gâteau.
– ***Vanille :*** elle accompagne entre autres les volailles, et c'est à elle que vous devrez vos meilleures glaces.

Viande ou poisson ?

Comme viande, on trouve surtout des volailles (poulet en *cari,* canard fumé), de temps en temps du cabri, du porc ou du bœuf, et même du kangourou et de l'autruche dans les restaurants plus chic.

En poissons et crustacés, au choix : espadon, marlin, thon banane, grosses crevettes (les *camarons*) et langoustes (chères les unes comme les autres). À Salazie et à la rivière Langevin, truites d'élevage.

Quelques curiosités

– ***Les bichiques*** sont des alevins, le caviar réunionnais. Chaque nuit de pleine lune de septembre à décembre, ils remontent de la mer vers les cours d'eau. Sur les marchés, ils sentent très fort et sont vendus séchés, à un prix exorbitant ! Très bon en *cari* ou en *rougail*. Vu le prix des *bichiques* locaux, il n'est pas rare qu'on vous en serve en provenance d'Indonésie...

L'AUTRE CAVIAR RÉUNIONNAIS

Les Réunionnais sont friands de larves de guêpes. L'autre caviar réunionnais avec les bichiques. So chic ! La saison commence en avril. Elles se vendent à prix d'or. Frites, avec du sel, elles sont subtilement craquantes et dégagent un goût... subtil. Le plus dur reste la technique pour décrocher les nids.

– ***Le tangue*** est une sorte de hérisson, mais contrairement à celui-ci, il ne peut pas se mettre en boule. Il est très difficile à cuisiner, et si on n'enlève pas correctement certaines glandes, l'animal est immangeable. C'est l'un des mammifères les plus prolifiques du monde (jusqu'à 30 petits par portée) et sa chasse est réglementée par arrêté préfectoral.
– ***Les zourites*** (poulpes) sont excellentes en *cari* ou en civet. On en trouve souvent au menu des restaurants et dans les camions-bars.

Les plats traditionnels créoles

– ***Le cari :*** à La Réunion, un repas traditionnel sans *cari* est presque impensable. Tous les restaurants créoles en proposent et certaines tables d'hôtes ne servent que ça. Mais il existe tellement de façons d'accommoder le *cari* que vous n'aurez pas l'impression de manger tous les jours des plats identiques. Il y a le *cari-poulet* (le plus fréquent), le *cari-poisson,* le *cari-zourites,* le *cari-langouste,* le *cari-ti'jaques,* le *cari-bichiques,* etc. En fait, on met quasiment ce qu'on veut dedans ! Car le *cari* est une préparation non pimentée qui respecte des règles de base : dans une cocotte en fonte (règle impérative), saisir la viande ou le poisson, faire réduire des tomates et ajouter curcuma (safran-pays), ail et oignon, puis laisser mijoter. Bien sûr, il existe des variantes, mais en principe le *cari* réunionnais, même si son nom l'évoque, ne contient pas de poudre de curry. L'accompagnement est tout aussi important : du riz (en grosse quantité) et des petits bols remplis l'un de *grains* (légumes secs en sauce, généralement lentilles ou pois), l'autre de *brèdes* (feuilles de certaines plantes, malheureusement de moins en moins servies), sans oublier les différents types de *rougails* (condiments en principe très pimentés, lire plus bas le paragraphe « Pièges »). Manger le *cari* répond à tout un cérémonial : se servir en premier du riz, sur lequel on dispose les grains, puis la viande ou le poisson (ou autre) et, enfin, les condiments. Ne pas mélanger le tout, c'est très mal élevé ! Le mélange ne se fait qu'au bout de la fourchette et dans la bouche.
– D'autres plats ressemblent beaucoup au *cari* et sont aussi très fréquemment proposés : c'est le cas du ***massalé*** (mélange d'épices : coriandre, cumin, fenugrec, curcuma et *caloupilé,* ce dernier étant la feuille de curry) et du ***boucané*** (manière de préparer certaines viandes), mais surtout du ***rougail,*** à ne pas confondre avec le condiment du même nom (cité plus haut) qui accompagne le *cari.*
– ***Le rougail :*** préparation quasiment identique à celle du *cari,* à la différence près que la cuisson des épices, oignons, etc., se fait à feu vif et qu'il n'y a pas de curcuma. Le *rougail* que vous trouverez le plus fréquemment dans les restaurants est le fameux *rougail*-saucisse, suivi par le *rougail*-boucané. Dans les autres cas, le *rougail* est un condiment accompagnant le *cari* (voir plus loin « Pièges »).

– ***Les civets :*** les Réunionnais cuisinent beaucoup de civets ; civet coq, civet *zourites,* civet canard, civet cerf.
– ***Le pâté créole :*** le pâté créole est aux Réunionnais ce que la dinde aux marrons est aux habitants de la métropole, un plat des grandes occasions. On ne peut même pas dire que c'est un plat d'hiver, par ici (quoique, en pleine chaleur !)... Ce pâté se présente sous forme de tourte, avec une pâte brisée ou briochée, et garnie avec une farce de poulet ou de porc agrémentée d'épices, de tomates, d'oignon, d'ail... et d'une goutte de vermouth.

Tour culinaire de l'île

Une bonne initiative, ***Le Passeport gourmand*** *(• passeportgourmand.re •)* qui offre de nombreuses réductions dans des restaurants, mais aussi dans des fermes-auberges, des tables et chambres d'hôtes, des *Gîtes de France...* On peut se le procurer dans certains offices de tourisme ou le commander sur le site (un peu moins cher). On recommande d'ailleurs les fermes-auberges où l'on mange généralement le mieux et à un prix raisonnable (20-25 € tout compris).
– ***Hell-Bourg :*** on y cuisine le *chouchou.* Préparé en gratin, sauté avec du porc, sous forme de tourte, il accompagne aussi très bien les poissons comme la morue. À ce propos, on dit de deux vieux amis qui s'entendent bien qu'ils sont « pareils chouchou avec la morue ».
– ***Sainte-Rose et Piton-Sainte-Rose :*** en plus des babas figues et salade de palmistes, sont à l'honneur les *caris* de poisson rouge accompagnés d'une sauce au thym et à la tomate.
– ***Saint-Philippe :*** palmiste cru ou cuit, en salade ou en accompagnement d'un *cari.* À découvrir aussi, le chou de vacoa *(pinpin).* On trouve aussi du requin.
– ***La Plaine-des-Grègues et Grand-Coude :*** essayer les *brèdes,* l'ensemble des feuilles et tiges comestibles de certaines plantes. La Plaine-des-Grègues est la capitale du « safran-pays », le curcuma. Tirée d'une racine, cette épice est incontournable dans la cuisine de ce village.
– ***Saint-Louis et Saint-André :*** cabri *massalé,* spécialité des Tamouls. Les meilleurs cabris *massale* sont servis sur des feuilles de bananier lors des fêtes religieuses.
– ***Plaine-des-Cafres et Plaine-des-Palmistes :*** goyaviers et salades de palmistes. Bourg-Murat est connu pour ses fromages.
– ***Cilaos :*** célèbre pour ses lentilles et viandes fumées, servies accompagnées d'une bouteille de vin de Cilaos. Avec un verre d'*isabelle* pour ouvrir l'appétit, si l'on a le courage.
– ***L'Entre-Deux :*** seul endroit de l'île où déguster du *choca,* plante grasse dont on tire des fibres tressées pour l'artisanat, et qu'on peut aussi manger. Un peu filandreux mais original ; en légume d'accompagnement.
– ***Maïdo et La Petite-France :*** le géranium superstar. Alternative à la canne à sucre dans cette région, on tire de la plante des huiles cosmétiques, mais elle rentre aussi dans la composition de plats et de desserts, et évidemment du rhum arrangé !
– ***Mafate :*** *rougail*-saucisse ou *rougail*-boucané.
– ***Saint-Leu et dans les Hauts :*** le *zatte.* Mais *what is that ?* Un fruit aux écailles qui s'écartent sur une pulpe blanche autour de graines noires. Goût crémeux et sucré.

Les principaux fruits de La Réunion

Outre les ananas, les mangues, les avocats, les bananes, les cocos et les pêches, on trouve une ribambelle de fruits tropicaux. Paradoxalement, les restaurants en servent peu. Allez sur les marchés !
– ***Ananas :*** l'*ananas Victoria* est, selon les connaisseurs, le meilleur au monde ! Les plus petits sont excellents. La saison s'étend de novembre à février ; le reste

de l'année, ce sont des ananas dits « hormonés ». En décembre, le long de la rivière Langevin, les habitants vendent leur production. Les créoles ont une manière savante et très esthétique de couper l'ananas.

LE SECRET DE L'ANANAS

Ce fruit contient de la broméline, une enzyme qui attaque les protéines. Voilà pourquoi les récoltants sont obligés de porter des gants, car la peau des mains (composée de chair, donc de protéines), sinon, serait agressée.

– ***Banane :*** on trouve des petites bananes (appelées ici « figues ») beaucoup plus savoureuses que les grandes. On en fait de la crème de banane quand elles sont bien mûres.
– ***Bibasse :*** l'autre nom de la nèfle, fruit comestible du néflier. Très bon dans du rhum.
– ***Carambole :*** originaire de Malaisie, elle est reconnaissable à sa forme étrange, parsemée de côtes. De goût acidulé, elle est riche en vitamine C.
– ***Fruit de la passion :*** originaire d'Amérique tropicale, ses baies sont rouge-orange. Souvent utilisé dans la fabrication des punchs.
– ***Goyavier :*** même famille que la goyave, ressemble à une grosse groseille rouge. Pendant la saison, les Réunionnais vont aux goyaviers à Plaine-des-Cafres, comme on va aux mûres, pour les confitures et les rhums. D'ailleurs, un dicton local dit : *Ké'yir goyavié lé pa un métié* ! Pas faux. On peut les goûter toute l'année en confiture ou en glace.
– ***Jaque :*** fruit du jaquier (voisin de l'arbre à pain), de couleur verte, vendu à l'unité ou bien déjà découpé en petits morceaux. Mûr, il est très gros et hérissé de pics. Consommé avant maturité, il est appelé *ti'jaque* et cuisiné comme légume.
– ***Jujube :*** fruit de la taille d'une olive, essentiellement dans la région de La Possession (vendeurs en bord de route).
– ***Litchi :*** ou encore letchi. Originaire d'Asie du Sud-Est, très fréquent au Vietnam, à Madagascar et dans la région de Saint-Benoît, il ressemble à une petite boule rouge, hérissée de petits pics. Sous cette écorce rude se cache un délicieux fruit sucré à la chair blanche. De novembre à janvier, on en trouve partout. Ceux de Bras-Canot (quartier de Saint-Benoît) sont très prisés.
– ***Longani :*** originaire de Chine et d'Inde, on le trouve sur les marchés à partir de janvier, juste après les litchis. S'il leur ressemble un peu, une fois l'écorce enlevée, son goût est différent.
– ***Mangue :*** une des merveilles du verger créole de l'île. Importée d'Inde, la *mangue Carotte* se mange verte, avec un peu de sel et du piment. On trouve d'autres variétés de mangues : la *mangue Auguste, Lise, Léonard* ou la *mangue José,* d'une finesse remarquable, et une petite dernière, la *mangue Lirfa.*
– ***Papaye :*** fruit du papayer, arbre originaire d'Amérique tropicale, introduit à l'île Maurice avant 1750, puis à La Réunion.
– ***Tamarin :*** petit haricot à la pulpe sucrée mais aussi acidulée. On peut le trouver en boisson et en sirop. Facilite la digestion et est indiqué contre la constipation et les maux de gorge.
– ***Tanghor :*** l'orange *péi,* très juteuse.

Les saisons des fruits

Contrairement à ce que beaucoup imaginent, dans cette île tropicale, on ne trouve pas très facilement de fruits dans la nature, mais plutôt des pancartes « propriété piégée ». Voici toutefois les périodes d'éclosion des principaux fruits :
– ***Janvier :*** litchis, jujubes, fruits du philodendron (appelés « délicieux »), ananas, raisins à Cilaos.
– ***Février :*** longanis. Préférer les gros avec beaucoup de chair.
– ***Mars :*** arbres à pain, *badame,* baies, arachides, *zatte* (sorbets en mars-avril).
– ***Avril :*** avocats.

- ***Juin :*** goyaviers.
- ***Juillet :*** jujubes.
- ***Août :*** *bibasses.*
- ***Novembre et décembre :*** litchis et mangues (jusqu'en février selon l'altitude).
- ***Toutes saisons :*** bananes, ananas, papayes.

Pièges

- ***Piments :*** sur les marchés, lorsque vous goûtez à un piment comme si c'était une fraise, attention, feu au palais garanti ! En outre, dans certains snacks, on vous sert des sandwichs avec de la sauce piment à l'intérieur. Mais cette sauce a été si concentrée que, sitôt le dernier morceau avalé, les bouches s'enflamment. Mieux vaut être prévenu !

LE PIMENT, CET INCONNU

Le « piquant » n'est pas une saveur, car il n'agit pas sur les papilles mais sur les nerfs. La sensation est donc une douleur dont l'intensité est graduée de 1 à 10 selon l'échelle de Scoville. Il est fort utilisé dans les cuisines tropicales, car c'est un bactéricide et il réduit les infections intestinales. Pour l'atténuer, ni eau ni pain mais... du lait.

- ***Gingembre :*** dans certains *caris* à base de poisson, le gingembre remplace le poivre. Éviter de le goûter cru ! On le retrouve aussi dans les rhums.
- ***Rougail :*** dans beaucoup de restaurants, le *rougail* est un condiment servi à part, à côté des *grains* et du riz, et accompagné d'un légume vedette. Selon la variante choisie, il peut alors s'appeler *rougail*-tomate, *rougail*-mangue (accompagnant respectivement les viandes et les poissons), *rougail-dakatine, rougail-bringelle* (à base d'aubergine roussie sur le gaz, délicieux) ou *rougail-zavoca.* L'habit ne fait pas le moine. Demandez toujours ce que recouvre exactement le nom du plat que vous avez commandé.

Usages de table

Enfin, précisons que le vrai repas créole se contente d'un plat. Il n'y a ni entrée ni dessert. Mais cette tradition n'est guère respectée dans les tables d'hôtes où l'on sert parfois deux gratins en entrée et un dessert maison, genre gâteau de patate douce (un délice) ou de différentes saveurs : coco, banane, maïs, manioc, haricot (avec des fèves), carotte, goyaviers, etc. C'est bon, mais c'est souvent trop !
Au restaurant, un *cari* vous rassasiera largement, c'est tellement copieux ! Signalons aussi une « nouvelle cuisine » créole, excellente, où se mêlent plats traditionnels, parfums et fruits : canard à la vanille, magret de canard à l'ananas, gratin de papayes, crevettes au combava, etc.

CURIEUX, NON ?

- Les éruptions du piton de la Fournaise de ces dernières années qui ont plongé jusque dans la mer ont fait remonter à la surface des poissons et ont ainsi permis la découverte de ***nouvelles espèces endémiques.***
- Entre Saint-Philippe et Piton-Sainte-Rose, la coulée de lave de 2004 a créé un ***réseau de tunnels.*** Il abrite d'ailleurs la grotte la plus jeune de la planète que l'on peut explorer !
- ***La tôle*** est très souvent utilisée en guise de toit sur les cases. Ce n'est pas forcément un signe de pauvreté, en tout cas pas aux yeux des Réunionnais, sauf quand la tôle est rouillée.
- Au XIXe s, ***La Réunion,*** pourtant française, ***eut sa propre monnaie*** : le kreutzer. On la devait à Gabriel de Kerveguen (1800-1860), un riche négociant en café,

qui possédait 12 % de la surface de l'île ! La monnaie eut un tel succès qu'elle fut supprimée pour ne pas concurrencer le franc.
– Certains recherchent toujours à La Réunion ***le butin abandonné par le pirate La Buse*** au XVIIIe s. Avant d'être pendu en 1721, il eut juste le temps de jeter à la foule le plan de la cachette, mais personne n'a pu le déchiffrer.
– Sur la côte ouest, il pleut rarement, tandis qu'à l'est il pleut très souvent. L'île figure d'ailleurs en tête de peloton au niveau mondial pour certains ***records de pluie*** !
– Le cirque intérieur de ***Mafate,*** malgré sa superficie d'environ 100 km^2, a la particularité d'être ***coupé du monde.*** Aucune route n'y mène. On s'y rend uniquement à pied, par de petits sentiers de montagne. Malgré cela, les Mafatais sont au nombre de 800 environ.
– À Saint-Pierre se trouve le siège des TAAF, les ***Terres australes et antarctiques françaises,*** une collectivité territoriale atypique qui englobe, dans l'océan Indien, les archipels de Crozet, des Kerguelen, les îles Saint-Paul et Amsterdam, les îles Éparses et, plus isolée encore, la terre Adélie (Antarctique).

ÉCONOMIE

Une « région ultrapériphérique »

En 2014, La Réunion a célébré ses 30 ans en tant que région, mais, dans les couloirs de l'Union européenne, on parle d'elle comme une des « régions ultrapériphériques » (RUP). Les experts de Bruxelles ont calculé que les DOM-TOM coûtaient à l'économie du pays quatre fois plus qu'ils ne lui rapportaient. À titre d'exemple, les champs de canne ayant pris le dessus, il ne reste plus guère de terres agricoles disponibles pour nourrir les Réunionnais. D'où la nécessité d'importer la majorité de l'alimentation, ce qui représente un coût exorbitant (sans parler de l'empreinte carbone). Ce discours est connu, mais on oublie de préciser, car c'est plus difficilement quantifiable, ce que ces DOM-TOM « perfusés » apportent à la métropole :
– Une immense zone de pêche : la France est très présente dans l'océan Indien et possède ainsi une Zone d'exclusivité économique (ZEE) de 315 000 km^2, presque aussi grande que celle de la France métropolitaine, et plus importante que la zone malgache. Une mine d'or que Paris... loue aux flottes étrangères. L'océan Indien est devenu un eldorado et La Réunion un passage obligé pour les gros bateaux de pêche. Il faudra donc que les installations portuaires suivent, demander de nouvelles subventions, et qui dit subvention dit souvent... subversion politique. La cellule anticorruption a évalué à environ 30 millions d'euros par an la corruption sur l'île. La droite comme la gauche sont impliquées dans les scandales.
– Une présence dans les trois océans et une base pour l'armée. La Réunion, après l'épisode des incendies du Maïdo en 2011, qui fut l'occasion de rappeler que les RUP sont des entités fragiles, a proposé de devenir une « plate-forme de protection civile et d'intervention rapide » mutualisée, au bénéfice de l'ensemble de la zone.
– Une destination touristique où les Français peuvent « voyager très loin tout en restant chez eux » et un paradis pour les fonctionnaires puisque leurs salaires y sont très supérieurs à ceux de leurs collègues métropolitains.
On comprend que la France ne veuille pas abandonner ses DOM-TOM. Mieux, Jacques Chirac, quand il était président de la République, a même un jour avoué à des élus qui n'en demandaient pas tant : « L'outre-mer, c'est comme une femme, il faut l'aimer. Quand on l'aime, on ne peut rien lui refuser. »

Le télescopage social

À partir des années 1950, la société créole est passée d'une économie de plantation à la société du *Coca-Cola* en l'espace d'une génération. De 1970 à 2000, le solde migratoire a d'abord été négatif avec un départ massif des Réunionnais vers la métropole, puis positif de 1 700 personnes en moyenne par an, avec un retour au pays, l'arrivée des fonctionnaires, puis des investisseurs dans le tourisme ou encore des « décalés », en quête de « quelque chose ». Il leur semble, comme à Aznavour, que « la misère serait moins pénible au soleil ».

La filière canne reste la deuxième source de revenus sur l'île, après le tourisme. Plus de la moitié de la surface agricole utile est consacrée à la culture de la canne. Selon une étude du syndicat du sucre de la Réunion, en 2014, la filière assurait près de 18 500 emplois directs, indirects et induits (soit un peu plus de 13 % des emplois du secteur privé, et la première source d'emplois dans le domaine de l'agriculture). Seule la commune de Cilaos n'est pas concernée par la canne à sucre ! Mais la suppression des quotas sucriers et la fin de la politique des prix garantis par l'Union européenne à partir d'octobre 2017 a changé la donne. Désormais, la filière doit faire face à la concurrence du sucre venu d'autres pays. Des jours plus sombres s'annoncent donc... D'autant plus que le secteur est confronté à la diminution des surfaces agricoles, en raison notamment de la démographie croissante.

Les sociologues parlent de société de télescopage entre le modèle créole et le modèle européen, avec une prise de conscience que vivre à la française n'a pas que de bons côtés. Malgré le soleil et les cocotiers, des signes prouvent un réel mal de vivre chez les plus jeunes (39 % des habitants ont moins de 25 ans) avec un taux de chômage record au niveau européen (près de 50 % des moins de 24 ans étaient au chômage en 2016), tandis que le taux d'illettrisme avoisine les 22 % dans la population réunionnaise (7 % en métropole). Et la moitié de la population active travaille pour l'État. Malgré une apparente aisance générale (toute relative), des pans entiers de la jeunesse paraissent sans avenir, contraints de se débrouiller au jour le jour. Des manifestations ont eu lieu ces dernières années pour dénoncer la vie chère.

Une situation qui s'améliore ?

Durant les années 2000, le département a aligné bon an mal an un taux de croissance plus de 2,5 fois supérieur à celui de la métropole jusqu'en 2009 où la crise s'est fait durement ressentir. Après des années difficiles, la croissance a redémarré en 2014, et s'est maintenue en 2015 (2,8 %), soutenue par la consommation et un rebond des investissements. Ce taux est bien supérieur à celui de la métropole. Mais malgré une légère amélioration sur le front de l'emploi, près de 25 % de la population active est au chômage. Une famille réunionnaise sur cinq vit des allocations familiales et près de 40 % de la population vit sous le seuil de pauvreté. En fait, entre débrouille, petits boulots et vrais emplois (grâce au tourisme notamment), La Réunion semble à la fois tenir le cap et jouer de malchance.

Un développement touristique contre vents et marées

Oubliée l'épidémie de chikungunya de 2006 qui a véritablement déstabilisé La Réunion, si un touriste sur deux vient toujours à La Réunion pour des raisons familiales, un sur quatre vient désormais pour découvrir l'île. Et pas seulement les Français de métropole : l'île attire de plus en plus de touristes belges, allemands, chinois ou encore australiens. L'objectif affiché : atteindre les 600 000 touristes en 2020 (dont 40 % d'étrangers, contre 10 % actuellement).

Pour booster les séjours, il faut dire que La Réunion a su mieux valoriser ses nombreux atouts : une réserve naturelle marine et un parc national encore jeunes, l'inscription de ses « pitons, cirques et remparts » au Patrimoine mondial de l'Unesco en 2010, un tourisme vert et durable, axé sur la qualité, en contre-pied de la voisine île Maurice... Bref, une reconquête d'image de longue haleine, malheureusement mise à mal par les attaques de requins à répétition ces dernières années.

Le combat n'est jamais gagné d'avance, de surcroît dans un contexte de crise économique mondiale. Jusqu'au milieu des années 2010, la fréquentation touristique a eu du mal à décoller au-dessus de la barre des 400 000 visiteurs (près du double à l'île Maurice), même si 9 touristes sur 10 sont satisfaits de leur séjour. La faute au prix de l'avion, aux requins... L'année 2015 qui a connu une augmentation sensible du nombre de touristes (5 %) marque-t-elle un tournant ? Cette tendance s'est amplifiée en 2016 avec une augmentation de 7,5 % du nombre de touristes. Ces chiffres sont encourageants !

ENVIRONNEMENT ET PARC NATIONAL

Vers une autonomie énergétique ?

Selon une étude rendue publique par l'Insee en 2012, la consommation énergétique à La Réunion augmente plus rapidement que la population (notamment les carburants pour les déplacements individuels). Or, si l'île n'a pas de pétrole, elle ne manque pas de sources d'***énergies renouvelables*** : celles-ci comptent actuellement pour ***50 % dans la part de consommation énergétique totale,*** ce qui est déjà remarquable. Et les prévisions, ambitieuses, tablent sur les... 100 % en 2030 (au moins pour la consommation électrique).

Les ***centrales hydrauliques*** des rivières produisent pour l'heure 20 % de l'électricité consommée, les ***résidus des usines de canne à sucre*** 15 % (lorsqu'elles fonctionnent). Le reste de l'électricité dépend encore des importations de combustibles fossiles (fuel et charbon). Mais l'une des plus grandes centrales photovoltaïques de France est au Port, et la première « ferme agrinergie » (alliant production agricole et énergie solaire) a été inaugurée en 2010 à Pierrefonds. On teste, par ailleurs, les éoliennes et on réfléchit à l'***océanothermie,*** autrement dit aux énergies maritimes. Au niveau individuel, un tiers des logements sont équipés de chauffe-eau solaires (avec le taux d'équipement solaire le plus élevé d'Europe après Chypre). Et un quartier « écodurable » a vu le jour aux portes de Saint-Denis.

N'en jetez plus !

De manière générale, si l'île a une longueur d'avance en matière d'énergie, le tri des déchets n'en est qu'à ses balbutiements. La ***collecte sélective*** commence tout juste à s'organiser, mais le verre part en Afrique du Sud, le métal et le plastique en Thaïlande. Aïe ! Et les centres d'enfouissement technique arrivent à saturation. Quant au cuivre et au zinc provenant des sols volcaniques, on les retrouve dans le compost. Pas terrible au regard de la législation française.

Le long des ***sentiers de randonnée,*** La Réunion prend parfois l'allure d'une vilaine décharge, notamment aux alentours du piton des Neiges. Une seule règle, remportez tous vos emballages, mais aussi vos déchets organiques. Ces déchets, même s'ils sont « biodégradables », favorisent la prolifération des rats et des chats, féroces prédateurs des oiseaux. À titre d'exemple, c'est dans les remparts des plus hauts sommets de l'île que nichent les pétrels de Barau, oiseaux endémiques de l'île. Or les œufs, les poussins, et parfois les adultes, sont victimes d'attaques de rats et de chats domestiques retournés à l'état sauvage et qui se maintiennent à ces altitudes grâce aux restes de nourriture laissés par les randonneurs !

Parc national et patrimoine mondial

Pour la protection de l'environnement, de louables initiatives ont vu le jour ces dernières années. La plus remarquable : le parc national de La Réunion qui a été ***créé en 2007.*** C'est le neuvième du pays, mais le premier en proportion de territoire protégé (42 % de la surface de l'île). L'île montre ainsi sa volonté de protéger les précieux atouts naturels qui font d'elle l'un des hauts lieux de la biodiversité mondiale. La Réunion a su conserver une grande partie de son environnement originel, contrairement aux autres îles des Mascareignes (Maurice et Rodrigues). En effet, un tiers du territoire est encore constitué de ***zones naturelles originelles,*** comme ont pu les découvrir les premiers habitants de l'île Bourbon au XVIIe s. Par exemple, la forêt primaire de Bébour n'a jamais été défrichée. La fougère arborescente qui y pousse, haute de plusieurs mètres et endémique de La Réunion, sert d'emblème au parc national.

COLONS CONTRE NATURE

Dès leur arrivée au XVIIe s, les colons importèrent avec eux, volontairement ou non, une multitude de plantes et d'animaux. C'est un combat inégal qui s'engagea alors avec les écosystèmes vierges de La Réunion, préservés de toute influence humaine depuis 3 millions d'années. Victimes de l'appétit des matelots, les tortues terrestres disparurent vers 1840. Et en buvant une bière Dodo, ayez une petite pensée pour cet animal endémique de Maurice qui, comme le solitaire de La Réunion, n'a pas résisté à l'arrivée de l'homme car incapable de voler...

Entouré par une « aire d'adhésion » de 528 km^2, le « cœur » du parc occupe 1 054 km^2. Majoritairement couvert de forêts et de milieux naturels originels extraordinairement variés, il inclut une zone habitée : les îlets de Mafate et des Salazes (col du Taïbit). ***Le « cœur » du parc*** national s'étend des côtes au nord jusqu'au littoral du sud, marqué en son centre par le volcan actif, piton de la Fournaise, et celui éteint du piton des Neiges (3 070 m) ainsi que plusieurs sommets à plus de 2 000 m. Les paysages grandioses des remparts (falaises) plongeant dans les vallées intérieures encaissées, les « cirques », la biodiversité unique et bien préservée ainsi que les particularités culturelles qu'ils abritent (pas de route pour accéder à Mafate, par exemple) justifient ce statut.

Toute la zone cœur du parc national a été inscrite en 2010 sur la liste du ***Patrimoine mondial par l'Unesco*** pour la nature exceptionnelle et unique de ses paysages et la richesse de la biodiversité concentrée sur les Hauts de l'île. S'y ajoutent le piton d'Anchaing dans le cirque de Salazie, le piton de Sucre et La Chapelle dans le cirque de Cilaos, la Grande-Chaloupe au nord et Mare-Longue dans le Sud. C'est le premier parc national français à obtenir une telle distinction. L'Unesco reconnaît ainsi que l'ensemble des « pitons, cirques et remparts » abrite une mosaïque d'écosystèmes et de paysages spectaculaires, et contribue de façon majeure à la conservation de la biodiversité terrestre des Mascareignes : l'île est un centre mondial reconnu de diversité des plantes, marqué par un taux d'endémisme remarquablement élevé. Les fonds des cirques de Salazie et de Cilaos, ainsi que la plaine des Palmistes, constituent des zones dites « tampons ».

Ce sont ces espaces remarquables que le parc national entend protéger. Et ce n'est pas une mince affaire, compte tenu de leur fragilité et des menaces qui pèsent sur eux, à l'image des ***terribles incendies de 2010*** (800 ha détruits) ***et 2011***(2 800 ha), sur les abords du Maïdo notamment.

– Pour en savoir plus, rendez-vous à la ***Maison du parc national*** à la ***Plaine-des-Palmistes.*** ☎ *02-62-90-11-35.* • *parcsnationaux.fr* • *reunion-parcnational.fr* • Ce bâtiment de bardeaux de bois et de zinc est 100 % bioclimatique et accueille un centre d'interprétation sur les paysages et la biodiversité des pitons, cirques et remparts.

La réserve naturelle marine de La Réunion

Une particularité à La Réunion : ***le lagon,*** dans lequel on se baigne pour la joie de tous, n'en est pas véritablement un. À la différence de Maurice ou, mieux, de Mayotte, qui ont un vrai lagon très étendu, celui de La Réunion, qui sépare le récif de corail de la plage, est bien petit, et d'autant plus fragile. Or, ce plateau étroit et peu profond aux eaux calmes, claires et ensoleillées, paradis pour le corail, est menacé par les baigneurs et les déchets de l'urbanisation côtière. Conséquence : il ***se dégrade à grande vitesse,*** et les plages moins protégées contre les vagues s'érodent trop vite. En seulement 10 ans, durant les années 2000, les paysages coralliens ont perdu leur couleur. À l'origine de ce phénomène alarmant, la pression humaine : trop d'engrais et des stations d'épuration des eaux usées insuffisantes entraînent une prolifération des algues, qui, à leur tour, asphyxient le récif corallien. D'où la création en 2007 de la réserve naturelle marine de La Réunion, couvrant 3 500 ha d'espaces halieutiques et récifs coralliens. Elle s'étend sur 40 km de côtes (à l'ouest), entre le cap de La Houssaye et Étang-Salé, et doit protéger les 150 espèces de coraux réunionnais. Pêche et activité humaine y sont réglementées. Sur ce récif corallien, déjà 3 500 espèces animales et végétales ont été répertoriées. Ce si petit territoire abrite donc la concentration la plus riche en espèces de l'île !

Quelques règles pour protéger le littoral

Les lagons sont des endroits rêvés pour les activités nautiques, en particulier pour le *snorkelling* et la plongée. Or le récif corallien réunionnais est jeune (8 200 ans) et fragile. On vous invite donc à utiliser vos palmes avec beaucoup de précaution, et lorsque vous êtes au niveau des coraux, à faire attention de ne pas poser vos pieds dessus pour ne pas les écraser. Leur destruction constitue une infraction punie par la loi. Ceux qui voudraient rapporter un bout de corail en souvenir (oh, juste un petit bout !) doivent savoir qu'une fois séché, ça pue et ça se retrouve 9 fois sur 10 à la poubelle car il perd toutes ses couleurs (c'est un animal, un corps vivant, et non un minéral) ! Bon, les touristes ne sont pas les seuls à dégrader le récif corallien, il y a aussi le braconnage, les eaux pluviales, l'assainissement insuffisant, etc. Les douanes verbalisent allègrement.

■ ***Réserve naturelle marine de La Réunion :*** *39, rue du Lagon, Dayot 1, 97434* ***La Saline-les-Bains.*** *☎ 02-62-34-64-44. ● reservemarine reunion.fr ● Accueil du public : lun-ven 8h-12h, 13h-16h.* Cette structure fournit plein de renseignements sur le lagon et sur tout ce qui y vit. Gère et protège efficacement le littoral, en sensibilisant les gens, notamment avec des panneaux d'information sur les plages. Elle a aussi ouvert un sentier sous-marin dans le lagon de L'Ermitage. Son site internet délivre de judicieux conseils et infos pratiques pour apprécier et respecter les plages du littoral et les lagons.

FAUNE ET FLORE

L'île de La Réunion étant apparue à la suite d'une éruption volcanique, on peut dire que tous les végétaux présents aujourd'hui proviennent d'ailleurs. L'homme a introduit un certain nombre d'espèces. Mais avant lui, les courants marins, les vents cycloniques et les oiseaux ont largement contribué à la colonisation végétale de l'île. On admet que 70 % des plantes à fleurs et la quasi-totalité des fougères proviennent d'Afrique et de Madagascar, 20 % d'Inde et 10 % d'Australie ou de contrées lointaines.

Le relief escarpé de La Réunion et sa richesse d'écosystèmes expliquent en partie cette ***variété exceptionnelle de végétation,*** depuis la côte où l'on observe notamment filaos ou vacoas jusqu'à très haute altitude, en passant par les caféiers ou la canne à sucre du secteur sec (région « sous le vent ») et les forêts de basse et moyenne altitude. À ces hauteurs intermédiaires, on retrouve le *géranium,* le *tamarin des Hauts* ou encore un curieux bambou, le calumet *(Nastus borbonicus).*

Découvrez la richesse, la diversité et la fragilité de la flore réunionnaise
MASCARIN
JARDIN BOTANIQUE DE LA RÉUNION
R DÉPARTEMENT DE LA Réunion
OUVERT DU MARDI AU DIMANCHE DE 9H À 17H
VISITE GUIDÉE À 11H, 14H ET 15H (SAUF LE SAMEDI 14H ET 15H)
EXPOSITIONS PERMANENTES ET TEMPORAIRES
BOUTIQUE SOUVENIRS
RESTAURATION
ENTRÉE PAYANTE
Ruizia cordata
Bois de senteur blanc
Endémique de La Réunion
SAINT-LEU
ILE DE LA RÉUNION
2, rue du Père Georges - Route des Colimaçons
97436 SAINT-LEU
tél. 0262 24 92 27
Patrimoine départemental
www.cg974.fr

C'est aussi dans ces régions que l'on peut se promener dans des ***forêts primaires*** encore intactes. Au final, le parc national de La Réunion abrite une biodiversité plus riche que celle de l'ensemble des autres parcs nationaux (Guyane mise à part), marquée par un taux d'endémisme élevé. Mais une étude de l'UICN (Union internationale pour la conservation de la nature), en 2010, révèle que ***sur les 900 espèces de plantes*** à fleurs et de fougères connues sur l'île (dont 237 endémiques), ***un tiers sont menacées,*** à l'image du *bois de lait* (un arbuste) et de diverses orchidées, sans compter la cinquantaine d'espèces déjà disparues. La faute à l'homme, bien sûr, entre développement urbain, pratiques agricoles, concurrence d'espèces introduites, prélèvements abusifs, incendies, etc.

NID VU, NID CONNU

Il aura fallu 15 années de recherches à des ornithologues du monde entier pour découvrir en 2016 des terriers de reproduction de pétrels noirs de Bourbon (Pseudobulweria aterrima), *l'une des 15 espèces d'oiseaux les plus rares et menacées au monde. Les derniers avaient été observés il y a... 130 ans ! Des mesures de protection sont désormais possibles pour que ce pétrel que l'on croyait quasiment disparu ne connaisse pas le sort du dodo et d'autres espèces de l'océan Indien.*

À noter que dans le nord de l'île, à La Grande-Chaloupe, un projet de reboisement de la forêt sèche est porté par le parc national en partenariat avec le Conservatoire du littoral. Au total, ce sont 100 000 plants d'une cinquantaine d'espèces indigènes ou endémiques qui sont replantés. Tous les volontaires, même les touristes de passage sur l'île, qui souhaitent participer bénévolement aux opérations de plantation et d'entretien des parcelles sont les bienvenus. Il suffit qu'ils contactent la SREPEN, une association locale de protection de la nature.

Côté ***faune,*** là encore, ***remarquable diversité,*** évidemment, même si les vertébrés sont relativement peu nombreux. L'étude de l'UICN révèle toutefois des ***menaces*** tout aussi inquiétantes que pour la flore. Ainsi, l'île compte trois espèces de reptiles terrestres (sur sept à l'origine), mais elles sont menacées : les *geckos verts de Bourbon et de Manapany* ainsi que la *tortue verte.* Au rayon avifaune, notons le *tuit-tuit,* un passereau emblématique, dont l'avenir reste préoccupant, de même que le *papangue,* seul rapace nicheur de l'île. Concernant les insectes, un papillon de jour sur sept, comme le *salamide d'Augustine,* et une libellule sur cinq sont menacés. Dans les rivières, mentionnons la *chevrette australe* (une crevette) et l'*anguille du Mozambique* parmi les bébêtes remarquables mais de plus en plus rares. Les mammifères ne sont pas en reste avec la *baleine à bosse* (dont l'observation croissante en bateau à des fins touristiques – de juillet à octobre sur la côte ouest – fait polémique) et le *renard volant de Maurice* (ou roussette noire).

Des efforts sont faits pour enrayer ces atteintes à la biodiversité, sous l'égide du parc national. Plusieurs projets soutenus par l'Europe visent à sauvegarder les oiseaux endémiques (*tuit-tuit,* papangue, pétrel noir, pétrel de Barau) ou encore des habitats rares, comme la forêt sèche.

VENT DE PANIQUE POUR LE TUIT-TUIT

Vers la Roche-Écrite, les plus chanceux pourront observer un petit oiseau endémique, l'échenilleur de La Réunion (Coracina newtoni) *nommé localement le « tuit-tuit ». C'est l'un des oiseaux forestiers les plus menacés dans le monde ! Il ne reste que quelques dizaines de couples à peine vivant dans cet espace de la Roche-Écrite, soit un microterritoire de 16 km². Manque de chance, leur période de reproduction coïncide avec celle des cyclones.*

De manière plus positive, on note aussi la ***découverte de nouvelles espèces endémiques ces dernières années,*** ce qui n'est pas si fréquent ! Les éruptions volcaniques de 2007 qui se sont déversées en bout de course dans la mer ont fait remonter à la surface des poissons, comme la *demoiselle.* Mais on compte aussi une nouvelle espèce de plante découverte en 2006 et décrite en 2008 *(Heterochaenia fragrans),* une orchidée *(Liparis microcharis)* jusque-là considérée comme endémique de Madagascar, des arbres, comme le *Pisonia lanceolata* que l'on croyait uniquement mauricien, des oiseaux, à l'instar du *Calidris melanotos* (un bécasseau migrateur observé pour la première fois en 2008), des fougères, des papillons de nuit, des insectes, etc. Tout n'est pas perdu ! En revanche, s'il y a encore moins de moustiques à la fraîche, personne n'ira se plaindre...

FÊTES ET MANIFESTATIONS

Réunion festive

Les Réunionnais conservent de rares fêtes traditionnelles. Les Chinois fêtent fin janvier-début février leur propre Nouvel An, avec moins de faste qu'ailleurs, mais avec autant de pétarades. Les fêtes les plus impressionnantes sont celles des Tamouls.

– ***Fête de Pandialé :*** il y en a régulièrement – sauf en mai, juin, septembre, octobre et novembre –, avec une majorité en décembre et début janvier. Surtout célébrée dans les villes de Saint-Pierre et de Saint-Louis, et dans les petits temples familiaux des Hauts de l'île. Le mieux est sans doute de se faire inviter par une famille ou par le *pusari* d'un petit temple. Ce carême de 21 jours consiste à pratiquer le jeûne végétarien, l'abstinence sexuelle et à prier. Les fidèles participent à des cérémonies, de jour comme de nuit, qui se terminent par la marche sur le feu. Cette fête a conservé toute son authenticité, malgré les curieux. Le 18e jour, les pénitents préparent eux-mêmes l'espace sacré, divisé en deux parties : le « carré d'feu », sur lequel sont étalées les braises, et le « bassin d'lait », où ils plongent les pieds après avoir traversé le brasier. Il s'agit d'une cérémonie sacrée : tenue de ville (pas de short), se déchausser et comportement respectueux (silence, ne pas rentrer dans l'espace sacré – réservé à ceux qui ont fait 21 jours de carême) sont indispensables.

– ***Fête du Cavadee :*** à la pleine lune de fin janvier-février à Saint-André et à Saint-Louis (avril à Saint-Pierre et mai à Saint-Paul et Saint-Benoît). Une autre pénitence, dont le spectacle n'est pas pour les âmes trop sensibles : les pratiquants s'enfoncent des broches acérées et des crochets dans la peau pour montrer qu'ils sont prêts à souffrir pour Mourouga, le dieu de la Jeunesse et de la Beauté. La plus belle, la plus émouvante des cérémonies religieuses tamoules. Cette fête est célébrée associativement et en famille pendant 10 jours par des prières, rituels et bénédictions. Les familles se réunissent à côté d'une rivière et préparent leur arche fleurie, le *Cavadee* : offrandes, fruits, bougies, encens... La Mortification se passe à l'abri des regards, derrière des tentures. La cérémonie dure une matinée, de la rivière au temple. Sur le chemin, les pénitents, qui portent leur arche fleurie sur les épaules, dansent et récitent des mantras en hommage au divin, leur famille les accompagnant au rythme des tambours malabars.

– ***Fête du Dipavali :*** « fête de la Lumière », entre le 25 octobre et le 15 novembre. Le jour de la pleine lune et les 2 jours qui suivent sont une grande fête de lumière au pays des Tamouls. Le dieu Vishnu est associé au *Dipavali.* C'est l'occasion d'une *méla* (fête indienne et stands) et d'une grande procession avec des chars fleuris. Plusieurs grandes villes de l'île organisent des spectacles de danses indiennes (Saint-André et Saint-Pierre notamment).

Autant que possible, évitez de visiter seul les lieux de culte (mosquées, temples tamouls...) ou demandez de le faire très poliment et en tenue de ville. Certains Tamouls n'apprécient pas la vue des caméras et appareils photo. Soyez donc le plus discret possible.

– ***Pour en savoir plus :*** consulter ● *indeenfrance.com/reunion.php* ● et ● *indereunion.net* ● sur l'Inde à La Réunion et la malbarité. Également ● *dcrp.free.fr* ● sur la culture réunionnaise.

Calendrier des principales fêtes et manifestations

Pour connaître les lieux des fêtes et manifestations, consultez les sites ● *cg974.fr* ● (rubrique « Réunion », puis « Principales fêtes ») Voir également la liste des festivals musicaux à la rubrique « Musiques », plus loin.
Voici une liste non exhaustive, mois par mois.

Janvier

– Fête du Miel vert et Jeux de la Plaine à la Plaine-des-Cafres.
– Fête de la Saint-Vincent à Cilaos.
– Marches sur le feu (cérémonie tamoule).

Janvier-février

– *Cavadee* en janvier ou février, selon les années, à Saint-Louis et Saint-André.
– Nouvel An chinois, fête du Printemps. Fin janvier ou début février selon la lune. Les pétards aident à chasser les mauvais esprits.
– Fête de la Sainte-Agathe à la Plaine-des-Palmistes.

Avril

– Nouvel An tamoul. Nous avons juste un peu plus de 3 000 ans de retard sur le calendrier indien. Occasion de voir des troupes de danseurs venus d'Inde.
– Fête de l'Eau à Saint-Benoît.

Mai

– Raids sportifs (cross du piton des Neiges, Réunion d'Aventures...).
– Festi'Salaz à Hell-Bourg dans le cirque de Salazie.
– Leu Tempo Festival à Saint-Leu. Des spectacles de rue à La Ravine, la route nationale est fermée ce jour-là pour la fête.

Juin

– Fête des Goyaviers et des Produits laitiers à Plaine-des-Palmistes, le dernier week-end, avec élection de miss Goyaviers et groupes musicaux.
– Festival de l'humour : à Saint-Denis, Saint-Gilles et Saint-Pierre.

Juillet

– Marches sur le feu à Sainte-Rose et Saint-Gilles-les-Hauts.
– Fête du Choca (L'Entre-Deux).

Août

– Fête du Vacoa à Saint-Philippe.
– Sakifo Festival à Saint-Leu.
– Fête de Kali : dans l'hindouisme, Kali est la déesse de la Destruction et de la Guerre. Cette fête se déroule à Bois-Rouge (entre Sainte-Suzanne et Saint-André). Attention, les caméras et les appareils photo sont interdits.

Septembre

– Tour cycliste international de La Réunion.

Octobre

– Les Florilèges au Tampon : à la Toussaint. Toutes les espèces de fleurs de l'île y sont réunies, dans un spectacle haut en couleur digne d'un music-hall parisien.
– Le *Dipavali* (fête de la Lumière) à Saint-André, Saint-Paul, Saint-Denis, Saint-Louis, Saint-Pierre, aux Trois-Bassins. À voir absolument.
– Fête des Lentilles à Cilaos.
– Fête de l'Ail à Petite-Île.
– Grand Raid, la course de référence *(La Diagonale des Fous)*, avec près de 160 km de traversée et 9 000 m de dénivelée positive. Arrivée à Saint-Denis.

Novembre

– Fête du Curcuma à Saint-Joseph.
– Marché aux fleurs à Plaine-des-Palmistes.

Décembre

– Fête cafre (Fet Kaf) : la fête de l'Abolition de l'esclavage dans toute l'île (20 décembre, jour férié). La musique est à l'honneur. Cette date est l'occasion d'assister aux *kabars* gratuits, avec les meilleurs musiciens de l'île et au festival Liberté Métisse à Sainte-Marie.
– Mégavalanche : course de descente de VTT à Saint-Leu.
– Trans-Dimitile (course de montagne) : descente du Dimitile jusqu'à L'Entre-Deux.

GÉOGRAPHIE

Située dans l'océan Indien, l'île de La Réunion fait partie de l'archipel des Mascareignes, au même titre que l'île Maurice et la petite île Rodrigues.
Parmi les îles voisines : Madagascar (800 km à l'ouest et un très bon *Routard* à lire sur le sujet !), l'île Maurice (200 km à l'est, et un autre *Routard* !) et les Seychelles (bien plus loin au nord). Paris est à environ 9 200 km à vol d'oiseau. Ce qui n'empêche pas La Réunion d'être un département français (dont le numéro est le 974) ainsi qu'une région administrative. Superficie totale : 2 512 km².
N'imaginez pas l'île comme une vaste plage bordée de cocotiers (on n'est pas aux Antilles !). C'est avant tout une île volcanique et montagneuse : point culminant à 3 070 m, le piton des Neiges, ancien volcan qui donna naissance à l'île en sortant des flots. Il constitue le premier massif montagneux, entouré de plusieurs sommets dépassant les 2 000 m. En août 2003, le piton fut vraiment recouvert de neige, ce qui ne lui était pas arrivé depuis des décennies, un véritable événement local ! En s'affaissant, ce vieux volcan a provoqué la création de cirques magnifiques : Cilaos, Salazie et Mafate. Plus à l'est, un second massif montagneux, celui du fabuleux piton de la Fournaise (premier volcan français et toujours actif), séparé du premier par de hautes plaines : la plaine des Cafres et la plaine des Palmistes. L'ensemble (« l'intérieur », comme on dit ici) constitue l'âme et l'originalité de La Réunion. C'est l'attraction principale : sentiers de randonnée, paysages à couper le souffle, forêts, cascades, villages perdus (les « îlets »), etc. Les noms

OUBLIÉS DEUX FOIS

L'île française de Tromelin, perdue en plein océan Indien à 540 km au nord de La Réunion n'est pas bien grande (1 km² de désert). Mais sa souveraineté est réclamée par l'Île Maurice depuis 1976. Entourée de dangereux récifs, elle fut le théâtre d'un naufrage mémorable en 1761 : 80 esclaves malgaches furent abandonnés par l'équipage, puis « oubliés » pendant 15 ans. Seuls 8 d'entre eux survécurent. L'hommage officiel aura attendu quant à lui... 2013.

de villages ont pour origine la langue malgache (comme Cilaos, « lieu qu'on ne quitte pas »), voire les noms des esclaves eux-mêmes.
Enfin, il y a le littoral : plus de 200 km de côtes, au pied des montagnes, dont 30 km de plages (essentiellement au sud-ouest). La côte ouest est appelée « côte sous le vent » (ce qui veut dire qu'il y en a peu), la côte est se nomme « côte au vent » (ce qui veut tout dire). Chaque pôle touristique a sa « capitale » : Saint-Paul/Saint-Gilles à l'ouest, Saint-Pierre au sud, Saint-Benoît à l'est et Saint-Denis au nord. Les villes ont des noms de saints sur les côtes, ce qui complique la connaissance de l'île au début (on confond facilement !). Les côtes ne se ressemblent absolument pas. Un tour complet de l'île est donc nécessaire pour se faire une idée précise de la diversité de La Réunion : lagons et sable à l'ouest (protégés par une barrière de corail), falaises et lave au sud-est (à l'ombre du volcan). Les villes se cantonnent au littoral et l'industrie est quasiment inexistante : sucre de canne et tourisme essentiellement.

« 20 000 LIEUX SOUS LES MERS »

Une étude britannique l'affirme : un bout de continent, détaché de Madagascar il y a 60 millions d'années, a été enseveli par la lave et se trouve désormais sous l'île Maurice et La Réunion. Un continent caché : de quoi faire fantasmer les nouveaux Jules Verne... Les continents se sont formés par fracturation des plaques tectoniques. C'est ainsi que les îles se sont constituées et ont dérivé tout en égrenant en cours de route « des fragments de continents ».

HISTOIRE

Des origines sulfureuses

La Réunion est née dans les fumigènes. Il y a 3 millions d'années, dans une fosse au large de Madagascar, un volcan fait bouillir l'océan. Mille millénaires plus tard et 4 000 m plus haut, il pointe son nez à l'air. Le plus dur est fait. L'histoire humaine, elle, tiendra en quelques secondes. La dater ? Impossible : le Colomb local ne s'est pas fait connaître. Certains historiens évoquent une présence humaine bien avant J.-C., peut-être des Hanuman qui peuplent aujourd'hui les îles Andaman au large du Sri Lanka. Des plaques du IVe s av. J.-C. retrouvées à Cilaos dans les années 1980 et des textes arabes du VIe s rapporteraient déjà la présence d'habitants sur l'île. Avec Vasco de Gama au cap de Bonne-Espérance en 1497, les Portugais ne pouvaient pas manquer cet îlot de verdure, haut perché par-dessus l'océan : ***Pedro de Mascarenhas*** y accoste vers ***1512.***
Ses compatriotes ont décrit La Réunion comme un paradis. Pour que les gens de mer en fassent une étape gastronomique, il charge quelques chèvres et cochons de se multiplier sur l'île. Ça se sait... On fait alors un crochet par La Réunion pour réparer les mâts et casser la croûte. Un forban nommé Blackwell y passe en 1613, et c'est le flash : « Elle est partout verte et agréable, avec plusieurs sortes d'arbres dont la hauteur est admirable. » Il faut croire que la piraterie tisonne

L'ÎLE FANTÔME

Revenant de Goa, Pedro de Mascarenhas ne cherchait qu'à gagner Madagascar. Des îles lui clignaient de l'œil. Il leur donna son nom : les Mascareignes. La Réunion, Maurice, Rodrigues... Mais certains auraient juré en avoir vu quatre. On commença par inscrire la petite sœur sur les cartes. Et puis on la chercha... jusque vers 1750 ! Joo de Lisboa, l'île fantôme, n'exista sans doute jamais qu'au fond d'un tonneau de rhum...

le mal du pays : il rebaptise l'île « England Forest ». Après cette pub, les Anglais et les Hollandais s'habituent à s'y fournir en eau et en vivres.

La Réunion est encore un éden vierge. Plus pragmatiques ou plus amoureux, les Français vont la garder. En ***1638,*** le jour de la Saint-Paul, le sieur Salomon Goubert, commandant du vaisseau normand *Le Saint-Alexis,* jette l'ancre dans une baie qu'il baptise Saint-Paul, pour ne pas se tromper. Pas âme qui vive... Profitant de l'aubaine, il déclare ***« Mascarin » française.*** En 1642, le cardinal de Richelieu, surintendant du roi Louis XIII, concède l'île pour 10 ans à la Compagnie française de l'Orient, qu'il vient de fonder et qui, déjà, a bâti Fort-Dauphin à la pointe sud-est de Madagascar.

Quatre ans plus tard, le gouverneur dudit fort, M. de Pronis, n'a pas encore eu la tête à s'occuper de l'île : une mutinerie ravage Fort-Dauphin. Et il se retrouve avec 12 soldats à châtier. Il ordonne qu'on les dépose à Mascarin. Mais voilà, établis sur les bords de la rivière Saint-Jean, les Robinsons ont planté les semences et bu le lait des chèvres qu'on leur avait laissées... L'île est donc bien colonisable, l'enthousiasme des « exilés » en est la preuve vivante. ***Flacourt,*** qui a succédé à Pronis, la rebaptise d'un nom plus fringant – l'***île Bourbon,*** du nom de la famille royale – et retient la leçon pour la prochaine mutinerie. Il y exilera – toujours à Saint-Paul – le chef des mutins, Antoine Couillard, avec 13 hommes et 6 esclaves, des graines et un petit cheptel. Les melons poussent, le tabac sèche, les légumes prospèrent... jusqu'à ce que deux cyclones décrètent la fin des haricots. L'île est même totalement abandonnée durant 5 ans en 1658 ! En 1663, Louis Payen et Pierre Pau s'installent avec 10 esclaves. Les Blancs s'accrochent à leur plantation. Les esclaves vont « marronner » dans la montagne (se reporter à la rubrique « Marrons »). C'est le début de la colonisation.

Colons, pirates et esclaves

La ***Compagnie des Indes orientales,*** nouvelle mouture de la Compagnie de l'Orient, en sera le maître d'œuvre. Elle a le monopole du trafic des bois, épices et autres produits vers tout l'océan Indien. Colbert l'a créée, le roi la subventionne, les grands la financent. En 1665, seulement 1 an après sa création, elle dépêche cinq vaisseaux avec une vingtaine de colons, menés par celui qui deviendra le ***premier gouverneur*** de Bourbon, un ancien employé de Colbert du nom d'***Étienne Régnault.*** Deux ans plus tard, une flotte de 10 navires partie de La Rochelle apporte des renforts. Des colons de Madagascar s'installent ensuite avec leurs esclaves.

En 1671, les Réunionnais sont près de 80 autour de Saint-Paul et Saint-Denis. Chacun avec sa hutte, sa basse-cour, sa bergerie et son potager. Mais la Compagnie veut plus : « Il faudrait des Noirs pour cultiver ces terres. [...] On peut les tirer de Madagascar. Mais il faudrait les tenir dans la crainte, car ils pourraient se rendre maîtres de l'île. » Pendant qu'on organise l'esclavage, d'autres s'amusent. Des femmes de France, des Indes et de Madagascar viennent égayer les 269 colons (donnée de 1686). Arrivent aussi des mâles de tout poil – Espagnols, Hollandais, Allemands. À Saint-Paul, on mène joyeuse vie, « buvant sec, jouant gros et travaillant peu ». Parmi les fêtards, les colons s'effraient de remarquer beaucoup d'anciens forbans. En 1711, sur 109 chefs de famille, pas moins de 29 sont des retraités du pavillon à tête de mort. Certains sont venus après la destruction de Libertalia, la « république » qu'ils avaient fondée sur la côte malgache. D'autres pirates continuent de fréquenter l'île. ***La Buse,*** par exemple. En 1721, il capture dans la rade de Saint-Denis le vice-roi des Indes portugaises. Mais bien mal acquis ne profite jamais. Capturé 10 ans plus tard, La Buse est pendu. Il a juste le temps de jeter à la foule le plan de la cachette de son trésor. Personne n'a pu le déchiffrer. On cherche toujours...

Mais le vrai trésor est trouvé en ***1715.*** C'est le ***caféier de Moka,*** introduit par des Malouins, bien supérieur au caféier local qui, lui, ne contient pas de caféine ! Et voilà que Paris se met à raffoler du moka ! Les colons affluent, attirés par l'argent facile. Et les esclaves avec eux. En 20 ans, la population grimpe de 1 500 à 8 000 habitants. On manque de Blanches ? Qu'à cela ne tienne, on se métisse allègrement. Le café, lui, l'avait déjà fait. Mais les amateurs français réalisent bientôt que le moka de Bourbon ne vaut pas le pur arabica – d'autant que les mauvaises manières de la Compagnie, ainsi que le transport, plus long, gâtent les arrivages. Dès lors, il suffira qu'un puceron prolifère pour que les 1 250 t de café exportées vers 1760 tombent en quenouille.

L'année ***1735*** ouvre l'âge d'or de La Réunion. Il se résume en un nom : ***Mahé de La Bourdonnais.*** Ce Malouin est fait gouverneur des îles de l'océan Indien. Il préfère Maurice, la voisine, mieux pourvue en ports. Il lui offre les Affaires navales, l'Administration, la gloire et la richesse. Mais Bourbon n'est pas oubliée. Elle servira de garde-manger. Il faut bien nourrir les troupes, les équipages, fournir les marchands... La Bourdonnais y développe les cultures vivrières, dote Saint-Denis d'un pont de bateaux pour embarquer les marchandises, enrôle sur ses vaisseaux les fils de famille, les forbans et les esclaves, forme une milice pour juguler l'essor du marronnage. En 10 ans, La Bourdonnais transforme « ses » îles en fleuron d'outre-mer français. Mais il doit voler au secours de Dupleix en Inde et, malgré ses succès militaires, il tombe en disgrâce. On le rappelle à Paris, on l'embastille, on le juge. Acquitté en 1751, il meurt 2 ans plus tard.

UN BIJOU POUR PARER À TOUT

Ce n'est pas une légende, les pirates portaient bien une boucle d'oreille. Ces anneaux avaient la réputation d'éviter la noyade et d'améliorer la vue. De plus, si les matelots mouraient loin de chez eux, ces boucles en or étaient destinées au prêtre, afin de payer les funérailles.

Épices, révolutions et cyclones

Au temps des pirates, la Compagnie des Indes orientales a voulu vendre l'île aux Portugais. Motif : elle ne rapporte pas assez... Quelle ingrate ! Car la Compagnie s'est copieusement servie ! En surtaxant aux Réunionnais les produits importés, en payant trois fois rien ce qu'ils lui vendaient, elle engrangeait des profits de 150 %. Mais il y a une justice. Montesquieu participera à la chute de la Compagnie. Poussé par l'indignation publique, le ministre Choiseul rachète les îles 7,5 millions de livres : tout ce qu'il reste de français dans l'océan Indien après la perte des Indes. Les nouveaux gouverneurs nommés par le roi conservent le schéma général : à Maurice la mer, à Bourbon les vivres. Et puisque la route des épices est exclusivement hollandaise (Indonésie) ou anglaise (Indes), pourquoi ne pas les produire ici ? L'intendant ***Pierre Poivre*** fait planter les arbres à épices : cannelle, muscade, gingembre, safran, clou de girofle et... poivre. Il y a de bons gros profits dans l'air. Les colons ne vont plus en guenilles, comme au début. On rencontre « de gros bourgeois et de hautes dames, tous montés dans le bon goût, gens de festins et de bals avec chaises à porteurs, filles de chambre pour madame, négrillons et négrillettes pour le petit monsieur ».

NAPOLÉON ESCLAVAGISTE

En 1792, la Révolution française abolit l'esclavage. Les beaux-parents de Bonaparte étaient de riches planteurs qui exploitaient 300 esclaves en Martinique. En 1802, il décida de rétablir l'esclavage dans les îles afin de reconquérir le cœur de sa femme, Joséphine de Beauharnais. Il était cocu. Il le resta.

Après La Bourdonnais, un autre amiral surdoué se présente : ***Suffren.*** Avec ses équipages recrutés à Bourbon, il mène la vie dure aux Anglais. Et quand la marine, affaiblie par la Révolution, ne peut plus mener des opérations d'envergure, les corsaires prennent la relève. Pour les Anglais, Maurice et La Réunion ne sont rien d'autre que deux nids de guêpes. Et Surcouf, à lui seul, fait figure de super-frelon ! Lassée de voir capturer ses beaux vaisseaux des Indes, la couronne anglaise envoie une énorme escadre prendre Bourbon et Maurice. La première, ils la rendront après la chute de Napoléon. Mais ils garderont Maurice pour la surveiller. Délestées de leur pouvoir stratégique, les deux îles vont rentrer dans le rang.

Le nom de « Bourbon » écorche les oreilles des révolutionnaires. En ***1793,*** l'île est débaptisée, par décret de la Convention nationale, pour s'appeler ***La Réunion.*** Pendant l'Empire, on l'appelle « Bonaparte ». Revenus au pouvoir, les Bourbons lui rendent son nom : le leur. En 1848, la IIe République revient définitivement à l'appellation révolutionnaire. Réunion : ce nom étrange (mais il y a bien des îles « de la Société »), choisi par Monge « pour sa valeur symbolique », est bien la seule chose que la Révolution ait laissée ici. Les esclaves, que le Directoire avait failli libérer (le décret d'abolition était prêt mais les colons, comme à Maurice et à la Martinique, ont ramené au bateau les agents chargés de l'appliquer), ont perdu leurs dernières illusions avec la volte-face de Napoléon. Seule issue : marronner dans les Hauts. Ou bien se révolter. Pendant les 5 ans de l'***occupation anglaise (1810-1815),*** les colons affrontent le plus vaste soulèvement d'esclaves de leur histoire. De plus, une kyrielle de cyclones meurtriers ruine les cultures, si bien que pour le pain quotidien, esclaves et maîtres sont souvent logés à la même enseigne. Et puis, le ***20 décembre 1848, l'esclavage est aboli.*** Enfin.

Des plantations à la modernité

> **ET ON INDEMNISA LES ESCLAVAGISTES !**
>
> *En 1848, l'État indemnisa les planteurs qui perdaient leurs esclaves. Avec cette nouvelle fortune, les propriétaires en profitèrent pour créer une banque prospère, le* Crédit foncier colonial. *Ils purent ainsi se lancer dans le commerce et l'importation.*

Cette page tournée, d'autres problèmes apparaissent. Premièrement : qui va travailler aux champs ? Inutile de demander aux 62 000 anciens esclaves : ils ont déjà donné. Les ***marrons*** descendaient de Cilaos et de Salazie pour louer leurs services, la tête haute, pendant que les ***Petits Blancs*** (voir le chapitre sur Mafate), eux, montaient se tailler des terres dans les cirques. Alors, comme aux Antilles, on profite de la filière anglaise pour importer la main-d'œuvre de la côte des Malabars, du Tamil Nadu et de toutes les Indes. Malgré les salaires de famine, les ***engagés*** affluent toujours plus. Et l'économie, soudain, se porte beaucoup mieux. Sous le Second Empire, La Réunion retrouve la prospérité et l'aura du siècle précédent. Les lycées se peuplent, les sociétés savantes prospèrent. En ces temps où les colonies sont en vogue, La Réunion – 51 médailles à l'Exposition universelle de 1856 – incarne le modèle à suivre.

Mais elle déchante vite. Devant la ***concurrence du sucre de betterave,*** on se repent d'avoir sacrifié au « tout-canne ». Et lorsque survient le borer – le phylloxéra de la canne –, la déconfiture est complète. De 130 usines sucrières en 1860, on passe à 20 en 1914. Les gros s'en sortent, souvent par l'émigration, mais le peuple (Petits Blancs et affranchis) glisse dans la misère. Géopolitiquement, ce n'est pas la joie non plus. Le canal de Suez a détourné la route des Indes par l'Arabie, et la métropole, qui devrait couver son île, n'a d'yeux que pour Madagascar. Il manquait quelques catastrophes naturelles. En plus des traditionnels cyclones, ce seront les épidémies. Les immigrés indiens ont apporté avec eux le choléra. Le paludisme suit et devient endémique. C'est l'hécatombe. Pourtant, la natalité reste forte. Les planteurs réagissent à la crise de la canne en panachant les cultures. On exporte la vanille, le manioc (pour le tapioca), les plantes à parfum (ylang-ylang, vétiver...), le thé et le coton. C'est mieux. Pas assez, pourtant, pour séduire des immigrants autres que sporadiques (musulmans de l'Inde, Chinois...).

Au lendemain de la ***Seconde Guerre mondiale,*** La Réunion a la gueule de bois. L'économie est en rade, la situation sanitaire mauvaise. Aux Grands Blancs s'opposent de plus en plus les *Ti'Mouns,* c'est-à-dire le peuple : Petits Blancs, Africains, Indiens... On réclame d'urgence un sauvetage. Ce sera la ***départementalisation de 1946*** : l'île jouit du même régime fiscal, administratif, électoral, judiciaire et social qu'un département de métropole. La Réunion s'offre le luxe de prendre pour député un ancien Premier ministre, ***Michel Debré.*** C'est ainsi que, d'aménagements en transformations, l'île finit par accéder – peu ou prou – aux standards de revenus hexagonaux.

LES ENFANTS VOLÉS DE LA RÉUNION

En 1963, Michel Debré, député de La Réunion, décida de repeupler la Creuse avec des « orphelins » réunionnais. On récupéra surtout des mineurs délinquants ou des enfants déshérités, même ayant encore leurs parents, on sépara les fratries... Cette scandaleuse déportation dura jusqu'en 1982 (19 ans !) et concerna plus de 2 100 enfants, devenus une main-d'œuvre bon marché pour les agriculteurs. Il a fallu attendre février 2014 pour que l'Assemblée nationale reconnaisse que « l'État a manqué à sa responsabilité morale » et février 2016 pour que soit créée une « commission nationale des enfants de la Creuse ». Il était temps !

Années 2000-2010

Au premier semestre ***2006,*** l'***épidémie de chikungunya*** sévit. D'une ampleur inattendue : 266 000 cas répertoriés (un tiers de la population), des réservations touristiques qui s'écroulent, une vie économique fortement affectée. Un sursaut se dessine les années suivantes, galvanisé par l'annonce, le 5 mars ***2007,*** de la ***création du parc national de La Réunion*** (voir la rubrique « Environnement »), après celle de la ***Réserve nationale marine*** le 21 février 2007, et du classement des « pitons, cirques et remparts » de l'île au ***Patrimoine mondial de l'Unesco en 2010.*** Parallèlement, depuis 1998, les coulées parfois pluriannuelles mais totalement imprévisibles du ***piton de la Fournaise*** n'en finissent pas d'offrir de fabuleux souvenirs aux touristes émerveillés (et chanceux !). Trois coulées en 2006, dont une du 30 août au 1er janvier 2007, et une durant le mois d'avril 2007, qui donna lieu à l'effondrement du cratère Dolomieu. Puis d'autres en 2009, 2010, 2014, 2015 et 2017. Pas de doute : Dame Nature commande en partie la destinée de l'île !

L'année ***2009*** reste marquée par les grèves générales qui ont éclaté dans les DOM-TOM contre la vie chère. En ***2010,*** on retiendra, sur le plan politique, une révolution locale : un désaccord entre le PS et le PCR au second tour des ***élections régionales*** mène à l'***évincement des Vergès*** à la tête de la Région depuis 12 ans, au profit du jeune Didier Robert, tête de liste UMP. Le choc est rude à gauche, ouvrant la voie au colossal et controversé projet de route du littoral sur pilotis au nord-ouest. Cette même année, d'impressionnants ***incendies*** dévastent, pendant 12 jours, les ***Hauts de Saint-Paul,*** autour du piton Maïdo, en plein cœur du parc national.

Les années récentes

Dès 2011, La Réunion se retrouve à nouveau sous les feux de l'actualité avec un nombre anormalement élevé d'attaques de requins. Pour assurer la sécurité des activités nautiques, des filets infranchissables pour les requins sont installés à partir de 2015 sur la côte ouest. Des filets dernière génération pour une première mondiale !

Dans un autre registre, 3 ans après les accords contre la vie chère en 2009, de nouvelles nuits d'émeutes éclatent en 2012, 2013 et 2014, dans les quartiers les plus défavorisés. La crise est passée par là, les inégalités sont toujours aussi évidentes, les salaires ont stagné et le secteur du BTP est en berne... Ces événements mettent en relief la situation particulièrement difficile de la jeunesse réunionnaise, touchée à plus de 50 % par le chômage. Fin 2015, Didier Robert (LR) est reconduit à la tête de la Région et en 2016 La Réunion fête les 70 ans de son statut de département.

MARRONS

C'est le nom donné aux esclaves fugitifs, appelés *cimarrones* en espagnol. Beaucoup d'entre eux étaient d'origine malgache. Mais leur ennemi commun est le colon. Le marron, sachant quel sort l'attend s'il est capturé, doit se cacher à l'intérieur de l'île, dans les coins les plus reculés, les plus inaccessibles. Quel meilleur refuge que les cirques Cilaos, Salazie et, surtout, Mafate ? Dans des vallées perdues, dans la profonde forêt ou au sommet des pitons, ils parviennent à trouver une éphémère liberté. Ils vont même jusqu'à former des communautés, puis des clans. Chaque région a son chef, et certains, assoiffés de vengeance, rêvent d'un royaume intérieur dont ils seraient les maîtres. Parmi ces petits rois légendaires dont on peut voir les tombes : Fetic, chef du piton des Neiges, Sankouto, chef de la Fournaise, Anchaing, à Salazie, mais aussi Matouté, Dimitile, Samson, Diampare et Cimendef, « celui qui ne courbe pas la tête », ou encore Phaonce, qui règne sur un petit royaume à Piton-Rouge.

La propagande menée par les propriétaires blancs pour tenter d'endiguer le « marronnage » consiste d'abord à répandre des rumeurs pour semer la terreur dans la population. Ainsi l'esclave Kalla, qui a fui ses maîtres, devient une sorcière dévoreuse d'enfants ! Et les chefs des marrons sont tous des sanguinaires... Au milieu du XVIIIe s, devant la recrudescence des cas de marronnage, les autorités confient à un certain Mussard un détachement chargé d'explorer les cirques pour en ramener les marrons « morts ou vifs ». Il s'agira surtout de morts : une prime est offerte pour chaque dépouille d'esclave ! La main est le « justificatif » qui permet d'être payé. Les chasseurs, en plus d'une somme d'argent sonnante, se voyaient même offrir un esclave, mais vivant celui-ci. Avec de telles méthodes, les Blancs emportent la partie. Il y a bien un début de révolte organisée en 1811, mais celle-ci est dénoncée par l'esclave Figaro. Les marrons disparaissent donc. Restent les légendes populaires et les noms de ces héros malgré eux, désormais associés aux lieux où ils trouvèrent un semblant de liberté.

LE CODE NOIR

Promulgué par Louis XIV, ce texte abject régissait les conditions de vie des esclaves dans les « îles à sucre ». Il s'agissait notamment d'éviter le métissage. En effet, les enfants nés de l'union d'une esclave avec un maître blanc sortaient de leur statut d'esclave pour devenir libres. Aucun mariage entre esclaves ne pouvait se faire sans le consentement du maître. Ils étaient considérés comme des « biens meubles » : on se répartissait donc les esclaves lors des successions comme n'importe quel objet.

MÉDIAS

Votre TV en français : TV5MONDE, la première chaîne culturelle francophone mondiale

Avec ses 11 chaînes et ses 14 langues de sous-titrage TV5MONDE s'adresse à 320 millions de foyers dans plus de 198 pays du monde par câble, satellite et sur IPTV. Vous y retrouverez de l'information, du cinéma, du divertissement, du sport, des documentaires...
Grâce aux services pratiques de son site voyage • *voyage.tv5monde.com* •, vous pouvez préparer votre séjour et une fois sur place rester connecté avec les applications et le site • *tv5monde.com* • Demandez à votre hôtel le canal de diffusion de TV5MONDE et contactez • *tv5monde.com/contact* • pour toutes remarques.

Presse, télévision, radio

– Deux journaux quotidiens, papier et internet, sur l'île, ***Le Quotidien*** *(• lequotidien.re •)* et le ***JIR*** *(Journal de l'île de La Réunion ; • cliacanoo.re •)* avec beaucoup d'informations locales, les infos nationales et internationales de l'AFP et des rubriques assez complètes sur les sorties possibles. La crise a conduit ***Témoignages,*** le quotidien du parti communiste réunionnais, à arrêter en 2013 sa publication papier pour n'être diffusé que par Internet *(• temoignages.re •).*
Le site d'information • *zinfos974.com* • est aussi très actif, ainsi que • *linfo.re* •, le site d'information de la chaîne de télévision ***Antenne Réunion.***
– Un mensuel culturel gratuit, format poche, ***L'Azenda*** *(• azenda.re •),* très pratique pour connaître toutes les sorties sur l'île (concerts, spectacles vivants, expos...).
– ***Bat'Carré*** *(• batcarre.com •),* un beau magazine bimestriel réunionnais, payant, axé culture, tourisme et société, disponible en kiosques y compris en métropole.
– ***Buz Buz Magazine*** *(• buzbuz.re •),* bimestriel gratuit sur les nouvelles tendances, les lieux branchés... Bref, tout ce qui fait le buzz à La Réunion.
– Côté radios, on en compte une cinquantaine sur la bande FM, les principales stations diffusant les musiques locales sont ***Exo FM, Kreol FM, Radio Est, Réunion Première...*** Véritable phénomène de société, ***Radio Free Dom*** *(• freedom.fr •)* avait été la première radio « libre » de l'île lancée par Camille Sudre en 1981. Elle reste la plus populaire grâce à sa libre antenne, prévenant par exemple les auditeurs des embouteillages et accidents sur la route en temps réel... Mais, surtout, elle a redonné la parole aux Réunionnais, qui en avaient tant besoin après les périodes oppressantes de leur histoire. Signalons également ***Radio Pikan*** *(• radiopikan.re •),* une radio très très créole, avec beaucoup de musique locale et des annonces publicitaires rigolotes. La radio d'État ***Réunion Première*** (ex-RFO) a du mal à reprendre son souffle avec la forte concurrence des radios privées.
Parmi celles-ci, ***NRJ Réunion*** fait un tabac auprès des jeunes (mais on s'en serait douté) aux côtés d'autres antennes locales franchisées de radios nationales : RTL Réunion, Nostalgie, Rire & Chansons... ***France Inter*** émet en direct et ***France Culture*** n'est accessible sur la bande FM que dans la ville de Saint-Denis.
– La chaîne de télévision publique de l'île, c'est ***Réunion Première*** (journal d'actualité locale, mais aussi internationale à 19h) dont l'audience s'amenuise depuis quelques années au profit d'***Antenne Réunion,*** chaîne privée qui, aux côtés de productions locales, reprend des programmes de TF1 et de M6. Il existe deux autres chaînes privées locales essentiellement musicales, ***Télé Kréol*** et ***Kanal Austral.***

MUSIQUES

Autrefois seulement bercée par la musique des vagues, le folklore pour touristes, les bals populaires, la variété française ou internationale, La Réunion connaît depuis les années 2000 une explosion musicale qui rejaillit parfois jusqu'en métropole et même au-delà.
Des artistes et groupes comme Alain Peters, Luc Donat, Ziskakan, Baster, Danyèl Waro, Firmin Viry, Ousanousava, Ravan', Ti Fock, Françoise Guimbert, Jacqueline Farreyrol, René Lacaille, Carrousel et d'autres furent les ***pionniers de la musique réunionnaise dans les années 1970-1980.*** Ils ont travaillé dur pour enrichir et moderniser la palette musicale réunionnaise, et ont ouvert les portes à une ***deuxième génération dans les années 1990*** : Patrick Persée, Sabouk, Ti Sours, Afatia, Apolonia, Pat'Jaune, Zarboutan, College Brothers, Na Essayé qui a été le chef de file d'un courant alors très populaire, le malogué (maloya-reggae)...
Dans cette même période, le succès de Granmoun Lélé, aujourd'hui disparu mais dont la famille a repris le flambeau (avec les groupes Groove Lélé et Urbain Philéas), et de Danyèl Waro a propulsé le ***maloya traditionnel,*** hérité de l'esclavage, sur les scènes internationales. Depuis le début des années 2000, la création s'est encore enrichie avec le succès d'artistes puisant en même temps dans leurs racines et dans la modernité : Davy Sicard, Nathalie Natiembé, Zong, Tapok, Christine Salem, Lindigo, Meddy Gerville, Kom Zot, Rouge Reggae, Alex Sorres, Gren' Semé, Maya Kamaty, Tricodpo, Jim Fortuné... Ces groupes locaux connaissent maintenant un succès hors des frontières de l'île, comme le prouvent les tournées internationales de certains d'entre eux, de plus en plus nombreux, sur les traces de leurs aînés encore en activité : Danyèl Waro, Ziskakan ou Baster...
Autrefois, les autorités considéraient les musiciens locaux avec un certain mépris. Le maloya, alors associé au message autonomiste du Parti communiste réunionnais de l'époque, fut interdit dans certains lieux publics et sur l'antenne de la radio d'État jusqu'en... 1981 ! Les Réunionnais boudaient les spectacles payants d'artistes locaux. Aujourd'hui, la musique fait partie des préoccupations des institutions qui aident la professionnalisation du secteur. ***Les kabars*** – fêtes musicales en plein air mettant notamment à l'honneur les rythmes traditionnels et la langue créole – se multiplient de même que les festivals de tous styles et toutes dimensions.
On assiste aussi à un renouveau des ***fanfares créoles,*** appelées « musiques en cuivre », que l'on peut écouter lors des fêtes locales ou en première partie de concerts. Les nouvelles tendances de la sono mondiale influencent les groupes : rock, reggae, électro, hip-hop, ragga... La « musique soleil » fait l'objet de nombreuses compilations. Kaf Malbar, Malkijah et Zorro Chang, stars du ragga dancehall, trustent les sommets des hit-parades locaux avec d'innombrables jeunes artistes qui émergent au sein de collectifs ou de soirées appelées « Tropical Mix »... ***Une scène électro tend aussi à se développer*** avec des DJs ou créateurs sonores de plus en plus performants et éclectiques : Jako Maron, Labelle, Psychorigid, Kwalud, Karl Hungus, Do Moon, Loya...
Fondateur du ***Pôle régional des musiques actuelles (PRMA)*** en 1997, Alain Courbis et son équipe ont fait beaucoup pour que les artistes réunionnais aient leur chance en dehors de l'île. De jeunes talents à découvrir, mais aussi des « dinosaures » de la musique traditionnelle. • *runmuzik.fr* •
Si l'autoproduction représente aujourd'hui la plus grosse part du ***marché du disque,*** les principales maisons de production « historiques » ont maintenant leurs catalogues en ligne : • *discoasis.com* • *piros.net* • *discorama.fr* • *cdrun.re* •, etc.
Par ailleurs, une vingtaine de ***salles de spectacles*** très bien équipées ont été construites ou rénovées sur toute l'île et proposent de plus en plus de concerts.

Dernier lieu culturel en date, la Cité des Arts, un superbe espace ouvert et pluridisciplinaire dédié à la création artistique sous toutes ses formes, a ouvert ses portes à Saint-Denis en 2016.

– Pour en savoir plus sur les traditions musicales de La Réunion, lire la belle réédition réactualisée en 2015 de l'ouvrage de référence *Musiques traditionnelles de La Réunion* de Jean-Pierre La Selve (éd. associative Kreolart).

Le maloya

Muselé par « le bon goût français », seul valable aux oreilles des autorités régnant sur le DOM, le maloya, qui porte en lui l'histoire de l'île, dut se terrer au fond des cases jusqu'à la fin des années 1970. Les spécialistes considèrent le maloya – dont le nom proviendrait du malgache *malahelo* (tristesse) – comme ***la forme originelle du séga.*** Ce genre venu d'Afrique de l'Est, dont on trouve des formes spécifiques à Maurice, à Rodrigues et aux Seychelles, s'est trouvé un style à La Réunion en se mélangeant aux polka, mazurka, quadrille ou valse de l'Europe. Multiforme, dominé par les percussions, l'accordéon ou le violon, il a été synonyme de musique populaire ou folklorique.

MALOYA QUI MAL Y PENSE

Musique créée par les esclaves dans les plantations, étrangement, le maloya doit sa renaissance au Parti communiste réunionnais ! Jouant pendant les années 1970 la carte de l'autonomie, le PC local s'en est servi comme outil de contestation politique. Mais avec des textes en créole et très orientés politiquement, le maloya fut longtemps censuré. Les temps ont bien changé : en 2009, il a été inscrit sur la liste du Patrimoine immatériel de l'humanité par l'Unesco et est célébré avec faste début octobre par toutes les collectivités...

Dans le sillage des anciens aujourd'hui disparus ou encore actifs, une nouvelle génération de groupes de maloya traditionnel enflamme toujours les scènes d'ici et d'ailleurs : Lindigo, Kiltir, Loryzin, Destyn, Kaloubadya, Kozman Ti Dalon, Mélanz Nasyon, etc.

Les artistes en scène

– ***Alain Peters*** *(1952-1995)* **:** son album posthume, *Parabolèr* est une perle du point de vue des mélodies et des textes. En 2014, le chanteur anglais Piers Faccini a repris *Mangé pour le cœur*.

– ***Granmoun Lélé*** *(1930-2004)* **:** figure emblématique du maloya réunionnais, il a sillonné le monde avec son groupe familial. Quatre albums dont *Namouniman* (1993). Deux groupes familiaux, Groove Lélé et Urbain Philéas entretiennent toujours le flambeau.

– ***Baster :*** groupe fondé en 1983, une valeur sûre avec un reggae métissé de séga-maloya s'étant offert des duos avec Cali *(Wiyo)* ou encore la Cap-Verdienne Mayra Andrade (*Nou lé la*, 2011).

– ***Ziskakan :*** le groupe du charismatique chanteur Gilbert Pounia fait de la « world music », en mariant aussi bien le biniou que le tabla au rouleur ou au *kayamb*...

– ***Meddy Gerville :*** ce talentueux pianiste a réussi depuis plusieurs années une magistrale fusion de jazz et de maloya, tout en produisant parallèlement des albums de ségas et romances plus populaires sur le marché local tels que *7e Ciel,* ou *Ek Out lamour.*

– ***René Lacaille*** *(né en 1946)* **:** son duo étonnant séga-maloya-blues avec le guitariste américain Bob Brozman sur l'album *Digdig* (2002), est le premier album réunionnais ayant bénéficié d'une distribution mondiale. Excellent guitariste et maître accordéoniste, c'est l'un des artistes réunionnais les plus demandés à l'international où il a reçu de multiples prix.

– ***Lindigo :*** c'est le groupe de maloya le plus en vue depuis quelques années. Des jeunes musiciens ayant grandi dans les « servis kabaré » qui s'imposent par leur énergie sur les scènes internationales de « world music » comme chez eux.
– ***Davy Sicard :*** issu d'un quatuor vocal a capella très populaire dans les années 1990, Davy Sicard a entamé une carrière solo dans les années 2000. Plusieurs albums dans un registre chanson « world » qui ne renie pas ses racines maloya.
– ***Danyèl Waro*** *(né en 1955)* **:** ses premiers albums furent enregistrés dans une case sur la route du Maïdo, et il reçut un « World Music Award » en 2010 pour l'ensemble de sa carrière. En 2014, un de ses titres est « samplé » par Kanye West pour un titre de Beyoncé... Choc des cultures !
– ***Zanmari Baré :*** écouter le premier album déjà culte *Mayok Flèr* (2013) de ce chanteur-auteur-compositeur qui aujourd'hui rivalise avec son ami Danyèl Waro, tant pour la qualité de ses textes et mélodies que pour ses prestations scéniques.
– ***Maya Kamaty :*** fille du leader de Ziskakan, elle affirme sa propre personnalité artistique avec un bel album chanson folk soul métissé, *Santié papang,* salué en 2015 d'un coup de cœur de l'Académie Charles-Cros.
– ***Gren Semé :*** emmené par le charismatique chanteur-poète Carlo de Sacco, ce groupe s'est imposé ces dernières années avec une chanson inspirée de maloya et teintée aussi bien de rock, jazz, ou électro... Leur dernier album *Hors sol* (2016) est encensé par la presse nationale.
– ***Christine Salem*** : grande voix féminine du maloya, son sixième album « Larg pal lo kor »(2016) est teinté de blues avec la participation du guitariste français Seb Martel.
– ***Jérémy Labelle :*** il est en première ligne de l'électro réunionnaise en créant une musique à base de sons et rythmes qui évoquent la diversité culturelle de l'île.

Festivals

– ***Total Jazz :*** *fin avr au théâtre de plein air de Saint-Gilles et dans la commune de Saint-Paul.* Jazz, world, électro.
– ***Leu Tempo Festival :*** *mi-mai à Saint-Leu. ☎ 02-62-34-31-38. • lesechoir.com •* Spectacles de rue, concerts, jongleries, marionnettes et défilés carnavalesques. Une bonne programmation d'artistes du monde entier.
– ***Les Electropicales :*** *2e sem de mai, à Saint-Denis, à la Cité des Arts. • electropicales.com •* Sons électroniques, live et DJs, dans un espace plein air très festif.
– ***Sakifo Musik Festival :*** *pdt 3 j. début juin, Ravine-Blanche à Saint-Pierre. • sakifo.com •* Tous les genres de musiques, avec des pointures locales, nationales et internationales.
– ***Manapany Festival :*** *3 j. mi-sept, baie de Manapany. • manapanysurfestival.com •* Autour des « musiques en cuivre » et festives, fanfares, ska, chanson française et de l'océan Indien.
– ***Les Nuits du Piton :*** *autour du 20 déc (date anniversaire de l'abolition de l'esclavage), à Saint-Joseph, caverne des Hirondelles.* Musiques créoles.
– ***Liberté Métisse :*** *dans le cadre des festivités du 20 déc, 3 j. avt Noël, sur la plage d'Étang-Salé-les-Bains ou à Sainte-Marie selon les années.* Artistes locaux et d'autres îles de l'océan Indien.
– ***Les Francofolies de La Réunion*** **:** *3 j. mi-mars à Saint-Pierre. • francofolies.re •* En lien avec le célèbre festival de La Rochelle, cet événement organisé par la même équipe et sur le même site que le Sakifo Festival a connu sa première édition en 2017.

Les *kabars*

On peut être amené à assister tout au long de l'année, en diverses occasions, à ces fêtes populaires donnant lieu à des concerts gratuits avec des groupes locaux sur des podiums en plein air dans les quartiers.

La concentration de tels événements est particulièrement dense autour du 21 juin, fête de la Musique, en octobre, anniversaire du classement du maloya au Patrimoine mondial de l'Unesco et Semaine internationale du créole, et autour du 20 décembre, anniversaire de l'abolition de l'esclavage.

PATRIMOINE

Cases créoles

C'est l'un des styles architecturaux particuliers à La Réunion, avec les quelques vestiges coloniaux de la Compagnie des Indes. Les cases créoles de l'île évoquent, bien sûr, les maisons antillaises, mais aussi certaines demeures de La Nouvelle-Orléans (Louisiane). Néanmoins, les matériaux diffèrent. À La Réunion, les maisons sont appelées ***cases,*** ou « changements d'air » pour les maisons secondaires. Certaines sont recouvertes de ***bardeaux,*** sortes d'ardoises de bois. Les cases sont toujours ***peintes,*** le plus souvent en blanc, mais on en trouve de toutes les couleurs dans la plupart des villages.
La disposition architecturale des cases est toujours la même, que l'on soit coupeur de canne ou grand propriétaire. L'entrée du jardin est presque toujours fermée par un *barreau* (grille), haut et en fer forgé. On voit de la rue ce que le propriétaire a bien voulu montrer : d'abord le jardin et son allée, mais aussi la ***varangue,*** une véranda améliorée.
Certaines varangues, très ouvragées, sont superbes, notamment à Hell-Bourg et à L'Entre-Deux, surtout dans les grandes maisons de maîtres (aussi appelées « villas »). La varangue, traditionnellement meublée en rotin et décorée de plantes vertes, reste ouverte sur le jardin et permettait autrefois aux propriétaires de recevoir les invités. Dans les Hauts, climat oblige, les varangues sont vitrées. Elles sont souvent décorées de ***lambrequins.*** D'inspiration indienne, ce sont des sortes de frises en tôle ou en bois qui font le tour du toit, entourant la varangue. Dans l'ancienne société créole, les signes extérieurs de richesse étaient les plus importants : il fallait paraître et voir sans être vu. C'est le rôle du ***guetali*** (« guetter à lui »), un petit kiosque ouvert. En coin de jardin, il permettait aux dames de *moucater* les passants. Le *guetali* était aussi le lieu où les Virginie guettaient leur Paul pour échanger des mots doux...

Un patrimoine fragile

Malheureusement, ce patrimoine architectural souffre : usure du bois et légèreté des couvertures en ont fait la proie du temps et des cyclones. En majorité, les cases vraiment anciennes sont encore à l'abandon, leur entretien coûte cher. Certaines municipalités tentent pourtant de sauvegarder leur ***patrimoine historique*** et de nombreux projets de restauration ont été lancés. Cela commence à donner des résultats, à Saint-Denis notamment. Il était temps, car sans ses belles petites cases multicolores noyées sous les fleurs tropicales et à l'identité créole tant recherchée, La Réunion perdrait beaucoup de son charme. Il reste des endroits merveilleux ***(L'Entre-Deux, Cilaos, Le Brûlé, Hell-Bourg, La Rivière-Saint-Louis)*** et des rues avec des trésors cachés ***(Saint-Denis, Saint-Pierre).*** Les villas créoles puisent dans le répertoire des constructions de la Compagnie des Indes. Les plus belles aujourd'hui et les plus visitées sont certainement celles de la famille Desbassayns (musée de Villèle, dans les environs de Saint-Gilles-les-Hauts), l'ex-école franco-chinoise à Saint-Paul (construite par la même famille Desbassayns), la villa Folio à Hell-Bourg, la maison Chateauvieux à Saint-Leu (domaine des Colimaçons) et le domaine du Grand-Hazier à Sainte-Suzanne.

PERSONNAGES

– ***Raymond Barre*** *(1924-2007)* **:** économiste et homme politique, né à Saint-Denis. On peut y voir sa maison natale, rue de Paris. Premier ministre sous Giscard, ancien maire de Lyon, il s'est présenté à la présidentielle de 1988.

– ***Jean Chatel*** *(1884-1948)* **:** homme d'affaires et homme politique. Les alcools Chatel voient le jour en 1907. Il crée de nombreuses œuvres sociales qui le rendent populaire et le conduisent à la mairie de Saint-Denis de 1925 à 1937. Après l'assassinat d'Alexis de Villeneuve, en 1946, la droite réunionnaise rappelle « Papa Chatel » pour affronter le docteur Raymond Vergès. Réélu, Jean Chatel meurt dans son bureau de l'hôtel de ville en 1948.

LE GOSSE À LA GOUSSE

Edmond Albius (1829-1880) était un esclave de 12 ans quand il découvrit le procédé de la pollinisation manuelle de la vanille et ouvrit ainsi la voie à son exploitation agricole. La vanille sauvage avait bien été rapportée de Guyane, mais pas l'abeille qui la féconde naturellement. Edmond ne tira aucune gloire de cette découverte, car on ne pouvait alors permettre qu'un esclave dépasse ses maîtres. Il passa 3 ans au bagne pour une histoire de vol et mourut dans la misère. Peu de rues portent son nom et pourtant les producteurs du monde entier lui doivent beaucoup.

– ***Françoise Chatelain*** *(1654-1730)* **:** la « grand-mère » des Réunionnais. Elle fut de celles qu'on expédia en bateau à Bourbon pour servir de compagne aux pauvres colons exilés... Elle eut 10 enfants de 4 maris.

– ***Antoine Sosthène d'Armand de Chateauvieux*** *(1804-1885)* **:** le jeune marquis, issu d'une famille ruinée par la Révolution, débarque à l'île Bourbon et y restera jusqu'à sa mort. L'histoire des Chateauvieux est liée à celle du domaine des Colimaçons à Saint-Leu (actuellement jardin botanique de La Réunion). Personnage infatigable, Chateauvieux gère les propriétés des Desbassayns, construit des usines, sa propre maison, son église, dessine la route des Colimaçons, devient maire de Saint-Leu et vice-président du conseil colonial. Mais c'est surtout un passionné de botanique qui introduisit sur l'île de nombreuses espèces. Ses descendants sont encore présents dans la vie économique et politique réunionnaise.

– ***Michel Debré*** *(1912-1996)* **:** ancien Premier ministre sous de Gaulle, il est envoyé de Paris pour être député de La Réunion (1963-1988), ce qui ne l'empêchera pas d'être, en même temps, maire d'Amboise... Il expédie des enfants réunionnais dans la Creuse entre 1963 et 1982, « pour leur donner une éducation civilisée » (voir la rubrique « Histoire »). Une scandaleuse déportation qui trouve enfin un écho national en 2016 quand est créée une « commission nationale des enfants de la Creuse ».

– ***Ombline Desbassayns*** *(1755-1846)* **:** propriétaire, chef d'entreprise, esclavagiste, elle fut tout cela à la fois. Fille unique, élevée par une nourrice noire qu'elle considère comme sa mère, elle se retrouva à la tête de 200 esclaves et plusieurs habitations. Lorsqu'elle épouse en 1770 son voisin Henri-Paulin Panon, dit Desbassayns, il a 38 ans et elle en a 15. Ils sont à la tête de la plus riche propriété de l'île. Quand le mari meurt en 1800, elle rachète les parts des enfants et se retrouve à la tête d'une des plus grosses entreprises agricoles de France. Son gendre, Joseph de Villèle, est chef du gouvernement de 1821 à 1828. Tout va bien pour elle ! La réussite de cette femme repose sur le système esclavagiste, c'est pourquoi elle fut « diabolisée ». Un beau roman de Jean-François Samlong retrace également cette fresque : *Madame Desbassayns* (Jacaranda, 1985).

– ***Juliette Dodu*** *(1848-1909)* **:** née à Saint-Denis, la « Jeanne d'Arc réunionnaise », belle-sœur du peintre Odilon Redon, travailla au bureau télégraphique de Pithiviers durant la guerre de 1870. Un grand doute subsiste quant à ses réelles activités d'espionne contre les Prussiens, qui auraient sauvé la vie de 40 000 soldats français. Et pourtant, des rues portent son nom et La Poste lui a consacré un timbre en 2009 !

– ***Gabriel de Kerveguen*** *(1800-1860)* **:** fils d'un aristocrate breton venu chercher fortune loin de chez lui sous la Révolution. Il s'enrichit dans la miroiterie et le négoce du café, investit dans la terre et construit son domaine au Tampon de Saint-Louis à Saint-Philippe, soit 12 % de la surface de l'île ! Il achète 227 000 pièces (au poids !) d'une monnaie autrichienne obsolète, le kreutzer, pour payer ses engagés indiens et malgaches. Il faut dire que 3 600 personnes travaillent pour lui dans les 16 usines qu'il possède en 1860... La monnaie a un tel succès qu'elle fait de l'ombre au franc, et on lui demande de retirer ses kreutzers du marché. C'est le début de la faillite économique ; les Kerveguen paient leur dette, mais petit à petit le domaine est vendu.

UNE VIE À TIR D'AILES

Sacrée tête brûlée que l'aviateur Roland Garros (1888-1918), né à Saint-Denis. Sportif accompli sur terre et dans les airs, il réalisa la première traversée aérienne de la Méditerranée en 1913 (780 km). Engagé volontaire comme pilote de guerre en 1914, il mit au point une technique permettant le tir à travers l'hélice d'un avion. Prisonnier des Allemands, il s'échappa au bout de 3 ans, mais mourut dans les Ardennes lors d'un combat aérien en 1918, la veille de ses 30 ans.

– ***Charles-René-Marie Leconte de Lisle*** *(1818-1894)* **:** poète et académicien. Né et enterré à Saint-Paul (cimetière marin). Son enfance est marquée par l'île de La Réunion, un séjour en Bretagne et un amour platonique pour sa cousine Marie-Élixène de Lanux. Il s'installe à Paris où il devient rédacteur au journal *La Démocratie pacifique.* Il y affirme ses convictions républicaines et son opposition farouche à l'esclavage. Quand la monarchie de Juillet est renversée, en 1848, il prend la tête d'un groupe de créoles à Paris qui revendique l'abolition de l'esclavage. Les années qui suivent sont une sorte de « descente aux enfers ». Découragé, il se réfugie dans l'écriture.

– ***Frédéric Levavasseur*** *(1811-1882)* **:** prêtre antiesclavagiste, né à Sainte-Suzanne. Il est, pour les Réunionnais, le « prêtre des Noirs ».

– ***Bertrand-François Mahé de La Bourdonnais*** *(1699-1753)* **:** le plus grand gouverneur de l'île. Né à Saint-Malo, il éprouve très vite le besoin de naviguer. Il compose, pendant une traversée, un traité sur la mâture des vaisseaux. Au cours d'un voyage aux Indes, l'ingénieur du roi lui enseigne la fortification et la tactique. Il se forge dès 35 ans une solide réputation de voyageur et amasse une belle fortune. Il devient gouverneur des Mascareignes (Bourbon et Isle de France), développe les cultures, forme des militaires, crée le dispositif militaire français le plus puissant que la région ait jamais connu. Il est envoyé combattre dans l'océan Indien où il écrase la flotte anglaise de Peyton et prend Madras, ce qui lui vaut ensuite une disgrâce car il s'est opposé à Dupleix, le gouverneur de Pondichéry qu'il avait libéré quelque temps auparavant. Il est même embastillé. La Bourdonnais meurt 2 ans après avoir été acquitté.

LA LANGUE BIEN PENDUE

Arrêté puis condamné à mort en 1730, le pirate La Buse a bien réussi sa sortie. La corde au cou, il trouva assez d'inspiration pour lâcher dans la foule un parchemin en s'écriant : « Mon trésor à qui saura comprendre... » Sur le morceau de papier, un cryptogramme, message secret et codé qui donne le lieu où se trouvent les trésors cachés d'une riche vie de pirate. Tellement secret que personne n'a encore mis la main sur le magot.

– ***Pierre Poivre*** *(1719-1786)* **:** aventurier, botaniste, intendant né à Lyon. Poivre n'est pas l'inventeur du poivre, mais son nom le prédestine à mettre son nez dans les épices. Au cours d'une expédition asiatique, il débarque à Batavia, aujourd'hui Djakarta, dans l'actuelle Indonésie, où il étudie la culture des épices. À l'époque, elles valent de l'or. À Pondichéry, il fait la connaissance de La Bourdonnais. Ils arrivent ensemble à l'Isle de France (aujourd'hui Maurice). Poivre propose ses services à la Compagnie des Indes. Objectif : ravir aux Hollandais le monopole des épices. Il rentre en France et est élu membre de l'Académie des sciences. En 1766, Poivre est nommé intendant des îles de France et de Bourbon. Il dote la France du plus grand jardin botanique tropical au monde (jardin de Pamplemousses à Maurice). Il est en outre à l'origine du peuplement de l'archipel des Seychelles en arbres fruitiers. Comme à Maurice et à La Réunion, il acclimate là-bas des arbres à épices : muscadier, giroflier, cannelier, poivrier, etc., tous venus d'Extrême-Orient.

– ***Didier Robert*** *(1964)* **:** homme politique né à Saint-Pierre. Élu maire du Tampon en 2006, il remporte les élections régionales en 2010 à la tête de la liste UMP, à 46 ans (réélu en 2015), détrônant l'indéboulonnable Paul Vergès.

– ***Joseph Sarda-Garriga*** *(1808-1877)* **:** gouverneur, né dans les Pyrénées-Orientales, il porte le prénom de son illustre parrain, Joseph Bonaparte. Après un emprisonnement pour délit d'opinion – il a des convictions républicaines –, il fait tout de même carrière dans l'administration des Finances. Ami de Victor Schœlcher, l'ardent antiesclavagiste, il est nommé commissaire général de la République à La Réunion avec les pleins pouvoirs. Sarda-Garriga a pour mission d'appliquer le décret d'abolition de l'esclavage du 27 avril 1848 et de mettre en œuvre le suffrage universel. Il réussit sa mission, puisque l'abolition est célébrée le 20 décembre sans trouble ni révolte. Il organise les premières élections libres en 1849. Il est ensuite relevé de ses fonctions et, s'opposant à Napoléon III, quitte le service de l'État pour mourir dans l'oubli.

– ***Frère Scubilion*** *(1797-1867)* **:** homme d'Église, il arrive à Bourbon en 1833 et découvre une situation sociale tendue et empoisonnée par le problème de l'esclavage. Certains frères devancent l'ordonnance royale du 18 mai 1846 et organisent l'instruction religieuse et élémentaire des esclaves. Le frère Scubilion fait ainsi le tour de l'île pour éduquer et instruire les plus démunis. Mgr Aubry dira de lui qu'il se fit « esclave des esclaves ». Tous les ans, le 20 décembre, jour de la fête des Esclaves, une foule considérable lui rend hommage devant son mausolée, à Sainte-Marie. Le 2 mai 1989, il a été béatifié par le pape.

– ***Camille Sudre*** *(1948)* **:** arrivé dans les années 1970 comme médecin volontaire à l'aide technique (VAT) il crée en 1981 la première radio libre de l'île, *Radio Free Dom.* L'homme réveille la vie politique réunionnaise en donnant la parole aux Réunionnais, notamment au communiste Vergès, interdit d'antenne officielle. Puis le CSA lui refuse d'émettre *Télé Free Dom.* Il est élu royalement président du conseil régional en 1992, mais son élection est invalidée pour temps de parole dépassé sur sa radio. Il revient sur la scène politique à partir de 1998 comme vice-président du conseil régional. Réélu conseiller régional en 2010, il est toujours actif sur sa *Free Dom,* première radio privée de l'île.

– ***Marguerite Sudre*** *(1943)* **:** ex-épouse de Camille Sudre, surnommée Margie, de père franc-comtois et de mère vietnamienne. Elle s'installe à La Réunion en 1976 comme médecin. Margie représente l'aile droite du mouvement *Free Dom.* Présidente de région à la suite de l'annulation de l'élection de son mari, elle devient secrétaire d'État chargée de la francophonie sous le gouvernement Juppé. En 1998, avec 7 % des voix, elle redevient conseillère régionale dans l'opposition alors que son ex-mari rejoint la majorité de Paul Vergès (communiste). Députée européenne de 1999 à 2009.

– ***Paul Vergès*** *(1925-2016)* **:** homme politique, fils de Raymond et frère de l'avocat Jacques (décédé en 2013). Il est président-fondateur du PCR (Parti communiste réunionnais) après avoir quitté le PCF. Paul Vergès, qui militait pour l'indépendance de La Réunion, s'est retrouvé à la tête de la région de 1998 à 2010. Il a été détrôné par Didier Robert (LR, ex-UMP) en 2010 mais a régné sur le monde politique réunionnais pendant 60 ans jusqu'à sa mort à 91 ans.

– ***Ambroise Vollard*** *(1866-1939)* **:** critique d'art et écrivain. Né à Saint-Denis, il part rapidement pour Paris où il ouvre, à 24 ans, une galerie d'art. Il devient marchand de tableaux, se spécialisant dans la peinture d'avant-garde : Cézanne, Renoir, Gauguin, Picasso, Rousseau, Van Gogh, Matisse. Cette vocation lui vient le jour où il découvre un dessin de Forain qu'il achète 50 centimes et qu'il revendra trois fois plus cher, après que l'artiste l'eut signé. Il meurt dans un accident de voiture. Sa famille a légué au musée Léon-Dierx de Saint-Denis une riche collection de tableaux.

POPULATION

La Réunion est le département d'outre-mer le plus peuplé avec près de 845 000 habitants, dont 40 % ont moins de 20 ans ! Les estimations prévoient que le million d'habitants sera dépassé en 2040. Une population diversifiée, métissée et cosmopolite, vivant à 80 % sur la côte. Le métissage vient de 10 pays différents, répartis sur trois continents ! Le cocktail d'origines ne pouvait être que subtil et riche, et c'est tant mieux. Ici, le racisme n'existe guère, les religions se côtoient en harmonie, la langue créole constitue la colonne vertébrale de cette société composite et aucune ethnie ne peut se réclamer « d'origine » puisque, avant la colonisation au XVIe s, l'île était totalement inhabitée. Bien sûr, comme dans d'autres lieux multiculturels de la planète (Singapour, la Malaisie), les différents groupes ethniques ont tendance à rester entre eux, mais s'il existe des divergences, elles sont plutôt d'ordre social, notamment entre ceux vivant dans les Hauts (20 % de la population) et ceux habitant sur la côte.

Est ***créole*** toute personne née dans l'île de parents réunionnais. Quelques familles anciennes descendent des premiers arrivants (français et malgaches), rien de particulièrement extraordinaire à ce qu'ils aient imposé la culture francophone et européenne dans toute l'île. Les créoles sont le résultat d'un métissage de plusieurs siècles entre différents groupes ethniques :

« MEETIC », DÉJÀ !

Louis XIV décida de peupler l'île Bourbon (la future Réunion) en envoyant orphelines et prostituées rencontrer les colons, bien souvent célibataires. Les convois étaient encadrés par des prêtres qui jouaient souvent le rôle d'entremetteurs !

– ***Les « yabs »,*** descendants des Petits Blancs, aux yeux clairs (nombreux dans les Hauts et dans le Sud), qui composent la couche populaire.
– Les descendants des ***Gros Blancs*** (notables, aristocratie locale, planteurs).
– ***Les Cafres,*** nom donné aux Africains. Cafre vient du mot *kafir,* qui signifie « infidèle » en arabe. Ils portent le plus douloureux des héritages, celui des esclaves déportés en masse au début de la colonisation de l'île, en provenance d'Angola, du Mozambique, de Zanzibar (d'où vient le *moringue*), mais aussi de Madagascar. À la fin du XVIIIe s, les esclaves composent 80 % de la population de l'île ! Les marrons (voir plus haut cette rubrique) sont les esclaves en fuite. Aujourd'hui, les Cafres descendent donc des esclaves affranchis, les marrons étant morts de froid et de faim ou ayant été décimés. En 2009 fut inaugurée, au cimetière du Père-Lafosse au Gol, une stèle à la mémoire de tous les Réunionnais sans sépulture, tous ces esclaves enterrés anonymement et dans le mépris, conformément au « Code noir ».
– ***Les Malabars*** *(ou Malbars)* **:** ce sont les descendants d'esclaves mais surtout d'immigrés indiens non musulmans. Ce terme ne fait pas la distinction entre ceux venus de la côte Malabar en 1678 (côte ouest de l'Inde) et les Tamouls, majoritaires, venus des comptoirs français du sud de l'Inde, différents des autres Indiens par leur physique, leur langue et leur organisation sociale. À l'origine, les premiers Malabars apparus sur l'île Bourbon furent quelques femmes (métisses indo-portugaises) de Goa (comptoir portugais du sud de l'Inde) destinées à devenir les compagnes des premiers colons. Avec la culture du café puis de la canne

à sucre, au tournant du XIXe s, l'immigration se développa. Ils furent ainsi environ 115 000 à émigrer d'Inde vers La Réunion entre 1848 (date de l'abolition de l'esclavage) et 1882 (date à laquelle le recrutement fut officiellement interdit, même s'il continua jusqu'au début du XXe s). L'intégration de cette communauté est marquée par de nombreuses souffrances, des épreuves, des révoltes et de fortes tentatives de christianisation, générant une double pratique, à la fois chrétienne et hindoue. En fait, leurs conditions de travail à l'époque ne différaient guère de celles des esclaves. Le culte hindouiste était honni par l'Église catholique car concurrentiel et dès lors assimilé au culte du diable. Dès que les Malabars pouvaient échapper à la plantation, ils ouvraient des commerces illicites, légalisés avec le temps. Ils représentent aujourd'hui environ 25 % de la population.

– ***Les « z'arabes »*** ne sont pas des Arabes, mais des Indiens de confession musulmane, originaires du Gujarat, une région côtière au nord-ouest de l'Inde, située à la frontière du Pakistan. Ils représentent environ 5 % de la population totale. Ils ont immigré à La Réunion à partir du milieu du XIXe s, pour des raisons économiques et de conflits religieux. Voyant des musulmans débarquer sur l'île, les créoles les ont confondus avec des Arabes, une grossière erreur historique qui consiste à croire que tous les musulmans sont des Arabes, alors que ceux-ci sont aujourd'hui minoritaires dans l'islam. L'Inde compte actuellement près de 170 millions de musulmans et l'Indonésie constitue la première nation musulmane du monde. Agriculteurs à l'origine, ils se sont lancés très tôt dans le commerce, domaine dans lequel ils excellent aujourd'hui. D'innombrables magasins de vêtements, de chaussures, de quincaillerie, de bimbeloterie et de bricolage leur appartiennent. Pugnaces, économes, très solidaires, ils ont à leur actif une réussite économique spectaculaire, et ils ont su rester discrets.

Dans les années 1950, les Indo-musulmans ont notamment développé le « décrochez-moi ça », c'est-à-dire le prêt-à-porter. Ils pratiquent un islam sunnite. Certains ont atteint de hautes responsabilités dans la finance et la politique. La communauté indo-musulmane a un poids économique considérable dans l'île.

– ***Les Chinois :*** environ 50 000 Réunionnais sont d'origine chinoise. Ils sont arrivés sur l'île à partir de 1844 pour le travail du sucre, mais furent vite plus motivés par le commerce et la fameuse *boutik sinoi,* genre de bazar hétéroclite où l'on vend de tout. Les premiers Chinois venaient de Malaisie, où leurs ancêtres étaient déjà installés depuis le XVIe s. Puis arrivèrent des familles hakkas, du Fujian et du Guangdong (région de Canton), dans le sud-est de la Chine, qui s'installèrent dans le sud de La Réunion. Agriculteurs devenus ouvriers dans les plantations, puis très rapidement commerçants en gros et en détail, ils tiennent une partie du petit commerce (restaurants, épiceries) et pratiquent toujours le culte des ancêtres, tradition essentielle qu'ils accommodent sans heurt avec les principes du christianisme. Beaucoup de Réunionnais d'origine chinoise ont des prénoms européens accolés à des noms chinois. Exemples : Josepha Chane Woon Ming ou Jules Lung Yut Fong. Une communauté intégrée depuis les origines où les membres sont très solidaires et où la famille reste la base de la société.

– ***Les Malgaches :*** les premiers immigrés de Madagascar étaient des esclaves et se sont largement métissés avec les Européens puis les créoles. Mais vu la proximité de la grande île et les points communs culturels et historiques, pas mal de Malgaches viennent aujourd'hui vivre et travailler à La Réunion.

– ***Les Comoriens :*** le niveau de vie étant bas aux Comores voisines, ils viennent ici – via Mayotte tels des « boat people » – chercher du travail et sont souvent la cible des pauvres gens, qui leur reprochent de venir prendre leur emploi ou d'être prioritaires pour un logement social. Les femmes comoriennes se reconnaissent facilement à leur paréo en foulard et leur masque de santal sur le visage, masque de beauté, protecteur du soleil. Ils sont souvent confondus avec les Mahorais, ces derniers étant des citoyens français venus de Mayotte, une des quatre îles de l'archipel des Comores, de même culture (des estimations, difficilement vérifiables, font état de la présence de 30 000 à 45 000 Mahorais à La Réunion).

– ***Les « z'oreilles » :*** ce nom typiquement créole désigne les métropolitains. On vous donnera une explication de ce terme différente selon qu'on estimera que vous êtes à même ou non de comprendre l'histoire de l'île. On préfère parler du choc des Réunionnais découvrant, lors de la Première Guerre mondiale, que les soldats blancs envoyés à Madagascar avaient les oreilles rouges ou, plus historiquement, qu'on coupait les oreilles des esclaves en fuite depuis plus d'un mois, en guise de punition. Mais à cause de sa connotation un peu péjorative, il est rare d'entendre les Réunionnais utiliser le terme « z'oreilles » devant les interlocuteurs concernés. On emploie plus généralement l'expression « métro » (« cuisine métro » dans les menus des restaurants, par exemple). Les « métros » représentent aujourd'hui environ 10 % de la population, contre 1,7 % en 1967 ! Une partie d'entre eux est constituée de fonctionnaires et l'autre partie a été attirée par l'« effet cocotiers », espérant se construire une vie plus douce sous les tropiques. Un « z'oréole » est soit issu d'un couple mixte (métro-créole) soit un « z'oreille » ayant beaucoup apporté à La Réunion. Noter enfin qu'on utilise le terme « kréopolitain » pour un créole célèbre en métropole.

OUVREZ GRAND VOS OREILLES !

Fraîchement débarqués, les immigrés de métropole tendaient l'oreille pour comprendre le créole, d'où le mot « z'oreille ». L'appellation de « z'oreille marron » doit être considérée comme un compliment. Elle signifie qu'un métropolitain a eu suffisamment d'intelligence du cœur pour saisir l'âme créole. Elle est rarement attribuée.

RELIGIONS ET CROYANCES

Le christianisme

24 communes à La Réunion, dont la moitié portent le nom d'un saint, et autant de pratiques cultuelles différentes sur ce petit caillou de 200 km de circonférence ! Ici, les commandements de la Bible se mêlent joyeusement aux traditions païennes, comme en Amérique centrale où la mémoire des anciennes pratiques reste très vive. C'est ce qui s'appelle le christianisme créole : un fond de pensée universelle, accommodé au mode de vie tropical. Ajoutez à cette ferveur une bonne dose de superstition, de magie, de sorcellerie et d'épices variées. Et voilà un drôle et puissant cocktail religieux !

Tout commence par l'arrivée, vers 1665, de prêtres lazaristes français venus de Madagascar. Trois premières paroisses sont fondées à Saint-Paul, Saint-Denis et Sainte-Suzanne. « Les habitants de Bourbon ne sont pas très vertueux », disaient ces pionniers de Dieu envoyés par le roi Louis XIV. Réputés râleurs et buveurs, les prêtres n'ont aucun scrupule à posséder des esclaves. Après l'abolition de l'esclavage (en 1848), une bonne partie des « engagés » indiens embrassent le catholicisme, alors que les Noirs affranchis, animistes, sont

DES MIRACLES UN PEU TÉLÉPHONÉS ?

En 2009, la ferveur religieuse à la sauce réunionnaise a pu se vérifier à nouveau après que des fidèles ont aperçu le visage du Christ incrusté dans les plis de fauteuils à l'intérieur de certaines églises. Devant l'afflux incontrôlable de milliers de curieux, armés de leurs téléphones portables pour immortaliser l'événement, et la joyeuse pagaille qui s'ensuivit, l'évêque fut contraint de retirer les coussins de Trois-Rivières.

convertis de force. Bien que les catholiques soient majoritaires aujourd'hui (95 %), les Églises protestantes progressent en nombre : pentecôtistes, adventistes, Église évangélique et Église réformée officielle comptent 20 000 croyants environ et sont très présents sur le terrain. On trouve par ailleurs des sectes comme les témoins de Jéhovah (2 700 témoins) ou Hare Krishna... 2009 fut marquée par l'évasion spectaculaire et très médiatique du jeune gourou de la secte « Cœur douloureux et immaculé de Marie », arrêté 2 ans plus tôt pour viol et enlèvement d'enfant. Ses complices détournèrent un hélicoptère pour le faire sortir de sa prison. Mais la cavale ne dura pas bien longtemps.

L'hindouisme

La deuxième religion de l'île est arrivée avec les nombreux immigrants indiens (Malabars et Tamouls) venus ici pour échapper à une vie misérable et travailler. Traités en esclaves puis « engagés », après l'abolition de l'esclavage dans les plantations de canne à sucre, à partir du milieu du XIXe s. Il existe huit grands temples sur l'île, consacrés au dieu Mourouga et une multitude de petites chapelles privées consacrées à Mariamen ou Karli. Les temples hindouistes les plus anciens se trouvent d'ailleurs dans les prospères zones sucrières comme Le Colosse à Saint-André, sur la côte est. Les fêtes religieuses tamoules sont parmi les plus spectaculaires, comme celle de *Pandialé,* aussi appelée « marche sur le feu » (voir la rubrique « Fêtes et manifestations »). Les Tamouls de La Réunion vénèrent Mourouga (ou Çiva Soupramanien), fils cadet de Çiva, et célèbrent sa fête, le *Cavadee* (en février, avril et mai). Dans certains temples, on pratique encore des sacrifices de coqs et de cabris en l'honneur de Kali à la fin des marches sur le feu et le 2 janvier au temple de Ravine-Creuse. Mais les prêtres hindous orthodoxes, végétariens, ceux qui officient dans les grands temples des villes, ne suivent pas ces coutumes traditionnelles, estimant qu'elles ne sont pas essentielles à la foi et peuvent être remplacées par des offrandes végétariennes.

– ***Vishnu :*** dieu solaire, surnommé L'Agissant dans le *Rigveda* (un des quatre livres sacrés en Inde), il fait partie de la Trinité de l'hindouisme et incarne le Protecteur aux côtés de Brahma, le Créateur, et de Çiva, le Destructeur.

– ***Çiva :*** le troisième dieu de la Trinité hindoue. Il est le dieu de la Destruction du Mal, ayant comme mission d'anéantir Avidya, l'Ignorance.

– ***Ganesh :*** une tête d'éléphant et quatre mains sur un petit corps dodu, au ventre rebondi, c'est ainsi que Ganesh, fils de Çiva et de Parvati, est souvent représenté. Il est la divinité qui enlève les obstacles et garantit le succès dans l'existence terrestre comme dans la vie spirituelle. Bref, un dieu sage et bienveillant (et sûrement gourmand !).

Les Tamouls fêtent leur Jour de l'an, le *tamil varoucha pirappou,* le 14 avril. Chaque année tamoule porte un nom ; nous sommes dans la 10e année du cycle *kaliyugam,* commencée en 1987 et qui durera jusqu'en 2047.

Certains temples hindous peuvent être approchés extérieurement à condition de se déchausser à l'entrée et d'être en tenue de ville (pas de short). Éviter les jours de cérémonies. Parfois, les photos seront mal accueillies.

L'islam

L'islam a été introduit à partir du milieu du XIXe s, par les immigrés indiens originaires du Gujarat, un État situé au nord-ouest de l'Inde, à la frontière du Pakistan. Ces nouveaux venus furent nommés *z'arabes,* parce que les créoles pensaient que les seuls musulmans du monde étaient les Arabes du Moyen-Orient et d'Afrique du Nord.

– ***L'islam sunnite :*** majoritaire sur l'île (environ 30 000 à 35 000 croyants). Une douzaine de communes possèdent une mosquée. La première mosquée française et donc réunionnaise, celle de la rue du Maréchal-Leclerc à Saint-Denis, fut terminée en 1905. Puis l'islam prit son expansion. Et la communauté indo-musulmane prospéra, au point qu'aujourd'hui elle représente 5 % de la population totale,

contrôlant entre 35 et 40 % de l'économie réunionnaise. Ces Indo-musulmans forment une communauté active, solidaire, très fervente.
Les mosquées peuvent se visiter à condition de porter une tenue correcte et décente et d'éviter les heures de prières et le vendredi, jour de la « grande prière ». Dans chaque mosquée, on peut croiser ou rencontrer les membres du mouvement Tablighi-Jamaat, fondé en Inde par Maulana Mohammed Ilyas (1885-1944). Musulmans sunnites, orthodoxes, proches des fondamentalistes, ils sont chargés de propager l'islam dans l'île et dans le reste du monde, à raison de 3 jours par mois pris sur leur temps personnel (soit 10 % de leur temps).
– ***Le cercle des Mourides de l'océan Indien :*** c'est une toute petite confrérie adepte du soufisme, la partie la plus mystique de l'islam. Créée au Sénégal au XIXe s par le cheikh Ahmadou Bamba, elle se fonde sur la tradition islamique, mais accorde plus d'importance à l'esprit qu'à la lettre de l'islam. La vie spirituelle (la face cachée du Coran) prévaut sur la prédication et les démonstrations extérieures de la foi. Cette communauté est basée à Saint-Louis.
– ***L'islam chiite :*** il ne concerne qu'une minorité de musulmans de La Réunion, pour la plupart des Karanes venus d'Inde via Madagascar, mais aussi des Comoriens et des Mahorais. Cette communauté chiite compte en son sein les trois plus petites minorités religieuses de l'île : les ismaéliens, les duodécimains et les dawoodi bohras.

Le bouddhisme

L'erreur consiste à croire que les Réunionnais d'origine chinoise sont bouddhistes, alors qu'une large majorité d'entre eux se sont convertis au christianisme au XIXe s ou pratiquent le confucianisme. Une très petite minorité de Réunionnais pratiquent le bouddhisme et ils sont le plus souvent « métros ». À La Réunion, comme ailleurs, cette philosophie orientale (née en Inde) se fonde essentiellement sur les enseignements délivrés par le Bouddha : le détachement des illusions terrestres, le rejet des désirs, causes de la souffrance, et l'obligation pour chaque croyant de prononcer des paroles justes et de réaliser des actes justes. Pourtant, le bouddhisme réunionnais a sa propre originalité, car il ne rejette pas mais au contraire intègre les grandes vertus morales et certains rites hérités du confucianisme et du taoïsme.
Les confucianistes de l'île perpétuent, quant à eux, le culte des ancêtres et rendent hommage à une divinité particulière, un général déifié nommé *Guan Di* (ou *Kuan Ti*). La pratique du confucianisme ne signifie pas que les pagodes soient pleines de fidèles, car les Chinois prient généralement chez eux. La communauté s'y retrouve à certaines dates précises de l'année comme le Nouvel An chinois (fin janvier-début février), ainsi que pour la fête de Guan Di justement, la fête des Morts (printemps et automne) et la fête du Double Dix.
Un petit monastère bouddhique, non ouvert au public et situé à Saint-Pierre, abrite une ancienne communauté de religieuses vouées au culte des saints du Ciel et du Tao.

Les croyances

Les vieux Réunionnais croient parfois aux âmes errantes *(zom lé pa ramassé)*, celles qui ne sont pas montées au paradis. Dans l'île, les croyances existent sous différentes formes. Ce sont les coqs rouges ou noirs, la plupart du temps, qui en font les frais ! Par exemple, les restes de rites de désenvoûtement déposés à la croisée des chemins, sur un *van* en vacoa, plateau circulaire tressé : fruits, fleurs et un coq sacrifié.
Côté religieux, n'oublions pas les *ti bon dié* (petit bon Dieu). De tous les saints, *Expedit* est incontestablement le plus réputé de l'île. On lui consacre toutes sortes de petites niches rouges, aménagées au bord des routes, des sentiers et même dans les cours des habitations (en 2001, on a dénombré sur l'île 334 statues et oratoires). À la tombée de la nuit, ces autels s'illuminent de cierges allumés par des mains anonymes : le saint protège ainsi des voleurs. Sa devise a convaincu plus

d'un catholique : « Il ne faut pas attendre demain pour s'adresser à moi, car tout m'est possible. » C'est donc le spécialiste des causes urgentes !

Si l'origine de ce culte reste énigmatique à La Réunion, il existe bel et bien un Expedit, qui fut martyr au IVe s, en Arménie, puis sanctifié, mais il a été retiré du calendrier liturgique officiel car des Réunionnais le priaient en espérant nuire à leurs ennemis... Il a été décapité pour sa foi, et on retrouve encore aujourd'hui sur les bords des routes des petites statuettes dégarnies de leur tête. Deux explications possibles à cela : soit c'est la réponse apportée aux dévots catholiques que l'on peut quand même venir prier Expedit pour faire le mal (alors que c'est un saint) ; soit, symboliquement, couper la tête, c'est ôter le pouvoir d'action du personnage. Bref, il y a surtout beaucoup de malice dans ces pratiques.

LE CACHET FAISANT FOI

Honoré sur l'île dans des autels à dominante rouge, saint Expedit, ce saint patron des écoliers et des candidats au permis de conduire, n'est pas vraiment reconnu par les autorités religieuses. La légende dit qu'au début du XXe s, des religieuses de l'île reçurent les reliques d'un saint pour une nouvelle chapelle mais ne trouvèrent comme indications que celles inscrites sur l'emballage : « e spedito ». Ignorant le latin, elles en conclurent qu'il s'agissait de leur saint et baptisèrent leur chapelle... Saint-Expedit.

La sorcellerie

Pour beaucoup d'anciens Réunionnais, la maladie n'est pas perçue comme un processus purement biologique. Elle est plutôt le fait d'un mauvais sort : d'où son nom de maladie *prêtée* (provoquée). Lorsque la médecine moderne se révèle impuissante et que la famille croit au « mauvais œil », on préfère s'en remettre aux religions ou aux superstitions, voire au mélange de plusieurs religions. Le malade se tourne alors vers un sorcier *(l'oreille du pays),* à qui, mieux que quiconque, il peut se confier. *Grateurs ti'bois, tizaneurs* et autres guérisseurs ont chacun une pratique particulière, inhérente le plus souvent à leur origine ethnique et à celle de leur clientèle. Les sorciers comoriens et malgaches manipulent les *ti'bois* et possèdent un pouvoir magique prétendu supérieur, car les esprits qu'ils invoquent sont inconnus des Réunionnais. Le sorcier malabar, lui, chasse le mauvais esprit grâce à ses incantations et à ses sacrifices de poules noires et de cabris. Il y a aussi le spécialiste *blanc* aux potions bienfaisantes : tisanes et onguents miraculeux. D'autres vouent un culte particulier au fameux criminel-magicien Sitarane, un assassin de légende dont le procès en 1910 fit grand bruit. Sa tombe, au cimetière de Saint-Pierre, sert régulièrement de lieu de cérémonies secrètes : on y retrouve, à l'aube, cierges brûlés, fruits offerts, cigarettes à moitié consumées, verres de rhum et lambeaux de tissus rouges... voire des coqs sacrifiés.

SITES INSCRITS AU PATRIMOINE MONDIAL DE L'UNESCO

UNESCO
Organisation des Nations Unies pour l'éducation, la science et la culture

En coopération avec le centre du patrimoine mondial de l'UNESCO

Pour figurer sur la liste du Patrimoine mondial, les sites doivent avoir une valeur universelle exceptionnelle et satisfaire à au moins un des 10 critères de sélection. La protection, la gestion, l'authenticité et l'intégrité des biens sont également des considérations importantes.

Le patrimoine est l'héritage du passé dont nous profitons aujourd'hui et que nous transmettons aux générations à venir. Nos patrimoines culturel et naturel sont deux

sources irremplaçables de vie et d'inspiration. Ces sites appartiennent à tous les peuples du monde, sans tenir compte du territoire sur lequel ils sont situés. Pour plus d'informations : • *whc.unesco.org* •
Notez que le maloya, un art traditionnel réunionnais mêlant chant, musique et danse, a été classé au Patrimoine mondial immatériel par l'Unesco en 2009. Dans la foulée, la partie centrale de l'île a été classée, en 2010, au Patrimoine mondial de l'humanité pour ses « pitons, cirques et remparts ».

TRADITIONS

La Réunion est indéniablement une île métissée. Voici quelques exemples de traditions spécifiques à la « créolie », toujours vivaces aujourd'hui.
– ***La pêche aux bichiques*** *(d'octobre à mars)* **:** les *bichiques* sont de petits alevins de la forme d'une anguille. Ils naissent en mer et pondent leurs œufs en remontant les rivières. C'est là que les pêcheurs les capturent avant qu'ils n'aient eu le temps de pondre... Pêchés à l'aide de *vouves,* des nasses coniques, transportés à tête d'homme dans des paniers de bambous tressés, ils sont ensuite vendus en bordure des routes ou sur les marchés. À table, on peut les déguster préparés en *cari* ; la saveur de ce mets ne fait pas l'unanimité.
– ***La « batay-kok » :*** comme aux Antilles, les combats de coqs constituent une tradition ancestrale de l'île particulièrement cruelle. Les coqs, qui ont entre 12 et 18 mois, combattent dans une arène de 8 m de côté. Gagne celui qui parviendra à mettre la crête de son adversaire à terre. Seuls cinq gallodromes officiels (les « ronds ») existent sur l'île. Les spectateurs font d'importants paris, en principe interdits par la loi, tolérés dans la pratique, un peu comme une exception culturelle. Un détail insolite et cruel : pour que les coqs blessés souffrent moins lors de ces combats, les propriétaires leur font ingurgiter, à l'aide d'une petite éponge, une mixture à base de *zamal* (le cannabis local). Des coqs dopés en somme, comme des athlètes.
– ***Le Jacquot malabar :*** danseur grimé, de religion hindoue, qui se produit au début de l'année en l'honneur du dieu Hanuman. Son corps est recouvert de peinture à l'huile de toutes les couleurs. Il fait peur en parcourant les rues de son quartier. Si un badaud lui lance une pièce de monnaie, il doit la saisir avec sa bouche pour la déposer dans sa cagnotte. La tradition revit à Piton-Saint-Leu et à Saint-Benoît.
– ***La « batay kréol » ou moringue :*** d'origine afro-malgache, cet art guerrier, pratiqué au son des percussions et des tambours, met en scène des combattants dont les gestes et les mouvements ancestraux évoquent à la fois la danse et les arts martiaux. Déjà connu au XVIIIe s dans les grandes plantations de café et de canne, remis à la mode il y a quelques années, il a marqué des générations d'esclaves africains à travers le monde entier. La *batay kréol* (ou *moringue*) a été influencée par la lutte bretonne et par l'art malgache du combat à mains nues. Très en vogue auprès du petit peuple de l'île jusqu'aux années 1950, elle est enseignée aujourd'hui par Jean-René Dreinaza, un ancien champion de boxe française. On peut assister à des démonstrations de *moringue* lors des grandes fêtes réunionnaises (*kabar* Sida, *kabar* Réunion, 20 décembre).

VANILLE

La vanille appartient à la famille des orchidées. Comme les lianes (et non comme un parasite), elle a besoin d'un support pour se nourrir directement dans la terre et s'enroule donc autour de ses arbres préférés (bois de chandelle, filaos, vacoas), qui lui

BIZARRE MAIS VRAI

La vanille est une orchidée qui a la même étymologie que « vagin ». Ces deux mots viennent tous les deux du latin vagina qui signifie étui, fourreau.

servent de tuteurs. Et comme toutes les orchidées, elle est extrêmement fragile. Elle se développe essentiellement sous les tropiques, dans des forêts de basse altitude, et a besoin d'un juste taux d'humidité et d'une température minimale de 12 °C.
Il n'existe pas moins de 110 espèces de vanille dans le monde. Mais sur les 15 espèces qui possèdent un parfum, seules 3 en ont un suffisamment développé pour être utilisé : celle de Tahiti, celle de Guyane et des Antilles, et enfin celle du Mexique et du Costa Rica. La vanille Bourbon est originaire de Guyane, où elle est développée à la demande de Louis XIV, désireux de casser le monopole mexicain. Il faut attendre 1819 pour que la vanille débarque à La Réunion. Cependant, à cette époque, les fleurs donnent bien peu de gousses. Car, du fait de la séparation par une membrane de ses organes mâles et femelles, la fécondation réussit rarement, même avec le concours des abeilles.
L'histoire de la vanille et de l'île bascule quelques années plus tard grâce à Edmond Albius, un jeune esclave réunionnais de 12 ans, originaire de Sainte-Suzanne. En 1841, il pollinise pour la première fois artificiellement la vanille.
Aujourd'hui encore, en serre ou en plein champ, chaque fleur (floraison entre septembre et décembre du côté de Saint-Philippe, par exemple) est fécondée à la main. La fleur sèche et permet au fruit – un par fleur – de se développer. Il ne reste alors plus qu'à attendre... 9 mois, le temps de la maturation de la gousse, qui est récoltée verte (elle n'a alors aucune odeur). Les gousses sont ensuite échaudées (plongées dans une eau à 65 °C pendant 3 mn) pour éviter qu'elles ne s'ouvrent, séchées 1 semaine au soleil puis 1 mois à l'abri de la lumière, et enfin placées pendant 9 mois dans une caisse, le temps de la maturation aromatique. L'art réside dans le fait de parvenir à faire sécher (la sève se transforme en huile) les gousses sans qu'elles ne se dessèchent ni moisissent. Sachez que, contrairement à ce que l'on peut croire, l'arôme n'est pas dans les graines mais dans la gousse elle-même. En ce qui concerne la technique dite de « précipitation » (qui fait gagner 50 % de rendement), il faut compter 2 ans entre la récolte et la commercialisation, et 4 à 5 kg de vanille verte pour 1 kg de vanille sèche. Pour une méthode naturelle, il faut compter 7 à 8 kg de vanille verte (soit le double). Ce qui explique, avec la manipulation exclusivement manuelle, le prix d'un kilo de vanille réunionnaise, beaucoup plus élevé que celui de Madagascar où le coût de la main-d'œuvre est bien moins cher. Voilà peut-être pourquoi on rencontre de moins en moins de planteurs et de coopératives de vanille à La Réunion. À prix égal, on trouve différentes qualités de vanille. Privilégiez celle qui n'a pas été échaudée. Le meilleur moyen de conserver une gousse de vanille est de la mettre dans un bocal en verre.

- rando - marmaille
- parapente

bouée charlotte
brassard
masque tuba
palmes
lunettes piscine
passeports
crème solaire
chapeau
anti-moustique
carnet santé
chaussures plastique eau
T short UV
jeux
livre
Cadeaux

les ROUTARDS sur la FRANCE 2018-2019

(dates de parution sur • routard.com •)

Découpage de la FRANCE par le ROUTARD

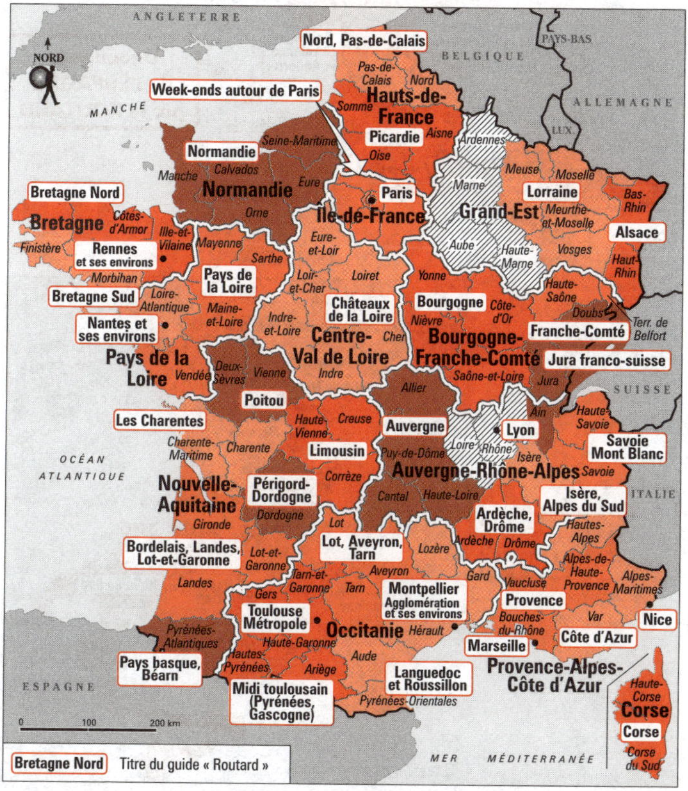

Autres guides sur la France

- Hébergements insolites en France
- Canal des deux mers à vélo (mars 2018)
- La Loire à Vélo
- Paris – Île-de-France à vélo (juin 2018)
- La Vélodyssée (Roscoff-Hendaye)
- Nos meilleurs campings en France
- Nos meilleures chambres d'hôtes en France
- Nos meilleurs restos en France
- Les visites d'entreprises en France

Autres guides sur Paris

- Paris
- Paris balades
- Paris exotique (octobre 2017)
- Restos et bistrots de Paris
- Le Routard des amoureux à Paris
- Week-ends autour de Paris

les ROUTARDS sur l'ÉTRANGER 2018-2019

(dates de parution sur • *routard.com* •)

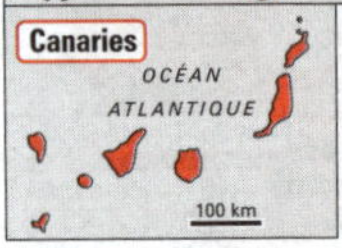

Découpage de l'ESPAGNE par le ROUTARD

Découpage de l'ITALIE par le ROUTARD

Autres pays européens

- Allemagne
- Angleterre, Pays de Galles
- Autriche
- Belgique
- Crète
- Croatie
- Danemark, Suède
- Écosse
- Finlande
- Grèce continentale
- Hongrie
- Îles grecques et Athènes
- Irlande
- Islande
- Madère
- Malte
- Norvège
- Pays baltes : Tallinn, Riga, Vilnius
- Pologne
- Portugal
- République tchèque, Slovaquie
- Roumanie, Bulgarie
- Suisse

Villes européennes

- Amsterdam et ses environs
- Berlin
- Bruxelles
- Budapest (mars 2018)
- Copenhague
- Dublin
- Lisbonne
- Londres
- Moscou
- Naples (décembre 2017)
- Porto (janvier 2018)
- Prague
- Saint-Pétersbourg
- Stockholm
- Vienne

les ROUTARDS sur l'ÉTRANGER 2018-2019

(dates de parution sur • **routard.com** •)

Découpage des ÉTATS-UNIS par le ROUTARD

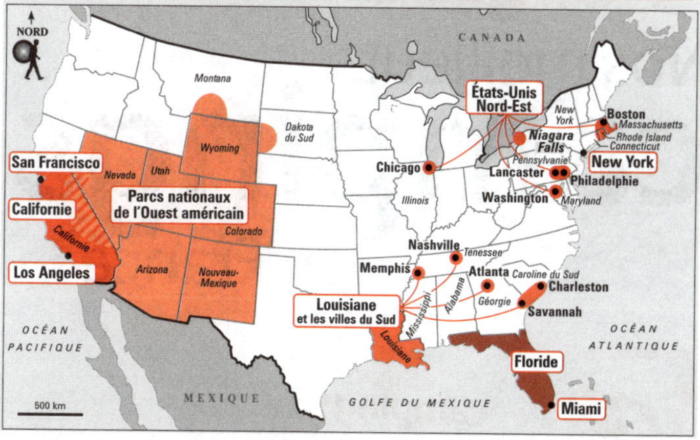

Autres pays d'Amérique

- Argentine
- Brésil
- Canada Ouest
- Chili et île de Pâques
- Colombie (avril 2018)
- Costa Rica
- Équateur et les îles Galápagos
- Guatemala, Yucatán et Chiapas
- Mexique
- Montréal
- Pérou, Bolivie
- Québec, Ontario et Provinces maritimes

Asie et Océanie

- Australie côte est + Red Centre
- Bali, Lombok
- Bangkok
- Birmanie (Myanmar)
- Cambodge, Laos
- Chine
- Hong-Kong, Macao, Canton
- Inde du Nord
- Inde du Sud
- Israël et Palestine
- Istanbul
- Jordanie
- Malaisie, Singapour
- Népal
- Shanghai
- Sri Lanka (Ceylan)
- Thaïlande
- Tokyo, Kyoto et environs
- Turquie
- Vietnam

Afrique

- Afrique du Sud
- Égypte
- Kenya, Tanzanie et Zanzibar
- Maroc
- Marrakech
- Sénégal
- Tunisie

Îles Caraïbes et océan Indien

- Cuba
- Guadeloupe, Saint-Martin, Saint-Barth
- Île Maurice, Rodrigues
- Madagascar
- Martinique
- République dominicaine (Saint-Domingue)
- Réunion

Guides de conversation

- Allemand
- Anglais
- Arabe du Maghreb
- Arabe du Proche-Orient
- Chinois
- Croate
- Espagnol
- Grec
- Italien
- Japonais
- Portugais
- Russe
- G'palémo (conversation par l'image)

Livres-photos Livres-cadeaux

- Voyages (octobre 2017)
- Nos 120 coins secrets en Europe (octobre 2017)
- Les 50 voyages à faire dans sa vie
- 1200 coups de cœur dans le monde
- 1200 coups de cœur en France
- Nos 52 week-ends dans les plus belles villes d'Europe

PETITS TRUCS ET ASTUCES POUR ÉVITER LES ARNAQUES !

Un routard informé en vaut deux ! Pour éviter les arnaques en tous genres, il est bon de les connaître. Voici un petit vade-mecum destiné à parer aux coûts et aux coups de bambous. À commencer par **l'affichage des prix** : dans les hôtels comme dans les restos, il est **obligatoire** et doit être situé à l'extérieur de l'établissement, de manière visible. Vous ne pouvez donc contester des prix exorbitants que s'ils ne sont pas clairement affichés.

À L'HÔTEL

1 - Arrhes ou acompte ? : au moment de réserver votre chambre par téléphone – par précaution, toujours confirmer par écrit (ou mail) – il n'est pas rare que l'hôtelier vous demande de verser à l'avance une certaine somme, celle-ci faisant office de garantie. Il est d'usage de parler d'arrhes et non d'acompte (en fait, la loi dispose que « sauf stipulation contraire du contrat, les sommes versées d'avance sont des arrhes »). Légalement, aucune règle n'en précise le montant. Toutefois, ne versez que des arrhes raisonnables : 25 à 30 % du prix total, sachant qu'il s'agit d'un engagement définitif sur la réservation de la chambre. Cette somme ne pourra donc pas être remboursée en cas d'annulation de la réservation, sauf cas de force majeure qu'il vous faudra justifier (maladie ou accident) ou en accord avec l'hôtelier si l'annulation est faite dans des délais jugés raisonnables. Si, au contraire, l'annulation est le fait de l'hôtelier, il doit vous rembourser le double des arrhes versées. À l'inverse, l'acompte engage définitivement client et hôtelier.

2 - Subordination de vente : comme les restaurateurs, les hôteliers ont interdiction de pratiquer la subordination de vente. C'est-à-dire qu'ils ne peuvent pas vous obliger à réserver plusieurs nuits d'hôtel si vous n'en souhaitez qu'une. Dans le même ordre d'idées, on ne peut vous obliger à prendre votre petit déjeuner ou vos repas dans l'hôtel ; ce principe, illégal, est néanmoins répandu dans la profession, toléré en pratique, surtout en haute saison... notamment dans les zones touristiques, où la demande est bien plus importante que l'offre ! Bien se renseigner.

« QUI DORT DÎNE ! »

Cet adage, venu du Moyen Âge, signifie que les hôteliers imposaient le couvert aux clients qui prenaient une chambre. Déjà de la vente forcée !

3 - Les réservations en ligne : elles se sont généralisées. Par l'intermédiaire de sites commerciaux ou en direct sur les sites des hôtels, elles sont simples et rapides. Mais voilà, les promesses ne sont pas toujours tenues et l'on constate parfois des dérives, notamment via les centrales de résa telles que promos bidons, descriptifs exagérés, avis d'internautes truqués... Des hôteliers s'estiment étranglés par les commissions abusives. N'hésitez pas à contacter l'hôtel sur son site pour vous faire préciser le type de chambre que l'on vous a réservé (sur rue, sur jardin ?).

4 - Responsabilité en cas de vol : un hôtelier ne peut en aucun cas dégager sa responsabilité pour des objets qui auraient été volés dans la chambre d'un de ses clients, même si ces objets n'ont pas été mis au coffre. En d'autres termes, les éventuels panonceaux dégageant la responsabilité de l'hôtelier n'ont aucun fondement juridique.

5 - En cas d'annulation : si vous avez réservé une chambre (sans avoir rien versé) et que vous avez un empêchement, passez un coup de téléphone pour annuler, c'est la moindre des politesses. Trop peu de gens le font, ce qui rend les hôteliers méfiants.

AU RESTO

1 – Menus : très souvent, les premiers menus (les moins chers) ne sont servis qu'en semaine ou que le midi, et avant certaines heures (12h30 et 20h30 généralement). C'est parfaitement légal, à condition que ce soit clairement indiqué sur le panneau extérieur : à vous d'être vigilant et d'arriver dans les bons créneaux horaires ! Il peut arriver que ce soit écrit en tout petit. Par ailleurs, bien vérifier que le « menu d'appel », le moins cher donc, est toujours présent dans la carte qu'on vous donne une fois installé. Il arrive qu'il disparaisse comme par enchantement. N'hésitez pas à le réclamer si vous êtes entré pour ce menu précis.

2 - Le « fait maison » : cette grande « tendance culinaire » de ces dernières années s'oppose aux plats sous-vide ou congelés achetés par les restaurateurs, réchauffés sur place et « agrémentés » d'une petite touche personnelle pour noyer le poisson (ou la souris d'agneau). Depuis 2013, le label « fait maison » permet de vérifier si les plats sont réellement préparés ou non sur place.

3 - Commande insuffisante : il arrive que certains restos refusent de servir une commande jugée insuffisante. Sachez, toutefois, qu'il est illégal de pousser le client à la consommation. Mais l'on peut également comprendre que commander un seul plat pour 3 personnes peut agacer un tantinet le restaurateur. Tout est une question de juste équilibre.

4 - Eau : une banale carafe d'eau du robinet est gratuite – à condition qu'elle accompagne un repas – sauf si son prix est affiché. On ne peut pas vous la refuser, sauf si elle est jugée impropre à la consommation par décret. La bouteille d'eau minérale quant à elle doit, comme le vin, être ouverte devant vous. L'arnaque dans certains restos « pousse-conso » consiste à proposer d'emblée une eau minérale et de la facturer 7 €, voire plus… À la question du serveur : « …et pour l'eau, Badoit ou Vittel ? » vous êtes en droit de répondre « une carafe ! ».

5 - Vins : les cartes des vins ne sont pas toujours très claires. Exemple : vous commandez un bourgogne à 16 € la bouteille. On vous la facture 32 €. En vérifiant sur la carte, vous découvrez que 16 € correspondent au prix d'une demi-bouteille. Mais c'était écrit en petits caractères illisibles. Attention au prix parfois exorbitant des vins au verre. Abus bien courant, l'année de référence n'est plus disponible : on vous sert un millésime plus récent mais au même tarif ! Vous devez obligatoirement en être informé avant le débouchage de la bouteille.

6 - Couvert enfant : le restaurateur peut tout à fait compter un couvert par enfant, même s'il ne consomme pas, à condition que ce soit spécifié sur la carte. Parfois il est libellé « Enfant ne mangeant pas », tant d'euros ! Cela dit, ce n'est quand même pas courant et ça donne une petite idée de la générosité du restaurateur !

7 - Sous-marin : après le coup de bambou et le coup de fusil, celui du sous-marin. Le procédé consiste à rendre la monnaie en plaçant dans la soucoupe (de bas en haut) : les pièces, l'addition puis les billets. Si l'on est pressé, on récupère les billets en oubliant les pièces cachées sous l'addition. Malin !

N'oublions pas que l'hôtellerie et la restauration sont des métiers de service, qui ne souffrent ni l'approximation, ni les (mauvais) écarts. Nous supprimons de nos guides tous les établissements qui abusent. Mais la réciproque est aussi valable : tout est question de respect mutuel.

Bonne route !

Nous tenons à remercier tout particulièrement Loup-Maëlle Besançon, Thierry Bessou, Gérard Bouchu, François Chauvin, Grégory Dalex, Fabrice Doumergue, Cédric Fischer, Carole Fouque, Michelle Georget, David Giason, Claude Hervé-Bazin, Emmanuel Juste, Dimitri Lefèvre, Fabrice de Lestang, Romain Meynier, Éric Milet, Pierre Mitrano, Jean-Sébastien Petitdemange et Thomas Rivallain pour leur collaboration régulière.

Emmanuelle Bauquis
Jean-Jacques Bordier-Chêne
Michèle Boucher
Diane Capron
Laura Charlier
Agnès Debiage
Jérôme Denoix
Tovi et Ahmet Diler
Marjorie Dubois
Clélie Dudon
Sophie Duval
Jeanne Favas
Alain Fisch
Alexandra Fouchard
Guillaume Garnier
Nicolas George
Bérénice Glanger
Adrien et Clément Gloaguen
Léa Guinolas
Manon Guyot
Bernard Hilaire
Sébastien Jauffret
Céline Kamand
Jacques Lemoine
Aurore de Lombarès
Caroline Ollion
Martine Partrat
Odile Paugam et Didier Jehanno
Prakit Saiporn
Jean Tiffon
Jean-Luc et Antigone Schilling
Caroline Vallano

Direction : Nathalie Bloch-Pujo
Contrôle de gestion : Jérôme Boulingre et Adeline Cazabat Barrere
Secrétariat : Catherine Maîtrepierre
Direction éditoriale : Hélène Firquet
Édition : Matthieu Devaux, Olga Krokhina, Gia-Quy Tran, Julie Dupré, Emmanuelle Michon, Ludmilla Guillet, Pauline Janssens, Margaux Lefebvre, Flora Sallot, Elvire Tandjaoui et Clémence Toublanc
Préparation-lecture : Agnès Petit
Cartographie : Frédéric Clémençon et Aurélie Huot
Fabrication : Nathalie Lautout et Audrey Detournay
Relations presse France : COM'PROD, Fred Papet. ☎ 01-70-69-04-69. • *info@comprod.fr* •
Direction marketing : Adrien de Bizemont, Clémence de Boisfleury et Charlotte Brou
Contacts partenariats : André Magniez (EMD). • *andremagniez@gmail.com* •
Édition des partenariats : Élise Ernest
Informatique éditoriale : Lionel Barth
Couverture : Clément Gloaguen et Seenk
Maquette intérieure : le-bureau-des-affaires-graphiques.com, Thibault Reumaux et npeg.fr
Relations presse : Martine Levens (Belgique) et Maureen Browne (Suisse)
Régie publicitaire : Florence Brunel-Jars

INDEX GÉNÉRAL

LISTE DES CARTES ET PLANS

INDEX GÉNÉRAL

Remarque importante aux hôteliers et restaurateurs

Les enquêteurs du *Routard* travaillent dans le plus strict anonymat. Aucune réduction, aucun avantage quelconque, aucune rétribution n'est jamais demandé en contrepartie. Face aux aigrefins, la loi autorise les hôteliers et restaurateurs à porter plainte.

Avis aux lecteurs

Le Routard, ce n'est pas comme le bon vin, il vieillit mal. On ne veut pas pousser à la consommation, mais évitez de partir avec une édition ancienne. Les modifications sont souvent importantes.

Les réductions accordées à nos lecteurs ne sont jamais demandées par nos rédacteurs afin de préserver leur indépendance. Les hôteliers et restaurateurs sont sollicités par une société de mailing, totalement indépendante de la rédaction, qui reste donc libre de ses choix. De même pour les autocollants et plaques émaillées.

Avec routard.com, choisissez, organisez, réservez et partagez vos voyages !

✓ Rejoignez la plus grande communauté francophone de voyageurs : de **2,2 à 2,6 millions de visiteurs uniques (par mois !).**

✓ Échangez avec les routarnautes : forums, photos, avis d'hôtels.

✓ Retrouvez aussi toutes les informations actualisées pour choisir et préparer vos voyages : plus de 200 fiches pays, une centaine de dossiers pratiques et un magazine en ligne pour découvrir tous les secrets de votre destination.

✓ Enfin, comparez les offres pour organiser et réserver votre voyage au meilleur prix.

Les **Routards** *parlent aux* **Routards**

Faites-nous part de vos expériences, de vos découvertes, de vos tuyaux et de vos coups de cœur. Aidez-nous à remettre l'ouvrage à jour. Indiquez-nous les renseignements périmés. Faites profiter les autres de vos adresses nouvelles, combines géniales... On adresse un exemplaire gratuit de la prochaine édition à ceux qui nous envoient les meilleurs courriers, pour la qualité et la pertinence des informations.

Quelques conseils cependant :

– Envoyez-nous votre courrier le plus tôt possible afin que l'on puisse insérer vos tuyaux sur la prochaine édition.

– N'oubliez pas de préciser l'ouvrage que vous désirez recevoir, ainsi que votre adresse postale.

– Vérifiez que vos remarques concernent l'édition en cours et notez les pages du guide concernées par vos observations.

– Quand vous indiquez des hôtels ou des restaurants, pensez à signaler leur adresse précise et, pour les grandes villes, les moyens de transport pour y aller. Si vous le pouvez, joignez la carte de visite de l'hôtel ou du resto décrit.

En tout état de cause, merci pour vos nombreux mails.

122, rue du Moulin-des-Prés, 75013 Paris

• *guide@routard.com* • *routard.com* •

Routard Assurance *2018*

Née du partenariat entre *AVI International* et le *Routard*, *Routard Assurance* est une assurance voyage complète qui offre toutes les prestations d'assistance indispensables à l'étranger : dépenses médicales, pharmacie, frais d'hôpital, rapatriement médical, caution et défense pénale, responsabilité civile vie privée et bagages. Présent dans le monde entier, le plateau d'assistance d'*AVI International* donne accès à un vaste réseau de médecins et d'hôpitaux : pas de franchise, aucune avance de frais à faire, un numéro d'appel gratuit disponible 24h/24. *AVI International* dispose par ailleurs d'une filiale aux États-Unis qui permet d'intervenir plus rapidement auprès des hôpitaux locaux. À noter, *Routard Assurance Famille* couvre jusqu'à 7 personnes, et *Routard Assurance Longue Durée Marco Polo* couvre les voyages de plus de 2 mois dans le monde entier. *AVI International* est une équipe d'experts qui répondra à toutes vos questions par téléphone : ☎ 01-44-63-51-00 ou par mail • *routard@avi-international.com* • Conditions et souscription sur • *avi-international.com* • Avant de partir, pensez à télécharger l'appli mobile *AVI* et accéder à tous vos documents d'assurance en 2 clics.

Édité par Hachette Livre (58, rue Jean-Bleuzen, CS 70007, 92178 Vanves Cedex, France)
Photocomposé par Jouve (rue de Monbary, 45140 Ormes, France)
Imprimé par Jouve 2 (Quai n° 2, 733, rue Saint-Léonard, BP 3, 53101 Mayenne Cedex, France)
Achevé d'imprimer le 3 août 2017
Collection n° 13 - Édition n° 01
58/7426/3
I.S.B.N. 978-2-01-280013-7
Dépôt légal : août 2017

PAPIER À BASE DE FIBRES CERTIFIÉES